武汉大学
经济与管理学院院史

（1893—2023）

武汉大学经济与管理学院　编

武汉大学出版社

图书在版编目(CIP)数据

武汉大学经济与管理学院院史:1893-2023/武汉大学经济与管理学院
编.—武汉:武汉大学出版社,2023.10
ISBN 978-7-307-24080-3

Ⅰ.武…　Ⅱ.武…　Ⅲ.武汉大学经济与管理学院—校史—1893-2023
Ⅳ.G649.286.31

中国国家版本馆 CIP 数据核字(2023)第 200144 号

责任编辑:范绪泉　　　责任校对:汪欣怡　　　版式设计:马　佳

出版发行:**武汉大学出版社**　（430072　武昌　珞珈山）
　　　　　（电子邮箱:cbs22@ whu.edu.cn 网址:www.wdp.com.cn）
印刷:湖北恒泰印务有限公司
开本:787×1092　1/16　印张:26.5　字数:611 千字　插页:16
版次:2023 年 10 月第 1 版　　　2023 年 10 月第 1 次印刷
ISBN 978-7-307-24080-3　　　定价:99.00 元

厚德载物，
纲缊玄黄。
自强不息，
百世其昌。

张培刚题
二零零七年，
六月。

杰出校友张培刚教授为学院院史题词

武汉大学经济与管理学院院史
编辑委员会

武汉大学经济与管理学院院史
续写编辑委员会

主　编　姜星莉　　聂　军

副主编　谢雅维　　李　好

编　委　黄敏学　刘　成　刘林青　罗　知　孙　祥
　　　　谭小林　余　振　杨志威　董明月　李　静
　　　　李　铭　刘砚青　路小静　罗　睿　罗　昱
　　　　彭　琼　彭　爽　沈仕雄　孙建超　王　芳
　　　　伍　林　徐　林　鄢洪平　余静静　张可儒
　　　　周　娟

李剑农（1880—1963）

任凯南（1884—1949）

杨端六（1885—1966）

皮宗石（1887—1967）

刘秉麟（1891—1956）

陶　因（1894—1952）

戴铭巽（1903—1970）

朱祖晦（生卒年不详）

彭迪先（1908—1991）

周新民（1911—1997）

刘涤源（1912—1997）

张培刚（1913—2011）

吴纪先（1914—1997）

许俊干（1915—2005）

李崇淮（1916—2008）

朱景尧（1916—2013）

谭崇台（1920—2017）

曾启贤（1921—1989）

尹世杰（1922—2013）

董辅礽（1927—2004）

傅殷才（1929—1996）

汤在新（1931—2007）

张尧庭（1933—2007）

李裕宜（1935—2015）

陈恕祥（1941—2001）

杨小凯（1948—2004）

魏华林（1949—2021）

陈继勇（1953—2020）

国立武汉大学法学院旧址

国立武汉大学法学院乐山旧址

原经济学院/商学院大楼

原管理学院/商学院大楼

经济与管理学院大楼

1932年经济学系毕业生合影

1944年经济学系毕业生合影

1946年3月经济学系毕业生合影

1950年6月经济系毕业生合影

1958年经济系学生举行学术讨论会

1981年经济管理学院成立大会召开

武汉大学经济系七八级毕业留念 1982.6.29

1982年6月经济系1978级毕业生合影

1982年11月经济系1935级校友交通部顾问
潘琪回校与同学们交谈

1982年11月刘道玉校长和经济系1935级校友
合影

1983年7月武汉大学经济系
1979级合影

1983年7月华中电管局领导
干部经济管理班结业

1985年1月武汉市人民政府向李崇淮颁发
"第一号嘉奖令",表彰其率先提出武汉
市"两通起飞"战略构想

1985年谭崇台在华盛顿出席中美经济学教育
交流委员会双方联席会议

1990年9月经济系1945级校友合影，左起韩钦元、周新民、李崇淮、张培刚、刘涤源、谭崇台、李进才

1991年10日中国经济思想史学会首届年会代表合影

1992年经济学博士生毕业合影

1996年4月经济学院十周年院庆陈恕祥院长与海内外学者合影

1996年7月由甘碧群教授担任总负责人的"面向21世纪"市场营销专业主干课
项目（共12本）获教育部立项

1996年香港浸会大学商学院一行访问管理学院

1996年11月武汉大学管理学院院友联谊会举行

1998年张清明副校长参加董辅礽经济科学奖颁奖仪式

1999年4月武汉大学管理学院全体教工合影

1999年现代企业管理理论与实践暨丝宝集团十年发展学术研讨会召开

2001年武汉大学建设银行金融学专业硕士研究生毕业典礼合影

2003年6月武汉大学商学院2000级研究生毕业合影

2003年11月出席校庆110周年活动的诺贝尔经济学奖获得者詹姆斯·赫克曼教授与周茂荣院长合影

2003年12月武汉大学国家经济学
基础人才培养基地验收评估成员
合影

2003年商学院教师赴马来西亚
参加马中建交30周年纪念国际
学术研讨会

2004年5月武汉大学商学院—英国诺森堡大学MBA连接教育第二批学员赴英留学

2004年6月诺贝尔经济学奖获得者、
经济学家罗伯特·卢卡斯来院讲学

2004年10月武汉大学商学院2001级企业管理专业研究生班毕业合影

2004年11月诺贝尔经济学奖得主罗伯特·蒙代尔教授来院讲学

2004年12月首届中国管理论坛（武汉）会议代表合影

2005年12月区域差距、经济一体化与经济发展国际研讨会召开

2005年12月武汉大学经济与管理学院新大楼落成

2006年3月谭崇台先生与诺贝尔经济学奖获得者、前世界银行
副行长斯蒂格利茨交流

2007年3月全国美国经济学会第八届会员代表大会合影

2012年11月世界管理咨询大师拉姆·查兰先生来院讲学

2013年11月校友墙揭幕

2013年11月诺贝尔经济学奖获得者
克里斯托弗·皮萨里德斯来院讲学

2013年12月经济系建系85周年学术论坛暨谭崇台执教65周年座谈会召开

2014年11月经济新常态与改革新开局——董辅礽先生学术研讨会召开

2014年珞珈校友论坛之互联网金融与金融创新论坛召开

2014年11月学院第一届咨询委员会委员合影

2015年10月美国前劳工部长赵小兰女士来院讲学

2016年4月学院通过欧洲管理发展基金会(EFMD)EQUIS认证

2017年6月计量经济学会2017年中国年会召开

2018年6月第八届中国管理研究国际学会年会召开

2021年4月学院"武汉大学杰出校友"墙揭幕

2021年11月学院AACSB现场认证

2022年10月新时代新理论新实践新发展：学习阐释党的二十大精神学术研讨会召开

2023年3月武汉大学党委书记黄泰岩来院调研

2023年3月武汉大学校长张平文院士来院调研

2023年5月中国美国经济学会2023年学术年会暨中美贸易关系发展论坛召开

2023年7月中国高等院校市场学研究会学术年会暨博士生论坛召开

序

　　"盛世修史"，这是中华民族的优良传统。改革开放 35 年来，中国的高等教育发生了翻天覆地的变化，武汉大学经济与管理学院也获得了前所未有的长足发展。"百年树人"，武汉大学经济与管理学院的前身如果从张之洞创办于 1893 年的自强学堂商务门算起，至今已有整整 120 年的历史。作为一个拥有 120 年悠久历史的学院，恰逢中国高等教育如此兴盛发达之时，编修一部反映其创建发展、演进变迁的院史，不仅正当其时，而且对当代武汉大学经济与管理学院人来说，也是不可推卸的历史责任与神圣使命！

　　我自 1939 年考入武汉大学经济学系，屈指算来，至今已近 75 个年头。1947 年我从哈佛大学文理研究院经济学系硕士毕业，第二年就回武汉大学经济学系任教，至今也有 65 年之久。我亲眼见证了武汉大学经济学系、经济与管理学院 120 年"史龄"中一大半时间的演进、发展与变迁。因此，我对编修这部"院史"情有独钟，备感庆幸！

　　追溯武汉大学经济与管理学院的历史，它大体经历了一个由开创奠基到曲折发展再到繁荣兴盛的演进过程。中华人民共和国成立前，大体上是武汉大学经济学科开创与奠基的时期；中华人民共和国成立至改革开放前，大体上是武汉大学经济学科曲折发展与遭受波折的时期；改革开放以来，大体上是武汉大学经济学科繁盛与管理学科兴起以及经济与管理两大学科大融合与大发展的时期。武汉大学经济与管理学院的发展过程是一个缩影，它反映了中国高等教育工作者对中国经济学与管理学教育的探索过程，反映了中国经济学、管理学教育乃至中国整个高等教育的发展演化过程，甚至从一个侧面反映了作为中国经济学与管理学教育大背景的中国经济社会的发展变迁过程。因而，从这个意义上讲，编修一部武汉大学经济与管理学院史不仅对于武汉大学经济与管理学院、对于武汉大学，甚至对于中国的经济学与管理学教育、对于中国的整个高等教育乃至中国经济社会发展来说都具有重要的理论意义与现实价值。

　　武汉大学经济与管理学院发展的历史，从内容上看就是一部展示学院（包括其前身）发展演进的建制沿革史、学科发展史、人才培养史、社会服务史、对外交流与合作史、条件创造与改善史、教师和学生的学习生活与工作史。编修院史不仅可以抢救学院的历史文化遗产，加强学院的历史档案与文化建设，总结学院发展的经验教训，还可以为学院的进一步发展提供有益的借鉴与启示，并向世人展现学院的成就与辉煌，因为这毕竟是 120 年的历史沉淀和积累，更是数代师生弘毅自强、奋斗不息的成果。通过学院发展史的修撰，可以从中获得教益，受到启迪，增强信心，同时也深感今日的责任之重大与使命之神圣！

作为一位毕业于经济学系的学生，作为一名亲自参加过经济与管理学科专业建设的老师，我不仅亲身体验和深切感悟到了武汉大学经济与管理学院的优良传统，她的内在魅力与张力，也目睹和深刻认识到了伴随着时代发展、国家富强、经济与管理学科快速发展、比翼双飞的历程与渊源。古人曰："以铜为鉴可以正衣冠，以古为鉴可以知兴衰，以人为鉴可以明得失，以史为鉴可以知兴替。"我想，撰写经济与管理学院院史的目的也在于此，这也是作为一位耄耋老人唯一的希望和期盼。

感悟历史，谋划未来。让我们在新的历史时期，传承历史，继往开来，锐意进取，育一流人才、出一流成果、作一流贡献，为早日将武汉大学经济与管理学院建成国内领先、国际知名的学院，实现和完成百年以来学人的心中之梦而努力！

谭崇台

2013 年 12 月

前　言

武汉大学经济与管理学院院史的编修，既是一项巨大的系统工程，也是一项复杂细致的具体工作，其中涉及一些具体问题和情况需要首先加以阐述和说明。

一、关于"院史"与院"前史"

武汉大学经济与管理学院正式名称的使用始于 1984 年 10 月成立的武汉大学经济与管理学院，这是武汉大学历史上首次将经济与管理两个学科的力量合并起来设为一个"学院"。此前，由于管理学科起步较晚因而没有相应"学院"的设置；经济学科虽然起步较早但也从未设置相应的"学院"。换句话说，此前武汉大学在建制上从未设置过经济与管理学院，也就是说，武汉大学经济与管理学院有建制的历史是从 1984 年 10 月开始的。因而，严格地讲，学院 1984 年后的历史才叫"院史"，此前只能叫"前史"。

虽然学院有建制的历史始于 1984 年，但此前武汉大学已有经济与管理学科，已有经济学与管理学的教育，尤其是经济学科与经济学教育可谓早已有之，经济学系建制的设置也早已存在，而且一脉相承，延续至今。因而，从修史的角度看，"学院"名称的使用与建制的设置只是一种形式，"院史"与院"前史"的区分已显得不太重要。所以，我们编修的这部武汉大学经济与管理学院史是从 1893 年张之洞创办的自强学堂商务门开始的。换言之，我们所编修的实际上是一部武汉大学经济学科与管理学科的发展史、武汉大学经济学与管理学的教育史，包括"院史"与院"前史"。

二、关于历史时期的划分与篇章结构的安排

从武汉大学经济与管理学院（包括其前身，下同）发展演进的过程来看，它大体上经历了 4 个大的历史时期：中华人民共和国成立前经济学科开创与奠基的时期；中华人民共和国成立至改革开放前经济学科曲折发展与遭受波折的时期；改革开放以来经济学科繁盛与管理学科兴起以及经济与管理两大学科大融合与大发展的时期；党的十八大以来经济与管理两大学科的新发展时期。划分成这四大历史时期既与我国通常划分的大的历史阶段相吻合，也与我校经济学科与管理学科产生发展的实际状况相一致。在划分

历史时期时，我们没有把学院建制和学院前建制作为一条主线，而是以学科发展作为主轴，这是因为学院建制和学院前建制在历史上多有变化，有时甚至转瞬即变；而学科发展则相对稳定，是贯穿始终的核心与主题。因而，学科发展的状况与水平就成为我们划分学院发展历史时期的基本依据。

学院发展的 4 大历史时期又可进一步划分为 14 个历史阶段，分别为：

第一大历史时期：中华人民共和国成立前经济学科开创与奠基的时期，其中包括 5 个历史阶段：（1）自强学堂商务门创设的阶段（1893—1896 年）；（2）自强学堂之后商科的发展与国立武昌中山大学经济科设立的阶段（1902—1927 年）；（3）国立武汉大学法学院经济学系的设立与发展的阶段（1928—1938 年）；（4）西迁乐山的国立武汉大学经济学系阶段（1938—1945 年）；（5）武昌复校的国立武汉大学经济学系阶段（1946—1949 年）。

第二大历史时期：中华人民共和国成立至改革开放前经济学科曲折发展与遭受波折的时期，其中包括 3 个历史阶段：（1）中华人民共和国成立至全国院系调整前的武汉大学经济学系阶段（1949—1952 年）；（2）院系调整后的武汉大学经济学系阶段（1953—1965 年）；（3）"文革"时期的武汉大学经济学系阶段（1966—1976 年）。

第三大历史时期：改革开放以来经济学科繁盛与管理学科兴起以及经济与管理两大学科大融合与大发展的时期，其中包括 5 个历史阶段：（1）"拨乱反正"与经济学科的复苏及经济管理学专业筹建的阶段（1977—1980 年）；（2）高教改革中蓬勃发展的经济学科和市场需求导向下管理学科的成长与壮大的阶段（1981—1999 年）；（3）学科调整与商学院成立的阶段（1999—2000 年）；（4）高校管理体制改革与商学院的进一步调整与融合的阶段（2001—2005 年）；（5）学院更名及经济与管理学院新发展的阶段（2005—2012 年）。

第四大历史时期：党的十八大以来经济与管理两大学科的新发展时期（2013—2023 年）。

依据学院发展的 4 大历史时期和 14 个历史阶段，我们对"院史"做了相应的篇章结构安排，分为 5 编 15 章来加以叙述。第一编中华人民共和国成立前经济学科的开创与奠基（1893—1949 年）讲述第一大历史时期学院发展；第二编中华人民共和国成立至改革开放前经济学科的变化与波折（1949—1976 年）讲述第二大历史时期学院发展；考虑到第三大历史时期涉及内容较多，而且自 1999 年开始学院经过两次大的整合，即先是原武汉大学经济学院、管理学院和旅游学院的合并整合，后是原武汉大学、原武汉水利电力大学、原武汉测绘科技大学和原湖北医科大学四校合并后相关学科的合并整合，学院发生了显著变化，因而，我们在安排篇章结构时，以 1999 年为界，将此时期分为了两编，分别定名为：第三编改革开放初期 22 年经济学科的重振与管理学科的勃兴（1977—1999 年），第四编高校管理体制改革中经济学科和管理学科的融合与发展（1999—2012 年）。另外，考虑到 14 个历史阶段中有一个历史阶段，即第三大历史时期中的第二个历史阶段——高教改革中蓬勃发展的经济学科和市场需求导向下管理学科的成长与壮大的阶段（1981—1999 年）——实际上包括原武汉大学经济学院与武汉大学管理学院的发展情况，所以我们将之分为两章来对两院的情况分别加以叙述。2012 年

11 月，党的十八大胜利召开，中国特色社会主义进入新时代。在新时代背景下，经济与管理学院迎来了新的发展阶段，我们新增第五编新时代经济学科与管理学科的新发展（2013—2023 年），并新增第十五章来讲述，这一编内容也是为迎接 2023 年院庆续写院史的主要内容。这样，全部"院史"在原"院史"的基础上，续写至第五编第十五章了。

三、关于武汉大学经济学科的另一重要源头

此次编修院史，我们发现了武汉大学经济学科的另一重要源头——国立武昌商科大学。以前我们都知道，武汉大学经济学科的前身源于张之洞 1893 年创设于武昌的自强学堂商务门。商务门是武汉大学经济学科建制创设的缘起，是武汉大学经济学科的最早源头。但此外，1916 年 9 月，中华民国教育部在武昌设立了国立武昌商业专门学校，1923 年更名为国立武昌商科大学，1926 年并入国立武昌中山大学，成为武汉大学经济学科的另一重要源头。

国立武昌商业专门学校是由时任中华民国参议院议长的汤化龙等一批社会名流创办的，是近代以来中国第一所国立商业高等学校，也是唯一一所设在首都之外的国立专门学校。其创议者最初倡议学校的名称即叫"武汉大学"，这是我们迄今见到的最早使用"武汉大学"名称的创议。1926 年夏，日本各大学商科教授组织报聘团前来应聘武昌商科大学的教职，说明此时的学校在国际上已享有一定名气了。

从国立武昌商业专门学校到国立武昌商科大学，该校的几任校长均有出国留学的经历，最后一任校长郭泰祺获美国宾夕法尼亚大学哲学博士学位，后来担任过南京国民政府外交部长、中国驻联合国安理会首任代表等职。该校所聘教师基本上都是出国留学归国人员，王世杰（1929 年任武汉大学校长）、周佛海（曾任汪伪国民党中央执行委员、行政院副院长兼财政部长）曾担任过该校教务长；李汉俊（中共一大代表）、周炳琳（曾任北京大学法学院院长）曾在该校任教；胡适、马寅初、周鲠生（1946 年任武汉大学校长）等曾来该校讲学。该校培养出了一批颇有影响的著名人物，如杨献珍、翦伯赞、陈绍禹（即王明）等。

将该校写入我们的"院史"并作为武汉大学经济学科的另一重要源头，是我们此次编修院史的一大发现。

四、关于教育模式的探讨

和全国各有关院校的情况大体相同，武汉大学经济与管理学院在其发展演进中也经历了一个教育模式的探讨过程。由于教育模式涉及教育管理体制、培养目标、教学内容、教育方式与方法等一系列与教育相关的重大问题，因而历来就受到教育工作者的高度重视，在学院发展史中占据十分重要的位置。

张之洞创办商务门之时，认为"商务之教习，宜求诸英国"[①]，他试图采用的是英美教育模式。国立武昌商业专门学校和国立武昌商科大学所聘用的教师基本上都是留日

---

① 《张之洞全集》（第二册），河北人民出版社 1998 年版，第 1327 页。

003

前言

归国人员，所采用的基本上是源自英美但却更侧重于应用性教育的日本教育模式。国立武汉大学组建之后，校长王世杰、王星拱、周鲠生思想开明，先后延揽了一大批海外优秀人才，其中许多是留学欧美的归国人员，如任凯南、杨端六、陶因、戴铭巽、刘秉麟、朱祖晦、伍启元、温嗣芳、张培刚、刘涤源、谭崇台、周新民等就都具有留学欧美的经历。此时所实行的是学分制，注重基础理论教育，培养宽口径、厚基础的人才，所采用的是比较地道的英美教育模式。中华人民共和国成立前，武汉大学的经济学教育采用的基本上都是英美教育模式，武汉大学其他学科专业和中国其他高校的大体情况也基本如此。

中华人民共和国成立后，特别是 1952 年开始全国院系大调整后，全国高教系统掀起了学习"人大经验"、模仿苏联模式的高潮，武汉大学的经济学教育也步入了模仿苏联教育模式的阶段。但很快，自 1956 年开始对"苏联模式"进行反思，根据毛泽东主席关于"德智体全面发展""教育必须与劳动生产相结合"的指示精神，经济学教育开始注重结合中国的实际。所以，自中华人民共和国成立至改革开放前，除"文革"中正常教学秩序被打乱之外，武汉大学的经济学教育基本上是在模仿与反思苏联模式的基础上试图探讨适应中国社会主义建设的经济学教育模式。

改革开放以来，中国的经济学教育迎来了蓬勃发展的新机遇，管理学教育也迅速兴起，步入了探讨中国经济学和管理学教育新模式的发展时期。中国经济学和管理学教育新模式的基本特点在于遵循高等教育规律，适应社会主义市场经济建立与发展对经济学、管理学高等专门人才培养的需要，既与国际上通行的经济学、管理学教育接轨，又紧密联系中国社会主义现代化建设与管理的实际，属于有中国特色的高等教育模式。这一模式一直在探索过程之中；武汉大学经济与管理学院也一直在为这一模式进行着有益的探讨。

党的十八大以来，党中央做出加快教育现代化、建设教育强国的重大决策。2017年 9 月，教育部、财政部、国家发展和改革委员会公布世界一流大学和一流学科建设高校及建设学科名单，自此"双一流"建设揭开序幕，我国高等教育强国建设迈上新的征程。武汉大学经济与管理学院全面贯彻党的教育方针，以立德树人为根本任务，以为党育人、为国育才为根本目标，把加快"双一流"建设作为重中之重，不断提升学院人才培养质量、学科建设的综合实力和国际竞争力，以构建中国自主知识体系的理论创新为核心开展高质量科研，正为早日建成中国特色、世界一流的高水平研究型学院而不懈探索。

五、关于"经济学系"名称的使用

在武汉大学历史上，学科专业有所变化和调整是常有的事；与之相适应，院系调整与名称变更也时有发生。经济学系是一个老系，是武汉大学经济学科中最早设立的系，情况较为复杂。经济学系始设于 1926 年底 1927 年初武昌中山大学成立之际。武昌中山大学成立后下设经济科，经济科下再设经济学系和商业学系。所以，它的最初名称就叫"经济学系"。但其后，在名称的使用上时有变化，即有时称为"经济学系"，有时又称为"经济系"，还有时称为"政治经济学系"，有时还几种名称混用。大体说来，最初的名称是叫"经济学系";1928年国立武汉大学成立时一度叫"政治经济学系";1930年改称"经济学系",直至中华人民共和国成立后全国院系调整前,使用得较多的一直是"经济学系";1953年全国院系大调整后曾一度称"政治经济学系";不久又改称为"经济系";一直到1986年成立经济学院和管理学院后再恢复使用"经济学系"名称,一直沿用至今。

鉴于"经济学系"在武汉大学历史上使用时间最长,而且在最初和现在都使用的是"经济学系",其间几种名称有时又混杂使用难以甄别取舍,所以我们在编修学院发展史的过程中,在无特殊需要并不引起混淆的情况下,统一使用了经济学系的名称。

"院史"中还有许多需要阐述和说明的情况与问题,有些我们在相应地方做了必要的交代;有些因我们把握不准或情况不明,故只有留待有关专家和知情者予以纠正和核准了。

编　者

2023 年 7 月

目录 Contents

第二编
中华人民共和国成立至改革开放前经济学科的变化
与波折（1949—1976 年）

第三编

改革开放初期 22 年经济学科的重振与管理学科的
勃兴（1977—1999 年）

第四编

高校管理体制改革中经济学科和管理学科的
融合与发展（1999—2012 年）

第一编

中华人民共和国成立前经济学学科的

开创与奠基（1893—1949年）

第一章
自强学堂商务门的创设（1893—1896年）

　　武汉大学经济与管理学院的前身，最早可追溯到张之洞1893年秋创设于武昌的自强学堂商务门。中国古代本没有近现代意义上的正规商学教育，在1840年之后的半个世纪里，中国社会发生了有利于商学教育产生的变革，开展近代商学教育渐成水到渠成之势。时任湖广总督的张之洞敏锐地把握住了这一时代趋势，经过两年多的曲折筹措，在武昌创设了自强学堂商务门，开了中国近代商学教育的先河。商务门创设后，对近代商学教育作了短暂、艰难、可贵的探索。由于种种原因，1896年自强学堂商学门即告关闭。在商务门停办的同时，张之洞对商学探索做了后续安排。

一、自强学堂商务门创设的历史背景

　　1840年之前，中国基本上还是一个以农业为主要经济部门、以自然经济为支配性经济形式的前工业化社会，而且是一个以贵义贱利为主流文化观念、以培养士人为唯一教育目的的前现代社会。在这种社会中，不存在正规商学教育产生的经济土壤和社会条件。在1840年之后的半个世纪中，西方资本主义势力的一系列冲击使中国社会发生了缓慢的但具有转折性的变革。随着变革的展开，中国逐渐进入了一个重视对外贸易的重商主义（Mercantilism）时代，发展近代商学教育成了时代的迫切要求。到19世纪90年代初，近代商学教育在中国已呈呼之欲出之势。

（一）中外贸易交涉的增多与洋务派对商学教育的要求

　　由于在西方入侵面前的一败再败和外贸的经常性入超，如何抵御西方列强侵略、办理中外交涉事务，成了摆在中国政治家们面前的一个紧迫问题。在应对西方冲击的过程中，统治阶层中出现了一个以"自强"为号召的洋务派。在各种中外交涉事务中，洋务派特别重视对外通商事务，即"商务"①。随着中外贸易交涉的增多，洋务派政治家愈来愈意识到，中国传统的所谓"经世致用"的知识已经过时，只有开展商学教育才能满足贸易交涉对人才的要求。1892 年，张之洞在湖广总督任上明确指出："楚省洋务交涉，近年日益繁多，关系大局实非浅显，必应极力讲求。"② 这表明，以张之洞为代表的洋务派已明确提出了对于近代商学教育的要求。

（二）对外贸易障碍的存在与商人阶层对商学教育的需求

在 19 世纪初期的对外通商事务中，由于中国商人大多不通外语，不懂新式商业经营技巧，不熟悉国际贸易惯例，不得不受制于外国中间商和中国买办的操控、盘剥乃至欺诈。中国商界迫切需要通晓外语、国际贸易管理方式和贸易规则的商业人才，以打通对外贸易的直接渠道。"当地的商人发现，如果缺乏外语知识和商业实践，要想在市场上竞争是很困难的。"在此情况下，中国商人阶层客观上存在着对商学教育的需求。具体到武昌、汉口地区，这种需求构成了导致自强学堂及其商务门成立的"一个特殊的推动力"③。

（三）西方商学教育的介绍与学者对商学教育的吁求

从 19 世纪 80 年代初开始，有过多年办实业经验的著名维新思想家郑观应等人，逐渐把商人阶层对商学教育的需求转变成了一种理论上的吁求。郑观应认为，西方各国工商业之所以发达，就是得益于商学教育之发达；而中国商业之衰败，"病在讲求商务之无人耳"。他主张，中国应仿效西方，"尤宜设商务学堂"，"以为考究之所"④。郑观应对西方商学教育的介绍和对中国商学教育的吁求，对洋务派政治家们的教育实践产生了积极的影响。与此同时，黄遵宪、王之春、薛福成以及西方来华传教士李提摩太（Timothy Richard）、花之安（Ernst Faber）、丁韪良（W. A. P. Martin）等人对西方的商学教育也做了一些介绍和宣传。尤其是李提摩太，作为张之洞的"洋幕僚"，他对张之洞率先创办商学教育似乎产生了更为直接的影响。

（四）各种新式教育的探索与商学教育条件的初步具备

到了 19 世纪中期，中国传统教育制度的积弊在西学冲击造成的变局下暴露无遗。鉴于西方对中国保持的外交和军事压力，洋务派仿照西方，陆续创办了一批新式外语、技术和军事学堂，如京师同文馆、上海同文馆、广州同文馆、福州电报学堂、天津电报

---

① 在晚清语境中，"商务"一词并不是指一般的商业事务，而是特指"对外通商事务"，也就是对外贸易。参见黄兴涛：《近代中国新名词的思想史意义发微》，《开放时代》2003 年第 4 期，第 76~77 页。但是笔者注意到，19 世纪 90 年代中期以后，"商务"一词在人们的使用中愈来愈多地包含了一般商务的意思。

② 《张之洞全集》（第四册），河北人民出版社 1998 年版，第 3024 页。

③ 均见 William Ayers：*Chang Chih-tung and Education Reform in China*，Cambridge，Mass：Harvard University Press，1971，p. 124.

④ 夏东元编：《郑观应集》（上册），上海人民出版社 1982 年版，第 615、612 页。

学堂、上海电报学堂、福州船政学堂等。

各种新式教育特别是外语教育的探索为商学教育的兴起准备了一些必要的条件。这些条件包括：（1）短暂地开设了中国近代最早的经济学课程。1867年，丁韪良在京师同文馆开始讲授"富国策"，即政治经济学①。其所使用的教材于1880年由同文馆刊印，免费赠送一批给中国政府官员阅读。这种引进西方经济学的试验使一些开明人士对经济学和商学有了一些了解；（2）培养了一批通外文、懂洋务的人才，这些人在实际办理洋务中增加了商务知识。例如，自强学堂首任总办蔡锡勇即曾于1874年毕业于京师同文馆；（3）促进了西方商务图书在中国的翻译，也促进了商务知识的传播。1886年，时任两广总督的张之洞提倡讲求洋务，曾提到了《列国会计政要》一书②，这应该是一本介绍各国会计制度与知识的书籍；（4）在某些地区和社会阶层中树立了一种慕西学、求新知的风气，为商学教育的引入培植了社会土壤。

二、两湖书院筹建经费风波与商学教育机构的筹设

在1840年之后的半个世纪里，中国在政治、经济、思想、教育等多方面发生了有利于商学教育产生的变革，为之准备了必要的需求市场和供给能力，使近代商学教育的开启渐成水到渠成之势。1893年，张之洞敏锐地把握住了这一时代趋势，在湖北武昌创立了自强学堂商务门，建立了中国近代史上第一个商学教育机构。但在自强学堂商务门建成之前，还有着一段筚路蓝缕的艰辛历程与执着追求。

（一）作为政治家和教育家的张之洞

张之洞（1837—1909），字孝达，号香涛，直隶（今河北）南皮人。曾任湖北学政、四川学政、总理各国事务衙门行走、翰林院侍讲学士、内阁学士兼礼部侍郎、山西巡抚、两广总督、湖广总督、协办大学士、大学士、军机大臣等职，是晚清著名政治家。作为洋务运动后期的领袖，他创办了以汉阳铁厂为代表的大批工业企业，奠定了中国近代重工业的基础。毛泽东曾指出："讲重工业，不能忘记张之洞。"③

张之洞是一个政治家，更是一个教育家。他早年倾心于以"经世致用"之精神整顿传统教育，任湖北、四川学政时分别创设了经心、尊经书院。从四川返抵北京后钻研西学，在山西巡抚任上结识了李提摩太，创办了令德堂。出任两广总督后，眼界为之大开，开始试办西学，创立了广州博学馆、广东水陆师学堂。移督湖广和权理两江期间，竭力推广西学，创建了湖北自强、武备，南京储才、陆师等一大批新式学堂，改造了两湖书院，创建了湖北省大、中、小三级教育体制，参与制定了通行全国的《癸卯学

---

① 参见叶坦：《"中国经济学"寻根》，《中国社会科学》1998年第4期，第65页。

② 参见《张之洞全集》（第四册），河北人民出版社1998年版，第2524页。

③ 《纪念范旭东先生逝世二十周年》，《中国化工报》1985年10月5日。

制》，促成了科举制度的最终废除①。观其一生兴学立教之事功，无愧于清末管学大臣张百熙对他的赞誉："张之洞为当今第一通晓学务之人。"②

（二）第一次两湖书院筹建经费风波与另设学堂讲习方言、商务的筹议

1889年12月18日，张之洞就任湖广总督。上任不久，在紧锣密鼓地筹建汉阳铁厂等工矿企业的同时，张之洞即把目光投向了武汉凋敝的文教事业，决定创办一所兼括湘、鄂两省的书院——两湖书院。由于所需费用较多，不得不设法寻求商人赞助，而汉口商务以茶务为大宗，张之洞遂呼吁汉口的两湖茶商捐资建院。张之洞原计划在1891年4月中旬左右调集初选诸生来鄂面试，但因为有人上告朝廷，朝廷于4月10日下达了令其查明覆奏的上谕，所以此事在张氏幕府内外引起了不小的波澜。

湖北试用知县曾广敷奉命调查商籍课额的情况，了解到汉口的湖南茶商由于不通外语、不悉洋务，常为洋行买办的贸易垄断所困，于是建议："不若即以所定商籍课额，改为通商西学"，"专习各国语言文字"。张之洞对此十分重视，认为这个建议"系为振兴茶叶商务起见，正与本部堂维持茶务本意适相符合"。6月19日，他指示江汉关道："应即于两湖书院外，另设学堂，设立方言学、商务学"。南、北茶商及非茶商子弟，均可入学堂学习，总共额数约50名。在详细章程未定之前，该道应尽快将此消息"谕知各该茶商等遵照"③。很显然，张之洞此时筹议另设学堂讲习方言、商务，纯粹是一种应变之需和处理公共关系之策，而非从容的筹划。值得注意的是，曾广敷的建议中仅有外语教育的内容，而张之洞则明确地提出了商务教育的设想。在某种意义上，1891年6月19日张之洞给江汉关道的指示，可算是自强学堂商务门开设的缘起，也是武汉大学经济与管理学院史的先声。

同年6月27日，张之洞覆奏光绪皇帝，汇报了筹建两湖书院的起因和抽收茶捐的实情，以及利用茶商所捐之款，"于两湖书院外另设方言、商务两学堂"的筹议。他说："学堂讲习洋文、商务，兼于茶务有益"，所以茶商"愿仍照旧抽捐，并无异议"。就这样，他给了朝廷一个回复和交代，平息了这场筹建经费风波。相比8天之前的指示，张之洞此时的奏折里有一处细微的变化，那就是打算创建一个独立的商务学堂，而不仅仅是在一个新学堂中开设商务门。

（三）算学、方言、商务各学堂融为一体的筹划

第一次经费风波两个月后，可能是考虑到兴办工矿企业必须培养大批科技人才，张之洞改变了6月27日在奏折中提出的"另设方言、商务两学堂"的设想，转而提出了一个兼设"算学、方言、商务各学堂"融为一体以期"博习会通"的筹划。这个筹划

---

①　参见苏云峰：《张之洞与湖北教育改革》，台北"中央研究院"近代史研究所1976年专刊，第6~9页。

②　转引自朱有瓛主编：《中国近代学制史料》第二辑（上册），华东师范大学出版社1987年版，第71页。

③　均见《张之洞全集》（第四册），河北人民出版社1998年版，第2814~2815页。

去旧学更远，离新学更近，已非江汉关道所能施行。在此情况下，张之洞选择新设立的洋务机构"铁政局"来担此重任。

1891年8月25日，张之洞致札铁政局："照得算学最切实用，天文地舆、水利武备，无不相需甚殷。至方言、商务，亦为今日自强要图。"张之洞指出，两湖书院本已设立算学门，但算学专业性较强，放在书院中讲授、切磋，多有不便。"应于铁政局附近，选择宽敞爽垲之地，专建算学学堂一区，并将方言、商务两学，附列其中。""各学生愿兼习三学者听，如愿兼习化学、矿学等事，亦可就铁政局观摩考求，将来博习会通，成效尤大。"张之洞吩咐铁政局"将各种学堂规模、章程、定额若干名、经费若干两、需屋若干间，酌拟大略，绘图呈候核定。一面即行委员，迅速择地，供工兴办，俾得早睹成材"①。

张之洞此札"实质上就是他在湖北改造旧教育创办新式教育的一份宏伟蓝图"。与两个月前筹议另设学堂方言、商务相比，"目标更明确，眼界更宽广，计划更周密具体，可谓向前跨了一大步"②。"博习会通"一语表明，张之洞在创办综合性新式学堂的思路上也"向前跨了一大步"。但仅就对待商务教育的态度而言，此时的他似已不如两个月前那么积极了。

（四）第二次经费风波与涵括算学、格致、方言、商务四门之学堂的筹设

正当张之洞对修建算学、方言、商务各学堂做进一步筹划的时候，又有人为茶捐一事向朝廷告状。1892年6月5日，上谕"著张之洞悉心妥筹，务须体恤商艰，如果实有不便，自应早为裁撤，以苏商困"。张之洞接到上谕后，一面派员详查茶捐轻重、茶商邀免之实情，在8月18日的覆奏中为茶捐一事辩解，一面不得不保证："于奉到谕旨后即行裁撤，其两湖书院及方言、商务学堂经费，自当另行妥筹办理。"③

尽管办新学堂的经费断了来源，但张之洞并没有因此而取消其计划。同年8月24日，他致札湖北省善后局和铁政局，认为洋务交涉日益繁多，必应极力讲求。他指出："方言、商务学堂，现已落成"④，"应即将算学并入此堂，并添设格致一门"，"即名曰学堂""内分算学、格致、方言、商务四门。"由于学堂和铁政局相邻，张之洞令铁政局总办蔡锡勇兼管该学堂。张之洞要求善后局筹拨常年经费，铁政局酌议详细章程，尽快把这个更具综合性的新学堂开办起来，"毋稍稽延"。尽管张之洞最初关于商务教育的筹议是一种处理公共关系的策略，甚至一度设想把商务学附列在算学学堂之中，但面临"楚省洋务交涉，近年日益繁多"的现实，使他从战略层面认识到"商务，关富强

---

① 均见《张之洞全集》（第四册），河北人民出版社1998年版，第2888~2889页。

② 吴贻谷主编：《武汉大学校史（1893—1993）》，武汉大学出版社1993年版，第5页。

③ 均见《张之洞全集》（第四册），河北人民出版社1998年版，第3024~3025页。

④ 从此札中"候即延致教习"一语来看，此处"已落成"应是指校舍已落成，而并非已开展教育。有著者认为早在1891年6月方言商务学堂就诞生于武昌，又谓自强学堂是在方言商务学堂的基础上改建而成的，皆不准确。参见曹运耕：《维新运动与两湖教育》，湖北人民出版社2003年版，第67页。

之大计"①，因而终究没有取消这个商务教育机构及其建制的创设。

三、自强学堂商务门的创设及其对商学教育的探索

随着张之洞最得力的洋务助手蔡锡勇的接手筹设，一个包括算学、格致、方言、商务四门的综合性新式学堂最终在铁政局附近开办起来了。1893年11月29日，张之洞向光绪皇帝上《设立自强学堂片》，标志着自强学堂的创立，也标志着自强学堂商务门的创设。商务门创设后，对近代商学教育作了短暂、艰难、可贵的探索，卓有成绩，也颇有缺憾。无论是成绩，还是缺憾，都折射出了中国近代商学教育启程时的姿态、步伐和身影。

（一）《设立自强学堂片》与自强学堂商务门的创设

由蔡锡勇接手筹设的新学堂以蔡氏手下的铁政局为依托，与蔡氏筹办中的汉阳铁厂齐头并进。1893年秋，汉阳铁厂的十个分厂全面竣工，新学堂的筹备工作亦告完成。同年11月29日，张之洞亲自撰写了《炼铁全厂告成折》《拟定铁厂开办后行销各省章程片》和《设立自强学堂片》向朝廷汇报。兹将《设立自强学堂片》照录如下：

> 再，治术以培植人才为本，经济以通达时务为先。自同治以来，总理各国事务衙门设立同文馆，创开风气，嗣是南北洋及闽粤各省递设广方言馆、格致书院、武备学堂，人才奋兴，成效昭著。湖北地处上游，南北冲要，汉口、宜昌均为通商口岸，洋务日繁，动关大局，造就人才，似不可缓，亟应及时创设学堂，先选两湖人士肄业其中，讲求时务，融贯中西，研精器数，以期教育成材，上备国家任使。臣前奏明建立两湖书院，曾有续设方言、商务学堂之议。兹于湖北省城内铁政局之旁，购地鸠工，造成学堂一所，名曰自强学堂，分方言、格致、算学、商务四门，每门学生先以二十人为率，湖北、湖南两省士人方准予考。方言，学习泰西语言文字，为驭外之要领；格致，兼通化学、重学、电学、光学等事，为众学之入门；算学，乃制造之根源；商务，关富强之大计。每门延教习一人，分斋教授，令其由浅入深，循序渐进，不尚空谈，务求实用。所需经费，暂就外筹之款凑拨济用，俟规模渐扩，成效渐著，再行筹定专款，奏明办理，以为经久之计。

在该片中，张之洞用洋务运动的著名口号"自强"来为自己筹设三年始成的学堂命名，体现了他对这所学堂的高度重视。他对学堂学生提出了"讲求时务，融贯中西，研精器数，以期教育成材，上备国家任使"的期望，对教师则提出了"由浅入深，循序渐进，不尚空谈，务求实用"的要求。关于商学教育，他的安排是延聘教习1人，招生20人。

---

① 均见《张之洞全集》（第二册），河北人民出版社1998年版，第845~848页。

接到该片后，光绪皇帝朱批了七个大字："该衙门知道。钦此。"① 表明朝廷对自强学堂的开办及其商务门的创设表示认可。

（二）自强学堂商务门旧式的考课制度

自强学堂创立后，可能是由于经费尚未落实，校舍不敷使用，因而"除方言一斋，招选学生在堂肄业外，其余三斋均按月考课，凭文甲乙"②。也就是说，商务门创设后并没有即时开展正规的新式课堂教学，而是采用中国传统的考课制度。考课是古代书院的主要教学活动，是一种以学生自学为主、教师点评为辅的教学模式，也是一种学业成绩考核方式。一般每月有两次课试，一次是官课，一次是师课：官课由书院所在地的主要官员（总督、巡抚或府、州、县官）出题考试，并且特别给奖，一般在月初进行；师课由书院的"山长"或院长出题考试，成绩优秀者亦给奖，一般安排在月中③。考课制度有助于及时检验学生的学习效果，通过给奖激励学生成才，但不利于教师全面深入地教诲学生。

从张之洞此前的办学实践来看，无论是经心、尊经、广雅书院，还是两湖书院，都实行过这种考课制度，而且他本人也乐于亲自命题出卷，考核学生。例如，在移督湖广后，他每一季度仍要命题并寄达千里之外的广雅书院；即使案牍如山，也要对寄回的诸生课卷详加阅览。可以相信，在自强学堂商务门，张之洞本人也一定以官课的形式训诲过学生。不过，由于1894年起张之洞署理两江总督，驻节江宁（今南京），远离武昌，加之甲午战争带来的乱局牵扯了他的很多精力，商务门的官课能否每月进行一次就成了疑问。因此，商务门的考课形式可能主要是师课，即由自强学堂的"山长"或校长及教习来出题。

（三）自强学堂商务门新式的师资力量

自强学堂商务门的教习姓甚名谁，今已无从可考。甚至究竟有没有招聘到教习，亦难以断定。若揆诸张之洞1896年所说的"商务之教习，宜求诸英国"，以及他于1898年所发的感慨："惟中国设立商学，华人能任教习者断无其人"④，则不妨认为，商务门当时很可能没有招聘到专职教习。但这并不等于在自强学堂没有人勉力从事商务方面的教育。由于考课制度的存在，自强学堂当时的两位领导不得不担负起商务教育的职责。他们分别是总办蔡锡勇和提调钱恂。

蔡锡勇（1847—1897），字毅若，福建龙溪（今龙海）人。早年就读于广州同文馆。1872年被选送到京师同义馆深造，1874年毕业。1875年随团出使美国，旅美6年，见闻广增。他曾创造了中国式的拼间文字——传音快字，发明了汉语速记。1884年，出任两广总督、亟须洋务干才的张之洞发现了蔡锡勇，认为蔡氏"实为办理洋务

---

① 均见《张之洞全集》（第二册），河北人民出版社1998年版，第898页。
② 《张之洞全集》（第五册），河北人民出版社1998年版，第3289页。
③ 参见金林祥主编：《中国教育制度通史》第六卷，山东教育出版社2000年版，第19页。
④ 均见《张之洞全集》（第二册），河北人民出版社1998年版，第1082、1327页。

不可多得之员"。从此，张之洞一直倚为臂膊。自强学堂创立后，蔡锡勇出任学堂总办。按照张之洞的评价，蔡锡勇"深通泰西语言文字，于格致、测算、机器、商务、条约、外洋各国情形政事无不详究精研"①。以这种学识结构出掌自强学堂，考课商务门诸生，洵属再合适不过了。蔡锡勇公务之余用心学务，应用中国传统的"收""付""该"（欠）、"存"等记账符号，诠释了意大利复式簿记法的基本原理，著成《连环账谱》一书。该书在其 1897 年病逝前没有出版，经其子蔡璋补充修订，于 1905 年由湖北官书局出版，被公认为中国近代第一本介绍西方复式簿记法的著作②。仅就此而论，蔡锡勇的商学知识在当时确实是不容置疑的。

另一位通晓商学知识的是自强学堂提调钱恂。钱恂（1853—1927），浙江归安（今湖州）人，近代语言学家钱玄同之兄。1893 年至 1897 年间任自强学堂提调（相当于常务副校长），协助蔡锡勇为学堂筹措经费、聘请师资、制订章程、管理师生、编订教材等，深为张之洞所信赖和倚重。在 1896 年初向朝廷的举荐中，张之洞如此评价钱恂："学识淹雅，才思精详，平日讲求洋务，于商务考究甚深。"③ 钱恂长期关注商务、财政之事，晚年著有《光绪通商综核表》《财政四纲叙》等书。由于蔡锡勇一身数任，忙于创办和经理洋务企业，所以自强学堂商务门的考课更可能或更多地是由钱恂来操作的。

（四）自强学堂商务门除旧布新的学习内容

自强学堂商务门的学生学习过哪些课程，今已不得而知。当时只有笼统的"商务之学"的概念，似乎不可能考虑到安排学科下面的课程④。尽管如此，张之洞对"商务之学"的内涵和外延却有着较为明确的界定，这种界定其实就是对学生学习内容的规定。试看 1891 年夏和 1896 年春张之洞关于商务之学内涵或外延的两次论述：（1）"商务学"系"讲求商务应如何浚利源、塞漏卮，畅销土货，阜民利用之术"⑤；（2）"商务之学分子目四：曰各国好尚，曰中国土货，曰钱币轻重，曰各国货物衰旺。"⑥ 不难看出，张之洞虽然尚未摆脱"漏卮""轻重"等传统经济范畴的束缚，但他对商务之学的认识已愈来愈深、愈来愈细⑦。当然，他对商学的认识还主要局限于"贸易之学"的范围里。

同时，不迟于 1896 年初，张之洞似乎注意到了经济学与商学之别。在一份奏折里，

---

① 均见《张之洞全集》（第一册），河北人民出版社 1998 年版，第 271 页。

② 参见刘永泽、王觉：《复式簿记在中国发展的回顾》，载《会计研究》，1994 年第 3 期，第 43 页。

③ 《张之洞全集》（第二册），河北人民出版社 1998 年版，第 1119 页。

④ 即使是后来开办的京师大学堂，"草创之际，规程课目不得不稍从简略，以徐待考求增补"。参见《张之洞全集》（第三册），河北人民出版社 1998 年版，第 1590 页。

⑤ 《张之洞全集》（第四册），河北人民出版社 1998 年版，第 2814~2815 页。

⑥ 《张之洞全集》（第二册），河北人民出版社 1998 年版，第 1082 页。

⑦ 到了 1898 年，张之洞提出了抽象层次更高的"商学"概念，并指出："商学，系考求制货理法、销货道路、综核新式护商律例以及中外盈绌、银币涨落、各国嗜好、各业衰旺各情形。"参见《张之洞全集》（第二册），河北人民出版社 1998 年版，第 1327 页。

他提到"学校之盛，近推泰西"，"所习则史册、地志、富国、交涉、格致、农事、商务、武备、工作各学"①。"富国学"即英文 Economics 在清末的一个译法。将商务学与之并列，似乎意味着张之洞注意到了二者的区别，并且在 1899 年前，张之洞已读过亨利·福西特（H. Fawcett）著、丁韪良口译、汪凤藻笔述、京师同文馆 1880 年刊行的《富国策》，并且很可能也读过傅兰雅（John Fryer）编译、江南制造总局翻译馆 1889 年刊行的《保富述要》②。在张之洞的官课下，商务门学生有可能听说过"富国学"，甚至接触到这方面的著作和知识。

总的看来，由于张之洞的规定和要求，商务门学生的学习内容应该是朝着除旧布新的方向深化和扩展的。考诸实际情况，商务门的学生确乎是读了一些商务方面的新式著作的。除了自强学堂洋务编辑汪康年自 1893 年起推出的《洋务辑要》之外，还有"津、沪诸局西人学馆译出诸编"③，惟具体书目尚不可考。查甲午战前，中国译书局中以江南制造总局翻译馆成绩最著，影响最大；然而商务方面的书籍却很少。在这很少的几种商务书籍中，该馆自 1873 年起按季连续出版的《西国近事众编》，最有可能成为自强学堂商务门学生阅读的刊物。

（五）在新旧之间孤独探索的自强学堂商务门

从 1893 年起，自强学堂商务门对中国近代商务教育作了第一次探索。这种探索是在新的课堂讲授方式与旧的考课制度、新学者与旧先生、新知与旧论的冲突与调和之间展开的。作为其结果，自强学堂商务门的教育试验呈现出新旧杂糅的特点：（1）教学模式是陈旧的；（2）师资力量是新式的；（3）学习内容是除旧布新的。尽管有旧事物的梗阻，试验仍然取得了一些成绩。张之洞对此有过这样的评价："历课两年，风气稍开，渐有研求时务者。"④

在 19 世纪 90 年代前期的中国，自强学堂商务门是一个商务教育方面的孤独的探索者。1897 年秋，张之洞在致友人的一封信中感叹道："农工商为富国之基，亦经分设学堂局所，切实讲求，而皆苦风气未开，收效难速。遑策十年之计，只尽寸阴之心。蓄艾已迟，补苴何及？旁皇中夜，忧愤交深。"⑤ 前贤兴学之难，商务门探索之艰，在在可见。也许商务门有种种不尽如人意之处，但无论如何是迈出了探索路上最不易迈的第一步。

四、自强学堂商务门的停办及其后续安排

令人遗憾的是，自强学堂商务门的商务教育试验只进行了不到三年，即被终止。

---

① 《张之洞全集》（第二册），河北人民出版社 1998 年版，第 1140 页。
② 参见《张之洞全集》（第五册），河北人民出版社 1998 年版，第 3913~3914 页。
③ 《张之洞全集》（第六册），河北人民出版社 1998 年版，第 4897 页。
④ 《张之洞全集》（第二册），河北人民出版社 1998 年版，第 1298 页。
⑤ 《张之洞全集》（第十二册），河北人民出版社 1998 年版，第 10246 页。

1896 年 8 月 6 日，张之洞致札蔡锡勇等，要求取消格致、商务两门的考课，学生一律改课方言。以此为标志，自强学堂停办了商务门。这是诸多深层次因素共同作用的结果。在停办商务门的同时，张之洞拟安排专人翻译商务方面的西书，并试图融商学探索于外语学习之中，使商学探索得以延续。从现有的史料来看，这种设想得到了一定程度的实现。

（一）"一律改课方言"及自强学堂商务门停办的原因

1896 年 3 月，张之洞由江宁回任湖广总督。8 月 6 日，他致札蔡锡勇等，要求改定自强学堂章程，"一律改课方言"。在该札中，张之洞主要是从方言"为一切西学之阶梯"① 的角度，提出了商务门撤销的理由。1898 年春，张之洞的一份奏折再次显示了强调外语教育与停办商务门之间的关联："命题考试，所课者仅已成之材，所读者仅已择之书，于今日新理新学日出不穷之西书，尚无从探讨其菁华，考究其利病，以为旧时之要策。""总之，新理新学非贯通洋文者无从得其底蕴，必士大夫多半谙晓洋文，而后各种政学有所措手。""是方言一门洵为救时要策。"② 外语教育被看得如此之关键、如此之重要，张之洞倾力于开办外语教育、主张撤销商务诸门也就不足为奇了。看起来，对外语教育的强调是停办商务门的重要原因，但这并非唯一的理由，也不是根本的原因。实际上，商务门的停办，与其说是出自张之洞对外语教育的强调，毋宁说是若干深层次因素共同作用的结果。

首先是受制于师资、生源和教材的匮乏，商务门的办学成效不尽如人意。在师资方面，张之洞认为"华人能任教习者断无其人，若延请洋教习，经费太巨"③。在生源方面，商务门创立之初拟招生 20 名，但似乎没有达成其目的。查 1896 年全学堂旧班生毕业时只有 41 名学生，与 80 名的定额相差甚远④。可以想见，在"风气未开"、科举犹盛的时代，商务门难免"门可罗雀"之尴尬。在教材方面，"中国既少专书，津、沪诸局西人学馆译出诸编不过略举大概，教者学者无从深求"⑤，均感其苦。因是之故，商务门办学之成效不彰。

其次是甲午战后，亡国危机日亟，自办商学难解燃眉之急。在张之洞看来，中国自己办商学固然重要，但"收效过迟，当今时势断不能待"⑥，不如派遣学生赴外洋学习商学更为紧要。由于张之洞的急于求成，自强学堂商务门也就难逃停办之命运了。

再次是面对甲午战后之危局，张之洞"惶悚痛愤，寝食难安""恐从此中国不能自立"。在他看来，当时最切要之事莫过于"修备"，即做好军事斗争准备。在战争阴霾

---

① 均见《张之洞全集》（第五册），河北人民出版社 1998 年版，第 3290 页。
② 《张之洞全集》（第二册），河北人民出版社 1998 年版，第 1298 页。
③ 《张之洞全集》（第二册），河北人民出版社 1998 年版，第 1327 页。
④ 参见吴贻谷主编：《武汉大学校史（1893—1993）》，武汉大学出版社 1993 年版，第 8 页。
⑤ 《张之洞全集》（第六册），河北人民出版社 1998 年版，第 4897 页。
⑥ 《张之洞全集》（第二册），河北人民出版社 1998 年版，第 996 页。

的笼罩下，对兵战的准备压倒了对商战的准备，对"艺学"的讲求压倒了对"政学"的讲求。基于此，1896 年张之洞不但关闭了自强学堂商务门，而且把不切急用的算学门移归两湖书院，更于同年花大力气创建了武备学堂。由于张之洞的急于救亡，自强学堂商务门丧失了继续存在下去的理由。

最后是在甲午战争前后那个特殊的时代，商务门所探索的商务教育从根本上看尚不适应中国的国情：（1）就狭义的"商务"（对外贸易）教育而言，当时译自英国的经济和商务类书籍无不宣扬贸易自由，如《富国策》的作者福西特就是一个经济自由主义者；但其时中国已经丧失了外贸自主权，且苦于外国商品冲击，迫切需要对外实行一定程度上的贸易保护，乃至"商战"，因而舶来的自由贸易理论不适合中国人的需求；（2）就广义的"商务"（商业管理）教育而言，当时民族资本主义尚未壮大，对这种教育养料的需要还不强烈；尤为重要的是，创办商务教育的洋务派在企业经营上实行官办、官商合办、官督商办等形式，企业形同衙门，商业管理靠的是行政手段，对这种教育并无迫切之需要。

总的看来，自强学堂商务门创立于 19 世纪 90 年代中期的中国，既有生逢其时之幸，也有生不逢时之憾。它因为时代母体的躁动而早产，复因为早产带来的缺陷而夭折。

（二）张之洞对自强学堂商务门停办后的后续安排

在停办商务门的同时，张之洞也对商务门停办后自强学堂如何继续探索商学作了后续安排。他的主要设想是，把翻译西书特别是商务之书"附入自强学堂中，别为一事"。他认为"西书之切于实用者，充栋汗牛，总理衙门同文馆所译多交涉公法之书，上海广方言馆所译多武备制造之书。方今商务日兴，铁路将开，则商务律、铁路律等类，亦宜逐渐译出，以资参考。其他专门之学，如种植、畜牧等利用厚生之书，以及西国治国养民之术，由贫而富、由弱而强之陈迹""亦应延聘通晓华语之西士一二人，口译各书而以华人为之笔述，刊布流传，为未通洋文者，收集思广益之效"①。但由于原来的洋务编辑汪康年于 1895 年离开了自强学堂，翻译商务类西书之事是否找到了新的得力之人，译出了多少作品，均不得而知。不过，1902 年，刚由自强学堂演变而来的方言学堂即延聘了一位日本教习主编《贸易报》②。这似乎意味着张之洞所设想的附译西书一事最终并没有落空。

此外，张之洞强调指出，重视外语学习"并非欲诸生徒供翻译之用"，而"在丁培植志士，察邻国之政，通殊方之学，以期共济时艰"。按照他的设想，格致、商务两门学生先行"改课方言，可为一切西学之阶梯，而格致、商务，即包其内"③；"将来格

① 《张之洞全集》（第五册），河北人民出版社 1998 年版，第 3291 页。
② 参见吴贻谷主编：《武汉大学校史（1893—1993）》，武汉大学出版社 1993 年版，第 22 页。
③ 《张之洞全集》（第五册），河北人民出版社 1998 年版，第 3290 页。

致、商务即可自行诵绎探讨"①。也就是说，在外语学习中仍需继续探索商学。1899 年冬，在自强学堂的一次英文考试中即出现了这样一道题："译通工、通商说一则。"② 由此可见，在一定程度上，张之洞融商学探索于外语学习的设想得到了实现，而商学探索也得以延续。

---

① 《张之洞全集》（第六册），河北人民出版社 1998 年版，第 4897 页。
② 参见吴贻谷主编：《武汉大学校史（1893—1993）》，武汉大学出版社 1993 年版，第 15 页。

第二章
自强学堂之后商科的发展与国立武昌
中山大学经济科的设立（1902—1927年）

　　自强学堂商务门停办之后，张之洞对新式教育的探索并未止步。1902年，在自强学堂基础上建立起方言学堂（1902—1911年）。中华民国建立以后，学校先后易名国立武昌高等师范学校（1913—1923年）、国立武昌师范大学（1923—1924年）和武昌大学（1924—1926年秋）。这段时期的中国处于跌宕起伏的革命浪潮中，经济学教育没有明显的发展。1916年9月，中华民国教育部在武昌设立了国立武昌商业专门学校，1923年更名为国立武昌商科大学，1926年七校合并时并入国立武昌中山大学。国立武昌中山大学始设经济科，其实体来源于国立武昌商业专门学校及其后的国立武昌商科大学的商科教育。经济科的设立，在中国近代经济学教育史上具有重大意义。

一、自强学堂之后学校四易其名与经济学教育的变迁

（一）易名方言学堂及其间的经济学教育

　　甲午战败后，深重的民族危机感促使大批志士仁人从爱国主义立场出发，寻求救亡图存、富国强兵之道。先是维新运动，给中国思想界带来了新的觉醒，却因为清政府内部权力之争而被慈禧太后血腥绞杀。接下来席卷中国北方的义和团运动，在帝国主义和清政府的镇压下遭到失败。为了平抑国内舆论，得到列强的承认，缓解统治危机，1901年，清政府推出"新政"，实行从中央到地方的改革。地方上的重要举措是张之洞等洋务派大臣施行的兴工、办学、通商、练军诸项。1901年9月，清政府下兴学诏，着令各省所有书院均于省城改设大学堂。随后，张之洞于1902年6月决定将原两湖书院改作两湖大学堂，原武备学堂改为武高等学堂①。将原自强学堂改为方言学堂，迁入农务

_____

　　① 1902年5月23日，张之洞下令将湖北武备学堂和防营将弁学堂改办为武（此处"武"与"文"相对）高等学堂，分设2处。该学堂毕业生一律进入防营当兵半年。1905年奉张之洞令，武高等学堂改为武师范学堂。

学堂旧址，原址供文普通中学堂使用①。

自强学堂易名方言学堂，与当时的局势以及张之洞的办学主张是分不开的。洋务运动的口号是"自强""求富"。自强学堂的创立正是为了培养西学人才，算术、方言、格致、商务四门即是为了适应时局要求而设立。然而当时的重点是发展工商业，对教育的投入不够充裕，致使自强学堂在办学过程中遇到种种困难，在此种情况下，如若集中精力举办一门则较为可行。

"方言"即外语是中西交流的基本工具，张之洞在办学初期就有独设方言学堂的打算，本书前面曾提到"1891年6月27日，张之洞覆奏光绪皇帝，汇报了筹建两湖书院的起因和抽收茶捐的实情，以及利用茶商所捐之款，'于两湖书院外另设方言、商务两学堂'的筹议"。此筹议当时虽不曾实施，但在自强学堂创立后的探索过程中，张之洞从发展洋务事业的需要出发，始终把方言教育摆在重中之重的位置。他把算学一门移归两湖书院，停止格致、商务两门，将方言一门扩大至英文、法文、德文、俄文四科，后又增东文（日文）共计五科。

方言学堂五科即5个专业共有学额150名，每个专业招生30名。课程比自强学堂增加一倍之多，计为：人伦道德、经学、中国文学、外国文、地理、历史、算术、博物、物理化学、教育、理财、公法、交涉、绘图、体操、兵操等16门。

此时的经济学教育，是增开的"理财"一门，具体开课情况无从得知。但是从所开课程可推断出，"理财学"是作为实用课来教授的。较之自强学堂商务门，此时的经济学教育没有多大发展。究其原因，一是由于当时商学教育发展水平不高；二是由于刚进入20世纪的中国政治形势十分复杂，从上至下无心进行教育改革；三是1907年张之洞入京赴职，无暇顾及此时的教育改革。此状况一直持续到辛亥革命前方言学堂以经费不足而停办为止。

（二）方言学堂旧址上设立的国立武昌高等师范学校及其经济学教育

1911年辛亥革命爆发，次年南京临时国民政府成立。政治上的革命带来一系列变革，教育领域也是如此。

1913年初，著名教育家蔡元培出任临时政府教育总长，组成教育部，对清末教育作出一系列重大改革。如倡导培养公民道德以取代"忠君"、"尊孔"的教育；一律废止小学读经；一律禁用清政府颁行的教科书；修改学制，允许初等小学男女同校等，这些改革无不具有革命和进步意义②。在改革过程中，旧的教学内容和方法受到冲击，科学与民主开始渗入教学中来。

为适应改革的需要，教育部决定将全国划分为北京、南京、武昌、广州、沈阳、成

---

① 1903年，张之洞于武昌大朝街口创办文普通中学堂。在文普通中学堂之外，另办有湖北武普通中学堂，该学堂于1902年借江汉书院开办，后自建堂舍，接受陆军军官初等教育。"普通"二字是指所学课程与一般中学堂相同，以与当时的师范学堂有所区别。参见吴贻谷主编：《武汉大学校史（1893—1993）》，武汉大学出版社1993年版，第19页。

② 吴贻谷主编：《武汉大学校史（1893—1993）》，武汉大学出版社1993年版，第59页。

都六个学区，每区设立高等师范学校一所，以满足师范人才培养的需求。武昌高等师范学校就是在这一背景下着手筹建的。武昌高等师范学校的筹建工作始于 1913 年 7 月，由教育部委派贺孝齐负责建校事宜。11 月 29 日，学校迁入武昌军官学校即清末方言学堂旧址。贺孝齐为第一任校长，不久调回教育部，学校工作由张渲接手。此后，谈锡恩、张继熙相继担任校长。当时学校分为预科及本科国文部、英语部、历史地理部、数学物理部、物理化学部、博物部。

在历史地理部设有法制经济一课，由一名叫曾韵松的经济学老师授课。另博物部设有农学一课，一名叫赵同文的老师讲授农业经济学，讲授内容主要包括农业要素、农业组成和农业管理三个方面。具体涉及对土地的评估、对市场的调查以及对经营要素的测算等[1]，实际上是将经济学运用到农业生产领域的分析之中，没有深层的理论探讨，还基本上停留在应用教育的层面。

这时的经济学教育只是包含在其他学科的教学中，停留在素质教育层面，没有理论研究。这与当时的政治背景分不开。辛亥革命后，教育部制定了"注重道德教育，以实利主义、国民教育辅之，更以美感教育完成其道德"[2] 的新式教育宗旨，体现了民国教育与君主时代教育的不同之处。"道德教育"一时被列为重点，即宣扬"自由""平等""博爱"思想。从各部所开课程可知，伦理学、心理学及教育学为必开课程。"实利主义"教育则是发展资本主义生产的知识技能教育，此时的经济学教育则主要反映在"实利主义"教育的相关课程中。民国建立伊始，"道德教育"作为政治辅助工具居于首位，而其他层面的教育则退居其次，经济学教育尚未受到应有的重视。

（三）相继易名国立武昌师范大学和武昌大学及其间的经济学教育

1923 年 9 月，国立武昌高等师范学校改名国立武昌师范大学。其改名是出于顺应当时全国修改学制的要求。较早的统一学制是 1903 年由张之洞制定的"癸卯学制"[3]，这个学制仿照日本教育模式，其教育结构和教育内容并不完全适合中国教育。1912 年 7 月，全国临时教育会议讨论制定了一个新学制——"壬子学制"[4]，较清末学制有其进步意义。但"壬子学制"是在时局动荡中制定的，不能充分考虑到各方面情况而进行比较深入、全面的研究。五四运动以后，旧学制的弊病日益显露，于是在新文化运动推

① 《国立武昌高师博物部 1917 年讲义》，武汉大学档案馆档案，编号：L7-1917-12。
② 李国钧、王炳照总主编：《中国教育制度通史》（第七卷），山东教育出版社 2000 年版，第 13 页。
③ 光绪二十九年（1903 年），德宗谕旨，派张之洞会同张百熙、荣庆修改京师大学堂大学及各省学堂章程。张之洞等于同年拟定，经皇帝审定颁布，即为《奏定学堂章程》。光绪二十九年即癸卯年，所以又叫"癸卯学制"。清末民初的学校教育制度，主要以此为依据。"癸卯学制"共分 3 段 7级，长达 29 年到 30 年。参见熊明安著：《中国高等教育史》，重庆出版社 1988 年版，第 388~389 页。
④ "壬子学制"于 1912 年 9 月公布，之后教育部又陆续公布了各种学校令，这些法令综合先前各项一并于 1913 年公布，被称为"壬子·癸丑学制"。该学制纵向可分为 3 段 4 级，共 18 年。横向可分为 3 个系统：一为直系各学校，即由小学而中学，再至大学或专门学校；二为师范教育系统；三为实业学校。参见李国钧、王炳照总主编：《中国教育制度通史》（第七卷），山东教育出版社 2000年版，第 19~20 页。

动下，学制改革应运而生。

1921年第7届教育联合会在广州召开，以欧美教育为借鉴，根据中国教育发展，议定了一种新学制，1922年公布，称为"壬戌学制"①，是经过较长时间的酝酿和研究制定出来的，也是中国近代史上持续时间最长、影响最大的一种学制。新学制将高等师范学校改为师范大学，以提高师范教育水平。政府公布的《学制系统改革方案》附记云：依旧制设立之高等师范学校应于相当时期提高程度，接受高级中学毕业生，修业年限四年，称为师范大学②。在此背景下，1923年6月武昌高等师范学校决定改名为武昌师范大学，9月正式启用新校名。

与旧学制相比，新学制更具有弹性，整个教育时间缩短，但同时要求提高学校规格，充实教育内容，提高教育质量。学校当时设有4部8系，即教育哲学系、国文系、英语系、数学系、理化系、历史社会系、生物系、地质系，新学制实施期间又在教学内容上做了相应调整。国立武昌师范大学时期经济学教育大体沿袭武昌高等师范学校时期，可能在历史社会系设有相关课程。新学制关于师范学校课程标准中设有选修课"经济概论"一门③，很可能是要求对经济学基本理论的讲授，当时的北京大学开有"经济通论"一课④，开课内容和教师情况不详，但应该是新学制所要求的经济学教育课程。

由于军阀混战，经费不足，学校发展缓慢，各科教育没有大的起色。1924年9月，按照教育部的命令，武昌师范大学改名为武昌大学。师范学校的经费原本由国家拨付，而改为综合性大学后则国家可省经费，负担转向地方政府。学校改名仅为经费，而教育内容和形式则没有变动。

二、从国立武昌商业专门学校到国立武昌商科大学

1916年9月，中华民国教育部在武昌设立了国立武昌商业专门学校。该校是近代以来中国第一所国立商业高等学校，也是民国初年声誉日隆的国立专门学校系统中的重要成员⑤。1923年更名为国立武昌商科大学，1926年七校合并时并入国立武昌中山大

---

① 新学制的主要变化是：小学年限缩短（由7年改为6年）中学年限延长（由4年增加到6年）并实行"三三"分段。普通教育实行"六三三"分段（即小学6年，初中3年，高中3年）。参见李国钧、王炳照总主编：《中国教育制度通史》（第七卷），山东教育出版社2000年版，第50~54页。

② 参见吴贻谷主编：《武汉大学校史（1893—1993）》，武汉大学出版社1993年版，第79页。

③ 李国钧、王炳照总主编：《中国教育制度通史》（第七卷），山东教育出版社2000年版，第61页。

④ 萧超然编：《北京大学校史（1898—1949）》，上海教育出版社1981年版，第138页。

⑤ 在国立武昌商业专门学校设立之前，中华民国政府已经建立了国立北京工业专门学校（原北京大学工学院前身，1953年院系调整后并入清华大学）、国立北京农业专门学校（中国农业大学前身）、国立北京医学专门学校（原北京医科大学、今北京大学医学部前身）、国立北京法政专门学校（中国政法大学前身），这些学校和国立武昌商业专门学校一起构成了国立专门学校的教育系统，而国立武昌商业专门学校则是唯一设在首都之外的国立专门学校。

学。如果说自强学堂商务门建立了中国近代史上第一个商学教育机构，是武汉大学经济与管理学院最早的前身的话，那么，国立武昌商业专门学校则是中国最早的商业高等学府，它及由它更名而立的国立武昌商科大学为国立武昌中山大学经济科、国立武汉大学经济学系乃至今日的武汉大学经济与管理学院的建立和发展，奠定了坚实的基础，是武汉大学经济与管理学院最早的实体根基。

（一）国立武昌商业专门学校的创建和迅速发展

国立武昌商业专门学校是经过长期的倡议和筹备后开办起来的。"斯校之成非成于始成之日，其所由来者久矣。"辛亥革命胜利后，湖北一些革命党人筹划如何纪念这场胜利。原广东道尹王韬葊提出："清室取亡之道多端，而阶之历者实收回川汉铁路也。今幸大功告成，即以米厘公股设立武汉大学，鉴彼祸端，宏我多士，不亦善乎？"[1]"米厘公股"指的是张之洞督鄂时为建造川汉、粤汉铁路所征收的湖北米厘税款。王韬葊在此明确倡议动用该款"设立武汉大学"。这是我们见到的最早使用"武汉大学"名称的创议。这就是说，王韬葊最早倡议创办的学校的名称就叫武汉大学，他提出此倡议的确切时间无从可考，据推测，在 1912 年或 1913 年。王韬葊的创议旋即得到汤化龙[2]、夏寿康[3]、王铁公[4]等人的赞同。当时此款实已归交通部掌握，幸赖王韬葊全力争取，始答应拨该款之利息来筹办武汉大学。王韬葊不久逝世，后赖汤化龙、夏寿康、王铁公等人继起维持，但由于 5 万余银元的息金大半被湖北通志局挪用，因而余款已不足以举办一所大学了。

延至 1916 年，王铁公考虑到久拖或废，乃召集同人商定先设商业专门学校作为武汉大学之基础。议成后，即报请教育部准予开办。鉴于第一次世界大战爆发后民族工商业迅速发展、实业救国和教育救国思潮持续高涨以及武汉三镇商学教育基础较好，教育部决定设立国立商业专门学校于武昌。1916 年 9 月，武昌商业专门学校在武昌三道街存古学堂旧址宣告成立。根据当时的高等学校章程规定，商专学生全部学程为 4 年，其中预科 1 年，本科 3 年，修业期满，经毕业考试合格，授予毕业证书。开办当年共招收两个班计 96 名学生。

国立武昌商业专门学校的首任校长为汪济舟。汪济舟（生卒年不详），字君牧，湖北远安人。早年入经心书院就读，后自费赴日本早稻田大学学习政治经济学，回国后历

---

① 汪济舟：《本校成立始末记》，载《武昌商业专门学校第四次同学录》，武汉市档案馆藏，第29 页。

② 汤化龙（1874—1918），湖北浠水人，光绪年间进士，清末民初著名立宪派人士。1906 年留学日本法政大学。1908 年回国后相继担任过湖北省咨议局议长、湖北军政府政事部长、编制部长、中华民国临时参议院副议长、民主党干事长、众议院议长、教育总长、内务总长等要职。

③ 夏寿康（1872—1923），湖北黄冈人，光绪年间进士。1907 年由学部派往日本考察政治，回国后相继担任过湖北省咨议局副议长、湖北军政府政事部副部长、湖北内务司司长、民政长、肃政使、大总统政治咨议、黎元洪总统府秘书长、平政院院长、湖北省省长等要职。

④ 王铁公（生卒年不详），湖北松滋人，书法家。清末留学日本，辛亥革命后相继担任过湖北省议会议长、中华民国众议院议员、代理秘书长。

任武昌商业中学和汉口银行讲习所教员、北京财政讲习所教务长。他就任国立武昌商业专门学校校长后，终于有机会一展实业报国的抱负，积极筹划学校发展的各项事务：（1）在人事方面，他聘葛宗楚为主管教学的教务主任，罗仲塈为主管学生生活的斋务主任，并聘孙家声、陈光恒、罗兆鸿、鲁济恒、雷宝杏、孟吾祺、何润珩等为教员。这些人全都具有国外留学的背景，除孙家声、陈光恒为英国留学生外，其余皆为日本留学生；（2）在教学方面，他鼓励和提倡教师使用和编写新教材。学校成立初期曾有使用英文原版教材之议，并得到了来自教会学校的部分学生的认同，但大多数学生反映阅读困难，遂有把日文和英文教材译成中国古文教材之议，但教会学生又看不懂古文，导致学生对教师的讲义一度产生意见。通过用白话文编写教材，这个问题才逐步得到解决；（3）在校园生活方面，他组织创建了师生互助共进的组织"石经会"①，设编纂部、英语部、研究部、演讲部、网球部等机构，以鼓励师生的学术研究、商情调查和体育锻炼。他曾经轮派学生调查武汉商情，并开会讨论，穷极利害，咨报商会，以为借镜；（4）在学生前途筹划方面，他曾条陈教育部，建议通过 3 条途径安排毕业生，即"派遣出洋以资深造""准考领事官期图侨商发展""咨送各银行办事以俾学有所施"，"务期培一人即收一人之效"②。

由于汪济舟校长的不懈努力，国立武昌商业专门学校建立后得到了迅速发展。在汪济舟任校长的短短三年间（1916—1919 年）就培养了包括杨献珍③、翦伯赞④、李之龙⑤、武埼

---

① 校内有楼曰"石经"，上有蔡邕"石经"残字，将该组织命名为"石经会"，有拓新而不忘旧之意。

② 杨献珍：《故校长汪君牧先生传略》，载《武昌商业专门学校第四次同学录》，武汉市档案馆藏，第 28 页。

③ 杨献珍（1896—1992），湖北郧县人，著名马克思主义哲学家、教育家。1916 年考入国立武昌商业专门学校，1920 年毕业后留校担任英文教师。1926 年加入中国共产党。参加革命后长期致力于马克思主义哲学研究和教育工作。1955 年当选为中国科学院学部委员（院士）。曾任中共中央马列学院院长，中共中央高级党校校长、党委书记，中国科学院哲学社会科学部哲学研究所副所长，中国政法学会理事。是中共第八届中央候补委员、委员，中共十二大后任中央顾问委员会委员，第一、二届全国人大代表，第四届全国政协委员，第二、三、五届全国政协常委。主要著作有《论敌后抗日根据地的社会性质》《什么是唯物主义》《论党性》《我的哲学"罪案"》等。

④ 翦伯赞（1898—1968），湖南桃源人，著名历史学家、教育家。1916 年考入国立北京法政专门学校，不久转入国立武昌商业专门学校，1919 年毕业。1924 年留学美国加利福尼亚大学攻读经济学。回国后长期从事历史学研究，逐渐成长为著名的左派历史学家。1937 年加入中国共产党。1955 年当选为中国科学院学部委员（院士）。曾任北京大学副校长、历史系主任，是中共中央民族事务委员会委员，第一、二、三届全国人大代表，第一届全国政协委员。"文化大革命"爆发后受到迫害，1968 年含冤自杀。主要著作有《中国史纲要》《中国史论集》《中国史纲》《中国历史哲学教程》《历史问题论丛》《先秦史》《秦汉史》等。

⑤ 李之龙（1897—1928），湖北沔阳人，中共早期著名军事将领。1916 年考入国立武昌商业专门学校，后因家贫辍学。1921 年加入中国共产党。1924 年考入黄埔军校第一期。曾任国民革命军海军中将、海军局代理局长，是现代史上著名的"中山舰事件"当事人。

干①在内的一批杰出人物，迅速提升了学校的社会声望。

（二）商专学生与"五四运动"在武汉的爆发和蔓延

"一战"结束后，诸战胜国在巴黎举行世界和平会议。中国作为战胜国，提出收回日本在战争期间趁机取得的在华权益，遭到无理拒绝。消息传出后，北京各大中学校学生于1919年5月4日集会游行，要求外争国权、内惩国贼，并火烧了中国谈判代表曹汝霖的住处赵家楼，遭到镇压，32名学生当场被捕。这一事件激起了全国范围的抗议活动。

5月6日，武汉各大中学校学生为响应北京学生运动，集会游行到武昌司门口省长公署请愿，武昌商业专门学校的队伍走在最前面。到达省长公署时，被军队挡在门外。商专学生代表骆国昌、褚汇宗、熊文略②、周志仲等会同其他各校代表一再交涉未果，最后代表们商定了一个"诈跪急进"的办法。一声号令，全体学生立即跪下，这时守卫大门的军官被迫也令士兵跪下。代表们见士兵精神不集中，便号召同学们往里冲，士兵们猝不及防，省署会客厅和左右空坪遂为大批学生占据。省长何佩瑢这时不在公署内，由政务厅厅长代见，学生们不答应，要求面见省长，坚持等何佩瑢到来。直到次日凌晨，何佩瑢终于到来接见学生代表。代表们提出废除二十一条、对日经济绝交、惩办曹汝霖等国贼、允许学生自由演讲等要求，并提出把上述各条要求立即致电北京段祺瑞内阁，何佩瑢不得不答应照转。代表们俟亲眼看到电文以后，才通知各校学生整队回校。

对于"五四运动"中全国学生们的要求，段祺瑞政府并没有诚意去应允执行。全国学生总会乃决定6月3日这一天在全国各都市举行大游行。当天，武汉各校门前都围满了军警。武昌商业专门学校第一道门和第二道门之间的空地也被军警所占据。后来，学生们从电话中获悉武昌高等师范学校学生和军警冲突，学生被军警用刺刀刺伤了，都激愤起来，决定要冲出包围，上街游行。代表们集合学生，以人肩当梯子，翻墙出校。一队由粮道街经巡道岭到胭脂路，一队由育婴堂经楚材街到都府堤，沿街道进行宣传。不料在几个转角地方遇到大批军警，勒令停止演讲。宣传队只有一起跪在地上宣传，听众无不动容，军警也颇受感动。

6月3日游行示威受挫后，各校派代表至汉口老圃③开各界代表大会。武昌商业专门学校派出代表骆国昌、周志仲等20多人，由骆国昌领队。他们高举校旗走出大门时，时任校长葛宗楚站在校门口拦住去路。代表队坚持要去，葛宗楚一意阻拦，周志仲、刘世仪等代表愤怒地把他推倒在地，遂率领代表队冲出校门。在老圃各界代表大会上，最

---

① 武埥干（1898—1990），湖南溆浦人，著名国际贸易学家。1917年考入国立武昌商业专门学校，1921年毕业。先后任教于上海法学院、中央大学、复旦大学、湖南大学、上海财经学院、对外经济贸易大学。著有《中国国际贸易史》《中国国际贸易概论》《中国关税问题》《鸦片战争史》等。

② 现存档案的毕业生名单中无褚汇宗、熊文略的名字，当时有的学生设有获得毕业证书，不知此二人是否如此，抑或有何别的原因。

③ 汉口循礼门附近的一个公共娱乐场所。

突出的一幕是周志仲手里拿着一大幅"救国杀贼"血书，这是许多同学咬破手指集体写成的。老圃大会开到中途，军警冲入会场，与学生发生冲突。商专代表中有人受伤，骆国昌、周志仲等遂将受伤同学送到医院，直到深夜才返回学校。

在"五四运动"中，商专许多准备毕业考试的学生都放下书本，踊跃参加游行示威。受学生运动的影响，到6月底商专通告举行毕业考试时，两班96名应届毕业生中只有48人报到参加考试并获得文凭①。

（三）办学经费问题与学校第一次组织人事风波

1919年夏，汪济舟校长因病去世，教育部任命教务长葛宗楚接任校长。葛宗楚，湖北通城人，早年曾求学于武昌两湖书院，后受张之洞保荐赴日本高等商业学校深造。葛宗楚接任校长后聘阮钧为教务长（即教务主任），仍聘罗仲塑为斋务主任，添聘谈骙为教员，其余教职员均无变动。由于萧规曹随，学校发展局面一开始较为稳定，但此时却在办学经费方面产生了严重的问题，至1920年终于引发了学校第一次组织人事风波。

武昌商业专门学校的办学经费，是从米厘税款息金内开支的。汪济舟校长在任时，该笔款项还能按时从北京拨来，或派人到北京领取。1918年以后，军阀之间战争不断，财政枯竭到了极点，商专办学经费不幸被挪用。葛宗楚接任校长之初，尚能得到一些接济，后来干脆被取消了。他只好向湖北省长公署请求从湖北教育经费内开支，得到批准后由湖北官钞局暂垫，勉强度日，后来连这个办法也行不通了。因此教学活动一度陷于停顿。

斋务主任罗仲塑见葛宗楚校长情势难支，便出来活动，企图接替葛宗楚的职务。专任教员谈骙反对罗仲塑的举动，便和一些学生到督署请愿，要求维持葛宗楚的职务。湖北督军兼省长王占元见有机可乘，试图保荐自己的亲家孙家振担任商专校长。但此时"联省自治""鄂人治鄂"的社会情绪持续升温，在湖北在京的一些政界要人的举荐下，鄂人夏寿康做了湖北省长。

夏寿康到任后，准备与教育部联系解决商专校长任命问题。王占元便抢先向夏寿康举荐孙家振，不料夏寿康亦有推荐自己的一位亲戚之意。王占元既然抢先介绍了人，夏寿康就不便再提出自己的了。就在踌躇之间，夏寿康的一些幕僚向他举荐了同是夏寿康的幕僚、时任省长公署秘书的卢蔚乾。卢蔚乾（生卒年不详），湖北浠水人，1917—1919年留学日本法科大学，归国后担任过山西大学、国立北京法政专门学校教员。夏寿康为了团结鄂人，便向教育部推荐卢蔚乾为商专校长。1920年冬，教育部任命卢蔚乾为武昌商业专门学校第三任校长。卢蔚乾就任后，遭到王占元派系的葛宗楚、罗仲塑两部分力量的联手反对，不得不下台，并被夏寿康派到日本去考察。

卢蔚乾走后，原来瞄准商专校长职位的罗仲塑仍继续活动。但此时校长的适任条件不再是资历或学问，而是解决经费问题的能力了。1921年初，教育部挑选了一个与省署、督署都有密切联系的人——湖北省议会议长屈佩兰兼任商专校长。屈佩兰到任后，

---

① 参见张国瑞：《记国立武昌商科大学》，载《武汉文史资料》（内部刊印），1986年第2辑，总第24辑，第49~51页。

仍聘阮钧为教务主任，罗仲塾为斋务主任，其他教职员均无变动，组织人事方面便逐渐稳定下来。

到了1922年6月时，全校教职员共48名，其中与开设商学课程有关的教员11名，具体情况见表2-1：

表2-1　　　　　　**1922年国立武昌商业专门学校商学教员及开设课程一览表**

序号	教员姓名	教　授　课　程	兼　职
1	阮　钧	银行簿记、会计学、商业政策、商业地理、投机论、交易所论	教务主任
2	张鸿冀	银行论、买卖论、商业通论、统计学	学监
3	董维键	经济原论、货币论、外国商业历史、商用英文	
4	万和怿	商业算术、商业地理、商品学、簿记	
5	柳荣春	关税、仓库工厂管理法、保险论	
6	高　莘	商业簿记、海陆运输论	
7	何膺恒	商业道德伦理学	
8	何羽道	经济原论、财政学	
9	黄嗣文	中国商业历史	
10	袁　蔚	商业实践	
11	王式金	商用文	

资料来源：《国立武昌商业专门学校第四次同学录》，武汉市档案馆，第1~4页。

其中尤为值得一提的是，讲授经济原论（经济学原理）等课程的董维键曾于1912—1920年留学于美国哥伦比亚大学，并获经济学博士学位。这是武昌商业专门学校教师中第一位博士。

（四）更名为国立武昌商科大学后学校的初步革命化

"五四运动"后，学生自治组织在学校取得举足轻重的地位。1923年夏，武昌商业专门学校学生自治会建议学校当局，改"国立武昌商业专门学校"为"国立武昌商科大学"，同时招收女生。屈佩兰校长随即呈报湖北督署，获得批准，暑假后即以大学名义招收新生，并更换了校牌。国立武昌商科大学成为当时中国仅有的两所商科大学之一[①]。招收女生一事因故推至翌年实行。

商专改为商大之后不久，教务长阮钧逝世。平时与前校长葛宗楚有交情的教员向屈佩兰建议再聘葛宗楚为教务长，屈佩兰表示赞同。但此时日趋革命化的学生自治会却不

---

① 另一所是成立于1921年的国立上海商科大学（上海财经大学前身）。

同意。当年春天，学生自治会改选，具有革命色彩的学生许鸿①等人掌握了学生自治会，自治会的活动能量为之增强。在此次教务长选聘之争中，学生自治会要求聘请著名的革命教授耿丹来校任教务长，屈佩兰不同意。双方僵持达3个月之久，后以屈佩兰被迫接受学生自治会意见告终，耿丹遂被聘为教务长。

耿丹（1892—1927），湖北安陆人，辛亥革命武昌首义时任学生军大队长、禁卫军团长。1913年公派英国伦敦大学留学，1919年获得经济学博士学位。回国后曾任教于北京大学，为陈独秀和李大钊所器重，逐渐倾向共产主义。1920年底耿丹南下武昌高等师范学校任教，思想日趋革命化。耿丹任武昌商科大学教务长后，把时任武昌师范大学教授的李汉俊②请来任社会学教授，新聘毕业于日本庆应大学的南夔为银行簿记学教授，夏维海为商业广告学教授，于宅城为租税学教授，胡忠民为世界近代史教授。这些革新措施受到了学生们的欢迎。

在新来的教授中，李汉俊最受欢迎，因而兼任了研究班教授。大学研究班，是针对专门部各班学生和应届毕业生开设的。四年级应届毕业生不愿读大学研究班者，只发专门部文凭（专科）；愿读大学研究班者，准许入班学习。研究时间为一年，通过考试者发给大学毕业文凭。研究班开班时，首先开设的是辩证唯物论一课，由李汉俊讲授，讲授时几乎轰动全校。参加研究班的学生有沈质清③、陆琼等倾向革命的20多名学生。其他课程选聘教授不易，学生又不欢迎，中途只得停开了。这种情形，使得武昌商科大学的课堂里革命气氛愈来愈浓。学生们对社会学和公民学等新课程的拥护和对传统商学科目的厌倦，迫使讲授民法、破产法的雷宝杏以及讲授商法的苏道衡等教师自行离职。

亲近屈佩兰的法文教授程光鑫对耿丹的革新措施不满，耿丹遂行使教务长权力把程光鑫的课程钟点减少，迫使他去职。程光鑫岂肯善罢甘休，于是向校长屈佩兰反映，屈佩兰便撤销了耿丹的教务长职务，只保留其公民学教授职务，另派曾任浙江兴业银行经理的陈澄中为教务长，引起了学生们的不满。

（五）办学经费问题、领导渎职问题与学校第二次组织人事风波

1921年夏，萧耀南取代王占元任湖北督军。屈佩兰失去了政治靠山，导致学校办学经费重新发生困难，学校连每天烧茶水的煤炭费都无法支付，教职工薪水的发放更是无从谈起。教师和学生都极为不满，教学流于形式，学生学业完成无望，惶恐不安。校长屈佩兰嗜食鸦片，躺在鸦片铺上过活，长期不到学校视事，各项校务废弛。在屈佩兰上任后的两年多时间里，学校陷入发展低谷，导致广大师生对屈佩兰的严重不满。1923年冬，政府又强制实行阳历寒假制度，规定春节过后举行学期考试，师生情绪更加不

---

① 许鸿（1897—1994），江西乐平人，1921年考入国立武昌商业专门学校预科。1922年加入中国共产党，并当选为武汉学联主席。后曾任陆军大学政治总教官（少将衔），中华人民共和国成立后曾任中共中央中南局文化部副部长。

② 李汉俊（1890—1927），湖北潜江人。中国共产党第一次全国代表大会代表，中共创立时期最有影响的政治家、思想家之一。早年留学日本，1918年回国，1926年担任国立武昌商科大学教授、校务委员会委员。1927年12月17日，被武汉卫戍司令胡宗铎下令杀害，年仅37岁。

③ 现存档案的毕业生名单中无此名字，不知是否未获得毕业证书，抑或有何别的原因。

稳，不少学生未经批准就自行返乡过年。寒假过后，有的教授来了，有的未来，返校和留校的学生都无精打采，人心浮动，学校大有崩溃停办之势。

1924 年 3 月，武汉各高校均已如期上课，唯有武昌商科大学未能及时开学。一部分有责任心的教授乃决定组织起来，自主开学上课。开课月余，经费开支仍无着落。在这种情形下，程文高、董张坦、陆绍机、魏裕平、张建勋和吴春榆等各年级学生活动积极分子召开紧急会议，敦促学生自治会出面驱逐校长屈佩兰，并选派学生代表赴京请愿。愤怒的学生控制了校园，切断了校内外的联系。学生自治会召开大会，宣布屈佩兰尸位素餐、腐化堕落、不顾青年学生学业等"罪状"，驱其即日离职，并推举许鸿、程文高、刘咸风①、杨克礼等 4 人代表全体同学赴京请愿。在校教授也推举陈述为教师代表，会同学生代表一同赴京。

请愿代表到达北京后得到了在京各界湖北籍贤明人士的声援和支持。耿丹等人吁请教育部在湖北人当中挑选一位有声望的国民党人出来担任武昌商科大学校长。请愿代表点名恳请郭泰祺出任。郭泰祺（1889—1952），湖北武穴人，1904—1911 年留学美国，获宾夕法尼亚大学哲学博士学位。归国后曾任湖北军政府秘书，黎元洪首席英文秘书和外交部参事，广东军政府外交部次长，社会声望较高②。他还曾任湖北外国语专门学校校长，办学成绩显著，遂为请愿代表敦请，湖北旅京政界要人也从旁促成。教育部最后接受了这一请求，任命郭泰祺为武昌商科大学校长，这场风波即告平息。

（六）郭泰祺校长任内学校的兴盛发展和政治氛围的进一步浓郁

郭泰祺到任后，聘时任北京大学教授的王世杰③为教务长，聘胡伟为斋务长。王世杰随郭泰祺来学校后，曾邀请北大教授胡适、马寅初、周鲠生等来校演讲，受到师生们的热烈欢迎。不久，因北大不放行，王世杰辞去武昌商科大学教务长职务北返。郭泰祺又聘周佛海④为教务长，兼授经济学。周佛海的讲学在当时受到很多学生的欢迎。为了加强教学工作、充实教师队伍，郭泰祺又聘周炳琳⑤、吴之椿、程明思、陈克明等任教授。一般学生也响应学生自治会的号召："安定下来，埋头钻研。"除已有的演讲会、辩论会等学生组织外，各种学术研究会也相继成立，如许鸿领导的经济学会、庄恩尧领

---

① 现存档案的毕业生名单中无此名字，不知是否未获得毕业证书，抑或有何别的原因。

② 郭泰祺后来还担任过中国驻英大使、驻国际联盟首席代表、南京国民政府外交部长、最高国防会议外交委员会主席、中国驻联合国安理会首任代表等职。

③ 王世杰（1891—1981），湖北崇阳人。1929 年任国立武汉大学校长，详见下章。

④ 周佛海（1897—1948），湖南沅陵人。中国共产党早期领导人，中国国民党政府要员。早年留学日本，毕业于京都帝国大学系。曾于 1921 年 7 月参加中国共产党第一次全国代表大会。1924 年脱离共产党，加入国民党。历任国民政府训练总监部政治训练处处长、江苏省政府委员兼教育厅长、国民党中央党部民众训练部长、国民党中央宣传部长、汪伪国民党中央执行委员、汪伪政府警政部长、汪伪政府行政院副院长兼财政部长、汪伪政府上海市长等职。

⑤ 周炳琳（1892—1963），浙江黄岩人。1920 年起先后留学美国哥伦比亚大学、英国伦敦大学、法国巴黎大学、德国柏林大学。1925 年回国后历任北京大学教授、武昌商科大学教授、清华大学教授、北京大学法学院院长、河北省教育厅厅长、南京国民政府教育部常务次长、西南联合大学教授。

导的银行会计学会、徐震洲领导的国际贸易领事学会等。学校编印出版了《商大周刊》和学术讲演汇编。各省同学同乡会也有自己的出版物，如湖北同乡会的《楚风》、湖南同乡会的《湘潮》、江西同乡会的《赣江》、安徽同乡会的《皖声》等。整个校园里形成了一种积极向上的优良学风。同时，由于湖北督军萧耀南对郭泰祺颇有借重和拉拢之意，因而对学校办学经费予以大力支持，按月由湖北官钱局拨付。雄厚的师资、优良的学风、充裕的经费，这一切促进了武昌商科大学的兴盛和进一步发展。作为这种兴盛和发展的显著标志，1926年夏，日本各大学商科教授组织了报聘团前来应聘武昌商科大学的教职。这说明，此时的学校已在国外享有一定的名气了。

与这种蓬勃向上、兴盛发展的情形相伴生的是校园政治氛围的进一步浓郁。1925年，校学生自治会接受湖北省学联和武汉市学联的决议，改组学生自治会为学生会。由于学生中倾向革命者日众，学生会在校园里非常活跃。学生会除了在校内推动学校进行改革外，还成立了国共合作的国民党组织，由国民党湖北临时省党部派刘季良来校指导成立国民党四区五分部，党员有张勋载、汪功宏、程文高、刘咸凤、陆绍机等十余人。这标志着国共两党的力量正式进入学校校园。学校成立国民党分部后，积极推动学生运动的开展，使学校成为湖北省和武汉市学生运动的重要场所，有几次国民党四区党部全体党员大会、代表大会以及湖北省、武汉市学联大会都是在学校内召开的。恽代英、陈潭秋等中共早期领导人曾经出席指导，作长时间演讲，并领导学生高唱国际歌。在这一时期，时为商大预科学生的王明①在学生运动中逐渐崭露头角，他在校刊上发表了几篇宣传革命运动、宣传社会主义的文章，1925年"五卅惨案"发生后，他和其他商大学生领袖发起了声援上海"五卅运动"的示威活动，被推选为武昌学生联合会干事和湖北青年团体联合会执行委员，不久加入中国共产党和国民党，并担任国民党湖北省党部宣传干事。同年11月，王明离开商大赴苏联莫斯科中山大学学习。

三、合校、合流与武昌中山大学经济科的设立

（一）合校——七校合并组建国立武昌中山大学

1926年秋，北伐军来到武汉，使这个具有光荣革命传统的城市发生了翻天覆地的变化。政治上的革命带来了教育上的变革，国民政府决定整顿教育，在当时全国的政治中心武昌建立一所规模巨大的新型大学——国立武昌中山大学（为区别于广州中山大学，也称国立第二中山大学）。

1926年10月，武汉国民政府决定将国立武昌大学、国立武昌商科大学、省立文科大学、省立法科大学、省立医科大学以及私立文华大学合并，组成国立武昌中山大学，

---

① 王明（1904—1974），安徽金寨人。1920年考入六安省立第三甲种农业学校，开始从事革命活动。1924年秋，考入国立武昌商科大学预科学习。曾任中共江苏省委书记、中共中央委员、中共中央政治局委员、中共中央代理总书记、中共驻共产国际代表团团长、共产国际执委会主席团委员等职。其思想严重"左"倾，给中国革命造成了严重的损失。

不久又并入私立中华大学。任命邓演达、董必武、戴季陶、郭沫若、徐谦、顾孟余、章伯钧、李汉俊、周佛海等九人组成国立武昌中山大学筹备委员会。同月，批准徐谦、顾孟余、李汉俊、章伯钧、周佛海等五人为国立武昌中山大学校务委员会委员。

省立文科大学原是著名外交家郭泰祺于1912年在武昌旧保甲局之中路高等小学堂旧址上开办的英文馆，1914年改名为湖北省外语专门学校，1922年迁至武昌南湖，1924年改名为省立文科大学。省立法科大学原是1909年在武昌抚院街成立的官办法政学堂，民国初创时，官立湖北法政学堂首先恢复，改名为湖北省公立法政专门学校，后于1924年改名为省立法科大学，张知本任校长。省立医科大学原是张之洞于1906年在武昌昙华林街头创办的湖北陆军军医学堂，1913年改名为省立医学专门学校，后停办。1923年，留学德国归来的医学博士陈雨苍续办该校。1924年秋，私立医学专门学校并入，同年秋改名为省立医科大学。私立文华大学的前身为文华书院，由美国圣公会于1871年创办，地址在武昌昙华林，1903年正式建立大学部，1909年在美国哥伦比亚特区注册，定名为"文华大学"。吉尔曼博士于1916年至1924年任文华大学校长[1]。私立中华大学原是1912年5月成立的中华学校，1913年改名为中华大学，校长陈时[2]。国立武昌中山大学的建立，揭开了学校历史上虽短暂而又十分光辉的一页，对于学校的经济学教育来讲，具有非常重要的意义。

1926年底至1927年2月中旬，武昌中山大学筹委会先后召开9次会议，对办学的宗旨、方向、机构、学科、师资、校舍、经费等问题进行了周密的计划安排。筹委会决议，合并后的校址分设三处：一处为前武昌大学（简称中大一院），一处为前商科大学（简称中大二院），一处为前法科大学（简称为中大三院）。

（二）合流——在各校学科综合的基础上形成独立的经济科

1926年12月28日，国立武昌中山大学正式成立。1927年2月，国立武昌中山大学正式颁布了学校组织大纲。这个大纲反映了学校的性质、办学宗旨、组织原则和机构设置等，对以后的办学产生了较大影响。组织大纲规定，学校以研究高深学术、养成革命人才为宗旨；废除校长制，实行大学委员会制。

学校拟设大学院（相当于研究院，在没有毕业生之前暂不设立）和文科、法科、商科、理科、医科、预科等6科，除预科外，其他各科下设系，共17系。其中商科下设经济学系和商业学系。各科分别成立委员会，商科委员由陈达、危诰生、南豪、蔡光黄、史泽宣担任[3]。

自方言学堂至武昌大学，经济学从未单立一科，大多附属于其他学科。武昌中山大学时期，商科单独设立，经济学单独成系，此时应是七校合并后学科的合流。原武昌商科大学设有商业学系，教授普通商业和银行学等；而武昌大学及其前身均停留在经济学

---

① 私立文华大学并入国立武昌中山大学的，可能并非该校的全部，因为华中师范大学与其亦有渊源，所以也有该校并入华师一说，但尚无确凿史料加以证明，详情待考。

② 参吴贻谷主编：《武汉大学校史（1893—1993）》，武汉大学出版社1993年版，第91~92页。

③ 谢红星主编：《武汉大学校史新编（1893—2013）》，武汉大学出版社2013年版，第49页。

基础教育层面，没有涉及商学，因而商业学系的设立应是以原武昌商科大学的师资力量为基础的。此时商科的设立、经济学系和商业学系的设置，当是七校合并后经济学教育的合流。

武昌中山大学办学时间短暂，因而对当时教育课程设置的考察难度较大，但其教学应与民国十年（1921年）所颁布的课程设置相差不大。在是年颁布的《专门学校令》中，规定经济科（商科）需上的课程为经济史、货币论、银行论、财政学、财政史、农业政策、工业政策、商业政策、交通政策、殖民政策、统计学、保险学、簿记学、民法概论、商法等。另外还可选修商业史、商业地理、国际公法、刑法总论、政治学、交易市场论、仓库及关税论等①。

（三）武昌中山大学始设经济科的历史意义

国立武昌中山大学经济科的设立，对于中国经济学教育机构设置及学科发展意义巨大。在国内，北京大学、南开大学和南京大学的经济学教育也一直是处于领先地位的，但从经济学教育机构的设置上看，此时国立武昌中山大学在校级机构下设商科（经济科），商科（经济科）下设经济学系与商业学系，即将"系"置于"科"之下，"科"则应为我们现在的"院"级机构。且经济科单列出来与文科、理科、法科、医科、预科并列，作为学校机构之一，也具有"院"的特点。在院级单位前冠以"经济"，这应是经济学院的雏形。

经济科下设的经济学系和商业学系是经济学和商学共存并以经济学为统领的。此处经济学应是理论经济学范畴，武昌大学及其前身对经济学的讲授也是停留在简单的理论层面上；而商学则是应用经济和经营学（类似工商管理）的运用，所讲授的是普通商业及银行货币，重在运用和管理。据此，从管理体制和机构设置上看，经济科应是将经济（含理论与应用）和管理（侧重于工商管理）共同纳入"经济学"范围的，亦即经济与管理是合并考虑来设置机构的。换言之，武昌中山大学的经济科实际上包含了今天学科划分中经济与管理两大学科门类的某些内容，类似于今天的武汉大学经济与管理学院。

---

① 熊明安：《中国高等教育史》，重庆出版社1988年版，第434页。

第三章
国立武汉大学法学院经济学系的
设立与发展（1928—1938 年）

1928 年，国民政府组建国立武汉大学，选址珞珈山，武汉大学开始了新的发展历程。学校的院系设置，实行的是美国式的校—院—系三级体制。经济学系设置于法学院。由于学校机制的完善与良好的办学条件，吸引了大批国内知名学者来校任教，如任凯南、杨端六、陶因、刘秉麟等著名经济学家，形成一支实力强大的教学与科研力量。学校开始重视科研机构的设置和学术刊物的创办，为经济学的研究提供了良好的环境和条件。在此基础上，武汉大学经济学科有了很大的发展，并形成明显的学科特色与优势。

一、国立武汉大学的组建

（一）国立武汉大学组建工作的开展

1928 年，国民政府决定彻底改组国立武昌中山大学，组建国立武汉大学。其主要原因是武昌中山大学是一所深受共产党影响的革命学校，是进步力量的主要阵地。中共党组织在武昌中山大学成立的中山大学学生会，实际上是党的外围组织。全校师生在共产党的领导下革命热情高涨，成为反对国民政府的有生力量。国民党在取得政权后，急需加强对教育的控制，培养适应国民党统治需要的人才，因此改组国立武昌中山大学是一项迫切任务。此外，许多爱国志士痛感国家贫弱，极力主张教育救国，部分知识分子强烈呼吁创办高等教育。武汉地处"九省通衢"，历来都是中国中部的经济和文化中心，但相比而言文化却落后于经济，因此在武汉建立一所高质量的大学也是使武汉成为真正的经济文化中心乃至政治中心的重要举措。

武汉大学的筹建，最初由湖北省教育厅提出，其初衷是由省办，国民政府大学院（后改为教育部）院长蔡元培则坚持要国立。1928 年 7 月，大学院正式决定筹建国立武汉大学，暂以武昌东厂口原武昌中山大学一院为校址，开始组建工作。8 月，蔡元培发布大学院令，任命刘树杞为武汉大学代理校长，李四光、王星拱、张难先、石瑛、叶雅阁、麦焕章等人为新校舍建筑设备委员会委员，李四光为委员长。其间，武汉大学接受了前武昌中山大学的校产及部分学生①。

（二）国立武汉大学新校址选定珞珈山

1928 年 11 月 28 日，武汉大学建筑筹备委员会第一次会议决定在武昌城外珞珈山一带建设新校舍，并向中央政府申请建筑经费。

珞珈山新校舍最初设计包括文、法、理、工、农、医 6 个学院，另加大礼堂、图书馆、总办公厅、体育馆、饭厅等大建筑物 10 余栋；学生宿舍楼 7 栋；电气厂、工厂各 1 栋；教职工住宅大小数十栋及其他零星房屋若干栋；另外还有生活设施若干。武汉大学的建筑"以宏伟、坚固、适用为原则，不求华美"，整个建筑讲究整体布局，在建筑风格上采中西之所长，融古典建筑艺术与现代艺术为一炉，开启我国建筑史上的新风。

1930 年 3 月至 1932 年春，武汉大学新校舍基本落成，1932 年 3 月开始授课。至 1938 年初学校西迁乐山止，除农学院部分工程和医学院、大礼堂、总办公厅等工程外，大部分工程都陆续完成②。

（三）历任校长的办学思想

刘树杞（1890—1935），湖北蒲圻人，化学家，教育家。1928 年 6 月至 1929 年 3 月代理武汉大学校长。刘树杞首先提出改组武昌中山大学，建一所新大学。对于国立武汉大学的特点，他概括为五点：一是注重党义，即用三民主义作指导；二是重质而不重量，不挂空名，一科一科的组建与发展，避免中学般的大学程度；三是学术研究向深邃处发展，防止课程之浅薄；四是追求更伟大的建筑，更新鲜的外表；五是造就学术上适合于中国建设、精神上健全而具有高尚人格的适用人才③。他的思想体现了武汉大学在校舍建设、学科发展与人才培养等各方面形成综合优势、打造名校品牌的恢弘气势与宏伟目标，为武汉大学后来的建设与发展绘制了理想蓝图并奠定了坚实的基础。

王世杰（1891—1981），湖北崇阳人，著名法学家、教育家。1920 年获巴黎大学法学博士学位。回国后历任北京大学教授、中央大学教授，1929 年，受命任新组建的武汉大学的校长。1933 年，调任教育部部长。著有《比较宪法》等。王世杰任武汉大学校长时期提出的一系列办学主张对于学校的发展发挥了重要作用。他认为，在中国当时的情况下，新大学的创建需要有五个条件：适当的校舍；完善的设备；确定的经费；良好的教授和严整的纪律。在教育学生方面，他注重"人格训练"，要求学生"好学、吃苦、守纪律"④。王世杰在校四年，武汉大学的教学、科研呈现出良好的发展态势。

王星拱（1887—1949），安徽怀宁（今高河镇）人，著名教育家、化学家、哲学

---

① 吴骁谷主编：《武汉大学校史（1893—1993）》，武汉大学出版社 1993 年版，第 103 页。
② 吴骁谷主编：《武汉大学校史（1893—1993）》，武汉大学出版社 1993 年版，第 105~106 页。
③ 吴骁谷主编：《武汉大学校史（1893—1993）》，武汉大学出版社 1993 年版，第 107 页。
④ 吴骁谷主编：《武汉大学校史（1893—1993）》，武汉大学出版社 1993 年版，第 125 页。

家。1933年5月出任武汉大学校长，1945年调任国立中山大学校长。王星拱主政武汉大学12年，广招贤才，发展学术，为武汉大学的辉煌崛起做出了重要贡献。抗战爆发后，王星拱率校西迁四川乐山，曾拒绝国民党在校内建立区分部，并保护进步学生，支持学生开展抗日宣传活动。

二、法学院经济学系的设立及其师资力量

（一）国立武汉大学法学院经济学系的设立

国立武汉大学实行的是美国式的校—院—系三级体系，各院设院长一人，各系设主任一人。学校组建之初设立3个学院：社会科学院、理工学院、文学院。并设预科，分文理两组。1929年3月将理工学院分为理、工两个学院，6月改社会科学院为法学院。

学校在创立之始，原定于第一年先办预科。由于前武昌中山大学学生请求特别准许入学，乃就该校各级学生举行编级考试，结果有20多人被编入社会科学院本科一年级。而在新校成立的第一年即1928年，社会科学院只设有政治经济学系，因而此时社会科学院也就只有政治经济学专业一个班的学生。及至第二学年，社会科学院改称法学院，分设法律学、政治经济学及商学三系。但除了政治经济学专业兼有一、二年级的学生外，法学和商学两个专业均只有一年级的学生。学生合计约70人。

新校成立的第三年即1930年，原有的政治经济学系，依大学条例分为政治学及经济学两系。至此，法学院共有法律学、政治学、经济学、商学四系，学生分属4个专业，共10个班，总数约140人。

从课程设置及教学内容上看，法学院下设各专业的课程大多以基本理论为主，兼及实际应用方面的课程。当时学院特别注重学生将来服务社会必备的实用知识，开设了诸如簿记、会计、统计、法律实习等方面的应用课和实习课。在教授方法上，学院注重调动高年级学生自主学习的积极性，尽量减少他们的课堂教学时间，鼓励学生多读参考书，自主研习①。

1932年，由于缺乏师资，商学系停办并入经济学系。此后，法学院一直保持法律学系、经济学系和政治学系的设置，直到1952年。1930年9月，校务会议决议，自本年度起各学系已有三年级者，设置系主任。至1938年，法学院院长先后是皮宗石（1928.9—1933.4）、杨端六（1933.4—1937.1）和刘秉麟（1937.1—1938.8）。经济学系主任先后是皮宗石、任凯南、陶因。

（二）经济学系的师资力量

学校对教师的任命采用聘任制，这种机制保证了武汉大学能够吸引很多优秀师资。来校任教的除著名经济学家任凯南、皮宗石、杨端六、刘秉麟、陶因、戴铭巽等教授外，还有张峻、朱祖晦、伍启元、韦从序、钟兆睿、夏道平、张克明、潘源来等人。正

---

① 《国立武汉大学一览》，民国十九年，第23页。

是武汉大学良好的办学环境和健全的制度，才吸引了众多经济学人才汇聚珞珈山麓。当时武汉大学经济学系的师资力量在全国各高校中具有一定的特色和优势。

任凯南（1884—1949），湖南湘阴（今汨罗市）人，曾入日本早稻田大学深造，1921年取得英国伦敦大学经济学博士学位。1927年8月，聘为国立武汉大学筹备委员会委员、经济学教授。1932年10月任武汉大学经济学系主任，后兼任武汉大学法科研究所经济学部主任。1937年7月，应邀回湖南大学。他学识渊博，在经济学方面造诣尤深。在伦敦大学时已赫赫有名，至武汉大学执教时，在经济学界已与马寅初齐名，时有"南任北马"之说，足见其名声之大。

皮宗石（1887—1967），湖南长沙人，16岁考取湖南官费出国生，先以实习生名义到日本读中学，后考入东京帝国大学学习政治经济学。1912年底，从日本回国，与杨端六、周鲠生、张秉文等共同筹办汉口《民国日报》。1928年8月，辞去教育部长职务的蔡元培携眷出京，定居上海。离开之际，他力邀皮宗石、王世杰、王星拱、周鲠生等人一同前往湖北，共同筹建国立武汉大学。皮宗石最先到来，作为校务委员会委员，他鞠躬尽瘁，为学校的建设发展出谋划策。他在武汉大学工作9年，除讲授财政学等课外，还先后兼任武汉大学社会科学院院长、法学院院长、图书馆馆长等职。

杨端六（1885—1966），祖籍江苏武进（今江苏常州），生于湖南长沙，著名货币金融学家。1905年9月赴日本留学，1911年回国。1913年初留学英国，入伦敦大学政治经济学系，学习货币银行专业。1920年5月回国，至1928年，在商务印书馆任职8年。1942年被聘为"部聘教授"。后来，由于他想从事经济学、金融学研究，便决定离开商务印书馆。1930年8月到武汉大学任教，次年担任商学系主任。此后，他一直从事金融学的教学与研究工作。

刘秉麟（1891—1956），湖南长沙人，武汉大学法学院院长、教育部部聘教授。1913年入北京大学经济学系，1917年毕业后回湖南高等商业学校任教，1918年到北京大学担任图书馆馆员，在李大钊的影响下，开始研究和学习马克思主义学说，发表了《马克思传略》《劳动问题是什么》等文章。1919年担任上海中国公学大学部教务长。1920年出国留学，先后毕业于英国伦敦大学经济学院研究生班、德国柏林大学经济学系研究生班。1925年回国，先后在上海中国公学大学部任教授兼商学院院长、上海商务印书馆任主任编辑。上海"一·二八事变"后，到武汉大学任经济学系教授。1937年起兼任法学院院长，并多次代理校长。1943年被聘为"部聘教授"。

陶因（1894—1952），安徽舒城人，早年留学日本，毕业于日本帝国大学。随后，前往欧洲，留学德国，获法兰克福大学经济学博士学位。1930年初，从欧洲学成归国。受时任安徽大学校长王星拱的邀请担任该校法学院院长。不久，王星拱被南京国民政府教育部正式任命为武汉大学校长。1930年9月，陶因又随王星拱来到武汉大学经济学系任教，并被聘为教授。1936年9月，被任命为经济学系主任，任职达9年之久。1945年1月兼任武汉大学教务长。1946年转职国立安徽大学。

戴铭巽（1904—1970），江苏镇江人，国立南京高等师范商科毕业，先后就读于伦敦大学经济学院和爱丁堡大学商科，1931年获商学学士学位。回国后受聘为国立武汉大学经济学系教授，主讲簿记学、会计学、统计学等课程。

张峻（生卒年不详），江苏武进人，英国爱丁堡大学商学学士，上海会计师公会会员，曾任上海交通大学教授，国立第四中山大学会计学系主任，上海大同大学商科主任。1930年9月来到国立武汉大学担任法学院教授。

朱祖晦（生卒年不详），江苏南京人，美国哈佛大学硕士。曾任国民政府设计委员会设计委员，中央研究院社会科学研究所研究员，国际劳工局中国分局统计专员。1933年来到国立武汉大学担任法学院经济学系统计学教授，1938年离职。其论文《统计学上两量之比》《拣样调查法之理论》《三十年之汉口外汇指数》等在当时颇有影响，1934年还出版过《人口统计新论》一书。

伍启元（1912—?），广东台山人，早年就读于沪江大学，1932年毕业后入国立清华大学经济研究所继续攻读，1934年赴英国留学，1937年获伦敦政治经济学院经济学博士学位。1937—1939年到国立武汉大学任教，讲授西洋经济史、经济思想史。曾在《武汉大学社会科学季刊》第7卷第2期发表《货币数量说及其史的发展》一文。

韦从序（1904—?），安徽舒城人，1926年毕业于国立东南大学教系（即教育学系），获学士学位，先后肄业于英国政治经济学院经济统计系（1934—1935年）和伦敦大学统计系（1935—1937年）。1937年8月—1947年7月在国立武汉大学担任统计学教授。后赴安徽大学，任法学院院长。后又任"中央"大学教授、台湾省东吴大学教授和政治大学教授。

钟兆睿（生卒年不详），浙江德清人，美国哥伦比亚大学经济学硕士，曾于财政部调查货价局及国定税则委员会任职。1937年到国立武汉大学任经济学系教授，讲授经济学英文选读、国际贸易及国外汇兑等课程。

夏道平（1907—1995），湖北大冶人，1945年毕业于国立武汉大学法学院经济学系。自由经济思想推崇者，译著有（美）米塞斯的《反资本主义的心境》《经济学的最后基础》和（德）洛卜克的《自由社会的经济学》等。

张克明（生卒年不详），湖北蕲春人，1932年毕业于国立武汉大学法学院商学系，翌年担任经济学系助教，担任会计学实习课。曾与夏道平合作编有《湖北江河流域灾情调查报告书》，为后人的相关研究提供了宝贵的资料。

潘源来（1903—?），湖南浏阳人。1930毕业于中央大学经济学专业，获经济学学士学位。1931年于国立武汉大学法学院担任助教。1935年赴英国伦敦大学学习，1938年取得经济学硕士学位并回国。主要从事经济学、贸易理论与实务等教学和研究。主要著作有《经济学原理》《世界倾销问题》，译著有《国内价值和国际价值》《中世纪欧洲生活和劳动》《国际经济政策》《经济学说评论》等。

三、经济学系的课程设置及学分制教学

（一）经济学系的培养目标与课程设置

国立武汉大学经济学系设立伊始，还是以为社会培养职业人才为主要目标的，经济学的理论课程与应用性课程在经济学系的课程设置中占有同等重要的比例。考虑到当时

中国虽急需各种高级人才，但很不稳定的经济形势并不能保证毕业生长期固定从事于一种职业，所以经济学系基本上是按照社会科学的通才来培养学生的。经济学系的学生被要求学习法学、政治学等课程，每个学生还必须选修一门自然科学课程。通才教育和各种应用经济学的教育，更加有利于学生就业后能适应社会。不过，在经济学系的学生中还是涌现了不少优秀的学术型人才，他们在十多年后成为武汉大学经济学系发展的中坚力量。

1930 年、1931 年，经济学系开设的课程为：市政学、近代中国外交史、经济学、经济思想史、经济政策、货币学、银行学、财政学、近代外国经济史、簿记学、会计学、国际贸易与国际金融、商业通论、运输学、商品学、经济地理、英文经济学名著选读；中国经济史、银行实务、保险学、统计学、交易所、商业组织。

之后，随着经济学系自身的发展及教师的变动，经济学系开设的课程或有增减，部分课程名称也有所改动。1935 年，就取消了近代中国外交史、簿记学、商业通论、运输学、商品学、银行实务、保险学、交易所、商业组织等课程，新增了社会学、近代中国财政经济、社会主义与社会运动、工商组织等课程。1938 年又有所变动，货币学和银行学合并为一门课程——货币与银行；近代外国经济史改为近代西洋经济史；国际贸易与国际金融改为国际贸易及国外汇兑；英文经济学名著选读改为经济学英文选读，同时还增加了行政学、现代经济思想、近代西洋经济史、关税实务等几门课程。

1930—1938 年经济学系的课程设置及其变动体现出国立武汉大学经济学教育重在将理论与实践相结合，同时注重与经济学发展趋势相适应并及时调整教学计划。随着经济学理论的研究和运用不断完善，课程设置及教学计划也臻于完备，并体现了灵活变通为己所用的特点，比如将货币学、银行学合并为货币与银行一门课程，旨在将二者理论综合概括便于学生应用。同时通过中国经济史和外国经济史的学习，让学生找到中西经济学发展的区别和差距，能够系统地进行总结。

依照国立武汉大学的教学规定，开设每门课程，都要求必须列出大致的教学内容，某些课程还得列出参考书目。

（二）经济学系的学分制教学

国立武汉大学实行的是学分制教学，学生不仅要完成本专业课程，还要完成相关的基础课和一定的选修课。校长王星拱对于武汉大学改建初期 10 年的教学曾这样说道："在四年课程之中，可以说有三个段落，一年级注重共同相关的基础，二、三年级注重本系的必修科目，四年级注重高深的理论及特殊的运用。"①

根据学分制教学的要求，经济学系的教学计划也安排了必修课和选修课两大类，大体上低年级以开设必修课为主，越往高年级越增开选修课，一年级则只开必修课，而且第一学年开设的基本上是通识性课和少量专业基础课。表 3-1 是 1938 年经济学系的必修、选修课程情况。

---

① 吴骧谷主编：《武汉大学校史（1893—1993）》，武汉大学出版社 1993 年版，第 117 页。

表 3-1　　　　　　　　　　1938 年法学院经济学系必修选修课程

开设学年	课程类别	课 程 名 称
第一学年	全院必修	国文、外国文、中国通史、论理学（即逻辑学）、数学与自然科学（任选一门）、物理、化学、生物学、生理学、地质学、社会科学（任选两门）、社会学、政治学、经济学、民法概要、会计学（一）
第二学年	必修	统计学（一）、宪法、近代西洋经济史、货币与银行、经济学英文选读、民法概要、普通体育
	选修	会计学（二）、近代欧洲政治史、市政学、第二外国语
第三学年	必修	三民主义、国际贸易及国外汇兑、经济政策、国际公法、财政学、经济思想史、普通体育
	选修	统计学（二）、近代欧洲外交史、欧洲政治思想史、行政法、第二外国语
第四学年	必修	中国经济史、近代中国财政经济、现代经济思想、工商组织、商事法（一）（公司法、票据法）、劳工法、毕业论文、普通体育
	选修	行政学、中国外交史、关税实务、社会主义与社会运动、第二外国语

资料来源：《国立武汉大学一览》，民国二十九年，第 118、124~126 页。

从教学计划安排中可以看出，武汉大学的执政者们已注意到基础课与专门课的关系，在经济学教育中则是理论经济与应用经济相关课程的统筹规划与设置。相对于早期经济学教育停留在素质层面来说，这是一个明显的进步。同时也可以看到，当时经济学基础教育的范围是很宽泛的，许多法律、政治课程也被设置为经济学系学生的必修课，这既说明当时已注重按宽口径、厚基础的原则来培养经济学专业人才，也说明当时还没有达到按现代眼光来看的专业分科水平。而且在课程安排上，经济学理论仅在第一学年设置一次课程，而且是公共课，说明对经济学基础理论学习的认识还缺乏必要的深度和广度。在这些课程中，经济史、经济思想史和其他各种专门史所占比重较大，这是有深刻原因的。当时的经济学理论，无论是马克思的还是非马克思的，在 20 世纪 20—30 年代都尚未被中国人所理解和接受，按照原理演绎的方式教学比较困难，而中国传统教育使得老师和学生都比较容易从历史纵向的角度来认识问题。以史带面的教育模式自然就成了主流。

国立武汉大学学分制的设立大大提高了学生学习的积极性，学生可以根据自己的意愿自由地选择选修课程。值得一提的是，国立武汉大学还允许学生自由选修外系课程，许多外系的学生都得到了经济学的教育，如陶因教授主讲的一年级课程"经济学"，就是当时全校被选修最多的课程。选修这些课程的学生也成为经济学系服务的最大群体。

为激励学生努力学习，学校从 1932 年起设立了院、系两级奖学金制度，学院奖学金每学年 4 名，每院 1 名，每名奖励 60 元；学系奖学金每学年 13 名，每学系 1 名，每名奖励 50 元。对于家境贫寒的学生，根据教育部的规定，学校每年还设置了 80 名免费学额及 16 名公费学额。热心教育的社会团体和个人也在学校设置了免费生学额，如从

1930 年起，汉口银行连续 10 年对优秀的商学、经济学两系学生给予免费奖励。

四、经济学系的科学研究与学科优势

（一） 经济学系科研机构的设置及学术刊物的设置

随着师资力量的壮大和教学水平的提高，学校开始重视科研机构的设置。1934 年法学院筹备设立法学研究所，拟先从经济学部办起，逐渐扩充至法律学部与政治学部。1934 年 10 月，学校成立法科研究所，周鲠生为研究所主任。法科研究所下设经济学部，任凯南为学部主任。不仅教师成立了科研机构，而且学生早就成立了学术研究团体。从 1932 年起，学校各系学生先后自发成立了学术研究会，经济学会便是在那个时期成立的。学会举行学术会议的时候，不仅学生参加，老师也应邀参加讨论。学会还将研究成果在自己办的期刊上发表，大大促进了学生学习的积极性。

学术刊物是科学研究的载体与园地，学校对学术刊物也十分重视。1930 年，也就是武汉大学即将迁入新校舍的前夕，学校就创办了三大季刊：《社会科学季刊》《文哲季刊》《理科季刊》，另外还有《工科年刊》。时任校长王世杰十分重视学刊的创办，亲自为三大季刊撰写序言。学刊由各院的院长和编辑主任共同编辑。在去乐山前的 7 年中，季刊共出了 7 卷，每卷 4 期。这个时期，是武汉大学学术季刊编辑出版最稳定的时期。

《社会科学季刊》在这 7 年中以一年一卷、一卷 4 期的方式一共刊印了 7 卷 28 期，其中共载经济学论文 93 篇，包括英文论文 37 篇。很多论文篇幅很长，实为一册论著。期刊上刊载的论文，作者并不一定全是武汉大学的师生，但绝大部分论文的作者是武汉大学的，其中大部分是经济学系老师投稿，还有部分是历史系老师关于中国历史上经济问题的论述。经济方面的论文，杨端六的最多，经济学系其他教授也写了不少文章。这个时期是中国经济动荡和发展的时期，论文的主体大多涉及当时的金融财政。经济学系知名教授都对当时的币制、银价、汇兑等一系列关乎国计民生的重大经济问题展开论述，发表观点。从目录上来看，经济学系教授擅长于将国内外经济问题进行比较、借鉴；历史系教授擅长于从历史上的田制演变寻找对现时土地制度变革的启示与借鉴。《社会科学季刊》比较全面地反映了当时武汉大学在社会科学研究方面的学术实力与水平。

（二） 经济学系教师的科研主题与学科优势

武汉大学经济学科的发展主要体现在众多学者对经济热点问题的讨论上，后文对当时众学者发表的文章进行了汇总，这些文章集中体现了这一时期武汉大学经济学系教师将现实经济问题作为科研重点，经世致用的学术风格与理论追求。从发表的文章看来，当时比较集中的科研主题主要有五个：苏俄经济研究、中国经济制度变迁研究、外国经济学说研究、统计学研究、货币银行研究。其中对货币银行的研究形成了武汉大学经济学研究的学科优势。这五个科研主题的具体讨论与研究情形如下：

1. 苏俄经济研究

苏俄研究不仅是当时经济学领域讨论的热点，也是法学、政治学领域讨论的热点。如《社会科学季刊》第三卷即刊载了周鲠生的《苏俄革命法院之历史组织》，第七卷即刊载了钱端升的《苏联新宪法》。当时之所以出现"苏联热"，主要是由于苏联作为第一个社会主义国家出现以后，它的政治经济体制与其他西方国家有着显著的不同，不得不引起人们广泛的关注；而且作为中国最大的邻国，苏联的现状直接关系到中国的外交，作为中国学者自然不会置若罔闻；再一个重要原因就是共产党的活动普及了社会主义思想，无论是出于对共产主义的肯定还是否定，都有必要对当时社会主义的范本——苏联进行深入剖析。

刘秉麟的主攻方向是财政学，但他对苏联经济的关注和研究，也使得他成为这方面的研究专家之一。《苏俄之设计经济》《苏俄信用制度》以及其他苏联问题研究的专著，使得他在这一研究领域影响大增，以至于很多人都忘记了他是财政学权威，而把他直接称为苏联问题研究专家。除了刘秉麟对苏联社会主义研究颇有建树外，陶因也是苏联问题研究的一员干将，《苏俄的土地政策》《苏联的劳工政策》连同若干篇有关苏联或社会主义的文章，成了这位经济学系主任这一时期的科研代表作。

武汉大学在苏联和社会主义方面的研究，证明了当时的国立武汉大学并不是右翼国民党人实行独裁统治的地方。但处于当时的环境，刘秉麟和陶因等的讨论仅限于学术领域，并未对当时的中国社会造成重大影响，仅有个别学生受其影响而毅然冲破国民党当局封锁投身到了革命事业中去。

2. 中国经济制度变迁研究

国学研究，一直在民国学术研究中居于显赫地位，这一时期出现的国学大师为数最多。在经济学领域，已开始出现运用西方经济理论和学术规范来研究中国经济制度变迁的科研成果了。在武汉大学《社会科学季刊》中，最引人注目的就是吴其昌的长文——《田制史》。该文以时间为线索，结合史书记载，详细分析了中国各朝田制的演变。中国的土地制度，是困扰历代统治者的问题，国民政府不同于以往各封建统治集团，农业已经不是国民生计的唯一依赖，尽管如此，中国庞大人口的吃饭问题仍迫切要求加以解决。这一时期，学者们普遍关注这方面的问题，《社会科学季刊》中刊载了不少这方面的论文。可惜的是，该刊所刊载的这方面的论文篇幅毕竟有限，且因战乱原因只刊载到了宋元时期。

3. 外国经济学说研究

外国经济学说的研究，是经济学研究的一个重要领域。这方面的论文也有不少刊载，更多发表的是许多学者撰写的文献综述。从这些书评中可以看到学者研习的范围。这些研究，构成了衡量武汉大学地位最重要的基础项目。

陶因写的《三大经济学派的研究方法》《资本的意义》《论价值（上）（下）》是20世纪外国西方经济学的综述。从陶因的论著中可以看出，那个时代学者的研究是紧跟历史潮流的，陶因的文章综合了各派的思想，能给以往的各个学派一个比较公道的评价。

4. 统计学研究

在 20 世纪 30 年代上半期，西方经济学的体系尚未得到最终的确立，其在中国的传播更是不甚广泛。第四卷中《统计学上两量之比》和第五卷中《拣样调查法之理论》的文章，把统计学研究摆上了武汉大学经济学研究的重要地位。统计学是从数量的角度揭示经济学的潜在规律，它的出现为经济问题的研究提供了新的手段与方法。

5. 货币银行研究

与其他高校相比，武汉大学经济学系在货币银行学说的研究中取得一定学科优势。当时全国经济学研究比较前沿的有北京大学、南京大学和南开大学等。20 世纪 30 年代的北京大学经济学研究主要的成果是赵迺抟教授的《英国制度经济学——前驱人琼斯》《重农学派与重商主义之比较》等论著①。南京大学的研究主要是马寅初教授的"统治经济"学说与"废两改元"，以及陈长蘅中国人口问题研究的引入。南开大学经济学研究重在研究中国局部经济问题，呈现区域研究趋势②。武汉大学则系统而详细地将当时中国存在的币制及银行问题进行阐述并提出有效的解决方案。

仅 1930 年首卷的《社会科学季刊》就有 8 篇论文讨论与货币银行有关的话题。宗贤能、梁明致、杨端六、任凯南、皮宗石、张直夫、梁龙都参与了这场讨论。当时的论文，篇幅很长，有的文章甚至长达十几页，这几篇论文完全可以单独成册。

南京国民政府 1928 年实现了中国形式上的统一后，一项重大的议题就是发行统一的货币。在清末和北洋政府统治时期虽然发行过货币，但在全国并没有被广泛流通，至 1928 年，中国市面上的货币仍然是银票。这样的货币体制是以藏银量的多少为实力的，存有大量银的钱庄、票号能凭借自身的实力把持金融市场。由当时浙江省政府委员马寅初提出的"废两改元"案，就能从根本上遏制这样一种分散混乱的局面。"废两改元"后由国家规定"元"的成色，私营金融机构不得自行发行货币，大大地打击了票号、钱庄的业务，使大量资金流向了银行，客观上促进了中国的建设。

在"废两改元"前后，银价跌落、甘末尔改革③、海关金④的作用都是热点话题。在《银价跌落与中国币值问题》《银价跌落与中国政府的责任》《银价跌落的影响》等 3 篇文章中，梁明致、杨端六都表示支持"废两改元"，并提出了由海关金改革成为货币的思路。梁明致还强烈呼吁按照国际惯例实行金本位制。《币制创造中之二大问题》《甘末尔币制报告》涉及的是中国的币制问题，皮宗石、张直夫讨论的问题，就涉及了

---

① 萧超然编：《北京大学校史（1898—1949）》，上海教育出版社 1981 年版，第 212 页。

② 参见南开大学经济学院史编辑委员会编：《南开大学经济学院史（上）》（1919—2004），第 11 页。

③ 1928 年普林斯顿大学教授甘末尔受国民政府邀请调查中国的财政和货币流通情况，并向中国政府提出了《中国逐渐采行金本位币制法草案》，该草案被称作《甘末尔报告》。

④ 简称"关金"，国民政府时期中国海关收税的计算单位。采用于 1930 年 1 月，以代替过去的"海关两"。每海关金单位的含金量为 0.601866 克，当时对各主要国家的货币比价规定为每海关金单位合美元 0.40 元；合英币 19.726 便士；合日币 0.8025 圆。1931 年 5 月，以海关金单位为标准，由中央银行发行"关金券"，作为纳税人缴纳关税之用。

银行的运作。

货币银行的研究，是武汉大学的学术优势。"废两改元"讨论过后，杨端六等仍在相继讨论金融的有关问题。其中既有涉及金融理论（如《货币制度》《近世货币史纲》），又有讨论具体的金融应用（如《东三省的货币》）。杨端六以此研究表示对日本发动"九·一八"事变的关注，并通过研究了解敌我形势。除此之外，他们还大量地介绍外国专著，这些专著都成为武汉大学研究的重要组成部分。

武汉大学能在经济研究上取得全国较为领先的水平，与这里的教师大多有留学的背景是密切相关的。在武汉大学，除非在一些和国学有关的学科，要是一个教师没有外国教育的背景，是几乎没有机会评上教授的。一些学科的高年级课程，直接用的是外文教材，西方的先进成果因此很容易传入学校，武汉大学才得以在经济学的教学与研究上居于全国先进水平。

五、法学院商学系的设立及并入经济学系

（一）法学院商学系的设立及招生

前已提及，国立武汉大学成立之初，接受了一批前武昌中山大学的学生，编入本科社会科学院。1929 年社会科学院改称法学院，设有商学系。1931 年 10 月，学校聘周鲠生为法学院商学系主任。1932 年 10 月，聘杨端六为商学系主任。

商学系第一学年招收了 3 名新生，其中 2 名原本肄业于前武昌中山大学，后转入国立武汉大学商学系学习。尔后，商学系又招收了两学年的学生共 7 名。至 1932 年商学系停办时，真正以商学系名义招收的学生只有 10 名，而从商学系顺利毕业的学生只有 3 人[1]。

（二）商学系的师资及教学

当时给商学系学生授课的老师主要有陶因、杨端六、张峻等，这些老师同时给经济学系和商学系授课。商学系开班时间不长，但是课程安排却很充实，其课程设置见表3-2：

表 3-2　　　　　　　　　　**1930 年法学院商学系必修选修课程**

开设学年	课程类别	课程名称
第一学年	必修	商业通论、经济学、经济地理、簿记学、宪法、论理学（逻辑学）、基本英文
	选修	社会学、心理学、第二外国语

[1] 《国立武汉大学一览》，民国十九年，第 253 页。

开设学年	课程类别	课程名称
第二学年	必修	财政学、银行学（一）、货币学、会计学、商品学、经济政策、经济学英文选读
	选修	市政学、民法总则、第二外国语
第三学年	必修	三民主义、商事法（一）、国际公法、统计学、近代经济史、国际贸易、国际金融、中国经济史、银行学（二）、经济学英文选读
	选修	交易所、近代欧洲外交史、关税、第二外国语
第四学年	必修	银行实务、商业组织、劳工法、现代经济问题、保险学、商用英文、毕业论文
	选修	中国外交史、社会问题、现代政治

资料来源：《国立武汉大学一览》，民国十九年，第103~107页。

从课程计划来看，商学系的课程安排与经济学系相差无几，都涵盖了经济理论与管理应用两个方面的内容，可见当时在经济理论与管理应用的教学上是并重的；同时也都注重英语的学习，有利于学习外国经济学说与知识。

（三）商学系并入经济学系原因

商学系自设立到并入经济学系，历时5年。究其停办原因，主要有以下两点：

1. 顺应学科调整的需要

纵观当时经济学系和商学系的课程计划，重合雷同之处颇多，表明两个系在教学方面大体是一致的，实际上二者都重视理论与实际的综合培养。依此教学计划，也就没有必要将商学系分设出来。实际上，在商学系取消之后，从1935年后经济学系课程计划中依然可以看到大量统计学、银行学、货币学、财政学等实际应用学科的课程。

1930年，武汉大学根据《大学条例》将政治经济学系分为政治学系和经济学系。这与当时国民政府的教育宗旨是分不开的。1927年，南京国民政府成立后在确立新的统治秩序的同时，确立了三民主义教育宗旨，并根据这一宗旨对1922年的新学制进行了调整，通过一系列教育法律法规的制定与颁布，使各级各类教育及教育行政管理走向统一化和规范化。1928年大学院举行第一次全国教育会议，对"三民主义教育"的实质作了如下规定："所谓三民主义的教育，就是实现三民主义的教育；就是以实现三民主义为目的的教育；就是各级行政机关的设施，各种教育机关的设施和各种教学科目，都是以实现三民主义为目的的教育。"其具体内涵是，全部的教育"应当恢复民族精神，发挥固有文化，提高国民道德，锻炼国民体格""灌输政治知识，培养运用四权的能力，阐明自由的界限，养成服从法律的习惯"[①]。其中对政治知识的强调促使政治学

---

① 均见李国钧、王炳照总主编：《中国教育制度通史》（第七卷），山东教育出版社2000年版，第66、72页。

独立出来。1929 年 3 月，国民党第三次全国代表大会表决通过了《确定教育宗旨及其实施方针案》。4 月，以国民政府令的形式公布教育宗旨。同时还附有 8 条实施方针。其中第一条"各级学校之三民主义之教育，应与全体课程及课外作业相连贯"。体现在大学教学上则是将政治学与经济学分开，政治学统一学习三民主义。

由于政治学系的独立，加以经济学系的教学内容已经涵盖了商学系的教学内容，因而商学系停办并入经济学系也就在情理之中了。

2. 商学系的学生来源特殊

商学系设立的原因之一就是接收前武昌中山大学的学生。从商学系招生可见，第一学年招收的 2 名学生徐达仁、索鸿森和第三学年招收的吴德刚等均来自前武昌中山大学。商学系设立的初衷实际上就是为了解决前武昌中山大学相关专业的这批特殊学生的问题。后这批学生大多相继转入经济学系学习，留在商学系的学生也于 1932 年顺利毕业。既然这批特殊学生的学业都已得到妥善解决，商学系也就没有继续存在的必要了。

第四章
西迁乐山的国立武汉大学经济学系
（1938—1945 年）

　　抗日战争时期，武汉大学西迁四川乐山。在极其困难的条件下，师生共同努力，勉强维持学校的教学科研秩序。此时武汉大学经济学系的师资力量不但未遭到削弱，反而还有所增强，影响和地位也因此而有所扩大和上升。

一、武汉大学西迁乐山及经济学系的变化

（一）杨端六组织武汉大学撤离珞珈山

　　1937 年"七·七"事变后，日本开始全面侵华。11 月 12 日，日军占领上海，12 月 13 日，南京沦陷，国民政府宣布迁都重庆。11 月 21 日，各国驻华使节赴汉。随后，国民党各重要机关悉迁武汉。与此同时，军事委员会拟定了《军事委员会第三期作战计划》①，一场抗战史上规模最大的武汉会战即将爆发。

　　面对这样紧迫的局势，校务委员会经过认真讨论后决定，武汉大学应该向后方搬迁。学校专门成立了迁校委员会，由于杨端六拥有国民党高级将领的身份②并有较强的组织指挥能力，他被一致推举为迁校委员会主任委员，工学院院长邵逸周任副主任委员。杨、邵二位教授率领一批精干人员，先期亲赴四川考察，选择迁校地址。经过充分考察，迁校委员会最终选定了大后方另一处名胜——乐山（古称嘉定）作为搬迁校址。据杨端六的学生刘涤源回忆："选定乐山的主要理由是，乐山通水运，春夏水涨季节，小轮船可由重庆经泸州、叙府直达乐山，有利于图书仪器和物资等运输以及人员的来往"，而且"乐山可资租用的庙宇、楼房不少，足够全校迁建之用。"

---

① 涂文学：《武汉通史·中华民国卷（上）》，武汉出版社 2006 年版，第 239 页。
② 杨端六曾兼任军事委员会审计厅上将厅长、国民政府参政员、当选国民党中央执行委员。

乐山新校址可资利用的主要是文庙、龙神祠等当地原有建筑，而这些建筑由于年久失修，大多已破败不堪。要在较短的时间内修缮，绝非易事。杨端六听说在当地水、泥、木工中说话很有分量的帮会头目蒋某也是湖南人，就亲自登门拜访，取得他的支持。在他的号召下，乐山及附近乡镇的工匠很快就集聚起来修缮这些建筑，短短几天内，就完成了墙壁的粉刷、门窗的安装、桌椅的布置等工作。

1938年2月22日，南京政府教育部批准武汉大学第322次校务会决议，决定除四年级学生留校完成学业外，一、二、三年级学生全部搬迁乐山。为保证学生的搬迁费用，学校决定给家境贫困的学生发放贷款，通知学生自行结伴入川。学校还在宜昌、重庆、泸州设立了招待站，派专人照料，代买船票、提供住宿。在迁校委员会精心组织下，"全校师生员工和家属，都是平安到达，没有发生任何伤亡等意外事故。"[①] 搬迁工作虽于9月才基本完毕，但于4月已开始上课。由于当时学校并未全部搬迁，因而学校在乐山的部分，被称为"国立武汉大学嘉定分部"；11月，武汉沦陷后，才将学校的全部名称用于乐山，称为"国立武汉大学"，直到抗战胜利后1946年学校复学武昌为止。

（二）经济学系师资的变动

学校搬迁乐山的前一年，由于受到湖南各界的盛情邀请，经济学系原系主任、时任武汉大学教务长的皮宗石受聘湖南大学，担任湖南大学校长。学校搬迁期间，部分教师又对自己的生活安排做了重新选择，此间，朱祖晦、潘源来以及刚来乐山的夏道明、张克明相继离开，经济学系一下空出了许多位置，继而又补充了一批新生力量。

乐山时期的武汉大学，虽然条件远不及珞珈山，但由于学校搬迁时有很好的规划，加以搬迁的校址分布在范围不大的乐山城内，因而相对而言易于管理。在当时搬迁到大后方的高校中，武汉大学的条件和规划相对而言还算是不错的，因而在社会上的影响也较好，所以学校在当时中国高校的地位相对而言得到了提升。这一时期，经济学系的师资力量总的来说并未减弱，而是大大加强了。抗战期间学校教师人数从104人发展到了198人。朱光潜来到武汉大学并担任教务长以后，学校学风有了较大改进，国际合作与交流也断续进行。即使在战争时期，许多教授也仍能出国访问，国外也有像李约瑟这样著名的学者来校访问讲学。1942年开始，中国开始招收赴美留学生，武汉大学的不少学生考取了公费赴美留学的指标，其中就有现任经济与管理学院的名誉院长谭崇台。以后几年，武汉大学陆续有一些年轻老师和优秀毕业生赴美深造并相继学成归国，这些人便成了抗战复校后武汉大学经济学科水平再次提升的骨干力量。彭迪先、陈家芷、温嗣芳等就是在乐山时期来到武汉大学的。

彭迪先（1908—1991），四川眉山人。1926年东渡日本留学，1932年考入具有马克思主义特色的九州帝国大学，1935年提前一年毕业，后又升入该校研究院做研究生，1938年回国。曾任西北联大法商学院政治经济学系教授，并于1939年出版了《世界经

---

① 以上均见刘涤源：《欣忆乐嘉年华》，载武汉大学北京校友会编：《珞嘉岁月》（内部刊印），2003年，第631~633页。

济史纲》一书。1940 年，彭迪先教授受聘于武汉大学，讲授经济思想史等课程。在武汉大学的 5 年中，他坚持马克思主义的立场和方法，给武汉大学经济学系带来了崭新的气息。通过他的课程，许多学生了解了马克思主义，其中不少人就是在他的引导下走上革命道路的。

其他几位到经济学系任教的老师虽然没有彭迪先那样有名气，但据学生的回忆，这些教授留下的印象十分深刻，他们共同支撑起了乐山时期的武汉大学经济学系。

陈家芷（1903—?），河北望都人。东京大学经济研究所毕业，1942 年来到武汉大学经济学系，主要讲授中外经济史等课程。除了对田制、农业、工业等问题有所研究外，还发表过《商代卜辞中的气象纪录》《哲学与经济学的关系概说》（译文）等论文。中华人民共和国成立后，曾任中国民主同盟第一届候补中央委员、武汉市第一届人民代表大会委员、武汉大学图书管理委员会委员等职务。

温嗣芳（1907—1995），重庆人。1927 年赴英国爱丁堡大学学经济学。1930 年回国，任重庆大学教授，1944 年到武汉大学任教，直到抗战胜利后随学校返回武昌。1949 年，参加西南服务团回四川，分配在西南军政委员会财委工作，后调中央财委、西南财经大学工作。

出于教学的考虑，乐山时期的武汉大学经济学系还先后聘了毕业生向定、陈俊、朱景尧、徐友柏、苏经雅、甘士杰等担任助教，他们主要负责会计学、统计学的实习课或辅导教学工作。为提高师资水平，教育部在 1942 年、1943 年进行了"部聘教授"的评选，杨端六、刘秉麟两位教授榜上有名。

二、乐山时期经济学系师生的生活

（一）乐山时期的教学设施

乐山时期，学校的教学设施十分简陋，主要是借用乐山的文庙等公共设施，同时又新建维修了一些简易建筑。这些建筑分散在乐山城的各个角落，相距很远。与安排在校外的学院相比，文学院和法学院的条件还算是比较好的。它们与校长办公室一起，被安排在城内的文庙（也就是孔庙）之中。文庙的主殿大成殿，成为新的图书馆，大成殿后是校长办公室。参照珞珈山的建筑布局，大成殿东西两边厢房中的东厢房被安排给文学院使用，西厢房则安排给法学院，用作教室；西厢房靠近大成殿一侧有尊经阁，三层外加一层阁楼，成为法学院的办公场地。由于教室有限，学校不设自习室，学生只能上完课后另找学习场所。

（二）极为恶劣的生活条件

当时学生住在由破庙、旧工厂改建的宿舍中，高低铺，一间房子就要容纳十几个人，不少人睡的是地铺。宿舍不仅十分阴暗潮湿，还经常有老鼠、蚊虫甚至蛇出没。学生平时的生活也十分艰苦，尤其是那些来自沦陷区的学生。贫困学生只能靠贷金和公费度日，吃的是红薯，喝的是白开水，有些学生穿的是由破被子、毯子改制而成的衣服，脚上当然只能是草鞋、赤脚①。稍微富裕一点的学生，生活略好一些，但他们吃的仍然是由学校提供的混有砂子、谷壳、老鼠屎的稀饭（当时戏称"八宝饭"）。

图 4-1　四川乐山文庙大成殿②

　　老师们的生活也好不到哪里去，由于学校的经费有限，只租了嘉乐门教会的一栋房屋作为一般教职员工的宿舍，教授们只能凭工资到乐山城去租房住宿，他们分散在乐山城的各个角落，有的甚至在远郊，住宿条件远不如珞珈山上的别墅。由于战时物价飞涨，薪俸又常打折扣，许多老师不得不靠副业糊口。典当变卖旧物、做小买卖和到各类中小学代课便成了当时老师糊口的三种辅助手段。由于乐山地区中小学的岗位少，一些著名教授还不得不到附近其他县去找课代③。学生除学习外，还要参加军事训练。军训的地点在成都，除毕业班外，全体同学都要到成都参加集中军训。从乐山到成都有 200 多公里，完全靠步行，师生一样。据押运行李的学生回忆，他们足足走了 5 天才到达目的地④。在如此恶劣的环境下，学生的生病率、死亡率十分高。当时乐山流行一种地方病，被当地人称为"疤病"，患者四肢乏力。学生多有得此病者，经过长期观察，校医董道蕴终于发现其实是氯化钡中毒。他与化学系几名学生用马前子治疗，取得相当好的疗效。当时的疟疾也相当猖狂，学生得此病者较多，而校医务室每天只有 10 支奎宁注射剂，以至于病人不得不为救命而每天早起排队。据 1940 年 7 月学校对学生进行体检的统计，在校 1363 人中，男生营养不良的就有 144 人，占总人数的 10.56%。在 1938

---

① 吴贻谷主编：《武汉大学校史（1893—1993）》，武汉大学出版社 1993 年版，第 146 页。

② 此照片为院史编撰人员所摄。

③ 参见吴贻谷主编：《武汉大学校史（1893—1993）》，武汉大学出版社 1993 年版，第 148 页。

④ 武汉大学校友会：《校友通讯》创刊号（内部刊印），1983 年，第 107 页。

年 4 月到 1940 年底不到 3 年的时间内，就有五六十名学生先后病死。学校的公墓一扩再扩，学生们把公墓戏称为"第八宿舍"（当时学校仅有七栋宿舍）。许多才华横溢的老师也未能幸免，黄方刚、吴其昌、肖君绛等十余人即被病魔夺去了生命①。

日军飞机还时常"光顾"乐山上空。1939 年 8 月 19 日上午，由于据传蒋介石来到了乐山②，日军 36 架飞机编队空袭，当时乐山没有防空设施，日军飞机得以低空投弹。乐山地区的房屋多为竹木，炸弹引起的火焰迅速蔓延到附近房屋，从中午一直烧到傍晚，全城三分之二的地区化为灰烬，1000 多人死亡，受伤和无家可归者不计其数。学校的教室、宿舍中，龙神祠宿舍惨遭破坏，经济学系学生李其昌、俞允明不幸遇难③，杨端六、陶因两教授的家产全部毁于大火④。

（三）乐观、上进的学习态度

地处乐山的武汉大学，由于在当时搬迁到大后方的高校中具有相对的优势，因而成为许多考生重点选择的学校。这一时期，报考或者转学武汉大学的学生人数不但没有下降，反而有所上升，致使学校不得不扩大招生规模。"1938 年 4 月学校入川的时候学生只有 600 余人。不到两年，学生总数陡增到 1700 人。"⑤ 经济学当时被视为是偏重应用学科的专业，更是大受青睐，吸引了大量扩招的学生。1936 年，经济学系的招生人数是 46 人，而 1941 年的人数就达到了 106 人。

学校的条件虽然很差，但学生的精神面貌却相当乐观上进。火神庙在白天是学生食堂，到了晚上就变成了学生的自习室。校内的条件有限，许多学生就将白天自习的地点放在了乐山街头的茶馆。乐山的茶馆似乎也乐意配合，一位学生早上买一壶茶后，一上午便可以拥有一张茶桌，安心地进行自学。学生学习的书都是从武昌搬来的，学生对这些书十分珍惜，经济学系的许多学生，都是一本本地看经济学著作。经济学系 1941 级本科生、1945 级硕士研究生万典武后来撰文回忆当时的看书学习情况时，做了如下描述：

六年大学生涯，课外自学是我吸取经济学理论精华的主要来源。二战期间各国物价飞涨，通货恶性膨胀。在这个大背景下，我对货币银行学产生了浓厚的兴趣。杨端六教授的专著《货币与银行》所列英文参考书我几乎全读了。母校图书馆有关货币银行学的英文书籍我都涉猎过。我是流亡学生，寒暑假无家可归，系统地读书成了假期的基本活动。我在中学时代英文学得比较好，大学一年级英文演讲比赛得了第三名。英语这一工具对我读经济学专业英文书籍帮了大忙。凯恩斯的《通货和就业概论》我精读了数遍。我的大学毕业论文是关于货币学的，研究生毕业论文是关于凯恩斯就业理论的。我

---

① 吴贻谷主编：《武汉大学校史（1893—1993）》，武汉大学出版社 1993 年版，第 146~147 页。

② 苏雪林：《乐山惨炸身亲历》，载武汉大学北京校友会编：《珞嘉岁月》（内部刊印），2003 年，第 724 页。

③ 刘涤源：《往事艰苦话乐嘉》，载武汉大学北京校友会编：《珞嘉岁月》（内部刊印），2003 年，第 716~718 页。

④ 吴贻谷主编：《武汉大学校史（1893—1993）》，武汉大学出版社 1993 年版，第 142 页。

⑤ 吴贻谷主编：《武汉大学校史（1893—1993）》，武汉大学出版社 1993 年版，第 151 页。

按照彭迪先老师所讲的经济思想史中的主要学派，读了亚当·斯密的《国富论》、李嘉图的《政治经济学及赋税原理》、马歇尔的《经济学原理》，都是读的英文原著。我读了马克思的《资本论》、列宁的《帝国主义论》中译本，还读了《资本论》英译本。为了读该书的德文本原著，特别选修德文作为第二外国语……①

三、乐山时期经济学系的教学与科研

（一）本科生教学的基本情况

学校虽然搬到了乐山，但珞珈山时期的管理体制还在延续。经济学系仍设在法学院之下，在乐山的 8 年，法学院院长一直由财政学家刘秉麟担任，经济学系主任则一直是陶因。在教学模式上也没有发生太大的变化，本科仍实行的是校—院—系三级课程体系，但由于教师人员的变动，经济学系开设的课程发生了一些变化，见表 4-1。

表 4-1　　　　　　　　　　乐山时期法学院经济学系必修选修课程

开设学年	课程类别	课 程 名 称
第一学年	必修	国文、外国文、中国通史、论理学（即逻辑学）、伦理学、社会学、政治学、经济学、民法概要
	选修	数学、物理、化学、生物学、地质学（任选一门）
第二学年	必修	哲学概论、西洋通史、货币银行学、会计学（一）、统计学（一）
	选修	英文、第二外国语（任选一门）
第三学年	必修	财政学（一）、国际贸易与金融、西洋经济史、经济地理
	选修	国际经济问题、统计学（二）、会计学（二）、商法（一）（任选二门）
第四学年	必修	经济政策、财政学（二）、中国经济史、毕业论文或研究报告
	选修	经济思想史、高级经济学、工商管理、劳工问题（以劳工法代）（任选二门）

注：各门课均计有学分，总共 149~160 个学分，军训、党义、体育为当然必修课，不计学分。修满 132 个学分方可毕业。

资料来源：根据《国立武汉大学 1943 年各院系、必修、选修科目时间表》整理，见武汉大学档案馆档案，编号：L7-1943-26。

与 30 年代的课程表相比，经济学系学生的经济学课程大为充实。经济学、会计学、统计学和财政学都分成初、高级两个阶段，学生必须花两个学年才能修完课程，会计学

---

① 万典武：《在武大读经济学》，《武汉大学报》2007 年 1 月 25 日。

（二）甚至分出了成本会计、公司会计、银行会计和政府会计 4 个具体的方向。史学等其他相关学科的课程仍然是学生的基础课，中外经济史、经济思想史也仍占据着经济学教育的重要部分。由于学生可以在全校选修，经济学系开设的经济学、经济思想史成为全校学生竞相选修的课程。陶因、彭迪先两位教授因此成了全校闻名的学者。万典武在回忆 1941—1945 年本科专业课的教学情况时写道：

> 本科四年，教我主要课程的教授都是从英国、美国、法国、日本留学回来的，他们各自带回了他们老师的学说，也融合了自己的某些学术思想，学术空气浓厚而自由。教经济学的是经济学系主任陶因教授，安徽人，思路清晰，曾留学德国，他的讲课是师从他的老师基德教授的经济学。我读过基德著作的英译本，合作主义的色彩比较浓厚。法学院院长刘秉麟教授主讲财政学，湖南口音颇重，他是留英的，讲课内容基本上是参照当时出版的一本厚厚的《财政学》。教货币与银行学的是杨端六教授，也是留英的，著有《货币与银行》一书，是德高望重的老教授。记得学校曾为他开过六十诞辰的祝寿会，同班的张汝楫同学还在《大公报》上发表过纪念文章。刘教授和杨教授十分推崇英国古典经济学家亚当·斯密、李嘉图，新古典学派的马歇尔以及当时名噪世界的凯恩斯等。教经济思想史的是彭迪先教授，他是日本著名左派经济学家河上肇的门生。他讲的课基本上是按照马克思主义的思想对各家各派加以评价，深受学生欢迎……教会计学的是戴铭巽教授，浙江人，他思路敏捷，讲课简明扼要，纲举目张，是极受学生推崇的老师之一。教统计学的是韦从序教授，教经济史的是陈家芷教授，教国际贸易的是温嗣芳教授，都是很有造诣的学者。[①]

乐山时期的教学相当严谨。据朱景尧回忆，当时教师要求严格，学生学习勤奋。如陶因讲授经济学，采用英文原版教材，要求学生在课堂上先自行讲解，如讲解错误，即要遭到当堂批评，学生不敢马虎，在课前就得认真准备；会计学、统计学期末考试严格，常有学生不及格需要补考。当时学生都相当自觉，从未发现考试舞弊的现象。

由于学习要求严格，所以学生的淘汰率较高。月考、临时考、期中考、毕业考成了学生完成学业必须迈过的一道道门槛。"全校学生每级，包括一年级新生在内，如有英语不及格的第二年还得重考。如果一个学生到了四年级仍不能考试及格，就不能毕业。"[②] 在如此严格的考试制度约束下，许多学生最终难以完成学业，1942 年经济学系招生时有新生 128 名，而现存 1946 年毕业名单中只列了 105 名，表明尚有 23 人未能顺利毕业或被淘汰。在严格学习制度的同时，学校还用一笔可观的奖学金（最高金额可达 3000 元法币）来奖励优秀学生。这样的举措一方面可以提高学生的学习积极性，另一方面也为部分优秀学生解决了生活困难。

尽管处在战争年代，但实践教学环节仍未被忽视，经济学系仍积极组织学生参加实

---

① 万典武：《在武大读经济学》，载《武汉大学报》2007 年 1 月 25 日。

② 方重：《回忆武大》，载武汉大学校友会：《校友通讯》创刊号（内部刊印），1983 年，第 8 页。

践活动。1941 年，嘉定中国银行致函武汉大学，批准了武汉大学 4628 号公函中提出的"学生李端贤等二十七名"到银行实习的公文，法学院院长刘秉麟签字接收了这封函件。当时的中国农民银行乐山办事处、乐山交通银行、中央银行嘉定分行、财政部川康直接税局乐山分局都曾就武汉大学学生实习与学校有过书信往来①，这表明当时的教学实践活动仍未中断。

撰写毕业论文是学生完成学业的重要一步。按照学校规定，学生一般自行选题后再联系教师进行指导。指导老师一般也根据自己研究的相关领域接受学生进行指导。表4-2 是现存的 1938—1946 年经济学系学生论文选题情况：

表 4-2　　　　　　　　　**1938—1946 年经济学系学生论文选题情况一览表**

内容＼年份	1939	1940	1941	1942	1943	1944	1945	1946	总　计
经济学	8	12	8	34	28	35	42	38	205
财政学	9	3	6	15	12	16	8	4	73
金融学	6	5	5	11	10	15	8	5	65
会计学	3	3	1	1	1	1	1		11
贸　易		2	2	3		2	1	2	12
统计学	1		1	2	1	1			8
管理学							2		2
翻　译			1	3	2			6	12
总　计	27	25	23	67	55	72	62	57	388

资料来源：根据武汉大学档案馆馆藏学生毕业论文整理。

乐山时期虽是武汉大学办学最困难的时期，但却是相对而言最出人才的年代，除了在武大留校攻读硕士学位的学生外（见表 4-3），中华人民共和国成立后在全国各著名大学成为经济学重要领军人物的谭崇台、胡代光、宋承先，以及中国社会科学院经济研究所研究员、中国近代经济史研究著名学者汪敬虞，武汉大学第四届杰出校友、美国著名文理学院玛瑞塔学院（Marietta）经济系教授陈文蔚，著名社会活动家、曾任中国国民党革命委员会中央委员会副主席和全国人大常委会副秘书长的彭清源，就都是这个时期入校并毕业的。

（二）经济学系研究生教育的起步

武汉大学的研究生教育发端于 20 世纪 30 年代初。1931 年 6 月 20 日在第 124 次校务会议上通过了《筹设本大学研究院办法》，规定学校研究院由各学院研究所组成，研

---

① 参见《本校 1941 年联系经济系学生教学实习往来函件》，武汉大学档案馆档案，编号：L7-1941-058。

究所筹备完毕即可招收研究生。1934年10月26日，学校第239次校务会议通过了《本大学法科、工科研究所组织章程》并报送教育部审批。武汉大学的首批研究生录取于1935年，当年招收了两名研究生，进入水利工程门学习。武汉大学当时尚未设立研究生院，全校研究生招收、毕业等工作是由校教务处负责的，研究生的具体培养工作则由学院负责。学院设有研究所，研究所下设学部。研究所有所长（院长兼）、学部有主任（系主任兼），助教（或研究助理）负责研究生日常管理工作。1940年以前，武汉大学的研究生机构只有法科研究所（其下仅设有经济学部）和工科研究所（下设土木工程学部），研究所相应学系的研究生导师担任研究生的教学和论文指导工作。经济学系的研究生教育是在法科研究所下设的经济学部进行的。经济学部的研究生导师有杨端六、刘秉麟、陶因、戴铭巽等。

1934年经济学部的招生简章定于1935年秋开始招生，招生专业为会计学门和经济学门，1936年又增加了财政金融门。招生简章规定，招收进来的研究生可享受奖学金；考试科目为：国文；外国文（英文、法文、日文）；经济学或会计学、财政金融、中外经济史。1943年经济学部的招生专业和考试科目均有所变化，即招生专业分为经济政策与经济史门、会计门、财政金融门；考试科目除国文、外文外，专业科目按门分为：报考经济政策与经济史门的考生，必须考试近代欧美经济史、经济政策；报考会计门的考生，必须考试会计学、统计学；报考财政金融门的考生，必须考试财政学、货币与银行学①。

依据现存档案资料，经济学部最先招收研究生是1939年，首位研究生是刘涤源，时年25岁，毕业于武汉大学经济学系，被录取为财政金融门的研究生②。此后招生人数有所增加，但每年未超过4人。表4-3是1939—1945年经济学部招生名额及姓名的基本情况（按招生年份）：

表4-3　　　　　　　1939—1945年法科研究所经济学部招生名额及姓名表

年份	名额	门　别	姓　名	籍　贯
1939	1	财政金融	刘涤源	湖南湘乡
1940	3	财政金融	黄仲熊	湖南醴陵
		经济政策	余长河	湖南攸县
		经济政策	文浩然	湖南益阳
1941	0			

---

① 参见周叶中、涂上飙编：《武汉大学研究生教育发展史》，武汉大学出版社2006年版，第29~31页。

② 周叶中、涂上飙：《武汉大学研究生教育发展史》，武汉大学出版社2006年版，第16~17页。据朱景尧教授回忆，1938年尚招有1名研究生，叫杨胜惠，所学专业为会计学，因无学校档案资料证实，暂存备考。

年份	名额	门　别	姓　名	籍　贯
1942	2	财政金融	姚贤镐	湖南衡阳
		经济理论	何广扬	浙江义乌
1943	3	财政金融	尤钟骥	江苏江都
		财政金融	甘士杰	湖南长沙
		经济理论	谢国璋	四川隆昌
1944	4	经济理论	丁良诚	湖北京山
		会计	袁徵益	湖南新化
		经济政策	黄　镒	湖南邵阳
		财政金融	谭本源	四川广汉
1945	4	经济理论	曾启贤	湖南长沙
		经济政策	朱馨远	湖北汉阳
		会计	鲁庭椿	浙江平湖
		财政金融	万典武	湖北汉阳

资料来源：周叶中、涂上飙编：《武汉大学研究生教育发展史》，武汉大学出版社 2006 年版，第 16、32~35 页。

当时的研究生学制为两年，研究生除完成课程学习外，还要查阅资料，完成一定的读书报告，由指导教师进行评阅。以 1940—1941 学期为例，在读研究生的读书报告情况如下：

1940 年 12 月底，第一次读书报告。余长河的报告为：（1）《现代经济学之新趋势》，约 2 万字，（2）《德国的劳动政策》，约 9.5 万字，杨端六、刘秉麟、陶因 3 位教授对其报告进行了评阅；文浩然的报告是 The Theories of Economic Planning，英文稿约 12 万字，刘秉麟、杨端六两位教授对其报告进行了评阅；刘涤源的报告是《通货膨胀与战时财政》，约 2 万字，当时已在《东方杂志》上发表，杨端六、刘秉麟 2 位教授对其报告进行了评阅；黄仲熊的报告是 Report on Begehot's Lombard Street，英文稿约 3 万字，杨端六教授对其论文进行了评阅。

1941 年 3 月底，第二次读书报告。余长河的报告是《意大利的劳动政策》，约 10 万字，由陶因、杨端六 2 位教授评阅；文浩然的报告是《丹麦农村合作制度》，约 14 万字，由陶因、杨端六 2 位教授评阅；刘涤源的报告是《我国战时节约储蓄问题》，约 4.5 万字，当时已在独立出版社发单行本，由杨端六教授评阅；黄仲熊的报告是 On Keynes' Monetary Reform，英文稿约 4 万字，由杨端六教授评阅。

1941 年 6 月底，第三次读书报告。余长河的报告是《苏联的劳工政策》，约 12 万字，由陶因、杨端六 2 位教授评阅；文浩然的报告是《英国农业合作》，约 6 万字，由陶因、杨端六 2 位教授评阅；刘涤源的报告有二：（1）《加塞尔的价格均衡理论》，约 4

万字；（2）《马绍尔折中的均衡价值理论》，约 3.5 万字，由杨端六教授进行评阅。黄仲熊的报告有二：（1）《马绍尔均衡理论的巡礼》，约 2 万字，（2）*On Cassel's Foreign Exchange Scince* 1914，英文稿约 2 万字，由杨端六教授评阅①。

在完成一年半的学习后，研究生要完成毕业论文的写作，最后进行硕士学位考试。根据民国二十四年颁布的《学位授予法》，学位考试需成立考试委员会，在考试委员会中必须聘请一半的校外委员。1943 年，法科研究所经济学部的考试委员有刘秉麟、杨端六、陶因，以及两位校外委员张直夫和朱祖晦，1944 年和 1945 年，又分别增加了刘絜敖、彭迪先。在举行硕士学位考试前一个月，由校外专家审阅毕业论文，并由教育部审核研究生的学籍和成绩。在考试完毕后，教育部再对考试合格的硕士学位候选人的研究生资格、硕士学位考试委员会报告书、研究期间的成绩表、考试试卷、论文提要、论文等进行复核，方能正式授予硕士学位。

（三）科研的渴求及《社会科学季刊》第八卷的出版

在艰辛、繁忙开展教学工作的同时，经济学系教师始终充满了对科研的强烈渴求。在西迁乐山前，学校编印有《国立武汉大学季刊》，其中的《社会科学季刊》共刊印了 7 卷。抗战爆发后，"武大西迁，以物质的简陋，及经费的支绌"② 而被迫暂停出版。在乐山沉寂五年后，武汉大学的学者们试图继续进行季刊的编辑出版工作。《社会科学季刊》第八卷就在这样的背景下重新出版了，共有 4 位学者在复刊的第一期发表了经济方面的文章，见表 4-4：

表 4-4　　　　　　　　《社会科学季刊》第八卷经济论文目录

题　目	著　者
币值变动时之会计	戴铭巽
论自然主义经济学	彭迪先
农业经济学的问题	吴文辉
宋元时代中国农田制度史	吴其昌

资料来源：《社会科学季刊》第八卷（1943 年）。

然而，在战争的环境下，这些恢复科研的努力并没有收到多大成效，《社会科学季刊》第八卷仅出了第一期就因为经费和人手的困难而再度被迫停顿下来。一直到武汉大学复校珞珈山，此间《社会科学季刊》再也未出版过。

虽然期刊的刊发受到了阻碍，但学者们仍然积极地著书立说。1938—1946 年间，就有杨端六的《货币与银行》《现代会计学》《工商组织与管理》（编），刘秉麟的《经

---

① 周叶中、涂上飙编：《武汉大学研究生教育发展史》，武汉大学出版社 2006 年版，第 35~36 页。

② 《复刊弁言》，见《国立武汉大学社会科学季刊》第 8 卷第 1 期。

济学》（编）等著作问世①。其中《货币与银行》一书系统介绍了当时西方各种货币银行方面的理论、制度与政策等，该书"出版后很受欢迎，一直到 1949 年还在再版"②。《工商组织与管理》是一本熔科学管理与工商管理于一炉的大学教材，深受大学生和工商界的欢迎。

四、乐山时期经济学系左翼思想的成长

（一）左翼思想在经济学系的传播

乐山时期武汉大学的经济学教育，基本上仿效的是欧洲传统的教学模式，教学内容也基本上按照西方占主流的经济学教育体系设置，当时许多反映左翼思想的课程并未被列在经济学系的课表上，但许多老师已开始在课堂上和课堂下有意识地传播左翼思想了。

法学院院长刘秉麟虽然并不完全赞成社会运动等左翼思想，但对社会运动十分同情。早在珞珈山时期，他就给经济学系的学生开设了"社会主义与社会运动"一课。《武汉大学社会科学季刊》也多次刊登了他关于苏联计划经济（当时使用的术语为"设计经济"）的论文。乐山时期，刘秉麟指导有关设计经济的相关论文成了当时学术研究的重要特色之一。

经济学系主任陶因，提倡学术自由。他的经济学讲义，博采各家学说，能够容纳从西方经济理论到马克思主义的各种学说。他"对马克思劳动价值学说尤为推崇。对于聘任教师，只要有真才实学，能教书育人，为人师表，不管他们信仰什么主义，更不分学术流派，他都能兼容并蓄"③。

前已介绍的从日本归国的彭迪先，受到了诸如河上肇等日本左翼思想家的影响。他在课堂上有意地融入了左翼思想，并在课堂下和进步学生广泛接触。后来担任西南财经大学校长的刘诗白，就是在武汉大学经济学系求学时受彭迪先的影响而逐步走上马克思主义经济学说的研究道路的。

（二）学生运动中经济学系学生的身影

乐山时期的武汉大学学生自发组成了许多团体，同乡会、读书会、戏剧社、歌咏队等相当活跃，学生们在乐山县城到处演出、讲演、宣传，使得这个不大的县城里充满了浓郁的文化气息。这些团体中，有的属于"二青团"（国民党三民主义青年团），有的属于共产党地下组织，有的属于基督教青年会，有的则纯粹是交际团体。

---

① 参见孙大权：《中国经济学的成长——中国经济学社研究（1923—1953）》，上海三联出版社 2006 年版，第 431、468 页。

② 叶世昌等：《中国货币理论史》，厦门大学出版社 2003 年版，第 571 页。

③ 袁征益：《追忆陶因教授》，载武汉大学北京校友会编：《珞嘉岁月》（内部刊印），2003 年，第 318 页。

乐山时期武汉大学的进步团体，大多通过内部活动和对外宣传的方式开展活动。内部活动的主要内容是组织大家读书、讨论时事，对外宣传的重要形式是办壁报。乐山文庙——也就是文学院和法学院所在地的大门，经常贴满了各式各样的壁报，大门的墙壁也被称作"民主墙"。"抗战问题研究会"（刊出壁报《曙光》）、"岷江读书社"（刊出壁报《燎原》）、"马克思主义小组""学生运动核心组织"（下设"海燕社""文谈""风雨谈""政谈"等基层核心小组）等①，是当时比较有名的进步组织。其中就不乏经济学系学生的身影，如"抗战问题研究会"的负责人顾谦祥、张是我，"岷江读书社"的负责人杨仁政、姬野藜、唐宏镕、丁宗岱等，即为经济学系的学生。在乐山的最后几年中，武汉大学的学生进步组织组织学生北上陕北参加革命，其中就有经济学系的王淑静、姬野藜。姬野藜后更名为姬也力，中华人民共和国成立后曾任中央组织部办公厅副主任、中共辽宁省阜新市委书记、中共中央党校常委等职。

---

① 吴贻谷主编：《武汉大学校史（1893—1993）》，武汉大学出版社1993年版，第175页。

第五章
武昌复校的国立武汉大学经济学系
（1946—1949 年）

　　抗日战争胜利后，学校复学武昌。周鲠生校长到任后，经济学系引进了包括张培刚在内的一批年轻学者，使武汉大学经济学科的力量大为增强，并迎来了武汉大学经济学系又一个鼎盛时期。

一、武昌复校的基本情况

（一）杨端六成为复校委员会的主任委员

　　1945 年 8 月 15 日，日本宣布无条件投降。武汉大学与西迁后方的国民政府机关所属的文化教育部门一样，纷纷准备返迁。学校执行国民政府教育部的命令，于 1945 年 9 月 1 日成立了"武汉大学复校委员会"，杨端六又成为复校委员会的主任委员。虽然经过 8 年的战争，但珞珈山校舍基本保存完整，只是校舍内部的桌椅、门窗、地板、水电遭到严重破坏，短时间内修复存在很大困难。另外，此时学校规模更为扩大，搬迁的难度远远大于西迁时期。一方面，学校人员增加了 2 倍以上；另一方面，图书、资料、实验仪器在这 8 年间也大大增加了。由于此时国统区的交通工具大多被军队征用，相对而言学校返迁不是当务之急，因而出现了复校师生订不到船票的情况，复校效率低下，进展维艰。从 1945 年 9 月派人到武汉接管学校财产开始，直到 1946 年 3 月 10 日，从乐山发运的第一批货物大约经过半年准备之后才启程，首批人员则又经过 3 个月之后，才在 6 月 20 日出发返校①。复校的师生从南北中三条道路分头东还，直到 10 月底，学校才在珞珈山举行了开学典礼，此时，日本投降已一年有余了。

（二）周鲠生任校长后武汉大学的变化

　　武汉大学东还复校的同时，王星拱校长调离武汉大学赴中山大学任职，武汉大学校

---

① 吴贻谷主编：《武汉大学校史（1893—1993）》，武汉大学出版社 1993 年版，第 183 页。

长一职空缺，1946 年 6 月，周鲠生被聘为武汉大学新一任校长。

周鲠生（1889—1971），湖南长沙人。著名国际法学家、中央研究院院士。早年曾在日本早稻田大学学习，辛亥革命前回国投身革命。袁世凯上台后，周鲠生于 1913 年再赴英国爱丁堡大学、巴黎大学学习，先后获得法学硕士、博士学位。1928 年，周鲠生与李四光、王世杰等人一起，在筹建武汉大学过程中发挥了重要作用。建校后，在学校担任教务长等职务。1939 年后，赴美国讲学，曾作为中国代表出席太平洋学会年会，并担任过中国驻联合国代表团的顾问。

周鲠生任校长后，大力延揽海外优秀人才，恢复和创建新的学科，为使武汉大学成为真正的综合性大学做出了重要贡献。1946 年 5 月，因战乱被一度中断的武汉大学农学院得到恢复；10 月，国民政府教育部批准武汉大学设立医学院。至此，武汉大学终于实现了建校初期"文、法、理、工、农、医"六大学院的建制设想。综合性大学的优势在这一时期得到了充分体现，这一时期也是武汉大学历史上最为辉煌的时期。

针对战乱时期教学质量下降的情况，学校在教学上做出了一些调整：酌减学分数，将部分并非迫切需要的科目改为选修；一二年级的课程强调基础性，三四年级再偏重专业方向；作为一所综合大学，学校规定的相关选修课必须达到一定比例。对于招生、培养和毕业，学校也做出了严格规定，对于未能达到录取标准的考生，学校改变了以往降低标准录取以至于大学一二年级仍需补习高中课程的做法，将这些考生一律先收入预科班补习。学校重新制定了《武汉大学学则》，明确规定了学生退学、留级的条件。

二、张培刚等一批年轻学者加盟经济学系

张培刚（1913—2011），湖北红安人。武汉大学经济学系 1930 级学生，1934 年以优异成绩毕业后，被选送到前中央研究院社会科学研究所从事农业经济研究工作。1941年考取清华庚款公费赴美留学，先后在哈佛大学商学院和文理学院经济学系学习，1945年获哈佛大学经济学博士。1946 年夏回国，任武汉大学教授、经济系主任；1948 年任联合国亚洲及远东经济委员会顾问。解放初期任武汉大学校委会常委兼经济系主任，代理法学院院长。1952 年底参与筹建华中工学院。他的博士学位论文《农业与工业化》荣获哈佛大学 1946—1947 年度最佳论文和"威尔士奖金"，还被收入《哈佛经济丛书》第 85 卷，1949 年由哈佛大学出版社出版，1969 年美国再版。1951 年译成西班牙文在墨西哥出版。该文成为有史以来获得该项奖励的第一个东方人，他的著作开了第二次世界大战后的一门新兴经济学科——"发展经济学"的先河，他也在日后赢得了"发展经济学之父"的称号。

由于常年在美国工作的关系，周鲠生于 1945 年在赴任武汉大学校长的回国途中，力邀张培刚等在哈佛学业有成的中国学者回国执教，并承诺给其系主任的职位。当时在美国，有许多诱人的工作岗位正等待着张培刚，但从求学时起就抱有救国梦想的张培刚还是毅然接受了周校长的邀请，于 1946 年 8 月正式回到武汉大学任经济学系主任。在他的号召和影响下，一批留美的同学和朋友也随即回到武汉大学任教，其中包括在 20

世纪 40 年代前期的哈佛大学中和他并称"哈佛三剑客"的中国优秀留学生韩德培（国际法）、吴于廑（经济史），以及在美国哈佛大学的经济学者刘涤源、周新民、谭崇台等。由于有了这批"海归"力量的充实，使得武汉大学经济学系在全国盛极一时。

刘涤源（1912—1997），湖南湘乡人。武汉大学经济学系 1935 级学生，也是 1939 级法学研究部经济研究所的硕士研究生。在著名经济学家杨端六教授指导下，刘涤源开始了货币理论的研究。其 25 万字的硕士毕业论文《货币相对数量说》，将凯恩斯的"半通货膨胀论"同传统的"货币数量说"结合起来，摒弃充分就业假定，以就业不足、经济萧条为假定前提，提出了"货币相对数量说"。该论文获得当时国内最高荣誉的"杨铨学术奖"（杨铨即杨杏佛，曾任中央研究院总干事）。1942 年硕士毕业后，刘涤源到重庆大学任银行保险系讲师。1944 年考取公费留学生，留学哈佛大学文理研究生院研究经济周期理论，1947 年底学成回国，担任武汉大学经济学系教授。

周新民（1911—1996），湖北洪湖人。1932 年至 1936 年就读于国立清华大学经济学系。1936 年 9 月至 1943 年 9 月在清华、长沙临时大学、西南联合大学等校任助教、教员。1943 年 11 月赴美国留学，就读于美国哥伦比亚大学商学院，1945 年 2 月获该大学科学硕士学位。并于 1947 年 5 月顺利通过博士论文提纲答辩，取得该大学博士候选人资格。因个人原因，尚未来得及完成博士论文，就匆匆回国。回国后，周新民受当时归国的哈佛大学博士张培刚的影响，到武汉大学任教，担任武汉大学经济学系教授，并曾一度代任经济学系主任。

谭崇台（1920—2017），四川开县人。1939 年入武汉大学经济学系学习，1943 年毕业后考取公费留学生，留学美国哈佛大学。1947 年获经济硕士学位后，曾在华盛顿任远东委员会（Far Eastern Commission）的专门助理之职，研究战后日本经济和赔偿问题，1948 年初回到武汉大学经济学系任教。

在留美学者归国的同时，经济学系也招聘了一批学有成就的研究生，以补充个别教授离开造成的岗位空缺。从 1945 年起，法科研究所经济学部的一些毕业生，如甘士杰、贾植园、黄仲熊、曾启贤，以及 1945 年毕业于武汉大学经济学系后于 1947 年从南开大学经济研究所获得硕士学位毕业归来的王治柱分别受聘为武汉大学讲师，成了经济学系年轻教师的中坚力量。

通过周鲠生校长锐意的人事变革，武汉大学经济学系在原本较高的水平上再上了一个很大的台阶，一跃变成全国最好的经济学系，为全国同行瞩目。在中华人民共和国成立前，南开大学的经济学教育是很有名气的，它不仅设有经济学系，而且有经济研究所，并由美国耶鲁大学的博士何廉①和方显廷②两位著名教授主持。他们在《大公报》

---

① 何廉（1895—1975），湖南邵阳人。1919 年赴美留学，耶鲁大学博士。1948 年出任南开大学代理校长。著名经济学家，被誉为"在国内最早引入市场指数之调查者"和"我国最早重视农业的经济学家"。

② 方显廷（1903—1985），浙江宁波人，著名经济学家。1921 年前往美国威斯康星大学深造，主修经济学。后转纽约大学获经济学学士，耶鲁大学攻经济学博士学位。1929 年 1 月受聘于南开大学，任社会经济研究委员会（1931 年后改为经济研究所）的研究主任兼文学院经济系经济史教授。

上创办"经济周刊"，按期发表文章，在国内外都很有影响，很长一段时期被公认为当时中国经济学最好的大学。然而，据张培刚教授回忆："前任南开大学校长滕维藻①，曾给董辅礽说过：'那时的武汉大学经济学系，师资力量最整齐，最年轻，水平超过南开。'"② 武汉大学能取得如此进步，的确是一个奇迹。

三、复校后经济学系的教学、科研

（一）美国模式经济学教育体系的引进

1928年后，国立武汉大学经济学系的师资，基本都有欧洲、美国、日本的留学背景，时任法学院院长、经济学系主任的就是具有留学日本、欧洲背景的杨端六、刘秉麟两位教授。武汉大学经济学教学体系的建设，基本上都是仿照欧洲的模式。1946年以前的课程，侧重于经济学各理论之间的比较研究，经济理论本身的推导并不是很多。从陶因的《经济学大纲》讲义③中可以看出，他的讲授使用的是经济思想史的研究方法，也就是对于同一主题综述各种学派的观点并加以比较，讲义中数学方法使用较少。张培刚出任经济学系主任及一批具有美国教育背景的学者加盟经济学系后，美国模式的教育体系被引入武汉大学。张培刚亲自给本科生讲授微观经济学。在1947年编印的《国立武汉大学经济学会会刊》的论文中，就可以看出运用了大量的数学计算的方法，这是与30年代中国的经济学教育有显著区别的。1946—1950年短短的四五年间，武汉大学经济学系就培养出了刘诗白、席克正、董辅礽、郭吴新、何炼成、陶德麟等著名经济学家和许多在各行各业中做出杰出贡献的优秀人才。这时的武汉大学的毕业生已得到国际上的承认，1948年英国著名的牛津大学曾致函中国国民政府教育部，确认武汉大学文理学士毕业生成绩在80分以上者享有"牛津之高级生地位"。

1948年1月，为了亲自了解和搜集有关东南亚国家的经济情况和资料，继续研究农业国工业化问题，张培刚征得周鲠生校长的同意，应聘担任联合国亚洲及远东经济委员会顾问兼研究员。在一年的时间里，他先后赴菲律宾、印度、澳大利亚参加了数次国际会议，撰写了粮食供销、农业生产、土地利用等方面的专题论文和报告。在往返东南亚各国，多次路经香港时，张培刚还先后与冀朝鼎、许涤新、千家驹等人进行了接触和交谈，并阅读了毛泽东的《新民主主义论》《论联合政府》等著作及其他进步书刊，从中受到了启发和鼓舞。1949年2月，为了迎接中华人民共和国的成立，张培刚毅然辞去了联合国的职务，并谢绝了他的两位哈佛大学导师布莱克和厄谢尔的邀请，从曼谷再次回国来到母校，继续担任经济学系教授及系主任。中华人民共和国成立后还被任命为

---

① 滕维藻（1917—2008），江苏阜宁人，著名世界经济学家，国家级有突出贡献专家，世界经济学博士生导师。1981年10月至1986年1月出任南开大学校长。

② 张培刚：《感恩母校，怀念师长》，《武汉大学报》2007年9月14日。

③ 武汉大学档案馆档案，档案编号：L7-1939-79。

武汉大学校务委员会常委、总务长、代理法学院院长。张培刚等一批留美学者加盟武汉大学经济学系后为美国模式经济学教育体系的引进起了关键性的作用。

（二）复校后经济学系科研的短暂繁荣

学校复校后，学校的各个研究机构稍有调整，法科研究所经济学部负责人是杨端六。1947年，接国民政府教育部的训令，原来的法科研究所分为政治研究所和经济研究所，经济学部终于升格成为经济研究所。同期批准的还有物理、电机工程等9个研究所，其中经济、中文、历史研究所在这11个研究所中实力最强，培养的研究生也最多。

1947年11月，命运多舛的《社会科学季刊》再次出版，并成立了以教授为主体的刊物委员会。由于时间相当仓促，经济学系的老师只是在《社会科学季刊》第九卷上发表书评，以表示对学刊出版的支持，见表5-1。

表5-1　　　　　　　　　　　《社会科学季刊》第九卷目录

（三）新刊介绍与批评（被介绍书目）	著　者
United Nations, Department of Economic Affairs, Economic Report: Salient Features of the World Economic Situation, 1945-47	张培刚
The Keynesian Revolution, By Lawrence R. Klein	刘涤源
Measuring Business Cycles, By A. F. Burns and W. C. Mitchell	周新民
The New Economics, By Seymour E. Harris	谭崇台

资料来源：《武汉大学社会科学季刊》第九卷（1948年）。

经济学系的科研如何形成影响、服务社会，是学者们共同思考的问题。早在1929年，王星拱校长就做了一篇主题为"让武昌变成文昌"的演讲。复校后，学校的学术活动再次出现了活跃的势头，学校经常组织学术报告，并多次邀请知名学者来校讲学。1947年11月，武汉大学第450次校务会议决定，组织学术文化讲演委员会，任务是"推广学术文化服务，使武汉形成学术文化研究中心"。委员会定于每周六下午三时到五时在武昌东厂口武大附属医院礼堂举行学术公开演讲，讲题包括了武汉大学的各个学科以及时事、生活知识。在这一系列演讲中，经济学系的杨家书、周新民就当时人民关注的热点问题——通货膨胀问题分别做了题为"通货膨胀问题""中国币制之本位问题"的公开演讲[1]。1949年，迫于时局动乱，公开演讲不得不中止，但经济学系师生仍然坚持每周六下午在校内举行演讲活动[2]。

---

[1]　《武汉大学1948年大事记》，武汉大学档案馆档案，档案编号：L7-1948-01。

[2]　《武汉大学1949年大事记》，武汉大学档案馆档案，档案编号：L7-1949-02。

四、"学运"中的经济学系学生

刚搬回珞珈山的武汉大学师生在回归"故土"不久，即卷入了新的斗争漩涡之中。1946 年 12 月，由于抗议美国士兵强奸中国女学生，全国爆发了"反美抗暴"运动。武汉大学学生也参加到了声势浩大的示威游行中去。

为了遏制全国性的示威活动，国民政府急忙颁布了《维持社会秩序临时办法》，授权政府部门可以采取"必要措施"和进行"紧急处置"。1947 年 5 月 20 日国民党在南京、天津同时打伤和逮捕了进步师生百人，制造了震惊全国的"五·二〇血案"，消息传来，正在罢课的武大师生群情激愤，决定联合武昌的其他几所学校举行示威游行①。5 月 22 日，武大 1700 名学生高举着"反饥饿、反内战、反迫害"的旗帜，列队步行前往武昌老城并渡江赴武汉行辕②请愿。湖北省政府早有准备，下令封锁了所有渡口。愤怒的游行队伍只能返回到彭刘杨路向省政府请愿。

1947 年的"六一"惨案，是学生与国民政府当局矛盾激化的最高潮。"五·二二"请愿后，华北学联号召全国学生举行"六二"反内战总罢课，武大学生积极响应。5 月 28～31 日晚上，一批进步师生在时事座谈会上发言，强烈谴责国民党发动内战。而国民党特务暗地在这些座谈会中安插了密探，秘密确定名单，并部署具体行动计划。6 月 1 日凌晨 3 时，国民政府武汉行辕和警备司令部，纠集军警宪兵、特务数千人，全副武装包围了珞珈山。军警在蒙面特务学生的带领下，逐室搜捕进步师生，愤怒的学生自发冲出宿舍，拦住军警、砸破囚车，营救已经被捕的学生。突然，军警按照事先的部署，向手无寸铁的学生开枪，造成历史系学生黄鸣岗、土木系学生王志德、政治系学生陈如丰 3 名学生死亡，13 人受伤。学校教职工 20 人被捕。

上午 9 时，武汉大学全体学生齐集体育馆，举行大会。大会决议：（1）成立由代理校长刘秉麟组成的"六·一"惨案处理委员会；（2）自即日起开始无限期罢课；（3）6 月 2 日抬棺入城游行（后被老师劝阻，没有施行）；（4）派人进京请愿③。几名学生冲破封锁，向华中大学、湖北医学院、湖北农学院三校学生报告事实真相，请求声援。10 时，刘秉麟赶到湖北省参议会，报告案情经过，提出从速释放被捕师生、不许对已被捕的人员刑讯拷打、保证在校师生人身安全等要求④。同日下午，学校教授会也举行大会，决议：（1）罢课一周；（2）提出放人、严查凶手等四项要求；（3）成立宣言起草委员会和营救委员会。6 月 3 日，从南京赶回学校的周鲠生校长与曾昭安、戴铭

①　吴贻谷主编：《武汉大学校史（1893—1993）》，武汉大学出版社 1993 年版，第 201 页。

②　全称是国民政府主席武汉行辕，是国民党军事委员会的派出机构。

③　吴贻谷主编：《武汉大学校史（1893—1993）》，武汉大学出版社 1993 年版，第 203 页。

④　糜华菱：《黎明前的血祭——武汉大学 1947 年"六一"惨案一月记》，载《武汉文史资料》，2003 年第 2 期。

巽、韩德培、张培刚等18名教授齐赴武汉行辕保释被捕师生，下午4点，被捕师生保释返校。

为了进一步揭露事实的真相，中共地下党对外派出"答谢团"，分赴各兄弟学校报告惨案的事实真相，经济学系万典武同学就被派往南京请愿。一时间，全国各地学校的慰问电如雪片一般飞来。22日上午，师生1000余人在体育馆举行沉痛的追悼大会，次日，师生为"六一"惨案遭难的学生举行了隆重的出殡大游行，同学们"戴黑纱，持花圈，举挽联。经武昌到汉口，沿途市民争相抢阅宣传品，并燃放鞭炮，表示同情与慰问"[1]。

"六一"惨案后，武汉大学的"学运"活动更加活跃。1948年7月，武汉大学正式建立了中共武汉大学总支部委员会，经济学系学生李雄蜚、董辅礽等纷纷加入了中共地下党组织。中共地下党组织在武汉大学重新建立后，逐渐成为学校政治工作的领导组织者。从乐山时期发展而来的学生社团也积极投身于中共地下党组织发起的斗争之中。1947年8月中旬开始，中共地下党组织依靠进步社团组成"武大助学筹委会"，旨在对因飞涨的物价而生活窘迫的师生实施互助，助学会的同学走上武昌、汉口街头，散发传单、义务劳动，对国民政府当局搜刮民脂民膏的货币政策进行控诉。进步社团还参与了汉口后湖地区的救灾和对校友的营救，这些社团中的不少人日后都成为国家建设的骨干力量。

五、经济学系师生积极投入中华人民共和国成立前夕的护校斗争

1949年初，国共对决的三大战役结束，共产党以摧枯拉朽之势，迅速解放了华北地区，使得武汉解放指日可待。面对如此急迫的情形，国民政府开始策划向南搬迁学校和工厂。武汉大学一度接到了白崇禧要求学校搬迁到桂林的命令。对此，周鲠生校长拒不从命，他指示校务部门储备粮食等生活日用品，以应急需。2月3日，"武大教授会、讲师助教会、职员会、工友联谊会、学生自治会等组织联合起来，成立了武汉大学安全互助团，组织全校师生开展反对破坏、反对迁校的艰苦斗争。"[2] 周鲠生校长以护校名义登记校产，将重要仪器交给安全互助团保管。经济学系师生积极投身于护校斗争之中，董辅礽曾经是安全互助团的一名成员，他在回忆那一段时间的工作时写道："（我的组织关系从经济学系转到安全互助团）一直到武汉解放……我们常常在斋舍熄灯、同学入睡以后，由工友同志悄悄地打开宿舍的铁栅栏门锁，进入图书馆。在那里我们设立了警卫点。……如果发现有敌人前来破坏的动静，我们就会按事先规定的联络信号通知全体师生员工起来斗争。"[3]

---

① 吴贻谷主编：《武汉大学校史（1893—1993）》，武汉大学出版社1993年版，第205页。

② 吴贻谷主编：《武汉大学校史（1893—1993）》，武汉大学出版社1993年版，第215页。

③ 董辅礽：《迎接解放的一段回忆》，见《武汉大学校友通讯》，1983年创刊号。

在师生们的精心保护下，武汉大学并没有遭受什么损失。1949 年 5 月 16 日，武汉解放，全校师生欢欣鼓舞，步行前去欢迎进城的解放军。6 月 10 日，人民解放军武汉军管会文化部潘梓年与派驻武汉大学的军代表朱凡等 6 人正式接管武汉大学。从此，武汉大学的历史揭开了崭新的一页。

第二编

中华人民共和国成立至改革开放前经济

学科的变化与波折（1949—1976年）

第六章
中华人民共和国成立至全国院系调整前的
武汉大学经济学系（1949—1952年）

　　中华人民共和国成立至全国院系调整前的中国高等教育正处在一个新旧交替的过渡期。随着新生人民政权的建立，武汉大学经济学系也迈入一个新的历史时期。教育领域显然不能继续承袭原有教育模式，必须进行一系列变革以适应新形势对经济学人才培养的需要。由于新的教育模式、课程设置和教学内容一时尚不明确，因而中华人民共和国成立至全国院系调整前，武汉大学经济学系的师资结构基本保持原貌，教学计划、课程设置以及教师安排也都尚未发生实质性变化。但从大形势看，"破"已成为非常明确的任务，各种探索性的变动已开始进行，从而为下一阶段的大变动拉开了序幕。

一、学校管理体制的调整及经济学系教师的基本情况

　　1949年4月，人民解放军发起渡江战役，以破竹之势解放广大江南地区。是年5月16日，武汉三镇解放。5月27日，武汉大学教职员工在《长江日报》上发表了对时局的宣言，表示全力支持中国人民的解放事业，愿意竭尽全力为建设新中国而努力。与此同时，为了做好过渡工作，武汉大学校务会议代表吴于廑、韩德培等6人前往汉口与武汉军事管制委员会文教部商谈学校接管的有关事宜。由此，学校管理体制开始发生重要变化，标志着武汉大学进入了一个新的历史时期。

　　接管前，武汉大学实行校长制，行政事务主要由校务会议决定。接管后，学校新成立的校务委员会成为新武汉大学的领导机构。校长仍由周鲠生担任，校务委员会主任和副主任分别由郑保良、查谦担任；秘书长是徐懋庸①。学校设立秘书、教务、总务3个处，处以下设组。院系设置则基本沿袭原有体制，保留文、法、理、工、农、医6个学

　　①　据经历此阶段的老师回忆，徐懋庸是当时掌握实权之人。

院，下设 21 个系，经济学系设在法学院中①。

经济学系的系主任是张培刚。张培刚同时担任武汉大学校务委员会委员兼总务长，后代理法学院院长。1951 年秋至 1952 年夏，被派往北京中共中央马列学院学习一年。他一直为经济学系的正常运转和发展尽心尽责，直至 1952 年冬，受命筹建华中工学院，离开武汉大学为止。张培刚被派往北京学习期间，学校任命刘涤源为经济学系代主任；张培刚调离武汉大学后，刘涤源任系主任。

中华人民共和国成立之初，武汉大学经济学系共有教师 14 位，其中教授 8 位，副教授 1 位，具有国外留学背景的 10 位。详情见表 6-1：

表 6-1　　　　　　　　　　**1949 年武汉大学经济学系教师队伍的构成**

姓　名	职　称	籍　贯	学　历	来校时间
杨端六	教　授	湖南长沙	早年留学日本，后入英国伦敦大学政治经济学系学习	1930 年
戴铭巽	教　授	江苏镇江	爱丁堡大学学士	1931 年
刘秉麟	教　授	湖南长沙	先后毕业于英国伦敦大学经济学院研究生班、德国柏林大学经济学系研究生班	1931 年
陈家芷	教　授	河北望都	东京大学经济研究所毕业	1942 年
温嗣芳	教　授	四川重庆	英国爱丁堡大学经济系	1944 年
甘士杰	助　教	湖南长沙	武汉大学法科研究所毕业	1945 年
贾植园	助　教	湖南石门	武汉大学经济学系毕业	1946 年
张培刚	教　授	湖北红安	哈佛大学经济学博士	1946 年
刘涤源	教　授	湖南湘乡	武汉大学法科研究所毕业，曾赴哈佛大学进修	1947 年
王治柱	助　教	湖北黄陂	南开大学经济研究所毕业	1947 年
周新民	教　授	湖北洪湖	哥伦比亚大学硕士毕业并取得博士候选人资格	1947 年
谭崇台	副教授	四川开县	哈佛大学经济学硕士	1948 年
曾启贤	助　教	湖南长沙	武汉大学经济研究所经济学系硕士	1948 年
李崇淮	特约讲师	江苏淮安	美国耶鲁大学研究生院经济系硕士	1949 年

注：本表以教师来校时间先后为序，年份相同者按姓氏字母顺序排列。

以上教师中，有 13 位是 1949 年以前受聘到经济学系来的，只有李崇淮是 1949 年调入经济学系的。

李崇淮（1916—2008），江苏淮阴（今江苏淮安）人。1947 年起兼任武汉大学经济学系特约讲师，1949 年 4 月调入武汉大学经济学系，1950 年前后兼任中国人民银行中南区计划处副处长。1950 年筹办武汉大学银行专修科，担任副主任，为银行培养人才。

---

① 吴贻谷主编：《武汉大学校史（1893—1993）》，武汉大学出版社 1993 年版，第 223~224 页。

至 1953 年全国院系调整前，武汉大学经济学系又陆续充实了一批新的师资力量，其中包括从国外留学归来的吴纪先、黄仲熊、朱景尧、黄永轼等。

吴纪先（1914—1997），江苏松江（今上海市）人。1945 年获美国威斯康星大学经济学硕士学位。1947 年获美国哈佛大学经济学博士学位。曾任南京中央大学副教授、联合国亚洲远东经济委员会秘书处经济研究专员。1950 年 9 月受聘为武汉大学经济学系教授，曾任经济学系系主任、武汉大学美国加拿大经济研究所所长等职。

黄仲熊（1922—1968），湖南醴陵人。1940 年武汉大学经济学系本科毕业，1943 年武汉大学财政金融专业研究生毕业。1947 年赴美国威斯康星大学研究生院学习，1949 年回国，先后任湖南大学商学院副教授、海南大学教授，1950 年受聘为武汉大学经济学系副教授，主讲经济学说史课程，1968 年受"文化大革命"冲击含冤自尽。

朱景尧（1916—2013），河南宝丰人。1941 年毕业于武汉大学经济学系，1947 年接受美国李氏基金奖学金赴美国威斯康星大学研究生院经济系学习，获硕士学位。1950 年元月受聘为武汉大学经济学系副教授，后升为教授。讲授统计学、经济统计学、经济数学等课程。

黄永轼（1908—1987），湖北大冶人。1934 年毕业于武汉大学经济学系，1949 年赴美国明尼苏达大学研究院攻读农业经济，获科学硕士学位。1950 年回国受聘为武汉大学经济学系副教授。后曾调出武汉大学，1979 年重新回到武汉大学经济学系。

此时经济学系的师资构成大致可以分为以下三类：

一类是原任教于武汉大学经济学系的杨端六、刘秉麟、戴铭巽等著名经济学教授，他们在中华人民共和国成立初期仍继续留任并受到重视。不仅学校重视，而且政府和社会上也相当重视。如杨端六、刘秉麟两位教授除在本校授课外，还同时兼任中南军政委员会财政委员会委员，以其专业知识为中南区的财经恢复和建设出谋划策。戴铭巽教授于 1950 年被武汉市市长吴德峰聘为武汉市经济顾问，他亲自为中南税务局等单位授课，培养了不少当时急需的初、中级会计人才。1950 年冬，他还协助萍乡矿务局实施定额管理。1951 年被评为省市"甲等劳动模范"。

另一类是一批归国留学生。1946 年至 1951 年间，在周鲠生校长和张培刚主任的积极努力下，武汉大学从国外聘请了一批年轻学者到经济学系担任教授或副教授。依来校先后的不同，他们又可分为两批：一批是 20 世纪 40 年代后期来校的，如张培刚、刘涤源、谭崇台、周新民、李崇淮等；另一批是 20 世纪 50 年代初来校的，如吴纪先、黄仲熊、朱景尧、黄永轼等。他们大多出自欧美的名校，学有所成，年富力强，充满朝气，一心要报效祖国，在中国干出一番事业来。而且许多都是原武汉大学经济学系的毕业生，如张培刚、刘涤源、谭崇台、朱景尧、黄永轼等。

还有一类是经济学系自己培养的优秀毕业生。他们毕业后留校任教，充实教师队伍。其中包括 1950—1952 年先后留在系内任教的董辅礽、郭吴新、李守庸、杨天民、程度、程镇岳、萧骥等。

在此期间，部分教师还兼任了学校行政职务，表 6-2 是 1951 年学校任命经济学系教师的任职情况：

表 6-2　　　　　　　　　**1951 年学校任命的经济学系教师任职情况**

教　师	职　　务
周新民	校务（常务）委员会委员
张培刚	校务（常务）委员会委员、银行专修科和税务专修科（班）主任
谭崇台	政治学习指导委员会副主任委员
曾启贤	政治学习指导委员会委员
戴铭巽、贾植园	财务稽核委员会委员
李崇淮	银行专修科副（班）主任
黄仲熊	税务专修科副（班）主任
黄永轼	农业调查统计专修科副（班）主任

资料来源：《武汉大学一九五一年各种委员会和院系、科干部名单》，武汉大学档案馆档案，编号：L7-1951-021。

总的看来，这一时期武汉大学经济学系的师资队伍是相当整齐的。董辅礽在 1992 年张培刚先生 80 岁诞辰的纪念会上，曾深情而又感慨地回忆说："张培刚老师是 1946 年回国的，回来以后他担任经济系①主任，在他的努力下，当时从国外聘请了一批年轻的学者到我们武汉大学担任教授或副教授……在当时他们都是学了最新的西方经济学，然后把它们带到中国来，给我们讲课。……从经济学教授的阵容来讲，那个时候武汉大学经济系阵容最整齐，最年轻，他们的知识最新。因此，他们能够培养出一批相当好的学生，这不是偶然的。我们可说都是它的受益者。"②

二、经济学系的教学与课程设置的调整

中华人民共和国成立之初，高等学校的教学改革是在政治思想改造过程中进行的。从 1949 年 5 月到 1951 年 9 月，武汉大学的工作重点主要放在政治思想改造方面，教学改革只是初步开展了一些工作，如端正教学态度、精简课程、提倡集体互助、建立教研组等。1949 年 9 月 20 日，武汉大学录取新生 771 人，其中经济学系录取新生 66 人。根据"与实际结合，以简求精"的原则，在刚刚解放的第一个新学期里，武汉大学不仅对课程进行精简，使每学期学生学习的课程不超过 17 个学分，而且还在学生中提倡建

---

①　武汉大学经济学系有时被称为经济系，还有时被称为政治经济学系，在无特殊需要并不引起混淆的情况下，我们统一使用经济学系的名称。

②　谭惠编：《学海扁舟：张培刚学术生涯及其经济思想》，湖南科技出版社 1995 年版，第 226 页。

立互助学习小组，在教师中开展"集体教学"活动①，以适应新形势下教学工作的需要。经济学系于1949年暑假期间，组织全系教职员召开了学习会，在开展政治学习的同时，研究教育制度改革以及课程设置、教学内容和教学方法的改革。当时经济学系所采取的是维持现状、逐步改革的做法。

1952年秋季之后，学校工作的重点逐步放到了教学改革方面，开始着手教学方案的修订和课程设置的调整。1952年，经济学系按照学校统一布置制订了新的教学计划，将学生的培养目标确定为"培养学生用科学的观点和方法，分析实际经济问题的能力，造就新民主主义经济建设的实际工作干部和研究工作干部。"在教材使用上"已基本采用苏联教材"，在教学方法上"已初步采用课堂讨论、启发式教学及集体教学"的方法②。

根据培养目标的要求，经济学系对原有课程设置进行了调整。从调整结果看，由于这一时期尚处于一个模糊的过渡期，还不清楚究竟应该设置什么新的课程，故而基本上继续保留了原有的教学体系和课程设置。详情见表6-3：

表6-3　　　　　　　　　　　**1952年经济学系修订的教学计划**

第一学年	第二学年	第三学年	第四学年
新民主主义论	新民主主义经济	国内贸易	国民经济计划原理
中国通史	货币银行学	国际贸易	农业经济
政治经济学	财政学	财政金融问题	工业经济
会计学（一）	统计学	高等统计学	国内贸易（续）
经济地理	外国语	专业统计	国际经济关系
外国语	经济数学	会计学（三）	会计学（四）
	会计学（二）	成本会计	成本会计（续）
		外国语	外国语
			专业统计

资料来源：《武汉大学法学院经济系教学计划》，武汉大学档案馆档案，编号：L7-1952-036。

调整后的课程设置中，经济学系历来开设的基础课程，如财政学、统计学、会计学、货币银行学、经济地理等仍基本保持原样未变。与1951年的教学方案相比，有些课程取消了，如社会发展史、马列主义的国家与法律理论等；有些课程有所压缩，如将农业经济、工业经济由两学年压缩为一学年；有些课程有所增加，如会计学由三学年增至四学年，成本会计由一学年增至二学年；有的课程是新增设的，如国际经济关系；而

---

① 参阅杨端六：《我对于集体教学的几点体会及初步经验》，载《武汉大学报》，1953年7月1日。

② 《武汉大学法学院经济系教学计划》，武汉大学档案馆档案，编号：L7-1952-036。

其中最大的变化是经济史、经济思想史等史学课程被全部取消了，这可能与当时政治运动中尚未掌握正确的史学观点，尤其将西方经济理论视为资产阶级毒素的认识有关，因而被作为"资本主义的课程"予以"肃清"了。

课程设置调整后，一些基础课程的授课教师基本保持不变，如会计学仍由戴铭巽讲授，货币银行学仍由杨端六讲授，财政学仍由刘秉麟讲授；但有些课程的授课教师则有所调整，尤其一些从美国留学回来，受西方经济学教育的教授们不得不面临"改行"，去教自己原本不太擅长的一些新课程，如主攻西方经济理论和经济周期学说的刘涤源就改教马克思主义政治经济学了。

这一时期，经济学系师生还结合本专业知识，积极参加各项调研活动，并撰写调研报告，为各级政府制定相关政策提供参考。如1950年的典型村国民经济调查、萍乡煤矿概况调查报告、萍乡煤矿时间研究与定质研究等①；1951年暑假，吴纪先教授等受中南财经委员会委托，带领1950级部分同学深入湖南醴陵、常德、洪江等地开展农村初级市场的购买力和农村市场供给方面的调查研究②。

师生们还参加了当时轰轰烈烈的土地改革运动。1951年11月，武汉大学成立土改工作团赴湖北汉川、松滋、石首等县参加土地改革。学校设总团，经济学系教师刘涤源为总团副团长；总团内设5个部，其中4个部有经济学系的师生担任领导职务，他们是李守庸（组织部）、刘涤源（学习部）、吴纪先（联络部）、贾植园、王治柱、丁先学（总务部）、刘涤源、吴纪先（执行部）。经济学系被编为第三分团，由刘涤源任团长，李守庸任政委（党支部书记），带领部分经济学系老师和学生前往参加土改运动。

此外，1950年底，为适应国家对在职经济管理人才进行继续培养教育的需要，学校还开办了学制2年的银行专修科和税务专修科（1953年后停办），由李崇淮和黄仲熊分任科主任。当年和次年招生，学生分别于1952年和1953年毕业，其中银行专修科1952届毕业73人，1953届毕业50人，税务专修科1952届毕业32人。

三、教师的科研特色

中华人民共和国成立初期，经济学系教师的科研工作仍未间断。虽然此间政治运动很多，教师们往往要一边上课一边参加运动，但在经济理论研究方面，由于武汉大学经济学系在湖北乃至中部地区居于中心地位，在全国经济学界也有一定影响，因而科研工作仍取得了一些成就。

一些从国外归来的教师在这一时期发表了一些介绍国外经验和做法的成果。如吴纪

---

① 详见《武汉大学经济系1950年编写〈典型村国民经济调查〉》，武汉大学档案馆档案，编号：L7-1950-078；《武汉大学经济系师生1950年编写〈萍乡煤矿概况调查报告〉》武汉大学档案馆档案，编号：L7-1950-068；《武汉大学经济系师生1950年编写〈萍乡煤矿时间研究与定质研究〉》，武汉大学档案馆档案，编号：L7-1950-069。

② 据刘光杰、朱景尧的回忆整理。

先所写的《东南亚经济概观》一书，于 1951 年由中华书局出版；谭崇台于 1950 年在《新中华》上发表了《新经济政策时期的苏联商业》和《社会主义时期的苏联商业》等论文，并于 1951 年写成《苏联的商业》一书，由湖北人民出版社出版。

从明尼苏达大学研究院攻读农业经济回国的黄永轼发挥他的专业特长，关注中国的农村问题，于 1950 年撰写了《中国农民生活水准的研究》《中国农业使用机械的可能性》《中华人民共和国农业经济》等文章，为中国农业发展和当时中国正在进行的土地改革提供参考。

本时期教师们研究的视野并不仅仅局限于经济学领域和自己所从事的专业，而是相当广泛。例如，杨端六教授的专业是会计学和金融学，但他不仅发表了会计学和金融学方面的论文，还撰写了财政学、政治学方面的论文；他不仅发表了学术论文，还撰写了时事评论文章；他不仅关注国内政治、经济、文化和社会问题，而且还关心国际上的各种问题。难能可贵的是，教师们发表的论著都不是泛泛而论，许多主题至今还是相应学科领域中的前沿理论课题和重要实践问题。其范围涉及金融学、微观经济学、发展经济学、国际经济学和产业组织理论等。

然而，不久发生的思想改造运动和一边倒地照搬"苏联模式"的做法对教师，尤其是老教师产生了极大的冲击，使他们深感困惑与不安。这时许多老教师都产生了畏难情绪和恐惧心理，有的因为害怕，不敢讲了；有的虽然有想法，但不想讲了；有的则被当成"废物"，不让讲了。大多数老教师都不同程度地受到了冲击。在这一背景下，许多老教师，包括杨端六、戴铭巽、刘秉麟等接受英美经济学教育模式培养出来的著名教授，出于对新政权的真心拥护，也都努力使自己适应新社会的需要，主动学习新的政治理论，学习当时苏联教育体系的新东西，尽量修改自己的讲义，探索更适合于新形势要求的教学方法和理论，努力为新中国建设和高教事业的发展做出自己的贡献①。

四、经济学系的党、团组织与学生工作

中华人民共和国成立初期，武汉大学经济学系的在校学生约有 120 人。至 1952 年，由于院系调整中其他有关学校相关专业学生的并入，经济学系在校学生达到 269 人。解放战争时期，武汉大学党组织的领导机构比较复杂。中华人民共和国成立后，全校主要由一个党总支和一个团总支组织学生开展党团活动，党员教师还很少。1949 年 9 月建立了法学院党支部，彭沈元、毛剑光、李守庸先后任支部书记。1952 年 10 月，改为法学院与文学院党支部，郭吴新任书记。当时，经济学系的学生工作主要是在经济学系团支部的组织下进行的。

在党、团组织的领导下，经济学系的各项活动开展得如火如荼。1950 年 1 月，全系师生积极响应政府号召，踊跃认购公债，教师们还自愿开展了减薪运动，许多教师每

---

① 详见杨端六：《中国共产党建党三十周年感言》，载《新武大》，1951 年 6 月 29 日；戴铭巽：《技术性课程决不是例外》，载《新武大》，1951 年 4 月 18 日。

月自愿减薪数额达自己原实领薪酬的 2/5 或 1/3 不等①。同年 6 月，朝鲜战争爆发，10 月，中国人民志愿军入朝作战。在后方，全国人民积极支援前线，广大青年学子更是积极报名，踊跃参军。11~12 月，国家在大学里通过自己报名、组织决定的方式征召一些学生参军参干，得到经济学系师生的积极拥护和支持。当时，武汉大学共有学生和工友 304 人走上国防建设岗位，其中有经济学系学生 26 人、银行专修科学生 2 人，税务专修科学生 1 人。1951 年 2 月，党和政府在全国范围内开展大规模的镇压反革命运动，全系师生也都积极响应和参加了运动。是月，师生参加抗美援朝捐款活动。5 月，全系师生参加了学校组织的声讨美帝国主义侵略朝鲜罪行的"五一"示威大游行。1952 年 1 月，响应党和政府的号召，武汉大学针对学校的实际情况，也开展了大张旗鼓的"三反""五反"运动②，参加土改的经济学系老师于 2 月回校参加了这一运动。5~8 月，学校又按照中央政府指示，开展思想改造运动，师生们大多积极参加。但由于学校领导人徐懋庸在运动中执行了"左"的方针，一批高级知识分子受到严重伤害，我系一些老教师也受到不应有的冲击③。10 月，在全国学习苏联的大背景下，武汉大学也开始照搬苏联高校的教学大纲组织教学。随着武汉大学学生会的成立，经济学系的学生们也组织了歌咏队、舞蹈队等。从 1953 年开始，武汉大学所有学生都享受了助学金待遇，而且学生还参与食堂的伙食管理。

　　总之，从 1949 年 5 月接管至 1953 年院系大调整前的 4 年间是经济学系乃至武汉大学的一个特殊过渡时期。适应新中国建立的需要和新形势新变化的要求，武汉大学经济学系在党组织的领导下，依托其整齐的师资队伍，积极响应党和国家的号召，逐步对行政管理、课程设置、党团建设、学生工作等各个方面进行调整变革，使经济学系顺利地完成了过渡时期的各项任务，并为随后的院系大调整和教学改革积累了有益的经验。

---

　　① 参见《武大 1950 年减薪运动及减薪教职工名册》，武汉大学档案馆档案，编号：L7-1950-002。

　　② "三反""五反"运动是 1951 年底到 1952 年 10 月，在党政机关工作人员中开展的"反贪污、反浪费、反官僚主义"和在私营工商业者中开展的"反行贿、反偷税漏税、反盗骗国家财产、反偷工减料、反盗窃国家经济情报"的斗争的简称。

　　③ 详见吴贻谷主编：《武汉大学校史（1893—1993）》，武汉大学出版社 1993 年版，第 228~230 页。

第七章
院系调整后的武汉大学经济学系
（1953—1965 年）

　　1953—1965 年是一个大变革的年代。中国原有的教育体制迅速向苏联教育体制靠拢。在教育体制转型的大背景下，武汉大学经济学系也随之进行调整，全盘学习苏联教育模式和中国人民大学经验，完全抛弃了原有的英美教育模式。同时，频繁进行的各种政治运动对学校正常的教学和科研秩序形成干扰，运动中的过"左"做法也对师生，尤其对英美教育模式培养出来的教师们带来冲击。但此间的大部分时段还基本上保持了正常的教学秩序，国家建设中所遇到的各种现实经济问题又迫切需要得到理论解释，因而经济学系师生仍在不断努力地开展教学和科研工作，并取得了一定的成就。

一、全国院系大调整与武汉大学经济学系的变化

（一）全国院系大调整

　　1952 年，中国教育体制进行了全国范围内的院系调整，武汉大学经济学系作为中南地区经济学教育与研究中心在其间发生了很大变化。

　　中华人民共和国成立前的高等教育存在着文理科多而工科少的现象，高等院校的地区分布也不合理，院系设置多有重复。随着国民经济的迅速恢复，正在起步的大规模经济建设急需各类专门人才。1952 年，国家教育部草拟了《全国高等院系调整计划（草案）》，决定"以培养工业建设干部和师资为重点，发展专门学院和学科，整顿和加强综合性大学"，吹响了全国院系大调整的号角。此次院系大调整的基本指导思想是：模仿苏联的教育体制，加强工科，迅速培养社会主义建设所需的各类专门人才。从 1952 年开始，全国四分之三的高校进行了院系调整。

　　中南地区从 1953 年开始院系调整工作，调整方案由国家教育部和中南高等教育管

理局共同制订，武汉大学的调整工作由武汉大学院系调整工作委员会负责实施①。经过调整，武汉大学撤销了原先的院一级建制，将原"文法理工农医"六院调整为单纯的文理综合性大学；调整后，武汉大学的主要任务是培养理论和基础科学（自然科学和社会科学）方面从事研究工作和教学工作的人才。调整后的武汉大学下设9个系1个专科，即：中文系、俄文系、历史系、经济学系、法律系、数学系、物理系、化学系、生物系，外加1个图书馆学专修科。就经济学科而言，调整后最大的变化是经济学系与其他各系一样成为学校直属的独立系。

（二）经济学系的调整与变化

作为中南地区经济学教育和研究的中心，在此次院系调整中，武汉大学经济学系接受了来自湖南大学、中山大学、广西大学和华中大学（华中师范大学前身）、中华大学②等学校调整出来的财经类相关专业的师生。调整后武汉大学经济学系的学生规模大为扩大，1954年经济学系在校学生达238人，其中4年级调整来的学生较多，为120人；三年级调整来的学生相对少些，为56人；二年级、一年级基本上是新招的，分别为38人、24人。在学生规模扩大的同时，师资力量也大为增强。调整中来自湖南大学经济系的有萧杰五、尹景湖、尹世杰、孔祥祯、孔繁滋、文熹等，来自中山大学经济系的有丁文治、唐炳亮、王耀埔、彭尘舜、彭雨新等，来自广西大学经济系的有粟寄沧，还有来自华中大学和中华大学的许俊千、施潮、景振球、沈祖庄等。再加上从外校、外地调进及本系毕业留校的教师。这样，在院系调整过程中，武汉大学经济学系的教师人数从原来的25人，猛增到47人③。

在教师数量增加的同时，由于教育部指示武汉大学经济学系只设政治经济学一个专业，课程基本仿照苏联教育模式围绕马克思主义政治经济学的内容设置，而且规定了教师每学年必须完成的工作量，因而经济学系教师过剩的问题开始凸显出来，特别是对应用经济学的教师而言尤显突出。在这一背景下，武汉大学经济学系采取多种措施陆陆续续对富余教师进行安排，使调整持续了很长的时间。所采取的主要措施是：（1）校内调整和调动。如丁文治、许俊千调任校图书馆馆长和副馆长，周新民调任校总务处副处长，唐炳亮、王耀埔调到外语系任教，官成章调到校事务科工作。（2）向外单位推荐和调动。如施潮调到华中农业学院农业经济学系，黄永轼调到华中师范学院任教；文熹调到武汉一所商校任教。（3）在经济学系内部进行岗位调整。

院系调整后，在学校统一领导下，经济学系的领导班子于1954年秋进行了调整，由萧杰五任系主任，谭崇台任副系主任。

院系调整后，经济学系一度改称政治经济学系，其下设教研组和教学小组。1953

---

① 吴贻谷主编：《武汉大学校史（1893—1993）》，武汉大学出版社1993年版，第231~234页。

② 中华大学创办于1912年，全国院系调整时一分为三：一部分与私立华中大学、中原大学教育学院等高校合并成立华中高等师范学校（现华中师范大学）；一部分与中原大学、武汉大学等高校相关系科合并成立中南财经学院（现中南财经政法大学）；一部分并入武汉大学。

③ 《武汉大学1953—1954学年法科各系工作总结》，武汉大学档案馆档案，编号：L7-1953-052。

年，经济学系下设一个教研组即政治经济学教研组，其下又依从事本系教学与外系教学的不同而分设为本系小组与外系小组两个教学小组；此外另设三个教学小组，分别为财政与信贷教学小组、会计教学小组和统计教学小组。

后来，经济学系下设机构改称教研室，设政治经济学、经济学说史、世界经济和部门经济 4 个教研室；经原高等教育部批准，1964 年又增设了北美经济研究室①。

二、学习中国人民大学经验与模仿"苏联模式"

（一）苏联的经济学教育模式

1952 年全国院系调整之后，中国的经济学教育体系迅速转向"苏联模式"。相对于欧美大学的通才教育模式，苏联的高等教育模式一般称为专才教育。其基本特点是：与计划经济体制相连，对教育实行高度统一集中的计划管理；将教育的重心放在与经济建设直接相关的高等教育，尤其是工程和科学技术教育上；教育计划与国民经济建设计划紧密相连，按产业部门、行业甚至按产品设立学院、系科和专业（例如拖拉机学院、坦克系等），确定招生名额并进行毕业生分配；国家对高等教育实行垄断，学生全部免费。

具体到理论经济学教育上，"资本论"和政治经济学被看作是经济理论的基础。经济学教育的目的被规定为为社会主义经济建设服务，具体的教育模式则强调经济学教育与社会实践相结合，与生产劳动相结合，弱化经济学系中基本经济理论的教学与研究。具体的经济学教育的学科设置是按照国民经济的部门来划分的，课程设置也按照不同的国民经济部门来设立（例如会计学被分为工业会计、商业会计等与国民经济各行业相对应的专门化会计）。同时，与国民经济计划部门相联系，取消了大学中的学院，调整出财经学科，新建专门的财经学院或合并到已有的同类学院中去，并将对应国民经济各部门的有关专业学院划归国民经济各部门来垂直领导，从而在组织机构上保证经济学教育始终围绕国民经济部门的经济建设。

（二）学习"人大经验"和模仿苏联教育模式

随着全国院系调整工作的深入开展，武汉大学经济学系迅速迈入了学习"人大经验"和模仿苏联教育模式的进程之中。

中国人民大学是中华人民共和国成立后建立的一所新大学，其目的在于培养新中国所需的各种建设干部。1952 年院系调整之后，在全国经济学教育领域，系统学习"人大经验"，改革本校原有的经济学教育体系成了一种风潮，武汉大学经济学系当然也不例外。

"人大经验"的实质在于模仿"苏联模式"。实际上，武汉大学经济学系对"苏联

---

① 武汉大学经济学院编：《继往开来的武汉大学经济学院》，武汉大学出版社 1996 年版，第 1 页。

模式"的模仿及其对原经济学教育体系的改造在学习"人大经验"之前即已开始，到"人大经验"普遍推广时，对"苏联模式"的模仿就更加系统化和具体化了。

首先是培养目标的改变。1950年武汉大学经济学系就提出了如下的培养目标：本系目的在于有计划有步骤地培养大批掌握马克思主义政治经济学的基本知识，能运用马列主义的观点方法，分析经济政治问题，并精通经济建设的各项实际业务的经济干部①。这是一种仿照"苏联模式"确定的培养目标，与此相联系，师生们已开始更多地学习俄语，钻研马克思主义经典著作，在指导思想上开始批判以前对书本知识的重视，强调要重视政治思想教育、重视生产劳动和社会实践，强调理论联系实际，强调在社会的大熔炉中，在火热的生产劳动中培养又红又专的社会主义新型人才。

其次是课程设置的改变。（1）外语学习一律由英语改为俄语，不仅学生学习俄语，而且教师也全面转向俄语的学习，那些从英美留学回国的教师也放弃自己的英语专长，转攻俄语。（2）马克思主义基本原理的课程逐渐增多，如马列主义基础、中国革命史、国家与法权基础、辩证唯物主义与历史唯物主义等。（3）政治经济学逐渐成为主导课程，如政治经济学、政治经济学专题讲授与作业、政治经济学专题讲授与讨论等②。（4）注重计划经济与部门经济课程的开设，如国民经济计划、工业经济、农业经济、贸易经济、会计核算原理、经济统计、财政与信用等。（5）增设了实践教学与生产实习课程。在院系调整后的50年代中后期，武汉大学的经济学教育体系与课程设置基本上完成了向"苏联模式"的转轨。

再次是教材使用的改变。在模仿"苏联模式"的初期，经济学专业所用的教材一般都是苏联的，教师在授课时最多只根据苏联教材讲述基本原理后简要分析一下中国社会主义经济建设的现实，这在当时被称为"挂尾巴"。这种状况一直持续到1958年"教育革命"之后，中国开始注意将"苏联模式"与中国的经济建设实践相结合，开始组织力量编写自己的教材，经济学的相关教材才开始陆陆续续地编写，全盘照搬苏联教材与讲义的现象才开始有了转变。1958年，当时的教育部组织全国几个社会科学力量比较强的省编写教材，湖北省委宣传部组织武汉地区学者编写了政治经济学教材（俗称"蓝皮书"），经济学系尹世杰、吴佩钧、刘光杰老师便参与了这项工作。

此外是教学方式的改变。"苏联模式"要求建立一套严格、复杂的教学管理体系，在教学中强调"三基"（基础理论、基本知识、基本技能）、"四性"（科学性、系统性、思想性、知识性）、"三个中心"（以课堂教育为中心、以教材为中心、以教师为中心）。自1954年起，武汉大学经济学系根据教育部高等教育管理部门的教学计划，制定了与之相适应的教学大纲，按照苏联的模式，每门课都有教学日历。整个教学分为三个环节：（1）讲授与辅导，每班有专门的主讲老师与辅导老师，每门课周末又有专门的辅导时间；（2）课堂讨论，经常组织课堂讨论，以班为单位或分小组进行讨论；（3）

---

① 从毕业生分配情况看，相当多的一部分人被分配到各高等院校当政治课教师，讲授政治经济学，真正从事经济工作的并不很多。

② 据黄敏回忆，政治经济学专题讲授与作业，主要是选读《资本论》，后此课的名称改为"资本论"；政治经济学专题讲授与讨论，主要介绍和讨论有关社会主义建设实际问题的研究成果。

最终的考试。

最后是考试制度和学制的改变。1954年6月，教育部颁布了《高校课程考试与考察规程》，根据这一文件精神，武汉大学经济学系从一年级学生开始实行口试和五分制，学制从1956年开始由4年改为5年，一直实行到1965年①。

(三) 师资队伍的变化

在模仿"苏联模式"，学习"人大经验"过程中，武汉大学经济学系的师资队伍发生了明显变化。院系调整后，武汉大学经济学系的师资队伍主要由如下几部分构成：(1) 中华人民共和国成立前即任教于经济学系的名教授，如杨端六、刘秉麟、戴铭巽等；(2) 中华人民共和国成立前后自英美著名学府留学回国的教师，如吴纪先、刘涤源、黄仲熊、谭崇台、李崇淮、朱景尧、黄永轼等；(3) 武汉大学自己培养出来的师资力量，如王治柱、贾植园、曾启贤、董辅礽、郭吴新、李守庸、程度、杨天民、萧骥、程镇岳、吴佩钧、刘光杰、丁先学、唐岳驹、傅殷才、陶德清等；(4) 从外地、外校引进和调入的人才，如祁涛等；(5) 院系调整时来自其他学校的教师，如前面所述的萧杰五、尹景湖、尹世杰、孔祥祯等。

在当时，这是一支实力强大的师资队伍，基本上集中了中南地区经济学教学和研究的中坚力量，使武汉大学成为中南地区乃至长江以南地区经济学教学和研究的龙头。最盛之时，经济学系的教授、副教授达二三十人，如此师资规模当时在全国也不多见。

可是，随着中国经济学教育转向"苏联模式"，武汉大学经济学系的师资队伍逐渐开始发生巨大的变化。

首先是经济学系原有的学术精英面临着艰难的转型。无论是中华人民共和国成立前就在经济学系任教、誉满学术界的老教授，还是从欧美名校学成回国的留学归国人员，他们基本上都是在"英美模式"下培养出来的，其知识结构、学术造诣也都集中在西方经济学方面，如今整个经济学教育转向"苏联模式"后，整个经济学都以马克思主义政治经济学为基础，具体的课程设置则以部门经济和计划经济为主，而这些课程绝大多数是这些"英美模式"下培养出来的教师没有接触过的，所以对他们来说，即便为了胜任教学任务，也需要从头开始，而要胜任研究工作就更为困难了。此外，由于当时所有的教材基本上都是从苏联引进或翻译的，因而很多情况下老师需要先阅读俄文原版教材和教学材料，自己理解翻译之后，才能对学生讲授；而这些教授平时使用的主要是英文，不懂俄文，所以语言方面也需要重新学习。如杨端六、刘秉麟、戴铭巽这样的老教授就面临很大困难。因为杨端六的专长在于英美的货币银行学，刘秉麟的专长在于英美的财政学，戴铭巽的专长在于英美的会计学，可这些，在"苏联模式"的课程设置中都完全改变了，而他们当时已年逾花甲，胜任新的课程存在较大难度，加之各方面的舆论压力也很大，于是他们逐渐地被边缘化，进而慢慢地淡出了武汉大

---

① 在经济学系历史上，只有此时实行过5年制本科学制，"文化大革命"中期的大学生实行过3年制学制，此外本科生都实行的是4年制学制。

学经济学系的讲坛①。而一些仍然保留在教学第一线的教师，除那些讲授经济学工具课程的仍然得以在自己所专长的领域发挥作用，如从美国威斯康星大学专修统计学回国的朱景尧，以及在南开经济研究所专攻统计学的王治柱等，他们仍然继续着统计学的教学和科研以外，其他从国外回来的教师基本上都得从头学习，改行教"苏联模式"教学体系中的课程。

其次是大批青年教师和毕业生被派往中国人民大学和苏联进修和读研究生。为了适应"苏联模式"的需要，当时中国人民大学专门开设了研究生班和进修班，聘请苏联专家授课，培养全国其他大学的财经政法师资骨干。武汉大学经济学系就派送了一大批青年教师参加学习，如郭吴新、曾启贤、程度、程镇岳、贾植园、杨天民、刘光杰、黄敏、陆永良、赵德缋、李绍栋、吴贻谷、黄训腾、潘建树、李声华、罗绍彦、曾鹤松等。其间还选派青年教师（或毕业生）出国到苏联深造，如董辅礽、郭吴新、傅殷才、唐岳驹等。

再次是从中国人民大学及其他学校引进部分研究生和本科毕业生以充实师资队伍。如代鲁、汤在新、吴佩钧、温端云、李裕宜、甘碧群、刘业础、陈久榕、叶纪干、余士杰、谭作平、魏国樑、褚一纯、强乃祺等。

最后是按照"苏联模式"在教学实践中自己培养师资，如肖骥、刘云彬、陶德清、余陶生、刘炽光、熊懿求、张旭初、曾德国、邹方本、杨宗传、郑华、王琪骥等。

（四）在曲折中艰难前进

自 1956 年起，中国开始对"苏联模式"进行反思。因为随着"三大改造"② 的基本完成，社会主义革命取得了胜利，大规模的社会主义建设即将全面展开，一个新的历史时期就要到来。由于前七年我国在经济建设方面基本搬用"苏联模式"即计划经济的模式，虽然取得了较好的效果，工业建设成就突出，但随着经济规模不断扩大，经济结构日益复杂化以及发展目标的多元化，这种模式所带来的比例失调，统得过死，过于集中，以及难以调动积极性等弊病和它本身不适合中国农业国特点等问题逐渐显露出来。加之苏共二十大及赫鲁晓夫的秘密报告，使苏联自身经济建设中的问题也对外披露，让我们看到了苏联模式本身的局限性。

1956 年毛泽东率先对社会主义建设中的十大关系进行了探索，并全面地评价了斯大林，接着又提出"百花齐放，百家争鸣"的方针，从而对当时党内和思想理论界都产生了良好影响。一时，思想理论界解放思想、探讨问题的空气非常浓郁，全党很快形成了一股调查研究和探索的新风，教育领域也随之发生了变化。

1957 年、1958 年根据毛泽东"我们的教育方针，应该使受教育者在德育、智力、体育几方面都得到发展，成为有社会主义觉悟、有文化的劳动者"和"教育必须为无

---

① 参见《武大 1953—1954 学年法科各系工作总结》，武汉大学档案馆档案，编号：L7-1953-052。

② "三大改造"是指建国初期，中国共产党在全国范围内组织的对于农业、资本主义工商业和手工业的社会主义改造。

产阶级政治服务，必须同生产劳动相结合"的指示精神，全国教育系统不断对培养方案和教学计划进行调整和改进，着重明确了培养无产阶级接班人的政治方向，加强了教学联系中国实际的要求。

1957 年在全国展开的反右运动，高等学校是重灾区之一，武汉大学经济学系也不例外。在长达一年的反右运动期间，正常的教学秩序被打乱，教学时间被大量占用，教学科研活动受到极大的干扰。尤为重要的是，激烈的运动猛烈冲击着师生员工。武汉大学经济学系师生中有的人被戴上反党反人民反社会主义的右派分子的帽子，遭到错误的批判斗争。武汉大学著名学者韩德培、程千帆等被划为"右派分子"。经济学系教授刘涤源、粟寄沧、唐炳亮，副教授王耀埔、景振球，讲师贾植园、程度被划为"右派分子"，被清除出教师队伍，降级降薪。刘涤源、贾植园、程度先是参加劳动，后被分派到资料室工作。即使在一、二年级学生中，也同高年级学生一样划了"右派分子"，例如 1959 届（当时二年级）共有 56 名学生，其中有 6 名被划为"右派分子"。还有一批人，虽未戴"右派分子"帽子，但却因犯了所谓"错误"而受到各种不同的处分，是共产党员、共青团员的受了党纪团纪处分。例如当时的副系主任、副教授谭崇台被开除党籍，调离经济学系，去外语系资料室当管理员；青年教师魏国樑、褚一纯、徐云鹏被调离武汉大学。

反右运动挫伤了师生的爱国热情和革命热情，挫伤了师生工作和学习的积极性和创造性，其后遗症一直持续了许多年。经济学系教师特别是老教师从此变得小心翼翼，噤若寒蝉，不敢发表自己的见解，整个经济学系显得沉闷而凋敝。

紧接着反右运动为了贯彻党的教育方针，在 1958 年轰轰烈烈开展教育大革命。1958 年 4 月、6 月，中共中央分两阶段召开了教育工作会议，总结中华人民共和国成立以来的教育工作，讨论教育方针和教育改革问题。会议确定，党的教育方针，是教育为无产阶级政治服务，教育与生产劳动相结合。

在教育大革命中，经济学系动员、组织师生积极参加生产劳动，为中国的"大跃进"添砖加瓦。学校四区操场当时小高炉林立，其中就有经济学系学生负责建设和生产的小高炉。1958 年未放暑假，号召过"共产主义暑假"。1959 年后经济学系学生和部分教师还参加了修建汉丹铁路和学校四区校舍的艰苦劳动。再就是组织批判资产阶级权威，发动学生揭批老教授，将经济学系教师黄仲熊、彭尘舜当活靶子，吹毛求疵，无限上纲，把老师搞得十分狼狈，无所适从。教育大革命无疑是冲击了苏联高教模式，使经济学教育关注中国社会主义建设的现实；但很多过左的做法，打乱了教学秩序，伤害了一些教师和学生。

1959 年又错误地发动了反对右倾机会主义的斗争。经济学系师生被要求学习和坚持"三面红旗"①，批判反对、怀疑"三面红旗"的言行。经济学系当时收集、印发了包括本系学生在内的"错误"言论，要求大家进行批判。

1959—1961 年我国国民经济进入困难时期，1962—1965 年对国民经济进行调整，

---

① "三面红旗"指总路线、"大跃进"、人民公社。"总路线"是毛泽东提出的多快好省地建设社会主义的总路线。

对其他各项工作（包括教育工作）也进行了相应的调整。在此期间，经济学系得以由运动状态转入正常教学轨道，获得了休养生息的时间，并逐步转入了新的发展提高时期。

三、科研工作与研究生培养

（一）科研工作

这一时期虽然经历了院系调整、模仿"苏联模式"以及政治运动的影响，但教师的科研工作仍在间断进行，并取得一些有益的成果。武汉大学于1954—1955年在制订学年科研计划时，有200多人制订了自己的研究计划，确定了研究课题。经济学系的教师大都确定了自己的研究课题，如刘秉麟教授确定的是"中国近代外债史研究"，杨端六教授的是"中国近代金融史研究"，黄永轼副教授的是"武汉市郊区蔬菜生产合作社的生产与分配"等。经济学系当时的党总支书记尹世杰鼓励年轻教师积极研究社会主义经济问题，对经济学系科研的开展起了很大的推动作用。当然，在当时的环境下，由于政治运动的干扰，科研工作中也不可避免地受到"左"的干扰。

经济学系这一时期科研工作取得的突出成果主要在两个领域：一是对社会主义经济问题的探讨，一是对经济史、经济思想史的研究。

"大跃进"之后，国民经济陷入极度困难。经济学界开始对"苏联经验"和很多中国社会主义建设的基本问题进行反思。武汉大学经济学系也积极组织教师参与到对我国现实经济问题的研究和讨论之中。例如1959年武汉大学经济学系有针对性地组织了一次经济发展速度与比例的学术讨论会，许多教师积极参与讨论并发表了自己的见解。会后，曾启贤发表了《对国民经济有计划按比例发展的两个问题的初步认识》，刘光杰发表了《从我国第一个五年计划看高速度与按比例问题》，尹世杰发表了《再论国民经济高速度与按比例发展的关系》[1]，同时还有一些相关成果也相继在《武汉大学学报》上发表，并引起我国经济学界的关注。尹世杰、刘光杰、曾启贤（署名企先）等撰写的4篇论文还入选当年中国社会科学院经济研究所编辑出版、并且大多是经济学名人撰文的《我国经济学界关于经济发展速度与比例问题讨论论文集》。此后，还有一些教师发表了这方面的论文，如尹世杰、刘光杰的《试论国民经济高速度发展的波浪式与持续跃进》，黄敏、张来的《社会主义生产高速度发展的规律性问题》[2]等。许多老师在公开发表的论文中，实际上对"大跃进"违背客观经济规律的教训进行了检讨与总结。

与社会主义经济发展速度与比例问题相联系，经济学系的教师还研究了社会主义再生产问题。如李裕宜的《谈具体运用马克思再生产公式的几个问题》[3]，李裕宜等的

---

[1] 均载《武汉大学学报》（人文科学版）1959年第5期。

[2] 均载《武汉大学学报》（人文科学版）1960年第1期。

[3] 载《光明日报》1962年9月10日。

《社会主义扩大再生产的源泉》①，曾启贤的《生产关系的量的研究》②、《关于再生产的公式》③ 等论文，深入地探讨了社会主义再生产问题。部分教师重点探讨了生产资料优先增长问题，如曾启贤的《生产资料生产优先增长的两个问题》④、吴佩钧的《生产资料优先增长究竟是什么样的经济规律》⑤、刘光杰的《试论生产资料优先增长的物质基础》⑥，提出了社会主义生产资料生产优先发展应该注意的问题。尹世杰重点研究了再生产领域中的劳动力分配问题，先后在《武汉大学学报》发表了3篇系列论文和1篇商榷文章，分别为《试论劳动力在社会生产两大部类之间的分配》《试论劳动力在生产领域与非生产领域之间的分配》《试论劳动力在工农业之间的分配》《再论劳动力在生产领域与非生产领域之间的分配——兼与刘成瑞同志商榷》⑦。

由于我国是一个农业大国，农业在消费资料生产中占有重要地位，所以在社会主义再生产理论问题的探讨中，经济学系的教师还较多地探讨了农业问题。20世纪60年代初，针对当时我国农村出现的"一平二调"⑧ 极"左"做法，学术界曾开展了关于农村级差土地收益和级差地租的讨论，这场讨论当年是由湖北开始，然后波及全国的，经济学系教师也是重要的发起者和参与者。在讨论中，刘光杰发表了系列论文《关于级差地租存在条件的初步认识》《地租是价值（或价格）不是马克思地租理论的根本命题》⑨、《试论我国农村人民公社级差土地收益的性质和特点》⑩；傅殷才发表了《级差地租的产生与土地所有制没有直接关系》《国营农场的级差收入不是级差地租》⑪；温端云发表了《级差土地收益的形成与分配》⑫，对级差地租问题展开了深入讨论。部分教师还探讨了农村消费和农业发展问题。如尹世杰的《论生产与消费平衡问题》⑬、《关于农村人民公社积累与消费若干问题初探》⑭，提出了要发展消费资料生产的观点；李裕宜的《重工业要以农业为重要市场》⑮，也批评了忽视消费资料生产、忽视农业的

---

① 载《武汉大学学报》（人文科学版）1963年第3期。
② 载《光明日报》，1962年4月30日。
③ 载《江汉学报》1962年第7期。
④ 载《武汉大学学报》（人文科学版）1963年第1期。
⑤ 载《武汉大学学报》（人文科学版）1963年第2期。
⑥ 载《江汉学报》1963年第3期。
⑦ 载《武汉大学学报》（人文科学版）1963年第2、3、4期，1965年第1期。
⑧ "一平二调"，"平均主义和无偿调拨物资"的简称。是人民公社化运动中否认乡村经济差别，否定按劳分配原则的极"左"做法。
⑨ 载《江汉学报》1961年第3期，1962年第1期。
⑩ 载《武汉大学学报》（人文科学版）1962年第1期。
⑪ 载《江汉学报》1962年第2期、第5期。
⑫ 载《江汉学报》1962年第6期。
⑬ 载《大公报》1957年2月13日；转载于《新华文摘》，1957年第5期。
⑭ 载《经济研究》1965年第3期，用"轼辙"笔名发表。尹世杰早年对于消费问题的关注也是他后来从事消费经济学研究的基础。
⑮ 载《人民日报》1963年1月10日。

观点；刘光杰的《农业劳动力问题初探》①，温端云的系列文章《正确处理工农产品交换，促进农业生产迅速发展》《试论农村集市贸易形成的因素及其发展趋势》②，探讨了农业和农村的发展问题。在较多研究社会主义经济问题的同时，经济学系教师还在经济史、经济思想史方面做了积极探讨。

由于老教授们具有这方面的学术特长与优势，以及当时政治形势所迫而致使他们惧怕研究社会主义现实经济问题，所以他们的研究大多集中在这一领域。如刘秉麟教授未完成的遗著——《近代中国外债史稿》就出版于这一时期（1962年由三联书店出版），该书是迄今为止仅有的一部述及晚清到民国外债的专著；杨端六教授编著的《清代货币金融史稿》也于1962年由三联书店出版，该书收集、引用了大量清代货币金融方面的相关史料，对后人的研究具有重要的学术价值。杨端六还在《武汉大学学报》等刊物上发表了数篇相关论文，4年后，老先生在落寞与孤独中溘然与世长辞。

一批中青年学者也在这一研究领域取得佳绩。黄仲熊是这一时期在这一研究领域较为活跃的学者，他先后发表了10篇左右经济思想史方面的论文，其中在《经济研究》上就发表3篇相关论文③。傅殷才此间在这一研究领域也取得了不少学术成果，如他与金承权合作发表在《经济研究》上的文章《苏联编写"经济学说史"教科书》④；还在其他报刊上发表了《当代资产阶级经济学流派之一——"新自由主义"》（与唐岳驹合撰）、《怎样看待资产阶级庸俗政治经济学》⑤、《现代资产阶级经济学说中新自由主义学派的"社会市场经济"理论判析》⑥等。王治柱则出版了一本西方经济学流派的专著《数理学派和数理经济学》（商务印书馆1965年版）；他还发表了《关于凯恩斯"乘数理论"批判》《工业企业中工资总额超支额与节约额的确定》⑦的论文等。

在经济史研究方面，当时经济学系曾投入不少力量进行汉冶萍公司史的资料整理与编写工作。此项工作由吴纪先主持，已撰写出《汉冶萍公司史》书稿并交付上海人民出版社，因"文化大革命"爆发未能出版，书稿也不知所终。此间，教师们发表了一些相关的论文，如吴纪先的《盛宣怀与中国革命》，代鲁的《安源矿工参加萍浏醴起义史料考辨》⑧、吴纪先、代鲁等合写的《中国共产党领导下的早期汉冶萍工人运动》⑨等。

经济学系还有许多教师发表了一些其他相关研究成果，如汤在新的《略述英国古

①　载《武汉大学学报》（人文科学版）1963年第4期。

②　载《武汉大学学报》（人文科学版）1963年第1期，1964年第1期。

③　其中2篇较有影响，分别为：（1）黄仲熊：《马克思对"斯密教条"的分析批判与在社会再生产理论上的科学创造》，载《经济研究》1963年第1期；（2）黄仲熊、曾启贤、汤在新：《恩格斯〈政治经济学批判大纲〉一书中的价值理论》，载《经济研究》1963年第11期。

④　载《经济研究》1959年第2期。

⑤　载《江汉学报》1962年第8期，1963年第5期。

⑥　载《光明日报》1964年10月26日。

⑦　载《武汉大学学报》（人文科学版）1963年第1期，1957年第1期。

⑧　分别载《江汉学报》1961年第3期，1962年第7期。

⑨　载《人民日报》1965年11月12日。

典政治经济学地租理论的发展》《〈剩余价值学说史〉（〈资本论〉第四卷）结构初探》，李守庸的《有关评价资产阶级古典经济学的几个问题——与王亚南同志商榷》①、《关于孔子的"均"的经济思想的探讨》②、《在中国经济史的研究中要划清剥削与被剥削的阶级界限——与胡寄窗先生商榷》③，吴纪先的《关于如何表述封建主义基本经济规律问题》，祁涛的《中国近代官僚资本的实质及其与民族资本的区别》，李崇淮、彭尘舜的《第一次国内革命战争前夕湖北麻城乘马地区的社会经济状况》④，彭尘舜还翻译出版了卢森堡的著作《资本积累论》（三联书店 1959 年版），郭吴新参加编写的全国文科统编教材《外国经济史（近代部分）》（三卷本），参加翻译的《外国经济史（资本主义时代）》（［苏联］波梁斯基著）⑤，以及他的论文《军事国有垄断资本主义还是"军事社会主义"》《希特勒法西斯统治时期的德国军事国家垄断资本主义》⑥等。

（二）研究生培养工作

1954 年，武汉大学招收了中华人民共和国成立后的第一届研究生，当年招收微生物学研究生 2 名。1953 年和 1963 年教育部曾两度发布高等学校培养研究生工作的相关文件，学校据此制定了具体的执行规定。学校规定的研究生学制为 2~3 年，教学内容为：（1）政治理论课；（2）外语课（俄语）；（3）专业基础课和专业课；（4）毕业论文。另有补习课，以及教育与生产实习等要求。

经济学系招收研究生的主要是两个专业，即政治经济学和世界经济。此期间先后招收了四届共 5 名研究生，分别是：政治经济学专业的 2 名，即 1961 年的涂礼忠、徐节文，导师曾启贤、尹世杰；世界经济专业的 3 名，即 1962 年的肖育才、1963 年的高玉芳、1964 年的文显武，导师均为吴纪先。两个专业为研究生开设的课程有所不同，政治经济学专业开设的专业基础课和专业课为：马恩列斯哲学著作选读、马恩列斯经济著作选读、资本论、剩余价值学说史、第一外国语（俄语）、第二外国语（日语）；世界经济专业开设的课程多达 8 门，分别为：哲学经典著作选读、政治经济学经典著作选读、国际贸易、资本主义国家的货币和信用、世界经济、第一外国语（俄语）、第二外国语（英语）、资产阶级统计。

1964 年，学校根据教育部精神着手编制武汉大学研究生 10 年培养规划，确定 7 个专业为重点专业，其中包括政治经济学专业。规划在已有导师 2 人（曾启贤、尹世杰）的基础上，新增 2 名导师，招收研究生 18 名。并规划政治经济学专业可兼采集体培养方式，因为该专业其他教师成长较快，并已初步形成研究核心，取得了一些成果，研究的问题对国民经济发展有重要意义。同时规定经济学系的其他专业如世界经济、经济学

---

① 以上载《武汉大学学报》（人文科学版）1962 年第 1 期，1964 年第 2 期，1965 年第 3 期。

② 载《光明日报》1962 年 3 月 12 日。

③ 载《经济研究》1965 年第 7 期。

④ 以上载《武汉大学学报》（人文科学版）1956 年（仅 1 期），1963 年第 1 期，1963 年第 2期。

⑤ 二书分别由人民出版社 1965 年出版和三联书店 1963 年出版。

⑥ 以上载《武汉大学学报》（人文科学版）1964 年第 3 期，1963 年第 4 期。

说史也可根据具体情况采取集体方式进行培养①。

四、党团组织与学生活动

1955年5月，武汉大学成立临时党委，1956年初召开第一次党的代表大会，正式选出中共武汉大学委员会。相应地，在学校各系建立了党总支、党支部。1955年4月经济学系党总支成立，尹世杰任书记，黄训腾、范兆常、李芳、汤在新先后任副书记。此前学生的活动主要由团组织和学生会领导开展。1949年9月成立第一届学生会，具体组织和领导学生工作。学生每周都开生活会，其组织性、生活性、娱乐性都很强。政治方面，学生们积极向上，共产党员和共青团员在学生中切实发挥了先锋模范带头作用和凝聚作用。在生活上，学生直接参与食堂伙食管理，保证了学生伙食供应的质量；当时中国对高等教育基本上采取政府包下来的做法，1953年后，武汉大学学生全部都领取政府发放的助学金。此外，当时的文艺宣传活动也丰富多彩，学生经常开展文体活动，例如当时经济学系就专门组织了歌咏队、舞蹈队，在课余时间开展丰富多彩的文体活动。

20世纪50年代后期的学生工作有所变化。由于政治运动增多，以及中国高等教育体制完成向"苏联模式"的转变，学生工作也有了一些新的特点。具体来说，学生的生产实习增多了，而在校上课时间逐渐减少。

1958年6月，学校制定了《武汉大学1958—1962年初步规划纲要草案》，与其他地区和行业一样，这也是一个在"大跃进"环境下产生的急躁冒进的发展规划。在它的指导下，武汉大学提出了"办万人大学"的口号，大量增设新专业，新办了钢铁厂、水泥厂、耐火砖厂、综合性大农场等10多个校办工厂；并将劳动锻炼列入教学计划，作为每个专业教学计划的一个组成部分；硬性规定学生每年每人平均有两个月的时间参加劳动锻炼，除了集中一个至一个半月进行生产劳动外，每周还有半天时间进行公益劳动，每生每月一天进行义务劳动等。而实际操作中，在急躁冒进的"左"倾思想的影响下，各项实际要求则远远超过规划所提出的指标；1958年9月12日毛泽东主席视察武汉大学后，"左"的倾向就更严重了。整个"大跃进"期间，武汉大学实际上共办工厂138个、农场8个、炼铁高炉10座。这些校办工厂、农场、高炉很多都是土法上马，仓促而成的，质量和效率都非常低，却成为学生在校生产劳动的主要场所，其运作也主要依靠学生；1958年10—12月，经济学系的学生还曾集体拉练到河南商城、遂平（"大跃进"时期的典型）等地进行劳动锻炼，并参观学习人民公社的经验。所以当时武汉大学学生的生产实习时间实际要比规划的多得多；同时对学生实行军事化的管理，

---

① 周叶中、涂上飙：《武汉大学研究生教育发展史》，武汉大学出版社2006年版，第78~110页。

并于 1958 年 9 月 28 日成立民兵师，按营、连、排的建制进行军事训练①。

"大跃进"过后的 1960 年初，国家经济陷入极度困难的境地，整个国家也进入了调整时期，"左"的冒进错误有所纠正。此时，武汉大学被湖北省委确定为整风运动的重点对象。这场运动对学校此前的"左"倾冒进错误有所纠正，学生工作和学生活动也逐步恢复到正常的轨道。在中共中央于 1961 年 9 月 15 日批准执行《教育部直属高等学校暂行工作条例（草案）》（简称"高校六十条"）之后，武汉大学逐步恢复了正常的教学秩序，学生工作和学生活动也趋于正常。1962 年末，学校在经济、外文、中文、图书馆学和数学等部分系首次设立了共青团的专职总支书记；各年级配备政治辅导员（由团总支书记和党员教师兼任）。当时的学生活动很多，而经济学系的学生中，从在职干部招收来的调干生多，中共党员多，所以组织能力和活动能力很强，当年的校学生会主席、校广播台台长均是经济学系学生担任的。

1963 年，随着"四清运动"②的发动，刚刚走上正轨的教学秩序和学生工作秩序再次受到破坏，学生基本停课参加运动。例如经济学系师生 1963 年 11 月，与哲学系、中文系、历史系师生一起共 800 多人，分别下到湖北的红安、京山进行农村"社会主义教育运动"③。同期，62 级学生则下到武昌县的五里界公社，参加为期一个月的"小四清"。1964 年 11 月全系三个年级的学生及老师又一同下至湖北的孝感县农村参加"四清运动"。留在校内的师生则搞教学改革试点。1965 年下半年，68 届学生和部分教师由郑华带队到湖北咸宁参加农村"四清运动"，至 1966 年 8 月"文化大革命"开始后返校。同时，为探索"半工半读"经验，1965 年下半年，又安排部分师生到武昌县的五里界办教学基地，在凤凰山建校舍。接着，学校在文科酝酿筹建半工半读分校，经济学系和中文系确定为试点。很快，学校成立了襄阳分校半工半读领导小组。1966 年，中文、经济两系除毕业班学生与教师外，全部下到襄阳隆中，一边参加生产劳动，一边进行教学。强调阶级斗争，强调以生产劳动代替正常的教学，学生奔赴工厂企业以及农村长时间进行生产劳动和社会实践是本时段的一大特点。

085

第七章 院系调整后的武汉大学经济学系（1953—1965 年）

---

① 详见吴贻谷主编：《武汉大学校史（1893—1993）》，武汉大学出版社 1993 年版，第 261~262 页。

② "四清运动"是指 1963 年至 1966 年，中共中央在全国城乡开展的社会主义教育运动。一开始在农村中是"清工分，清账目，清仓库和清财物"，后期在城乡中表现为"清思想，清政治，清组织和清经济"。

③ 《武汉大学校史大事记》（1949—1966），第 112 页。

第八章
"文化大革命"时期的武汉大学经济学系
(1966—1976 年)

　　"文化大革命"十年（1966—1976 年），武汉大学经济学系没能逃脱这场声势浩大的运动带来的灾难，学校正常的教学组织、规章制度几乎被全盘否定，全国统一高考招生停止，在校应届毕业生推迟毕业分配，政治运动成了学校工作的主要内容。尤其"文化大革命"初期，武汉大学经济学系党政组织瘫痪，教学、科研工作全部中断，知识分子和干部受到严重打击和摧残。从 1970 年开始，经济学系在武汉大学襄阳分校招收工农兵学员，在广大教职员工的努力下，教学和科研工作还是取得了一定的成绩，而且通过师生的努力，部分学有所长的教师还得到了一定程度的保护。

一、"文化大革命"初期的严重冲击

　　"文化大革命"前，虽然一边倒的经济学人才培养教育模式和频繁的政治、思想改造运动给经济学教育带来了一些不利的影响，但总体上说，经济学系的教学和科研工作还是在曲折中前进的。可是所有这一切，都在随之而来的十年"文化大革命"中被彻底破坏了。

（一）经济学系师生被卷入"文化大革命"风暴之中

　　《五·一六通知》[①] 标志着"文化大革命"的全面发动，作为全国政治、军事、经济重镇，同时又是高校云集、学人众多的省会城市武汉，不可避免地很快也卷入了这场风暴之中。"就全国各界来说，抑或湖北各界而言，'文化大革命'最早遭受打击的是知识界（包括学术界、教育界、新闻界、文艺界、出版界）。而大中城市的文教单位又

---

　　① 1966 年 5 月 16 日中共中央政治局扩大会议上通过的《中国共产党中央委员会通知》的简称。《通知》号召全党全国把斗争矛头指向"混进党内的资产阶级代表人物"。

是'文化大革命'中的'重点'。"① 武汉大学作为当时全国的知名学府，湖北地区的顶尖学校，理所当然成了"重点"中的"重点"，必然在劫难逃了。

"文化大革命"刚一开始，湖北省委主要领导为了掌握"文化大革命"的主导与控制权，就给武汉大学派出了工作组，取代了原学校党委的领导，继而依靠当时内定的所谓"左派"，将武汉大学校党委绝大多数成员与各系的党政一二把手等共200余人内定为"黑帮"或反动学术权威，作为批斗对象，号召师生进行揭发斗争。

1966年6月3日，《人民日报》《湖北日报》同时点名批判武汉大学校长李达。当天，湖北省委派工作组到武大召开全体师生员工紧急动员大会。在武汉大学小操场，不仅本校师生而且附近学校和机关的代表也一应到场，有万余人之众，气氛十分紧张。会上宣布：武汉大学也有一个"三家村"② 黑店，李达、朱劭天（原武汉大学党委书记）、何定华（时任武汉大学副校长）是它的三个大老板，牛永年（时任党办和校办主任等职）是"三家村"黑店的总管。于是当时已调到广州工作的朱劭天，在"三家村"被点名批判后，经中南局批准被"揪回"武汉大学交代问题，接受群众批判。至此，武汉大学正式投入到席卷全国的"文化大革命"运动之中③。

同期，经济学系也被迅速卷入运动之中，党总支书记兼系主任尹世杰、副系主任曾启贤、汤在新被打成了经济学系的"三家村"，办公室主任姜新棣被打成黑总管。但起初，经济学系的师生并未全部投入"文化大革命"运动中。因为当时经济学系的师生有一部分在湖北咸宁农村搞"四清运动"，还有相当一部分被下派到武汉大学襄阳分校实行半工半读，并不全在学校本部，所以当时"文化大革命"运动并未在整个经济学系全面展开。

为让全校师生参加到运动之中，襄阳分校召开了动员大会，会上介绍了学校揭批"三家村"的情况，经济学系的学生听说系里有"三家村"，激昂慷慨，迅速赶回武汉总校，至此，经济学系全系彻底卷入了"文化大革命"风暴之中。

（二）经济学系学生"停课闹革命"

1966年6月3日批判大会以后，校内的大字报、大标语铺天盖地，学生已经不上课了，学校的一切工作也都转到"革命"这个中心上来了。每天数万人步行到武汉大学，手中挥舞着"打倒'三家村'""打倒李达""打倒朱劭天""打倒何定华"的小旗帜，络绎不绝地围绕着李达、何定华的住宅，高呼口号，并把他们揪到马路上罚站、低头、下跪，一直持续了半个多月，人数高达150多万人，几乎是倾城而出！④

此时经济学系的情况亦然，处于停课闹革命、大鸣大放、大批判的运动之中。党政

① 宋镜明：《李达》，河北人民出版社1997年版，第321页。
② "文化大革命"初期，北京市委书记处书记邓拓、北京市副市长吴晗、北京市委统战部部长廖沫沙被打成"三家村"，"三家村"成为"反党集团"的代名词。
③ 吴贻谷主编：《武汉大学校史（1893—1993）》，武汉大学出版社1993年版，第282~283页。
④ 刘道玉：《一个大学校长的自白》，长江文艺出版社2005年版，第91页。

领导被打倒，老先生们被打成"资产阶级反动学术权威""黑帮"等。一时间，老师人人自危，学生天天搞运动，课程自然进行不下去了。自此开始学校停止招生长达 4 年，66 届、67 届、68 届、69 届的学生也不能按时毕业，全部留在学校参加运动①，学校成了名副其实的"运动场"。

当时，领导各系运动的是由湖北省委派到武大专门指挥揪斗"李达三家村黑帮"的工作组指派的工作组，经济学系的工作组组长为原哲学系教师傅建民。8 月，经济学系的工作组被撤销，改成立经济学系"文化革命委员会"，由 67 届学生黄继纯担任主任，黄训腾、傅建民担任副主任，继续领导运动。8 月 23 日，全国各大报纸头版刊载了《无产阶级文化大革命的浪潮席卷首都街道》的消息，"红卫兵"开始活跃于全国各个角落。

武汉大学的"红卫兵"也开始对系里的所谓"三家村"和一些老师反复进行批斗、"层层揪黑帮"，许多老先生和曾被错划为"右派"的老师都被强制戴高帽子、挂牌子，经常开批斗会；一些中青年教师也未能幸免，成为"陪斗"者；运动激烈时"红卫兵"竟强迫老师下跪，甚至动手打人，师道尊严荡然无存。

9 月 2 日，经济学系"红卫兵"将批斗矛头指向原工作组，认为他们执行了错误路线，制造了众多"黑帮"冤案，便召开对系原工作组与"文化革命委员会"主要成员的批判大会，给他们戴上"炮打中央'文化大革命'的黑炮手""坚持资产阶级反动路线顽固分子"等帽子。会后系革委会副主任傅建民被逮捕入狱，在监狱里关了 6 个月。至此，经济学系的学生运动已经失控，校、系领导和老师已经没人敢管、也没人能管了，学校党组织基本瘫痪，校系领导从运动一开始就被一一打倒，省委、市委也处在难于招架和艰难维持之中。

9 月 5 日，中共中央、国务院公布了《关于组织外地革命师生来京参观革命运动的通知》，全国大串联这一活动形式由中央文件肯定了下来。当时，学校将一批被打为"黑帮"的干部和教师押送到武昌的东升公社进行"劳动改造"，经济学系也有一些老师如刘涤源、尹世杰、曾启贤、汤在新等在此时被下放到东升公社。一时间，经济学系针对教师的运动反而逐渐减少，没有像其他有些地区、单位那样遭受进一步冲击和破坏，虽仍然在劫难逃，但并没有发生太多的"惨案""血案"。

1967 年 7 月 20 日，武汉爆发"七·二〇事件"②，整个武汉陷入大型武斗之中，学校里也垒起了工事，气氛极度紧张。之后，武汉陷入一种无政府状态，武汉大学包括经济学系在内的师生也处于群龙无首的状态。这种局面一直持续到 1968 年 8 月 25 日，"中央文革"发出《关于派工人宣传队进驻学校的通知》，从此全国各高校均由工军宣队③接管。

---

① 其中 66 届的毕业生分配工作，是 1967 年在学生"造反派"头目领导下进行的；67 届、68 届分别是 1968 年和 1969 年毕业的；69 届、70 届均在 1970 年毕业分配工作。

② 1967 年 7 月 20 日武汉发生的大型武斗事件。

③ 工人解放军毛泽东思想宣传队的简称，是中共中央派往各高校接管领导权的代表。

二、"文化大革命"中师资队伍的重创

"文化大革命"之前，武汉大学经济学系名师荟萃，人才辈出。1953年全国院系调整将华中地区其他高校的经济学教师并入武汉大学后，经济学系的师资力量进一步加强，成为华中地区经济学界的中坚力量。最难得的是，这一时期的武汉大学经济学系虽然由各路人马加盟而成，但从上到下团结一致，努力工作。据经济学系的老师回忆说，"当时大家的私人关系都非常好"，有一个非常好的学术氛围和教学环境。可惜在"文化大革命"动乱期间，尤其动乱初期，在极"左"思潮的影响和政治斗争的冲击下，经济学系的师生之间出现了人为造成的派别，可谓"阵线分明"。当时无论属于哪一阵线、哪种派别，不分老少、不分左右，教师统统被视为"资产阶级知识分子"，都成了革命的对象，"每一个老师都受到了冲击，只是程度不同而已。"[①] 在其后"清理阶级队伍"的过程中，更是伤害了一大批教师，由此造成的内耗很大。其主要表现是分化了师资队伍，影响了团结，一个好端端的团队变成了一盘散沙。

（一）教师政治地位和生活待遇严重恶化

"文化大革命"刚一开始，老师们的教学和科研工作就全部中止了。大多数老教师被视为资产阶级学术权威或被戴上"黑帮"的帽子，遭受了各种凌辱和不幸。青年教师也必须积极投入运动当中，接受"革命"的洗礼，通过运动来进行所谓脱胎换骨的改造。有些老师被抄家，财产被没收，笔记、日记、书籍被抄去查找问题，连家具等物品都被贴上了封条，学校里的大字报铺天盖地，甚至一直贴到被抄家者的房屋内外。在这一时期，教师的政治地位一落千丈，生活待遇也急剧下降；职务停止晋升，工资停止增长。一旦被划入"黑帮"，就只能拿到20元生活费。由于学校的形势非常不稳定，一会儿游行，一会儿执行政治任务，气氛十分紧张，在谁也不管的一些时段，经济学系的一些教职员工不得不离开学校，到外地去躲避混乱的局势。在全国大串联开始后的一段时间内，形势比较缓和。"文化大革命"初期，被打成"黑帮"的老师被送往武昌东升公社劳动改造。"文化大革命"后期的"斗、批、改"阶段，执行毛主席关于"知识分子要接受贫下中农再教育"的指示，武汉大学一些被打成"黑帮"和被认为有问题的老师又被送往位于荆州地区的沙洋"五·七"干校[②]劳动改造，经济学系的大多数教师则被派往武汉大学襄阳分校。由于当时特有的政治环境，接受劳动改造者一律不得擅离开工作地点。许多老师尽管家里上有老、下有小，但却不得不独自离开家庭去接受劳动改造。留在教学岗位的教师必须跟学生实行"三同"（同吃、同住、同劳动），许多

---

① 引自经济学系黄敏老师的回忆。

② "文化大革命"期间，以贯彻毛泽东《五·七指示》和接受贫下中农再教育为名，将党政机关干部、科技人员和大专院校教师等下放到农村，进行劳动的场所。

年纪大的教师也不例外，他们住在学生宿舍，天天和学生一样爬高架床睡觉。

在如此恶劣的环境下，不少教师的身心遭到巨大摧残。"文化大革命"期间，经济学系共有两位教师自杀，一位教师失踪①。

（二）师生角色错位和教师队伍的变化

尊师重教是我国的优良传统，可到了"文化大革命"期间，这一传统被彻底否定，师生之间的"教学相长"演变为运动员和运动对象之间的不正常关系，出现了老师怕学生的奇特现象，师生角色严重错位。

所幸的是，在如此纷乱恶劣的政治环境中，经济学系的大部分师资力量还是得以保存。全国高校在"文化大革命"中除少数重点院校成建制地保留以外，有些一般院校在"文化大革命"后期被或明或暗地撤销或停办，教师一部分下放，一部分调入其他院校。武汉大学在武汉地区属成建制保留的学校，经济学系也得以成建制地保留下来。虽然几经变动，"文化大革命"期间被下放到农村的、被调到后勤部门的、被调到其他系的、赋闲在家的老师们，在经济学系迁往襄阳分校并重新开始招生后，又陆续回到了经济学系，使其雄厚的学术实力基本得以保存和延续，故而"文化大革命"之后武汉大学经济学系并没有像其他有的院校那样，出现学术上的"断层"和教学上难以为继的状况。

1970年开始，经济学系又陆续补充进来许多新的教师，为经济学系注入了新鲜血液。现在尚在学院任教的周茂荣、伍新木、关培兰、严清华、王冰、张秀生、赵锡斌、王林昌等就都是在这一时期留校的。此外，还从校外联系调回了本系"文化大革命"前的研究生高玉芳、文显武等。

三、工军宣队进驻及其接管经济学系

1968年7月26日北京市60多家工厂、3万多名工人组成"首都工人毛泽东思想宣传队"，进驻北京各大专院校，接管学校的领导权。8月25日，中共中央、国务院、中央军委、中央"文化大革命"联合发出《关于派工人宣传队进驻学校的通知》，自此学校进入被工军宣队②进驻接管的阶段。

（一）工军宣队的进驻及其领导地位的确立

按照上级指示，1968年11月18日，湖北省组织了近700人的工人、解放军毛泽东

---

① 据《武汉大学1973年关于在"文化大革命"中非正常死亡和下落不明的人员的情况汇报》记载：经济学系叶纪干老师1966年服毒自杀，黄仲熊老师1968年服毒自杀，祁涛老师失踪。见武汉大学档案馆档案，编号：L7-1973-024。

② 在工军宣队中，实际领导权主要由军宣队掌握。

思想宣传队进驻武汉大学，对学校进行全面接管和领导。

武汉大学的工军宣队，由武汉空军司令部为主的各军事单位的官兵和武汉钢铁公司为主的各有关工厂的老工人组成。工军宣队进校后，迅速掌握武汉大学的领导权，实行连队建制，结束了学校"文化大革命"开始以来的无政府状态，但却把学校带入了军事化管理的轨道。当时，每个系成立连队，设有连长（由工宣队员担任）、指导员（由军宣队员担任），另设由教师担任的副连长和副指导员。经济学系划编为第二大队第七连，1970 年 8 月改为第四连①。

（二）工军宣队主持开展"斗、批、改"运动

工军宣队进校后，首先组织全校师生员工学习毛泽东关于"派工人宣传队进学校""实现革命大联合""工人阶级必须领导一切"和知识分子必须"由工农兵给他们以再教育，彻底改变旧思想"等一系列讲话。按照当时的说法，是要通过这些学习活动来逐步增强党性，克服派性，制止武斗，促进革命大联合，建立或进一步完善校系各级革命委员会，为下一步清理阶级队伍和进行教育革命奠定基础。到了 1969 年，一大批中文、历史、哲学、经济各系的老师被派到襄阳参加"斗、批、改"。由于这段时间并没有什么教学任务，因此教师大多在"抓革命，促生产"的口号下，"半天劳动，半天斗、批、改"。学习政治文件，对运动中的实践经验进行分析总结，这些就构成了当时老师们日常生活的中心内容。

（三）教育革命小分队的建立

1969 年 3 月，学校决定抽调少数教师和学生组成文科教学小分队，一方面接受工人阶级再教育，另一方面进行调查，为教学改革摸索经验。当时，经济学系有王治柱、刘光杰、温端云、李绍栋、吴贻谷、甘碧群等被抽调出来，加上中文、历史、哲学三个系的教师正式成立教育革命小分队。刘光杰带一个小分队，先到襄阳农场进行实地调查，后到武汉肉联加工厂；李绍栋带一个小分队到国棉一厂。小分队在工厂成立工人文科大学，给工人师傅上课。在这段时间，老师们所要做的事情就是一方面向工人师傅讲授理论知识，一方面参加工厂的生产劳动，学习工人师傅们的优秀思想品质和丰富的生产实践经验与技能。

同年 5 月，各系工军宣队开始自行组织小分队，经济学系由工军宣队的工人师傅带队，部分师生参加组成教改小组在武汉市机床附件厂（地址在今彭刘杨路）进行实践活动；深入基层给工人师傅上文化课，同时也接受工人师傅的"改造"。白天参加生产劳动，晚上教工人师傅学习文化。在此期间，老师们已在利用夜间宝贵的时间编写教材，积极为次年重新招生做准备。

---

① 《中国共产党武汉大学组织史资料》，武汉大学出版社 2002 年版，第 55 页。

四、襄阳分校时期的经济学系

（一）襄阳分校的变迁

1965 年底至 1966 年初，教育部在北京召开了全国半工（农）半读高等教育会议，提出对高等教育进行半工（农）半读试验。为了落实这次会议的精神，武汉大学决定在经济学系等系进行半工半读试点，随即着手在省内选择试验地点。学校选定的地点是湖北襄阳的广德寺（农场）和古隆中（林场），经申请于 1966 年 3 月获湖北省政府批准在襄阳隆中建立武汉大学襄阳分校。

最初，学校派出中文系 45 人作为先遣队到襄阳参加建立分校的劳动。随后，又陆续从校本部将经济学系和生物系植物学专业师生近 300 人迁入襄阳分校。同时，也运去了一部分教学科研资料和设备①。1969 年 11 月，驻校本部的工军宣队带领师生 1600 多人，分四批野营拉练到达襄阳分校。

1970 年 4 月，襄阳分校正式成立"革委会"并召开首届党代会，选举产生了分校党委，由军宣队派人任襄阳分校党委书记和"革委会"主任。同时，各连队设党支部，同年 8 月经济系由第二大队第七连更名为襄阳分校第四连。9 月 1 日，中文、历史、哲学和经济等四个文科系招收的首届工农兵学员 160 人抵达襄阳分校。

1970 年 10 月，学校指挥部听取襄阳分校工作汇报，会上决定襄阳分校中文、历史、哲学、经济四个系的干部教师一半仍留在分校，另一半则调回校本部准备次年的招生工作。回总校部分教师变为第二大队第八连，并成立党支部。1971 年校本部经济学系招收了本科生，并展开了教学工作。1972 年 4 月，学校将襄阳分校的中文、历史两系的师生全部调回校本部，将校本部的哲学、经济两系的师生全部调到襄阳分校，恢复系建制，同时成立党总支。1973 年系党总支改为系党委，直到 1981 年 5 月改为系党总支②。

襄阳分校是当时特定历史条件下的产物，"文化大革命"结束后的 1977 年 7 月，经中共湖北省委同意，学校决定将尚在襄阳分校的哲学、经济两系全部迁回校本部。9 月，学校开始着手襄阳分校校园的移交和人员迁回校本部的工作。1978 年，襄阳分校人员除极少数本人要求、当地同意接收者外，其余的分两批先后返回校本部。至此，经济学系历时 8 年的襄阳分校时期随之宣告结束。

（二）工农兵学员与经济学系的主要工作

1966—1969 年这 4 年间，全国高校被迫停止招生。1970 年，武汉大学仿效北京大学、清华大学的做法，开始在湖北省内从有实践经验的工农兵中招收学员。1972 年，

---

① 吴骥谷主编：《武汉大学校史（1893—1993）》，武汉大学出版社 1993 年版，第 293 页。
② 《中国共产党武汉大学组织史资料》，武汉大学出版社 2002 年版，第 55 页。

武汉大学的招生范围扩大至全国①，并一直持续到 1976 年。其间，经济学系 1970 年招收工农兵学员 35 名，1971 年招收 32 名，1972 年招收 78 名，1973 年招收 30 名，1974年招收 45 名，1975 年招收 76 名，1976 年招收 85 名。共计七届，招收工农兵学员 381人。襄阳分校时期，经济学系工农兵学员的在校生人数总体上呈上升势头。经过 3~4年的学习，这些工农兵学员的经济学素质都得到了一定程度的提高，他们中的绝大多数能顺利毕业。

襄阳分校时期，经济学系主要是适应当时的政治形势，按照校本部和分校领导机构的要求开展工作。所做工作主要包括下列几项：

（1）"抓革命"。受极"左"思潮的影响，经济学系在工农兵上大学的头两三年主要是抓工农兵学员"上、管、改"，即所谓上大学、管大学、用毛泽东思想改造大学的工作。1974 年 2 月全国掀起"批林批孔"运动，在此背景下，经济学系也发动、组织师生参加批判林彪和儒家创始人孔子的运动，师生到附近各地进行宣讲并写了一些这方面的文章②。1975 年全国四届人大之后，邓小平主持工作，着手对全国许多方面进行整顿，形势开始有了明显好转。1975 年底，"四人帮"唯恐天下不乱，又掀起了"批邓、反击右倾翻案风"的运动③，全国局势再度陷入混乱。经济学系也不得不组织、发动师生参加这一运动。

（2）抓教学管理体制的建立。"文化大革命"初期，"四人帮"一伙抛出了臭名昭著的"两个估计"，即"文化大革命"前 17 年教育战线是资产阶级专政，知识分子的大多数世界观基本上是资产阶级的，是资产阶级知识分子。和全国广大知识界、教育界一样，武汉大学教职工对"两个估计"纷纷表示"不理解""想不通"，采取各种方式进行抵制。1972 年初，有鉴于前两届工农兵学员的专业学习时间不到 50%的状况，学校做了较大调整，使专业学习时间不少于 70%，并将学军学农时间并入政治学习时间之中；同时将原定两年半的学制改为三年。4 月，学校召开政治工作座谈会，要求各级党组织加强对教学的领导，相继撤销大队、连队建制，恢复系的建制，分校设党委，系设党总支，经济学系根据学校的安排，很快就基本建立起了正常的教学管理体制。

（3）抓课程的设置。1970 年，经济学系针对工农兵学员主要设置了三类课程，即以毛主席著作作为基本教材的政治课，实行教学、科研、生产三结合的业务课，以备战为主要内容的军事体育课。同时，学习清华大学的经验，把革命大批判作为"教育革命的一门课"；实行"开门办学"，打破过去基础课与专业课分开的界限，突出重点，急用先学，边干边学，因此课程的门数和教学内容大大减少。其后，经济学系根据自身教学的一些特点，大胆地陆续设置了一些有用的课程，如外语、政治经济学（资本主义部分）、政治经济学（社会主义部分）、中国近代经济史、经典著作选读、经济学说史专题、世界经济专题、会计专题、统计专题等。这些课程的设置虽然还谈不上科学和完

---

① 吴贻谷主编：《武汉大学校史（1893—1993）》，武汉大学出版社 1993 年版，第 290 页。

② 参见《武大战报》第 6 版，1974 年 2 月 10 日。

③ 参见《武大战报》第 3 版，1976 年 2 月 28 日。

整，谈不上摆脱当时极"左"思潮的影响，但却多少减轻了极"左"思潮带来的损害。详情见表8-1、表8-2：

表 8-1 　　　　　　　　　　　**1973 年上学期经济学系教学时数统计**

项目	形势教育	劳动	体育	其他教学	考试	机动
学时	56	88	42	774	48	96
占总学时的%	5	8	4	71	4	8

注：本学期共 23 周，计 1104 学时。

资料来源：《武大哲学系、经济学系 1973 年上、下二学期教学计划》，武汉大学档案馆档案，编号：L7-1973-136。

表 8-2 　　　　　　　　　**1973 年上学期经济学系各年级课程及教学安排**

年级	课程内容	学时	起止周次	备注
72 级	哲学辩证唯物主义部分	244	9—19	
	政治经济学资本主义部分	238	1—8	实践教学
	政治经济学帝国主义部分	212	9—20	
	写作			综合专业课
	英语	80	8—20	选修
71 级	政治经济学社会主义部分	465	1—14	
	经典著作选读	160	14—20	
	国际共运史	144	10—18	
	写作			综合专业课
70 级	政治经济学	434	1—8　15—20	
	经典著作选读	128	10—15	
	资产阶级经济学批评	192	9—12	
	形式逻辑	64	1—5	
	写作			综合专业课

说明：①如遇其他活动，教学时间顺延。

②70 级不安排体育课，教学时间为 818 学时。

资料来源：《武大哲学系、经济学系 1973 年上、下二学期教学计划》，武汉大学档案馆档案，编号：L7-1973-136。

（4）抓教学质量的提高。1972 年，全国招生采取推荐与必要的文化考试相结合的方式；针对"文化大革命"期间中学基础教育欠缺的状况，学员入校后，相应地增加文化补习课，有选择有重点地补习必要的基础知识。可是，这些正确的做法却被"四人帮"指责为"复辟""回潮",并在全国推出"白卷英雄"作为典型,煽起了一股否定文化知识学习的歪风①。但这股歪风并没有完全阻止经济学系在提高教学质量方面作出的积极努力。在学校的支持下,经济学系一是努力把思想政治工作深入到教学领域,在一定程度上消除人们"抓政治保险,抓教学危险"的思想顾虑,划清提高教学质量与"智育第一"的界限;二是正确认识教师在教育革命中的作用,调动教师积极性,发挥老教师的专长,一批老教师被陆续安排到教学和科研的岗位上,对其政治上不歧视,业务上不排斥,尽可能地在一定范围内发挥他们的积极作用。

（5）抓教材建设。在当时的情况下,抓教材建设有很大的难度。但是,在襄阳分校时期,经济学系仍然在这一方面做了力所能及的工作。1972—1976年,经济学系组织力量分别编写和印刷了《政治经济学批判序言讲义》《政治经济学讲义》《世界经济专题讲义》《中国近代经济史专题讲义》和《马、恩、列、斯关于中国半殖民地半封建社会经济评论选编》;编写了《哥达纲领批判》《国家与革命》《帝国主义是资本主义的最高阶段》和《家庭、私有制和国家的起源》等经典著作的解说,这些经典著作的解说讲义,在当时的教学活动中起到了良好的作用。

（三）教师的科研工作

"文化大革命"初期的几年,整个武汉大学的科研工作完全瘫痪。1972年,在周恩来总理做出要重视基础理论研究的指示后,学校的科研工作才开始得到某种程度的重视,并逐步展开。虽然"文化大革命"后期北美经济研究室已开展了研究工作,其他的研究工作也有所恢复,但经济学系的科研成果仍不能与"文化大革命"前相比。其主要原因是:第一,历年来各种政治运动的冲击,使老师们心有余悸,不敢写;第二,"文化大革命"中形成的"无限上纲"的风气,使一些老师感到草木皆兵,不想写;第三,还有一些具有相当科研能力的教师,有的还在改造,有的改了行,不能写。可以说,除"文化大革命"初期科研完全中断外,襄阳分校时期是经济学系科研最低迷的时期。这是"文化大革命"时期极左政治氛围造成的,全国都一样。

尽管如此,但在此期间经济学系的师生还是发表了一些成果。据统计,1971年到1976年,经济学系共出版著作（含参编）10部以上,其中1971—1974年3部,1976年7部;发表论文17篇,其中1975年最多,为8篇。这一时期的著作（包括译著）主要有:吴纪先等著《应城膏矿史话》,1972年由湖北人民出版社出版;刘光杰组织部分教师和学生撰写的《学点政治经济学（社会主义部分）》,1974年应农村读物出版社之约出版;吴纪先主编的《战后美国经济危机》,1976年由人民出版社出版;吴纪先、郭吴新、赵德馨合译的《经济危机和周期的理论与历史》第二卷上、下册（［苏联］门德尔逊著）,1976年由三联书店出版;郭吴新参加合编的《主要资本主义国家经济简史》,1973年由人民出版社出版;熊懿求撰写的《刘集农业机械化》,1976年由人民出版社出版。论文方面主要有:郭吴新、刘光杰等应约以笔名吴畅（武昌的谐音）写的文章《学一点政治经济学》,发表于《红旗》杂志1975年第8期;李裕宜的《马克思

---

① 吴贻谷主编:《武汉大学校史（1893—1993）》,武汉大学出版社1993年版,第290页。

的〈资本论〉永放光辉》，发表于《武汉大学学报》1973 年第 1 期；汤在新、郭吴新、曾启贤合写的《关于资本主义经济危机问题》，在 1975 年《武汉大学学报》的第 1、2 期连载；陶德清的《努力提高劳动生产率》，发表于 1975 年《武汉大学学报》第 5 期；朱景尧编写的《战后美国经济危机资料》（一、二、三辑），在 1975 年的《北美经济资料》连载。上述科研成果数量虽然不是很多，但有不少都是约稿或连载，说明当时武汉大学经济学系在全国还是有一定影响的。

　　总之，"文化大革命"十年给武汉大学经济学系在教学组织、师资队伍建设、教材建设、科研等方面造成了重大损失。由于师生员工的顽强奋斗，才在极为不利的条件下取得了一些有限的成绩，为改革开放后武汉大学经济学系的快速恢复、发展、繁荣奠定了基础。

第三编

改革开放初期22年经济学科的重振与
管理学科的勃兴（1977—1999年）

第九章
"拨乱反正"与经济学科的复兴及
经济管理学专业的筹建（1977—1980 年）

1976 年 10 月，以江青为首的反党集团被粉碎，持续十年的"文化大革命"灾难结束。为了肃清"文化大革命"影响，全国开展了批判"四人帮"、拨乱反正运动，武汉大学依照中央精神，大力清查了"文化大革命"时期造成的冤假错案，落实了人才政策，并努力加强科学研究和学科建设，使"文化大革命"中受到严重冲击的经济学科得以复兴并为管理学科的兴起创造了有利条件。

1977 年全国恢复高考，经济学系也逐步恢复了正常的教学秩序，并于 1978 年开始在 77 级新生中实行学分制改革。适应人才培养需要，经济学系于 1978 年开始酝酿和筹建经济管理学专业，为中华人民共和国成立以来武汉大学管理学科的培育和成长迈开了重要的一步。

一、恢复高考与正常教学秩序

1977 年教育部下发《关于 1977 年高等学校招生工作的意见》，废除了大学生推荐入学的办法，恢复了从应届高中毕业生中直接招生的统一考试制度，实行"德智体全面考核、择优录取"的原则。

（一）恢复高考与经济学系的新学员

从 1977 年开始，武汉大学积极投入高考招生工作和正常教学秩序的恢复工作。11月，经过报名、考试、初选、复试、录取等程序，学校共招收来自全国 29 个省、市、自治区的本科新生 1115 名，其中经济学系 68 名。由于 77 级学生考试时间已届年底，所以这个班的学生是次年即 1978 年 3 月才入学的。其后，78 级、79 级各年级均恢复至9 月入学，经济学系学生 78 级为 65 名，79 级为 55 名。经济学系 77 级、78 级、79 级学生与"文化大革命"期间招收的工农兵学员不同，他们大多为往届生、年龄偏大，实践经验丰富，是多年积压的优秀人才，基础好，具有强烈的求知欲，这些学生进校后发奋学习，毕业后在不同领域取得了骄人成绩。其中杰出的代表如辜胜阻、范恒山、邹恒甫、庹震、陈东升、毛振华、王振有、谭仁杰等，以及现仍在学院任教并已成为博士生导师的简新华、郭熙保、黄宪、叶永刚等。

（二）修订教学计划，恢复正常教学秩序

"文化大革命"结束后，和全国其他高校一样，武汉大学在国家教育部的领导和布置下，着手调整和修订教学计划，恢复正常教学秩序。

1977 年，武汉大学对 75 级、76 级工农兵学员的教学计划进行了调整，改变了"文化大革命"期间高等教育"政治挂帅"的现状，重视专业教学，压缩了学军、学工、学农及生产劳动时间，增加了专业课的教学时数、教学内容，加强了基础理论课程的教学。

1978 年，根据综合大学的任务和培养目标，结合恢复高考制度后招收学生的实际情况，武汉大学全面修订和执行了新的教学计划，除历史学系的考古学专业外，都实行了学分制，学制四年。学校明确了政治经济学专业的培养目标：培养德、智、体全面发展的经济学方面的专门人才，学生毕业后能从事经济方面的教学、科研、理论宣传和其他实际工作。

经济学系根据学校的要求，对教学计划进行了必要的修订：（1）增加了基础课教学时数，充实了基础理论课教学内容。（2）精选了必修课，加开了选修课。这一阶段政治经济学专业开设的必修课主要有：政治经济学、政治经济学经典著作选读、经济学说史、中国近代经济史、外国近代经济史、中国经济思想史、当代资产阶级经济学说、世界经济、工业经济、农业经济、商业经济、会计、统计、外语、高等数学等；选修课主要有：社会主义经济理论专题、国民经济计划概论、财政与信贷等。（3）适当压缩了学军和劳动时间。（4）强调理论与实践的统一，在讲授基础理论课的同时，加强学生的基本技能训练。（5）明确规定要有教学实践和撰写毕业论文等教学环节。

（三）改革教学管理制度，实行学分制

从 1977 年开始，武汉大学经济学系的课程设置逐渐从单一学科教育转向多层次教育；专业课课程从以哲学、政治经济学为主，扩展到经济学说史、财政、金融、统计、工业经济、农业经济等课程；在教学与科研的关系方面，从单纯强调教学逐步转向对科研工作的重视。

1978 年，学校提出了把武汉大学建成具有世界先进水平的综合性大学的奋斗目标，并对当时文科专业设置进行了调整。首先，对已有专业特别是基础较好、历史悠久的专业，在大力加强基础理论教学的同时，充实、更新教学内容，办出特色，在出人才、出成果方面做出新的贡献；其次，将一些专业面过宽的专业适当划窄，以利于专门人才的培养。

1978 年初，武汉大学响应中央号召开展了教学改革，率先在 77 级新生中开始试行学分制，修满学分可提前毕业，77 级学生中就有一名提前毕业。经济学系的政治经济学专业作为武汉大学三个最先试行学分制的专业之一，其学分制方案发表于当时全国性

教育刊物《人民教育》第 6 期上。

　　武汉大学学分制教学方案主要涉及两个方面的内容：第一，关于课程分类设置及其学分的确定。全校各个专业的政治、业务课程大致分为三类：即必修课、指选课、任选课（文科多数专业分为必修课、选修课两类）。根据综合性大学的培养目标和要求，把学生需要掌握的基本理论、基本知识、基本技能作为必修课；把与本专业有密切关系的边缘、交叉学科知识作为选修课；同时为了尊重学生个人兴趣与爱好，发展个人才能，允许并鼓励学生到系外和校外选修课程。1979 年，武汉大学根据学分制教学方案的规定，允许学生在系内外以至校内外选修有关课程。学生既可以选本系高年级开设的同一课程，也可选修外系同年级或高年级开设的、教学要求不低于本系的同一课程，但应修满应得总学分数，包括必修课应得学分和选修课应得学分方可毕业，以拓宽学生知识面和科研能力。第二，根据各专业的情况和特点计算学分①。

　　武汉大学的学分制教学方案，经过不断改进，在实践中收到了提高教学质量的良好效果，引起社会普遍关注，被许多兄弟院校所效仿。

二、落实知识分子政策与“人才归队”

　　“文化大革命”期间，武汉大学广大教职员工深受迫害，冤假错案积压重重。1976年 10 月粉碎江青反革命集团后，党和政府组织对冤假错案进行平反。在拨乱反正的过程中，武汉大学认真进行清理、改正，全面落实党的知识分子政策。1978 年 4 月成立武汉大学审干复查组；1978 年 11 月，学校又成立了右派摘帽工作领导小组，对一些冤假错案实事求是地进行大张旗鼓的平反昭雪。与此同时，武汉大学各系、各单位也相继成立了二至三人的落实政策小组，集中人力把落实党的政策作为中心工作来抓。

（一）大批学者纷纷返回教学科研工作岗位

　　经过认真复查，1979 年经济学系的落实政策小组为长期受到不公正待遇的教师平反昭雪，让其返回到经济学系的教学科研工作岗位上来，其中就有著名经济学家谭崇台、刘涤源、许俊千等。

　　谭崇台 1948 年初回到武汉大学经济学系，任副教授、副系主任。1957 年在当时的“鸣放”运动中对学校工作提出了一些批评意见，被视为有反党、反社会主义言论而遭到开除党籍的处分，后被调离经济学系，从事外语教学。1977 年，中共武汉大学委员会通过了关于恢复谭崇台同志党籍的决定，并将其重新调入经济学系任教，为经济学系及武汉大学经济学院的发展做出突出贡献，培养了大批优秀经济学人才，并被公认为发展经济学的权威专家。

　　刘涤源 1957 年被划为“右派”后，被下放到湖北蕲春八里湖校办农场参加强制劳动。1961 年至 1966 年曾一度解除“劳动”，调经济学系任“编外资料员”。1970 年监

---

① 《关于学生选修课程的暂行规定》，武汉大学校行教［1979］14 号。

管加严，被下放到武汉大学沙洋分校农场劳动，全家被勒令迁至沙洋农村落户。1975 年退休回家。1978 年秋刘涤源教授的错案得到纠正，校方通知其停止退休，回武汉大学经济学系任教，继续从事教学与科研工作。此后十几年中，刘涤源教授著述甚丰，为国内政治经济学与西方经济学的发展做出了积极贡献。他与谭崇台教授主编、于 1983 年出版的《当代西方经济学说》是全国最早的西方经济学教材，被全国各高校广泛使用。

许俊千（1915—2005），湖南长沙人。1939 年毕业于武昌华中大学经济系；1947 年毕业于美国伊利诺伊大学工商管理学院，获工业管理科学硕士学位。1950 年加入中国民主同盟，曾任武汉大学民盟支部副主任委员、湖北省民盟省委委员。1952 年任武汉大学经济学系副教授，1956 年调任武汉大学图书馆副馆长，1957 年"整风鸣放"后被定为"极右分子"，撤销副教授、图书馆副馆长等职务，留用察看。1961 年摘掉"右派"帽子，1978 年中共武汉大学委员会撤销其原处分，恢复政治名誉，恢复副教授职称，并停止退休，重新回到经济学系任教。

在落实知识分子政策过程中，还有一批原经济学系的学者也相继重新回到教学科研工作岗位，使经济学系的师资队伍很快就得以充实。这批学者包括周新民、李崇淮、姚梅镇、贾植园、程度、沈祖莊等。

周新民是 1947 年到武汉大学经济学系任教的，于 1976 年退休。1978 年武汉大学经济学系将其调回从事教学工作，并任武汉大学经济学院西欧经济研究室主任和武汉大学欧洲资料中心主任。

李崇淮于 1947 年开始任武汉大学经济学系特约讲师。"文化大革命"期间被下放到沙洋分校劳动，1978 年被调回经济学系。为武汉大学经济管理学专业及其后的管理学院的建立和发展做出了重要贡献，在参政议政和为地方政府服务方面取得了突出的成绩。

姚梅镇（1915—1993），湖南益阳人。1940 年毕业于武汉大学法律系。曾任国立商学院、武汉大学法律系副教授，国际著名国际法专家。1957 年被划为右派，1978 年得到改正并停止退休，1979 年调入经济学系北美经济研究所从事教学科研，武汉大学法律系恢复后调回法律系。

贾植园（1921—1988），湖南石门人。1946 年武汉大学经济学系毕业并留校任教，1957 年被划为右派，安排在资料室工作；落实政策后，经济学系将其安排到教学岗位，在北美研究所从事研究，主编有《西方财务会计基础》《战后美国固定资本初探》等。

程度（1924—2003），四川井研人。1945 年毕业于武汉大学土木工程系，1951 年武汉大学经济学系本科毕业，任武汉大学经济学系教师。"反右"期间被定为右派，开除党籍，降为系资料室资料员。1978 年恢复教职，1979 年积极参与人口研究室的筹建，参加联合国基金援助项目会议及争取第二期援助项目工作，任人口研究室副主任，出版并发表一系列专著和论文，为以后人口研究所的建立、发展做出了积极贡献。

沈祖莊（生卒年不详），毕业于华中大学，后相继在武汉大学经济学系、图书馆、教务处等单位任职。1958 年被划为"右派分子"，同时被戴上"历史反革命分子"帽子，下放到武汉大学农场进行劳动改造。1977 年 12 月，中共武汉大学委员会摘掉其"右派分子"和"历史反革命分子"帽子，1979 年调入武汉大学经济学系北美经济研究所从事教学科研。

此外，经济学系还不断补充师资新力量，先后调入樊民、杜贤中、万仁益、段敏慧、郑琴缭、肖国金、徐清安、龚敏等 10 多名教师以及从自己培养的学生中选留毕业生，如 1978 年招收的 16 名研究生中就有 6 人被留校任教。

（二）重视发挥教师作用，教师地位得到改变

1977 年 12 月，武汉大学召开了全校教师大会，提出了武汉大学教师队伍建设的 3 年打算、8 年设想和 23 年远景规划，并对教师队伍的培训做出了具体部署。经济学系按照学校的规划，充分重视发挥教师作用。随着对教师作用的不断重视，一批骨干教师走上一线教学岗位。曾启贤、程镇岳、黄敏、温端云等承担政治经济学资本主义部分的教学任务；吴佩钧、刘光杰、李裕宜、熊懿求等承担政治经济学社会主义部分的教学工作；吴纪先、李崇准、郭吴新、彭尘舜、周新民等承担世界经济的教学工作；谭崇台、刘涤源、汤在新、傅殷才等承担经济学说史的教学工作。

在这次全校教师代表大会上，学校表彰了 274 名先进个人和 23 个先进集体。在师资队伍建设中，全校选定中、青年教师 200 人，制订计划进行重点培养。对学术造诣深的老教师，则为他们创造条件，让他们参加国内各种学术活动，鼓励他们撰写论文、整理专著，并为 91 名学有专长的正副教授组建学术班子或配备学术助手。

此时的北美经济研究室即组成了以吴纪先[①]教授为主任的工作班子，由 12 人组成，其中 9 名研究人员（教授 2 人、副教授 1 人，讲师 4 人、教师 2 人），2 名资料员、1 名行政秘书。该研究室于 1978 年由商务印书馆出版了研究战后美国第六次经济危机的专著、出版了《北美经济资料》专刊，并陆续撰写了数十篇较有分量的文章和资料。

同时，武汉大学还制定了师资培养规划和《关于师资队伍建设的意见》《关于对教师业务进修班加强管理的意见》《关于选派教师到校外进修的意见》等规章制度，并明确规定，保证教师和科研人员每周至少有六分之五的工作时间用于业务活动。

武汉大学的教师职称评定工作也在"文化大革命"期间被停顿取消之后，于此时逐步开始恢复。根据 1978 年 3 月国务院批转教育部《关于高等学校恢复和提升职务问题的请示报告》的精神，武汉大学依据"坚持标准、保证质量、全面考核、择优提升"的原则进行了教师的晋职工作。经济学系教师职称评定工作也得以开展。1978 年，经济学系有 14 人被提升为讲师。职称评定工作的进行大大提高了广大教职员工的积极性。

---

① 1977 年校党（1977）23 号文件，推选吴纪先为湖北省第四届人大会议代表。1980 年先后任命吴纪先为《武汉大学学报》（哲学社会科学版）副主编、经济学系主任和武汉大学工会副主席。

三、重视科研工作与经济学科的复兴

党的十一届三中全会提出了"把全国工作的着重点转移到社会主义现代化建设方面来"的任务，明确了"调整、改革、整顿、提高"的工作方针。武汉大学坚决贯彻党的十一届三中全会精神，大力提升教学科研水平，积极恢复教学秩序，尽快肃清"文化大革命"的影响。经济学系师生员工怀着把被十年"文化大革命"耽误的时间夺回来的心情，在认真开展教学工作的同时，又以极大的热情投入科研工作。

（一）大胆进行学术探索

"文化大革命"结束后，科研领域首先恢复了基础科研活动，其中经济学界异常活跃，出现繁荣景象。经济学界首先在全国范围内开展了关于政治与经济、革命与生产的学术讨论以及关于按劳分配问题的讨论等。1978 年 5 月，全国掀起了有关真理标准的大讨论，进一步活跃了学术思想，为此后学术研究提供了较为宽松的氛围。

1978 年 7 月，杰出校友董辅礽在《光明日报》发表《不能用小生产的方法管理社会主义大生产》一文，在全国首先提出"经济体制改革的实质是改革全民所有制的国家所有制形式"的精辟论点。1978 年 10 月，董辅礽提出了有关经济体制改革的"两个分离"，即改革国家所有制，实现政企分离；改革人民公社所有制，实现政社分离。这种大胆的对中国经济改革的判断，引发了有关全民所有制以及经济体制改革的讨论和深入研究，也奠定了董辅礽此后在中国经济学界的重要地位。

粉碎"四人帮"以后，曾启贤对马克思主义经典著作、中国社会主义经济理论和实践、当代苏联东欧的经济理论和实践、近现代西方经济理论和实践均有深入研究，其中尤其侧重于研究中国经济实践并力求进行理论考察。由曾启贤等人较早提出的按劳分配的观点，对"四人帮"否认生产关系发展规律的观念进行了批判，并编写了《按劳分配有关范畴的分析》等专著，在经济学界产生了积极的影响。

1980 年，由中国社会科学院组织编写的《学习马克思关于再生产理论》一书，由人民出版社和中国社会科学出版社联合出版。经济学系曾启贤参加编写①。该书出版后，产生了重大影响，仅一年多的时间内就重印了 5 次，中央党校也将此书作为学员学习的重要参考书。1978 年，经济学系吴佩钧作为编审组成员参加了由著名经济学家许涤新主编的我国第一部《政治经济学辞典》，该辞典问世后深受全国经济学界好评。

1977—1980 年，经济学系教师发表了一系列论文；1979 年国庆 30 周年期间，经济学系组织开展了学术活动，出版了《武汉大学哲学社会科学论丛》（经济学专辑）。

为保证学术研究活动的正常有序开展，经济学系还在系内或与其他兄弟单位一起成

---

① 该书的编写者为：林子力、刘国光、曾启贤、胡瑞梁、田光、肖灼基、张曙光、代成、左方。

立了各种专门学术机构和组织。

1978年由国家计委经济研究所和武汉大学在武汉联合召开"北美经济讨论会"，会议根据全国各地区对外国经济研究分工协作情况，按照全国世界经济学科发展规划的要求，提出武汉地区重点开展美国和加拿大经济的研究。会后，经济学系成立了美国加拿大经济研究中心①，主要任务是研究北美经济，重点是战后美国和加拿大经济。同时，在武汉大学建立一个世界经济资料中心，重点从事美国、加拿大经济资料的整理、保存和输送工作。美国、加拿大世界经济资料中心的建立为相关研究提供了有利条件；同时还设立了"欧共体资料中心"。

1979年经济学系成立人口研究室，1986年改室设所，并被选定为联合国人口活动基金受援单位。主要从事人口流动与城镇化、人口老龄化与社会保障、人口控制等方面的研究。

1977年，武汉大学经济学系北美经济研究室与国家计委经济研究所等5个单位发起，在北京举行了粉碎"四人帮"后全国的第一次世界经济形势研讨会，这也是粉碎"四人帮"后国内的首次学术研讨会，出席此次会议的有来自全国各地的代表，吴纪先教授作为会议主要召集人之一，主持了会议。此次会议对于人们了解外部世界发展和人们思想解放起了重要历史作用。1978年又发起成立了"全国美国经济学会"。

（二）积极开展教材编写工作

教材是办学的基础条件，是一所学校教学科研水平的直接反应。恢复高考制度后，武汉大学把教材建设作为办学的基本条件之一，明确要求各门课程必须都有教材，并提出了编写教材的基本原则：以马列主义、毛泽东思想为指导，用辩证唯物主义和历史唯物主义阐明学科的基本理论和基本规律，批判和肃清"四人帮"在教材中的影响；正确处理政治与业务、理论与实践、论与史、批判与继承的辩证关系；重视基础理论、注意系统性，力求体现理论与实际相结合；尽量反映国内外科学技术的新成就等等。此外，武汉大学还承担了教育部组织的基础课教材编写工作。

从1978年开始，经济学系根据教育部的统一部署与安排，参加了《政治经济学（资本主义部分）》《政治经济学（社会主义部分）》的编写（1979年分别出版）；自己组织教师编写了《当代西方经济学说》（1983年出版）；部门经济教研室教师编写了《工业经济概论》《农业经济学》等讲义。

世界经济一直是武汉大学的优势学科。1979年，由11所高等学校参加编写的《世界经济》教材讨论会在武汉大学召开，会议一致推定以武汉大学经济学系世界经济教研室主任郭吴新、复旦大学经济学系世界经济教研室副主任洪文达以及辽宁大学彭清源为核心组成编委会，为多数高校即将开设的世界经济课程编写统一教材。1980年由武汉大学主持编写的《世界经济》教材由人民出版社出版。这本教材是当时高等院校政治经济学专业和世界经济专业使用的统编教材。

---

① 1981年，经教育部同意将原北美经济研究室升格为美国加拿大经济研究中心。

（三）优化专业设置，提升科研能力

1978 年，为了提高武汉大学经济理论研究水平，适应经济建设和教育事业发展对经济学专门人才培养的需要，武汉大学经济学系在原有政治经济学专业之外，另筹建了世界经济专业和经济学说史专业。

武汉大学经济学系当时设有世界经济教研室、北美经济研究室，共有教授 5 人，副教授 1 人，讲师 4 人，1978 年招收研究生 9 人，并具有较齐全的图书资料。当时，国内世界经济的教学和研究力量很不足，而随着对外联系的扩大，急需培养世界经济的人才，这种人才，除应具备政治经济学的理论基础外，还应有雄厚的专业知识和较好的外语水平，因此有必要成立专业来培养本科生和研究生。为适应这一需要，武汉大学世界经济专业于 1981 年开始招生。该专业的教学内容和研究方向包括：北美经济、苏联经济、西欧经济、外国经济史。

武汉大学经济学系当时有经济学说史教师 7 人，其中教授 1 人，副教授 2 人，讲师 1 人，1978 年已招收研究生 3 人；经济学系副教授谭崇台、教授刘涤源对当代资产阶级经济学说颇有研究，也调入经济学说史专业任教。同时，经济学说史是经济科学中一个不可缺少的部分，当时这方面的师资和研究力量十分薄弱，迫切需要培养人才，但考虑这方面用人并不多，而且要求较高，因此暂不招收本科生，只招收研究生。该专业的教学内容和研究方向包括：当代资产阶级经济学说、中国经济思想史、马克思主义经济学说发展史。

四、研究生制度的恢复与经济学科的研究生教育

由于"文化大革命"造成的干扰和破坏，武汉大学研究生招生工作被迫中断了 11 年，经济学系的研究生教育受到严重干扰。"文化大革命"结束后，武汉大学迅速恢复了研究生招生工作。1978 年，全国 26 个省、市、自治区的高等院校、科研单位和厂矿企业的教师、学生和技术人员 1189 人报考武汉大学的研究生，最后录取 170 人，相当于"文化大革命"前 17 年研究生的总和。其中经济学系招收研究生 23 人（原计划 18 人）[1]，在全校各系中名列第三。当年经济学系研究生学习的专业包括世界经济、政治经济学和经济学说史。

1979 年，武汉大学制定了 79 级研究生培养方案、培养计划。研究生培养目标是：培养德智体全面发展的具有系统而坚实的理论基础、专业知识和实践技能，懂得两门外国语，熟练地掌握一门外国语（两年制研究生要求熟练地掌握一门外国语）；具有较强的独立开展科学研究能力、身体健康的科学研究人才，毕业后能从事科学研究和高等学校的教学工作。

武汉大学 1979 年招收的研究生，每年用于教学、科研的时间为 38 周，生产劳动 2

---

[1]《关于录取一九七八年研究生的报告》，武汉大学校字［1978］3 号。

周，每周课内外学习平均为 48 学时，每年总计为 1824 学时①。研究生课程包括必修课和选修课。马克思主义理论课、第一外国语、第二外国语和根据各专业培养目标要求确定的基础理论课、专业知识和基本技能等均属于必修课内容。必修课要求有教学大纲，并须明确规定教学的具体要求和必读的有关文献。在教学过程中，鼓励研究生进行自学，培养他们独立分析和解决问题的能力。同时，为了提高学生的研究水平和视野，扩大对外交流，1979—1980 年，经济学系共派遣 5 名学生出国学习。

当时武汉大学经济学系各专业研究生导师组的成员如下：北美经济专业为吴纪先、朱景尧、王治柱、郭吴新等；政治经济学专业为曾启贤、刘光杰、吴佩钧、程镇岳、李裕宜等；经济学说史专业为王治柱、汤在新等。

此时对研究生的毕业论文已有严格规定，要求导师将之作为研究生获得独立科研能力的重要环节，必须加强指导、精心安排。毕业论文的题目应在第二学期至第三学期内确定（三年制研究生毕业论文题目可在第三学期至第四学期内确定）。题目确定后，应在导师指导下尽快拟定毕业论文工作计划，包括目的、技术方案、完成时间、撰写论文时间。在毕业论文进行期间，必须进行阶段性的检查。毕业论文需经答辩委员认真审查并组织答辩。

同时，为了发挥研究生学习的主动性、创造性、加速培养人才，对 79 级研究生实行学分制。

五、经济管理学专业的筹建

"文化大革命"期间，经济学专业的发展遭到严重破坏，而管理学专业则被完全忽视。"文化大革命"结束后，随着全党工作重心转移到经济建设上来，社会对管理人才的需求与日俱增，人们越发认识到发展管理学科和培养管理人才的必要性、重要性与紧迫性。为适应这一形势的发展，武汉大学经济学系即于 1978 年开始着手经济管理学专业的筹建工作，并成立了由李裕宜、胡春芳、孔祥祯组成的筹备小组具体进行筹建工作。

1978 年 11 月经济学系成立部门经济教研室，将该教研室作为筹建经济管理学专业的依托。部门经济教研室成立时只有 5 名教师，他们是孔祥祯、孔繁滋、陶德清、曾鹤松、赵锡斌。

经济管理学专业开办的前提是必须拥有一支足以承担该专业教学的师资队伍。1979年开始大量调入或"归队"或从毕业生中选留教师，这些教师包括李崇淮、许俊千、郑琴缭、徐清安、万仁益、杨小凯、刘英、肖国金、段敏慧、任道均、樊民、李明华、余昌禄②、杜贤中、卢汉林、龚敏等。这些教师分别从事过工业经济、农业经济、国民经济计划、财政信贷、会计的教学和实际工作。除经济管理学专业的基础理论课可由政

---

① 《关于制定一九七九届研究生培养方案、培养计划的意见》，武汉大学校行［1979］79 号。

② 后更名余杭。

治经济学教研室担任，国际经济知识可由世界经济教研室担任外，这些教师已基本可以满足该专业开设专业课程教学的需要了。这样，一支规模可观的师资队伍就基本齐备了。

　　于是，1979 年 5 月，武汉大学向国家教育部主管部门正式提交了筹建经济管理学专业的报告。报告指出，为了适应社会主义现代化建设的需要，为国家培养管理人才，以迅速改变目前我国经济管理水平很低、管理人才十分缺乏的现状，计划在政治经济学系增设经济管理学专业①。该专业学制四年，面向全国招生，着重培养经济管理学的理论人才和管理干部。报告很快即得到批准，原计划 1980 年正式挂牌招生，后有所推迟；1981 年，武汉大学经济管理学专业正式面向全国招生了。

_____

　　① 《关于我校筹建经济管理学专业的报告》，武汉大学校行［1979］20 号。

第十章
高教改革中蓬勃发展的经济学科
——从经济学系到经济学院（1981—1999 年）

　　从 1978 年开始，随着高考制度改革、大学正常教学秩序的恢复，我国的高等教育事业重新焕发出勃勃生机，高等教育改革稳步快速推进。在高等教育改革浪潮的推动下，武汉大学的经济学科也处在不断改革、变化和快速发展之中，其间经历了经济学科与管理学科在院系建制上分分合合的变革历程。1981 年 10 月，以武汉大学经济学系部门经济教研室为基础，于原经济学系之外另成立了经济管理学系，形成武汉大学经济学系和武汉大学经济管理学系并存的格局。1984 年 10 月，经原国家教育部批准，武汉大学经济学系与武汉大学经济管理学系合并成立武汉大学经济与管理学院。1986 年 3月，又经原国家教育委员会批准，武汉大学经济与管理学院分设为武汉大学经济学院和武汉大学管理学院。此后，经过 18 年的快速发展，继 1953 年全国高校学科调整后，1999 年 4 月武汉大学推出了新的院系调整重组方案，将武汉大学的经济学院、管理学院和旅游学院合并成立为武汉大学商学院。就武汉大学经济学科而言，其间经历了从经济学系到经济学院的发展变化历程，取得了长足的全面发展，成为我国高教改革中经济学科蓬勃发展的一个缩影。

一、规模扩张与经济学院的成立

(一) 办学规模的扩张

　　党的第十一届三中全会后，武汉大学经济学科适应经济和社会发展的新形势，按照兼顾国家需要和学校条件，以满足国家需要为主和发挥优势、体现特色的原则，在原有的经济学系得以较好发展的基础上，不断扩大和调整学科建设规模。1980 年经济学系有 4 个教研室：政治经济学教研室、世界经济教研室、经济思想史教研室、部门经济教研室。此后，由于不断采取措施，增强基础学科，大力发展应用经济学科，创办新兴经济学科，武汉大学经济学科建设规模不断扩大，一些新的教学科研机构相继成立，美国加拿大经济研究所、人口研究所、金融与保险学系、会计与审计学系、世界经济学系等就成立和创建于这一时期。

美国加拿大经济研究所的前身为1964年经原国家教育部批准成立的北美经济研究室，该研究室当时创办了内部刊物《北美经济资料》，在学术界产生了较大影响①。1981年4月，经原国家教育部批准、校党（1981）14号文件宣布北美经济研究室升格为美国加拿大经济研究所。当时下达的编制为30人。主要任务是研究北美经济，尤其是研究"二战"后美国和加拿大经济，包括两国的经济历史、现状、发展趋势以及经济理论、经济政策和对外经济关系等。早在1977年底，当时的北美经济研究室即与国家计委经济研究所等5个单位一道发起成立了全国世界经济研究会。1978年又发起成立了全国美国经济学会。原来的北美经济研究室由吴纪先任主任，研究所成立后先后由吴纪先和郭吴新任所长。

人口研究所是由原武汉大学经济学系人口理论研究室升格而来的。人口理论研究室成立于1979年12月，谭崇台任主任、程度任副主任，1984年又增加徐云鹏为副主任。1986年，经原国家教育委员会批准升格为人口研究所，刘光杰任所长，1988年5月后辜胜阻任所长，王冰、朱农、简新华先后任副所长。1985年经原国家教育部批准，人口研究所被选定为联合国人口活动基金（UNPFA）重点资助的中国研究机构之一。1986年5月，人口研究所被原国家计划生育委员会评为全国计划生育先进集体。1992年，人口研究所以其突出的科研成果被原国家教育委员会排列于147个哲学社会科学研究所的第5名，位居全国22个人口研究所的第1名。该所的主要研究方向为：人口流动与城镇化、人口老龄化和社会保障、三峡移民、人口控制等。1995年1月，在人口研究所的基础上成立了社会经济与人口研究所，辜胜阻任所长，简新华、朱农、刘喜爱任副所长。1999年4月，武汉大学进行院系大调整，经济学院社会经济与人口研究所改名为武汉大学商学院经济研究所②，辜胜阻任所长，简新华任执行所长、刘传江任副所长。

---

① 2008年6月朱景尧说：据我所知，作为经济学系的专门科研机构，北美经济研究室是建立最早、历史最长（包括改称美国加拿大经济研究所），规模（一度）最大的。它的建立还颇有来头，是根据1964年国务院的文件。文件指示全国高校有条件的可以设置专门研究外国情况的机构。经学校研究决定在经济学系设立北美经济研究室。系领导选定吴纪先、郭吴新同志负责。1966年"文化大革命"开始，研究室停止工作。1969年随经济学系迁到襄阳分校。据说，1972年国务院有文件批示，要原来设立的研究外国情况的机构恢复工作。经济学系把珞珈山的北美经济研究室的图书资料运至襄樊分校，组织人员恢复研究工作。在吴纪先、郭吴新的领导下，当时确定研究的课题是战后美国、加拿大经济周期和美国无产阶级贫困化。先着手收集、编辑当时美国经济发展情况的资料，继续刊发《北美经济资料》。因为刊发的《资料》内容新颖、系统、分析深刻，深受当时经济学界赞许。1978年研究室随经济学系迁回珞珈山，1981年升格为研究所后，扩大了人员编制，与世界经济学系一起招收博士、硕士研究生。编刊的《北美经济资料》改称《美加经济研究》。以后与世界经济学系共同编刊《世界经济评论》，原《美加经济研究》停刊。

② 在院、系、研究所等机构大调整之后，"人口研究所"被武汉大学社会科学部作为重要研究机构仍然保存下来。2005年10月24日，在其基础上建立起"武汉大学人口·资源·环境经济研究中心"（简新华任主任，刘传江、杨艳琳任副主任），并发展成为武汉大学和湖北省普通高等院校人文社会科学重点研究基地（鄂教科（2005）20号文件）。

金融与保险学系创建于 1984 年。为了适应当时发展社会主义商品经济、社会急需保险专业人才的需要，中国人民保险公司与武汉大学合作在全国率先创建保险学系。1984 年 3 月 20 日，武汉大学校行（1984）37 号文件请示教育部建立保险学专业。1985 年金融与保险学系正式招收本科生，是我国最先开办保险专业的两个院系之一（另一个是南开大学）。新成立的金融与保险学系设有两个本科生专业即货币银行学和保险学，一个硕士研究生专业即货币银行学。硕士研究生专业又分为货币银行学、保险学和社会保障三个研究方向。该系下设金融教研室、保险教研室、经济法教研室、期货证券研究中心、社会保障研究中心、保险代办中心等机构。除与国内的各金融机构和保险公司建立有良好的合作关系外，与美国、法国等国家和港台地区也建立了广泛的学术交流关系。张旭初和魏华林先后任系主任。

会计与审计学系建立于 1985 年。为了适应当时财务管理体制改革、社会急需相关专业人才的需要，国家审计署与武汉大学合作在全国率先创建审计学系。1985 年 4 月 17 日，教育部（1985）教高一字 016 号文件同意武汉大学增设审计学专业，从 1985 年开始招生。同年获得了经济学（审计专业）硕士学位授予权，并在全国首次招生审计专业硕士研究生，然后再招收本科生。会计与审计学系下设审计学专业、会计学专业（包括涉外会计师方向及注册会计师专门化方向）两个本科生专业。全系设有会计学、审计学、财务学和综合（含统计、企业管理、计算机会计与审计、专业英语等）四个教研室，还有资料室、会计实验室、语音室、计算机房等。并在海南设立清泉审计事务所、在武汉设立武汉大学资产评估事务所。彭及时和廖洪先后任该系主任。

世界经济学系成立于 1986 年。此前作为世界经济专业从 1962 年开始招收硕士研究生，1981 年开始招收本科生。1981 年世界经济专业与美国加拿大经济研究所一起组成的世界经济专业学科点获得硕士、博士学位授予权，是国内首批获得博士学位授予权的学科点之一。1987 年，该学科点被确定为全国重点学科。1996 年成为国家"211 工程"重点建设学科之一。多年来，世界经济学系始终注重对当代世界经济重大理论问题和实际问题的研究，尤其是对当代国家垄断资本主义、战后资本主义国家经济周期与危机、当代世界经济格局、国际经济一体化、当代国际投资关系等领域的研究已经逐步形成了自己的特色和优势，有的成果受到国内同行的高度重视和充分肯定。在这一时期，肖育才、陈华山、周茂荣先后任系主任。

除上述新的教学科研机构相继成立外，这一时期还先后成立了许多经济理论与应用方面的研究中心。

1990 年 3 月，经武汉大学批准成立经济发展研究中心。按照研究方向，该中心下设三个研究室：发展经济学研究室、中国工业化与城市化研究室、新兴工业化经济研究室。经济发展研究中心是以研究发展经济学基本理论和经济发展实际为主的学术机构，同时培养发展经济学方向的博士、硕士研究生。以武汉大学经济发展研究中心为主体，1998 年，"发展经济学与国际经济发展"被确定为"国家 211 工程重点学科"研究项目。同年，经济学系被教育部选定为国家经济学基础人才培养基地。由谭崇台（任职时间 1990 年 3 月至 1999 年 3 月）任该中心主任。1999 年 3 月，经武汉大学批准该中心更名为武汉大学发展经济学研究所，谭崇台担任该所所长、郭熙保任副所长。2000 年 1

月，重新组建武汉大学经济发展研究中心。2000 年 12 月，该中心成为被教育部批准的普通高等学校人文社会科学重点研究基地，谭崇台为中心名誉主任，郭熙保任中心主任，周茂荣、简新华任副主任。之后，武汉大学社会科学部对该研究中心副主任进行了增补和调整，邹薇、马颖先后任该中心副主任。

1992 年 1 月，经武汉大学批准成立港澳台经济研究中心。该中心的宗旨是促进内地尤其是华中地区省份与港澳台地区的经济联系，促进港澳台地区对内地尤其是华中地区省份的投资，研究领域以港澳台经济为主，全面研究中国经济改革与发展问题。主要从事学术研究和学术交流。中心名誉主任为武汉大学校长陶德麟，刘光杰从 1993 年 3 月起任该中心主任。

1992 年 3 月，经武汉大学批准成立县域政治经济文化研究中心。该中心作为一个学术研究机构，首次发起召开县域经济研讨会，并产生了较大的社会影响。从 1993 年 7 月起，该中心主任由伍新木担任。

1992 年武汉大学期货证券研究中心成立。该中心主要从事期货与期权研究、证券投资与管理研究、期货与证券市场管理体制研究以及银行流动性风险管理研究。唐方杰、储诚忠先后任该中心主任。

1993 年，经武汉大学批准成立社会经济研究中心，辜胜阻任中心主任。中心聘请董辅礽等 30 多名著名学者和政界要人作顾问，聘请邹恒甫等 60 名学者和著名企业家做兼职研究人员。1995 年 5 月，社会经济研究中心更名为社会经济与管理研究所，辜胜阻任所长（任职时间 1995 年 5 月至 1997 年 6 月）。该所是一个集科研、教学、咨询、政策研究四位一体的综合性研究机构。研究的主要方向是非农化与城镇化、经济发展、社会保障制度、反贫困与就业、企业制度改革、长江流域经济发展、国际经济与管理比较研究等。1995 年 10 月原国家教育委员会主任朱开轩在武汉大学校长陶德麟等领导陪同下视察社会经济与管理研究所。1997 年 6 月 5 日，在社会经济与管理研究所的基础上成立武汉大学战略管理研究院，全国人大常委会副委员长、著名经济管理学家成思危教授任名誉院长，辜胜阻任院长，简新华、谭力文任副院长。

1993 年 12 月成立社会保障研究中心。1995 年 12 月，为适应我国市场经济改革的需要和社会保障学的发展，进一步加强社会保障问题研究工作，经武汉大学批准，成立社会保障研究所，原社会保障研究中心撤销。研究所的宗旨是面向改革，从事社会保障及相关领域的研究，为我国市场经济改革的推进和社会保障学科的发展做出了应有的贡献。研究所的发展目标是成为我国社会保障及相关领域的理论、政策研究与专业人才培养的重要基地。郑功成任该所所长。2000 年 2 月重新组建武汉大学社会保障研究中心，2000 年 9 月，该中心被教育部批准为普通高等学校人文社会科学重点研究基地，邓大松任中心主任、李珍任副主任。

1994 年 9 月 21 日，武汉大学批准成立武汉大学经济科学高级研究中心，邹恒甫任主任。1996 年 12 月 27 日，武汉大学经济科学高级研究中心转为实体机构，后来更名为武汉大学高级研究中心，邹恒甫任主任。

在教学、研究机构规模扩大的同时，经有关部门批准，经济学院还成立了《经济评论》杂志社、实验室、图书分馆等机构。

为加强经济学科建设，繁荣经济学科的学术研究，更好地为社会主义现代化建设和深化经济领域里的改革服务，1980 年筹创《经济评论》刊物，其最初的名称叫《经济文稿》，于 1981 年开始不定期出版内刊。1986 年开始以《经济文稿》为基础筹办公开出版的正式期刊，1989 年武汉大学以校武大科文字（1989）6 号文件向国家教育委员会申请《中国经济评论》刊物准印证。1990 年改刊名为《经济评论》，同年 9 月，经湖北省新闻出版局批准作为非正式期刊准予印刷（准印证，鄂内刊字 179 号）。傅殷才任该刊主编（任职时间 1990 年 9 月至 1996 年 7 月）、王冰任该刊副主编；1996 年 7 月傅殷才去世后由王冰、曾国安分别任该刊主编、副主编（1996 年 8 月—2008 年 1 月）。1993 年由国家新闻出版署批准在国内外公开发行（从 1993 年第 5 期起由内刊转为全国统一标准刊号连续出版物向国内外正式公开发行）。该刊刊登经济理论和现实经济问题方面的科研论文、评论、调研报告等。该刊自创办以来取得了骄人的业绩，在学术界获得广泛赞誉。

1985 年，由徐文义负责，开始筹建经济学系实验室。1986 年，建立了经济学院实验室，当时仅有苹果 II 计算机 12 台，地点设在湖滨七舍顶楼，后将机房搬至经济学院办公楼内。1988 年建成经济学院语音室。其后，实验室规模不断扩大，设备也不断增加，基本上满足了经济学院教学、科研的需要。

1989 年 12 月，经武汉大学批准武汉大学图书馆经济学院图书分馆成立。其前身是经济学系资料室，包括 1953 年冬成立的经济学系资料室、1965 年成立的美国经济研究室（1980 年扩建为美加经济研究所）的资料室、1979 年成立的人口研究室资料室、1983 年建立的加拿大资料中心、1982 年建立的欧洲共同体资料中心和 1981 年建立的世界银行藏书馆。至 1999 年，图书藏量已近 40 万册，期刊千种以上。詹凤兰、姚秀群先后任经济学院图书分馆馆长，黄春姣任副馆长。

此外，经济学院还于 1992 年在海南省注册成立了海南清泉审计师事务所，伍新木任该所法人代表。1993 年 3 月，海南清泉审计师事务所撤销，成立武汉大学资产评估事务所。该所是由武汉大学、武汉大学经济学院创办，湖北省国有资产管理局批准，在湖北省工商局正式注册的专业资产评估机构。伍新木任该所所长。

（二）经济与管理学院的设立

1981 年 10 月，以武汉大学经济学系原部门经济教研室为基础的经济管理学系宣告成立，于是，武汉大学原来的经济学系分为经济学系和经济管理学系。调整后的经济学系是武汉大学 16 个院系之一，下设政治经济学、世界经济学、经济学说史三个专业。至 1986 年 4 月，经济学系的系主任先后由吴纪先和汤在新担任。

经过几年的快速发展，武汉大学经济与管理学科变得比较齐全，师资力量较为雄厚，并且具备了较好的科研基础。为了开创武汉大学哲学和社会科学研究的新局面，培养"四化"建设合格人才，1983 年 12 月，学校向原国家教育部提交了《关于我校文科专业调整改革和重点学科的请示报告》，申请成立经济与管理学院。

1984 年 4 月 11 日，国家教育部教计字（84）054 号文批准了武汉大学 1983 年 12 月的请示报告。1984 年 10 月，武汉大学的经济学系与经济管理学系正式组合，成立了武汉大学经济与管理学院，成为与研究生院、图书情报学院并列的学院之一。谭崇台任院长。学院下设经济学系（包括政治经济学、审计学、保险学、世界经济、经济学说史 5 个专业以及政治经济学 1 个专修科）和经济管理学系（包括经济管理学、国际金融管理、工商行政管理、财务管理（大专）4 个专业以及工业经济管理函授专修科、经济管理干部专修科）。

经济与管理学院试行以院为虚体、以系（所）为实体的管理体制。学院全面负责管理、协调有关系和专业的教学科研工作，行政和党团工作仍由校部统一管理。但实际上，行政和党团组织工作仍以系为建制。学院没有设党团组织机构，也没有专门的行政编制，而是分设经济学系和经济管理学系党总支，编制也在各系。经济与管理学院的成立是特定历史条件下的特殊产物，实际上还是经济学系、经济管理学系独立运作。

（三）经济学院的成立

通过一年多的实践，新成立的经济与管理学院有利于"精兵简政"、机构改革，有利于合理使用教学、科研力量和提高经济效益，有利于调动经济学与经济管理学教学和科研工作的积极性，两系在招生规模、师资队伍建设和对外交流等方面也得到了一定的发展。但是，由于当时实行的是"系实""院虚"的体制，难以发挥院的组织协调作用，从而在学生规模过大的情况下出现了不便于组织管理的问题；也产生了不利于经济学科和管理学科协调发展的问题。为此，在各种条件基本具备的基础上，1986 年 1 月，武汉大学向原国家教育委员会计划司提交了《关于分设武汉大学经济学院与武汉大学管理学院的请示报告》。

同年 3 月，在得到原国家教育委员会（86）教计字 027 号文件的"同意"批复后，武汉大学党委发出了《关于成立武汉大学经济学院与武汉大学管理学院的通知》[①]。1986 年 4 月，经济学院、管理学院分别成立。经济学院成立后，随即将原经济学系的几个专业加以扩充和调整，在院下分设了经济学系、世界经济学系、金融与保险学系、财政与审计学系和美国加拿大经济研究所、人口研究所等 6 个单位。谭崇台任名誉院长，汤在新、李裕宜和陈恕祥先后任院长。

二、师资队伍建设与学科建设水平的全面提升

（一）师资队伍建设

1981 年，经济学系有各类教职工 69 人，其中专任教师 35 人。到 1999 年，经济学院教职工已达 141 人，其中专任教师 96 人。18 年间，教职工人数增加了一倍多，专任教师人数增加至近三倍多。除专任教师外，经济学院（系）还聘请了众多国内外知名专家学者作为学院的名誉教授和兼职教授。1995 年，受聘作为经济学院名誉教授和兼

---

① 中共武汉大学委员会文件：《关于成立武汉大学经济学院与武汉大学管理学院的通知》，校党（1986）23 号。

职教授的国内外知名专家学者共 30 多位；1999 年更是超过了 40 位。

在师资队伍不断壮大的同时，经济学院（系）十分重视发挥中老教师的骨干带头作用。注重全面落实知识分子政策，调动中老年教师的积极性，让他们努力开展教学与科研工作，充分发挥自己的学术专长。当时，一大批中老年教师都形成了各具特色与优势的学术研究方向，如凯恩斯理论（刘涤源）、发展经济学（谭崇台）、西方马克思主义理论（曾启贤）、剩余价值理论（汤在新）、古典经济学理论（傅殷才）、金融理论（李崇淮）、世界经济理论（郭吴新）、社会主义经济理论（刘光杰）、资本主义经济理论（程镇岳）、中国经济史（尹景湖）、中国经济思想史（李守庸）、数理经济学理论（王治柱、朱景尧）、保险学理论（张旭初）、美国加拿大经济研究（吴纪先）等。宽松的政策环境与尊师重教的良好氛围大大激发了中老年教师的学术激情与政治热情。已退休教师尹景湖 81 岁高龄时还在《中国社会科学》杂志上发表论文，直到 2000 年，89岁时还在核心期刊上发表了一生中的最后一篇文章。1992 年，81 岁高龄的周新民在以前多次向党组织表达入党愿望的基础上，再次向党组织表达了入党愿望，并郑重递交了入党申请书和思想汇报，最终得以在他生前实现了加入中国共产党的夙愿。

经济学院（系）还始终把培养青年教师放在十分重要的位置，关心他们的成长，鼓励他们出高水平、高品位的学术成果，并帮助他们解决生活中的实际问题。正因为如此，所以经济学院的教师年龄渐趋年轻化，20 世纪 90 年代初，40 岁以下的中青年教师即占经济学院教师总数的 60% 以上[1]，到了 20 世纪 90 年代中期，这一比例更是上升至70%[2]，基本上形成了老中青三代年龄结构合理的教师队伍。其中，学院不拘一格地鼓励和扶持青年教师中的冒尖人才，1985 年，年仅 29 岁的辜胜阻由助教越级破格晋升为副教授，4 年后再次破格晋升为教授。1993 年，周茂荣、辜胜阻、陈继勇、薛进军等 4位中青年教师被评为第五批博士研究生导师；1995 年陈恕祥、颜鹏飞、李裕宜、高玉芳教授被评为第六批博士研究生导师。1995 年，年仅 31 岁的郑功成被破格晋升为教授。

经济学院（系）还注重从国外引进优秀专家学者充实教学科研力量，如邹恒甫（美国哈佛大学经济学博士）；从系外、校外调进师资，如彭及时、廖洪、何耀、童光荣、王元璋、简新华、王祖祥等。还不断派送中青年教师到欧美和日本等国的著名高校进修学习，如高玉芳（1982—1984 年加拿大约克大学经济学系研修访问）、陈恕祥（1985—1986 年、1990—1991 年两度以美国富布赖特高级访问学者赴美国研修访问）、辜胜阻（1986—1988 年美国密歇根大学人口中心研修访问）、何耀（1988—1991 年比利时鲁汶大学经济学系进修、比利时安特卫普大学研究院获博士候选人资格）、朱农（1989—1990 年法国国家人口研究所研修访问）、郭熙保（1990—1991 年美国哈佛大学经济学系研修访问）、薛进军（1990—1991 年美国耶鲁大学经济增长中心研修访问）、

① 武汉大学社会科学研究处编：《武汉大学社会科学研究概览》，武汉大学出版社 1993 年版，第 36 页

② 武汉大学经济学院编：《继往开来的武汉大学经济学院》，武汉大学出版社 1996 年版，第 5页。

严清华（1990—1991 年日本同志社大学经济学部研修访问）、胡炳志（1993 年法国奥尔良大学金融专业博士预备班毕业）、陈继勇（1994—1995 年美国霍普金斯大学高级国际问题研究院研修访问）、童光荣（多次到马里、刚果、加蓬等国执行援外任务，并到法国社会科学高等研究学院、法国国家统计与经济管理学院进修访问）等。

经济学院（系）不断加强教师思想政治工作，一批优秀共产党员出现在经济学院的教师队伍中。1991 年 6 月，中共湖北省委发文表彰全省先进基层党组织和优秀共产党员。陈昭方被授予"优秀党政干部"称号；郭吴新被授予"优秀共产党员"称号。学院在做好思想政治教育工作的同时，对教师也予以了亲切的关怀。1992 年 12 月，刘涤源 80 寿辰，经济学院举办了"刘涤源学术讨论会"，学校领导和不同年龄的学者向这位全国知名专家祝寿并庆祝他从教 50 周年。

（二）教师学术地位的提高与各种荣誉称号的获得

这一时期，经济学院（系）许多教师在各自的学术领域表现得相当活跃，不少教师在各种学术团体担任了重要的学术职务，体现了教师个人和武汉大学经济学科群体在学术界地位的提高。表 10-1 是经济学院（系）教师这一时期先后在全国性学会担任副会长以上职务和在省级学会担任会长的任职情况。

表 10-1　　　　　　　　　　　　经济学院（系）教师重要学术兼职

序号	姓　名	重要学术兼职
1	谭崇台	中华外国经济学说研究会名誉会长、全国高校社会主义经济理论与实践研究会领导小组成员、湖北省外国经济学说研究会顾问、湖北现代领导科学研究会会长
2	郭吴新	全国美国经济学会会长、名誉会长、中国世界经济学会、中国外国经济史学会、湖北省社会科学联合会、湖北省经济学团体联合会、湖北省世界经济学会、湖北省美国经济学会顾问
3	吴纪先	全国美国经济学会会长
4	陈继勇	中国美国经济学会会长、中国外国经济史学会副会长、中国世界经济学会副会长、湖北省经济学团体联合会执行主席、湖北省美国经济学会会长
5	曾启贤	中国比较经济研究会副会长、湖北省经济学会顾问
6	辜胜阻	中国软科学研究会副理事长
7	颜鹏飞	中华外国经济学说研究会副会长，全国马克思主义经济学史研究会副会长，中国经济发展研究会副会长、中南、西北、西南三大区外国经济学说研究会会长
8	郭熙保	中华外国经济学说研究会发展经济学分会会长
9	严清华	中国经济思想史学会副会长
10	傅殷才	湖北省外国经济学说研究会会长
11	王元璋	湖北省《资本论》研究会会长、湖北省马克思主义经济思想史学会理事长

序号	姓　名	重要学术兼职
12	伍新木	湖北省现代企业制度研究会会长
13	刘光杰	湖北省经济学团体联合会常务理事、执行主席、湖北省经济学会副会长、常务副会长

经济学院（系）不少教师这一时期还在各级学术机构担任了重要职务。如吴纪先、陈恕祥曾先后任国务院学科评审委员会成员，郭吴新曾任"八五"全国哲学社会科学学科规划小组经济学组成员，傅殷才、陈继勇曾任国家教育委员会高校社科研究规划学科评议组经济学组成员，陈恕祥曾任教育部马克思主义理论课教学指导委员会委员、教育部高等学校经济学教学指导委员会副主任委员。郭吴新曾任湖北省社会科学规划学科组经济学组副组长，陈继勇曾任湖北省社会科学院院长，刘光杰曾任湖北省社会科学院副院长兼经济研究所所长，陈恕祥曾任湖北省学位委员会学科评议组（经济学）委员。另外，还有多位教师曾任武汉大学学位评定委员会委员和武汉大学教师职务评审委员会成员。

与教师学术地位的提高紧密相连，教师们的各种荣誉也纷至沓来。例如，1991年，辜胜阻被原国家教育委员会和原国家人事部授予"国家有突出贡献的留学归国人员"称号；陈继勇被湖北省青年联合会授予"七五"建功立业优秀青年称号。1992年，辜胜阻被评选为第三届"中国十大杰出青年"，被中华全国青年联合会授予"七五"建设有突出贡献的优秀青年；同年，他又被湖北省政府授予"湖北省有突出贡献的中年专家"称号和"湖北省劳动模范"称号。1994年，陈继勇入选教育部"优秀青年教师资助计划"；郭熙保被湖北省政府授予1993年度"湖北省有突出贡献的中年专家"称号。1995年，辜胜阻获首届湖北省省级社会科学优秀青年人才；魏华林等5位教师获1995年度宝钢教育奖；郑功成获香港柏宁顿（中国）教育基金会颁发的首届"孺子牛金球奖"。1996年，辜胜阻进入"国家百千万人才工程"入选名单。1997年，魏华林获国家级有突出贡献的中青年专家称号；辜胜阻、陈继勇入选教育部第四批文科"跨世纪优秀人才培养计划"；刘涤源被英国剑桥"国际传记中心"载入《国际知识分子名人录》，被授予"国家级专家"称号。1998年，邹恒甫、郭熙保入选教育部文科"跨世纪优秀人才培养计划"。

谭崇台、刘涤源、周新民、郭吴新、傅殷才、汤在新、李裕宜、刘光杰、吴佩钧、辜胜阻、周茂荣、王元璋、薛进军、熊懿求、陈恕祥、陈继勇、邓大松、伍新木、魏华林、颜鹏飞、高玉芳等多位教师分别被批准享受国务院颁发的政府特殊津贴。此外，还有多位教师多次获得优秀教师、优秀教育工作者等荣誉称号。

（三）一大批学科专业点学位授予权的取得

1980年以前，经济学系仅设有政治经济学一个本科专业；至1999年，经济学院已拥有政治经济学、世界经济、保险学、审计学、货币银行学、国际数理经济实验班、国家经济学基础人才培养基地等本科专业，拥有政治经济学、世界经济、经济史、经济思想史、人口、资源与环境经济学、货币银行学、财政学、产业经济学、国际贸易学、审计学、会计学、金融学（含保险学）、区域经济学、数量经济学等14个硕士研究生专业，其中政治经济学、西方经济学、世界经济、经济史、经济思想史、人口、资源与环境经济学6个专业具有博士学位授予权，见表10-2。1998年，理论经济学获批为一级学科授权学科。此时，经济学院已形成理论经济学与应用经济学2个一级学科，13个二级学科的门类齐全的学科体系。

表10-2　　　　　1981—1999年经济学院（系）学科专业点开设情况

序号	学科专业点（或专业方向）名　　称	本科专业（或方向）开设时间	硕士学位授予权获批时间	博士学位授予权获批时间
1	政治经济学	原设专业	1981	1986
2	世界经济	1981	1981	1981
3	经济思想史①		1981	1986
4	经济史		1983	1998
5	保险学	1984	1987	
6	审计学	1984	1987	
7	会计学		1988	
8	人口、资源与环境经济学②		1990	1998
9	货币银行学	1995	1988	
10	西方经济学			1996
11	国际数理经济实验班	1996		
12	国家经济学基础人才培养基地	1998		
13	区域经济学		1998	
14	财政学（含税收学）		1998	
15	产业经济学		1998	
16	数量经济学		1998	
17	国际贸易学		1999	

①　该专业于1981年获批硕士学位授予权和1986年获批博士学位授予权时名为"外国经济思想史"，此前叫"经济学说史"；1990年另获批马克思主义经济思想史具有硕士学位授予权，至此该专业具有两个硕士学位授权点和一个博士学位授权点。1997年国务院学位委员会调整专业时将外国经济思想史、马克思主义经济思想史和中国经济思想史合并为经济思想史一个专业。

②　该专业于1990年获批硕士学位授予权时名为"人口经济学"，1997年国务院学位委员会调整专业时改为今名。

表 10-2 所列专业中，政治经济学专业是个传统老专业，1983 年开始本科专业改称经济学，1998 年国家经济学基础人才培养基地获批后，自次年开始本科生只招收"基地班"[①]。世界经济专业是除政治经济学专业外开设最早的专业，其本科专业名称于 1991 年改称国际经济学，1994 年另增设国际贸易专业，1997 年开始改为国际经济与贸易一个专业招收本科生。审计学专业 1985 年开始招生，1997 年调整为会计学专业，其间于 1994 年使用过财务与审计学专业名称，还于 1991 年、1993 年另招收过涉外会计的本科生，以及 1995 年、1996 年另招收过注册会计师专门化的本科生。保险学是武汉大学本科专业中的一个特色专业，自 1985 年以来从未停止招生，也基本未变更名称，其间于 1993 年另招收过金融证券的本科生，1994—1996 年另招收过货币银行学的本科生。

经济学院（系）硕士授权点专业中，政治经济学、世界经济、经济思想史和经济史 4 个专业分别获批于 1981 年和 1983 年，是经国务院学位委员会直接批准的；1986 年，国务院学位委员会下放硕士学位授权学科、专业审批权，武汉大学的经济学科获自行审批硕士学位授予权，为武汉大学经济学科的发展提供了大好契机，经济学院的大批硕士学位授权点就是此后经武汉大学学位委员会批准自行增设并报国务院学位委员会备案的。

经济学院（系）最先获批博士学位授权点的专业是世界经济，时间为 1981 年，是国内首批获得博士学位授予权的专业，指导教师为该专业学科点负责人吴纪先。1986 年，经国务院学位委员会批准，政治经济学、外国经济思想史两个专业一并获得博士学位授予学科点；同年，经国务院学位委员会批准，政治经济学专业的曾启贤、外国经济思想史专业的谭崇台、世界经济专业的郭吴新增列为博士生导师。1990 年，经国务院学位委员会批准，政治经济学专业的刘光杰、外国经济思想史专业的汤在新和傅殷才增列为博士生导师。1993 年，国务院学位（1993 年）35 号文同意在部分一级学科内开展自行审批增列博士生指导教师试点工作，武汉大学成为第二批试点高等院校之一。1995 年，西方经济学从外国经济思想史博士点中分离出来，成为独立的博士学位授予学科点，经济学院于次年获得该专业博士学位授予权。1998 年 6 月，经济史，人口、资源与环境经济学两个专业获得博士学位授予学科点；理论经济学被国务院学科评审组授予一级学科博士学位授权点，成为全国首批获得理论经济学一级学科博士学位授予权的少数几所大学之一。

在学科点数目增加的同时，各个学科点的教学科研水平也有了很大的提高。1988 年，世界经济专业博士点被原国家教育委员会确定为全国重点学科点，1996 年成为国家"211 工程"重点学科建设项目依托和主体单位，被批准为接受国家专项基金资助。1994 年，在全国具有较高的影响和学术地位的政治经济学专业被批准为湖北省重点学

[①] 1998 年 10 月，教育部教高（1998）11 号文批准经济学院建立经济学基础人才培养基地，该基地是武汉大学正式获批的第六个国家基础人才培养基地，也是全国首批 11 个正式获批的"国家经济学基础人才培养基地"之一。

科（批准文号鄂教高（1994）061 号）。1998 年，国家发展计划委员会（1998）56 号文件批准，武汉大学经济学院"发展经济学与国际经济发展"项目正式成为"211 工程"建设项目。1999 年 3 月武汉大学获批接受同等学力人员申请博士学位的专业有政治经济学、经济思想史、世界经济、西方经济学等。

1999 年 2 月，经国家人事部、全国博士后管理委员会批准，武汉大学经济学院在理论经济学一级学科博士学位授予权的基础上设立博士后科研流动站，为经济学院培养高质量、高素质的优秀人才打下了良好的基础。姜爱林、胡立君、廖涵三位博士为首届进站的博士后研究人员。

三、人才培养规格的多样性与培养质量的提高

（一）学分制改革与本科生教育

武汉大学的学分制改革虽在 1978 年即已启动，但真正大规模推行却是在这一时期。

学分制改革主要涉及课程设置及学分分配、成绩考核及学籍管理等方面的内容。

按照武汉大学的有关文件精神，经济学系的课程设置分为必修课和选修课两类。依据专业培养要求和专业特色，把需要学生掌握的基本理论、基本知识、基本技能及少部分专业知识，作为必修课内容，每个学生都必须学习和掌握；把大部分专门化知识及与本专业有密切联系的边缘学科知识，作为指定选修课内容，每个学生要在指定的课程范围内，选学若干门课程；同时，为了照顾学生的个人志趣，发展学生的才能，经批准，每个学生可以在系内外甚至在联合办学范围内的其他学校任意选学有关课程。此外，大力提倡开设专题讲座，鼓励学生听讲和参加讨论，以活跃学术气氛，提高学术水平，扩大学生的知识面和提高学生的研究能力。学分分配的比例为：必修课的学分，在总学分中不得少于 75%，选修课的学分占总学分的 25%。经济学系据此要求规定了各专业应修满的学分，以 83 级为例，经济学专业的学生毕业时应修满 142 学分，其中必修课 102 学分，选修课 40 学分；世界经济专业的学生毕业时应修满 150 学分，其中必修课 124 学分，选修课 24 学分。按照要求，所有课程的教学，都必须贯彻理论联系实际的原则。教学实习、毕业论文或毕业设计，按规定计算学分。社会实践单列计算学分。

计算学分的所有课程都采用考试的方式，成绩采用百分制计分，60 分以上方可获得该门课程的学分。在每学期最后两周进行考试之后，公布学生各门课程成绩和累积的学分。已正式列入教学计划的课程，除体育课外，学生可根据自己的具体学习情况，申请免修或部分免修一至二门课，但是必须参加免修课程的考试，通过后方能修后续课程。成绩优秀的学生，修满了本专业规定的总学分，可以提前毕业或报考硕士研究生。对于品学兼优者，则发给奖学金以资鼓励。学生未获得学分的课程，允许补考、重修。经过补考或重修，如仍未及格，并累计有 3 门必修课未获得学分者，则取消学籍，作退

学处理。

1985年5月，国家召开了第二次全国教育工作会议，同时颁发了《中共中央关于教育体制改革的决定》（简称《决定》），明确指出，要针对现存的弊端，积极进行诸如"实行学分制"等各种教学制度的改革①。为落实这一《决定》，经济学院（系）在本科生教学中全面推广了学分制。经过不断改进和完善，学分制等改革措施在实践中收到了提高教学质量的良好效果②，引起社会特别是全国高等院校的普遍关注。与学分制改革相伴随，经济学院（系）还在学校的统一领导与部署下推行了导师制、插班生制，并实施了加强课程建设、改革考试形式和联合办学等一系列积极举措。

导师制的全称为"教师辅导学生责任制"。这一新的教学模式是在实行学分制的过程中，为加强对学生的选课指导而逐渐建立和发展起来的③。1982年，武汉大学党委、行政相继下文，印发《武汉大学教师指导学生责任制（简称导师制）试行条例》和《关于吴厚心等117位教师担任学生导师的通知》，规定自1982年下学期起，在82级及以后各年级学生中普遍实行导师制。经济学系当年便确定由黄敏、温端云、熊一求、程度、张旭初等五人担任经济学系82级学生导师；1983年张秀生等担任经济学系83级学生导师；1984年，李声华、左东官两位教师担任经济学系84级学生导师。导师制在经济学院（系）实行后，广大导师深入教学第一线，把指导学生的业务学习同思想政治工作结合起来，教书育人，为促进学生德智体全面发展发挥了积极作用。

插班生制又称"插班制"，是武汉大学率先在全国高等学校试行的一种教学管理制度。1984年12月初，武汉大学向原国家教育部申请并获批试行插班制，1985年9月开始面向全国招收插班生，招生对象是具有大专以上学历，工作两年以上的在职人员。经济学院（系）相继招收了经济学、保险学、会计学专业的插班生，生源主要来自其他高校毕业的大专生；1995年以后，主要生源来自建设银行系统和保险公司系统以及其他单位。插班生制的实行，在一定程度上革除了"一次高考定终身"的弊端，为坚持自学的优秀青年和全日制大学以外的其他高校的优秀学生开辟一条新的成才之路。

加强课程建设是有效实施学分制的重要保证。经济学院（系）十分重视加强课程建设，更新教学内容。在教学计划中，对于公共基础课、专业基础课、专业课和必修课、选修课，均分别进行合理的配置。同时，加强基础教学，适当减少必修课、增加选修课，并且鼓励本科生选修学校开设的跨学科、边缘学科的综合性课程。教师们大胆地

---

① 娄延常：《高教改革与管理创新》，武汉大学出版社2002年版，第173页。

② 2006年8月2日，严清华、杨艳琳、晏三梅、杜长征4人受经济与管理学院院史编辑委员会委派，就院史编写的有关问题，专程到广州华南师范大学采访了武汉大学经济学院首任院长汤在新教授。汤在新说，刘道玉校长的一系列改革措施，如实行学分制、双学位制等对于武汉大学在"文化大革命"后在全国的率先崛起起到了决定性的作用。学分制和双学位制对经济学系所起到的作用很大，如外语系的学生选修经济学系的课程，这就扩大了经济学系的生源；学生转专业也有利于经济学系，如物理学系有学生转入经济学系，这些学生后来申请留学美国就很容易。

③ 武汉大学1978年试行学分制之初，为指导学生选课，各系确定3~5名教师担任选课指导教师，这即是导师制的雏形。参见刘道玉等：《高等教育改革的理论与实践》，武汉大学出版社1986年版，第227页。

进行课程建设和教学内容方面的改革，并取得突出成果，如政治经济学资本主义部分教学内容改革，1989 年获得湖北省优秀教学成果二等奖；保险学专业坚持创新与改革相结合，1993 年获得湖北省优秀教学成果一等奖，国家级优秀教学成果二等奖。特别值得注意的是，经济学院（系）有计划地进行了主干课建设。所谓主干课，是指对于专业建设和发展能产生重大影响的核心课程，是各专业中对实现培养目标能起主导作用的专业必修课和公共必修课。1987 年 11 月，武汉大学提出自 1988 年开始有计划地进行主干课建设、开设主干课程。经济学院 1988—1989 学年度建设的主干课程包括经济学系的财政学、世界经济学系的发展中国家经济、金融与保险学系的保险学导论、会计与审计学系的会计学原理。第二批主干课程包括金融与保险学系的保险经营学、会计与审计学系的审计学原理。第三批主干课程包括经济学系的当代西方经济学说、世界经济学系的国际贸易理论与实务、金融与保险学系的海上保险、会计与审计学系的工业会计。

改革考试形式也是这一时期实行的另一重要举措。为了减轻学生学习压力，把学生从死记硬背的桎梏中解放出来，在学分制改革的基础上，经济学系 77 级学生的期末考试由原来的统一闭卷考试改为开卷、半开卷、以平时作业记成绩等多种方式。当时主考中国古代经济思想史的李守庸认为，同学们毕业后搞科研、搞教学，身边有的是资料，没有必要在考试时背诵很多东西。开卷考试的考试方式引导学生通过考试全面复习所学内容，把握住重点。将有一定深度的试题用于开卷考试，有利于学生把精力放在培养自己独立分析、思考问题和提高写作能力上，有利于避免死读书、读死书的弊病[1]。93 级保险学专业（保险方向）向学校教务处递交了申请无人监考的请示，这充分表明了学生明确了考试的目的，端正了考试的态度，严格要求自己，自觉维护和遵守考试纪律的决心，弘扬了武汉大学办学的优良传统和优良学风。他们的无人监考申请得到了学校的批准和肯定[2]。

联合办学是经济学院实行开放办院的一大特色。1992 年 9 月，经济学院世界经济学系与法国合作首次在本专业学生中招收了中法双学位学生，这在全国高校中是首创，也具有明显的特色和成效。为了拓宽大学生的知识面、培养复合型人才，1995 年 9 月，武汉大学和华中理工大学（现在的华中科技大学）、中国地质大学、华中师范大学、中南政法大学（现在的中南财经政法大学）联合办学，后来增加华中农业大学、武汉理工大学，形成七校联合办学模式，学生跨校选课和选修第二专业，相互认可学分，达到规定要求者颁发第二学士学位。经济学院经济学、国际贸易等专业积极响应这种办学模式。

1996 年 9 月，武汉大学经济科学高级研究中心在全国最先开办了国际数理经济实验班，培养了大量高素质的计量经济学人才。实验班隶属经济学院，在教学内容、教学模式、教材使用等方面都形成了特色，如特别强化数学、英语、计算机的教学内容，并

① 司马常林：《经济学系七七级同学普遍认为考试方法改革好》，载《武汉大学校刊》，1981 年 1 月 24 日。

② 武汉大学：《关于对九三级保险专业（保险方向）和九五级生物学试验班申请无人监考请示的批复》，武大教字（1996）2 号，1996 年 1 月 12 日。

且使用国外原版英文教材、英语教学、英文论文写作。实验班每年有较大比例的毕业生直接被国外著名大学录取攻读博士学位。这一特色的经济学人才培养模式及其所取得的成效使它在全国经济学人才培养中的影响甚大，在发达国家著名大学中产生了一定的积极影响。

各种改革措施使得经济学院（系）本科生培养质量不断提高，造就了一大批优秀人才。仅经济学系77级、78级、79级就有10多人被原国家教育部选派出国，其中包括赴美国哈佛大学留学的邹恒甫和赴美国芝加哥大学、师从诺贝尔经济学奖获得者米尔顿·弗里德曼的陈端洁；此外，辜胜阻、范恒山、庹震、陈东升、毛振华、王振有、谭仁杰，以及现仍在学院任教并已成为博士生导师的简新华、郭熙保、黄宪、叶永刚等就都是其中杰出人才。1981—1999年经济学院（系）共培养本科生2942人。

（二）研究生教育及其招生培养制度的改革

1978年改革开放后，经济学院（系）的研究生培养上了一个新台阶，1981—1999年，经济学院（系）共培养硕士研究生936人、博士研究生178人。

1982年12月，武汉大学召开了第一次研究生工作会议，分析了全国研究生教育的形势，讨论了如何加强研究生教育管理问题，经济学系作为培养单位之一在会上交流了本单位培养研究生的经验。此后的3年左右时间中，以研究生招生制度改革为重点，经济学院（系）进行了一系列改革尝试与探索。1983年，按照武汉大学的要求，经济学系进一步改进招生办法，对招收的研究生采用了复试的方式。同年秋天，经武汉大学批准经济学系举办了硕士课程教师进修班；次年秋，经济学系进一步扩大这种形式的招生规模，政治经济学、经济学说史、当代西方经济学说、世界经济4个专业同时举办硕士课程教师进修班。招生对象是具有本门学科大学毕业文化水平，两年以上的教育实践经验，年龄在40周岁以下的各高等院校在职的骨干教师。这批学生的学制为两年，随在校本专业硕士研究生一起进修硕士课程，并统一参加考试，但是不做毕业论文，单独开设外语课。1984年，在招收研究生时与往年相比更加强调提高招收在职人员的比例，并且开始在研究生招生中推行推荐报考和推荐免试的招生方式。研究生招生制度的改革促进了研究生招生规模的扩大，至1985—1986年，经济学院（系）硕士研究生招生规模即达167人，两年招生的人数超过以往历届研究生招生人数的总和。

1986年12月，原国家教育委员会发出了《关于改进和加强研究生工作的通知》，在充分肯定我国研究生培养教育工作取得显著成绩的同时，也指出了其中存在的主要问题，包括部分学科的招生计划紧密结合四化建设的需要不够，研究生培养单位规格单一，对实际能力的培养重视不够，教学管理制度不够完善等。为在扩大研究生招生规模的同时，保证和提高研究生的培养教育质量，武汉大学于1987年4月召开了第二次研究生工作会议，讨论了研究生教育和管理的改革问题，其中包括研究生教育的指导思想、研究生学位课程的设置和改进、研究生招生分配以及导师的遴选和硕士研究生中期水平考核分流等。经济学院根据学校的会议精神，在研究生培养方面做出了相应的改革，试行了硕士研究生中期分流制度。

1987年，经济学院坚持需要与可能相结合的原则，实行了对在职人员报考硕士研究生进行单独考试的试点。从这一年开始，武汉大学开始对硕士研究生导师实行遴选制，对参加遴选的导师，不仅有年龄、科研成果、科研经费的规定，而且对导师的政治思想、教书育人也有严格的要求。1988 年，为了扭转硕士研究生偏重理论学习，而忽视应用能力培养的倾向，经济学院积极响应武汉大学的号召，在继续强调按需招生的同时，突出强调开始接受企业委托培养研究生的新途径，由以事业单位委托培养为主，转向接受政府机关、大型企业委托培养为主。并在货币银行学、世界经济等专业试行培养"文科应用型硕士研究生"。从 1989 年开始，为确保应用型人才培养的质量，经济学院开始从大型企业等部门聘请一批有丰富实践经验的专家参加硕士生的指导工作。这些兼职教师讲授的大多是自己在长年的工作中遇到的实际问题以及解决这些问题的方法，有利于优化研究生的知识结构，增强研究生分析和解决实际问题的能力。

与学校的研究生改革保持同步，自 1993 年开始，经济学院开始实行硕士生、博士生连续培养制度。具体方式是，考生通过国家规定的招收研究生的入学考试（含推荐免试），取得入学资格，进校后一年或一年半的时间完成规定的课程，然后参加连续攻读博士学位的资格考试，合格者转为博士生，而未参加或未通过资格考试者，按硕士生继续培养，硕、博连读的学制为五年。经济学院 94 级有 2 名研究生在中期分流过程中被学校批准提前攻读博士学位①。

1994 年，为适应社会主义市场经济和建设银行建设与发展，提高机关干部和高校教师素质的需要，广东省建设银行、河南省工商银行和广西大学委托经济学院自 1995 年起为上述单位培养高层次金融管理人才和高校教师。经过对上述单位的考察，经济学院接受了它们的委托。另外，受武汉市委组织部委托，1996—2000 年在武汉市所辖行政系统招收政治经济学等有关专业的硕士研究生，以研究生班的形式组织教学。1997 年，经原国家教育委员会人事司、国务院学位办批准，政治经济学专业举办了同等学力申请硕士学位的教师进修班。

总之，在研究生培养教育方面，此时的经济学院已进入一个大发展、大提高的时期。

（三）成人高等教育

20 世纪 80 年代初期，"文化大革命"结束后的一代成年人都相继参加了工作，他们已经丧失了直接进入大学学习的机会，却需要提高自己的知识文化水平。适应这部分人求学的需要，大学开始兴办成人高等教育，武汉大学的成教生教育也应时而兴。

经济学院（系）成人教育最早是 1984 年人口研究室开办的人口学培训班，对象为湖北省以下各级计划生育委员会的干部，连续办了三期，这也成为经济学系创收之始。为了搞好成人教育工作，1989 年 6 月经济学院成立了成人教育部。其职能是对经济学院成人高等教育进行归口管理。20 世纪 80 年代，经济学院（系）承担了由部门、系统委托的岗位培训班、专业证书班和县长、市长及骨干力量进修的干部专修科，为国家建

---

① 武汉大学：《武汉大学关于公布九四级硕士研究生中期水平考核结果的通知》，武大研字（1996）10 号。

设造就了一大批中坚力量。1983—1990 年，经济学院（系）与湖北省委组织部合作在校内开办经济学专业专科层次县市普通干部培训班共八届。1985 年，来自湖北省 31 个地市县的 40 名政治经济学专业县级干部专修科学生，经过 3 年学习，圆满完成学业，成为首届毕业生。1988 年，经济学院开始开办函授经济学、会计学与审计学专业大专班。1990 年在校内开办金融学等干部培训班。1992—1993 年，在校内开办高等教育自学考试全日制短线班。1994 年举办国际金融专业插班生班，具有大专学历的干部经过入学考试合格录取后培养两年，修完教学计划规定的课程，成绩合格者发给大学本科文凭，符合学士学位条件者授予经济学学士学位①。1994—1996 年，在武汉、广东、广西等地开办高等教育自学考试专科涉外会计、会计与审计等专业，本科国际金融、会计理财学等专业。1996 年，在校内开始开办通过成人高考入学的全日制专科、本科班。

在 1992 年邓小平同志"南方讲话"发表以后，在专科函授、自学考试短线、长线的基础上又增开了函授本科、全脱产大专班和自学考试的应用专科班。经济学院的成人教育的学生来自全国各地，毕业后分布于全国各地。自 1990 年到 1995 年，培养各类毕业生约 2800 人②。1999 年 4 月，武汉大学进行学院合并重组，经济学院、管理学院、旅游学院合并成为商学院，当年各种形式的成教生总人数达 4000 多人。经济学院（系）各专业的成教毕业生不仅自己做出了成绩，而且在加强武汉大学与社会的横向联系、扩大武汉大学的影响等方起到了桥梁和纽带作用。

四、科学研究

中国共产党十一届三中全会以后，在党的解放思想、实事求是的正确路线和百花齐放、百家争鸣的方针指引下，经济学院（系）既重视育人又重视科研，教学与科研相互促进，并在科研中始终坚持重视基础、加强应用、面向现实、发挥优势、拓宽领域、提高档次的工作方针，使科研工作有了较快的发展。

（一）重要科研项目的获批

为了更好发挥国家科学研究的重要方面军的作用，经济学院（系）采取有效措施，鼓励广大教学科研人员积极申报各类科研项目，针对社会主义现代化建设中的重大理论和实践问题展开科学研究，提供智力支持，取得了显著的效果。据不完全统计，1981—1998 年获批各类项目 100 多项，包括国家社会科学基金项目、国家自然科学基金项目、国家教育委员会或者国家教育部人文社会科学研究项目、湖北省社会科学基金项目以及各类横向项目等。

---

① 武汉大学：《关于同意在我校举办建设银行领导干部插班生班的函》，武大教字（1994）20 号，1994 年 12 月 5 日。

② 武汉大学经济学院编：《继往开来的武汉大学经济学院》，武汉大学出版社 1996 年版，第 27~28 页。

此间获批的各类项目中，国家社会科学基金项目共 33 项，其中重点项目 13 项，一般项目 16 项，青年项目 4 项①。13 项重点项目包括：经济学系负责主持、14 个单位合作的"中国农村生产关系研究"；曾启贤主持的"社会主义经济实践和经济理论史的考察"；吴纪先主持的"战后美国和加拿大经济危机"；包括经济学系在内的 9 个单位合作主持的"世界经济史"；伍新木主持的"县经济和县综合改革研究"；谭崇台主持的"经济发展理论研究"；曾启贤主持的"社会主义经济分析引论"；傅殷才主持的"当代西方经济理论研究"；谭崇台主持的"发展经济学新理论研究"；辜胜阻主持的"人口流动与人口城镇化的空间布局"；马颖主持的"论发展经济学的再复兴"；赵锡斌主持的"充分发展市场经济机制作用，健全宏观调控体系研究"；陈恕祥主持的"马克思主义政治经济学的历史地位和现实指导作用"等。

　　此间获批的国家自然科学基金项目数量较少，如辜胜阻主持的"人口流动与城市管理"（1995 年）、"人口流动与人口城镇化的空间布局"（1997 年）等。

　　此间获批的原国家教育委员会、国家教育部人文社会科学研究项目 44 项，其中规划项目 12 项，青年项目 2 项，高校社会科学博士点基金项目 27 项，教育部跨世纪优秀人才培养计划（人文社会科学）3 项。此外，还承担了湖北省社会科学基金项目 25 项。其中，"七五"期间承担 11 项；"八五"期间承担 7 项；"九五"前三年承担 8 项②。

　　在深入开展重大基础理论问题研究的同时，学院（系）积极鼓励广大教师科研人员面向国家和地方经济建设的主战场，开展应用研究，各类横向项目不断增多，取得了良好的经济效益和社会效益。例如，"七五"期间以与国内外各种研究机构合作或者受各级机构委托的方式承担了各类横向项目 34 项③；1991—1993 年承担其他横向项目 10 项④；1997—1999 年承担中欧高等教育合作项目 5 项，其中人员交流项目 4 项，合作研究项目 1 项⑤。

　　截至 1991 年经济学院建院五周年之际，1986 年成立的经济学院共承担原国家教育委员会、湖北省、武汉大学各级科研项目 82 项，争取到科研资金人民币 55 万元，中方可使用的外汇 5 万美元。

---

　　①　参见武汉大学社会科学研究处编：《武汉大学社会科学研究概览》，武汉大学出版社 1993 年版，第 99、101、124 页；武汉大学社会科学部组编：《武汉大学人文社会科学研究十年概览（1993—2003）》，武汉大学出版社 2005 年版，第 75~78 页。

　　②　以上参见武汉大学社会科学部组编：《武汉大学人文社会科学研究十年概览（1993—2003）》，武汉大学出版社 2005 年版，第 91、111~113、87~90、105~106 页。

　　③　武汉大学社会科学研究处编：《武汉大学社会科学研究概览》，武汉大学出版社 1993 年版，第 114~123 页。

　　④　武汉大学社会科学研究处编：《武汉大学社会科学研究项目及成果简介 1985—1990》，武汉大学出版社 1993 年版，第 152~155 页。

　　⑤　武汉大学社会科学部组编：《武汉大学人文社会科学研究十年概览（1993—2003）》，武汉大学出版社 2005 年版，第 98~99 页。

（二）学术成果的发表

学院（系）教师在自觉坚持以马列主义、毛泽东思想和邓小平理论为指导的同时，不断深化和拓展对经济学理论的研究，在国内一流的学术杂志如《中国社会科学》《经济研究》《管理世界》等国家级权威期刊和重要核心期刊发表相关的学术论文近千篇，出版学术著作、教材数百部，为各级政府、企业提供咨询报告建议近百件，并且翻译大量的国外经济学研究的最新成果。所有这些研究工作在国内产生了一定的影响。例如，在学术论文的发表方面，经济学系教师在 1981 年发表论文 47 篇，1982 年和 1983 年分别发表 54 篇和 46 篇①。经济学院教师在 1988 年发表论文 182 篇，1989 年、1990 年、1991 年和 1992 年分别发表 125 篇、74 篇、67 篇和 96 篇②。再如，在著作出版方面，经济学系教师在 1981 年出版著作 2 部，1982 年和 1983 年分别出版 2 部和 5 部③。经济学院教师在 1988 年出版著作 28 部，在 1989 年、1990 年、1991 年和 1992 年分别出版著作 22 部、15 部、23 部和 16 部④。由于科研成果突出，1998 年经济学院被武汉大学评为学科科研管理先进集体⑤。

（三）科研成果获省部级以上奖励情况

教师们的科研成果获得各种奖励，以下是所获重要奖项举例。详情见表 10-3。

表 10-3　　　　1981—1999 年经济学院（系）教师所获重要奖项举例

序号	获奖者	成果名称	成果形式	获奖级别及等级	时间
1	谭崇台	西方经济发展思想史	著作	国家首届社科基金项目优秀成果二等奖	1999
2	谭崇台	西方经济发展思想史	著作	全国高校人文社会科学优秀成果一等奖	1995
3	郭熙保	农业发展论	著作	全国高校人文社会科学优秀成果一等奖	1998

---

① 武汉大学教务处编：《哲学社会科学论著译说目录汇编 1949—1983》，1983 年编印，第 253～262 页。

② 武汉大学社会科学研究处编：《武汉大学哲学社会科学论著译说目录汇编 1988—1992》，武汉大学出版社 1993 年版，第 277～297 页。

③ 武汉大学教务处编：《哲学社会科学论著译说目录汇编 1949—1983》，1983 年编印，第 118～134 页。

④ 武汉大学社会科学研究处编：《武汉大学哲学社会科学论著译说目录汇编 1988—1992》，武汉大学出版社 1993 年版，第 77～108 页。

⑤ 武汉大学档案馆编印：《情况周报》，1991 年第 5 卷。

序号	获奖者	成 果 名 称	成果形式	获奖级别及等级	时间
4	刘涤源	凯恩斯就业一般理论评议	著作	全国高校人文社会科学优秀成果二等奖	1995
5	魏华林	论中国农业灾害损失补偿方式的选择	论文	全国高校人文社会科学优秀成果二等奖	1995
6	周茂荣	美加自由贸易协定研究	著作	全国高校人文社会科学优秀成果二等奖	1995
7	辜胜阻 朱 农	中国城镇化的发展研究	论文	全国高校人文社会科学优秀成果二等奖	1995
8	辜胜阻 简新华	当代中国人口流动与城镇化	著作	中宣部"五个一工程奖"	1994
9	王元璋	马克思恩格斯经济发展思想导论	著作	中宣部"五个一工程奖"	1999
10	曾启贤	孙冶方经济理论体系试评	论文	孙冶方经济科学奖	1984
11	辜胜阻	中国农村剩余劳动力向何处去	论文	孙冶方经济科学奖	1994
12	辜胜阻	城镇化与非农化研究	著作	湖北省社会科学青年优秀人才特等奖	1993
13	谭崇台	发展经济学	著作	湖北省社会科学优秀成果一等奖	1991
14	陈继勇	举世瞩目的股市大动荡	著作	湖北省社会科学优秀成果一等奖	1991

（四）教材编写与出版

教材是学生接受现有科学成就并向新的科学高峰攀登的基础和起点，也是教师重要的科研成果形式之一。教材建设是教学工作中与专业建设、课程建设并重的三大建设之一。围绕着科学性、实用性和相对稳定性的目标，经济学院（系）教师付出了大量心血进行教材编撰工作，出版了 100 多部教材。一些教材在社会上产生了较大的影响，并获得国家和省级奖励。例如，1984 年，郭吴新主编的《世界经济》统编教材（第 1 版）被评为湖北省社会科学优秀成果二等奖；1988 年，刘涤源、谭崇台主编的《当代西方经济学说》被评为国家教育委员会高等学校优秀教材二等奖；同年，张旭初主编的《保险经营学》获中国人民银行第一次全国金融类优秀教材三等奖；1991 年，邓大松主编的《社会保险》获中国人民银行优秀教材奖；1992 年，谭崇台主编的《发展经济学》被评为国家教育委员会高校教材全国优秀奖。同年，作为国家"八五"出版规划《发展经济学丛书》中的重点选题，谭崇台编写的教材《西方经济发展思想史（修订本）》获得国家级优秀教材奖，1995 年又获得优秀奖。1995 年，李裕宜、陈恕祥编著的《政治经济学》获国家统计局优秀教材奖。

五、对外交流合作的加强与社会服务的新成果

（一）对外交流与合作

在党的"双百"方针和改革开放政策指导下，经济学院（系）通过邀请国内外知名学者来院讲学、与国外大学开展合作办学、召开国际、国内学术会议、应邀到国外大学考察、访问、讲学及参加国际学术会议、到国内重点院校讲学及参加学术会议等多种方式进行对外交流。

在国内学术交流方面，武汉大学经济学院与北京大学、中国人民大学、南开大学、复旦大学、南京大学、厦门大学的经济学院、厦门大学国际商学院签署协议，建立合作关系，每两年举行一次7校经济学院院长联席会议①，集中交流经验、信息，共同探讨教学和人才培养中的重大问题。曾启贤主办的"双周学术座谈会"，参加者主要是研究生，还有当时华中工学院（现为华中科技大学）的教师，当时的"双周学术座谈会"不只是讨论西方经济学的教学和研究，主要是讨论经济改革，如东欧国家社会主义经济理论和经济改革问题。学院邀请政府工作人员到学院做报告，教师积极参加各种学术研讨会，一大批优秀学者在各级学术机构任职。1997年9月，经济学院成功地主办了"全国高校社会主义经济理论与实践研讨会"，在全国经济学界产生了重大影响。

在外事和学术交流方面同样十分活跃。经济学院（系）先后有曾启贤、谭崇台、朱景尧、郭吴新、刘光杰、辜胜阻、高玉芳、陈恕祥、隋启炎、陈华山、肖育才、赵德馨、梁晓滨、汤在新、王冰、陈昭方、彭及时、魏华林、伍新木、何耀、冯金华、张尧庭、周茂荣、陈继勇、刘传江、朱农、马颖、熊懿求、薛进军、严清华、国世平、马红霞、简新华、钟水映、孙向明、熊源珍、余玉苗、王永海、廖洪、李琼、贾长路、韩乃志、王京岗等100多人次赴欧、美、日、俄、非洲、东南亚等地访问、讲学、进修或者参加国际学术会议。1984年以来，由谭崇台代表经济学院任原国家教育委员会领导下的中美经济学教育交流委员会委员，美方有相应的经济学教育与研究委员会，成员中有2位诺贝尔经济学奖获得者。在中、美两个委员会的主持下，由福特基金会资助经济学院（系）傅殷才、郭熙保等数位教师赴美访问、进修和学术交流。1984年10—11月，刘光杰作为中国经济学家代表团的成员应英国皇家学会邀请去英国剑桥、牛津等大学及政府有关部门和工会进行了为期三周的学术考察，撰写了《对英国企业国有化与私有化的考察》报告。1987年1月，隋启炎教授出席在菲律宾马尼拉召开的国际粮食价格讨论会。1988年徐云鹏曾赴马来西亚、泰国学习交流。1990年，应美中经济学教育和

---

① 这是我国最早的校际经济学院院长联席会议。后来增加了清华大学、吉林大学、西北大学等综合性大学的经济学院院长参加，使经济学院院长联席会议的规模和范围不断扩大。现已发展为全国性的高校经济学院（系）的院长（系主任）联席会议，在每年的"全国高校社会主义经济理论与实践研讨会"和"中国经济学年会"期间举行。

交流委员会（CEERC）邀请，李裕宜作为国家教委派出的经济学小组的成员，对美国哈佛大学等高校经济学教育状况进行了考察。1991 年，颜鹏飞得到美中经济学教育和交流委员会（CEERC）及福特基金会资助到美国进行考察、研究和学术交流，写出了国内第一本系统评介西方激进经济学的专著《激进政治经济学派》，该书 2000 年获得湖北省社会科学优秀成果奖。1997 年 2 月，经济学院代表团由简新华副院长、孙向明主任带队应邀赴香港浸会大学、科技大学进行学术交流。

经济学院邀请外国专家、学者来院讲学达 60 余人次，其中有诺贝尔经济学奖获得者米勒（Merton Miller）和中美固定交流项目的福布莱特基金学者。1981 年，加拿大麦吉尔大学政治系副教授努莫夫访问经济学系，并向部分师生作了《国际经济形势问题》的学术报告。1987 年 4 月 8—12 日，世界人口学会秘书长、法国巴黎政治学院坦丁诺斯教授到经济学院进行学术交流。1987 年 10 月 15 日，美国著名经济学家里根经济政策顾问委员会成员保罗·麦克拉肯教授偕夫人访问我校，同经济学院教师进行座谈，并作美国经济政策及形势方面的学术报告。1988 年，经济学院和美国福布莱特经济学学者联合举办"现代经济学讨论会"，探讨现代经济学理论的热点和难点问题。1989 年 5 月 13—19 日，经济学院和人口研究所接待了美国老年学会会长阿德尔曼博士一行 7 人来武汉大学访问。1990 年 10 月，由经济学院教师周新民负责，与复旦大学、欧盟专家合作，在武汉大学成功举办了第三届中欧共同体国际学术讨论会。1991 年，经济学院与苏联捷尔诺波尔国民经济学院签署了两院合作交流意向书。苏联三名高级访问学者莫洛佐夫、宾合希克、法良诺娃完成了在经济学院进行为期半年的学习研究，在访问学习期间，由刘光杰主持的指导小组对他们进行了精心的指导。1993 年 9 月 17 日，1990 年度诺贝尔经济学奖获得者米勒教授来武汉大学访问，并与经济学院进行学术交流，李进才副校长代表学校聘请米勒教授担任我校名誉教授。1995 年，经济学院与比利时鲁汶大学、香港浸会大学等建立了新的合作和学术交流关系。1996—1999 年，经济学院与日本创价大学亚洲研究所开展关于长江流域和中国西部经济开发的合作研究。1997 年 4 月，国际著名的中国经济问题专家、美国匹兹堡大学经济学家罗斯基（Thomas G. Rwaski）教授来武汉大学人口研究所做访问交流。另外，经济学院与美国得克萨斯大学约翰逊学院结为姊妹学院，与德国杜伊斯堡大学东亚经济系合作开展长江流域经济发展研究，与香港地区几所大学建立了学术交流关系。人口研究所与联合国人口基金会和美国密歇根大学合作开展老年问题研究。经济学院教师如童光荣还承担着长期（8年）援助非洲国家教育的任务。形式多样的国际交流活动极大地促进了经济学院学术水平的提高，扩大了经济学院在国际上的知名度和影响力。

（二）社会服务工作

人文社会科学研究的一个基本功能，就是探索社会发展规律，为推动社会发展服务，经济学的研究也不例外。改革开放以后的新的历史时期，经济学院（系）认真贯彻中央关于理论工作及哲学社会科学工作的会议精神，继续发扬武汉大学人文社会科学的优秀传统，更好地为国家经济建设和社会发展服务，研究的重点逐步转向社会主义现代化建设中的重大理论和实际问题，一些学者表现出较强的社会活动能力，积极参与社会服务。

1986年初，经济学院在武汉市汉南区建立了固定的教学科研基地。十多年的实践证明，它不仅促进了汉南区的社会经济发展，而且取得了丰硕教学科研成果。伍新木主持的"县经济研究"受到各级政府的重视，他主持制定了湖北省枣阳市、武汉市汉南区、福建省南平市、河南省尉氏县等12个县、市、镇的规划，其成果被有关部门采用后效益显著，促进了当地经济发展；他基于武汉市汉南区探索农业产业化道路过程中形成的以家庭承包责任制为基础，实现适度的规模经营、完善的社会化服务、适用的科学技术、专业化的商品生产的发展方式，提出了当时曾在学术界和社会上引起广泛关注的"汉南模式"。人口研究所参与了全国100县市的经济社会调查与研究，出版了《中国国情丛书——百县市经济社会调查·蒲圻卷》《中国国情丛书——百县市经济社会调查·汕尾卷》。经济学系刘光杰和他指导的博士生在中国经济发展战略研究上起步较早，影响大①，他主持完成的武汉市2010年经济发展战略研究，对武汉市经济产生了积极的影响。世界经济系为湖北省和武汉市的对外开放与贸易体制改革也提供了许多调查和咨询工作。经济学院与江汉电视台合作举办"专家学者谈经济"系列节目，社会反响良好。

经济学院（系）教师提供的政府咨询报告曾一度受到党中央的重视。如辜胜阻在做好教学科研的同时，积极参政议政，就我国经济建设中的一些重大问题，如农村剩余劳动力转移、三峡工程移民、培养企业家队伍、发展小城镇建设、国有企业改革等问题，向党中央和全国政协提出了重要建议和提案，得到了中央有关领导和全国政协领导的充分肯定和高度重视。1981年，他在国内首次提出生育观三分法（即为什么生、生男还是生女、生多少），为完善我国的计划生育政策提供了理论依据。1994年，他在《三峡库区开发性移民的思路与对策》中为三峡工程库区百万人口的迁移安置提出对策，许多观点、建议已被民建中央采纳，并形成向中共中央、国务院的建议案。1996年开始，他领导的人口研究所以独立监测机构的身份参加由世界银行贷款的京珠（北京—珠海）高速公路湖北段项目Ⅲ和项目Ⅳ的移民安置监测工作，受到世界银行的高度评价。辜胜阻先后担任全国政协委员、全国政协常委、民建中央常委、民建湖北省副主委、民建武汉市主委、武汉市副市长、湖北省副省长、全国工商联副主席、民建中央副主席等职务。郑功成十年如一日，为研究中国的社会保障、保险、中国灾害和救灾保险等问题，跑遍了大半个中国，为推动中国的社会保障、灾害研究和救灾实践做出了贡献。

此外，经济学院（系）直接为经济建设第一线培养了数千名行政和经济管理干部，先后举办了多期县长、市长培训班、计划生育干部培训班、金融管理干部培训班、财务会计培训班，为湖北省委、基层企业、农村各级干部做经济形势、咨询报告数百场。其中，连续4年举办的县长、市长大专班，多次受到中央组织部的表扬。接受培训的学生中已有不少人成为省、市、县和经济管理部门的主要负责人或者管理骨干。

---

① 例如，张卓元主编《争论与发展：中国经济理论50年》（云南人民出版社1999年版）中的第八个专题"经济发展战略"中就引用了刘光杰的研究观点。

六、经济学院大楼的落成与教工住房建设

（一） 学院办公地点的变迁与办公大楼的落成

1978—1981 年，经济学系得到迅速恢复和发展，师资和招生规模不断扩大，经济学系办公地址和经济学系资料室由老外文楼搬迁到理学院大楼。1984 年，经济学系与经济管理学系联合成立了经济与管理学院。当时的武汉大学经费很少，学校没有经费和资金预算分配给经济学系。机遇来自 1984—1985 年创办保险学、审计学专业，当时由中国人民保险公司和国家审计署资助了 400 万元左右的金额，这对当时的经济学系来说算是一笔巨资。依据协议，这笔经费主要用于建设保险学专业和审计学专业，经学校批准并经原国家教育部同意，经济学院运用这笔资助金中的一部分，投资兴建了后来的经济学院办公楼和经济学院教工住宿楼，此外也购买了大量中外文图书（当时的经济学院图书分馆在武汉大学老图书馆），这对于经济学院物质条件建设起了很大的作用。1985 年，经济学院和学院图书分馆办公地址搬至学院自筹资金新建成的经济学院大楼南楼和北楼。经过多年的艰苦努力奋斗，经济学院拥有 2300 平方米的办公大楼落成，大大改善了办学条件。

（二） 教师住房建设

经济学院的办学规模在改革开放后不断扩大，教职工人数也随之不断增加，由于学校的教职工宿舍难以适应教师迅速增长的需要，为此，学院积极采取各种措施解决本院教职工的住房问题。1987 年 11 月，经济学院自筹资金 84 万元，在学校统一规划下修建 1 栋教工宿舍楼（即现在的武汉大学文理学部校区南三区 18 栋，该栋教工宿舍楼共有 3 个单元、6 层 36 套三室一厅住房），宿舍楼建成后经济学院拥有 75% 的住房使用权（即经济学院教工使用其中的 2 个单元 24 套住房），房屋所有权归学校[①]。采用同样的政策，经济学院自筹资金在九区修建了 1 栋 19~24 平方米 1 室 1 厅户型的青年教工宿舍（俗称"鸳鸯楼"），其中供经济学院青年教工使用的也有 24 套。这不仅为缓解学校住房紧张开辟了一条新路，而且保证了本院教职工生活的需要，对于引进急需的人才和稳定教师队伍起到了十分积极的作用。

七、学生的学习与生活

（一） 学生的学习生活

经济学院（系）一向以学风良好而著称。为了增强学生对现实经济问题的分析理解，经济学院（系）经常邀请校内外知名人士为学生做各种形式的报告，丰富了学生

---

① 武汉大学党委办公室编印：《情况周报》，1987 年 11 月 22 日。

的学习生活。经济学系 1980 级一班开展"向你推荐几本书活动",个人把所读过的觉得可读性比较强的图书的书名、馆藏地点、图书编号等推荐给同班同学,受到学生的普遍欢迎。1984 年,经济学系学生发起组织首届经济学术讨论会,8 月 25—26 日,武汉地区几所高校学生围绕"中国社会主义经济实践与理论的历史、现状和未来"主题展开激烈讨论。为了增强同学们的学习兴趣,1991 年,审计学、世界经济等专业联合举办了 English Seminar,提高了同学们的英语听说能力。1995 年,经济学院举办了"探索杯"武汉大学研究生经济学科科研竞赛。

学生利用假期参加社会劳动,组织一系列专题教育报告,进行社会经济专题调查等,培养学生们理论联系实际的学风,增强经济现实感和对经济现象的概括分析能力。为了发现、推广较好的社会经济调查方法,举办了别开生面的"社会经济调查方法"有奖竞赛。在学生能力得到全面提高的基础上,部分学生承接了中国国际广告公司对武汉通信技术市场的调查。无论是在调查技巧、质量上都受到公司的高度赞扬。

(二) 学生的业余生活及社团的组建

学生充分利用业余时间进行社会活动。例如,1991 年,经济学院会计与审计学系举办了由 100 多名学生参加的会计知识竞赛,鼓励学生学好会计知识。经济学院 1990 级研究生在武汉市水果湖街头开展了"爱惜粮食,节约粮食"的宣传活动。1993 年 5 月,国际金融学专业 1990 级设计主办了模拟外汇期货交易,通过这次活动深化了专业知识,提高了实践能力。1994 年,世界经济专业 1993 级 1 班举行主题为"腾蛟起凤——大学生成才之路"的班级讨论会,旨在探讨大学生成才之路。同年 11 月中旬起,经济学院学生社团"新经济社"主办了"经济写作起步"系列讲座。另外,经济学院学生多次举办学生学术交流会。

在党团组织生活方面,召开学生暨团员代表大会。党支部选派代表,向湖北省委科技部和武汉大学党委组织部汇报支部工作,总结过去工作经验,分析了一些存在的问题,着重围绕如何发挥党员先进作用和组织工作进行座谈。开展建立友好团支部活动,与多家高校、科研单位的团支部建立了友好团支部关系。学生还成立了一系列社团组织。1984 年,经济系学生社会实践部成立,旨在开辟第二课堂,为广大同学走向社会,面向未来,提高社会实践能力以及为培养具有创造性意识和为人民服务的创造型人才服务。1987 年,成立"经济学院学生调查咨询组",让学生接触了解实际,为学校有关部门提供了咨询报告。

为了充分利用所学专业知识,更好地服务社会,1983 年,经济学系应届毕业生举办了"经济管理理论讲习班"。以经济学系学生为主,并邀请部分老师,对来自武汉地区的 80 多名学生进行了为期五周的培训。1984 年,经济学系团总支和武汉洗衣机厂联合组织团员,到武汉中心百货商店门前为武汉市人民服务。服务内容包括政治经济学、世界经济、新技术革命等方面知识咨询,以及维修"荷花牌"洗衣机、无线电修理等项目。

(三) 学生获奖

本科生在各种活动中获得多项奖励和荣誉称号。例如,1995 年,世界经济系 1993

级 1 班被评为全国先进班集体①；1999 年，保险学系 1993 级李金辉获全国三好学生标兵称号。此外，1989 年，经济学院 1987 级余培同学在武汉市举办高校校园文化节公关比赛中荣获一等奖；1992 年，在武汉大学第十四届大学生学习竞赛中，经济学院获文科团体总分第一名；1998 年，学校举行第二十届大学生学习竞赛颁奖大会，经济学院获团体总分第一名，并且包揽了英语、汉语写作、综合知识三个单项的团体第一。本科生有多人次荣获武汉大学人民奖学金、优秀学生干部标兵、优秀学生干部、三好学生标兵、三好学生、优秀团干部、优秀团员、优异生、优秀毕业生等荣誉称号。在文艺、体育等活动中，经济学院学生也有不俗的表现，并获得各种奖励和荣誉称号。

研究生也获得了多项奖励和荣誉称号。例如，1997 年 7 月有 15 名学生获第一届"董辅礽经济科学奖"学生奖、1998 年 9 月有 15 名学生获得第二届"董辅礽经济科学奖"；1997 年，政治经济学专业 1994 级博士研究生刘传江获北京大学第四届"马寅初人口科学奖"；1997 年 11 月，政治经济学专业 1995 级博士研究生杨艳琳获得"1997 年度宝钢教育奖"的优秀学生奖。此外，还有多人获得张国安研究生奖学金、励才研究生奖学金、建设银行研究生奖学金、华为研究生奖学金、武汉大学研究生学术奖、优秀研究生标兵、优秀研究生等。1998 年 9 月 11 日，湖北省学位委员会、湖北省教育委员会表彰首批全省优秀博士学位论文的作者和指导老师，经济学院政治经济学专业博士研究生谭仁杰（博士学位论文《中国现阶段个人收入分配态势分析与对策研究》）、指导老师刘光杰教授受到表彰。1999 年 11 月 20 日，李金辉等同学的《城市贫困人口及反贫困对策》在第六届"挑战杯"全国大学生课外学术科技竞赛中获得三等奖。

---

① 参见《武汉大学报》，1996 年 1 月 10 日。

第十一章
市场需求导向下管理学科的成长与壮大
——从经济管理学系到管理学院
（1981—1999 年）

1978 年改革开放后，随着我国经济的快速恢复与发展，市场逐步繁荣起来，社会对经济管理高等人才的需求也与日俱增，为高等学校发展管理学科和培养高等管理人才提出了非常迫切的任务并创造了十分有利的条件。武汉大学抓住这一历史机遇，在 1979 年获批经济管理学专业的基础上，于 1981 年在原经济学系之外另分设经济管理学系。经济管理学系分设之后，其间几经变更①，直至 1999 年 4 月武汉大学进行院系调整重组成立商学院为止，这一时期是武汉大学管理学科飞速成长壮大并取得瞩目成就的时期，一代学人为此而付出了艰辛的努力，为武汉大学管理学科的进一步发展奠定了坚实的基础。

一、经济管理学系的建立与管理学院的成立

（一）从经济管理学专业到经济管理学系

1979 年经济管理学专业正式获批之后，即开始以部门经济教研室为主体着手招生和教学的准备工作。由于当时各种因素的限制和约束，1980 年并未招生，1981 年经济管理学专业才有首批新生 37 名入学。经刘道玉校长建议，并以实施 1980 年 5 月武汉大学与法国签订的 1980—1981 年合作交流的"会谈纪要"为契机，在经济管理学专业步入正轨之后，武汉大学即开始筹备建立经济管理学系。1981 年 5 月 4 日，中共武汉大学委员会发文决定成立武汉大学经济管理学系筹备领导小组，由吴纪先任组长，胡春

---

① 1981 年经济学系和经济管理学系两系分设之后，1984 年武汉大学又将经济学系与经济管理学系合并成立武汉大学经济与管理学院，1986 年再分设为经济学院和管理学院，直至 1999 年将两院与旅游学院合并成立商学院。

芳、孔祥祯任副组长①。学校拨给一间办公用房和 1000 元资金以供使用。经过筹备领导小组的努力工作，在学校领导和各有关部门的大力支持下，武汉大学经济管理学系于 1981 年 11 月正式成立，由李崇淮任系主任，许俊千、孔祥祯、冯文权任副主任②。1983 年由樊民任系主任，甘碧群、冯文权、杜贤中任副系主任。

为适应经济管理学科的发展，经济管理学系设立了 5 个教研室：原部门经济教研室改为经济管理教研室，新增工商行政管理教研室，会计、统计教研室，外国经济管理教研室和现代化管理教研室。

（二）管理学院的成立

诚如上一章所述，1984 年 10 月，经国家教育部批准，武汉大学的经济学系与经济管理学系合并成立武汉大学经济与管理学院，实行以院为虚体、系为实体的管理体制。经过一年多的实践，经济学系和经济管理学系的规模都得到了空前扩张。就经济管理学系来看，不仅学生规模和师资队伍大为增加，而且自经济管理学系建立以来，已在原经济管理学专业之外，增设了国际金融管理、工商行政管理、财务管理（大专）等 3 个专业，以及工业经济管理函授专修科、经济管理干部专修科，并着手筹办统计学专业和科技管理专业。鉴于经济学系与经济管理学系规模扩张的现实，为进一步促进武汉大学经济学与管理学两大学科的快速发展，武汉大学于 1986 年 1 月向原国家教育委员会计划司提交了《关于分设武汉大学经济学院与武汉大学管理学院的请示报告》。报告很快就得到批准，同年 4 月，经中共武汉大学委员会正式下文③，武汉大学管理学院宣告成立。

新成立的武汉大学管理学院由樊民任院长，胡春芳、冯文权任副院长，胡春芳任党总支书记，赵锡斌、彭元杰任副书记。至 1999 年合并成立商学院为止，管理学院历经三届领导班子，走了一条由继续扩张规模到探求内涵发展的道路。

由于 20 世纪 80 年代中期市场对经济管理专业的需求迫切，因此第一届领导班子的工作重点在于继续扩张规模、增设专业。受中国银行、国家科委、国家工商行政管理局、国家教育委员会等单位的委托，学院先后设立了国际金融、工商行政管理、财务管理（大专）等专业。由于这一阶段发展较快，虽曾出现过师资短缺的现象，但由于把握了发展的机会，顺应了发展的形势，所以为武汉大学管理学科后续的发展打下了良好的基础。

1989 年，学校先后任命张尧庭为武汉大学管理学院院长，樊民、毛蕴诗、谭力文为副院长④，彭元杰为党总支书记，标志着管理学院第二届领导班子的诞生。当年，学

---

① 中共武汉大学委员会文件：《关于成立武汉大学经济管理学系筹备领导小组的通知》，校党（1981）18 号。

② 中共武汉大学委员会文件：《关于李崇淮等同志任职的通知》，校党（1981）58 号。

③ 中共武汉大学委员会文件：《关于成立武汉大学经济学院与武汉大学管理学院的通知》，校党（1986）23 号。

④ 中共武汉大学委员会文件：《关于武汉大学管理学院行政领导班子换届的通知》，校党（1989）8 号。

校任命夏国政为学院党总支代理书记、副院长；1991 年，胡树祥任学院党总支书记。当时学院所面临的形势已有所变化，全国各管理学院（系）在快速扩张规模、争上专业之后，很快就转入探求内涵发展，加强基础建设，增强竞争实力的新一轮竞争。面临这一形势，学院把"稳定规模、重练内功"确定为当时学院建院的基本思路和首要目标，并重点抓了如下几个方面的工作：（1）通过规范化制度建设，规范教师行为；（2）强调科研的规范和形式与国际接轨，注重科学研究方法（建模和计量）的训练；（3）抓纲定目，重新制定各专业教学计划；（4）严格定岗，根据教学工作需要确定上岗教师；（5）严格管理，狠抓教学工作的全程管理；（6）严格课堂纪律、考试纪律，狠抓学风建设；（7）建立学院教学指导委员会。

1994 年，学校任命甘碧群为武汉大学管理学院院长，贺发和为学院党委书记，其间学院副院长有谭力文、周宗贵、杜贤中、黄宪、赵锡斌。这一届领导班子以"努力、奋斗、成长"为主旋律，带领全院教职工狠抓质量、探求内涵发展，根据人才市场的变化，管理学科发展的规律，重新明确了管理学院的发展思路：调整专科教育，稳定本科教育，发展研究生教育。同时，积极参加全省、全国的教学工作优秀成果的评奖活动；启动本科生系列教材的建设工作；调整专业目录，进一步完善学科建设，进一步配备好专业教师，以适应教育发展的需要。

这一时期学院下设机构也有一个发展变化的过程。学院最初下设的系级机构有：经济管理学系、国际经济管理学系、工商行政管理学系、高等教育与科技管理学系。后经发展和调整，系的名称和负责人相继有所变化，并有新系成立。经济管理学系的历任系主任为李崇淮、樊民、郑琴缭、段敏慧、赵锡斌、符国群。国际经济管理学系于 1996 年更名为国际金融系，樊民、文显武、叶永刚先后任系主任。工商行政管理学系的历任系主任为肖国金、王林昌、杜贤中。1997 年，由于原国家教育委员会在调整本科专业时取消了工商行政管理专业，所以武汉大学工商行政管理学系也随后被撤销了。高等教育与科技管理学系于 1989 年更名为财务管理系，黄力、李守明先后任系主任。1993 年，学院还成立了投资经济管理学系，卢汉林任系主任。该系也于 1997 年原国家教育委员会调整本科专业后被撤销了。

除系级建制外，学院还设有经济信息管理研究所、旅游研究所、管理咨询服务公司，以及党政办公室、实验中心和资料室等。

二、师资队伍建设与学科建设的发展历程

（一）师资队伍的组建与教职工队伍的壮大

经济管理学系建立之初，教师来源除原部门经济教研室的 5 位教师之外，学校还从数学系、计算机系抽调了一批教师加入经济管理学系的工作，其后教职工队伍不断壮大。从经济管理学系建立到合并成立商学院为止，教职工人数逐年增加，其中经济管理学系建立至管理学院成立前是快速增长的时期，管理学院成立后是稳步增长的时期。1981 年，经济管理学系共有教职工 30 人，其中专任教师 24 人；1983 年，共有教职工

63 人，其中专任教师 51 人；1984 年，共有教职工 93 人，其中专任教师 78 人；1998 年，全院教职工增加到 124 人，其中教授 17 人，副教授 33 人，讲师 23 人。此外，各时期还聘请了一批知名的专家学者担任兼职教授或客座教授。

在师资队伍组建与教职工队伍不断壮大的过程中，系、院领导和全体教职工做出了艰辛的努力，有关兄弟单位和人士给予了鼎力支持与帮助，学校也给予了大力的扶持。管理学科作为一门新兴学科要想快速发展，需要得到学校的特殊政策支持，不拘一格选人才。如：著名经济学家杨小凯当时是湖南新华印刷二厂工人，曾因受"极左思潮"影响被判刑劳改 10 年，1978 年 4 月刑满释放，于 1982 年 2 月从中国社会科学院技术经济研究所调来我校经济管理学系经济信息预测教研室任教，经系领导努力，学校破格将杨小凯由工人提升为助教①。还引进了刚从比利时获得双硕士学位的毛蕴诗老师。

1997 年 10 月 5 日校长侯杰昌在管理学院主持召开了学校 1997 年第 5 次现场办公会议，专题研究了管理学院学科建设和教师队伍建设等问题，会议听取了管理学院关于管理学科和师资队伍建设的情况汇报，认为管理学院近几年来在管理类本科和硕士专业建设方面取得了较大进步，教师队伍在年龄和学历结构上比较合理，学院坚持把师资队伍建设和学科建设放在首位，并在教学和科研管理上采取了一系列有效的措施，取得了很好的成绩，对学校办学做出了较大的贡献。会议认为，国家已在 1997 年明确管理学科作为独立学科门类的地位，当前该学科面临极好的发展机遇，学校要将管理学科作为新学科中的重点进行支持。会议决定：（1）鉴于当时管理学院还没有博士点，学校提出要把 MBA 当作博士点来建设和管理；（2）从 1998 年起，学校在教师职务评聘政策上应予以适当倾斜；（3）加紧高层次人才引进的工作，学校从政策和条件上给予积极支持；（4）同意聘请企业界和金融界的知名管理专家担任兼职教师。学校对管理学院已有教师队伍的建设和发展也相当重视和支持，在这样的背景下，管理学院教师队伍建设朝着良性的方向发展。

（二）老教授带头作用的发挥与中青年教师的培养提高

在武汉大学管理学科发展壮大的过程中，老教授发挥了十分重要的带头作用，成为学科建设的中坚力量和坚强后盾。其中包括著名学者李崇淮、许俊千、孔祥祯等。

李崇淮教授为武汉大学经济管理学专业、经济管理学系及管理学院的建立和发展做出了重要贡献。1981 年经济管理学系成立后，他任系主任。其后，以他为学术带头人又申报并获批了国际金融专业。主要著作有：《论当前的货币形式问题》《"两通"起飞——武汉经济发展战略刍议》等。曾兼任第七届全国人大常委会委员、民建中央副主席、武汉市政协副主席、华中西南国际金融学会（两省三市）名誉会长；以及湖北省社科联、金融学会、财政学会和其他许多省市学会的顾问等职。1995 年被评为"剑桥国际知名人物"。

许俊千教授于 1981 年经济管理学系成立时任系副主任。1980 年赴美国访问讲学回国后，在全国高校率先组织开设外国经济管理课程。1985 年在大连设立中国工业科技

---

① 武汉大学文件：《关于将杨小凯同志由工人提升为助教的报告》，校行（1982）51 号。

管理培训中心，由美国和中国联合举办，任中方教务长，并兼任中国管理科学研究院湖北分院院长等职。美国伊利诺伊大学授予其教授荣誉证和公认成就奖。主要著作有：《工商行政管理学通论》《工商行政管理知识手册》《涉外经济管理知识手册》等。

孔祥祯（1923—1995），安徽芜湖人。1948年毕业于湖南大学会计系，大学毕业后留校任教。1950年参加中国人民大学研究生班，学习马列主义基本原理和苏联财务会计知识。1949年聘为助教，1952年升为讲师。1953年院系调整，从湖南大学调至武汉大学任教。恢复职称评定后，1980年评为副教授，1981年经济管理学系成立时任系副主任，1983年晋升为教授。主要著作有：《会计管理学》《会计简明教程》《会计学原理》等。

在改革开放后才发展起来的管理学科，师资队伍的发展主要靠来自国内高校的毕业生（早年主要是本科毕业生和硕士毕业生），武汉大学的情况也是如此。1987年管理学院青年教师占全院教师总数的60%以上。为使青年教师能快速成长，学院在政治上信任、关心中青年教师，鼓励和扶持青年教师中的冒尖人才，如钟文（30岁）担任工商行政管理系副主任，符国群（34岁）担任经济管理学系主任。

管理学院成立前教师十分紧缺，在岗教师工作量十分饱满，但经济管理学系仍派出一批中青年教师出外进修考察，如送赵锡斌去国家计委进修，送余杭、郑春美去厦门大学进修，送许俊千去美国考察，送甘碧群去法国进修，送卢汉林去日本学习，段敏慧、陶德清参加全国首届经济管理教师暑假培训班学习等。管理学院成立后，学院更是组织很多青年教师参加各种培训学习、学术交流、出国深造或访问。如1991—1993年期间，学院举办了法语培训班，20多名青年教师参加，并于1993—1994年期间派出培训班中的8名教师到加拿大拉瓦尔大学进行学术交流。至1999年，青年教师90%以上已拥有硕士学位，大部分教师已拥有博士学位或是博士研究生在读。学院采用各种措施鼓励他们出高水平、高品位的学术成果，并帮助他们解决生活中的实际困难。正是如此，学院的青年教师才得以迅速成长，并逐渐在教学科研上挑起大梁。

1994年12月，学院明确提出青年教师是管理学院发展的优势和希望的指导思想，对青年教师提出了严格要求、注重培养、勤奋进取、扬长补短的培养方针，并提出了4条加强师资队伍建设的对策和措施，包括明确各学科学术带头人，充分发挥学术带头人的作用，为他们遴选博士生导师创造条件；明确10名左右年轻学术骨干和博士生导师后备人才；提高教师的外语、数学和计算机水平，开办电脑班、外语班，优化教师知识结构，鼓励他们攻读在职博士、硕士学位；聘请企业家、高层次管理人员、知名专家教授兼任学院教师，充实师资力量，促进教学质量的提高①。1996年7月制定的《武汉大学管理学院教育事业"九·五"发展规划》中，再次提出：将青年教师队伍的建设放在首位，全面提高青年教师队伍的素质，改善教师队伍的职称结构、学历结构、知识结构和年龄结构。

学院还十分重视加强师资队伍的管理，从师德规范到教学科研都提出了严格的要

① 《武汉大学管理学院面向21世纪重点建设和发展规划以及"211工程"综合自评报告》，原管理学院档案，归档号：1994-2。

求，并制定了规范化制度。如 1997 年 10 月制定了《管理学院教师师德行为规范细则》①。截至 1998 年，管理学院已基本建立起了加强师资队伍建设、形成富有特色的竞争机制、约束机制和激励机制的一套规章制度，主要包括《管理学院教师聘任制暂行细则》《管理学院教师工作量计算方法》《管理学院教师教学工作考核评估要则》《管理学院教师科研工作考核办法》《管理学院科研成果奖励暂行办法》等，使院师资队伍建设走上了制度化、规范化和科学化的轨道。

（三）教师的社会兼职、学术兼职及所获荣誉奖励、荣誉称号

这一时期，不少教师在社会上和省级以上学术机构中兼任了重要职务，有的获得了较为重要的荣誉奖励或荣誉称号，反映了武汉大学管理学科师资队伍和学科建设水平的不断提高。详见表 11-1、表 11-2：

表 11-1　　　　1981—1998 年管理学科教师的重要社会兼职及学术兼职

序号	教师姓名	重要社会兼职及学术兼职
1	李崇淮	第七届全国人大常委会委员、民建中央副主席、武汉市政协副主席、华中西南国际金融学会（两省三市）名誉会长；以及湖北省社科联、金融学会、财政学会和其他许多省市学会的顾问
2	许俊千	中美合办中国工艺科学技术管理大连培训中心中方教务长、湖北省企业管理协会副会长、工业经济、物资经济等学会顾问
3	冯文权	中国数量经济学会常务理事、顾问，湖北省未来研究会副理事长
4	甘碧群	全国高校市场学研究会副会长、学术委员会主任，中国市场学会副会长、湖北省市场营销学会会长，湖北省人民政府、武汉市人民政府决策咨询委员会委员
5	文显武	湖北美国经济学会副会长

表 11-2　　　　1981—1998 年管理学科教师所获重要荣誉奖励及荣誉称号

序号	教师姓名	重要荣誉奖励、荣誉称号名称	获得时间
1	万德梅	湖北省优秀教师	1993
2	肖卫国	湖北省高校社会实践先进青年教师	1993
3	符国群	霍英东教育基金会第六届高等院校青年教师、霍英东青年教师三等奖、湖北省优秀教师	1998
4	谭力文	宝钢优秀教师	1998

---

①　中共武汉大学委员会办公室曾将该细则转发全校各单位，要求结合本单位实际制定切实可行的教职工职业道德行为规范。详见武大党办字（1997）24 号。

(四) 学科专业点的创建

首先是一批本科专业点的创建。自 1979 年开始至 1998 年，共创建和设立本科专业点 6 个，包括先后创建和设立的经济管理学专业（后改为企业管理专业）、国际金融专业、工商行政管理专业、财务管理专业、投资经济管理专业和市场营销专业。

经济管理学专业是武汉大学管理学科中最先创设的专业，武汉大学也是全国最早创设这一专业的重点高校之一①。1987 年，根据原国家教育委员会（87）教高一字号 022 号文件，武汉大学着手对文科本科专业名称进行调整，1989 年将原经济管理学专业分为企业管理专业和国民经济管理专业，并开始按照新专业招生。企业管理专业的主要特点是为大中型企业、涉外企业（三资企业、外贸公司、境外企业等）培养能依照国际惯例，遵循国际市场规律进行经营管理的人才。该专业要求本科生应达到国家 6 级外语水平，设置的专业课程主要有：国际企业管理、国际贸易、国际金融、国际企业经营战略、国际市场营销、企业财务管理、旅游经济管理、乡镇企业管理、涉外企业管理、经济信息管理、国际经济法等。

国际金融专业最早的名称叫国际金融管理，创设于 1983 年。此前全国仅有 5 所大学设有国际金融专业，每年共招生 100 余人，满足不了国家对金融管理专门人才的需求。在这种情况下，武汉大学受中国银行委托，先后 3 次以校行（1982）141 号文件、207 号文件、（1983）22 号文件向教育部申请在武汉大学设立国际金融管理专业，培养国际金融管理方面的专门人才。1983 年获原国家教育部批准，当年开始招生。该专业的学术带头人是著名金融学家李崇淮教授。1996 年，该专业的名称由国际金融管理更名为国际金融。该专业的核心课程有英语、高等教学、计算机运用、货币银行学、国际贸易、国际金融、国际结算、外汇经营管理、银行经营管理等。

工商行政管理专业创设于 1984 年。此前于 1983 年组建了工商行政管理教研室。该专业是为培养适应四化建设需要的工商行政管理专业人才，受国家工商行政管理局的委托而开办的。根据国家工商行政管理局的委托，该专业为国家工商行政管理局培养四年制本科生。从 1984 年起，每年招收本科生 120 名，四年后每年在校生保持在 480 名。该专业在全国统一招生，统一分配，纳入国家招生计划，承认毕业生学历，发给毕业证书。该专业的招生工作以武汉大学为主，国家工商行政管理局协助；毕业生的分配工作以国家工商行政管理局为主，武汉大学协助。毕业生的 95% 由国家工商行政管理局统一分配，5% 由教育部分配。该专业于 1997 年后因原国家教育委员会在调整本科专业时取消了工商行政管理专业而停止招生。

财务管理专业创设于 1984 年。起初为两年制大学专科专业，是适应高等教育事业的发展，经教育部批准设置的高等学校财务管理专业，侧重培养高等学校后勤方面的管理人才。自 1984 年秋，在全国统一高考中招生。1989 年开始招收本科生。该专业的研究方向突出负债理论、资产管理理论、资本资产定价理论、投资组合理论等基础理论问题的研究，并注重有效市场理论、资本结构理论、资本资产定价模式、期权定价理论等

---

① 1979 年全国获批此专业的只有南开大学、武汉大学、复旦大学和清华大学。

当代财务理论在我国的实证分析。该专业于 1997 年原国家教育委员会调整本科专业后停止招生。

投资经济管理专业创设于 1991 年。该专业是随着我国国民经济的发展和经济体制改革的深化，银行大量开展投资经济活动的管理工作，迫切需要投资经济管理的专门人才，在这一背景下由武汉大学采用与中国人民建设银行湖北省分行、中国投资银行湖北省分行合作的方式，于 1991 年经原国家教育委员会批准而设置的。该专业核心课程有投资经济学、投资管理学、投资项目管理学、投资项目可行性研究、投资项目评估学、投资金融学、投资会计学、投资财务管理、投资统计、投资经济模型与计算机应用等。该专业于 1997 年原国家教育委员会调整本科专业后停止招生。

市场营销专业创建于 1995 年。前此已开始在经济管理学等专业开设市场营销学课程，并于 1984 年开始招收市场营销方向的硕士研究生，1994 年开始招收市场营销方向的博士生，是国内最早培养市场营销专业方向博士生的两个学校之一①。1996 年正式招收市场营销专业本科生，同时对上一年级即 1995 年招收的企业管理专业的学生进行分流，一部分同学选择企业管理专业，23 名同学选择了市场营销专业。该专业的核心课程有市场营销学、市场营销调研、消费者行为学、国际市场营销、新产品开发、销售管理等课程。

其次是研究生学科专业点的创建。自 1983 年至 1998 年共获批研究生学位授权点 8 个。其中硕士学位授权点 7 个，博士学位授权点 1 个。

武汉大学管理学科最早获批的硕士学位授权点是经过国务院学位办审批的企业管理和国民经济计划与管理（后更名为国民经济学），获批于 1983 年。1988 年 3 月由国务院学位委员会批准我校自行审批硕士学位授权的学科专业有：国际金融、货币银行学、会计学。1993 年又获管理科学与工程硕士学位授予点资格。详情见表 11-3。

表 11-3　　　　　　　　**1983—1998 年管理学科硕士学位授权点概况**

序号	专 业 名 称	硕士点获批时间	博士点获批时间
1	企业管理	1983	1998
2	国民经济学（国民经济计划与管理）	1983	
3	国际金融	1988	
4	货币银行学	1988	
5	会计学	1988	
6	管理工程与科学	1993	
7	工商管理硕士（MBA）	1993	

1998 年 10 月，企业管理专业被国务院学位委员会批准为博士学科点。1999 年挂靠

---

① 另一所学校是中南财经政法大学。

经济学博士点招生，学院博士生导师由甘碧群（1993 年）扩展为江春、谭力文 3 人。

上述学科专业点中，企业管理学于 1994 年被批准为湖北省重点学科。

此外，管理学院还申报了工商管理硕士（MBA）专业学位点，1993 年通过国家专业学位审批。

三、人才培养

从 1981 年招收首批学生开始，到 1986 年管理学院建立之前，经济管理学系在校的各类学生已由当初的 37 名本科生、2 名研究生发展到 1500 多人，其中包括本科生、研究生、插班生、专修生、进修生和函授生。当时经济管理学专业的招生范围是文理科兼收，生源相当充裕。由于当时经济体制改革和市场需求的召唤，全国范围内都急需管理人才，所以吸引了许多高分考生，学生的质量相当高，首届招收的学生中就有当年武汉市的文科高考状元余紫秋，1983 年又招入湖北省的文科高考状元潘敏。

（一）本科生教育

本科生教育阶段，主要通过管理学的训练，使学生系统掌握管理学基本理论与方法，能够理论联系实际，运用现代管理学理论分析和解决实际问题，并初步掌握现代管理学的主要分析工具。同时，不断拓宽学生的知识面，了解国内外管理学发展的前沿问题，了解中外经济管理发展的历史、现状、发展规律与趋势。同时具备较强的文字和口头表达能力，较强的英语听说读写能力，熟练应用计算机操作等应用技能。据此要求，在教学计划中，按照学校的统一布置将课程分为公共基础课、专业基础课、专业课三个层次和必修课、选修课两大类别。政治理论课、体育课等列为公共基础课。在一、二年级的本科生中普遍开设体育课，以达到让学生养成自觉坚持锻炼身体的习惯。同时，加强基础教学，适当减少必修课、增加选修课，并且鼓励本科生选修学校开设的跨学科、边缘学科的综合性课程。

除正常教学工作之外，在从经济管理学系到管理学院的建立与发展中，学院（系）还在本科生教育方面进行了诸多大胆的改革与探索。

首先是新专业的创办。管理学科的专业几乎全都是从无到有新开的，无论是起初的经济管理学专业，还是之后的企业管理专业、国际金融专业、工商行政管理专业、财务管理专业、投资经济管理专业和市场营销专业等，无一不是如此。

其次是教学模式的探索。1985 年 9 月，武汉大学开始招收插班生，学院（系）也实行了插班制的探索，相继招收了国际金融、财务管理、企业管理、旅游管理等专业的插班生。1996 年，经过两年的教学实践和准备工作，经学校领导批准，高级研究中心创办的国际数理经济和国际数理金融试验班正式面向全国招生，其中的国际数理金融班即隶属于当时的管理学院。

为弥补师资力量的不足，学院（系）还采用开放办学模式，聘请许多国内资深教授和实务界知名专家，如金融专业长期聘请南开大学钱荣堃教授、辽宁大学陈家盛教授、中国国际金融研究所所长吴念鲁研究员、中国银行总行国际结算资深专家董伟民先生等，以及一大批该领域的中青年业务骨干担任兼职教授。学院还积极创造机会，让学生们走出国门，与国外相关专业进行学习交流。1999 年，应日本创价大学邀请，由管理学院教师带队，1997 级国际金融专业建设银行本科班赴日本进行了短期研修。

另外，当时国际合作办学还突出表现在 1992 年中法班的举办。根据中国与法国政府于 1992 年正式签署的《中法文化交流合作协定》，在两国政府主管部门的大力支持和干预下，在历届武汉大学党政领导的积极关怀和协调下，在经济与管理学院世界经济系、金融系以及外国语言文学学院法语系的共同参与和相互配合下，武汉大学经济与管理学院中法双学士学位班从 1992 年 9 月开始举办。

再次是教学管理的改革与探索。为落实"稳定规模、重练内功"的建院思路，在本科生教学管理中，重新论证、编制了各个专业的教学计划，严格了授课纪律；根据授课任职的基本条件，建立了课程小组；编写了各门课程的教学大纲，规范了教材选用的程序；普遍建立了院系两级的听课、检查制度；建立了教学档案库，初步建立了学生自主查阅成绩的计算机系统；并落实了期中、期末教学检查、评估会议制度。这些基本的做法，稳定了基本的教学秩序，提高了教学质量。

为适应我国金融体制的改革，培养高质量的高级金融管理人才，依靠武汉大学国际金融以及学校多学科的综合优势，1996 年向国家自然科学基金委员会提出了建立培养现代金融人才基地的请示并获得批准。

经过近十年的努力，本着培养有创新精神和实践能力的学生以及巩固本科教育的指导思想，在稳定专业和办学规模的基础上，注重学生知识、素质和能力的提高，取得了良好的效果，多次受到学校教学管理部门的表彰。1998 年，学校将管理学院作为综合大学本科教学工作优秀学校评估工作的校内试评单位，率先接受了学校组织专家组进行的一系列评审，无论从材料准备到现场答辩，从教学工作展览到档案的抽查，都获得学校和专家的好评。

（二）研究生培养

1981 年经济管理学系成立后，就开始挂靠经济系世界经济专业硕士点招收国际企业管理（许俊千）和国际金融（李崇淮）方向的硕士研究生。

1983 年，经济管理学系按照武汉大学的要求，积极开拓生源渠道，进一步改进招生办法，对招生的研究生进行复试。1984 年，开始在研究生招生中实行推荐报考和推荐免试的招生方式。1987 年 4 月，为落实原国家教育委员会发布的《关于改进和加强研究生工作的通知》的精神，武汉大学召开了第二次研究生工作会议。管理学院根据学校的会议精神，在研究生培养方面做出了相应的改革，试行了硕士研究生中期分流。

1987 年，管理学院对在职人员报考硕士研究生进行了单独考试的试点。从这一年开始，管理学院按照学校布置开始对硕士研究生导师实行遴选制。1988 年，响应武汉大学的号召，管理学院在继续强调按需招生的同时，在货币银行学、国际金融等专业试行培养"文科应用型硕士研究生"，研究生规格和层次逐步增加。同年，国际金融研究生班招收接受委托培养的研究生 10 名。1992 年，为适应我国招标投标事业蓬勃发展，培育从事招标投标专业的高级管理人才，中国机电设备中心报请国家计委并得到时任副总理邹家华的同意，委托我校举办企业管理专业（招标投标研究方向）研究生班，计划招生 20 名。

1993 年工商管理（MBA）通过国家专业学位审批。1993 年 4 月 5 日，中国建设银行湖北分行委托武汉大学培养工商管理硕士研究生（MBA）的签字仪式在省建行隆重举行，陶德麟校长、何光昶行长分别代表学校和省建行在协议书上签字。1994 年，受中国建设银行湖北省分行、中国二汽集团、武汉钢铁厂的委托，举办首届 MBA 班，共招生 62 名。其中，中国建设银行湖北省分行 17 名、东风汽车公司（二汽）25 名、武汉钢铁公司 20 名，崔滨州、石汉祥、林放、徐学敏等就是首届学员。MBA 班的学制三年，前两年半以课程学习为主，后半年实习或带职实习与撰写学位论文。办学的形式采取在职培养，一年集中两次上课（每次集中 1~2 个月）①。同年，面向武汉东湖开发区及所在行政区招收工商管理硕士（MBA）35 名，学习年限 3~4 年，在职学习，不脱离工作岗位，由武汉大学定期派出教师集中授课和指导科研、撰写学位论文。在 MBA 教学过程中坚持理论联系实际的原则，采用启发式与研讨式教学方法，注重案例教学，引导学生把工作、学习、调查研究紧密结合起来。1996 年，武汉大学 MBA 教育中心成立。1998 年 11 月，MBA 教育接受国务院学位办和全国 MBA 教学指导委员会组织的教学质量与管理工作评估，得到了专家和领导的好评②。

（三）专、本科继续教育（函授、夜大、自学考试）

在加强本科生和研究生教育的同时，学院（系）还应企业和政府相关部门的要求开设了专科、成人教育、函授等多种形式的教学班，为企业和社会培养了大批急需的专业人才。

1981 年，经济管理学系在成立之初就应武汉市人民政府的要求为市经委及其所属公司、大型厂矿培养经济管理干部，并为其举办了经济管理函授班。同时，又与市经委联合举办了工业经济管理函授专修科。专修科学制为三年，共 136 周，总学时为 2616 学时，其中自学 1606 学时，面授、指导及考试 1010 学时，招生对象为工交战线企业管理部门的干部和企业的行政负责人以及作为领导骨干培养对象的职工等③。1986 年受国家工商总局委托，举办了工商行政管理专业函授专科班；当时在湖北、湖南、四川、福建、上海等 8 个省市，依托当地工商局设立了 11 个函授教学站，面向系统内干部招收学生。1987 年，管理学院咨询公司与省经济体改委、省经委以及江汉油田管理局联合开办了经济改革与当代管理函授班。1991 年，受原国家计划委员会委托，管理学院开办国民经济管理学专业大专起点本科函授班。为确保教学质量，根据函授教育特点，学

---

① 《武汉大学管理学院关于建立工商管理（MBA）的建议、报告、申请》，原管理学院档案，归档号：1993-2。

② 《武汉大学管理学院 1998 年工作总结》，原管理学院档案，档案号：J10-1998-XZ11-1。

③ 武汉大学文件：《关于举办工业经济管理函授专修科的通知》，校行文（81）229 号；武汉市经济委员会文件：《关于举办工业经济管理函授专修科的通知》，武经（81）310 号。

院（系）专门制定了函授教学管理的规章制度，严格按照章程管理各项工作。

1987 年，武汉大学管理学院和武汉民主建国会、武汉市工商联合办的武汉大学管理学院汉口分院在汉口成立。这个分院是管理学院成人教育夜大的一个校外教学点。分院开办的专科专业先后有企业管理、经济管理与计算机应用、经济学、国际商务、旅游管理、经济信息管理等；开办的专科起点本科专业有工商管理、经济学、会计学、金融学、国际经济与贸易等。1992 年这个分院被撤销，改为武汉大学成人教育武汉市民建、武汉市工商联教学站，成为管理学院校外办学的一个重要据点。

1992 年，根据鄂考委（1992）18 号文件精神，结合自身的办学实力和社会各方面要求，管理学院决定申请举办高等教育自学考试应用专科专业（8 年）。1992 年，受江门市科学技术委员会的委托，面向江门市举办了国际贸易与金融、工业企业管理、审计学和经济法四个高等教育自学考试大专班；并受深汉公司委托，在深圳市举办涉外会计高等教育自学考试大专班。1992—1993 年，在校内开办高等教育自学考试全日制"会计与审计"金融学专业专科（短线）班；1994—1996 年，在武汉、广东、广西等地开办高等教育自学考试专科（业余学习）涉外会计、会计与审计，本科：国际金融、会计理财学专业；1996—2001 年，在湖北省开办高等教育自学考试（长线）专科"电脑会计"专业；1996 年，在校内开始开办通过成人高考入学的全日制专科、本科班，先后开办的专业有经济管理与计算机应用、工商管理、会计学、经济信息管理等。

1997 年，管理学院拥有成教在校注册生 2565 人，班次 28 个，办学形式有夜大、函授、自修长线、自修应用型及技术培训班五种，教学点在省内外共有 18 个；办学层次有专科和本科，所办专业有金融本科自修、电脑会计自修、经济贸易夜大专科、货币银行函授本科、涉外会计走读专科、国际商务脱产专科、市场营销技术培训班，以及电脑会计函授专科等①。

（四）干部培训

1984 年 2 月 18 日，武汉大学向教育部申请举办经济管理专业干部专修科，经批准当年开始招生，学制两年，侧重培养高等学校后勤管理人才等。1984 年 10 月 10 日，经济管理学系在武汉大学举办中心城市招标培训班。1990 年起，管理学院开始举办"金融学"等干部培训班。1992 年 4 月，由学校总务部门和管理学院共同承办的全国工商行政管理学院第一期地级局局长、省级局处长岗位职务培训班开学。1993 年，管理学院和中国人民解放军空军总后勤部合作，开办了本科插班生班。1995 年 10 月 19 日，我校国际金融专业建行行长本科插班生班开学典礼在人文馆主厅隆重举行，时任国家教育委员会主任朱开轩，建行总行行长王岐山，湖北省副省长苏晓云，武汉市市长赵宝江等领导，及武汉大学党政领导任心廉、陶德麟等参加了开学典礼，建行湖北省分行和武汉市分行的近 500 名干部代表参加了开学典礼。中国建设银行行长王岐山作了学术报告，本次干部培训是受建行总行委托，经国家教委批准，旨在为建行系统培养后备干部的我校国际金融专业建行行长本科插班生班，共招收了来自全国 21 个省、市、自治区

---

① 《武汉大学管理学院 1997 年工作总结》，原管理学院档案，归档号：J10-1997-XZ11-2。

和直辖市建行系统的 39 名学生，该插班生为筹建管理学院大楼捐资 70 万元。1998 年，珠海经济特区工商局与武汉大学管理学院工商系签订长期合作协议，双方就包括干部培训在内的各方面合作达成协议。

四、科学研究

（一）主要科研项目

在从经济管理学系到管理学院建立发展的过程中，管理学科的教师积极申报各类科研课题，获批了一大批国家级科研项目，包括国家社会科学基金、国家自然科学基金和教育部人文社会科学基金的项目等。管理学科教师科研项目的获批，主要集中在管理学院成立之后，据不完全统计，1986—1998 年管理学科教师获批的国家级科研项目共 35 项，其中，国家社会科学基金 15 项，国家自然科学基金 11 项，国家教育部（或教育委员会）人文社会科学基金项目 9 项。

管理科学教师获批的国家社会科学基金项目中，有 3 项为国家社会科学重点项目，它们是：王林昌主持的"个体私营企业第二次创业方向研究"、龚敏主持的"社会主义市场经济中国有企业地位与企业家"、赵锡斌主持的"充分发挥市场机制作用，健全宏观调控体系研究"。除此 3 项重点项目之外，还有 10 项一般项目和 2 项青年项目。

管理科学教师获批的国家自然科学基金项目集中在 1993—1998 年，其中 1993 年获批最多，达 6 项，占此间获批全部项目的一半以上。

管理学科教师获批的国家教育部（或教育委员会）人文社会科学基金项目中，有 4 项为原国家教育委员会博士点人文社会科学研究基金项目，其中包括李崇淮教授主持的"城市经济体制改革研究"。此外，还有 1 项为"八五"国家教育委员会人文社会科学研究基金项目，4 项为"八五"国家教育委员会人文社会科学研究基金项目。

另外，冯文权教授与国家信息中心副主任乌家培等共同承担并合作研究的国家级重点级重点科研项目"宏观经济决策问题研究"于 1992 年 3 月 16 日通过专题论证，1995 年完成，1996 年 2 月在北京通过国家验收。

除国家级科研项目外，管理学科教师在此间还承担了湖北省哲学社会科学基金"九五"规划重点项目 2 项；中央其他部门、企事业单位和省市自治区等委托研究项目 12 项①。

（二）学术论文和著作

在从经济管理学系到管理学院建立发展的过程中，管理学科教师在《中国社会科学》《经济研究》和《管理世界》等权威期刊和核心刊物上发表了大量科研论文，并出版了一大批专著和教材。例如，1997 年，管理学院教师发表学术论文 138 篇，其中在一般刊物上发表 90 篇，在核心刊物上发表 43 篇，在核心权威刊物上发表 5 篇，公开出

---

① 《武汉大学管理学院教师科研项目一览表》，原管理学院档案，归档号：1997-KY11-3。

版著作 21 部，其中一般著作 3 部，工具书 2 部，教材 14 部，专著 2 部①。1998 年，管理学院教师发表学术论文 165 篇，其中权威、核心类论文 83 篇。全年出版著作 23 本，出版 MBA 系列教材 2 种②。

（三）科研获奖

教师们的科研成果获得各种奖励，表 11-4 是所获重要奖项举例。

表 11-4　　　　　　　　**1981—1998 年管理学科教师所获重要奖项举例**

序号	获奖者	成果名称	成果形式	获奖级别及等级	时间
1	冯文权	经济预测与决策技术	教材	国家教育委员会优秀教材一等奖	1995
2	毛蕴诗	中国商品市场经济计量模型	项目	国家教育委员会科技进步二等奖	1989
3	李崇淮	两通起飞——武汉经济发展战略刍议	专著	全国高校人文社会科学优秀成果二等奖	1995
4	李崇淮黄　宪	西方货币银行学	教材	国家教育委员会优秀教材二等奖	1995
5	余　杭	招标投标通论	专著	全国高校人文社会科学优秀成果二等奖	1995
6	江　春	经济增长中的产权问题	专著	全国高校人文社会科学优秀成果二等奖	1998
7	余　杭樊　民	投标招标在社会主义条件下的推广应用	项目	湖北省政府科技进步一等奖国家教委科学技术进步三等奖	19881991
8	余　杭	劳动消耗转化论及其应用	项目	中华人民共和国劳动部科技进步三等奖	1995
9	王林昌	工商行政管理专业人才素质及培养模式研究	教改项目	湖北省优秀教学成果一等奖国家教委优秀教学成果二等奖	1997
10	冯文权	经济预测与决策技术	专著	湖北省政府科技进步二等奖	1998

五、对外交流与合作

（一）对外交流

在从经济管理学系到管理学院建立发展的过程中，学院（系）始终重视通过多种

---

① 《武汉大学管理学院 1997 年工作总结》，原管理学院档案，归档号：J10-1997-XZ11-2。
② 《武汉大学管理学院 1998 年工作总结》，原管理学院档案，归档号：J10-1998-XZ11-1。

途径进行对外交流，这些途径包括：邀请国内外知名的专家学者来院讲学、并聘任其中的一些人士为学院的名誉教授、客座教授；派遣学院（系）老师到国内外大学考察、访问、讲学、参加学术会议；召开国际、国内的学术会议以及与国内外大学、科研机构合作等。通过这些途径，不仅加强了学院（系）的对外合作和交流，而且还使学院（系）紧跟学术最新前沿，培养和锻炼了教师队伍。

在邀请专家学者方面，武汉大学先后邀请南开大学博士生导师陈柄富、辽宁大学国际金融专业陈家盛、国务院国际经济信息中心预测部主任王潼博士、新华社驻香港分社经济部长范正翘、香港浸会大学商学院院长范耀钧教授、陈洁光教授、麻省理工学院企业管理系博士和美国伊利诺伊大学香槟校区企业管理系博士汤明哲副教授、美国锡拉丘兹大学美籍华裔学者陈江教授、诺贝尔经济学获得者、美国芝加哥大学商学院功勋教授 Merton Miller 等人为管理学院师生进行讲学。还接待美国、澳大利亚、我国台湾省和香港地区等学术代表团和访问学者，邀请美国富布赖特教授为院研究生和 MBA 开设课程，并与美国西佛罗里达大学商学院，香港浸会大学有着良好的合作关系等。此外，管理学院还积极聘请国内外的专家学者为我院的名誉教授、兼职教授，如 1986 年 4 月授予德意志联邦共和国退休专家维尔纳·格里希先生经济管理学名誉教授；1990 年聘请美国加州著名会计师余显利先生为管理学院兼职教授等。

派遣老师外出交流方面，学院（系）送出了一大批教师出国进修、学习、讲学或参加学术交流活动，先后派遣了甘碧群、谭力文、樊民、冯文权、黄宪、李崇淮、毛蕴诗、叶永刚、卢汉林、李守明、李北平、张尧庭、夏国政、李萍、赵锡斌、余泽忠、刘伟、李燕萍、夏清华、黄静、孙建、刘跃斌、王闻等人赴美国、法国、日本、加拿大、澳大利亚、德国、比利时、香港、台湾省等地区进行访问、讲学、进修等。1982 年 10 月 27 日，时任经济管理学系主任的李崇淮及副系主任冯文权等组成经济管理考察组赴法国考察，落实武汉大学与法国前述"会谈纪要"中有关法国专家于 1983 年来我校举办经济预测训练班的具体事宜；同时，考察法国的管理教育概况，并与法国经济管理院校探讨今后加强协作的可能性。1985 年 4 月 14 日，在美国旧金山，冯文权主持由美国新中国教育基金会主办的国际企业发展动态与趋势研讨会议，对中国大陆吸引外资等问题进行了探讨。1993 年，管理学院院长张尧庭教授赴台湾省"中央大学"进行学术访问讲学，就数理统计学的研究发展进行交流。1995 年 6 月 22—25 日在台北举行的"海峡两岸暨香港地区管理教育研讨会"上，甘碧群教授应邀做了大会发言。1996 年，李守明教授受邀赴台做学术访问，黄宪教授受邀至香港浸会大学为期 4 个月的讲学，甘碧群教授受邀赴香港浸会大学讲学，甘碧群赴台湾参加"管理教育研讨会"，1997 年符国群随国家外经贸部代表团前往英国参加"中欧贸易合作"研讨会等。

学院（系）还承办了很多学术会议。1982 年 12 月，经济管理学系主持召开了全国性的经济预测学术研讨会，有中国社会科学院、中国人民大学、吉林大学、南京大学、复旦大学等 40 多所大学参加。1986 年 11 月 6—10 日，全国综合性大学管理教育协作组第二届年会在管理学院召开。国家教育委员会及北京大学、中国人民大学、复旦大学、南开大学、南京大学等 40 余所高校和南开大学出版社、天津大学出版社、武汉大学出版社等出版单位共 80 多人参加了会议，讨论了管理专业的培养目标、培养方式、教师队伍建设、学科发展和教材编写与出版等问题。在这次会上，管理学院首先提出了要把管理学科作为一个独立的学科进行建设的建议，并写入了会议纪要中。1992 年 4 月 15—17 日，管理学院承办的"长江中游开放—开发带研讨会"第一次会议在武汉大学召开。1993 年 5 月 20—22 日，受国家教育委员会和全国高校数量经济学会的委托，全国《经济预测与决策》教学大纲讨论会在武汉大学珞珈山庄召开，来自清华大学、中国人民大学、中南财经大学等 10 多所高校的 20 余位代表出席了会议。

学院（系）还积极与国内外的科研机构开展各种形式的合作。如 1987 年 6 月 17 日，在美国应用教育组织鲍立斯副总裁来我校访问期间，就联合举办"企业干部培训中心"等有关问题与管理学院负责人进行了洽谈。1996 年，管理学院主持召开了全国高校管理学院院长联席会，讨论管理学科的改革问题。1996 年 8 月 16—19 日，管理学院和中南财经大学联合承办的中国高校市场学研究会在宜昌召开。管理学院还承办了中部地区开放战略研讨会，会议根据党中央制定的"一个中心两个基本点"的基本路线，分析了华中地区经济与社会发展的形势，讨论了建立"华中保税-加工区"的必要性和可能性，为领导决策提供参考。

（二）与校、政、企合作关系的建立

管理学科在社会服务和咨询方面具有较强的专业优势，这使得学院（系）自成立之初就一直能够为政府部门和企业提供诸多的咨询和服务。在此过程中，学院（系）和其他学校、政府部门和企业建立起了良好的合作关系，也为学院（系）的发展壮大提供了有力的支持和保证。

在学院（系）早期的专业设置中，有很多都是在相关部门的委托下设立的，其设立的最初目的也是为这些机构培养所需的专门人才。如 1983 年，经济管理学系受中国银行总行委托开设国际金融管理专业，中国银行资助 160 万元人民币（含 10 万美元外汇额度），支持建立国际金融专业。1984 年，国家工商行政管理局（简称国家工商局）委托武汉大学为其培养工商行政管理人才，并资助 384 万元，建立武汉大学工商行政管理专业。1991 年，受中国建设银行的委托，管理学院成立了投资经济管理专业。

学院（系）开办的各种本、专科继续教育班、干部培训班等也都是与有关部门和企业开展合作的结果。如 1981 年，受武汉市经委委托，经济管理学系开办了经济管理专业专科班，150 名学生来自政府部门及企业的骨干（也称厂长经理班），现武汉市委书记阮成发、原武汉市政协主席叶金生、原副市长陈华芳等均为该班学生。1983—1984 年，国家计划委员会资助武汉大学 80 万元，用于兴建计划干部培训楼（现湖滨九舍），委托武汉大学经济管理学系为国家培训计划干部，即开办"全国计划干部进修班"。1987 年，受国家工商行政管理局委托，管理学院在全国十几个省、市、自治区开办工商行政管理专科函授班。1988 年，管理学院为北京华北车身总厂开设市场与供销岗位函授班，该厂厂长事后专程来校表示答谢。1987 年 11 月 11 日，管理学院院长樊民赴中国银行珠海分行协商建立珠海-武大管院联合金融研究所；1988 年 1 月 6 日，广东深圳工商局与管理学院就双方合作发展工商行政管理教育签订合同。

此外，学院（系）还积极开设其他高层次的联合教育。如 1982 年，经济管理学系

联合湖北省财政局、湖北省会计学会举办了业余会计研究班。1988年，受武汉市政府委托，举办了国际金融专业研究生班。1990—1992年间，与长动集团和武重合作举办企业管理研究生班，并在深圳举办国际金融研究生班。1991年，中国机电设备中心报请原国家计划委员会，并得到邹家华副总理的同意，委托管理学院为其举办一期企业管理专业（招标投标研究方向）研究生班。1993年，中国建设银行湖北省分行与管理学院签订了为其培养工商管理硕士（MBA）的协议。1996—1998年，管理学院分别受中国建设银行总行、中国银行总行、交通银行武汉分行委托，开办国际金融研究生班、本科插班生班等。1995年，武汉大学受广东省建设银行、河南省工商银行和广西大学的委托为两银行系统和南宁市培养高层次金融管理人才。

六、服务社会的科研和咨询

从经济管理学系到管理学院的建立和发展中，除了做好各种教学工作和学科建设工作外，学院（系）也将科研和咨询作为服务社会的一项重要职责。学院（系）成立了专门服务社会的经济信息管理研究所和管理咨询服务公司，广大教师在社会服务方面做了大量卓有成效的工作。

（一）经济信息管理研究所

经济信息管理研究所最初的名称叫"管理科学研究所"，经武大字（1989）20号文件批准，成立于1989年6月。该所的成立，结束了管理学院没有科研机构的历史，为开创管理学院科研工作新局面提供组织保证。

起初，由院领导指定青年教师宗明辉负责组织政治学习和日常工作，直至1992年改名为经济信息管理研究所，并由学校任命冯文权为所长。该所1994年后的继任所长依次是张淑奇、徐绪松、王学军等，研究所随后也改名为技术经济与管理科学研究所。

研究所的主要任务是：对外承接并组织完成科研任务及培训和咨询服务；面向全院承担有关课程的教学任务；指导博士、硕士研究生；创办《当代企业》杂志。研究所先后承担国家教育委员会博士点基金项目"政策干预对经济影响的干预分析模型"，国家自然科学基金项目"政策或突发事件对经济影响的测算方法及干预分析模型"，1994年1月通过国家教育委员会组织的鉴定。1992—1995年与国家信息中心乌家培等合作承担了国家重点项目"国民经济宏观管理中的决策方法研究"，1996年1月在北京通过国家验收，此外，还承担省政府和地方企业的咨询服务多项。

（二）管理咨询服务公司

管理咨询服务公司成立之前，经济管理学系冯文权主任提议，于1984年成立了具有咨询性质的"中国南方预测开发公司"，并在武汉市工商局注册，由冯文权任董事长，张广华（研究生）任经理，1985年由毛蕴诗任经理。管理学院成立后，公司重新登记注册，改名为"武汉大学管理咨询公司"，由武汉大学科技总公司直接领导，公司董事长由冯文权兼任，余杭任总经理。1989 年根据国家教育委员会文件，武汉大学对校内设立的各种公司进行了整顿，经国家教育委员会审核后决定保留管理咨询公司并改名为"武汉大学管理咨询服务公司"，任命杨健为总经理。

公司运用教师在教学与科研中的成果为企业提供咨询服务，成为学院对外服务的窗口。公司先后在湖北、广西、江西、河南等地开展培训咨询服务，为武汉市石油化工局、江汉石油管理局机械处、航天航空工业部第三研究院、中国银行湖北省分行人事处、桂林市农业银行、桂林市旅游局等数十个单位举办干部培训班。仅省经委与江汉油田两地培训的员工就达到 1000 多人，同时也为企业提供大量的管理咨询。公司在对外进行股份制改革讲座（或咨询）的基础上，由黄宪、叶永刚、朱丹妮等设计，推出"股票模拟现场"表演，很受师生和外单位的欢迎。1991 年 6 月，武汉大学管理学院以"开辟华中综合经济特区的必要性和可行性"为题举行了一次小型恳谈会，得到了与会学术界人士、企业界人士和少数政府部门负责同志的一致赞许，并建议扩大范围开会研讨。此后，公司全部工作人员参加了会议的筹备工作。1992 年 4 月正式开会。1993 年初公司总经理杨健退休，公司总经理一职由学院在全体教工中公开招聘，游士兵被选中，随后公司由游士兵负责，并把公司更名为"武汉大学咨询科技发展公司"。

（三）卓有成效的社会服务工作

在服务社会、为地方经济服务方面，所做工作最多、贡献和影响最大的是李崇淮教授。1983 年，他在进行大量调查研究的基础上，为武汉经济发展献计献策，率先提出了"两通"起飞战略构想，即以交通和流通促进武汉、湖北乃至华中地区经济发展。这一构想在武汉的经济发展和现代化进程中发挥了重要作用，对全国的改革开放也产生了积极的影响。1985 年 1 月，武汉市政府将"第一号嘉奖令"颁发给李崇淮。同时，作为一位社会活动家，他积极参政议政、进言献策，在担任全国人大代表的 15 年间，他被誉为"议案专家"，每年领衔和会签的议案在 10 件以上，其中多项建议在宪法修订中被吸纳。

其他教师也积极为社会服务，并取得多项卓有成效和影响的社会服务成果。1982 年，武汉洗衣机厂为提高荷花牌洗衣机质量，请求经济管理学系进行咨询服务。系里便组织一个 9 人咨询小组，深入该厂调查研究，就体制、财务、经营决策、经营管理及技术性等方面提出建议，受到厂方和市委的赞同和肯定。部分建议于当年下半年实施后，促进了产品质量提高，产量上升，生产费用下降。当年第四季度的产量和利润接近于全年的 1/3，与上年同期相比增长约 42%。从 1983 年开始，武汉洗衣机厂更多地采纳了咨询小组余杭等人提出的建议。特别是实行外购部件公开招标后，省内外 200 多家企业纷纷投标，使每台洗衣机成本与去年同期相比降低了约 11%，产品质量也有明显提高。第一季度的产量、销售量、产销率、利润和职工奖金都超过历史最高水平，与去年同期相比，产量增加 71%，利润翻了两番多，定额流动资金周转期缩短了 2/3。咨询组在武汉洗衣机厂的工作，受到市委的重视和支持，国家经济体制改革委员会也给予充分的肯定，并于 1983 年 12 月 10 日向全国发出（1983）第 49 号简报，称武汉洗衣机厂公开招标为"跨地区协作生产的一个突破"。全国许多企业来此取经，多家媒体纷纷作了报导，称此项改革为武汉的"荷花模式"。武汉市经委成立招标办公室，聘请经管系的教师余杭为常年经济顾问。与此同时，武汉自行车二厂、武汉汽车工业公司等9个企业实行招标，增收400万元。

1982年9月，武汉饮料三厂计划兴建一条固体饮料生产线，需要进行可行性论证。经济管理学系副主任冯文权和两名研究生，对国内外市场固体饮料进行了分析预测，提出兴建新生产线的可靠性和经营对策。武汉市委采纳了他们的建议，拨款兴建固体饮料生产线。经济管理学系的部分教师还调查了武汉市机械工业经济结构，综合整理省市统计局大量的经济数据，研究了省科技情报检索程序，写出了调查报告和论文，受到有关部门的重视，为湖北省经济发展提供了重要信息和依据。

1984年11月30日，中共武汉市委、武汉市人民政府，在武汉大学经济管理学院成立之时发来贺信称："武汉大学对我市经济建设和经济体制综合改革作出了重大贡献。"并强调李崇淮的"两通"理论为武汉市经济体制改革重大决策提供了科学依据，肯定了余杭等的协作招标和成本控制法效益显著。1986年底，管理学院赵锡斌、陶德清、王国玉等受武汉市政府的委托，对武汉市产业结构进行调研，经过8个月，提出三份咨询报告，得到政府高度重视，并以1986年230号文件下发①。

除了为本地的经济发展提供咨询意见，学院（系）还因为杰出的咨询成果而受到其他地方政府和企业的肯定。1986年，应河南企业家协会、经济研究中心和企业管理咨询公司邀请，部分教授、讲师和负责人一行8人，于3月30日至4月1日在郑州为河南省工商企业界进行首次咨询服务，受到企业家的热诚欢迎。参加咨询的教师分别就企业的经营管理、财务核算管理、企业招标及国外见闻向参加企业管理咨询座谈会的近60家工厂公司的厂长、工程技术人员和管理人员作了报告，并回答了他们提出的问题。部分教师还深入到紫荆山百货大利普、郑州电控设备厂进行调查研究，为改善企业管理提出了咨询意见。这次活动受到了河南省和郑州市人民政府的重视，省市政府负责人会见了参加咨询的教师。年过七旬的许俊千教授患病在医院治疗期间，也抱病参加了咨询服务。1987年5月，管理学院院长樊民和余杭等应江西省景德镇市人民政府的邀请，帮助该市研究陶瓷发展战略工业体制改革和深化企业改革等课题，景德镇市政府表示：这是该市中华人民共和国成立以来发展横向联合收获最大的一次。1993年10月23日，管理学院师生一行31人应邀赴黄石华新水泥厂举办了为期一天的股票知识讲座和模拟股票交易市场。青年教师潘敏针对该厂的实际情况，就股票、股票发行、股票交易问题做了生动的讲座。这些服务社会的咨询活动，都受到了政府和企业的欢迎和肯定，对管理学院的建设和发展也起到了积极的作用。1993年，由工商行政管理系的王林昌等与武汉大学软件基地的李卫华等共同为沈阳市工商行政管理局研制开发"沈阳市工商行政管理决策系统"，经专家组评审通过，认为此系统属国内首创，在综合使用人工智能技术和软件工程技术方面达到同类系统的先进水平。李守明等为武汉市东西湖棉纺厂开发的《计算机财务管理系统》和张尧庭为航空航天工业部第三设计院第三设计部咨询的《小子样理论在武器系统精度评定中的工程应用》等均为专家组评审通过，获得好评。

---

① 《武汉大学校刊》，1983年3月16日。

1993 年 4 月 10 日《湖北日报》在头版刊登题为"武汉大学管理学院面向社会承接研究课题"专题报道，对管理学院面向社会承接研究课题，使理论工作者找到与市场经济的结合点，从而直接为社会主义市场经济的发展提供服务给予充分肯定和宣传介绍。

七、学生的学习和生活

（一）学生的学习生活

在从经济管理学系到管理学院的建立发展中，学生们形成了良好的学风，注重理论与实践相结合，大胆进行理论与实践探讨活动。

经济管理学系同学每个暑假都积极进行社会调查，仅 1983 年暑假就有 106 人参加社会调查，写出了 70 多篇调查报告和论文，内容涉及农村教育、农业责任制、交通运输、能源等[1]。1984 年 10 月 12 日，经济管理学系 1981 级张军、王国强等 10 名学生被武汉市汽车工业公司聘为经济顾问。1985 年 1 月，经济管理学系 1983 级学生陈光全应邀参加了湖北省经济改革讨论会。1987 年 7 月，工商行政管理系 1984 级学生分赴沙市、黄石、武汉等地进行为期一个月的实习；同时，该系派 2 名研究生到深圳工商局实习，进行外商承包特区企业的专题调查，编写深圳经济特区工商行政管理日志[2]；同年 10 月，工商行政管理系 2 名 1984 级本科生奔赴深圳，帮助深圳工商行政管理局制定深圳经济特区企业管理办法条例等三个法规。1990 年 9 月，企业管理专业 1987 级、1988 级同学分别前往武汉锅炉厂、武汉重型机械厂进行为期 15 天的生产实践社会调查[3]。1998 年 5 月 21 日，管理学院在四楼会议室召开本科教改大讨论学生报告会，会议由谭力文副院长主持，11 位学生代表就管理学院目前的教学课程设置、教材内容、教学方法、教学形式、教学手段等提出了许多建设性意见，这次报告会对推动管理学院教学改革起到了积极的作用。

管理学院还积极邀请社会各界专家学者到学校为同学们进行专题讲座。1987 年 4 月 15 日，武汉医学院短期工作专家莫利斯·德伦先生应邀与管理学院师生进行座谈，并作了"电脑在管理方面的应用"的讲座。1993 年 5 月 31 日，原国际金融专业 81 级硕士研究生、国务院经济发展中心对外经济部副部长高冠江就我国经济对外开放中的几个重大问题为学院师生作专题报告。1998 年 4 月 16 日，东啤集团名誉董事长、管院名誉教授陈尔程应邀为学院师生作了题为"探讨国有企业改革的难点和出路"的专题报告。1998 年 12 月 19 日，武汉广场执行总经理胡冰心女士应邀为学院师生作了题为"武汉广场模式及零售改革的思考"的专题报告。

---

① 《武汉大学报》，1990 年 11 月 21 日。
② 《武汉大学校刊》，1983 年 10 月 12 日。
③ 《武汉大学报》，1991 年 11 月 15 日。

（二）学生的业余生活与社团活动

学生们还通过各种形式丰富自己的业余生活并进行社团活动。1985 年 1 月，经济管理学系高校管理班讨论了青年与现代生活方式。1985 年 12 月，经济管理学系 84 级学生朱振亚利用课余时间编制出学生成绩管理程序，获得同学和老师的好评。1986 年 4 月 6 日，由经济管理学系发起组织的武汉地区高校社团理论探讨会在武汉大学召开，7 所院校的 14 个社团代表聚集一堂，对高校社团工作的理论问题进行了初步探讨①。1988 年，管理学院学生会开始实行例会制度，举办走向社会的系列活动，同年 12 月，学院拨出 4000 元专款隆重推出星级寝室评比大奖赛②。从 1988 年开始，为安排好毕业生的业余文化生活，配合院校做好毕业生的思想政治工作，管理学院成立了毕业生委员会。1993 年 10 月，管理学院举行了"珞珈在我心中"演讲比赛。1995 年，管理学院在校成教生积极参加"抗日战争胜利五十周年"纪念活动，他们自筹资金主办了四期纪念专刊，并于 10 月 15 日晚举办了以演唱抗日革命歌曲为内容的歌咏晚会，以"勿忘国耻，兴我中华"为题举办了即兴演讲。

（三）学生获奖

许多同学在全国和省级学生评比和竞赛中获得多项奖励。如 1993 年 5 月 20 日，国际投资系 1992 级学生孙荃在湖北省第九届"江城大学生艺术节"系列活动——"天地杯"英语演讲比赛中以 9.66 分夺得桂冠。1995 年 10 月 9—11 日，"东啤杯"第三届全国高校研究生经济理论及热点问题研讨会在中南财经大学举行，出席大会的有我国一些著名的专家学者以及来自清华大学、北京大学、复旦大学、中国人民大学、武汉大学等 57 所高校的 129 名研究生代表，管理学院 94 级研究生徐馨获一等奖，此外还有 1 人获二等奖和 2 人获三等奖③。1996 年在湖北省大学生优秀科研成果奖中，管理学院李林、舒莉的 2 篇论文获一等奖，此外还有 7 人获二等奖和 6 人获三等奖。1998 年在湖北省大学生优秀科研成果奖评比中，管理学院获全校所获 10 项一等奖中的 4 项，全校 21 项二等奖中的 4 项，全校 27 项三等奖中的 8 项。1998 年 11 月 15 日至 12 月 19 日，在首届中国名校企业管理案例分析挑战赛中，以谭力文为顾问、何晓英为领队，由刘豪皞、徐同谦、魏瑜、闫俊组成的参赛队伍，经过两天的激烈角逐，获得现场比赛第一，综合得分第三，最终获得季军称号。

学生们还在学校举办的各种活动中获多项奖励和荣誉称号。如 1988 年武汉大学暑假社会实践活动优秀服务成果奖共 10 项，其中管理学院即占 3 项④。1990 年 4 月，管

---

① 《武汉大学校刊》，1985 年 1 月 21 日。

② 《武汉大学报》，1988 年 12 月 12 日。

③ 武汉大学党委办公室编《情况周报》第 43 期，总第 416 期学校要闻栏目，1995 年 10 月 30 日印发。

④ 《武汉大学校刊》，1983 年 5 月 30 日。

理学院获得火炬杯排球赛男排冠军；同年 11 月，管理学院夺得男女团体第一名。①
1997 年武汉大学暑假学生社会实践活动成果总结中，管理学院获"社会实践先进单位"
称号，赴东啤进行科研实践的小分队获"优秀小分队"称号。② 1998 年度暑假社会实
践获学校先进集体称号，荣获的先进个人称号及优秀调查报告名列全校第一。1998 年，
武汉大学第 20 届大学生学习竞赛，管理学院获团体总分第二名，在 6 个单科奖中，取
得其中的计算机基础、高等数学和业务科研、文艺创作等三个单科第一名。

---

① 《武汉大学报》，1991 年 10 月 25 日。
② 《武汉大学管理学院 1998 年工作总结》，原管理学院档案，档案号：J10-1998-XZ11-1。

第四编

高校管理体制改革中经济学科和管理学科的融合与发展（1999—2012年）

第十二章
学科调整与商学院的成立（1999—2000年）

　　1999年4月，武汉大学依据教育部新颁布的专业目录对全校院系进行了调整重组，原武汉大学经济学院、管理学院和旅游学院合并，组建成商学院，使原武汉大学的经济学科与管理学科融为一体，自此武汉大学经济学科与管理学科步入了融合与发展的历史时期。

一、学科调整与经济学院、管理学院、旅游学院的实质性合并

　　1999年初，武汉大学共设有19个院系，存在着院系设置过多，管理困难、力量分散、相互制约和专业划分过细等问题，不利于资源的优化配置和教学科研水平的提高，制约了学校的进一步发展。1998年7月，教育部颁布了《普通高等学校本科专业目录》，对普通高校学科专业目录进行了调整。以教育部新颁布的高等学校专业目录为依据，为提高学校的办学质量与效益，促进学校的改革与发展，按照科学分类、学科优势与特色突出的基本原则，武汉大学确定了院系调整重组方案。1999年4月，武汉大学进行了历史上又一次院系重组及学科大调整，由原有的16个学院、3个直属系改组为9大学院，即：人文科学学院、法学院、商学院、外国语言文学学院、大众传播与知识信息管理学院、数学与计算机科学学院、生命科学学院、物理与电子信息科学学院、化学与环境科学学院。其中，武汉大学商学院由原武汉大学经济学院、管理学院和旅游学院合并组建而成。

（一）合并前的旅游学院

　　武汉大学旅游学院成立于1996年4月，它是从申办旅游专业开始起步的。1992年，原武汉大学历史文化学院开始筹办旅游专业，1993年获批，同年开始招收本科生，接着获准主办旅游管理专业和导游专业的自学考试，招收大专生。同时，先后开设了酒店总经理培训、旅行社总经理培训等短期课程班，成为武汉市旅游管理人才培养定点单位和湖北省中高级旅游管理人才培训基地。1996年，整合武汉大学历史地理、旅游资

源与开发、旅游文化、旅游文学、经济学和管理学学科资源，成功申报设立了华中地区最早的旅游经济（1998年改为旅游管理）硕士学位授权点，下设旅游资源开发与管理、旅游文化、旅游企业管理、旅游市场营销4个研究方向。至此，武汉大学旅游管理专业有了硕士研究生、本科生、自学考试大专生以及在职人才岗位培训等多种人才教育培养层次。

其管理机构的沿革情况是：1993年在历史系设旅游教研室，1995年在历史学院设旅游管理系，1996年以历史学院旅游管理系和管理学院旅游研究所为基础，成立武汉大学旅游学院，直至1999年4月与经济学院、管理学院合并为商学院。

旅游管理专业本科生培养德、智、体、美全面发展，具有旅游管理专业知识，具备服务、商务、公关、营销、管理等业务能力，能适应经济与社会发展需要，能在各级旅游管理部门、旅游企业和事业单位从事经营和管理工作的高素质、复合型高级专门人才。开设的主要专业课程有：旅游学概论、旅游经济学、旅游心理学、旅游市场营销、旅游资源与开发、饭店管理原理、旅行社管理、导游业务、旅游管理信息系统、餐饮管理、饭店前厅与客房管理、旅游地理、主要客源国及地区通论、专业英语、旅游文化、旅游应用文写作、消费行为学、旅游文物赏析、中国园林艺术、旅游企业投资管理等。

硕士研究生开设的主要专业课程有：旅游理论前沿专题、旅游经济研究、旅游规划专题研究、旅游营销与策划、旅游企业管理研究、旅游资源开发研究、旅游文化专题等。

1999年，旅游管理系专职教师有10～15名，同时聘请了一批中外著名的旅游、文物、园林等方面的专家为名誉教授或兼职教授。教师队伍知识结构涉及历史、管理、经济、外语、地理等学科。同时，按照科研项目对专业技术人员的要求，组建旅游规划科研学术团队，共同承担科研项目。

旅游管理专业十分重视探讨旅游管理中的重大理论和现实问题，积极组织教师撰写论文、教材和学术专著。将研究对象扩大到整个旅游产业链，尤其在旅游开发与规划研究方向上已形成自身的特色和优势。自1994年开始承接区域旅游规划科研项目，1996年完成的《长阳土家族自治县旅游总体规划》，是湖北省第一个区域旅游规划，该课题取得了较大的社会影响。

旅游管理专业学科点一直关注国际旅游管理学科理论研究学术前沿，在创办时就重视与国际接轨，积极寻求对外合作办学，进行学术交流的机会。旅游学院曾启动了与德国巴伐利亚、台湾省高雄、香港等国家和地区的旅游院校共同培养本科生、教师互派、科研课题共同研究等国际合作项目。同时与国内兄弟院校保持密切的合作与交流关系。鼓励教师参加国际学术研讨会和国内高水平的学术研讨会。积极派青年教师到国内重点高校进修专业，到旅游企业实习。通过国际学术交流提高教师队伍专业素质和学生的专业兴趣，拓展学生的学术视野。

（二）商学院的机构设置

1999年4月成立的商学院由周茂荣任院长，贺发和（兼）、赵锡斌、张秀生、黄宪任副院长，黄宜新任院党政办公室主任。贺发和任党委书记，周茂荣（兼）、张琦、董有明任副书记。学院下设经济学系、世界经济系、金融学系、保险学系、数量与技术经济系、工商管理系、会计系、旅游管理系、公共管理与社会保障系等9个系；拥有发展经济学研究所、社会经济与人口研究所、社会保障研究所、美国与加拿大经济研究所等4个研究机构。商学院内设图书分馆、实验中心、《经济评论》杂志社等机构。各系所机构负责人见表12-1。

表 12-1　　　　　　　　　　**1999 年商学院机构设置及主要负责人**

	机　构	主要负责人
系	经济学系	主任：严清华；副主任：曾国安、文建东
	世界经济系	主任：张　彬；副主任：张建清、黄兆银
	金融学系	主任：叶永刚；副主任：刘思跃、张东祥
	保险学系	主任：魏华林；副主任：胡炳志、李　琼
	数量与技术经济系	主任：何　耀；副主任：刘　伟、王祖祥
	工商管理系	主任：符国群；副主任：吴先明、李燕萍
	会计系	主任：王永海；副主任：余玉苗、谢获宝
	旅游管理系	主任：张　薇；副主任：熊元斌、谭白英
	公共管理与社会保障系	主任：邓大松；副主任：李　珍
所	发展经济学研究所	所长：谭崇台；副所长：郭熙保、邹　薇（兼）
	社会经济与人口研究所	所长：辜胜阻；副所长：简新华、刘传江
	社会保障研究所	所长：郑功成
	美国与加拿大经济研究所	所长：陈继勇；副所长：林　玲
其他机构	图书分馆	馆长：姚秀群；副馆长：黄春姣、朱静一
	实验中心	主任：尤赤矾；副主任：郭　华
	《经济评论》杂志社	主编：王　冰；副主编：曾国安、刘传江

2000 年 3 月，学校成立了经济发展研究中心、社会保障研究中心、长江流域可持续发展研究中心、武汉大学高级研究中心等科研机构。商学院青年经济学家邹恒甫任武汉大学高级研究中心主任。

商学院成立的同时也进行了人事制度改革，即大幅度压缩编制，并实行竞聘上岗，使商学院的行政工作人员较原三个学院的工作人员减少了一半。合并后的商学院实行人、财、物的统一管理，属于实质性的合并。

二、学科专业点与人才培养

（一）学科专业点概况

此时的商学院学科专业已相当齐全，涵盖了经济学、管理学两个学科门类。拥有理论经济学、应用经济学、工商管理、管理科学与工程 4 个一级学科，其中理论经济学具有一级学科博士学位授予权，理论经济学设有博士后科研流动站。学院有 9 个博士点、18 个硕士点，还有 1 个 MBA 专业学位点。有世界经济、西方经济学 2 个国家重点学科，政治经济学、企业管理为湖北省重点学科。"发展经济学与国际经济发展"项目为国家"211 工程"建设项目。"经济发展研究中心"是教育部 100 所人文社会科学重点研究基地之一。学科专业点详情见表 12-2。

表 12-2　　　　　　　　**1999—2000 年武汉大学商学院学科专业点情况**

类　别	学科专业点名称	数额
有权授予博士、硕士学位的一级学科	理论经济学	1
博士后科研流动站	理论经济学	1
有权授予博士学位的专业	政治经济学、经济思想史、经济史、西方经济学、世界经济、人口、资源与环境经济学、金融学、企业管理、技术经济及管理	9
有权授予硕士学位的专业	政治经济学、经济思想史、经济史、西方经济学、世界经济、人口、资源与环境经济学、金融学、国民经济学、区域经济学、财政学、产业经济学、国际贸易学、数量经济学、管理科学与工程、技术经济及管理、会计学、企业管理、旅游管理	18
有权授予专业学位的专业	工商管理硕士（MBA）	1
本科专业	经济学基地班、数理经济试验班、国际经济与贸易、金融学、数理金融试验班、财政学、保险、工商管理、工程管理、人力资源管理、市场营销、会计学、财务管理、旅游管理	14
国家重点学科	世界经济、西方经济学	2
湖北省重点学科	政治经济学、企业管理	2

（二）人才培养情况

学院以本科以上学历教育为主，培养德、智、体全面发展，理论基础扎实，知识面宽，有创新精神和实践能力的高级经济、管理专门人才。

以本科专业中经济学基地班（国家经济学基础科学人才培养基地）为例，该专业立足本土，引进国际现代经济学教育规范，对学生进行以政治经济学和西方经济学为核心的严格的现代化经济学训练；着重通过现代经济学教育使学生打下坚实的基础，掌握马克思主义经济学和西方现代经济学的基本理论，掌握现代经济学的主要分析方法（如数理分析和计量分析方法），并能够理论联系实际，运用现代经济学理论分析、解决实际经济问题，有较高的外语水平和较强的计算机运用能力。培养适应中国现代化建设和当代经济学教育发展的需要，理论基础扎实、知识面宽、适应能力和实际工作能力强、富有创新精神的高级专门人才。

学院在着重抓好本科生、硕士研究生、博士研究生教育的同时，还努力发展 MBA 教育、成人教育及结合社会需要在相关专业开设了函授班及硕士班，体现了教育形式的多元化。以 MBA 教育为例，武汉大学自 1994 年开始招收培养 MBA，2000 年成立 MBA 联合会，商学院以其特有的综合优势，根据 MBA 教育的特点，适应 21 世纪对 MBA 人才的需求，始终坚持以"培养 MBA 能力"为中心，不断加大人力、物力、财力，在教学内容、教学方法与手段、教学管理方面等进行探索与改革，逐步形成了改革创新、求真务实、管理规范、注重 MBA 能力培养的教育特点，为政府、金融界、企业界培养出了一批高层次的管理人才。

在成人教育方面，商学院开设了国际经济与贸易、电子商务、国际商务、会计学、经济信息管理、市场营销、工商管理、人力资源管理、物流管理、旅游管理等专业，是武汉大学成人教育开设专业最多的学院之一。依托学院教学资源和师资力量，学院培养了一大批经济建设和社会管理专业人才。

从 2000 年开始，中法经济双学士学位班由经济与管理学院世界经济系专门负责承办。

面对严峻的就业形势，学院以服务学生、服务企业和服务社会为宗旨，从上到下积极全面地参与毕业生就业工作。一方面，学院多次举办就业指导讲座，主动联系大型招聘单位来校招聘，为学生就业积极创造条件；另一方面，积极引导学生树立正确的成才观和就业观，鼓励学生到基层就业，努力实现毕业生充分就业。

1999—2000 年两年之内，学院共毕业本科生 973 人、硕士研究生 437 人、博士研究生 85 人。历届毕业生都具有良好的思想素质和业务素质，在政界、学界、商界以及其他各界作出了可喜成绩，涌现出一批杰出人才。

三、教师队伍建设与科学研究

（一）教师队伍建设

为促进教师队伍整体水平的提高，学院狠抓创新学术团队建设与中青年骨干教师的培养，努力构建定位明确、层次清晰、衔接紧密、促进优秀人才可持续发展的培养和支持体系。到 2000 年，学院已基本建成了一支思想素质好、结构合理、学历层次和学术水平较高的教师队伍，拥有一定数量的国内知名学科带头人。

2000 年，商学院有博士生导师 46 人、教授 73 人、副教授 83 人。此外还聘请了张培刚、董辅礽及诺贝尔经济学奖获得者米勒等国内外著名专家、学者为兼职或客座教授。是年，严清华、江春、卢洪友获批享受国务院政府特殊津贴。

为了以教学带动科研，以科研促进教学，学院采用了奖惩分明的教师激励措施。对连续两年无任何科研成果的教师，通过扣发岗位津贴等措施，促使其转岗。这是当时商学院出台的一系列师资队伍建设的措施之一。学院对 13 门本科生主干课程进行竞聘任课，由 200 多个教师竞争，要求本科生给所有上课的教师评估打分。学院对每年教学效果评估前 10 名的教师实行奖励，以 1.5 系数计算该课程教学工作量，并对连续 3 年均名列教学评估前 10 位的教师，给予优先增加一级工资的奖励；对教学评估打分不及格的，按 0.9 分系数计算该课程教学工作量；连续 3 次评估不及格者，取消其对该课程的任教资格。同时，学院要求教师放宽眼界，与国内外广泛接触，积极参加学术活动，力争进入本专业领域的学术核心圈。学院支持骨干教师到国内高校国家级、省级重点学科做访问学者，积极开展学术交流活动，形成浓厚的学术氛围。采取"走出去、请进来"等多种方式，打通开放式培养人才的绿色通道。学院规定每年每个教师必须参加一次学术会议；3~4 年无出国经历者不能提职称。由于上述措施的出台和兑现，在商学院教师中形成了人人重视本科教学质量，科研与教学并重，人人有危机感和紧迫感的局面。

（二）科学研究

1999—2000 年，商学院在科学研究方面取得了丰硕成果。1999 年，学院教师独著、合著及参编的著作和教材达到 35 部；2000 年，更是达到 75 部。例如：1999 年，陈恕祥主编的《马克思主义政治经济学原理》由高等教育出版社出版，甘碧群主编的《国际市场营销学》由武汉大学出版社出版，伍新木主编的《跨世纪的迁徙：三峡工程百万大移民》由湖北人民出版社出版；2000 年，谭崇台主编的《发展经济学》由山西经济出版社出版，辜胜阻、刘传江主编的《人口流动与农村城镇化的战略管理》由华中理工大学出版社出版，郭熙保主编的《经济发展：理论与对策》由中国社会科学出版社出版等。1999 年，全院教师公开发表论文达 500 余篇；2000 年，更是达到 600 余篇。其中，很多论文发表在《人民日报》《光明日报》《经济日报》理论版，以及《经济研究》《管理世界》《世界经济》等权威期刊上，产生了良好的学术影响。

1999 年，商学院发表论文人均数及在权威期刊上发表论文总数居全校第一；出版学术著作居全校第一；《经济评论》发表学术论文被引载率高，1999 年被评为"第三届湖北省优秀期刊"；一批科研成果获得国家奖励；一批优秀学术论文在国家权威性期刊和国外重要学术期刊发表或在国际学术会议上宣读并被收录入论文集[①]。

除著书立说之外，商学院教师还承担了大量国家级、省部级科研项目。例如：1999 年，曾国安获国家社会科学基金项目《西方住房与我国住房改革研究》，王德祥获国家社会科学基金项目《当代世界金融危机的特点与趋势》，庄子银获国家社会科学基金项目《知识经济、高新技术产业发展与未来中国的国际竞争力研究》；简新华获国家自然

---

① 转引自《武汉大学校友通讯（2000）》，第 12 页。

科学基金项目《人口流动与社会稳定》，刘传江获国家自然科学基金项目《小城镇建设管理与可持续发展研究》。2000 年，谭崇台获国家社会科学基金项目《发达国家发展初期历史经验与发展中国家发展道路比较研究》，郭熙保获国家社会科学基金项目《21 世纪初后发展优势问题与对策研究》，吴先明获国家社会科学基金项目《经济全球化条件中国企业对外直接投资的动因和条件》，关培兰获国家社会科学基金项目《整体性人力资源开发战略与评价体系研究》等。

此外，教师们还承担了大量的横向研究课题。例如，1999 年，简新华承担了《武汉市人口管理的对策研究》，严清华承担了《湖北省第三产业发展战略与对策研究》，赵锡斌承担了《丝宝集团现代管理与对外合作方式研究》等课题，全院当年承担横向课题到账经费达 107 万元；2000 年，黄兆银承担了《加入 WTO 对武汉市高新技术产业的影响与对策研究》，周茂荣、张彬承担了《武汉矿业公司"十五"发展战略研究》，张薇承担了襄樊市、枣阳市旅游发展总体规划等课题。

四、对外交流与社会服务

（一）对外交流

商学院成立后，开展了广泛的国内外学术交流活动。在国内学术交流方面，邀请国内知名学者和专家前来讲学，设立博士后流动站吸收其他高校的研究人员前来作博士后研究。同时，派遣本院具有博士学位的中青年教师到国内其他高校作博士后研究或访问研究，鼓励并支持本院教师参加国内学术会议。本院的部分知名教授还经常被聘请到其他高校讲学并任兼职教授。在国际学术交流方面，1999—2000 年，商学院邀请了美国杜肯大学商学院院长斯达尔德（James Stalder）教授，世界银行高级经济学家郑康彬，英国诺森比亚大学副校长 Tony Dickson，法国马赛高等商学院杜海教授，德国敏斯特大学社会保障专家斯泰米因尔教授，荷兰蒂尔堡大学 Hans Gremmen 和 B. Buiten Kamp 等在内的一批国外知名学者前来讲学。与此同时，学院大力支持本院教师积极申报国家留学基金项目及其他国际项目，争取更多的出国交流机会。马颖在 1998 年 10 月至 2000 年 8 月期间先后在德国杜伊斯堡大学（University of Duisburg）、美国哈佛大学（Harvard University）等国际知名学府作访问研究。1999 年，邹薇赴美国哈佛大学燕京研究院做访问研究；颜鹏飞获欧盟项目资助，与英国伦敦都市大学（The City University of London）、德国特里尔大学（Trier University）作为期半年的访问与合作研究；齐绍洲赴法国马恩河谷大学（University of Marne-la-Vallée）作访问研究；杨培雷赴德国杜伊斯堡大学作访问研究；郭均英赴新西兰奥克兰大学（The University of Auckland）进修；余建年赴荷兰鹿特丹大学（Erasmus University Rotterdam）作访问研究。2000 年，黄宪赴英国诺森堡大学（University of Northumbria）纽卡斯尔商学院作访问研究；张平赴加拿大阿尔伯塔大学（University of Alberta）作访问研究；刘光杰赴法国、德国访问考察。这一系列的学术交流活动，让本院的教师接触到了相关领域最新的国内外研究成果，把握了国内外学术动态，搜集了丰富的科研及教学素材，对于科研和教学水平的提高起到了积极的促进作用。与此同时，广泛的国内外学术交流活动也提高了学院教师在相关领域的学术影响。

（二）社会服务

商学院的教师们在完成教学任务、努力从事科研的同时还注重发挥各所在学科的智力优势，体现服务社会的功能。1999—2000 年，学院许多教师担任了省市、企业及大中型建设项目的顾问，为各级政府决策部门及企业提供咨询服务。

辜胜阻时任武汉市副市长及全国政协常委等职，1999—2000 年，他先后在全国政协大会、全国政协常委会上做了包括"推进我国民营科技企业大发展的十条建议""发展小城镇是我国跨世纪的重大战略举措""通过科技进步和资产重组保证我国证券市场健康发展""利用资本市场发展我国新技术产业""迎接知识经济挑战，推进农业技术进步""正确处理国有企业技术创新中的十大关系""农村城镇化是西部开发的重大战略性工程""推进我国环保产业发展的对策思考"等在内的 13 次发言。2000 年，辜胜阻"建设横贯东西的沿江铁路大通道是西部开发的重中之重"的提案获全国政协优秀提案奖。他的发言及提案内容十分丰富、广泛，紧扣社会经济现实，对我国社会经济发展过程中的某些关乎国计民生的重点、热点问题从一个经济学研究者的视角做出了思考，这些发言后来均在《人民日报》《经济日报》《金融研究》《中国软科学》等国家级权威、核心报刊上公开发表，产生了很好的学术影响和社会影响。

2000 年 10 月 28—29 日，武汉市人民政府召开以"新世纪的武汉——发展战略与对策"为主题的国际咨询顾问团会议，刘光杰、甘碧群、周茂荣、伍新木、严清华、曾国安出席会议并分别提供了题为《21 世纪武汉战略地位浅析》《利用我国加入 WTO 的时机，加速 21 世纪武汉经济发展的对策思路》《努力把握入世机遇，更好融入全球化大潮》《21 世纪武汉的战略定位与发展取向》《西部大开发给武汉带来的机遇、挑战及对应策略》《论武汉市主导产业部门的选择与产业结构调整的政策思路》的咨询报告和论文，周茂荣、伍新木在大会上做了主题发言，产生了积极影响。

1999 年，由赵锡斌、谭力文主编，武汉大学出版社出版的《现代企业管理创新初探——丝宝集团十年超常发展的实证分析》一书正式出版。这是受丝宝集团委托，由赵锡斌主持的研究与咨询项目的成果汇编。书中编辑了中国社会科学院、北京大学、清华大学、中国人民大学、南京大学、中山大学、武汉大学、华中理工大学、武汉理工大学、中南财经大学等多名专家学者对丝宝集团管理创新的经验总结和咨询的研究成果，并于 1999 年 10 月 10—12 日，由赵锡斌主持在武汉大学召开了全国性的高层学术研讨会，北京和湖北省各媒体均有报道。此项研究咨询活动对提升丝宝集团的社会形象起了重要作用，也为丝宝集团与武汉大学商学院的长期合作打下了坚实的基础。

此外，还有许多教师为各级政府决策机关、行政机关及企业提供了大量有价值的咨询服务及报告，充分体现了智力优势，理论联系实际地探讨和解决了我国经济建设中面临的一系列社会经济问题，在为国家和地方经济建设服务的同时，也产生了良好的学术影响和社会影响。

五、学生工作与素质教育

此时的学生工作以素质教育为特色,学院牢固树立了"以学生为本""一切为了学生"的教育理念,坚持以抓素质教育带动管理和以管理促进育人的工作方法,促进了文明院风、良好学风的形成。此时学生工作的特色是:以党校为主渠道和以青年志愿者活动为形式,进行学生政治思想素质教育塑造人;以科技、文化、体育和心理教育活动为内容,进行人文素质教育健全人;以专业、社团、技能比赛为载体,进行职业素质教育丰富人;以文明行为规范、个人与环境卫生为要求,进行养成教育培育人,形成了我院学生综合素质教育体系。1999—2000学年度,商学院98级保险学专业团支部被评为武汉大学模范团支部,1997级国际贸易专业团支部被评为武汉大学先进团支部。

学院不仅重视学生的政治思想素质培养,而且重视学生的人文素质培养。院系结合各专业培养目标,鼓励学生选修20世纪中外文学名著鉴赏、《四库全书》与中国文化、阿拉伯世界的历史、现状与前景、大学生求职方法与技巧、大学生心理健康、大学语文、当代国际关系与中国外交、法律理念与法律意识、古籍鉴赏、汉语的词汇与文化、后现代主义文化思潮、简明世界史、建筑与音乐等多门文化素质教育选修课,院学生会还不定期地邀请校内外专家学者举办人文、社会科学和自然科学素质教育系列讲座,为学生人文素质养成提供了平台。学院每年举办的节日文艺晚会、专题演讲赛、专题设计大赛等活动更是吸引全体学生参加或观赏。

在学生素质教育工作中,全院重视科技、文化、体育和社会实践活动。积极组织团队参加每年一届的运动会、金秋艺术节、大学生知识竞赛等全校范围的文艺、体育、知识性比赛,学院学生组成的代表队在上述各类比赛中均取得很好成绩。

学院还加强学生的职业素质教育,积极开展第二课堂活动。院系举办的英语演讲大赛、辩论赛、艺术设计大赛等赛事,为学生提供了很好的展现自我风采的机会,同时对激发学生的学习兴趣也起到了很好的作用。

学院的学生社团组织健全,以学生会为中心,下设学习部、体育部、宣传部、文艺部、秘书处、记者团等,为学生综合素质培养提供了平台。党团组织活动成为培养学生思想道德素质的主阵地。学院思想道德教育氛围浓厚,党团组织和各系开展的公民道德教育系列活动以及学雷锋系列活动数年如一日。先后开展了祭扫烈士墓、慰问敬老院、义务家教、义务植树、捡白色垃圾、社区建设服务、无偿献血、"关爱同学生命"特殊捐款活动等,"关爱他人,奉献社会"的文明校风蔚然,学子助人为乐的精神风貌得到充分展示。

第十三章　高校管理体制改革与商学院的进一步调整与融合（2001—2005 年）

自 20 世纪末开始，中国掀起了高校管理体制改革的高潮。2000 年 8 月 2 日，经国务院批准，分属于教育部、国家电力公司、国家测绘总局和湖北省的武汉大学、武汉水利电力大学、武汉测绘科技大学和湖北医科大学合并组建新的武汉大学。2001 年 1 月，由原武汉大学商学院、原武汉水利电力大学经济管理学院、原武汉测绘科技大学人文管理学院市场营销专业合并调整，组建了新的武汉大学商学院，新的武汉大学商学院的建设与发展由此揭开了新的篇章。

一、高等教育管理体制改革与四校合并

中国高等教育管理体制改革始于 20 世纪 90 年代初期，这次改革的缘起是当时中国的高等教育存在着严重的条块分割、重复办学的问题，为了优势互补，实现教育资源的合理重组、配置和充分利用，通过"共建、调整、合作、合并"等多种形式，在全国范围内进行了一场堪称"又一次高校院系大调整"的高等教育管理体制改革。

新武汉大学的合并调整时间是 2000 年，经国务院批准，原武汉大学、武汉水利电力大学、武汉测绘科技大学和湖北医科大学四校合并，组建成新的武汉大学。

新武汉大学是教育部直属的重点综合性大学，由教育部和湖北省实行共建，其目标是建设成为国内外知名的高水平大学。新武汉大学优势互补，学科更加齐全，包括文学、法学、理学、工学、农学、医学、历史学、经济学、管理学、哲学、教育学等 11 大门类。有 117 个本科专业，189 个硕士学位授权专业，99 个博士学位授权专业，11 个博士后科研流动站。其中有国家重点学科 11 个，国家重点实验室和专业实验室 5 个，国家工程技术研究中心 2 个，已建和在建的国家重点文科研究基地 6 个，国家级人才培养基地 7 个。新武汉大学名师云集，拥有一支力量更加雄厚、结构更加合理的师资队伍。学校 3500 余名专任教师中，有正副教授近 2000 人、博士生导师 400 余人，中国科学院院士 5 人，中国工程院院士 5 人，欧亚科学院院士 2 人。在校学生 4 万余人，其中

研究生 6000 余人。

合校后，学校占地面积 5400 余亩，汇聚了三所国家"211 工程"重点大学和一所省属重点大学。新武汉大学打破院系、专业之间的界限，开展跨学科人才培养。在全国首创中法经济、人文科学等 17 个跨学科试验班，采取打通培养、合并专业、统一设置课程、综合交叉试验等措施，目标是培养大批能应对经济全球化、知识综合化、与国际接轨的高素质复合型人才。新武汉大学研究生教育推行以两年制为基础的弹性学制，改变招生考试"一锤定音"的传统做法，增加复试比重等，这些举措都成为武汉大学研究生培养质量的"助推剂"。新武汉大学领导班子提出了"大学科"建设思想，组建跨学科、多层次、高起点的学科群，把人才培养、科学研究、队伍建设与创新平台建设、学术环境建设、学术管理等纳入学科建设大系统，形成学科建设的系统工程。学校根据不同的学科交叉情况，设立了社会科学群落、人文学科群落、工程科学群落等 10 个学科群。

二、新商学院的组建及其发展思路的形成

2000 年 12 月，根据国务院和国家教育部的要求，为实现四校合并后的实质性融合和优势互补，优化办学资源配置，促进学科专业的建设与发展，在广泛征求意见、深入调查研究的基础上，学校决定将原四校的院系调整重组为 6 个学部、28 个学院。由原武汉大学商学院、原武汉水利电力大学经济管理学院（信息管理与信息系统专业部分除外）、原武汉测绘科技大学人文管理学院市场营销专业部分合并组成新的武汉大学商学院。内设本科专业：经济学、国际经济与贸易、金融学、保险学、财政学、工商管理、市场营销、会计学、财务管理、旅游管理、工程管理。

（一）合并前的武汉水利电力大学经济管理学院

武汉水利电力大学经济管理学院成立于 1998 年底，由武汉水利电力大学人文与工商管理学院中的经济系与管理工程系合并组成。

武汉水利电力大学经济系的前身是 1954 年成立的武汉水利学院马列主义教研室下属的政治经济学教研组，1957 年后改为政治经济学教研室。1977 年马列主义教研室改为政治课部，1985 年政治课部又改名为社会科学系，政治经济学教研室建制未变。政治经济学教研室的主要任务是承担学校公共政治理论课的教学任务。1994 年，为适应经济学科的发展，原社会科学系中的政治经济学教研室、会计学教研室、自然辩证法教研室分离出来，另成立经济系，开始招收本科生。

管理工程系的前身是成立于 1983 年的管理工程研究室。1985 年 6 月，管理工程研究室扩大编制，组建为管理工程系（正处级单位），1988 年开始招收本科生。许志方、章少强先后任系主任。1994 年 3 月成立管理工程系党总支，王大星任党总支书记。1996 年 8 月，经济系、政治系、管理工程系合并组成人文与工商管理学院，并成立人文与工商管理学院党委。章少强、黄本笑先后任院长，郝翔、鲁由明先后任院党委书记。

1998 年 12 月，由人文与工商管理学院中的经济系与管理工程系组成经济管理学

院，并成立经济管理学院党委。黄本笑任院长，张平、梁文潮任副院长；何力任院党委书记，李传义、尤传明任院党委副书记。学院下设经济系与管理工程系，经济系下设经济学教研室，会计学教研室，金融学教研室，自然辩证法教研室；管理工程系下设信息管理与信息系统教研室，工程管理教研室，工商管理教研室。另有信息管理、会计模拟二个实验室和一个图书资料室。

学院有在职教师71人，其中教授8人，副教授21人，讲师18人，在高级职称中，95%是博士、硕士研究生毕业。学院正副教授45岁以下的占80%左右。

经济系的本科招生始于1994年，最早招生的本科专业为会计学和贸易经济，先后招生的本科专业或专业方向还有涉外会计、计算机会计、投资经济、经济学、金融学。管理工程系的本科招生始于1988年，最早招生的本科专业为技术经济，先后招生的本科专业或专业方向还有管理信息系统、企业管理、工程管理、工商管理。1988—2000年，以上专业共招收和培养本科生约1700人。

经济学方面的研究生招生始于1981年，专业为政治经济学，至1985年共招收10名硕士研究生，由当时的湖北财经学院授予硕士学位。1986—1989年共招收政治经济学专业硕士研究生13人，由武汉大学经济学院授予硕士学位。1992—1994年共招收工业经济学研究生11人，由本校授予工学硕士学位。1995—2000年招收产业经济学研究生95人。1998年正式获批产业经济学硕士点，自此开始毕业的研究生授予产业经济学硕士学位。管理工程系于1989年开始招收技术经济研究生，由本院工科授予工学硕士学位，1989—1992年共招收硕士研究生15人。1995年，获批管理科学与工程硕士点。1995—2000年共招收硕士研究生217人。1997年以后，设为管理工程和企业管理2个硕士点专业。以上专业累计招收和培养硕士研究生361人。

经济学方面的专科教育起步于1986年，当时所采用的形式是参与武汉水利电力自修大学工业经济专业、审计专业、商业经济管理专业的教学工作。1993年招收商业经济专业专科生，后又相继招收计算机会计和贸易经济专业的专科生。管理工程系于1987年开始招收技术经济专业专科生，后相继招收专科生的专业还有科技情报、市场营销和经济信息管理。以上专业累计招收和培养专科生600多人。

此外，自1984年开始，还参与电力系统全国经理厂长统考培训、电力系统大中型企业领导干部岗位职务培训、电力系统工商管理干部培训工作，共举办各类培训班100多期，培训学员约6000人。

历年来，以上各专业、各教育层次培养了一大批优秀人才，如陈江旭（中国人民银行副行长）、腾为民（渣打银行驻北京办事处首席代表）、杨新年（武汉市科技局局长）、涂山峰（武汉市委办公厅主任）、骆民强（湖北襄樊市副市长、襄樊发电有限公司总经理）、袁乐平（湖南中南大学经济学教授、博导）、张羡崇（四川省电力公司党委书记）、朱长林（四川省电力公司总经理）、毛日峰（江西省电力公司总经理）、王力军（华能集团华中分公司总经理）等。

在培养人才的同时，教师们在科研方面也做了大量工作，并取得丰硕成果。改革开放初期，教师们较早研究社会主义商品经济，乡镇企业发展问题，曾发表多篇论文，随后进行了有特色的长江学研究，能源与电力经济研究，电力企业信息化管理研究，工程管理研究，社会主义市场经济理论，电力系统经济法研究，发表多篇论文和专著。据不完全统计，累计发表论文近 300 篇，出版教材、专著近 100 本，科研经费逐年提高，从每年几万元增长到十几万元，再到几十万元，1997—2000 年每年科研经费近 200 万元。

（二）合并前的武汉测绘科技大学经济管理教育与市场营销专业

武汉测绘科技大学经济管理学科的前身是 1954 年成立的武汉测绘学院马列主义教研室下的政治经济学教研组，1957 年改为政治经济学教研室。1985 年在政治经济学教研室的基础上组建成立经济管理教研室，初期学校从航测系抽调李荣兴、胡志斌负责筹备工作。按照当时国家教委和国家经委等几部门联合文件的精神，开展全校非管理专业管理课程的教学。1994 年，为适应社会主义市场经济发展的需要，在经济管理教研室的基础上，增建市场营销教研室。

1995 年，武汉测绘科技大学整合学校相关人文社会科学教学和研究机构，成立了人文管理学院，同时成立了学院党总支。1995—2000 年，蒋献光、余仰涛、王新山先后任院长，夏建国、张慧岚、袁泽沛先后任副院长。邢宣兵、余仰涛、王新山先后兼任学院党总支书记，张玉琼、黄治国先后任党总支副书记。

学院下设政治经济学、马列主义哲学、思想品德教育、经济与管理、市场营销、中文、艺术八个教研室和一个具有"思想政治教育"硕士授予权的思想政治教育研究所（所长张世汶），图书资料室、艺术教育中心和人文管理实验中心各一个。有教师 58 人，其中归属管理学科的在职教师 18 人，教授 1 人，副教授 5 人，讲师 6 人。

1999 年在国家测绘局建议下，学校成立由时任校党委书记张世汶任主任的"测绘管理与发展研究中心"，陈明、袁泽沛任副主任。1999 年开始向湖北省学位办申报工商管理硕士授予权，同时部分工商管理专业教授、副教授开始在学校其他专业下指导"工商管理"方向研究生 3 人。

武汉测绘科技大学工商管理类招生始于 1994 年，这一年以人文管理学院市场营销教研室、经济管理教研室、政治经济学教研室为主，开始举办市场营销专业，并于当年面向全国招收 2 年制大专班学生，1995 年招收 3 年制大专班学生，共计 89 人。从 1996年开始，面向全国招收市场营销专业本科生，自此每年招生该专业学生 2~4 个班，到 2000 年 9 月共招生 601 人。其间，1998 年举办工商管理四年制本科"封闭班"，招收 78 人。这一年，同时设置"工商管理"和"电子商务"四年制自考社会助学班，并且开始招生，到 2000 年共计招收在册学生 1800 余人，在校学生达 900 余人。

学院除了主办市场营销等本科专业，承担全校马克思主义理论课、大学语文、艺术等课程的教学以外，还承担了全校非管理专业管理课程的教学，主要为测绘类专业开出《测绘管理科学基础》和非测绘专业开设《工业企业管理》《印刷企业管理》《技术经济分析》《城市组织与管理》等课程。同时，几个专业教研室老师还与学校光仪系、印刷系、城建学院等院系老师合作指导工程专业的学生毕业设计，开展了"双学位模式"培养实验。

此外，为了适应计划经济向市场经济的转变，国家测绘局全面推行了"事业单位企业化管理"，从 1985 年开始，学校开展了为国家测绘局培养测绘管理方面人才的工作。前后在校内、国家测绘局无锡培训基地、各省测绘局主办"全面质量管理"、测绘系统大队长级管理干部、测绘系统局级党政干部、全国测绘局长学习班等各类培训班和测绘管理专业证书班多期，培训学员 1200 余人。

在专业建设和人才培养的同时，工商管理专业教师在科研方面也取得可喜成果。重点开展了测绘经济管理理论与方法、测绘项目管理和招投标、产业组织与测绘市场、IT 及基础信息建设等方面的研究，承担和完成了多项国家测绘局和省市的相关科研课题的研究工作。据不完全统计，到 2000 年，工商管理专业教师共公开发表论文 160 余篇，出版教材和著作 10 部。武汉测绘科技大学经济管理教育和市场营销专业在学校从专业学院向综合性大学转变过程中，发挥了重要作用。

（三）合并后商学院的机构设置与基本情况

2001 年 1 月，周茂荣任新武汉大学商学院院长，谭力文、张秀生、黄宪、童光荣、黄本笑、黄宜新任副院长，同年 4 月增补袁泽沛任副院长；贺发和任党委书记，张琦、董有明、尤传明任副书记。2003 年 2 月，学校党委通过在全校范围内竞争上岗、公开选拔的方式产生了新任商学院党委书记人选，尤传明任商学院党委书记。2004 年 11 月，李继龙接替黄宜新任商学院副院长。

新的商学院设 10 个系，分别为：经济学系、世界经济系、金融学系、保险与精算系、数量经济与数理金融系、管理科学与工程系、工商管理系、市场营销系、会计系、旅游管理系；设 4 个研究所，分别为：美国加拿大经济研究所、经济研究所、发展经济学研究所、技术经济及管理研究所；另设有若干个研究中心以及图书分馆、实验中心、《经济评论》杂志社等。新的商学院机构设置及主要负责人见表 13-1。

表 13-1　　　　　　　　　**2001 年商学院机构设置及主要负责人**

	机　　构	主要负责人
系	经济学系	主任：严清华；副主任：曾国安、张　萍、邹　薇
	世界经济系	主任：张　彬；副主任：张建清、黄兆银
	金融学系	主任：叶永刚；副主任：刘思跃、张东祥
	财政与税收系	主任：卢洪友
	保险与精算系	主任：魏华林；副主任：胡炳志、李　琼
	数量经济与数理金融系	主任：邹恒甫；副主任：张定胜
	管理科学与工程	主任：徐　莉；副主任：范如国、刘　伟
	工商管理系	主任：李燕萍；副主任：吴先明、王学军、余艳琴
	市场营销系	主任：景奉杰；副主任：黄　静、汪　涛
	会计系	主任：王永海；副主任：卢雁影、余玉苗、谢获宝
	旅游管理系	主任：张　薇；副主任：熊元斌、谭白英

	机 构	主要负责人
所	美国加拿大经济研究所	所长：陈继勇；副所长：林 玲
	经济研究所	所长：辜胜阻；副所长：简新华、刘传江
	发展经济学研究所	所长：谭崇台；副所长：郭熙保、邹 薇（兼）
	技术经济及管理研究所	所长：徐绪松；副所长：刘 伟（兼）
其他机构	图书分馆	馆长：姚秀群；副馆长：黄春姣、朱静一
	实验中心	主任：尤赤矶；副主任：郭 华
	《经济评论》杂志社	主编：王 冰；副主编：曾国安、刘传江

新商学院涵盖经济学、管理学两个学科门类。有理论经济学、应用经济学、管理科学与工程、工商管理4个一级学科，其中理论经济学具有一级学科博士学位授予权并设有博士后科研流动站。有政治经济学、经济思想史、经济史、西方经济学、世界经济、人口资源与环境经济学、企业管理、金融学、技术经济及管理等9个博士点，18个硕士点，还有一个工商管理硕士（MBA）专业学科点。世界经济、西方经济学为国家重点学科；政治经济学、企业管理为湖北省重点学科；"发展经济学与国际经济发展"项目为国家"211工程"建设项目。"经济发展研究中心"是教育部100所人文社会科学重点研究基地之一。

合并初期全院共有教职工314人，其中专任教师244人。教师中的教授达到76名（博士生导师39名），副教授90名，在教师中具有博士学位者共73人，占32.8%，还有39人正在在职攻读博士学位。

新商学院有12个本科专业，还有国家经济学基础人才培养基地、国际数理经济试验班、国际数理金融试验班、国际经济与贸易中法双学士学位班。1999年，在读本科生3540人，硕士生1370人，博士生190人，成教本、专科学生4200人。

（四）新商学院发展思路的形成

2001年8月25—29日，新的武汉大学商学院赴咸宁召开党政联席会议和党政联席会议扩大会议，专题研讨学院今后的建设与发展，制订了合并—整合—融合—发展的建设与发展思路，部署了2001—2002学年的学院工作计划。会议达成共识，认为合并组建的新商学院规模大、实力强，但面临的压力也大，困难更多，学院在今后一段时间面临的主要任务是：在办学上，做到规模适度、结构合理、质量上乘、效益最优，稳定压缩本科与成人教育，大力发展研究生教育；在管理上，理顺关系、建章立制，照章办事、探索创新；在学科建设上，实现经济学科与管理学科并重、理论研究与应用研究结合；在队伍建设上，处理好调整、稳定、提高、引进之间的关系。学院的办学方向是"调整稳定成教，提高本科教育，扩大研究生教育，重点是利用全院资源加强MBA教育"。重申以学科建设为龙头，经济、管理两大学科并重，扶持新兴学科的学科建设指导思想。并明确了两个学科门类的协调人，即明确周茂荣院长为经济学科发展协调人，谭力文副院长为管理学科发展协调人，强调加强教师队伍建设。

继"咸宁会议"之后，2002年8月19—22日，学院领导班子在东湖宾馆召开会议，进一步提出正确处理好改革、发展与稳定的关系，正确处理好重点突破与全面推进之间的关系，正确处理好规模、结构、质量、效益之间的关系，会议上将学院的发展目标概括为"建成一栋大楼，建立一套机制，培养一支高水平的队伍，形成一种好的院风"。强调充分发挥两大学科交叉融合、资源共享的优势，使两大学科协调发展，形成自己的特色，具有"制高点"；初步形成一支结构合理、水平较高的师资队伍，使教学质量明显提高，科研实力显著提升；初步建立并完善一套内部团结、能充分调动各方面积极性的好的机制；办学条件明显改善，建成新的商学大楼。为实现这一目标，学院提出"十五"期间学科建设的目标是一级学科博士学位授权点达到3个，博士后科研流动站达到2~3个，国家重点学科达到4~5个，坚持两大学科并重，注重扶持新兴学科的发展；师资队伍建设中加大引进、派出、培训力度，探索人才引进和退出机制，5年内使教师中博士学位拥有比例达45%以上，5年内具有出国（境）活动才能晋升高一级职务，教师中连续3年无任何科研成果者扣发岗位津贴并促使其转岗；启动"质量工程"，加强精品名师课程建设，鼓励名师博导走进本科生教学课堂，加大双语教学力度；加强科研团队建设，加大科研奖励力度，办好博导论坛、中青年学者学术论坛，营造浓厚的学术氛围；完善管理体制与实行机制，设立"常务副院长"，明确谭力文为学院常务副院长，协调管理学科的对内整合和对外交流；促进商学大楼破土动工和尽早竣工。

"咸宁会议"与"东湖会议"两次会议的召开为新的商学院统一思想、明确目标起到了积极的作用，标志着新商学院发展思路的形成，为学院合并—整合融合—发展的战略目标的实现创造了有利条件。

在两次会议的基础上，2002年12月27—28日，新商学院召开了第一次教职工代表和工会会员代表大会，会议以加大改革力度为基调，以讨论制定"十五"发展规划为主题，以健全机制为重点，讨论了《院长工作报告》，审议通过了《商学院年终分配办法》及教学工作量计算办法、科研奖励办法等文件，在校内首次提出并制定了《商学院教师师德行为规范细则》。这次会议在全院范围内统一了思想，调动了全体教职工的积极性，使新商学院发展思路得到进一步完善并得教职工的认可，为融合后商学院新气象的出现奠定了坚实的基础。

三、新商学院的教师队伍建设与学科发展

（一）教师队伍建设

学院建立之初即已清醒地认识到在师资队伍建设方面还存在许多比较突出的问题，如：虽然按生师比学院教师缺编，但高级职称已超岗，结构不尽合理；教师中有博士学位者的比例太低，学历学位结构亟待提高；教师中领军人才与拔尖人才太少，科研团队

意识与协作精神亟待增强；年轻教师中有少部分人缺乏压力感、紧迫感；外语不强和数学、统计学知识不足，适应不了中国经济学、管理学越来越与国际接轨、越来越向定量研究方向发展的需要，研究方法亟待更新等。

学院对上述状况予以高度重视，有针对性地采用了一系列积极措施，如：（1）引进高水平博士与博士后，进一步充实、扩大、增强学院专任教师队伍；（2）继续鼓励年轻教师攻读学位；到"十五"末教师中具有博士学位比例达60%以上；（3）加大培训力度，采取措施提高教师的外语水平和定量研究能力，先后派教师到外校学习SAS和SPSS操作系统，然后回来负责对院内教师和博士生进行培训；（4）举办"博导论坛"和"青年学者论坛"，营造浓厚的学术氛围，为现有年轻教师中的拔尖人才脱颖而出创造条件；（5）通过改革，建立和强化退出机制，为引进高水平人才创造条件。

2001—2004年期间，学院通过各种途径充实师资队伍，全院新增教师29名，其中选留和从校外引进的毕业博士19人；同时鼓励（在某种程度上甚至是"迫使"）有条件的年轻教师攻读硕士、博士学位，仅2002年上半年有22位教师考上了在职博士生，下半年又有10多人报考。另外，学院积极鼓励教师出国进修学习，如2002年共派出9名教师分别到美英等国进修学习，经2002年度国家留学基金评审我院有4位教师获准出国进修学习。

2004—2005年期间，全院新增博士生导师6人，推荐了6名教师晋升为教授，8名教师晋升为副教授，选留博士8人，其中博士后1人，引进法国归国博士1人、美国归国博士2人、日本归国博士1人。另外，学院加强了对师资队伍培养的力度，积极为青年教师出国进修创造条件，2005年选派了余玉苗、马红霞、侯伟丽等教师出国访问、进修。

2001—2005年，商学院学术骨干获得了多项荣誉称号，如：2001年、2002年，谭力文、简新华分别获得国务院特殊津贴；2002年、2004年，邹薇、辜胜阻先后成为第五届教育部科学技术委员会成员；2003年，顾海良成为第五届国务院学位委员会学科评议组成员；2003年谭崇台当选武汉大学人文社科资深教授；2004年，江春、刘传江、曾国安、邹薇成为当年教育部"新世纪优秀人才支持计划"入选者；2004年，邹恒甫成为"长江学者奖励计划"特聘教授；2005年，李燕萍成为2005年度教育部"新世纪优秀人才支持计划"入选者。

经过5年的持续努力，学院师资队伍年龄日趋合理、结构逐渐优化、整体水平不断提高，中青年教师逐步成为教学、科研的骨干力量。

（二）学科发展

新商学院在融合发展过程中，始终坚持以学科建设为龙头，不断谋求学科新发展。尤其在2004年，在学院融合稳定的目标基本实现的基础上，学院在学校"大学科建设"思想的指导下，以制定学科建设"十一五"发展规划为契机，对全院各学科进行了一次认真的调研与摸底。2004年12月17—28日，学院党政班子全体成员对全院10个系、所属的19个硕士专业，14个博士专业逐一进行了深入的调研。通过调研、座谈，各学科专业弄清了各自的现状、所处的地位，明确今后的发展方向并制定了具体的对策措施。在此基础上，拟定了学院和系所学科建设"十一五"发展规划，为学院的进一步发展奠定了坚实的基础。

2001—2005 年，学院的学科建设取得长足进步，获批了一大批学科专业点。表13-2 是此间新获批的学科专业点的情况。

表 13-2　　　　　　　　**2001—2005 年商学院新获批学科专业点概况**

序号	学科专业点	新获批学科专业及时间
1	本科专业	财政学（2001）、金融工程（2002）、电子商务（2002）、物流管理（2003）
2	硕士点	金融工程（2003）、市场营销（2005）
3	博士点	国际贸易学（2002）、管理科学与工程（2003）、会计学（2003）、市场营销（2004）、产业经济学（2005）
4	国家重点学科	西方经济学、世界经济（均为 2002）
5	湖北省重点学科	政治经济学、经济思想史、金融学（含：保险学）、企业管理（含：财务管理、市场营销、人力资源管理）、技术经济及管理（均为 2003）
6	博士后流动站	工商管理（2003）
7	专业硕士学位点	会计学（MPAcc）（2003）、MPM（2003）
8	高校教师在职攻读硕士学位专业点	政治经济学、西方经济学、世界经济（均为 2003）；金融学、管理科学与工程、项目管理（均为 2004）

此外，学院在保持原有的国家级重点研究基地的基础上，新增人口·资源·环境经济研究中心为湖北省人文社会科学重点研究基地，获批金融研究所、战略管理研究所、人口·资源·环境经济研究中心、会计信息质量研究中心、经济思想史研究所等 5 个校级重点研究基地。

此间学院继续承担了"十五""211 工程"建设项目的建设。由周茂荣主持的武汉大学"十五""211 工程"建设项目"发展经济学的新发展与经济全球化"于 2002 年通过教育部预审立项，2003 年经国家发改委批复同意正式成为"十五"期间"211 工程"建设子项目。此项目是"九五"期间"211 工程"建设项目"发展经济学与国际经济发展"的续建项目。2005 年，学院启动了投入资金达 1250 万元的"985 工程"二期项目"中国经济发展与国际竞争力"，为经济学与管理学两大门类学科的建设搭建了良好的平台。学院还依托"985 工程"二期建设项目，组建了中国经济发展与国际竞争力研究中心。通过这些项目的建设，使学院的学科发展上了一个新的台阶。

（三）教师的科学研究

科学研究是学科建设的重要内容与具体表现。合并初期，学院认真分析了教师科学研究方面存在的问题与不足，如：缺乏重大项目和有重大影响的成果；学术氛围尚不浓厚，部分教师缺少压力和缺乏紧迫感；部分学科在其学科领域内还未"入围"，尤其未进入学术"核心圈"；个别学科对本学科发展前沿"若明若暗"。针对这些问题与不足，学院提出了提升科研能力与质量的七大措施：（1）以老带青，帮助青年教师尽快明确研究方向并予以指导；（2）加大奖励力度并制定合理的约束机制；（3）继续办好博导论坛、中青年学者论坛，营造学术氛围；（4）筹集资金资助高水平学术著作的出版；（5）利用经济、管理两大学科的交叉优势，策划申报重大项目，争取更多纵横向课题；（6）制定严格标准，充分发挥博士后、博士生和研究生在科研方面的生力军作用；（7）将学院创办管理学科期刊的申办提上议事日程。

2002年12月27日和2003年2月28日，学院与学校社科部联合召开座谈会探讨武汉大学及商学院人文社科研究的后备力量及创新发展问题。

5年间，商学院充分利用经济与管理两大学科的综合优势，努力形成科研团队，力争申报承接大型纵向、横向课题，并切实资助课题申报，获批了一大批科研项目。

2001—2005年，共获批国家社会科学基金项目19项。其中，国家社会科学基金重大招标项目2项，分别是2005年获批的简新华和辜胜阻的《工业化和城市化过程中的农民工问题研究》、曾国安的《调整国民收入分配、逐步解决地区之间和部分社会成员收入差距过大的若干重大问题研究》；国家社会科学基金重点研究项目1项，即2004年获批的王祖祥的《中国收入不平等指数（含基尼系数）研究》。其余16项均为国家社会科学基金一般项目和青年项目，分别是：2001年获批的乔洪武的《当代西方经济理论思想研究》、简新华的《经济发展新阶段的城市化问题研究》、李燕萍的《知识经济时代人力资源开发体系的创新与人力资本测度模型问题》、汪涛的《竞争的演进理论研究》；2002年获批的王元璋的《马克思主义经济发展思想史》、申皓的《欧盟经济一体化发展与民族国家主权与利益关系研究》、陈忠斌的《西电东送中线电电价研究》；2004年获批的谭力文的《跨国公司制造业和服务业外包发展趋势与我国政策研究》、卢洪友的《我国城市公共事业的机制研究》、成德宁的《城市化、收益递增与经济增长》；2005年获批的辜胜阻的《新型工业化与中国城镇化协调发展研究》、黄宪的《提高我国银行业控制力和竞争力研究》、汪晴的《西方新货币经济学探踪》、熊元斌的《促进旅游业快速健康发展研究》、夏清华的《鼓励和支持我国企业发展自主知识产权和知名品牌问题研究》、方德斌的《电力市场化改革中的政府监管与激励约束机制设计》等。

2001—2005年，共获批国家自然科学基金项目18项。分别为：2001年获批的辜胜阻的《信息化推动工业化和城镇化的战略研究》、严清华的《基于路径依赖分析的管理哲理与第三种调节方式研究》、江春的《中国市场主体信用行为案例分析及理论研究》；2002年获批的甘碧群的《企业营销道德水准测试与评价系统研究》、王永海的《资产一体化条件下资产定价总量研究》、江春的《人民币自由兑换的制度基础研究》、邹薇的《能力贫困对中国经济增长负面影响的数量测度与理论研究》、庄子银的《知识产权保护对中国经济增长影响的理论模型及数量测度》；2003年获批的袁泽沛的《超竞争环境下企业从组织学习到持久竞争优势的传导机制研究》、曾国安的

《房地产发展的国际经验》、李燕萍的《企业人力资源管理的社会资本功能力及拓展方法研究》、潘敏的《债权融资下的公司治理机制研究》、汪涛的《顾客资产的构成、测量及经营》；2004 年获批的田玲的《巨灾风险债券的运作与定价机理研究》；2005 年获批的辜胜阻的《高技术企业区域发展与创新模式研究》、黄宪的《资本充足性的约束下银行风险偏好和行为调整研究》、余玉苗的《人力投入和风险溢价决定的我国上市公司审计定价模型研究》、袁泽沛的《基于产业变迁的企业战略演化的动力机制研究》等。

2001—2005 年，共获批教育部人文社会科学基金项目 27 项。其中，重大招标项目 2 项，分别为 2002 年获批的顾海良的《从十四大到十六大：马克思主义在中国的新发展》，2004 年获批的伍新木的《中国水资源利用的经济学分析》；教育部人文社会重点研究基地重大项目 4 项，分别为 2002 年获批的邹薇的《经济发展理论中的新古典政治经济学与发展经济学理论体系的创新》、刘传江的《中国"民工潮"的问题、前景和对策研究》、曾国安的《城镇社会养老保险制度可持续发展问题研究》、2005 年张彬的《国际区域经济一体化比较研究》；重点研究项目 2 项，分别为 2002 年获批的魏华林的《制度、制度激励与银行保险发展研究》、曾国安的《经济全球化背景下政府的经济职能研究》；规划项目 14 项，分别为 2001 年获批的杨艳琳的《失业、就业与经济增长的互动关系研究》、王学军的《西气东送项目融资及其风险分析管理研究》、袁泽沛的《IT 产品价格与 IT 企业跨越式发展研究》、徐绪松的《中国股票市场混沌与分形研究》、陈继勇的《知识经济与美国新经济》、钟水映的《重大建设工程移民可持续安置与发展研究》、张建清的《加入世贸组织与中国行业中介组织的发展及对策》、邹薇的《福利经济学理论与中国贫困问题研究》、王祖祥的《中国贫困指数研究》、曾国安的《中外住房金融发展比较研究》、刘传江的《中西部农村劳动力转移与城镇化战略》，2005 年获批的胡昌生的《金融异象与投资者心理研究》、卓四清的《世界银行贷款项目管理案例研究》；博士点基金项目 4 项，分别为 2003 年获批的吴俊培的《公共部门效率问题研究》、王永海的《资产异质性、市场均衡与资产定价》、乔洪武的《西方行为经济学理论研究》、汪涛的《中国本土文化环境下的关系及关系营销研究》；一般研究项目和专项研究项目各 1 项，分别为 2002 年获批的马红霞的《国外银行风险管理理论与方法的发展及其借鉴》、乔洪武的《经济全球化进程中的经济伦理问题研究》等。

此外，还承担了许多横向项目，至 2005 年各类项目的经费总额已接近 900 万元，实际到账经费近 600 万元。图 13-1 是此间科研经费的情况。

在科研成果方面也取得了骄人的成绩。5 年间，教师们共出版学术专著 170 部，出版教材 212 部，发表论文 3140 篇，其中发表在权威期刊上的论文 481 篇，发表在核心期刊上的 1095 篇，发表外文论文 132 篇。

2001—2005 年，商学院教师的科研成果获得各种奖励 293 项，其中省部级以上奖励 120 项。表 13-3 是此间所获重要奖项举例。

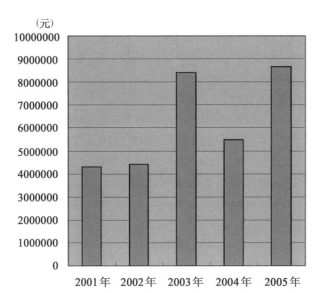

图 13-1　2001—2005 年商学院教师科研经费图

表 13-3　　　　　　　　**2001—2005 年商学院教师所获重要奖项举例**

序号	获奖者	成 果 名 称	成果形式	获奖级别及等级	获奖时间
1	李崇淮	邓小平理论是人民的旗帜——学习江泽民同志十五大报告的一些体会	论文	湖北省社会科学优秀成果荣誉奖	2001
2	刘涤源	凯恩斯主义研究丛书	著作	湖北省社会科学优秀成果荣誉奖	2001
3	郭吴新	当代世界经济格局与中国	著作	湖北省社会科学优秀成果一等奖	2001
4	辜胜阻	城镇化与迁移问题研究	论文	湖北省社会科学优秀成果一等奖	2001
5	刘光杰 严清华 杨胜刚	21 世纪中部地区面临的形势及其发展战略思考	论文	湖北省社会科学优秀成果一等奖	2001
6	陈继勇	国际投资研究论文组	论文组	湖北省社会科学优秀成果一等奖	2001
7	谭崇台	发展经济学	教材	全国普通高等学校优秀教材一等奖	2002

序号	获奖者	成 果 名 称	成果形式	获奖级别及等级	获奖时间
8	魏华林	保险学	教材	全国普通高等学校优秀教材二等奖	2002
9	叶永刚	金融工程概论	教材	全国普通高等学校优秀教材二等奖	2002
10	李裕宜 陈恕祥	政治经济学	教材	全国普通高等学校优秀教材二等奖	2002
11	谭崇台	发展经济学的新发展	著作	教育部人文社会科学优秀成果二等奖	2003
12	吴俊培	重构财政理论的探索	著作	教育部人文社会科学优秀成果二等奖	2003
13	邹恒甫	财政、经济增长和动态经济分析	著作	教育部人文社会科学优秀成果二等奖	2003
14	陈继勇 朱小梅 杨仕辉	世界贸易组织的建立发展趋势与我国的对策	论文	湖北省社会科学优秀成果一等奖	2003
15	顾海良等	马克思劳动价值论的历史与现实	著作	湖北省社会科学优秀成果一等奖	2004

　　学院以"学术为本、科研立院"为宗旨，以建设一流的学科、造就一流的学术人才、推出一流的科研成果为目标，根据保持（保持特色和巩固基础）、扬优（发挥优势）、创新（创新管理制度和研究方法）、服务（服务学科，创造良好的科研条件）的工作思路，卓有成效地组织实施科学研究工作，取得长足发展，具体表现如下：（1）对科学研究重要地位和作用的认识进一步深化，高度重视科学研究的思想和舆论氛围初步形成。学院通过对各个学科的调研，摸清家底，找出差距，提出了《关于进一步加强我院科研工作的若干意见》，全院教师高度重视科研工作；（2）承担国家级研究课题的能力进一步提升，简新华和辜胜阻、曾国安获得国家社会科学基金重大项目，顾海良、伍新木获得教育部人文社会科学基金重大招标项目，实现我院国家级重大项目零的突破。（3）研究成果数量和质量都有明显的提高，涌现了大量的优秀学术研究成果；（4）学术研究方向得到进一步凝练，初步构建了国家、省级、学校人文社会科学重大研究基地体系。

四、人才培养的新模式与学生的"三创教育"

（一）人才培养的多层次、国际化新模式

遵循"宽口径、厚基础、高素质、强能力"的思路，根据学校的统一部署，新商学院于此间推进了按大类招生的政策。2005年，学院按经济学类、工商管理类、数理经济与数理金融类、管理科学与工程类和经济学基地班五大类招收本科生。当年，学院共招收各层次新生5135人，其中本科生711名，博士研究生183人，硕士研究生547人，MBA学员291人，EMBA学员109人，MPAcc学员85人，MPM学员28人，高校教师在职攻读硕士学位学员522人，课程进修班学员320人，成人教育学生2339人；2005年学院拥有各类学生共11097人（不含课程进修班学生）。

学院在稳定办学规模基础上，下大力气提高人才培养质量，在教学工作方面不断探索新途径，在正确处理办学层次与办学特色的关系上不断积累新经验。学院投入大量资金以暑期社会实践为平台，以加强实践基地建设为手段，大力加强本科生实践教学，突出强调学生理论联系实际能力的培养和学习主动性的培养。

学院积极推进本科专业建设的国际化。2002年，在办好中法经济学双学士学位试验班的同时，积极探索与德国杜伊斯堡大学办类似的中德经济学、金融学试验班；与法国巴黎十大经济管理学院签订了合作办学的协议。2005年，在已有中法双学士学位班、国际数理经济试验班和国际数理金融试验班的基础上又在学校的支持下，与法国鲁昂高等商业学院合作，启动了中法金融和中法工商管理两个本科、硕士连读班。此外，学院的物业管理专业通过了英国物业管理认证协会的认证。

教师们在探讨人才培养新模式的过程中付出了大量心血，取得了丰硕的成果。5年间，教师们获得各种教学奖励多项，其中获省部级以上奖励8项。表13-4是教师获省部级以上教学成果奖的情况。

表13-4 **2001—2005年教师获省部级以上教学成果获奖情况**

序号	负责人	获奖成果名称	奖励名称及等级	获奖时间
1	魏华林	金融学专业课程体系和教学内容改革研究与实践	教育部全国高校优秀教学成果一等奖	2002
2	赵锡斌	工商管理教学改革与创新	湖北省高等学校优秀教学成果一等奖	2001
3	桑祖南	当代大学生素质教育途径研究	湖北省高等学校教学研究成果一等奖	2001

序号	负责人	获奖成果名称	奖励名称及等级	获奖时间
4	周茂荣	办好中法双学士学位班，努力培养适应经济全球化需要的复合型人才	湖北省高等学校教学研究成果一等奖	2001
5	曾国安 程保平 张 平	坚持政治经济学教学内容与方法创新，不断提高学生创新意识和能力	湖北省高等学校优秀教学成果二等奖	2000
6	胡昌生	投资学网络课程	湖北省高等学校优秀教学课件二等奖	2005
7	张 彬 申 皓 齐绍洲 黄兆银	面向新世纪，探索国际经贸专业高素质人才培养模式的改革研究与实践	湖北省高等学校优秀教学成果三等奖	2005
8	张 彬	世界经济概论	湖北省精品课程	2004

在专业学位研究生教育方面，学院于2001年秋季开始招收全日制MBA学生，首批51人。2002年，学院与英国诺森堡商学院MBA进行连接教育，第一批9名学员于当年赴该校学习，第二批与该院MBA连接教育报名者达38人。2002年武汉大学成为全国首批招收EMBA的学校之一，学校研究生院授权武汉大学高级研究中心运作与管理EMBA教育，当年秋招收首批EMBA学员78人。

（二）学生工作与"三创教育"

在学院党委的领导和学生工作办公室的具体指导下，商学院研究生、本科生、成教生的思想政治工作体制健全，管理有序，院团委、学生会积极组织学生开展各项活动，在学校组织的学习、科研、文体竞赛中均名列前茅。商学院积极探索学生工作新思路，积极探索开展活动促进学生工作的全面发展。

2003年，武汉大学在110周年校庆来临之际推出"三创"教育模式，即用"创造、创新、创业"新教育理念指导教学实践。具体地说，就是实行讲授与自学、讨论与交流、指导与研究、理论探索与实践应用、课堂教学与课外活动相结合，突出培养学生完善的品格，复合的知识结构，综合的素质能力，使学生能刻苦攻关、团结协作，勇于创新、创造、创业。武汉大学的教改目标，即"培养适应经济和社会发展需要的厚基础、宽口径、高素质、强能力的创造、创新、创业型复合人才，切实推进武汉大学本科学科专业结构的调整工作。"基于这样的教育理念，武汉大学打破原体系、学科与专业壁垒，加强学院间联合办学，培养具有国际竞争力的复合型人才。

以贯彻落实《党中央、国务院关于进一步加强和改进大学生思想政治教育的意见》文件精神为指导，以"三创"教育培养人才目标为中心，学院针对学生规模大、学科专业和层次多的特点，积极探索以学生"自我教育、自我管理、自我服务"为重点的学生管理工作新思路。学生积极开展"内容健康、形式活泼"的学生日常活动。2005年，学院研究生会主办了第一届"中部崛起"武汉高校研究生学术论坛；本科生共有107支小分队参加了暑期社会实践活动，取得了优异的成绩，其中有两项成果获得校暑期社会实践成果一等奖；学生组织的"聚焦工作室"、康腾案例分析大赛、WTO知识竞赛以及金秋艺术节等活动，成为享誉全校、全省乃至全国的知名品牌。学院先后被评为湖北省思想政治工作先进单位、校学生工作先进集体、校招生工作先进单位、校本科生就业先进单位，先后获校研究生就业工作一等奖、校暑期社会实践优秀组织奖、优秀学生会荣誉称号等。在2005年JMS中国营销科学博士生学术论文竞赛中获一等奖1名，在校第三届创业计划大赛中获得第一名。

学院充分发挥人才培养的特色和优势，加大对外宣传力度，吸引更多优秀人才，保证和提高招生质量；加强就业指导，积极开拓就业市场，搭建良好的毕业生创业平台，提高毕业生就业率和就业质量。2005年，共有1600余毕业生参加就业，就业率高于学校平均水平。

五、对外交流与社会服务

2001—2005年，商学院加强国内外学术交流，举办了各种国内外学术研讨会。其中，在武汉主办国际学术研讨会和全国性学术研讨会10次，在国外和校外合作主办国际学术研讨会和全国性学术研讨会6次。详情见表13-5。

表13-5　　　**2001—2005年商学院举办的国际和全国性学术会议一览表**

序号	会 议 名 称	会议时间	举办地点	出席人数（海外代表人数）
国际性学术会议				
1	"发展经济学与中国经济发展"国际学术研讨会	2002.6.14—16	武汉	102（7）
2	"海峡两岸保险高级论坛"	2002.7.8—11	武汉	200（53）
3	"第六届海峡两岸中华文化与经营管理学术研讨会"	2002.7.26—28	武汉	121（73）
4	"2003年女企业家国际论坛"	2003.11.24—25	武汉	147（9）
5	"中国入世、政策变革与减轻贫困"国际研讨会	2004.6.6—7	武汉	80（6）

序号	会 议 名 称	会议时间	举办地点	出席人数（海外代表人数）
国际性学术会议				
6	"马中关系：新世界秩序中的定位"国际学术研讨会	2004.11.27—28	马来西亚	73（20）
7	"第三届中国保险教育论坛"国际学术会议	2005.11.26—27	武汉	182（45）
8	"地区差异、经济一体化与经济发展"国际研讨会	2005.12.2—4	武汉	106（9）
全国性学术会议				
9	"工业化、信息化与跨越式发展"全国研讨会	2001.6.8—6.10	武汉	46
10	"发展经济学与西部经济发展"全国学术研讨会	2003.8.10—8.12	宜昌	32
11	"发展经济学与西部大开发"全国学术研讨会	2004.6.25—6.27	云南	65
12	"美国经济周期与中美经贸关系"全国学术研讨会	2003.9.19—9.21	宜昌	20
13	"二十一世纪初世界经济格局与中美经贸关系"全国学术研讨会	2004.9.25—9.26	成都	65
14	"当代经济格局下的中美经贸关系"全国学术研讨会	2005.10.21—10.23	天津	85
15	"中国对外开放与国际竞争力"研讨会	2005.12.24—12.25	武汉	70
16	湖北省高校人文社会科学重点研究基地评审会	2005.6.24	武汉	20

在积极举办各种国际国内学术会议的同时，学院还积极邀请海内外著名专家学者或实业家到学院讲学，有的还受聘担任客座教授，如巴罗、拉丰、赵耀东、钱颖一、张维迎等。与此同时，学院一批教授也先后应邀到国外或港台参加学术会议或从事短期访问研究，5年内，商学院老师积极出席各种国际国内权威学术会议100多次。学院还多途径地安排教师出国进修访问。2005年共派出富布莱特学者、国家公派学者和校际交流学者共14人。同时，学院还启动了"引进国外博士工程"。

学院积极推进"国际化办院"方针，国际化办学思路更加明晰。学院邀请美国

Mecer 大学于铁流教授来学院讲学，专题讨论研究国际上经济与管理学院的评价标准体系（AACSB），进一步明确国际化办院的基本思路和途径。

学院积极开展国际合作，与国外大学尤其是著名大学建立了较为固定的交流与合作关系，并保持着与国外大学已有的交流和合作，国际合作关系日益深入、稳定。

在社会服务方面，学院积极参与各种社会活动，为和谐社会的建设贡献力量。为适应中国加入世贸组织后对在职人员培训的需要，学院及各系所采用各种形式开办对机关、企事业单位在职干部的短期培训班，例如以学院名义开设的铁道部大桥局的两期干部培训班、贵州安顺市的县级干部培训班，经济系暑假举办的信阳狮河区干部培训班，金融系的中行荆州分行干部培训班，保险系的人保河南省公司和焦作市分公司的培训班，工商管理系的二汽零配件公司中、高层管理干部的培训班等。

2001 年 3 月 24 日，商学院"阳光计划"小组赶赴湖北省黄冈市蕲春县张榜镇，进行为期两天的教育和农村经济发展的考察活动。行动小组考察了当地教育状况，举行了捐赠活动，并为当地各级领导做了关于"中国加入 WTO 和农村经济发展"的讲座。

2001 年 5 月 12 日，在武汉市政府决策咨询委员会、洪山区委、区政府等单位主办的"高校后勤社会化与地区经济发展研讨会"上，商学院伍新木教授等一批国内知名专家为"洪山大学城"的规划献计献策。

六、学院新大楼的建设

学院新大楼的建设源自原管理学院筹建管理学院大楼的一系列工作。为了改善教学科研条件，创建一流的办学设施，1996 年武汉大学在"九五"计划中立项兴建管理学院大楼，并希望通过与企业的合作，从社会引进部分捐款共建大楼。经过赵锡斌、周宗贵等人的积极努力，原武汉大学管理学院与丝宝集团的合作取得重大进展，达成了丝宝集团向武汉大学捐款 1000 万元兴建管理学院大楼的意向。1999 年武汉大学商学院成立后，丝宝集团在其成立十周年庆典活动时，以梁亮胜先生的名义捐款兴建商学院大楼，并草拟了捐款协议书。由于商学院规模比原管理学院大，捐款金额也由原 1000 万元增加到 2000 万元。2000 年 4 月 24 日，武汉大学与丝宝集团正式签订了《丝宝集团董事长梁亮胜先生向武汉大学捐资兴建武汉大学商学院大楼协议书》。学校于 2000 年初向教育部报送了《武汉大学商学院大楼工程建设可行性研究报告》（武大基字［2000］4号），教育部也于 2000 年 4 月 3 日批复同意兴建融教学、科研及办公于一体的商学院新大楼（教发展［2000］47 号）。

学院新大楼自 1999 年下半年开始选址和委托设计工作，经过三轮竞标和专家评审，2002 年 8 月最后选定了华南理工大学建筑设计院何镜堂院士主持设计的方案。2002 年 11 月 5 日举行大楼奠基仪式，经过两年多的辛勤建设，2004 年 12 月底全面完工，2005 年 4 月 8 日通过了竣工验收。

学院新大楼融教学、科研及办公于一体。占地面积 7265 平方米，总建筑面积 30528 平方米。地下室设 130 个汽车停车位，另布置有其他设备用房和自行车、摩托车停放区。大楼采用室外校区直接供水，地下室建有 10 千伏变压配电站，内设两台 SC139 型干式配电变压器，负责全楼的动力及照明供电；其他各功能系统包括火灾自动报警系统、自动喷淋系统、中央空调系统、电梯电话系统、有线电视系统及计算机网络系统等。

学院新大楼采用中国传统园林庭院式建筑的风格，层高 3~5 层，错落有致，用连廊围合，既延续了武汉大学早期建筑的历史文脉，又具有鲜明的时代特色，体现了高校建筑宁静典雅的氛围，还充分考虑到与山体和东湖的自然景观的协调一致。学院新大楼是武汉大学 21 世纪标志性建筑群——文科区建筑群的重要组成部分。该建筑群由法学院大楼、商学院大楼和外语学院大楼组成，东临风光优美的东湖，南靠绿树成荫的珞珈山，与武大早期建筑及人文科学馆相毗邻，总面积 6.15 万平方米。整个建筑群在设计上十分注重建筑与自然环境的和谐统一，既充分考虑与自然山体、水景相融合，又与武汉大学早期建筑相协调，为中国最美丽的大学校园再添神韵，成为珞珈山麓新的亮丽景观。

第十四章　学院更名及经济与管理学院的新发展（2005—2012 年）

2005 年，学院进行了行政领导班子换届，并召开了学院第二次党代会。根据学院发展的实际和学科发展的需要，学院向学校申请并获准将"武汉大学商学院"更名为"武汉大学经济与管理学院"。同年，学院新大楼竣工并投入使用，学院具备了一流的办学设施。2005 年以来，学院始终按照"教学立院、科研强院、民主办院、改革兴院、制度治院、开放活院"的办院方略，坚持"管理学科与经济学科并重、应用研究与理论研究并重、教学与科研并重、质量与效益并重"的办院方针，不断推进改革，在人才培养、科学研究、服务社会、文化传承创新等诸多方面取得了新的发展。

一、学院更名及领导班子换届与调整

（一）学院更名

2005 年，学院学科涵盖经济学和管理学 2 个学科门类，包括理论经济学、应用经济学、管理科学与工程、工商管理 4 个一级学科。鉴于"商学院"名称难以涵盖上述学科，根据学院发展的实际情况和学科发展的需要，学院向学校申请将"武汉大学商学院"更名为"武汉大学经济与管理学院"。2005 年 8 月 22 日，武汉大学批准"商学院"正式更名为"武汉大学经济与管理学院"。

（二）学院党政领导班子换届与调整

2005 年 4 月 25 日经校党委常委会议研究，武汉大学党委决定陈继勇任商学院院长，叶永刚、李燕萍、王永海、曾国安、李继龙任副院长。商学院行政领导班子换届工作顺利完成。2005 年 5 月，董有明调任信息管理学院党委书记，郑先公任商学院党委副书记。

2005 年 7 月 16 日，学院召开了中国共产党武汉大学商学院第二次代表大会，大会选举产生了新一届党委委员。新一届商学院党委委员由尤传明、王永海、叶永刚、李燕萍、李继龙、陈继勇、张琦、郑先公、曾国安组成，尤传明任学院党委书记，张琦、郑先公任学院党委副书记。

2005年12月，学校任命邹恒甫为经济与管理学院副院长（未到任）。2007年8月，学院任命李燕萍为经济与管理学院常务副院长。2009年4月，学校任命王先甲为经济与管理学院副院长。2011年7月，学校党委对学院党委领导班子进行调整，尤传明改任政治与公共管理学院党委书记，徐业勤任经济与管理学院党委书记。2012年10月，张琦改任新闻与传播学院党委副书记，朱剑平任经济与管理学院党委副书记。2013年12月，郑先公改任校人事部副部长，邬明建任经济与管理学院党委副书记。

(三) 系所机构设置的调整

2005年以来，学院开始探索新的管理和组织模式，建立了教授委员会、教学指导委员会、学位评定委员会、EMBA教育学术委员会。

2006年，学院对内设系（所）机构进行了调整。原旅游管理系与市场营销系合并，组成市场营销与旅游管理系，金融系与保险精算系合署办公。2006年2月，经民主测评与推荐，学院确定并公布了各系（所）行政班子组成及负责人。同时对各教职工党支部进行换届改选，确定了各支部负责人。2012年1月，根据学院工作实际，金融系、保险与精算系由合署办公改为独立办公，恢复设置数理经济与数理金融系。

(四) 行政教辅机构设置的调整

2005年，学院调整了内设行政与教辅机构，对党政管理和教辅岗位人员进行了重新聘任，并对内设机构工作人员建立了打卡考勤与目标绩效考核相结合的考评机制。一批学历较高、较年轻的工作人员通过公开竞聘加入教学科研管理与服务岗位，同时一些教师转岗也加入进来，使学院的管理和服务质量明显改观。2008年，组建了内设虚体机构专业学位办公室，专门负责专业学位的招生、培养及其管理工作，并同EDP中心一起在非学历教育的品牌推广和市场开拓方面尝试新的运行方式。2012年，学院又增设专业学位研究生教育管理办公室、继续教育管理办公室。

二、办院方略的提出及一流办学条件建设

(一) 办院方略的提出

2006年12月30日，学院召开了第二届教职工代表和工会会员代表大会第一次会议，正式提出了"教学立院、科研强院、民主办院、改革兴院、制度治院、开放活院"的"二十四字"办院方略，并提出了坚持"管理学科与经济学科并重、应用研究与理论研究并重、教学与科研并重、质量与效益并重"的"四个并重"的办院方针。

（二）校院两级财务管理体制改革

武汉大学同我国大部分高校一样，长期以来实行的是"统一领导、集中管理"的财务管理体制，这种体制在统一收支管理、集中学校财力、统筹调度资金等方面起到了积极作用。但随着武汉大学办学规模不断扩大，办学资金快速增长，管理层面增多，财务关系日益复杂，"集中管理"的财务管理体制日益凸显其弊端。主要表现是："集中管理"将经济统得过死、过细，各部门只用钱、不理财，不利于调动院、系等二级经费单位自主理财的积极性，存在吃"大锅饭"的现象，资金使用效益较低，影响了学校整体管理体制改革。

为了适应学校改革和发展的需要，促进学校整体建设和发展目标的实现，建立与社会主义市场经济体制相适应、符合高等教育发展规律、切合学校实际的校院两级财务管理体制，2007年武汉大学制定并公布了《武汉大学校院（部、系）两级财务管理体制改革实施办法》，在"统一领导、二级管理、集中核算"的财务管理体制框架下，开始实行校、院（部、系）两级管理制度，新的校、院两级财务管理制度以事权与财权相结合为核心，合理界定了学校和学院的经济职责权限，划分了学校和学院的费用承担范围，调整了学校与学院之间的收入分配方案，实现了管理重心下移，形成以"微观激活，宏观调控"为主要模式的校院两级管理体制，学校的管理职能逐步转变为宏观调控和政策导向，学院真正成为办学主体，最大限度地增强了学院的办学自主权和办学活力。新的财务管理体制激发了学院教职员工的主人翁意识，增强了学院的整体财力，改善办学环境，促进了学院的教学质量、科研水平和社会服务能力的提高。

（三）一流办学设施的创建

经济与管理学院新大楼于2002年11月5日奠基，2005年7月8日新大楼正式投入使用，2005年12月举行了隆重的新大楼落成典礼。新大楼命名为"武汉大学经济与管理学院大楼"，又名"亮胜楼"。

新大楼的落成与投入使用，使学院的教学科研硬件设施实现了跨越式发展，具备了与世界一流大学相媲美的教学设施与办学条件。学院聘请了专业的物业管理公司对新大楼进行日常的维护和管理，并建立健全了一系列维护和管理新大楼的规章制度，为学院师生创造了优越的教学科研条件。

在新大楼使用前，学院投入了960余万元购置了办公家具和设备，为每个在岗的教授配置了独立的办公室并配置了书柜、桌椅、电话等，为其他各类教师也配置了专门的办公室及书柜、桌椅、电话等。各系、所、中心拥有了专门的办公室和会议室。与此同时，学院还装修配置了多间多媒体教室和会议室。学院投入近百万元，设置了四间EMBA专用教室、案例室、语音室、学员休息室，并配置了高档数码设施，安装了同声传译设备。2008年学院为全体教师配备了台式电脑，2009年为全体教师配备了激光打印机，2012年为全体教授配备了便携式数码光显投影仪，并逐步将为教师配备的笔记本电脑以旧换新，为全院教师创造了良好的教学科研条件。

新大楼建成后，学院教学实验室的建设也进入加快发展阶段。学院成立了院长任主任的实验教学中心建设委员会，全面统筹中心建设，同时成立了学院实验教学指导委员会，全面规划和指导中心实验教学工作。在2005—2008年按照每年平均投资500万元以上的经费预算支持实验中心建设。目前，实验中心面积为3000多平方米，拥有服务器、电脑设备及辅助设备1200余台（件），拥有9种国外权威实验教学软件，30多种国内实验教学软件，拥有丰富的教学数据库资源，其中中文数据库有20多个，外文数据库也有20多个。实验中心下设公共基础实验室、经济计量与统计分析实验室、经济科学实验室、管理科学实验室、多媒体教学实验室、金融综合实验室、国际贸易实务模拟实验室、保险实务模拟实验室、财政与税务模拟实验室、宏观经济运行模拟实验室、企业仿真综合模拟实验室、企业竞争模拟实验室、物流与供应链管理模拟实验室、组织与人力资源管理模拟实验室、市场营销与电子商务模拟实验室、旅游规划与设计实验室、会计模拟实验室、审计模拟实验室、财务管理模拟实验室、工程项目管理模拟实验室、物业管理模拟实验室、经济与管理应用与开发综合实验室和大学生实验技能训练中心。中心实验教学涵盖经济管理两大学科门类18个本科专业（方向）以及11个专业学位点的相关实验课程，开设实验课程50门以上，其中基础性实验课程近20门，综合性实验与实习课程近30门次，研究创新性实验与实践课程近10门，成为国内高校同类学科中具有重要影响的现代经济管理学科的实验教学中心。2007年学院实验中心被评选为湖北省高等学校实验教学示范中心。2008年，又获批国家级实验教学示范中心。

　　在搬迁进入新大楼后，学院图书分馆新的馆舍总面积达1600多平方米，有中央空调系统，实现了藏阅一体化。图书分馆设有书刊采编室、图书流通室、期刊阅览室、世界银行和欧洲资料中心特藏室、经济发展研究中心资料室、经济学人才培养基地资料室以及内部资料室。藏书已近40万册，包括中外文图书、期刊、期刊合订本以及不同密级的内部资料和本院历届硕士、博士学位论文。平均每年入藏中外文图书5000余册，订购中文期刊600余种、外文期刊150种、报纸40余种。目前，图书分馆建成了经济发展研究中心专业文献数据库，陆续购进了专业光盘资料120余种，并与学校图书馆联合出资，购买了包括"中经网"数据库在内的一些重要数据库资源的使用权。还以馆内丰富的专业类核心期刊为依托，与校图书馆联合共建了电子资源《经济信息数据库》（2000—2004年）。搬入新大楼后，图书分馆在采购查重、分类编目、图书检索、流通借阅等几个主要业务环节上，都已经实现了信息化管理。

三、学科建设和师资队伍建设的新进展

　　在新的办院方略指导下，学院以凝聚学科方向为动力，以队伍建设为核心，以基地与平台建设为基础全面协调发展，进一步强化"大学科建设"观念，以科学发展观为指导，努力提升核心竞争力，在学科建设上不断取得新的进展。

(一)学科建设的新进展

2005年12月17日到28日,学院党政班子全体成员对全院10个系、所的20个硕士专业、14个博士专业进行了一次全面调研,基本摸清了学院各学科的现状、在全国所处的地位,明确了今后的发展方向,并在此基础上确定了本学科在"十一五"期间的发展目标。与此同时,学院组建成立了学科建设领导小组并确定了各学科带头人,在明确学院一级学科负责人、二级学科负责人两个层次的基础上,成立了经济与管理学院学科建设三级领导小组,实行学科建设的目标责任制。2010年,学院对全院学科工作再次进行了深入调研,总结了过去五年学科建设工作的经验,在此基础上,编制了学院学科发展"十二五"发展规划。

2005年以来学院学科建设从外延式扩张为主转向以重点学科、优势学科和特色学科发展为中心的内涵式的发展并取得重要进展。2005年学院申报获准应用经济学一级学科博士学位授予权。至此学院所涵盖的经济学和管理学两大学科门类的四个一级学科全部具有了一级学科博士学位授予权。2006年金融工程、保险学、数量经济学3个博士学位点和保险学、人力资源管理2个硕士学位点又通过学校学位评定委员会的评审,学院的博士学位点由原来的14个增加到17个,硕士学位点由原来的20个增加到22个。2010年,学院又新增金融硕士、资产评估硕士等7个专业学位硕士项目,高级应用型人才培养更加丰富。至此,博士学位授权点由14个增加至22个,学术型硕士学位授权点由20个增加至26个,专业学位硕士点由5个增加到13个。

学院原有世界经济和西方经济学两个国家重点学科,经过几年的建设,2007年顺利通过国家重点学科考核评估,并且在重点学科申报工作中,新增政治经济学、金融学两个重点学科,从而使学院理论经济学一级学科国家重点学科的认定顺利通过,7个二级学科(西方经济学、世界经济、政治经济学、人口资源与环境经济学、经济思想史、经济史、金融学)被遴选为国家重点学科。同年"应用经济学"和"管理科学与工程"两个学科的博士后科研流动站获得批准。至此,经济与管理学院学科涵盖经济学、管理学两个学科门类,有理论经济学、应用经济学、管理科学与工程、工商管理4个一级学科,全部具有一级学科博士学位授予权,并设有博士后科研流动站。

2008年学院在湖北省高校优势学科与重点学科评选活动中,理论经济学一级学科和金融学二级学科被评选为湖北省优势学科,应用经济学、工商管理、管理科学与工程3个一级学科以及其下的所有二级学科被评选为湖北省重点学科。2012年2月至11月,教育部学位中心组织第三轮一级学科评估,我院4个一级学科全部参评。理论经济学一级学科排名第三,相较第二轮第六名有了很大提升;工商管理一级学科由第二轮评估排名第十六,上升到第十二名;应用经济学在本次评估中排名第十八,管理科学与工程排名第二十四。整体来看,我院传统学科理论经济学继续保持优势地位并不断提升,学科水平仅次于人大北大而位居全国第三;管理类学科近年来人才荟萃,教学科研水平不断提升,学科发展后劲不断显现。

2005年,学院正式启动了投入达1250万元的"985工程"二期项目"中国经济发展与国际竞争力"。2006 年 4 月，武汉大学"十五""211 工程"重点学科建设项目"发展经济学的新发展与经济全球化"以全优票通过验收。2008 年，学院"211 工程"三期项目获批的总经费超过 1000 万元。2010 年，学院完成了 2 个"211 工程"子项目的中期检查报告，顺利完成"211 工程"三期(2008—2011)建设任务，以较好成绩通过了专家组的检查评估。2010 年，学院完成了武汉大学"985 工程"(2010—2013 年)子项目"中国经济发展与国际竞争力创新基地"可行性研究报告，顺利获批项目经费 800 万元。2011 年，完成了"985 工程"二期项目 2 个拓展平台的总结评估工作并顺利通过学校验收。2012 年，顺利完成"985 工程"建设项目(2010—2013 年)中期检查工作。学院所承担的建设项目在中期检查中排名全校文科类第一名。通过"211 工程"三期和"985 工程"二期、三期建设，学院进一步改善了科研条件，夯实了学科建设平台，显著提高了创新人才培养和科技创新能力，使得学院的人才培养、科学研究、社会服务和文化传承功能全面提升。

(二)师资队伍建设的新局面

从 2005 年开始，学院积极探索博士选留、人才引进的模式。一方面，大力引进海外优秀人才，对优秀海归博士不但直接聘为副教授，还积极探索年薪制等"双轨制"人才引进机制；另一方面，高起点选聘国内优秀博士，学院明确规定只有在《中国社会科学》《经济研究》《管理世界》和 SSCI 检索期刊上发表论文的博士，才具备来院试讲资格。2005 年至今，学院共引进、选留青年教师 69 人，其中归国博士和博士后 21 人，2013 年以年薪制引进 4 位归国博士。

学院以研究方向为主导、以能力提升为目标、以学术交流为手段，加强青年教师团队建设。学院共有 5 个团队入选武汉大学人文社科"70 后"学者学术团队。他们分别是：汪涛教授作为带头人的"中国企业品牌国际化战略研究团队"；王胜教授作为带头人的"中国服务贸易及其国际竞争力研究团队"；余明桂、李青原教授作为带头人的"中国民营企业投融资研究团队"；陈立敏教授作为带头人的"中国企业的国际竞争力提升研究团队"和彭红枫副教授作为带头人的"人民币国际化及其风险管理研究团队"。

为了活跃武汉大学经济与管理学院的学术交流，推动经济学与管理学的融合发展，在代谦等青年教师的倡议和组织下，2007 年 4 月 20 日正式举办了"珞珈青年学者经济与管理论坛"。论坛下设三个板块："青年学者论坛""前沿方法训练营"和"珞珈讲坛"。"青年学者论坛"主要是邀请活跃在国内外学术研究一线的青年学者来武汉大学经济与管理学院进行学术交流；"前沿方法训练营"主要是邀请掌握经济学和管理学前沿研究方法的青年学者来武汉大学进行前沿研究方法的交流和培训；"珞珈讲坛"则主要是邀请国内外资深的学者来武汉大学进行学术交流。到 2012 年底为止，论坛已经举办了 160 余期，在国内的影响力日益扩大。2012 年 4 月，经济与管理学院青年教师协会成立，陈磊、杜莉先后任会长。

2005 年以来，李燕萍、胡炳志、王永海、庄子银、叶初升、潘敏、汪涛、李卓、吴先明、代谦、齐绍洲、曾伏娥、严若森、黄敏学、李青原、罗琦、余明桂等 17 位教师先后入选教育部"新世纪优秀人才"；曾国安、邹薇、江春、王永海、齐绍洲、汪涛、庄子银等 7 位教授先后入选珞珈特聘教授，孙一啸、徐宁、杨海滨、苏晨汀、郭晖、谭红平等 6 位教师先后被聘为珞珈讲座教授，代谦、许明辉、刘威、李青原、方德斌、潘红波、彭红枫、卫武、侯成琪、邓新明、沈校亮等 11 位教师先后入选珞珈青年学者，王先甲、吴俊培、陈继勇、郭熙保、黄宪、简新华等 6 位教授入选武汉大学首届"珞珈杰出学者"。简新华、郭熙保、辜胜阻、谭力文、吴俊培、李燕萍、陈继勇、谢丹阳等 8 位教授先后受聘为国家社科基金评审专家。陈继勇、叶永刚、李燕萍、卢洪友、潘敏、齐绍洲等 6 位教授先后受聘为教育部高校教学指导委员会委员。2006 年，曾国安教授入选国家"百千万工程优秀人才"。2009 年顾海良教授当选国务院学位委员会第六届学科评议组成员，入选教育部第二届社会科学委员会委员。2010 年谭崇台教授当选湖北省首届"荆楚社科名家"。

四、本科教学创优评估与研究生培养机制改革

(一)本科教学创优评估

为保证人才培养的质量，2003 年教育部对我国所有普通高等学校的本科教学进行了一次全面评估，并由此形成 5 年一轮的教学评估制度。2006 年 5 月，为迎接国家教育部新一轮本科教学评估，我院请学校组织专家对本科教学工作进行预评估，然后针对预评估中发现的问题，进行专题研究，确立了"摸清情况、认清形势、理清思路、制定计划、全院动员、分清责任、齐心协力、扎实整改"的工作思路，在本科课程建设、教材建设、双语教学，教师对课程体系、课程内容、教学手段、教学方法的改革等方方面面都大有改观，本科教学质量明显提高。在全院教职员工的共同努力下，学院创优迎评工作取得了优异的成绩。在全校的本科教学排名中我院名列前茅。本科创优评估真正成为了学院建设、改革、发展的"助推器"和提高教学质量的有效手段。

为进一步推动学院(系)的本科教学工作，学校从 2007 年开始每学年开展一次学院(系)本科教学工作状态评估。学校专家组对学院"以评促建、以评促改、以评促管"效果给予了充分肯定。自 2007 年以来，学院连续 6 年荣获本科教学状态评估一等奖。

(二)"质量工程"和"卓越工程"的实施

为了进一步提高学院本科生的培养质量，学院实施了"质量工程"和"卓越工程"。2005 年开始，学院遵循"宽口径、厚基础、高素质、强能力"的思路，大力推进按大类招生政策，即按照经济学类、工商管理类、数理经济与数理金融类、管理科学与工程类和经济学基地班五大类招收本科生。本科生按经济学与管理学大类招入，两年后再分专业培养。本科生课程按"通识课"和"专业课"两大类设置，各类课程又分为必修课和选修课，学生毕业时必须修满教学计划规定的课程学分。同时，树立起了"大实验观"的实验教学观念，在本科人才培养方案中安排了独立的实验课程体系，建立了基础平台型、专业综合型与创新研究型三个层次的实验教学体系和专业实习、暑期社会实践、学

生自主社会实践三个层面的实践教学体系。学院"质量工程"和"卓越工程"的实施，成为提高本科生培养质量的重要推动力，学院本科生培养也取得了很大成效。学院也涌现出一大批教学名师和优秀教学团队，建设出一批精品课程，培养出大量高素质的创新型人才。

学院高度重视教学名师的扶持和培养，鼓励各类教师从事本科教学工作，许多教学名师涌现出来。2008年的武汉大学青年教师教学竞赛中，我院青年教师杜莉荣获第一名。2010年，杜莉在湖北省第二届青年教师教学竞赛(高校组)中荣获文史组第一名，并同时荣获"湖北青年教学能手"称号。2012年，杜莉又荣获首届全国高校青年教师教学竞赛一等奖。世界经济系张彬教授荣获2008年度武汉大学教学名师的称号，实现我院"校级教学名师"零的突破。2010年9月，在宝钢教育基金优秀教师评选中，张彬教授又荣获宝钢教育基金优秀教师奖。2009年，学校组织了第一届武汉大学杰出教学贡献校长奖评选，学院黄宪教授获此项殊荣；2012年，邹薇教授荣获第四届杰出教学贡献校长奖。

为了加强本科教学团队和课程组建设，学院打通系所界限，整合全院教师资源，设立专项资金，成立专业学位课程组，逐步推行并实现所有的专业平台课程统一教材、统一编制(修订)教学大纲、统一教学日历、统一考试命题，以保证教学质量的一致性，形成了一些优秀教学团队和课程组。2008年，工商管理系谭力文教授主持的管理学教学团队、经济系曾国安教授主持的政治经济学教学团队，获准"武汉大学教学团队建设项目"立项。2009年，工商管理系谭力文教授主持的"管理学系列课程教学团队"荣获了"2009年湖北省高等学校教学团队"称号，实现了学院省级教学团队零的突破。2005年以来，学院教师积极探索教学规律，推动教学改革。本院教师获批的教学改革项目数量不断增加，教改项目获奖也进一步提升，详见表14-1和表14-2。

表14-1 　　　　　　　　2005以来学院教师获批的主要本科教学改革项目表

序号	项目类型	项目名称	负责人	立项年份
1	国家级立项	国家重点建设大学高层次国际经济与贸易人才培养模式的探索与实践	张彬	2005
2	省级立项	培养工程管理专业创新人才教学模式的研究	郑君君	2005
3	省级立项	面向管理学科的管理信息系统教学体系创新研究	吴思	2005
4	省级立项（实践项目）	工程管理专业实习模拟教学改革创新研究	程鸿群	2005
5	省级立项	经济学专业案例教学模式的理论研究与实践——以武汉大学国家经济学基础人才培养基地为例	吴传清	2008
6	省级立项	工商管理人才培养模式创新研究	刘林青	2008
7	省级立项	综合性大学会计学课程教学模式的创新与实践	郭均英	2009

序号	项目类型	项目名称	负责人	立项年份
8	省级立项	工程管理专业实习环节教学质量保障体系构建与创新人才培养研究	陆菊春	2009
9	省级立项	经济学与管理学门类专业课程体系改革与创新研究	曾国安	2010
10	省级立项	物业管理专业实习环节教学内容创新与创新人才的培养研究	赖一飞	2006
11	省级立项	财务管理课程互动教学模式和互动教学方法研究	范明	2006
12	省级立项	工程管理专业大学生创新能力培养研究	方德斌	2007
13	省级立项	国际经济贸易专业双语教学的难点与对策研究	尹显萍	2007
14	校级立项	中国经济思想史课程建设研究	孙智君	2005
15	校级立项	关于开设文科类本科生社会经济数量分析实验课的研究	刘穷志	2006
16	校级立项	面向工商管理类学生的本土化电子教学案例开发模式研究	廖以臣	2007
17	校级立项	案例、实验与实践有机融合的《审计学》教学方法创新研究	余玉苗	2010
18	校级立项	英国特许公认会计师（ACCA）教改试验班人才培养模式改革研究	谢获宝	2010
19	校级立项	高层次国际商务人才培养模式研究	余振	2010
20	校级立项	国际商务专业课程的案例库构建与教学方法创新研究	刘威	2011
21	校级立项	数理经济与金融拔尖学生培养改革与研究	邹薇	2012
22	校级立项	统计软件 stata 在国际商务实证研究中的运用	亢梅玲	2012
23	校级立项	交互式考试方法在商务课程中的应用研究	胡艺	2012

表 14-2　　　　　　2005—2012 年学院教师主要教学成果获奖情况

序号	奖励名称	获奖项目名称	负责人	获奖年度	获奖等级
1	湖北省高等学校教学成果奖	坚持政治经济学教学内容与方法的创新，不断提高学生的创新意识和能力	曾国安	2005	一等
2	湖北省高等学校教学成果奖	面向新世纪，探索国际经贸专业高素质人才教学培养方案的改革研究与实践	张彬	2005	三等
3	湖北省高等学校教学成果奖	国家重点建设大学高层次国际经济与贸易人才培养模式的探索与实践	张彬	2009	一等

续表

序号	奖励名称	获奖项目名称	负责人	获奖年度	获奖等级
4	湖北省高等学校教学成果奖	基于案例和实验的《中级财务会计》教学改革研究	谢获宝	2009	三等
5	武汉大学教学成果奖	国际投资学课程建设与教材建设	卢汉林	2006	一等
6	武汉大学教学成果奖	立足中国经济实践、强化现代经济分析方法训练，探索经济学基础人才培养新模式	严清华	2006	二等
7	武汉大学教学成果奖	国家重点建设大学高层次国际经济与贸易人才培养模式的探索与实践	张彬	2008	一等
8	武汉大学教学成果奖	《中级财务会计》的教学改革与创新	谢获宝	2008	二等
9	武汉大学教学成果奖	在"经济学基地班"的西方经济学课程体系中进行以内容现代化与培养规范化为导向的教学改革	文建东	2010	一等
10	武汉大学教学成果奖	国际数理经济与数理金融试验班人才培养模式创新	邹薇	2012	特等
11	武汉大学教学成果奖	"一化三型"国际经贸人才培养模式创新与实践	陈继勇	2012	一等
12	武汉大学教学成果奖	以学生创造力、就业力和创业力塑造为导向的注册会计师专业方向教学实践与改革研究	余玉苗	2012	二等

　　在精品课程建设方面，2006 年，张彬主持的世界经济概论课程入选国家精品课程，实现国家级精品课程建设零的突破。2007 年，叶永刚主持的金融工程、谭力文主持的工商管理入选国家级精品课程，江春主持的货币银行学被评为湖北省精品课程。2008 年，马颖主持的西方经济学获批国家级精品课程和国家级双语教学示范课。余玉苗主持的审计学课程、龙子泉主持的运筹学、徐莉主持的工程经济学、卢汉林主持的国际投资学先后荣获"武汉大学校级精品课程"。2010 年，李燕萍主持的人力资源管理课程入选了湖北省精品课程建设项目，同年，获批国家级精品课程。截至目前，学院共有国家级精品课程 5 门、双语教学示范课程 1 门、省级精品课程 6 门、校级精品课程 10 门。

　　在教材建设方面，2007 年，共有 15 部由学院教师担任主编的教材入选校"十一五"规划增补教材；2009 年，张东祥副教授主编的《国际结算》教材入选高等教育出版社经管类应用性本科教学资源名单(国际贸易与金融保险类)；2008 年，颜鹏飞教授作为第二首席专家申报的"西方经济学教材编写"列入 2007 年度国家社会科学基金重大项目立项，2011 年，颜鹏飞教授主编的马克思主义理论研究和建设工程《西方经济学》教材顺利出版。2011 年，获得普通高等教育精品教材 1 项。

在品牌与特色专业建设方面，2007 年，国际经济与贸易专业获得教育部第二特色专业建设项目立项；数理经济与数理金融试验班获得了教育部人才培养模式创新实验区建设项目立项。2008 年，学院经济学基础人才培养基地班获批了国家创新人才培养实验区。市场营销专业和工商管理专业分别于 2008 年和 2010 年获得湖北省名牌专业。2010 年，国际数理经济与数理金融试验班作为社会科学部唯一本科专业和项目入选武汉大学"弘毅学堂"，拔尖创新复合型人才培养取得标志性成果。2011 年，物流管理专业入选第二批湖北省高校战略性新兴(支柱)产业人才培养计划项目；会计学(注册会计师专业方向)在专业协会教学质量评估中荣获"A"类，是唯一获得 A 类的综合性大学。

(三) 研究生学制的改革与培养方案的优化

为建立研究生教育质量和创新实践的内在激励机制，推行以科学研究、知识创新和技术创新为主导的导师负责制，激发各方面的积极性，2007 年武汉大学出台一系列研究生培养机制改革措施和办法，经济与管理学院也积极跟进，进行了研究生培养机制的改革。

学院研究生培养自 2004 年起实行两年制的弹性学制，研究生招生不再区分国家计划内和国家计划外研究生类别，而改为全日制和非全日制研究生。研究生奖助金由研究生基本奖学金、优秀研究生奖学金、专项奖学金、研究生培养资助基金和"三助"助学金等组成。研究生培养资助基金、优秀研究生奖学金由校级财力承担，基本奖学金的40%由校级财力承担，60%由院级财力承担，助学金由院级财力和研究生导师科研经费承担。所有研究生奖助金由学校集中统筹，实行分层次动态管理。2005 年以来，学院还进一步规范了研究生的"直博"工作与"硕博连读"研究生的遴选工作，完善了推免生选拔制度，逐步提高了推荐免试硕士研究生人数在硕士生招生计划中的比例，以及全日制专业学位推荐免试研究生在推免生中的比例。2011 年，为了保证研究生的培养质量，学院研究生培养又恢复三年制的弹性学制。而且，从 2012 年开始，学院在暑假期间均举办优秀大学生夏令营活动，吸收全国优秀生源。

2005 年以来，学院先后完成了全日制专业硕士学位研究生、学术型硕士研究生、博士研究生和"1+4"硕博连读研究生等培养方案的修订工作。学院研究生课程设置也分为必修课和选修课两类，必修课包括全校公共必修课、学科通开课和研究方向必修课。博士生层次课程体系改革则增加了专业内与相近专业通开课的比重，强化基础和方法的训练。2007 年，学院启动研究生复合导师制工作和研究生教学督导工作，制定了《推行双导师制度的有关规定(草案)》和《研究生教学督导工作暂行办法(草案)》。2011 年，学院全面启动了博士学位申请人预答辩制度，对研究生学位论文实行 100%的"重复率"检测，对 MBA/EMBA 学位论文实施了匿名评审、统一答辩的"三统一"制度，加强了学位论文的过程控制，提高了学位授予质量。2005 年以来，先后有 17 篇博士论文获得"湖北省优秀博士学位论文"，1 篇博士论文入选国家审计署优秀博士学位论文，1 篇博士论文获 2012 年全国优秀博士学位论文提名。学院连续六年获武汉大学研究生招生、培养、学位、专业学位工作业绩一等奖。

（四）专业学位研究生教育管理体制的改革

2005 年，随着学院管理体制的改革与创新，学院充分认识到了专业学位研究生教育（包括研修与培训工作）的特点与性质，定位了专业学位研究生教育在学院可持续发展中的重要地位，将学院的专业学位研究生教育纳入学院学位建设的整体发展规划之中，明确了专业学位研究生教育的办学思路。

2005 年学校理顺了 EMBA 的管理体制，成立了挂靠于经济与管理学院的"武汉大学EMBA 教育中心"，同时撤销了"武汉大学 EMBA 及高层管理培训中心"和"武汉大学经济与管理学院高层经管人员培训中心"，实现了 EMBA 招生、教学、财务的统一。学院投入了大量物力与财力，建立健全 EMBA 教学管理制度与档案资料，于同年顺利地完成了国务院学位专家对我校 EMBA 教学的合格评估。

2007 年，为进一步规范专业硕士学位研究生教育，学院实行了专业学位项目管理责任制，开展了专业学位研究生项目品牌建设。决定将学院 MBA（包括 EMBA）、MPAcc、项目管理工程硕士（MPM）以及高等学校教师在职攻读硕士学位等管理工作进行整合，由一个副院长专门分管，并先后成立了专业学位教育管理机构，采取了"5+1"的机构调整模式，即成立了"EMBA 教育中心""MPM 教育中心""高校教师与研修教育中心""MBA 教育中心""MPAcc 教育中心"，设立 1 个市场拓展与培训部。聘任了 MBA、MPAcc、MPM 项目主任，修订与健全了各个专业的各项管理制度，明确了品牌建设、教师管理、制度落实等方面的职责权利。

学院还针对专业学位研究生实践教学环节的要求，制定了专业学位研究生实习基地制度和双导师制度，充分利用校友资源，重视与大型企事业单位联合设立研究生创新实践基地的工作，规定了兼职的指导教师选聘和考核标准，并建立了企业导师库。2007年学院成功地举办了 MBA 15 周年暨 EMBA 5 周年庆典活动。2010 年工商管理硕士被批准为教育部专业学位研究生教育综合改革试点专业。

为提升专业学位教育的国际化水平，自 2010 年 9 月起，学院在 MBA、EMBA 课程体系中增加了国际化模块；自 2010 年起开办了全英文 IMBA 实验班，截至 2012 年有100 余人参与该项目；同时，启动了国际交换项目与短期海外游学项目。截至 2012 年12 月，已累计招收在职 MBA 学员 3780 人，全日制 MBA 学员 695 人，EMBA 学员 1639人。

（五）AMBA 国际认证

2009 年学院决定进行 AMBA 国际认证。全院领导和师生积极筹备、多方动员和学习走访，为认证做了精心的准备。学院还投入了大量人力、物力与财力，改进了 MBA、EMBA 教育的办公条件，建立健全了 MBA、EMBA 教学管理档案资料，编印了 MBA、EMBA 宣传画册。在准备认证期间，学院认真讨论了武汉大学 MBA、EMBA 项目的愿景、使命、价值观，武汉大学 MBA 的价值观为"谋新求变，止于至善"，使命是"培养具有国际视野、兼备竞争意识与团队精神的中国工商管理精英"；武汉大学 EMBA 项目则以"积人文底蕴，融管理新知，创中国 EMBA 教育金牌"为意愿，以"培养具有全球战略思维、卓越领导能力和高度社会责任感的组织领袖和国家栋梁"为使命，以"启思明德，谋道厉行"为核心价值观。在新的价值观和使命的感召下，MBA、EMBA 项目持续改进，不断创新。

2010 年 5 月，AMBA 认证工作正式启动，经过 12 月 6 至 7 日 AMBA 认证委员的现场审核以及 AMBA 认证委员会两个多月的详细评估，2011 年 3 月 18 日正式获得 AMBA 认证资格。由此，武汉大学成为中国大陆地区继浙江大学、上海交通大学和中山大学之后的第四家、中西部地区第一家获得 AMBA 认证的学校，为武汉大学 MBA 项目的持续高水平发展和进一步国际化打下了良好的基础。2010 年，学院 MBA 项目获批教育部 MBA 综合改革试点单位，武汉大学也成为中部地区唯一获批 MBA 试点改革的 985 高校，EMBA 则连续 9 届获得"中国市场最具领导力 EMBA"前四强。

(六) 继续教育与高端培训的发展

继续教育是学院为社会提供教育智力服务形式之一。到 2005 年学院已形成了较完整的继续教育办学体系。学院有学历教育的成人高考函授夜大脱产、高等教育自学考试、网络教育三大类；有高中起点专科、高中起点本科到专科起点本科层次；学制从 2 年、3 年到 4 年不等；学习形式分为在职业余学习及全日制脱产学习。学生主要分布在湖北、广东、浙江等中南部地区，专业主要集中在工商企业管理、会计、财务管理、市场营销等应用型学科。继续教育还有非学历教育培训的组织机构短期内训及公开课项目。

2007 年教育部和湖北省教育厅停止部分重点高校全日制成人高考脱产及自学考试全日制招生，武汉大学是其中高校之一。到 2010 年，学院只有业余学习的函授夜大及网络教育，其中网络教育又占绝大部分。2010 年网络教育学制由原来 2 年改为 2.5 年。2005 年至 2012 年，学院继续教育学历在籍生规模一直稳定在 7000 人上下。

非学历教育培训是学院继续教育的重要组成部分，2007 年 3 月之前主要零星分散在各系所及行政职能管理部门。2007 年 3 月学院成立高层管理培训与发展中心(以下简称"EDP 中心")，委托一家校外公司管理与运行，开始较系统开拓非学历教育培训市场。自 2004 年开始，学院与校外公司合作开办企业总裁高级研修班公开课项目。2011 年 6 月，学院收回 EDP 中心，由学院自己管理与运作，形成了学院自办组织机构短期内训与校外公司合作开办公开课培训项目局面。组织机构短期内训受训单位主要为国内的银行金融机构、大中型企业，公开课学员主要来自湖北地区各个行业企业中高层管理人员，至 2012 年底已累计培训学员近 2 万人次。2011 年开始，学院教育培训服务收入已占继续教育收入的 50% 以上。

2011 年 6 月，学院成立内设机构"继续教育办公室"，将之前分散在本科教学管理办公室中的继续教育学历部分及"EDP 中心"的非学历教育培训集中管理。同时保留"EDP 中心"，将其挂靠在继续教育办公室。

五、科学研究与国际化办院的新成就

（一）科学研究的新成就

2005 以来，学院教师申报获批的国家社会科学基金、国家自然科学基金和教育部人文社会科学研究项目不断取得新的突破。以上三类项目的获批项目数量有了很大的增长（见表 14-3）。特别是在具有重要影响的国家社会科学基金重大招标项目上，学院成绩十分突出。2005 年，曾国安教授、简新华与辜胜阻教授、顾海良教授分别获得国家社会科学基金重大项目，实现我院国家级重大项目零的突破。此后，学院教师获批国家重点重大项目的数量屡创新高，其中包括国家社会科学基金重大招标项目 12 项、重点项目 10 项；教育部人文社会科学研究重大攻关项目 8 项、后期资助重大项目 2 项，承担教育部人文社会科学重点研究基地重大项目 22 项；承担国家自然科学重点项目 1 项，详见表 14-4。

表 14-3　　　　　　**2005—2012 年学院教师获批的三大基金项目数量**

类别	2005 年	2006 年	2007 年	2008 年	2009 年	2010 年	2011 年	2012 年
国家社会科学基金项目	9	7	9	9	7	11	9	6
国家自然科学基金项目	5	11	13	8	15	14	20	20
教育部人文社会科学研究项目	9	5	12	18	31	15	12	11
年度合计	23	23	34	35	53	40	41	39

表 14-4　　　　　　**2005—2012 年期间学院教师获批国家重大、重点项目表**

序号	项目来源	项目级别	项目名称	负责人姓名	立项年份	项目总经费（万元）
1	国家社会科学基金	重大招标项目	调整国民收入分配、逐步解决地区之间和部分社会成员收入差距过大的若干重大问题研究	曾国安	2005	30
2	国家社会科学基金	重大招标项目	工业化和城市化过程中的农民工问题研究	简新华 辜胜祖	2005	20
3	国家社会科学基金	重大招标项目	西方发达国家市场经济理论政策和制度架构变迁及其借鉴	顾海良	2005	20
4	国家社会科学基金	重大招标项目	西方经济学教材编写	颜鹏飞	2007	20

序号	项目来源	项目级别	项目名称	负责人姓名	立项年份	项目总经费（万元）
5	国家社会科学基金	重大招标项目	中国工业化的资源环境人口制约与新型工业化道路研究	简新华	2009	60
6	国家社会科学基金	重大招标项目	改革开放以来中国管理学的发展研究	谭力文	2010	60
7	国家社会科学基金	重大招标项目	应对"中等收入陷阱"挑战的综合研究	邹薇	2011	80
8	国家社会科学基金	重大招标项目	后金融危机时代中国参与全球经济再平衡的战略与路径研究	陈继勇	2011	80
9	国家社会科学基金	重大招标项目	城乡环境基本公共服务非均等程度评估及均等化路径研究	卢洪友	2011	80
10	国家社会科学基金	重大招标项目	我国巨灾保险制度安排与实施路径研究	田玲	2011	70
11	国家社会科学基金	重大招标项目	完善宏观金融调控体系研究——基于针对性、灵活性和前瞻性的视角	黄宪	2012	70
12	教育部哲学社会科学研究	重大攻关项目	后金融危机时期我国经济发展方式研究	郭熙保	2010	80
13	教育部哲学社会科学研究	重大攻关项目	西方经济伦理思想研究	乔洪武	2010	70
14	教育部哲学社会科学研究	重大攻关项目	低碳经济转型下的中国碳排放交易体系研究	齐绍洲	2010	80
15	教育部哲学社会科学研究	重大攻关项目	我国公共财政风险评估及其防范对策研究	吴俊培	2010	80
16	教育部哲学社会科学研究	重大攻关项目	国家经济安全与我国金融审计制度创新研究	王永海	2010	80
17	教育部哲学社会科学研究	重大攻关项目	《资本论》及其手稿再研究	颜鹏飞	2011	80
18	教育部哲学社会科学研究	重大攻关项目	马克思主义理论研究和建设工程重点教材编写专项《发展经济学》	郭熙保	2011	50
19	教育部哲学社会科学研究	重大攻关项目	欧美国家债务危机对我国的影响及对策研究	叶永刚	2012	80
20	教育部哲学社会科学研究	后期资助项目重大项目	宏观金融工程研究	叶永刚	2007	20

序号	项目来源	项目级别	项 目 名 称	负责人姓名	立项年份	项目总经费（万元）
21	教育部哲学社会科学研究	基地重大招标项目	发展经济学前沿理论研究	马颖	2005	20
22	教育部哲学社会科学研究	基地重大招标项目	发展中国家及经济转型国家的金融改革与经济发展	江春	2005	20
23	教育部哲学社会科学研究	基地重大招标项目	经济转型与发展中的社会资本问题研究	郭熙保	2005	20
24	教育部哲学社会科学研究	基地重大招标项目	国际区域一体化比较研究	张彬	2005	20
25	教育部哲学社会科学研究	基地重大招标项目	健全与完善工伤保险制度	胡炳志	2005	20
26	教育部哲学社会科学研究	基地重大招标项目	区域高新技术产业发展模式与高校创新能力	辜胜阻	2005	6
27	教育部哲学社会科学研究	基地重大招标项目	中国中部地区资源、环境与经济协调发展研究	杨艳琳	2006	20
28	教育部哲学社会科学研究	基地重大招标项目	中国转型期社会诚信体系与经济发展关系研究	文建东	2006	20
29	教育部哲学社会科学研究	基地重大招标项目	发展经济学的微观基础研究	叶初升	2007	20
30	教育部哲学社会科学研究	基地重大招标项目	美国"双赤字"与世界经济失衡	陈继勇	2007	20
31	教育部哲学社会科学研究	基地重大招标项目	机关事业单位社会保障研究	王冰	2007	20
32	教育部哲学社会科学研究	基地重大招标项目	中国工业化的特殊性与中国特色新型工业化道路研究	简新华	2008	20
33	教育部哲学社会科学研究	基地重大招标项目	发展中国家人力资源后发优势与经济追赶研究	谭崇台 代谦	2008	20
34	教育部哲学社会科学研究	基地重大招标项目	贸易开放与中国区域发展差异研究	张建清	2009	20
35	教育部哲学社会科学研究	基地重大招标项目	中国经济城乡与区域协调发展研究	成德宁	2010	20
36	教育部哲学社会科学研究	基地重大招标项目	逆周期宏观调控政策与中国经济平衡增长研究	潘敏	2010	20

序号	项目来源	项目级别	项目名称	负责人姓名	立项年份	项目总经费（万元）
37	教育部哲学社会科学研究	基地重大招标项目	中部地区低碳产业发展与"两型社会"建设研究	刘传江	2011	20
38	教育部哲学社会科学研究	基地重大招标项目	工业化中期阶段典型国家经济发展模式比较分析及对中国的启示	李卓	2011	20
39	教育部哲学社会科学研究	基地重大招标项目	中国经济结构与经济发展方式转变研究	陈志刚	2012	20
40	教育部哲学社会科学研究	基地重大招标项目	中国土地制度改革与农业现代化道路研究	钟水映	2012	20
41	国家社会科学基金	重点项目	东正教与俄罗斯对外政策	刘再起	2005	12
42	国家社会科学基金	重点项目	改革开放以来中国经济追赶型超高速增长的动力机制研究	郭熙保	2006	12
43	国家社会科学基金	重点项目	经济全球化背景下中国实施互利共赢对外经济开放战略研究	陈继勇	2007	15
44	国家社会科学基金	重点项目	科学发展观的科学内涵与科学发展经济学理论体系研究	郭熙保	2007	15
45	国家社会科学基金	重点项目	中国特色的人才强国战略实施与动力机制研究	李燕萍	2007	15
46	国家社会科学基金	重点项目	中国城镇化与中国特色城镇化道路研究	简新华 刘传江	2008	15
47	国家社会科学基金	重点项目	未来十年扶贫开发战略研究：基于能力开发的视角	邹薇	2010	20
48	国家社会科学基金	重点项目	完善国有控股商业银行公司治理研究	潘敏	2010	20
49	国家社会科学基金	重点项目	创造性资产寻求跨国并购的主要影响因素和运作推进机制研究	吴先明	2012	25
50	国家社会科学基金	重点项目	收入分配休制改革对改善居民收入分配的效果评估研究	王祖祥	2012	25
51	国家自然科学基金	重点项目	复杂不确定性多主体多目标合作博弈与协商谈判的合作机制与合作模式	王先甲	2012	243

与此同时，学院各类科研经费总额也大幅度增长。学院各年度到账科研经费情况详

见图 14-1。

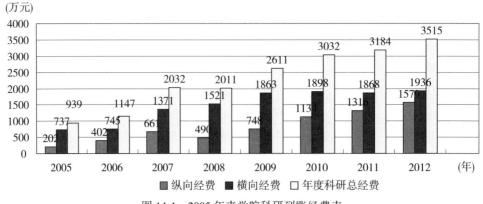

图 14-1　2005 年来学院科研到账经费表

2005 年以来，学院教师发表的论著数量和质量都有明显提高，国际顶级期刊论文和国内重点权威期刊论文数量明显增加（见表 14-5）。

表 14-5　　　　　　　　　**2005—2012 年期间学院教师科研论著成果情况表**　　　　　单位：篇

类别	2005 年	2006 年	2007 年	2008 年	2009 年	2010 年	2011 年	2012 年	合计
SCI 检索	0	1	0	1	5	7	8	9	31
SSCI 检索	0	0	1	6	5	7	12	28	59
EI 检索	4	6	2	66	87	82	85	41	373
ISTP 检索	15	25	58	47	27	58	8	3	241
ISSHP 检索	2	0	0	14	78	47	14	11	166
重要权威期刊	3	4	11	15	27	21	21	39	141
国内权威期刊	103	123	144	141	145	148	151	134	1089
核心期刊和 CSSCI 检索	203	248	230	312	296	295	243	371	2198
其他论文	349	359	356	306	281	242	252	279	2424
学术著作	31	44	39	40	48	49	15	57	323
教材	70	36	27	39	25	20	28	24	269
政府及国有大型企业咨询报告	8	9	19	15	18	15	15	18	117

2005 年来，学院共获得各级各类奖项 703 项，其中获得文科类最高奖项——教育部中国高校人文社科科研成果奖 14 项（一等奖 2 项，二等奖 3 项，三等奖 9 项），省部级优秀科研成果奖励共 181 项（一等奖 30 项，二等奖 45 项，三等奖 106 项），获奖数量

与奖励等级均居全国经济管理学科前列。详见表14-6。2012年,学院荣获"十一五期间武汉大学哲学社会科学研究工作先进集体"称号。

表14-6　　　　　**2005—2012年期间学院教师主要科研成果获奖情况**

序号	奖励名称	获奖项目名称	完成人	获奖年度	获奖等级
1	高等学校科学研究优秀成果奖(人文社会科学)	《马克思劳动价值论的历史与现实》(人民出版社2002年10月出版)	顾海良	2006	一等
2	高等学校科学研究优秀成果奖(人文社会科学)	国际直接投资新的发展与外商对华直接投资研究	陈继勇等	2006	三等
3	高等学校科学研究优秀成果奖(人文社会科学)	技术模仿、人力资本积累与经济赶超	邹薇、代谦	2006	三等
4	高等学校科学研究优秀成果奖(人文社会科学)	美中贸易的"外资引致逆差"问题研究	陈继勇等	2009	二等
5	高等学校科学研究优秀成果奖(人文社会科学)	寻求发展理论的微观基础——兼论发展经济学理论范式的形成	叶初升	2009	三等
6	高等学校科学研究优秀成果奖(人文社会科学)	发展经济学:一种新古典政治经济学的研究框架	邹薇	2009	三等
7	高等学校科学研究优秀成果奖(人文社会科学)	人民币实际有效汇率和对外贸易收支的关系——中美和中日双边贸易收支的实证研究	叶永刚等	2009	三等
8	高等学校科学研究优秀成果奖(人文社会科学)	长江三角洲地区产业结构趋同、制造业空间扩散与区域经济发展	刘传江	2009	三等
9	第五届湖北省社会科学优秀成果奖	美国经济研究(系列论文)	陈继勇等	2007	一等
10	第五届湖北省社会科学优秀成果奖	湖北省经济结构战略性调整的轨迹分析和对策研究	伍新木	2007	三等
11	第五届湖北省社会科学优秀成果奖	南方模仿、企业家精神和长期增长	庄子银	2007	三等
12	第五届湖北省社会科学优秀成果奖	人民币升值之争的理论反思:新制度金融学的解释	江春	2007	三等奖
13	第六届湖北省社会科学优秀成果奖	美国新经济与经济周期研究(著作)	陈继勇等	2008	一等
14	第六届湖北省社会科学优秀成果奖	中国现阶段工业化研究(系列论文)	简新华	2008	二等

序号	奖励名称	获奖项目名称	完成人	获奖年度	获奖等级
15	第六届湖北省社会科学优秀成果奖	跨国公司制造业和服务业外包发展趋势与我国政策研究（系列论文）	谭力文等	2008	二等
16	第六届湖北省社会科学优秀成果奖	寻求发展理论的微观基础——兼论发展经济学理论范式的形成（论文）	叶初升	2008	二等
17	第六届湖北省社会科学优秀成果奖	战略人力资源管理的社会资本功能拓展（系列论文）	李燕萍等	2008	三等
18	第六届湖北省社会科学优秀成果奖	金融市场及其风险管理研究（系列论文）	叶永刚等	2008	三等
19	第六届湖北省社会科学优秀成果奖	风险导向型商业银行审计研究（论文）	王永海等	2008	三等
20	第七届湖北省社会科学优秀成果奖	发达国家发展初期与当今发展中国家经济发展比较研究（著作）	谭崇台等	2011	一等
21	第七届湖北省社会科学优秀成果奖	世界经济与外商对华直接投资研究（系列论文）	陈继勇等	2011	一等
22	第七届湖北省社会科学优秀成果奖	后发优势与追赶理论研究（系列论文）	郭熙保等	2011	二等
23	第七届湖北省社会科学优秀成果奖	新型劳动关系下企业技能型劳动者长效激励与制度安排研究	邱力生	2011	二等
24	第七届湖北省社会科学优秀成果奖	美国对外经济制裁问题研究	刘威	2011	二等
25	第七届湖北省社会科学优秀成果奖	企业环境分析与调适：理论与方法（著作）	赵锡斌	2011	二等
26	第七届湖北省社会科学优秀成果奖	跨国公司制造业和服务外包发展趋势与我国政策研究（著作）	谭力文等	2011	二等
27	第七届湖北省社会科学优秀成果奖	国际关系社会学（译著）	刘再起	2011	三等
28	第七届湖北省社会科学优秀成果奖	中国地区经济增长与能源消费强度差异分析（论文）	齐绍洲等	2011	三等
29	第七届湖北省社会科学优秀成果奖	经常项目失衡问题研究（系列论文）	张建清等	2011	三等
30	第七届湖北省社会科学优秀成果奖	石油战略储备计划与石油消费的动态路径分析（论文）	李卓	2010	三等

序号	奖励名称	获奖项目名称	完成人	获奖年度	获奖等级
31	第七届湖北省社会科学优秀成果奖	世界经济失衡研究	张建清	2011	三等
32	第七届湖北省社会科学优秀成果奖	石油战略储备计划与石油消费的动态路径分析（论文）	李卓	2011	三等
33	广西壮族自治区第十一次社会科学优秀成果奖	初级产品出口导向发展理论述评——自然资源丰富的中小国家的经济发展思路	郭熙保	2010	二等
34	湖北发展研究奖（2006—2007年）	武汉发展总部经济的对策研究（系列论文与研究报告）	陈继勇等	2009	一等
35	湖北发展研究奖（2008—2009年）	湖北省未上市股权交易市场研究	叶永刚等	2011	二等奖
36	全国商务发展研究成果奖	服装产业国际竞争力——基于全球价值链的深层透视	谭力文等	2010	一等
37	全国商务发展研究成果奖	外商在华直接投资的知识溢出与中国区域经济增长	陈继勇	2010	论文二等
38	全国商务发展研究成果奖	APEC经济技术合作及我的参与对策研究系列咨询报告	张彬等	2010	报告二等
39	全国商务发展研究成果奖	国际区域经济一体化比较研究	张彬等	2011	三等
40	全国商务发展研究成果奖	中国服务贸易国际竞争力的实证研究	陈虹	2011	优秀奖
41	第一届"三个一百"原创图书出版工程奖	马克思经济思想的当代视界	顾海良	2007	一等
42	第一届"三个一百"原创图书出版工程奖	中国劳动力流动与"三农"问题	朱农	2007	一等
43	第二届中国出版政府奖图书奖	《迈向现代化的中国经济发展丛书》（含8部研究专著）	简新华等	2010	提名奖
44	第三届中华优秀出版物图书	发达国家发展初期与当今发展中国家经济发展比较研究	谭崇台	2011	提名奖
45	第十三届安"了介国际贸易研究奖"优秀著作	国际资本形成与经济发展	叶初升	2005	二等
46	第十四届"安子介国际贸易研究奖"优秀论文奖	FDI、人力资本积累与经济增长	代谦	2006	三等
47	第十五届"安子介国际贸易研究奖"优秀论文	论中国外贸增长方式的转变	简新华等	2008	三等

序号	奖励名称	获奖项目名称	完成人	获奖年度	获奖等级
48	第十六届"安子介国际贸易研究奖"优秀论文	论比较优势与落后国家的二元技术进步：以近代中国产业发展为例	代谦	2010	一等
49	第十六届"安子介国际贸易研究奖"优秀论文	外资特征对中国经济增长的影响	郭熙保等	2010	三等
50	第二届张培刚发展经济学优秀成果奖	发展经济学	谭崇台等	2008	优秀著作奖

　　2005年以来，学院进一步完善了国家、省级、学校人文社会科学重大研究基地体系。2005年，武汉大学人口·资源·环境经济研究中心新增为湖北省人文社会科学重点研究基地；2011年，武汉大学中国产学研合作问题研究中心、武汉大学金融工程与风险管理研究中心获批湖北省高校人文社会科学重点研究基地。截至2012年底，学院共有41个科研机构，其中1个教育部重点，3个省级重点，6个校级重点。这些研究机构为推动学院的学术研究发挥了重要作用。

　　学院于2007年5月正式成立了《珞珈管理评论》杂志社，并于2007年下半年出版了《珞珈管理评论》第一期杂志。目前学院期刊社已经对主办的《经济评论》和《珞珈管理评论》实现了匿名审稿，刊物的学术影响与学术地位不断提升。2009年，《经济评论》在全国91种综合性经济学专业期刊的定量评价排名中位居第五。2012年《经济评论》在中国科学文献计量评价研究中心、"中国知网"发布的《中国学术期刊影响因子年报（2012版）》《中国学术期刊国际引证报告（2012版）》中，被评为"2012中国最具国际影响力学术期刊"，在34种人文社科类"中国最具国际影响力学术期刊"中排名第12，也是湖北省人文社科类期刊中唯一获此殊荣的学术期刊。

（二）社会服务的新探索

　　2005年以来学院科研工作服务社会、回报社会的力度进一步加大。学院教师向国家、省、市各级政府提供有效咨询报告（被领导圈阅批示或内部出版）151篇，其中，大多数受到国务院、有关部委和湖北省、武汉市的高度重视。2009年，伍新木教授向时任武汉市市长阮成发建言武汉市建立全国第一家"农村综合产权交易所"，并提供了交易所整体制度框架，被市政府采纳后，该交易所在国内起到了引领示范作用。2011年，李健教授的《"全通现象"带给我们的思考》和《湖南经济社会发展战略的新变化》，均得到湖北省委书记李鸿忠的重要批示；文建东教授的《推进三网融合，加快光城计划》，得到了武汉市领导的批示；张彬教授的2篇咨询报告和余振副教授的2篇咨询报告均被商务部、外交部、教育部采纳；陈继勇教授的《国际上对全球经济失衡问题的几种认识》，被国家行政学院——参阅件2011年第104号采纳。2009年以来，邹薇教授关于有序推进人民币国际化、内外并举治理通货膨胀、经济全面升级应对"中等收入陷阱"的专论或专访先后 3 次被新华社《内部参考》采用。2012 年，邹薇教授完成的长篇研究报告《湖北经济发展现阶段特征和战略选择》报送湖北省委，研究报告的主体部分在中共湖北省委主办的杂志《政策》(2012 年第五期) 发表，研究成果还以"湖北省委内参"形式直接报送省委主要领导同志。邹薇教授提出的"黄金十年"战略主张得到了湖北省第十次党代会报告的直接采用。

学院高度重视并鼓励教师参与湖北和区域的改革与发展，为推动湖北和区域社会经济发展做出积极贡献。学院教师积极参政议政，辜胜阻、顾海良、李健先后当选全国人大代表，辜胜阻先后当选全国工商联副主席、第十一届全国人大内务司法委员会副主任委员、第十二届全国人民代表大会财政经济委员会副主任委员。伍新木先后当选第九届、第十届湖北省人大代表、常委、法制委员会委员，湖北省政府咨询委员会第一届委员，武汉市政府咨询委员会第一届至第七届委员。李燕萍先后当选第十届、第十一届湖北省政协常委，刘传江当选第十届、第十一届省政协委员，邹薇当选第十一届省政协委员。黄本笑先后当选武汉市第十一届、十二届人大代表、财经委员会委员，刘传江、文建东、邹薇先后当选第十一届武汉市政协委员、第十二届武汉市政协常委。魏华林、乔洪武受聘为湖北省文史馆馆员，陈继勇、魏华林、邹薇受聘为湖北省委决策支持顾问，陈继勇、李健受聘为武汉市政府参事，陈继勇连续 6 年获得武汉市政府参事工作一等奖，2009 年还成为武汉市首位获得劳动模范称号的政府参事。自 2008 年举行首届"湖北发展研究奖"评审以来，我院共有 5 项成果喜获该项荣誉。武汉大学中国金融工程与风险管理研究中心每年出版《中国与全球金融风险报告》等一批优秀学术成果，为我国经济转型期间宏观金融风险监测等重大问题提供了扎实的理论基础。

(三) 国际化办院的新突破

为适应 21 世纪教育发展的新趋势，学院坚持国际化和本土化的有机结合的原则，积极推行"国际化办院"方略，进一步扩大对外交流的范围，提高交流层次，拓宽对外合作渠道，通过国际合作办学的形式，更好地学习了国外先进的办学经验，促进了学科的发展。

2005 年学院启动了中法工商管理试验班(简称中法工商)、中法金融试验班。2010 年开办了会计学 ACCA 教改试验班，2011 年开办了金融学专业国际金融试验班。至此，学院已经拥有中法国际经济与贸易双学士学位试验班(简称中法国贸)、中法工商管理试验班(简称中法工商)、中法金融试验班、金融学专业国际金融方向试验班、会计学专业 ACCA 试验班、国际数理经济与数理金融试验班等 6 个国际班和试验班。学院已成为武汉大学拥有国际班、试验班最多，拥有我国港澳台地区学生及留学生规模最大的学院。2005 年，学院的物业管理专业通过了英国物业管理认证协会的认证。此外，学院还大力发展 MBA 等专业学位的国际化培养，2010 年学院 MBA、EMBA 项目顺利通过 AMBA 国际认证，培养了一批与国际接轨的优秀人才。

在师资队伍的国际化方面，2005 年以来，学院聘请多位外籍长江学者、名誉教授及兼职教授。学院聘请了香港城市大学商学院市场营销学系主任周南教授、香港城市大学商学院院长魏国基教授、香港中文大学工商管理学院院长李天生教授、多伦多大学管理学院谢家琳教授、美国乔治亚州立大学王树勋教授等为我校客座教授等。此外，学院还大批引入"海归"博士。8 年来共引进归国博士和博士后 21 人。2012 年，学院全球公开招聘院长，武汉大学校友、香港科技大学经济系教授、瑞安经管中心主任谢丹阳成为首位经济与管理学院全球招聘的院长。

学院积极举办各类国际学术会议、外籍学术讲座，扩大与国内外的学术交流。2005年来，举办了包括 2001 年度诺贝尔经济学奖得主斯蒂格利茨（Joseph E. Stiglitz）教授、2003 年度诺贝尔经济学奖得主格兰杰（Clive Granger）教授、2010 年诺贝尔经济学奖得主克里斯托弗·皮萨里德斯（Christopher A. Pissarides）教授等国内外顶尖学者所做的高水平学术报告 500 余场，举办国际国内学术会议 80 余场。举办了 161 期"珞珈青年学术论坛"，效果良好。为提升学院的国际形象和学术地位，学院实施"走出去"工程，广泛开展对外学术交流。2005 年以来，学院选派了 200 余人次教师赴美、英、法、日、意大利、澳大利亚、加拿大、以色列、东南亚等国家以及我国香港和台湾地区，进行学术交流、高级进修和考察访问活动。通过"走出去"工程，开阔了国际视野，了解了国际学术前沿和研究方法，进一步提升了教师的学术水平和科研能力。与此同时，也催生了一批具有国际水准的研究成果。2005 年以来，国际顶级期刊数量明显增加，学院教师发表 SCI 检索论文 43 篇，SSCI 检索论文 108 篇，被 SCI/SSCI/EI/ISTP/ISSHP 检索的论文有 962 篇。2005 年以来，境外合作项目不断增加，我院教师主持的境外合作项目也不断增加。

六、民主管理与党群工作的新气象

（一）民主办院与制度治院

2005 年以来，学院坚持推行院务公开。2005 年 12 月 30 日，学院召开了第二届教职工代表和工会会员代表大会第一次会议，正式提出了办院方略与办院方针，并审议通过了一系列规章制度。此后，2006 年 1 月 26 日、2007 年 12 月 27 日、2009 年 3 月 14日、2010 年 3 月 18—19 日、2011 年 3 月 17 日、2012 年 12 月 28 日，先后召开了第二届教职工代表大会第二至第六次会议和第三届教职工代表和工会会员代表大会第一次会议。在教代会上，学院领导班子均向代表作年度工作报告、年度财务工作报告以及其他一些重大事项的报告，并进行领导班子成员个人述职廉报告，接受全院教职工的监督与测评。学院教代会在此期间两次被评为学校先进教代会。同时，学院以规范管理为核心，不断健全各项会议制度，初步建立了重大问题由党政联席会议集体决策、专业问题由教授委员会等专家委员会讨论决策、关系广大教职工切身利益的问题由教代会讨论决策的民主决策机制。同时，以日常工作制度化、常规工作程序化、专项工作项目化、学院管理信息化、学院发展和谐化为目标，先后修订和完善了一系列规章制度，有力地促进了学院管理工作的科学化、民主化和制度化。

(二) 党群与学生工作

这一时期，根据中央、教育部党组、湖北省委和学校党委的部署要求，学院党委先后在全院开展了多次党内集中性专题学习实践活动。2005 年下半年开展了保持共产党员先进性教育活动。2009 年开展了深入学习实践科学发展观活动，湖北省委高校基层党建工作责任制检查考评组来院检查指导工作时，对学院党建工作给予了高度评价。2011 年开展了创建先进基层党组织、争做优秀共产党员活动的"创先争优"活动，下半年还开展了"两访两创"活动，即"高校管理干部访谈所有教师，教师访谈所有学生；创基层党建工作先进，争做优秀共产党员；创教育事业发展先进，争做优秀人民教师"。

与此同时，学院党委以领导班子建设为核心，推进学习型党组织建设，努力打造团结协作、高效务实的领导集体和管理团队。注重对系所干部的培养与指导，一批优秀的中青年教师进入系所党政领导班子。开展了行政内设机构负责人公开竞聘上岗工作，逐步完善了管理干部选拔任用机制。举办管理干部周末培训课堂，定期开展内部工作交流，学院管理人员服务意识与服务水平不断提升。2006 年 7 月，学院党委被湖北省高校工委评为"湖北省高等学校先进基层党组织"，被湖北省高校工委、教育厅评为"湖北省高校大学生思想政治教育先进基层单位"；2007 年 9 月，学院被国家人事部、教育部授予"全国教育系统先进集体"称号，被湖北省教育工会表彰为湖北省教育系统"树、创、献"活动先进集体；2008 年 5 月，学院团委被团省委评为"全省五四红旗团委"；2011 年 3 月，学院再次获评"湖北省高校大学生思想政治教育先进基层单位"。

针对学院学生规模大、学科专业和层次多的特点，学院积极创新工作方法方式，探索学生管理新模式，学生工作成绩显著。逐步形成了在学院党委领导下，学生工作办公室统筹、横向年级类别管理、纵向专项委员会指导，专业导师、校内外兼职导师、学生助理班级导师点面结合的学生思想政治教育工作模式。充分发挥学生党、团、学生会及社团组织作用，不断完善拓展学生思想政治工作载体，形成了以华中高校党支部风采大赛等为代表的学生党建活动品牌，以"康腾全国高校学生案例分析大赛""聚焦工作室"等为代表的学生社团活动品牌，以"大山里的魔法教室"等为代表的学生社会实践活动品牌，以"挑战杯"大学生课外学术科技作品大赛和创业大赛、"花旗杯"金融与信息技术应用大赛等为代表的创新创业活动品牌，以及学生网络教育活动等学生思政教育品牌。2011 年起组织实施"烛光导航"工程，通过立体导航体系、多样导航形式和精细导航方案，努力实现"三全"育人体系。

学院学生在校内外各项学术科技、社团活动、文体竞赛、社会实践活动中成绩突出，一批先进集体和个人在校内外多项科技竞赛和交流活动中取得了优异的成绩。2005 年 6 月，学院博士研究生徐岚在 JMS 中国营销科学博士生学术论文竞赛中获一等奖。2006 年 11 月，学院举办了全国高校康腾案例分析大赛邀请赛，首次迈出华中地区，走向全国。2007 年 6 月，学院成功申报并挂牌为学校十大学生工作特色基地之社团建设基地；学院康腾实践中心被评为全国百佳优秀社团。2008 年 12 月，本科生郑佳萌作为中国首位在校大学生受邀参加诺贝尔颁奖盛典。2009 年 11 月，学院学生荣获第 11 届"挑战杯"全国大学生课外学术科技作品竞赛三等奖。2010 年 11 月，硕士研究生吴斌入选合校十周年"十大风云人物"及"2009 中国大学生年度人物"，12 月本科生刘丽琼获封"世界记忆大师"称号。2011 年 11 月，硕士研究生李璟、本科生余方舟在全球大学生创业挑战赛中获得冠军，12 月本科生尤东梅荣获"世界记忆大师"称号。2012 年，学院学生先后荣获美国数学建模竞赛一等奖、全国大学生英语竞赛特等奖、全国大学生数模竞赛二等奖、"花旗杯"金融与信息技术应用大赛全国冠军等、第八届"挑战杯"复星中国大学生创业计划竞赛金奖；本科生赵良甄勇夺"2012 亚太青年模拟 APEC 大会"总决赛冠军，本科生刘丽琼荣获第三届全国高校"栋梁之星"称号，本科生余方舟荣获湖北省大学生年度人物称号，本科生郭俊秀专著《乐享 powerpoint——5 个 PPT 成就幻灯片达人》由电子工业出版社出版发行。2011 级市场营销专业硕士研究生李璟作为青年创新创业典型当选为共青团第十七大代表；2009 级数理经济与数理金融试验班本科生李当娜同时被哈佛大学、斯坦福大学、麻省理工学院等 7 所名校录取；2010 级经济学基地班蝉联武汉大学"先进班集体标兵"荣誉称号，学院学生会多次被评为"武汉大学优秀学生会"，学院研究生会多次被评为"武汉大学优秀研究生会"，2007—2012 年学院分团委连续 6 年荣获武汉大学"五四红旗团委"称号。

　　2005 至 2012 年，是我国社会经济快速发展的历史时期，也是我国高等教育快速发展的重要阶段，武汉大学经济与管理学院抓住机遇，大胆改革创新，在人才培养、科学研究、服务社会、文化传承创新等各个方面，取得了新的发展，培养了一批又一批优秀人才。感悟历史，开创未来，在新的历史时期、新的起点上，经济与管理学院全体师生还将继往开来，锐意进取，育一流人才、出一流成果、创一流效益，早日把武汉大学经济与管理学院建成国内领先、国际知名的学院，共同铸造学院发展新的辉煌，为实现中华民族伟大复兴的"中国梦"贡献力量。

第五编

新时代经济学学科与管理学学科的

新发展（2013—2023年）

第十五章　新时代的经济与管理学院
（2013—2023 年）

　　2012 年 11 月，中国共产党第十八次全国代表大会胜利召开，中国特色社会主义进入新时代。在新时代的征程上，经济与管理学院深入学习贯彻党的十八大、十九大、二十大精神，坚持以马克思列宁主义、毛泽东思想、邓小平理论、"三个代表"重要思想、科学发展观、习近平新时代中国特色社会主义思想为指导，坚持和加强党的全面领导，全面贯彻落实党的教育方针，把加快建设中国特色、世界一流的大学和优势学科作为重中之重，以立德树人为根本任务，以追求卓越为目标，以创新驱动发展为导向，以综合改革为突破，以服务经济社会发展为己任，作为武汉大学办学规模最大和综合实力领先的学院、国内经济学和管理学人才培养及科学研究的重镇，新时代的经济与管理学院正以智慧和汗水奋力谱写出学院高质量内涵式发展新篇章。

一、党政领导班子换届与调整

　　2012 年以来，在武汉大学党委的高度重视和大力支持下，经济与管理学院党委不断加强领导班子自身建设，提高政治站位，坚决执行民主集中制，带领全院广大师生，形成干事创业的凝聚力与战斗力，不断加快建设"国内领先、国际知名"的高水平研究型学院的步伐。

　　2012 年 11 月，学院党委书记为徐业勤，副书记为张琦、郑先公，党委委员为王永海、王先甲、叶永刚、李继龙、李燕萍、张琦、郑先公、徐业勤、曾国安。2014 年 4 月，召开中国共产党武汉大学经济与管理学院第一次代表大会，徐业勤任党委书记，朱剑平、邹明建任党委副书记，党委委员为朱剑平、邹明建、李卓、李继龙、李燕萍、汪涛、张占领、陈琦、徐业勤、曾国安、潘敏。2015 年 3 月至 5 月，邓健任经济与管理学院党委副书记（挂职）。2017 年 3 月至 5 月，马力强任经济与管理学院党委副书记（挂职）。2017 年 9 月，杜晓成任经济与管理学院党委书记，徐业勤调任校党委宣传部部长、新闻中心主任。2018 年 4 月，召开中国共产党武汉大学经济与管理学院第二次代表大会，杜晓成任党委书记，朱剑平、邬明建任党委副书记，党委委员为方德斌、朱剑平、邬明建、杜晓成、李青原、李雪松、余振、汪涛、沈作霖、陈琦、罗睿。2019 年 12 月，李好任经济与管理学院党委副书记，朱剑平调任图书馆党委副书记。2020 年 9 月，王滨任经济与管理学院党委委员、纪委书记。2021 年 11 月，谢雅维任经济与管理学院党委副书记，邬明建调任法学院党委副书记。2022 年 2 月，姜星莉任经济与管理学院党委书记，杜晓成卸任学院党委书记。2022 年 12 月，召开中国共产党武汉大学经济与管理学院第三次代表大会，姜星莉任党委书记，谢雅维、李好任党委副书记，王滨任纪委书记，党委委员为王滨、刘林青、李好、李青原、余振、罗知、罗睿、姜星莉、谢雅维，纪委委员为王滨、叶晶、李雪松、沈仕雄、陈植元。2023 年 5 月，谭小林任经济与管理学院党委委员、纪委书记，王滨卸任学院纪委书记。2023 年 9 月，杨志威任经济与管理学院党委副书记，谢雅维卸任学院党委副书记。

2012 年 11 月，院长为陈继勇，副院长为李燕萍、曾国安、叶永刚、王永海、王先甲、李继龙、郑元同（挂职）。2012 年 12 月，郑元同卸任学院副院长（挂职）。2013 年 6 月，学院行政班子换届，经面向海内外公开招聘，来自香港科技大学的谢丹阳被聘为经济与管理学院院长，李燕萍、曾国安、潘敏、汪涛、李继龙任副院长。2016 年 1 月，潘敏任经济与管理学院副院长（主持工作）。2016 年 4 月，沈作霖任经济与管理学院副院长，李继龙调任继续教育学院副院长。2017 年 7 月，谢丹阳聘期结束不再担任学院院长。2018 年 1 月，学院行政班子换届，经过面向海内外公开招聘，来自香港大学的宋敏被聘为经济与管理学院院长，汪涛、方德斌、李青原、余振、沈作霖任经济与管理学院副院长。2018 年 9～11 月，邓健任经济与管理学院副院长（挂职）。2021 年 12 月至 2022 年 11 月，孙祥任经济与管理学院副院长（挂职）。2022 年 5 月，学院行政班子换届，方德斌、李青原、余振、黄敏学、罗知任经济与管理学院副院长，汪涛、沈作霖卸任学院副院长。2022 年 9～11 月，杨小川任经济与管理学院副院长（挂职）。2022 年 11 月，方德斌卸任学院副院长，调任人文社会科学研究院副院长兼研究平台建设处处长。2023 年 1 月，经面向海内外公开招聘，来自美联储研究部的高级宏观经济学家聂军被聘为经济与管理学院院长，宋敏卸任学院院长。2023 年 5 月，刘林青、孙祥任经济与管理学院副院长，李青原卸任学院副院长。2023 年 9 月，谢雅维任经济与管理学院副院长。

二、党建与思想政治工作全面加强

2013 年以来，经济与管理学院党委坚持以马克思列宁主义、毛泽东思想、邓小平理论、"三个代表"重要思想、科学发展观、习近平新时代中国特色社会主义思想为指导，坚持和加强党的全面领导，强化党委主体责任，增强"四个意识"、坚定"四个自信"、做到"两个维护"，以党的政治建设为统领，把政治标准和政治要求贯穿党的思想建设、组织建设、作风建设、纪律建设、制度建设，党支部的战斗堡垒作用和党员先锋模范作用进一步发挥，基层党组织创造力、凝聚力、战斗力进一步增强，为学院改革发展提供了有力保证。

(一) 政治建设

学院分别于 2014 年 4 月 24 日、2018 年 4 月 12 日、2022 年 12 月 15 日召开了中国共产党武汉大学经济与管理学院第一次、第二次、第三次代表大会，总结过去工作，分析发展机遇和挑战，提出了发展目标和战略，部署新阶段工作。

2014 年 4 月 24 日，学院召开中国共产党武汉大学经济与管理学院第一次代表大会。大会提出的指导思想是：高举中国特色社会主义伟大旗帜，以邓小平理论、"三个代表"重要思想和科学发展观为指导，贯彻以人为本的办学理念，强化内涵发展的办学路径，继续推进"教学立院、科研强院、人才兴院、制度治院"的办院方略和"管理学科与经济学科并重、应用研究与理论研究并重、教学与科研并重、质量与效益并重"的办院方针，以提升质量为核心，以师资队伍建设为根本，以深化改革为动力，以国际化为突破口，以制度创新为支撑，以提高科学管理水平和领导决策能力为关键，以党的建设和思想政治工作为保证，努力实现育一流人才、出一流成果、创一流效益，为建设国内领先、国际知名学院的宏伟目标奠定更加坚实的基础。

2018 年 4 月 12 日，学院召开中国共产党武汉大学经济与管理学院第二次代表大会。大会提出：进入新的发展阶段，学院将继续坚持"教学立院、科研强院、民主办院、改革兴院、制度治院、开放活院"的办院方略和"管理学科与经济学科并重、应用研究与理论研究并重、教学与科研并重、质量与效益并重"的办院方针，以更高的政治站位、更宽的国际视野、更敏锐的战略思维谋划学院发展蓝图，争取迈上"双一流"建设的"三个台阶"。

2022 年 12 月 15 日，学院召开中国共产党武汉大学经济与管理学院第三次代表大会。大会提出：面对新时代、新机遇、新挑战，学院党委将全面贯彻党的教育方针，坚持"经济学科与管理学科并重、人才培养与科学研究并重，理论创新与社会服务相结合、中国问题与国际视野相结合"的发展战略，坚持高质量内涵式发展，力争五年后学院的核心竞争力与国际影响力有效提升，综合实力稳居国内经济管理类学院第一方阵前列，理论经济学接近世界一流，其他学科跻身国内一流，为全面建成中国特色、世界一流的高水平研究型学院奠定更加坚实的基础。

学院党委认真履行巡视整改政治责任，健全完善巡视整改长效机制。2017 年武汉大学接受中央第十巡视组巡视，按照中央第十巡视组的反馈意见和学校要求，学院专门成立了整改工作领导小组和办公室，召开专题工作会议，制定《经济与管理学院加强和改进新形势下思想政治工作的实施细则》等 16 个文件，修订《经济与管理学院教师选聘及聘期考核实施细则》等 5 个文件，全面推进整改落实工作。2020 年学院党委接受武汉大学党委第五轮巡察，针对巡察反馈的 4 大类 13 个问题和 6 条建议，制定了 64 项整改措施并扎实推进整改落实。2021 年武汉大学接受中央第八巡视组巡视，按照中央第八巡视组的反馈意见，学院党政领导班子认真学习民主集中制、"三重一大"决策制度和两个议事规则，不断强化党政联席会、党委会议题的政治把关，进一步提高决策效率，并按照学校要求扎实推进各项整改措施。2022 年学院党委接受校党委"学生就业创业工作"专项巡视，学院党政领导班子在全面学习领会中央精神、深入开展谈心谈话、广泛征求意见的基础上，按照巡视组反馈意见，召开民主生活会，明确整改措施，健全学生高质量就业工作机制，推进访企拓岗，重视就业价值引领，强化就业创业指导与服务，完善就业创业指导与服务工作体系，全面提升大学生就业质量。

（二）思想建设

十年来，根据党中央统一部署和上级党委要求，学院党委先后开展 6 次党内主题教育。2013 年 6~11 月开展党的群众路线教育实践活动，学院党委以为民务实清廉为主要内容，以集中解决"四风"问题为突破口，落实整改方案 21 个项目、44 条具体措施，切实解决学院发展中存在的突出问题。2015 年 5 月至 2016 年 3 月开展"三严三实"专题教育，学院党委围绕"严以修身、严以用权、严以律己，谋事要实、创业要实、做人要实"要求，形成积极向上、干事创业、风清气正的政治生态。2016 年 4 月至今开展"两学一做"学习教育，学院党委围绕学习教育 3 项内容、4 个专题、6 项措施，从落实主体责任、夯实组织基础、抓好学习载体、做好学用结合四个方面扎实推进学院内涵式发展。2019 年 9 月至 2020 年 1 月开展"不忘初心、牢记使命"主题教育，学院党委以"守初心、担使命，找差距、抓落实"为总要求，着力解决师生问题 60 项，推动学院"双一流"建设等各项工作落实落地。2021 年 2~12 月开展党史学习教育，学院党委紧密围绕"学党史、悟思想、办实事、开新局"主题，贯彻"学史明理、学史增信、学史崇德、学史力行"要求，开展"我为群众办实事"67 项，促进学院事业高质量发展。2023 年 4~8 月开展习近平新时代中国特色社会主义思想主题教育，学院党委扎实开展读书班学习研讨，围绕问题清单深入开展调查研究，以专业学位研究生综合改革为契机，奋力推进学院高质量内涵式发展。

高度重视师德师风建设，落实教育部等六部门《关于加强新时代高校教师队伍建设改革的指导意见》、教育部等七部门《关于加强和改进新时代师德师风建设的意见》等文件精神，成立师德师风建设工作领导小组，引导教师以德立身、以德立学、以德施教、以德育德，营造优良师风教风学风。

（三）组织建设

学院党委积极加强组织建设，激发基层党支部工作活力。十年来，学院教师党支部委员会、系所行政班子经历数次换届和调整，学生党支部进行了组织架构调整。

2013 年 7 月、2018 年 3 月、2023 年 6 月，经民主推荐、组织考察、学院党委研究，各系所行政班子完成换届工作。2021 年 3 月，学院决定："技术经济及管理研究所"更名为"技术经济及创新管理系"。2013 年 7 月、2018 年 4 月、2020 年 7 月，经民主推荐、组织考察、学院党委研究，各教职工党支部完成换届工作。2023 年 3 月，将原有 18 个在职教职工党支部调整为 13 个，其中教师党支部合并为 10 个党支部，行政党支部合并为 3 个党支部。

2019 年 12 月、2021 年 7 月，本科生党总支和研究生党总支分别调整了党支部组织架构，由横向以班级为单位调整为纵向以系所、学科为单位，将本科支部调整为 10 个，研究生支部调整为 23 个。2022 年，在研究生"运动社群"和专硕联合会分别成立 2 个功能型党支部，创新研究生基层党建形式和内容。

十年来，学院党委积极开展党员发展工作，严格规范发展程序，共发展党员 3161名，其中教职工党员 10 名(陈植元、刁莉、沈校亮、魏立佳、王江海、薛莲、胡婵娟、孙祥、周圣杰、向欣)，学生党员 3151 名(本科生党员 2256 名，成教生党员 4 名，硕士研究生党员 779 名，博士研究生党员 112 名)。

2020 年 1 月，武汉突发新冠疫情，学院党委迅速成立党员突击队，突击队员逆行出征、冲锋在前，积极参与疫情防控工作，保障了校园安全和"停课不停教、停课不停学"的正常教学；广大党员师生积极参与社区志愿服务，发挥专业优势，为中小企业纾困解难、社会经济复苏、脱贫攻坚战等提供了有力的智力支持。2022 年 11 月，在校园疫情封控管理期间，学院党委再次成立 54 名党员组成的突击队，与包保楼栋的辅导员每日坚守，为学生发送一日三餐、提供心理疏导、开药送药、护送伤者就医、取送快递、传递爱心零食包等，结对帮扶离退休教职工，发放疫情防控健康包，帮助平稳度过感染高峰，用实际行动践行党员初心使命。

2016 年，学院党委获评"武汉大学先进分党委"，世界经济系党支部获评"武汉大学先进党支部"，李雪松、余振、崔楠、张占领、王芳获"武汉大学优秀共产党员"称号。2017 年，2015 级科硕第二党支部事迹入选教育部"两学一做"优秀展示作品。2018 年，离退休第二党支部获评"湖北省示范党支部"，世界经济系教师党支部获教育部首批"全国党建样板支部"培育创建单位。2019 年，本科生第一党支部获教育部第二批"全国党建样板支部"培育创建单位。2021 年，世界经济系教师党支部书记胡艺获"湖北省委教育工委高等学校优秀党务工作者""武汉大学优秀党务工作者"称号，研究生党员邓龙真获评"湖北省研究生党员标兵"，经济系教师党支部、本科第一党支部、工商系教师党支部获评"武汉大学先进基层党组织"，余振、罗知、吴思、邓龙真、刘伟获"武汉大学优秀共产党员"称号。

(四) 文化建设

文化是民族的血脉，是人民的精神家园。在学院发展的各个历史时期，文化建设都发挥了引领前进方向、凝聚奋斗力量的重大作用。十年来，学院党委坚持中国特色社会主义文化发展道路，坚持马克思主义在意识形态领域指导地位的根本制度，牢牢掌握党对意识形态工作领导权，全面落实意识形态工作责任制，巩固壮大奋进新时代的主流思想舆论。围绕举旗帜、聚民心、育新人、兴文化、展形象建设社会主义文化强国要求，广泛践行社会主义核心价值观，激发全院文化创新创造活力，讲好经管故事、传播经管声音，建设文化强院，凝聚实现学院发展的精神力量。

2010 年 7 月，在征集全院师生创意后，初步确定学院的愿景为"大经大管、为道为器、博习会通、融贯中西"，使命为"创造思想、传播知识、培育精英、服务社会"，价值观为"和合通变、至善至美"。2013年7月，在广泛调研和讨论的基础上，对愿景、使命、价值观及战略目标进行了修改和调整，新的愿景为"大经大管、为道为器、领秀中国、闻达世界"，使命为"创造思想、培育精英、贡献社会、影响未来"，价值观为"明诚弘毅、经世济民"，将建设成"国内领先、国际知名"的经济与管理学院作为战略目标。2021年11月，又对愿景、使命、价值观的英文表述进行了修改和调整。2023年8月，学院确定使命为"创造思想、培育菁英、贡献社会、影响未来"。

十年来，不断加强对学院官网、微信公众号、宣传栏、电子屏等宣传平台的建设，及时宣传报道学院各项事业发展，获《人民日报》《长江日报》、新华社等知名媒体多次关注报道。学院官网每年新闻发稿量超300篇、官方微信公众号发稿量最高超400篇、在武汉大学新闻网首页发稿约30篇。2019年"武大经管"微信公众号单篇推送浏览量最高达1.3万，浏览量累计10万+；2021年"武大经管"微信公众号单篇推送浏览量最高达1.4万，"武汉大学MBA和EMBA"公众号单篇浏览量最高达2.5万，其发文量超500篇、在高校MBA微信公众号中排名全国第一，荣获年度商学院影响力第六名；2022年开展"新时代　新理论　新实践　新发展：学习阐释党的二十大精神""服务学生突击队员在行动""经管十二个月"等专题宣传，在武汉大学新闻网发稿量全校院系第一；2023年，在"武大经管"微信公众号策划推出院庆公告、院庆系列活动、经管校友回忆录征集、诚邀校友金秋十月返校邀请函、捐赠倡议书5篇推文，其中3篇进入当周学校热文排行榜。2017—2019年，开展"师恩难忘"和"我身边的好老师"征文推送活动，出版《我身边的好老师》文集。2019年全面改版学院网站，2023年为迎接百卅院庆再次改版。

2013年，在学校120周年校庆，以弘扬学术、聚焦校友为主题，先后举办金融系建系30周年、经济系建系85周年暨庆祝谭崇台先生执教65周年、中国经济理论创新奖颁奖典礼、杰出校友墙揭幕仪式、诺贝尔经济学奖获得者克里斯托弗·皮萨里德斯（Christopher A. Pissarides）教授演讲等系列活动，出版《商务门下》校友回忆录，编印《经济与管理学院史》和《珞珈山下》校友名录。2023年，在学校130周年校庆、学院商科教育130周年院庆时，学院筹办学术院庆、文化院庆和发展院庆，举办数字经济发展与政策研讨会、首届中国发展经济学实践研究论坛暨纪念武汉大学商科教育130周年乐山论坛、学科发展研讨会等重要学术论坛，汇编近10年高水平成果文集，出版《经济评论》《珞珈管理评论》院庆专刊，续写《武汉大学经济与管理学院院史》，续编《商务门下——校友回忆录（第二辑）》，汇编《珞珈山下——珞珈经管校友名录》，设计院史文化墙展览，制作学院宣传册，启动环境升级改造五大民生工程等，在历史中挖掘经管精神，增强珞珈经管文化软实力和影响力。

（五）党风廉政和制度建设

党的十八大以来，学院党委严格履行全面从严治党主体责任，认真落实班子成员"一岗双责"，积极贯彻落实中央八项规定及其实施细则精神，驰而不息纠治"四风"，持续深化作风建设，强化经常性纪律教育，有效引导全院师生特别是党员干部遵规守纪、担当作为，着力营造风清气正的干事创业良好氛围。先后开展了关于办公用房、公款接待、公车改革、科研经费使用、津补贴发放、领导干部企业兼职、教职工因私出国出境证件管理、非事业编制用工、小金库专项治理等多项清理整治工作，并积极加强廉政风险防控，不断加强对招生录取、招投标等重点领域的规范管理。

2018年9月，学校党委决定在学院增设专职纪检员。2020年9月，学校党委决定在学院设立二级纪委。2022年12月，中国共产党武汉大学经济与管理学院第三次代表大会选举产生中共武汉大学经济与管理学院第三届纪律检查委员会。学院纪委坚持以习近平新时代中国特色社会主义思想为指导，深刻领悟"两个确立"的决定性意义，增强"四个意识"、坚定"四个自信"、做到"两个维护"，在学校纪委、学院党委的坚强领导下，认真履行监督执纪问责职责，积极协助学院党委推进全面从严治党、加强党风廉政建设和组织协调反腐败工作，进一步完善学院全面从严治党体系，强化政治监督，做实同级监督和日常监督，一体推进"不敢腐、不能腐、不想腐"，为加快建设中国特色、世界一流的经济与管理学院提供有力保障。

学院坚持不断提升管理工作规范化水平，以日常工作制度化、常规工作程序化、专项工作项目化、学院管理信息化、学院发展和谐化为目标，在学科建设、人事人才、教学、科研等各个方面修订和完善了《学院党委会会议议事规则》《学院党政联席会议议事规则》《教授委员会工作细则》《人才引进实施办法》《全员聘用实施办法》《师德师风建设工作方案》《教师教学工作量计算办法》《科研机构管理办法》《学术期刊分级方案》《财务管理实施细则》等一系列规章制度，形成了《经济与管理学院制度汇编》。

（六）学生工作和共青团工作

十年来，在学校学院党委的领导下，学院学生工作聚焦立德树人根本任务，深化"三全育人"综合改革，构建"五育并举"育人体系，深入实施"时代新人铸魂工程"，多措并举推进育人工作提质增效。2020年，获评武汉大学"三全育人"综合改革服务育人特色工作基地。

1. 党建引领，不断增强思政教育实效性

以中华人民共和国成立70周年、五四运动100周年、中国共产党成立100周年等重要时间节点为契机，充分发挥"青年讲师团""榜样宣讲团"等先锋力量，通过专题分享会、主题党团日、辩论赛、青年说等形式，对全院百余个支部、近万名学生进行持续性、全方位的思政教育，推动党的创新理论入脑入心，不断增强政治认同、思想认同、理论认同和情感认同。学院专职团干李铭、2017级本科生陈海智获评湖北省"百生讲坛"金牌主讲人，邓龙真、何艾荻、王铭槿等3名博士生入选"博士生宣讲团"，其中邓龙真担任团长，7名师生入选学校青年讲师团，学院获评2021年度武汉大学理论学习先进集体。

培育工作品牌，打造本科生"党员帮"、研究生"运动社群"、党员寒假作业、荧光夜跑、"徒步珞珈"定向越野大赛等系列活动；举办"华中高校本科生党支部风采大赛"，

并将该赛事打造为华中地区最具影响力的学生党建赛事。充分发挥微信、QQ、微博、网站等宣传平台的特色优势，全方位、多角度、立体式做好具有经管特色的教育宣传。"成长经管""WHU青听经管""WHU经管研究生会"公众号累积关注人数超万人，阅读量超百万次，其中"WHU经管学生会"公众号多次问鼎学校新媒体WCI指数榜第一名。2020届毕业生自制MV《从开始到戛然而止》被人民日报、新华社微博转载，播放量超500万次。

2. 智育固本，不断加强学风建设

坚持开展"烛光导航"工程，汇聚专业教师、辅导员、青年榜样等育人合力，建立分层分类立体导航体系对学生进行指导。高度重视发挥班级导师育人作用，连续5年举办班级导师培训班。

坚持开展各类学术科技创新活动，平均每年100余人获国际、国家级学科竞赛奖励，150余人获省级学科竞赛奖励，获奖人数居全校前列。2009级本科生赵良甄获"2012亚太青年模拟APEC大会"全国总决赛第一名；2010级本科生任韫宜在北京大学国际模拟联合国大会（Asian International Model UN）中摘取"Outstanding Delegate Award（杰出代表奖）"；MBA代表队在第34届国际企业管理挑战赛中斩获两个全国一等奖、6个全国二等奖、9个全国三等奖，总成绩位列第一；2013级本科生王兆祺、2019级本科生义力获美国大学生数学建模竞赛最高奖；博士研究生周文川的"美瑞健康"项目获"互联网+"高教主赛道金奖；多次获评学校"互联网+"大学生创新创业大赛先进集体、学术科技创新活动优秀组织单位、学生学术科技文化节活动优秀组织单位。

通过专题报告、社团沙龙、圆桌茶话等形式，依托学校学术科技节、校园文化超市，打造"润心一刻"班导有约、"与知名学者共饮下午茶""为道论坛"等品牌活动，举办各类出国经验分享会、保研考研经验交流会、期末考试经验交流会，连续举办"榜样经管"学生年度人物评选，营造良好学风氛围。廖翔翔、温越荣获"世界记忆大师"，张依然、陈铭获得亚太大专华语辩论公开赛冠军，王强获评"中国大学生自强之星"，MBA学子胡江山获得"湖北省青年五四奖章"，吴秋实当选"湖北省大学生就业创业人物典型"，龙正坤当选"湖北省第六届长江学子"，邓龙真、徐晟、张韵秋获评武汉大学"十大杰出青年"，石珂、尤冬梅、张迪、蔡洵、金行、吴秋实、余博林获评"十大珞珈风云学子"，何雅静、邓龙真、金行、何楚杰、黄敏洁、刘芳瑞获评"榜样珞珈"年度人物。

3. 五育并举，不断加强第二课堂建设

根据青年学生特点，绘制学生成长地图，以主题文化月统筹活动开展，组织心理健康月、安全教育月、校园文化月、学风建设月、传统文化月等文化教育。文体竞赛屡获佳绩，两度获得金秋艺术节最高荣誉"金秋杯"，成为首个获得金秋定制奖杯的学院，其中金秋舞蹈比赛实现7年6冠；连续4年获校运会冠军；获"腾飞杯"女篮冠军，"振兴杯"男、女足冠军，"火炬杯"女排冠军、男排亚军等。EMBA学子在"商学院戈壁挑战赛"中多次获"沙克尔顿奖"等奖项，MBA学子在"亚太地区商学院沙漠挑战赛"中连续获赛事最高荣誉"沙鸥奖"，获亚太地区商学院草原挑战赛"十佳院校"等荣誉。每年在校级以上赛事中获奖达百余项，涵盖学术科研、社会实践、心理健康等方面，位居全校前列。

深化实践育人，倡导知行合一。十年来，学院共组织万余人次参与社会实践，足迹遍布全国。2014年"微观中国"企业组得到团省委大力支持，依托全省共青团和青少年工作研究重点课题《湖北大学生创业观察报告》展开；"数字中国"获评2021全国大学生"千校千项"全国百强暑期实践团队。胡姜、李秋成两位"博士基层服务团"的挂职故事被光明日报报道，学院连续10年获评校级暑期社会实践优秀组织单位、实践育人优秀组织单位。2022年，学院成为学校首个以学院为单位的组织获评省级"三下乡"社会实践优秀组织单位。积极推动学生在志愿服务中挺膺担当，在全院100余个团支部建立志愿服务队，开展"呵护小蓓蕾"等品牌志愿服务，多次获评学校"十大杰出志愿服务集体"，2017级博士研究生陈曾志愿服务时长超6000小时，获评全国百名疫情防控最美志愿者、第十一届中国青年志愿者优秀个人奖。

加强对学生社团的管理，定期举办经管学生社团文化节。学术类学生社团立足学科特色，实现社团与专业一对一对应、系所一对一挂靠，促进第一课堂和第二课堂的有机融合。持续打造了一批在全国有影响力的学生社团，其中康腾实践中心获评全国高校百强社团并多次获评校级"十佳社团"，其主办的康腾全国商业案例分析大赛至今已举办29届，吸引了哥伦比亚大学、芝加哥大学、清华大学、北京大学等国内外百余所高校近20万名学生参加。

不断加强团学骨干队伍建设，注重选拔政治素质强、组织能力强、有奉献精神的学生骨干参与团学组织工作，多名学生担任全国、省级、校级学生组织骨干，其中，2013级博士生徐晟当选全国学联驻会执行主席，2014级本科生张植当选湖北省学生联合会主席、青年联合会副主席，2011级本科生姜涛当选校学生会主席。深入实施"青年马克思主义者培养工程"，推选40余名学生入选省级、校级青年马克思培养工程。

十年来，学院学生会、研究生会连续获评优秀学生会组织，学院团委8次获评"五四红旗团委"。

4. 就业优先，打造高质量就业服务体系

推进就业"一把手工程"，利用党政联席会、院领导接待日、班导师培训会等专项研讨就业工作，深入开展市场化岗位拓展行动；依托武汉大学职业生涯咨询室（第一批）、武汉大学三全育人基地、武汉大学发展型事务工作室、研究生谈心谈话示范培育项目等平台；充分发挥各类导师作用，在本科生中深化班级导师制和"烛光导航工程"，将就业服务与学生成长结合；在研究生中全面推行"导师工程"，强化导师就业指导帮扶责任，将研究生就业状况纳入导师的考核评价体系；先后聘请200余位学院校友和企业高管担任校外导师，在学生人生规划、职业选择、能力提升等方面提供精准指导。十年来，每年定期举办"经启职航"职业规划系列教育、"行业圆桌会"行业前沿分享以及"职面未来"生涯规划团体辅导100余场，建立实习实践基地31个，开展企业共建共创、走访调研等活动160余场。

近年来，学生就业率和就业质量在学校名列前茅，本科生升学呈现高质量分布态势，学生前往清华大学、北京大学、香港大学等知名高校继续深造比例逐步提高，研究生就业考核连续 3 年在武汉大学就业工作考核中位列第一。积极引导毕业生参军入伍、到西部及艰苦边远地区创业就业、到国际组织实习任职，鼓励学生将"就业成才"与"家国情怀"紧密相连，培育出联合国开发计划署青年创客王立婷，青年创新创业典型、共青团第十七次全国代表大会代表李璟，"湖北省大学生就业创业人物典型"吴秋实，2018 届本科生、湖北省第六届长江学子、"兵王"龙正坤等一批先进典型。

（七）统战、工会离退休工作

学院党委切实落实统战工作主体责任，建立领导干部一对一联系党外代表人士、重要工作专题通报等沟通机制，关心关爱党外人士。推荐李燕萍担任十二届省政协常委、民建省委会副主委、民建校委会主委，刘传江担任十二届省政协常委、十四届市人大常委、民建武汉市委副主委，邹薇担任十二届省政协常委、十五届市人大常委、校党外知识分子联谊会会长，文建东担任民进省委委员、民进武汉市委副主委、十三届市政协常委，游士兵担任民革省委常委、校委会主委、市政府参事，刘成奎担任民建省委委员、民建武汉市委副主委、十五届市人大常委，周伟担任十五届武昌区政协委员，刘艳、陈建安担任民建校委会副主委，邓新明担任九三学社校委会副主委。

学院工会认真履行各项职能，动员和组织广大教职工建功立业，立足岗位，在建设奋斗经管、和谐经管、活力经管等方面发挥积极作用。举办迎新年元旦联欢会，为系所办公室拍摄"全家福"合影，设立了 9 个文体协会，划拨专项经费支持开展各类文体活动，开展"呵护小蓓蕾"关爱教职工子女系列活动。2013 年度荣获武汉大学"服务教职工先进单位""武汉大学二级教代会先进单位"荣誉称号；2015 年获得湖北省总工会"省级模范职工小家"荣誉称号；2015 年、2022 年获评武汉大学先进二级工会。2021 年在学校教职工党史学习教育知识竞赛中荣获第一名。2021—2022 年连续两届获得"健美瑜珈杯"奖牌。

学院高度重视离退休教职工工作，全面做好新形势下离退休工作。2018 年，离退休第二党支部获湖北省离退休干部"示范党支部"称号。郑华、费培根、万德梅先后被评为武汉大学"十佳老人"，伍新木、万德梅、王惠英被评为武汉大学"百名风范长者"。刘伟、邹辉霞、袁泽沛、江晴、刘跃斌投身西部银龄教师计划，为西部教育贡献力量。

三、学科建设取得新进展

2013 年以来，学院学科建设始终坚持内涵式发展，以凝练学科方向、整合资源为主线，完善一流学科建设发展的体制机制，突出优势和特色学科建设，强化学科交叉融合和相互支撑，四个一级学科核心竞争力和国际影响力不断增强。

2014 年，学院通过广泛调研，编制了四个一级学科发展规划（2014—2020 年），确定了理论经济学争创世界一流，应用经济学、工商管理和管理科学与工程争创国内一流的发展目标。2016 年，学院印发《武汉大学经济与管理学院教育事业发展"十三五"规划》(武大经管函〔2016〕24 号)，进一步明确了办学理念、发展思路、总体目标与主要举措，紧扣以提升质量为核心的内涵发展主线，进一步控制规模、优化结构、强化特色、提升绩效，坚定不移地走内涵发展、特色发展、创新发展、开放发展、和谐发展的道路。2016 年，完成理论经济学、应用经济学、管理科学与工程、工商管理四个一级学科学位授权点和 MPAcc、物流工程两个专业学位授权点自评估工作，且均以"优秀"通过现场评估。2021 年，在总结"十三五"建设的经验与成效基础上，完成"十四五"发展规划的编制工作，在学科建设、师资队伍、人才培养、科学研究、社会服务、国际化进程、学院治理等方面制定出了未来五年的发展目标和执行措施，明确提出，到 2025 年，学院内部治理结构与运行机制进一步完善，核心竞争力与国际影响力有效提升，综合实力稳居国内经济管理类学院第一方阵前列，重点学科接近世界一流，其他学科跻身国内一流，为全面建成国内领先、国际知名的高水平研究型学院奠定更加坚实的基础。

2017 年，武汉大学理论经济学入选第一轮"双一流"建设学科名单，该轮建设目标是进一步凝练学科发展方向，优化学科布局，推动学科交叉融合，构建与世界一流理论经济学建设和发展相适应的学科发展体制机制，培育一批位居世界前列、具有引领意义的原创理论经济学学科领域和方向，聚集一批具有国际影响力的理论经济学学术领军人才，培养一批扎根中国，兼具国际视野、人文情怀、创新精神与专业素养的德才兼备、全面发展的拔尖创新人才，打造一批服务国家与区域经济社会发展的重要智库。2021 年，完成理论经济学首轮"双一流"建设绩效评估，再次入围国家"双一流"学科建设名单。2022 年，完成新一轮"双一流"学科建设方案编制工作并提出，根据建设"中国特色、世界一流"大学和学科的总体要求，立足新发展阶段、贯彻新发展理念、服务构建新发展格局，以中国特色社会主义政治经济学建设为引领，以发展经济学建设为重点，打造一批位居世界前列、具有引领意义的原创理论经济学学科领域和方向，成为马克思主义政治经济学理论创新的重要力量、先进经济理论和优秀文化的重要源泉、国际化高素质优秀人才的重要基地、服务国家重大战略需求的重要平台。按照"双一流"建设实施方案，先后启动了"珞珈领秀人才计划""经管学术专著资助计划""国际会议资助计划""珞珈经管访问教授合作项目""珞珈经管发展论坛""经管系所学术讲座资助计划""珞珈经管前沿方法训练营暨研究生学术论坛""一流学科建设推进计划""珞珈经管特色优势及跨学科建设项目之重大重点项目滚动培育计划"等，对人才培养、科研项目、学术交流、教学科研基础设施等进行资助，推进学科建设各项工作的顺利开展。

2017 年，在全国第四轮学科评估中，学院理论经济学排名为 A-，应用经济学为B+，管理科学与工程为 B+，工商管理为 A-。2022 年，在全国第五轮学科评估中，四个一级学科均进入 A 类学科。其中，应用经济学、管理科学与工程、工商管理实现提档升级，学科实力大幅增强。2022 年，QS 第十二次世界大学学科排名中，武汉大学经济与计量经济学学科进入世界前 200 名，在国内高校中并列第 9；ARWU（Shanghai

Ranking's Academic Ranking of World Universities）世界一流学科排名中，武汉大学经济学从2018年的401～500名上升至2022年201～300名；2022年7月ESI（Essential Science Indicators）数据显示，武汉大学经济学与商学进入全球前1%。

四、师资建设迎来新局面

学院始终坚持人才强院、引育并举，加强师资队伍建设的顶层设计，强化高层次人才的支撑引领作用，逐步形成了与一流学科建设相适应、具有国际竞争力的师资队伍。

十年来，学院国家级高层次人才工作不断推进。先后引进香港科技大学工商管理学院教授谢丹阳、香港大学经济与工商管理学院教授宋敏、美联储研究部高级宏观经济学家聂军担任院长；1人入选国家千人计划、1人获聘长江学者讲席教授、3人获聘长江学者特聘教授、4人获聘长江学者青年学者，聘请长江学者讲座教授3人；1人获批国家杰出青年科学基金项目，1人获批国家优秀青年科学基金项目；2人入选国家青年拔尖人才；1人获国家级教学名师称号。

2012年开始，学院按照国际惯例开启预聘制招聘海内外优秀人才的改革之路，并逐步理顺预聘制教师与事业编制教师的"并轨"机制。十年来，共引进预聘制教师104人，主要来自斯坦福大学、哥伦比亚大学、加州大学伯克利分校、加州大学洛杉矶分校、杜克大学、约翰·霍普金斯大学、华盛顿大学圣路易斯分校、新加坡国立大学、香港大学等，其中韩国籍3人、加拿大籍1人，中国香港1人、中国台湾3人。预聘制教师中有2名成功转聘固定教职教授，9名成功转聘固定教职副教授。

积极聘用各类校外教师助力学院师资队伍建设。先后聘任徐宁、孙一啸、夏军、周楠、苏晨汀、马旭飞、黄旭、姚文雄、倪剑、韩豫峰、Jason Shachat、朱晓冬、艾春荣为武汉大学珞珈讲座教授；先后聘任周旭洲、闻卫武、朱小黄、王振、刘卫平、朱平芳、魏明孔、杨际平、刘传铁、段国圣、李有祥、许宪春、张俊杰为武汉大学兼职教授；先后聘任张文伟、于刚、Markus Taube为武汉大学客座教授；先后聘任周南、陈晓红为武汉大学董辅礽讲席教授。

积极深化人事制度改革。2015年制定《武汉大学经济与管理学院全员聘用实施办法》，2016年全院教职工签订第一轮全员聘用合同。2020年完成第一轮全员聘用考核，修订《武汉大学经济与管理学院全员聘用实施办法》，推进全员聘用改革继续深化，全院教职工签署第二轮全员聘用合同。通过全面、客观、准确地考核德才表现和工作实绩，建立了以工作业绩和贡献为依据的薪酬绩效体系，强化岗位聘任与考核管理，建立健全以绩效激励激发师资队伍的内生动力。

十年来，多名教师当选各类重要学科评议组成员、学会会长和智库专家等。卢洪友、潘敏、齐绍洲、李燕萍、宋敏、刘穷志、李青原、海峰、夏清华先后担任教育部高等学校教学指导委员会委员；潘敏、田玲、王永海、李青原、黄敏学担任全国专业学位研究生教育指导委员会委员；宋敏、李永友、汪涛三位教授担任国务院学位委员会第八届学科评议组成员；陈继勇、谢丹阳担任国家社科基金学科规划评审组专家。陈继勇、张彬先后担任中国美国经济学会会长，陈继勇、齐绍洲先后担任湖北省世界经济学会会长，陈继勇、张彬、张建清先后担任湖北省美国经济学会会长；简新华担任湖北省工业经济学会会长；李光担任湖北省科学学与科技管理研究会理事长；汪涛先后担任湖北省市场营销学会会长、中国高等院校市场学研究会会长。何国华担任湖北省政府参事；吴传清、李青原、方德斌担任政协湖北省第十二届委员会经济委员会应用型智库专家；李光、叶永刚、齐绍洲、游士兵担任武汉市政府参事；潘敏、邹薇、方德斌担任湖北省人民政府咨询委员会第七届咨询委员；方迎风、卢盛峰、王正文、郑春美入选财政部社会保障人才库。

十年来，学院教师获得多项省部级及以上荣誉称号。邹薇荣获"全国模范教师""湖北省三八红旗手"以及湖北省首届"最美社科人"荣誉称号；齐绍洲获得欧盟"让·莫内讲座教授"荣誉称号；汪涛荣获湖北省有突出贡献中青年专家，并入选省宣传文化人才培养工程"七个一百"（哲学社会科学类）项目；杜莉获得"全国五一巾帼标兵"荣誉称号；魏华林入选"中国保险 40 年 40 人"；范如国获评湖北省政府专项津贴专家；邹薇、汪涛、方德斌、齐绍洲获得国务院特殊津贴；邹薇、汪涛、方德斌获评宝钢优秀教师奖；罗琦、余明桂入选新世纪优秀人才支持计划；1 人入选湖北省青年拔尖人才；8 人入选湖北省楚天学子；4 人入选武汉黄鹤英才（优秀青年人才）；伍林获评湖北省 2022 年暑期"三下乡"社会实践活动先进个人。

十年来，学院多名教师获评各类校级荣誉。黄宪、文建东、叶初升获评"武汉大学师德标兵"；叶初升、汪涛、黄宪、方德斌、范如国获评武汉大学"我心目中的好导师"；余振、李青原、杜莉、李燕萍获评武汉大学"查全性教授 1977 奖教金"；方德斌、彭红枫、李青原、余振获得"武汉大学杰出青年"荣誉称号；孙祥获得"武汉大学青年五四奖章"。简新华、吴俊培、颜鹏飞、陈继勇、郭熙保、乔洪武、谭力文、王先甲被聘为"武汉大学人文社会科学研究院驻院研究员"；黄敏学、邹薇、李青原、曾伏娥入选"武汉大学人文社会科学杰出青年学者"；卫武、刘成、余振、龚锋入选"武汉大学人文社会科学优秀青年学者"。卢洪友、邹薇、叶永刚、李光入选"珞珈杰出学者"；庄子银、刘穷志、李燕萍、方德斌、潘敏、陈立敏、范如国、李青原、许明辉、曾伏娥、黄敏学、文建东、杜莉入选"珞珈特聘教授"；邓新明、沈校亮、张克群、刘汕、王恺、崔楠、李斌、罗知、魏立佳、关旭、江诗松、戴宾、杨冕、胡晖、杜莉、余振入选"珞珈青年学者"；陈琦、王芳、邹明建、吴寅、朱剑平、周立超、张可儒、伍林、许艺凡先后获得武汉大学学生工作先进个人；伍林获评武汉大学 2019 年辅导员标兵；许艺凡、伍林、张可儒、张植、李铭获评武汉大学优秀团干；刘林青、李雪松获评武汉大学"互联网+"大学生创新创业大赛优秀指导教师，李好、伍林获评武汉大学"互联网+"大学生创新创业大赛先进工作者；夏清华、刘林青、秦仪获评大学生课外学术科技创新创业竞赛优秀指导教师。

五、人才培养质量全面提升

学院坚持"立德树人"根本任务，着力构建"三全育人"工作格局，全面提升人才培养质量。本科教育聚焦新时代拔尖创新人才培养，强化专业建设、打造一流课程、推动教学改革、加强教材建设、注重教师育人能力提升，构建高质量本科人才自主培养体系；研究生教育重点推进研究生招生机制改革、专业学位研究生培养改革、博士研究生培养机制改革，着力推动质量保障体系建设，全面提升高层次人才自主培养能力。继续教育平稳转型，高层管理培训蓬勃发展。

（一）本科教育

2013年至今，学院完成4次本科人才培养方案修订，形成2013版、2015版、2018版、2023版《经济与管理学院本科人才培养方案》。通过修订培养方案，深化教学改革，推进大类培养，优化课程体系，促进本科人才培养高质量发展。自学校2007年启动本科教学状态评估以来，学院连续14次排名第一、蝉联A类。

积极加强专业建设。2015年，经济学、国际经济与贸易、金融学、金融工程、人力资源管理、工程管理、市场营销7个专业获评学校A类专业；2022年，经济学、金融学、国际经济与贸易、工商管理、人力资源管理5个专业获评学校A类专业。2019年至2022年，12个专业获批一流本科专业建设点，其中经济学、市场营销、金融工程、国际经济与贸易、工商管理、金融学、人力资源管理、会计学8个专业获批国家一流本科专业建设点；财政学、保险学、财务管理、物流管理4个专业获批湖北省一流本科专业建设点。2020年，经济学拔尖人才培养基地入选教育部基础学科拔尖学生培养计划2.0基地。

学院课程建设成效显著。制定《武汉大学经济与管理学院课程思政建设工作方案》，全方位推进课程思政建设，构建全员、全过程、全课程育人的"大思政"教育体系。2021年，学院被授予首批"武汉大学课程思政教学研究与实践示范学院"；杜莉荣获湖北省高校思政课教学展示暨优秀课程观摩特等奖；郭凛荣获武汉大学"课程思政"说课比赛一等奖，冯华、潘国臣荣获武汉大学"课程思政"说课比赛三等奖。2013年，"世界经济概论"（张彬）、"金融工程学"（叶永刚）2门课程获批第二批国家级精品资源共享课立项，"管理学"（谭力文）、"人力资源管理"（李燕萍）、"西方经济学"（文建东）3门课程获批第三批国家级精品资源共享课立项。2014年，"微观经济学"（文建东）课程入选湖北高校省级精品资源共享课程。2015年，余振主讲的"世界经济概论"课程获评教育部马克思主义理论研究和建设工程重点教材相应课程"精彩一课"。2016年，"金融工程学""世界经济概论""管理学""人力资源管理""西方经济学"5门课程被认定为第一批国家级精品资源共享课。2019至2022年，16门课程先后入选一流本科课程，其中"宏观经济学"（文建东）、"微观经济学"（文建东）、"人力资源管理"（李燕萍）、"国际投资理论"（杜莉）、"统计学"（方德斌）、"世界经济概论"（余振）、"金融工程学"（叶永刚）7门课程入选国家一流本科课程；"金融市场与算法交易虚拟仿真实验"（魏立佳）、"会计信息系统"（马晓平）、"数字营销虚拟仿真实践教学"（黄敏学）、"人工智能驱动的基本面量化投资虚拟仿真实验"（李斌）、"创业见习"（余振）、"金融经济学"（潘敏）、"国际经济学"（郭凛）、"市场营销调研"（曾伏娥）、"网络营销"（黄敏学）9门课程入选湖北省一流本科课程。

持续推动教学改革。2018年，曾国安团队的教学研究项目"理论经济学基础人才培养改革与创新"、文建东团队的教学研究项目"基于SPOC和翻转课堂教学法的自主学习模式探索及其应用实践"分别获第八届湖北省高等学校教学成果一、二等奖。2019年，杜莉负责的教学研究项目"双一流高校创新创业教育课程体系研究"获批全国教育科学教育部重点项目立项。2021年，余振负责的教学研究项目"数字经济时代经济学类专业发展探索与实践"获批教育部首批新文科研究与改革实践项目立项。2022年，余振团队的教学研究项目"基于'四个面向'的经济学拔尖人才培养模式创新与实践"获评第九届湖北省高等学校教学成果一等奖；孙祥负责的教学研究项目"经济学拔尖学生成长跟踪与评价机制研究"获批基础学科拔尖学生培养计划2.0研究课题立项；方德斌负责的教学研究项目"经管类一流学科建设教育教学改革研究与实践"获批中国高等教育学会高等教育科学研究规划课题重点项目立项。

大力推进教材建设。2013年，魏华林主编的教材《保险学》（第二版）和叶永刚主编的教材《金融工程概论》（第二版）入选教育部首批"十二五"普通高等教育本科国家级规划教材。2014年，魏华林、朱铭来、田玲主编的教材《保险经济学》和卢汉林主编的教材《国际投资学》入选教育部第二批"十二五"规划教材。2019年，颜鹏飞作为首席专家、文建东作为主要成员编写的马工程教材《西方经济学》（第二版）和郭熙保主编的马工程教材《发展经济学》正式出版。2021年，郭熙保领衔主编的教材《中国发展经济学》入选国家首批"中国经济学"教材；简新华作为主要成员编写的马工程教材《马克思主义政治经济学概论》（第二版）正式出版。2022年，文建东主编的马工程配套教材《〈西方经济学〉（第二版）案例解析》正式出版。2023年，聂军、孙祥、魏立佳和刘成分别参与了教育部经济学"101计划"《经济科学导论》《行为与实验经济学》《数理经济学》《计量经济学》等教材的编写。

充分发挥名师示范引领作用，实现教学"传帮带"。近十年来，学院1位教师获评国家级教学名师，2位教师获评省级教学名师。文建东、杜莉获评武汉大学杰出教学贡献校长奖，邹薇、文建东获评武汉大学教学名师。积极举办青年教师教学竞赛，提升青年教师教学能力。学院教师在各类高校教师教学竞赛中屡创佳绩。在高校教师教学创新大赛中，2021年，郭凛获全国二等奖、湖北省一等奖；2022年黄敏学获武汉大学一等奖，蒋盛君获二等奖，温兴琦获三等奖；2023年，冯华获武汉大学一等奖，高宝俊获二等奖，刘岩、温兴琦获三等奖。在武汉大学青年教师教学竞赛中，2014年，张培获三等奖；2016年，郭凛获一等奖，胡晶晶获二等奖，沈校亮获三等奖；2018年，房超获二等奖，LEE JONGJAE获三等奖；2020年，蒋盛君获一等奖，李绍龙获三等奖；

2023 年，张培获一等奖。

（二）研究生教育

2013 年以来，学院始终坚持严把研究生教育"入口关"，通过拓宽招生宣传渠道、加大宣传力度吸引优质生源、持续改进招生考核指标体系、完善选拔机制、优化复试流程等一系列举措，不断提升学院研究生生源质量。充分利用微信公众号、网站等网络媒体推送学院招生政策介绍，举办线上线下招生宣讲会、邀请学长做考研分享，进一步扩大宣传范围及效果。优化多维度招生选拔体系，学术学位研究生选拔自 2012 年起，每年举办武汉大学优秀大学生夏令营，统筹夏令营和推免选拔，加大高水平论文等关键指标占比，学院接收推免生"985"生源占比稳步提升至七成以上，博士生招生进一步深化"申请-考核"机制，鼓励硕博连读，2023 年开始推行不区分博士生导师招生；专业学位研究生选拔，聚焦国家战略与社会需求，优化复试流程，增加专业匹配度等考核指标的权重。

在学术学位研究生人才培养质量保障体系建设上，2013 年至今，完成两次学术学位研究生培养方案修订，形成 2016 版、2022 版《经济与管理学院学术学位硕士研究生培养方案》和《经济与管理学院学术学位博士研究生培养方案》。2022 版培养方案将《高级微观经济学》《高级宏观经济学》《高级计量经济学》调整为学科通开课，将理论经济学、应用经济学和管理科学与工程的学术学位硕士研究生培养方案，从按照二级学科制订调整为按照一级学科制订。开展珞珈经管研究生学术沙龙活动，强化研究生系统学术训练；制定《武汉大学经济与管理学院研究生高水平学术论文奖励办法》和《经济与管理学院"研究生学术创新奖"评选办法》，制定《武汉大学经济与管理学院申请博士学位创新成果认定的规定(修订版)》，激励研究生开展原创性研究；制定《武汉大学经济与管理学院关于研究生学位论文答辩和学位申请资格论文认定的规定》，在论文开题、预答辩、查重、送审、答辩各环节层层把关，不断提高学位论文质量。

在专业学位研究生人才培养质量保障体系建设上，完成两次专业学位研究生培养方案修订，形成 2016 版《武汉大学工商管理硕士(MBA)培养方案》和 2019 版《武汉大学工商管理硕士(MBA)培养方案》《武汉大学高级管理人员工商管理硕士(EMBA)培养方案》《武汉大学会计硕士培养方案》《武汉大学工程管理硕士培养方案》和《武汉大学金融硕士培养方案》。积极举办行业前沿讲座、建立实习实践基地，组织企业参访，加强案例库建设。2023 年，以 EMBA 为试点实行学位论文预答辩制度。

大力加强专业学位授权点建设。1994—2011 年，先后获得工商管理硕士(MBA)、高级管理人员工商管理硕士(EMBA)、会计硕士、项目管理工程硕士、物流工程硕士、金融硕士、税务硕士、国际商务硕士、保险硕士、资产评估硕士、旅游管理硕士、工程管理硕士、审计硕士 13 个专业硕士学位授权点。2014—2016 年，学院专业学位硕士有两类招生类别：非全日制单证(EMBA、会计硕士、物流工程硕士和项目管理硕士)和全日制双证(MBA、会计硕士、物流工程硕士、项目管理硕士、金融硕士、保险硕士、国际商务硕士、税务硕士)；2017 年，教育部取消非全日制单证硕士的招生，学院对专业学位硕士招生目录同步进行优化调整，暂停物流工程硕士、项目管理硕士、保险硕士、国际商务硕士、税务硕士 5 个全日制双证硕士的招生；2017—2018 年，招收全日制金融硕士和非全日制 MBA、会计硕士；2019 年学院恢复 EMBA 招生，专业学位硕士招生专业由 2011 年的 13 个调整为 4 个非全日制类别，包括工商管理硕士（MBA 和 EMBA）、会计硕士、工程管理硕士（商业/金融数据分析）和金融硕士；2022 年，撤销税务、审计和资产评估 3 个专业学位硕士授权点；2023 年，获批数字经济专业学位硕士授权点。

为全面落实教育部《专业学位研究生教育发展方案（2020—2025）》，加快培养高层次应用型人才，2023 年武汉大学以经济与管理学院为试点，推动专业学位试点改革，制定《经济与管理学院专业学位研究生培养试点改革方案》。

研究生培养取得丰硕成果。2013 年以来，有 74 个校级研究生精品课程获批立项，6 个校级导师育人方式创新项目获批立项，7 个校级研究生"思政课程"示范课程建设项目获批立项，2 个校级研究生教材建设培育项目获批立项。方德斌获第六届武汉大学研究生教育杰出贡献校长奖。2018 年以来，有 23 个校级研究生教学改革项目获批立项。2022 年，方德斌团队的教学项目"双一流背景下经济与管理类研究生教育质量保障体系创新与实践"分获教育部高等教育（研究生）国家级教学成果二等奖、第九届湖北省高等学校教学成果二等奖。2021 年，代军勋指导硕士张潇雨学位论文获评第七届全国优秀金融硕士学位论文。2018 年至今，学院研究生获湖北省 MPAcc 案例大赛团体一等奖 2 项、二等奖 3 项、优秀奖 2 项。2019 年、2022 年学院研究生分别获得武汉大学研究生学术创新奖特等奖，2019 年荣获武汉大学"研究生原创研究群体奖"，是社会科学学部首个获奖单位。博士生发表 B 级及以上资格论文数量从 2018 年的 28 篇增加到 2022 年的 154 篇；2022 年研究生硕博连读比例达 28.6%，在学校人文社科类培养单位中排名第一。20 多个教学案例先后入选 MBA 全国百优案例和专业学位案例库。

（三）继续教育

2013 年以来，按照学校"规范管理、积极转型"的思路，学院稳步推进继续教育事业转型发展，主动助力学习型社会建设。学历教育方面，2013—2017 年，依托工商管理、会计、财务管理、市场营销、保险、人力资源管理等专业，开展自学考试、成人高等教育（函授、业余）和网络高等教育，每年招生规模 2500 人左右；2018 年元月，根据学校决定，学院成人高等教育和网络高等教育正式停止招生。非学历教育方面，学院高层管理培训与发展（EDP）中心在项目开发、校企合作、校培联动、业内交流合作等方面都取得了较好成绩。10 年间为社会各界举办 1200 余期培训班，累计培训学员近 10 万人，促进了校企之间多层次战略合作，受到社会各界广泛好评。2019 年 7 月，学院与 10 多所国内双一流高校共同发起成立中国高管教育高校联盟，搭建高管教育交流平台，引领中国高管教育发展。

六、科学研究和社会服务成果丰硕

十年来，学院以科研育人、潜心治学，高质量学术论文逐年增加，多项成果获得国家和地方学术奖励，学术影响力不断彰显；开展有组织科研，贯通产学研，打造高水平交叉融通科研平台，承担多项国家重大重点项目，科研经费稳步提升；坚持"四个面向"、理论联系实践，利用专业研究积极咨政建言，部分建议和报告获国家领导人批示，成为国家与地方赖以信任的智库；依托主办的《经济评论》《珞珈管理评论》两刊，促进话语体系与学术体系、学科体系融合发展。

（一）科学研究

十年来，学院取得丰硕科研成果。每年发表论文500~600篇，其中中文奖励期刊论文约50篇，高水平英文论文发表逐年增加，B级以上英文论文发表从2014年的21篇增加到2022年的226篇，增长约10倍。出版学术专著212部，教材88本，为国家政府及企事业单位提供咨询报告478篇。获得各类科研奖励526项，其中省部级以上获奖160项。获得第六、第七、第八届教育部高等学校科学研究优秀成果奖（人文社科）共23项。2019年，乔洪武的著作《西方经济伦理思想研究》获中国经济学最高奖——孙冶方经济科学奖。见表15-1、表15-2、表15-3。

表15-1　　**武汉大学经济与管理学院高水平论文（2013—2022年）（中文）**

姓名	成果名称	出版单位/刊物名称	出版时间/年期
江诗松	后发企业如何进行创新追赶？——研发网络边界拓展的视角	管理世界	2013年第3期
张三保	中国劳动用工"双轨制"改进了企业生产率吗？——来自30个省份12314家企业的证据	管理世界	2013年第5期
余明桂	民营化、产权保护与企业风险承担	经济研究	2013年第9期
侯成琪	食品价格、核心通货膨胀与货币政策目标	经济研究	2013年第11期
陈继勇	流动性、资产价格波动的隐含信息和货币政策选择——基于中国股票市场与房地产市场的实证分析	经济研究	2013年第11期
卫武	企业的可见性和脆弱性有助于提升对利益相关者压力的认识及其反应吗？——动态能力的调节作用	管理世界	2013年第11期
刘启亮	媒体负面报道、诉讼风险与审计契约稳定性——基于外部治理视角的研究	管理世界	2013年第11期

姓名	成果名称	出版单位/刊物名称	出版时间/年期
齐绍洲	有偏技术进步、要素替代与中国工业能源强度	经济研究	2014 年第 2 期
张三保	管理自主权：融会中国与西方、连接宏观与微观	管理世界	2014 年第 3 期
范如国	复杂网络结构范型下的社会治理协同创新	中国社会科学	2014 年第 4 期
吴先明	将跨国并购作为技术追赶的杠杆：动态能力视角	管理世界	2014 年第 4 期
李青原	金融危机、政府补贴与盈余操纵——来自中国上市公司的经验证据	管理世界	2014 年第 7 期
黄静	企业家微博信息对其形象评价的影响机制研究	管理世界	2014 年第 9 期
范如国	复杂性治理：工程学范型与多元化实现机制	中国社会科学	2015 年第 1 期
黄静	企业家公德和私德行为的消费者反应：差序格局的文化影响	管理世界	2015 年第 4 期
余明桂	民营化企业的股权结构与企业创新	管理世界	2015 年第 4 期
代谦	国际分工的代价：垂直专业化的再分解与国际风险传导	经济研究	2015 年第 5 期
黄敏学	消费咨询网络中意见领袖的演化机制研究——预期线索与网络结构	管理世界	2015 年第 7 期
龚锋	人口老龄化、税收负担与财政可持续性	经济研究	2015 年第 8 期
卢洪友	污染、健康与不平等——跨越"环境健康贫困"陷阱	管理世界	2015 年第 9 期
张建清	中国制造业省际间资源配置效率演化：二元边际的视角	经济研究	2015 年第 10 期
马理	基于零利率下限约束的宏观政策传导研究	经济研究	2015 年第 11 期
辜胜阻	构建服务实体经济多层次资本市场的路径选择	管理世界	2016 年第 4 期
陈冬	投我以桃，报之以李：经济周期与国企避税	管理世界	2016 年第 5 期
赵良玉	独立董事"政商旋转门"之考察：一项基于自然实验的研究	经济研究	2016 年第 6 期
郭熙保	长期多维贫困、不平等与致贫因素	经济研究	2016 年第 6 期
曾伏娥	多市场接触、市场集中度与企业非伦理行为	管理世界	2016 年第 6 期
李梅	研发国际化是否促进了企业创新——基于中国信息技术企业的经验研究	管理世界	2016 年第 11 期
余明桂	业绩考核制度可以促进央企创新吗？	经济研究	2016 年第 12 期
简新华	市场经济只能建立在私有制基础上吗？——兼评公有制与市场经济不相容论	经济研究	2016 年第 12 期

姓名	成果名称	出版单位/刊物名称	出版时间/年期
范如国	"全球风险社会"治理：复杂性范式与中国参与	中国社会科学	2017年第2期
彭红枫	人民币国际化研究：程度测算与影响因素分析	经济研究	2017年第2期
刘穷志	税收竞争、资本外流与投资环境改善——经济增长与收入公平分配并行路径研究	经济研究	2017年第3期
龚锋	努力对机会不平等的影响：测度与比较	经济研究	2017年第3期
潘红波	《劳动合同法》、企业投资与经济增长	经济研究	2017年第4期
侯成琪	预期冲击、房价波动与经济波动	经济研究	2017年第4期
胡昌生	反馈交易、交易诱导与资产价格行为	经济研究	2017年第5期
卢盛峰	政府偏袒缓解了企业融资约束？——来自中国的准自然实验	管理世界	2017年第5期
周楷唐	高管学术经历与公司债务融资成本	经济研究	2017年第7期
余明桂	央企董事会试点、国有上市公司代理成本与企业绩效	管理世界	2017年第8期
耿志祥	婚姻匹配、代际流动与家庭模式的个税改革	管理世界	2017年第9期
汪涛	如何通过政府营销推动地方创业活动——基于武汉市政府创业营销的案例研究	管理世界	2017年第12期
李旭超	僵尸企业与税负扭曲	管理世界	2018年第4期
寿志钢	企业边界人员的私人关系与企业间机会主义行为：双刃剑效应的作用机制及其边界条件	管理世界	2018年第4期
何国华	跨境资本流动的国际风险承担渠道效应	经济研究	2018年第5期
罗知	兼顾效率与公平的城镇化：理论模型与中国实证	经济研究	2018年第8期
范如国	公共管理研究基于大数据与社会计算的方法论革命	中国社会科学	2018年第9期
卢盛峰	走向收入平衡增长：中国转移支付系统"精准扶贫"了吗？	经济研究	2018年第11期
齐绍洲	环境权益交易市场能否诱发绿色创新？——基于我国上市公司绿色专利数据的证据	经济研究	2018年第12期
卢洪友	中国财政再分配与减贫效应的数量测度	经济研究	2019年第2期
王胜	利率冲击、资本流动与经济波动——基于非对称性视角的分析	经济研究	2019年第6期
龚锋	人口老龄化、代际平衡与公共福利性支出	经济研究	2019年第8期

姓名	成果名称	出版单位/刊物名称	出版时间/年期
叶初升	中等收入阶段的发展问题与发展经济学理论创新——基于当代中国经济实践的一种理论建构性探索	经济研究	2019 年第 8 期
李旭超	僵尸企业的负外部性：税负竞争与正常企业逃税	经济研究	2019 年第 12 期
汪涛	如何应用国家文化原型实现品牌的国际化传播——基于中国品牌海外社交媒体广告的多案例研究	管理世界	2020 年第 1 期
杨威	锚定比率可以衡量股价高估吗？——基于崩盘风险视角的经验证据	管理世界	2020 年第 1 期
侯成琪	影子银行、监管套利和宏观审慎政策	经济研究	2020 年第 7 期
李青原	异质性环境规制工具与企业绿色创新激励——来自上市企业绿色专利的证据	经济研究	2020 年第 9 期
徐岚	故事设计模式对消费者品牌态度的影响	管理世界	2020 年第 10 期
邓新明	竞争经验、多市场接触与企业绩效——基于红皇后竞争视角	管理世界	2020 年第 11 期
庄子银	企业出口与创新——来自中关村自主创新数据的证据	管理世界	2021 年第 1 期
罗知	环境规制的产业转移升级效应与银行协同发展效应：来自长江流域水污染治理的证据	经济研究	2021 年第 2 期
江诗松	平台生态系统参与者战略：互补与依赖关系的解耦	管理世界	2021 年第 2 期
叶初升	收入不平等、正向选择与医疗市场中的资源错配	管理世界	2021 年第 5 期
王胜	中国影子银行的成因、结构及系统性风险	经济研究	2021 年第 7 期
范如国	平台技术赋能、公共博弈与复杂适应性治理	中国社会科学	2021 年第 12 期
李青原	金融强监管的实体经济效应——来自资管新规的经验证据	经济研究	2022 年第 1 期
林晚发	管理层讨论与分析的语调操纵及其债券市场反应	管理世界	2022 年第 1 期
林晚发	债券评级包装与"担保正溢价"之谜	经济研究	2022 年第 2 期
罗知	城乡分割视角下中国收入不均等和消费关系研究	经济研究	2022 年第 5 期
熊琛	地方政府隐性债务的区域间效应：银行网络关联视角	经济研究	2022 年第 7 期
简新华	社会主义市场经济的资本理论	经济研究	2022 年第 9 期
杨冕	能源价格、资本能效与中国工业部门碳达峰路径	经济研究	2022 年第 12 期

表 15-2　　　　武汉大学经济与管理学院高水平论文（2013—2022）（英文）

姓名	成果名称	出版单位/刊物名称	出版时间/年期
刘成	A quasi-maximum likelihood approach for integrated covariance matrix estimation with high frequency data	Journal of Econometrics	2014. 2
姚爽	Gradient-based smoothing parameter selection for nonparametric regression estimation	Journal of Econometrics	2015. 2
黄敏学	Direct and indirect effects of buyers and sellers on search advertising revenues in business-to-business electronic platforms	Journal of Marketing Research	2015. 6
胡婷	Liquidity biases and the pricing of cross-sectional idiosyncratic volatility around the world	Journal of Financial and Quantitative Analysis	2015. 12
刘熙莹	Fertility, social mobility and long run inequality	Journal of Monetary Economics	2016. 2
庄额嘉	Testing for Central dominance: method and application	Journal of Econometrics	2017. 2
孙祥	Equilibria and incentives in private information economies	Journal of Economic Theory	2017. 5
黄敏学	Online relationship formation	Journal of Marketing	2017. 5
孙一啸（珞珈讲座教授）	Asymptotic f and t tests in an efficient GMM setting	Journal of Econometrics	2017. 6
卫武	The mixed blessing of leader sense of humor: examining costs and benefits	Academy of Management Journal	2018. 2
刘成	Testing against constant factor loading matrix with large panel high-frequency data	Journal of Econometrics	2018. 3
韩立宁	Free intermediation in resource transmission	Games and Economic Behavior	2018. 9
卫武	Good actors but bad apples: deviant consequences of daily impression management at work	Journal of Applied Psychology	2018. 11
刘成	A simple and trustworthy asymptotic t test in difference-in-differences regressions	Journal of Econometrics	2019. 3
桂正卿	Incentive-Compatibility, limited liability and costly liquidation in financial contracting	Games and Economic Behavior	2019. 11
孙祥	Perfect and proper equilibria in large games	Games and Economic Behavior	2020. 1

姓名	成果名称	出版单位/刊物名称	出版时间/年期
李斌	Detecting accounting frauds in Publicly traded us firms using a machine learning approach	Journal of Accounting Research	2020. 3
曾伏娥	Complementarity and cannibalization of offline-to online targeting: A field experiment on omnichannel commerce	MIS Quarterly	2020. 6
李青原	Political investment cycles of state-owned enterprises	Review of Financial Studies	2020. 7
李青原	Political investment cycles of state-owned enterprises	The Review of Financial Studies	2020. 7
孙祥	The individualistic foundation of equilibrium distribution	Journal of Economic Theory	2020. 9
李绍龙	When does pay for performance motivate employee helping behavior? The contextual influence of performance subjectivity	Academy of Management Journal	2021. 2
刘熙莹	Malthusian stagnation is efficient	The Oretical Economics	2022. 1
都智焕	Cheating and compensation in price-fixing cartels	Journal of Economic Theory	2022. 3
孙祥	Robust perfect equilibrium in large games	Journal of Economic Theory	2022. 4
陈植元	Hospital admission, facility-based isolation, and social distancing: An SEIR model with constrained medical resources	Production and Operations Management	2022. 4 (online)
李彬	Economic and environmental implications of biomass commercialization in agricultural processing	Management Science	2022. 8 (online)
都智焕	Incentives under equal-pay constraint and subjective peer evaluation	Games and Economic Behavior	2022. 9
刘成	Optimal covariance matrix estimation for high-dimensional noise in high-frequency data	Journal of Econometrics	2022. 9 (online)
李锤在	Price skimming: Commitment and delay in bargaining with outside option	Journal of Economic Theory	2022. 10
柯剑男	From targeting to transfer: Design of allocation rules in cash transfer programs	M&Som-manufacturing & Service Operations Management	2022. 11
周洋	Language skills and stock market participation: evidence from immigrants	Journal of Financial and Quantitative Analysis	2022. 12

表 15-3　　　　　　　　　教育部高校科学研究优秀成果奖（人文社会科学）

时间	姓名	成果形式及等级	成 果 名 称
第六届（2013 年）	谭崇台	著作一等奖	发达国家发展初期与当今发展中国家经济发展比较研究
	张彬等	著作二等奖	国际区域经济一体化比较研究
	简新华等	著作二等奖	中国工业化和城市化过程中的农民工问题研究
	陈继勇等	论文三等奖	外商直接投资的知识溢出与中国区域经济增长
	黄宪等	著作三等奖	开放条件下中国银行业的控制力与国家金融安全
	刘传江等	著作三等奖	中国农民工市民化进程研究
第七届（2015 年）	叶永刚等	著作二等奖	宏观金融工程：理论卷
	卢洪友等	论文二等奖	"中国医疗服务市场中的信息不对称程度测算"
	陈继勇等	著作三等奖	知识溢出对我国外商直接投资地区非均衡增长的影响途径与数量测度
	邹薇等	著作三等奖	中国经济增长与收入差距：理论与实证研究
	夏清华	著作三等奖	学术创业：中国研究型大学"第三使命"的认知与实现机制
	乜小红	著作三等奖	中国中古契券关系研究
	方德斌	论文三等奖	A Double Auction Model for Competitive Generators and Large Consumers Considering Power Transmission Cost
第八届（2020 年）	齐绍洲等	著作一等奖	低碳经济转型下的中国碳排放权交易体系
	吴俊培	著作一等奖	我国公共财政风险评估及其防范对策研究
	郭熙保等	论文二等奖	长期多维贫困、不平等与致贫因素
	黄宪等	论文二等奖	论中国的"金融超发展"
	乔洪武等	著作二等奖	西方经济伦理思想研究(三卷本)
	曾伏娥等	论文二等奖	多市场接触、市场集中度与企业非伦理行为
	陈立敏等	论文二等奖	模仿同构对企业国际化-绩效关系的影响——基于制度理论正当性视角的实证研究
	乜小红	著作二等奖	中国古代契约发展简史
	龚锋等	论文青年成果奖	人口老龄化、税收负担与财政可持续性
	孙祥等	论文青年成果奖	Equilibria and Incentives in Private Information Economies

　　十年来，学院获批各类科研经费不断增长。获批国家三大基金项目 383 项，其中重大重点项目 54 项。方德斌（2017 年）获得国家自科基金杰青项目立项，孙祥（2021 年）获得国家自科基金优青项目立项；王先甲（2012、2018 年）、汪涛（2015 年）、黄宪（2016 年）、黄敏学（2017、2021 年）、曾伏娥（2020 年）等先后获得国家自然科学基金重点项目立项。庄子银（2013 年）、范如国（2014、2020 年）、刘穷志（2014 年）、陈立

敏（2015 年）、卢洪友（2015 年）、刘林青（2015 年）、李燕萍（2015 年）、江春（2015年）、陈继勇（2016 年）、叶初升（2016、2021 年）、夏清华（2018 年）、吴先明（2018年）、李青原（2018 年）、方德斌（2018 年）、王先甲（2020 年）、宋敏（2020 年）、侯成琪（2020 年）、邹薇（2020 年）、曾国安（2022 年）、罗知（2023 年）、李青原（2023 年）等先后获得国家社会科学基金重大项目立项。齐绍洲（2018 年）、潘敏（2020 年）获得科技部重大专项立项。余振（2018 年）、曾伏娥（2022 年）获得教育部哲学社会科学研究重大课题攻关立项。经济发展研究中心获批教育部人文社会科学重点研究基地重大项目 14项，共 600 万元。科研到账经费每年 3000 万~3500 万元，十年共计约 3.2 亿元，其中纵向课题到账经费 1.61 亿元，横向课题到账经费 1.59 亿元。见表 15-4、表 15-5。

表 15-4　　　　　　　**2013—2022 年国家三大基金立项统计表**

项目类别	2013 年	2014 年	2015 年	2016 年	2017 年	2018 年	2019 年	2020 年	2021 年	2022 年
国家社会科学基金项目	6	9	9	5	6	11	11	16	9	8
国家自然科学基金项目	26	20	17	30	23	23	13	16	21	20
教育部基金项目	18	9	12	12	16	16	12	8	4	7
合计	50	38	38	47	45	50	36	40	34	35

表 15-5　　　　**2013—2022 年经济与管理学院国家重大、重点项目立项明细表**

一、国家社会科学基金重大招标项目立项

序号	项目负责人	项目名称	批准号	项目类别	资助总额（万元）
1	庄子银	实施创新驱动发展战略研究：基于能力驱动的视角	13&ZD020	2013 年度国家社会科学基金重大项目	80
2	刘穷志	PPP（公私合作伙伴）中财政资金引导私人资本机制创新研究	14ZDA029	2014 年度国家社会科学基金重大项目（第一批）	80
3	范如国	全面深化改革视阈下社会治理体制与机制创新研究	14ZDA062	2014 年度国家社会科学基金重大项目（第一批）	80
4	乜小红	丝绸之路出土各族契约文献整理及其与汉文契约的比较研究	14ZDB030	2014 年度国家社会科学基金重大项目（第二批）	80
5	陈立敏	全球产业链转移新趋势下中国出口价值链的提升举措研究	15ZDA061	2015 年度国家社会科学基金重大项目（第一批）	80
6	刘林青	全球生产网络、知识产权保护与中国外贸竞争力提升研究	15ZDB155	2015 年度国家社会科学基金重大项目（第二批）	60

序号	项目负责人	项目名称	批准号	项目类别	资助总额（万元）
7	卢洪友	建构基于生态文明建设的公共财政体制研究	15ZDB158	2015 年度国家社会科学基金重大项目(第二批)	60
8	李燕萍	驱动中国创新发展的创客与众创空间培育战略研究	15ZDC014	2015 年度国家社会科学基金重大项目(第三批)	80
9	江春	扩大中国金融业双向开放的关键问题研究	15ZDC020	2015 年度国家社会科学基金重大项目(第三批)	80
10	叶初升	供给侧结构性改革与发展新动力研究	16ZDA006	2016 年度国家社科基金重大项目	80
11	彭红枫	人民币加入 SDR、一篮子货币定值与中国宏观经济的均衡研究	16ZDA032	2016 年度国家社科基金重大项目	80
12	陈继勇	"一带一路"相关国家贸易竞争与互补关系研究	16ZDA039	2016 年度国家社科基金重大项目	80
13	简新华	中国经济走势的马克思主义政治经济学研究	17ZDA036	2017 年度国家社科基金重大项目	60
14	吴先明	"一带一路"建设面临的政治风险、经济风险、安全风险、经营风险及应对研究	18VDL016	2018 年国家社科基金重大专项	60
15	夏清华	中国科技体制的结构性矛盾及其改革策略与路径研究	18VSJ058	2018 年国家社科基金重大专项	60
16	李青原	政府职能转变的制度红利研究	18ZDA113	2018 年国家社科基金重大项目	80
17	方德斌	能源革命背景下我国电力市场体制机制改革研究	19ZDA083	2019 年国家社科基金重大项目	80
18	刘威	美国对华金融战可能性及应对研究	19VMG003	2019 年度国家社科基金重大专项	40
19	王胜	美国利率政策调整对美经济影响研究	19VMG022	2019 年度国家社科基金重大专项	40
20	邹薇	反贫困的中国路径：基于能力开发的视角	19WJLB001	国家社会科学基金中华学术外译项目	45
21	李永友	纵向财政失衡形成机制、激励结构与平衡策略研究	—	2019 年《国家哲学社会科学成果文库》	—

序号	项目负责人	项目名称	批准号	项目类别	资助总额（万元）
22	谭力文	改革开放以来中国管理学的发展研究	19KGL074	2019 年《国家哲学社会科学成果文库》	—
23	王先甲	合作行为的演化博弈研究	20&ZD058	2020 年度国家社科基金重大项目	60
24	宋敏	新形势下全球创新网络演化及风险治理研究	20&ZD072	2020 年度国家社科基金重大项目	80
25	侯成琪	货币政策分配效应与缩小收入和财富差距的有效路径研究	20&ZD105	2020 年度国家社科基金重大项目	80
26	范如国	应对重大突发风险城乡社区治理研究	20&ZD155	2020 年度国家社科基金重大项目	80
27	邹薇	解决相对贫困的扶志扶智长效机制研究	20&ZD168	2020 年度国家社科基金重大项目	60
28	张天顶	美国经济衰退的可能性及对中美关系的影响研究	20VMG008	2020 年度国家社科基金重大研究专项项目	40
29	张建清	新冠肺炎疫情下全球价值链与中美全面"脱钩"风险评估研究	20VMG018	2020 年度国家社科基金重大研究专项项目	40
30	叶初升	新发展阶段伟大实践与发展经济学理论创新研究	21&ZD071	2021 年度国家社科基金重大项目	80
31	胡艺	新一轮科技革命对美国经济的影响研究	21VMG005	2021 年度国家社科基金重大项目	40
32	曾国安	社会主义本质与新时代共同富裕问题研究	22&ZD017	2022 年度国家社科基金重大项目	80

二、教育部哲学社会科学研究重大课题攻关项目立项

1	邹薇	中国区域性贫困陷阱研究——基于"能力开发"的视角	13JHQ002	2013 年度教育部哲学社会科学研究后期资助项目重大项目	20
2	汪涛	战略性新兴产业国际化发展战略研究	14JZD017	2014 年度教育部哲学社会科学研究重大课题攻关项目	80
3	潘敏	经济发展新常态下我国货币政策体系建设研究	15JZD013	2015 年度教育部哲学社会科学研究重大课题攻关项目	80

序号	项目负责人	项目名称	批准号	项目类别	资助总额（万元）
4	马理	经济新常态下中国金融开放与金融安全研究	17JZD015	2017年度教育部哲学社会科学研究重大课题攻关项目	80
5	余振	中美经贸合作重大问题研究	18JZD034	2018年度教育部哲学社会科学研究重大课题攻关项目	80
6	曾伏娥	我国重点产业链压力测试的理论、方法和实施框架研究	22JZD012	2022年度教育部哲学社会科学研究重大课题攻关项目	80
三、国家自然科学基金重点项目立项					
1	汪涛	全球化和网络化环境下的中国企业品牌国际化营销战略研究	71532011	2015年度国家自然科学基金重点项目	240
2	黄宪	法、金融与经济增长之再考察——中国的变革挑战与英国等国的经验	71661137003	2016年度国家自然科学基金国际(地区)合作与交流项目	169
3	方德斌	电力市场管理与政策建模	71725007	2017年度国家自然科学基金项目国家杰出青年科学基金	245
4	黄敏学	大数据驱动的消费市场的全景响应式营销管理与决策研究	91746206	2017年度国家自然科学基金重大研究计划(重点支持)项目	240
5	曾伏娥	移动互联网时代的新产品开发策略与商业模式创新	71832010	2018年度国家自然科学基金重点项目	240
7	王先甲	学习机制下群体博弈行为演化与管理实验	72031009	2020年度国家自然科学基金重点项目	210
8	孙祥	非合作博弈	72122017	2021年度国家自科基金优秀青年科学基金项目	200
9	黄敏学	技术赋能的商务信息全景化管理与增强型决策的人机协同新范式	72132008	2021年度国家自科基金重点项目	204
10	方德斌	跨区域电力市场与碳市场的协同机制与政策研究	72243010	2022年度国家自科基金管理学科专项项目	200

四、其他重大项目立项

序号	项目负责人	项目名称	批准号	项目类别	资助总额（万元）
1	齐绍洲	我国重点行业与地区碳配额分配方法与能力建设	2018YFC1509005	国家重点研发计划"重大自然灾害监测预警与防范"重点专项2018年度项目（子课题）	208
2	潘敏	金融时序知识图谱查询与分析平台及应用验证	2020AAA0108505	科技创新2030—"新一代人工智能"重大项目2020年度项目（子课题）	734
3	刁莉	高分辨对地观测系统重大专项国际合作	CFZX04061503	国家科技重大专项（国防A类）2017年9月—2018年12月	50

十年来，学院先后设立各类科研机构76家，经学校调整、建设考核，到2023年现有科研机构45家，包括1个教育部人文社会科学重点研究基地（经济发展研究中心）、2个教育部备案国别和区域研究中心（美国加拿大经济研究所、欧洲问题研究中心）、5个湖北省人文社会科学重点研究基地（人口·资源·环境经济研究中心，中国产学研合作问题研究中心，金融工程与风险管理研究中心，组织营销研究中心，发展研究院）、2个部校共建机构（中国中部发展研究院、妇女与性别研究中心）和35个校级科研机构。

2013年，人口·资源·环境经济研究中心在首次湖北省人文社科重点研究基地评估中获评优秀并位列全省第一。2016年，经济发展研究中心顺利通过教育部社科司2015年高校人文社会科学重点研究基地测评，评估结果排名经济片第5名；武汉大学组织营销研究中心获批湖北省人文社会科学重点研究基地。2017年，4个省级研究中心全部通过湖北省人文社会科学重点研究基地评估。2022年，5个省级研究中心全部通过湖北省高校人文社会科学重点研究基地评估，其中，武汉大学中国产学研合作问题研究中心获评优秀并位列全省第一，武汉大学金融工程与风险管理研究中心获评优秀。2018年学院成立了武汉大学柯力物联网产业研究中心、武汉大学金融科技研究中心、武汉大学健康经济与管理研究中心、武汉大学国家创新创业观察研究中心及武汉大学国家发展战略研究院；2022年，学校调整武汉大学中国中部研究院、武汉大学发展研究院并入学院；2023年，学校调整武汉大学妇女与性别研究中心挂靠学院。

汪涛（2013年）、陈虹（2015年）和陈立敏（2016年）领衔的武汉大学"70后"学术团队获评学校优秀。邓新明（2016年）、李斌（2016年）、沈校亮（2016年）、孙祥（2019年）、李晓蹊（2019年）等五个学术团队获批"武汉大学人文社会科学青年学者学术发展计划"立项。邓新明（2019年）、沈校亮（2019年）和孙祥（2023年）领衔的武汉大学"青年学者学术发展计划"学术团队获评学校优秀。

（二）社会服务

十年来，学院完成并提交报送各类研究报告、咨询报告478份，其中151份研究成果受到国务院、有关部委和省市的高度重视，部分建议和报告获国家领导人批示。

世界经济陈继勇、张彬、余振团队依托中国美国经济学会，服务国家应对中美贸易战，积极将学术研究成果转化为对策建议，撰写的《"一带一路"国际高峰论坛境内外舆论综述》和《国际媒体对中美贸易舆论战评价变化的特征、趋势及应对策略》均获国家领导人批示。国家发展战略研究院辜胜阻团队围绕人口长期均衡发展、科技创新和高技术产业、城镇化与区域经济发展等重大战略问题，向高层报送一批基于深入调查研究的决策咨询报告，数十项研究成果获得党和国家领导人重要批示；武汉大学经济发展研究中心郭熙保、叶初升团队依托教育部人文社会科学重点研究基地和学术期刊《经济评论》，打造融理论研究、政策分析和教学培训于一体的国家级学术共同体，讲好发展经济学的中国故事，取得了一系列丰硕成果，使武汉大学成为中国发展经济学研究重镇；国家治理与经济体系现代化研究中心范如国团队围绕风险与应急管理展开研究，20余篇资政建言报告被中央、省部级相关部门采纳，为国家的经济与社会发展提供了重要智力支持；产学研合作李燕萍团队将科技创新与教育改革相结合，为国家政府制定产学研政策提供理论依据和技术方法支持，多项咨政得到国家领导批示。

发展研究院李光团队积极服务区域科技、经济、社会高质量发展，从2003年开始组织研究、编辑、出版每年度《湖北发展研究报告》，到2023年已经连续出版21年；气候与能源经济研究中心齐绍洲团队主持制定了湖北省碳排放权交易市场建设实施方案和政策，并推广到全国多个省市；曾国安团队主持编制湖北省住房保障发展规划、武汉市住房与房地产业发展规划；叶永刚团队主持的县域金融工程建设实施方案，推广应用到湖北省以及其他省份多个县域；宁波国家保险发展研究院田玲、齐子鹏团队主持完成的宁波国家保险创新综合试验区系列规划成为宁波市建设国家保险创新综合试验区的指导性和纲领性文件；吴传清团队先后出版《长江经济带高质量发展研究报告》（2020年、2021年）、长江经济带产业蓝皮书《长江经济带产业发展报告》（2017年、2018年、2019年、2020年）、《长江经济带工业发展研究》等智库报告，多次被省政府发展规划采纳，并获2018—2019年度湖北省优秀调研成果奖一等奖，第九届、第十届"中国优秀皮书报告奖"一等奖。汪涛团队从全球视野来解决本土企业在组织市场营销活动中所面临的问题，服务"中部崛起""创新型湖北"战略的实施及武汉城市圈"两型社会"与东湖国家自主创新示范区的建设；方德斌团队依托承担的人才项目和社科重大项目，围绕电力市场展开研究，为能源革命背景下电力市场体制机制改革提供系统的理论创新和政策参考，有效服务国家双碳战略；黄敏学、曾伏娥团队利用主持的国家重大研究计划和国家自然科学重点项目研发协同云平台，赋能千余家中小型商贸企业实现数字化营销同时，助推传统制造企业的数字化经营升级。

学院教师积极服务于抗击新冠疫情重大战役，充分发挥智囊和智库作用。邹薇建言湖北省、武汉市建"方舱"医院建议获采纳，对疫情控制发挥重大作用；余振多次开讲战"疫"公开课传播正能量；罗知在省级媒体发表10余篇建言报告帮助民营企业复苏；

伍新木向工信部建言献策，促进健康经济学发展。此外，卫武、王今朝、邓新明、叶初升、成德宁、刘成奎、刘穷志、刘岩、江春、李燕萍、肖光恩、吴传清、范如国、罗琦、夏清华、黄敏学、温兴琦、游士兵、薛莲、魏立佳等教师充分发挥专长，为全国抗疫贡献经管智慧。

(三)《经济评论》与《珞珈管理评论》

《经济评论》1980 年创刊，现为国家社会科学基金资助期刊、CSSCI 来源期刊、全国中文核心期刊、中国人文社会科学期刊 AMI 综合评价 A 刊核心期刊、RCCSE 中国权威学术期刊(A+)，2012—2014 年连续 3 年荣膺"中国最具国际影响力学术期刊"，2018 年和 2022 年 2 次获评"中国国际影响力优秀学术期刊"；根据《中国学术期刊影响因子年报(人文社会科学·2022 版)》，《经济评论》影响力指数在全国 89 种经济科学综合类期刊中排名第 4(Q1 区)，复合影响因子和综合影响因子分别从 2013 版的 2.065 和 1.204 上升到 2022 版的 6.462 和 4.069，在国内一流综合性大学主办的经济学专业期刊中，《经济评论》影响因子位居第 2，仅次于北京大学主办的《经济学(季刊)》；在《中文核心期刊要目总览(2020)》综合性经济科学类核心期刊中，排名升至第 6 位；入选"2022 年度复印报刊资料高转载期刊名录"。2013 年以来《经济评论》共出版 63 期、刊文 746 篇，采稿率约 2.6%；举办 17 期《经济评论》工作坊、8 届中国经济增长与发展青年学者论坛、7 期审稿快线、24 期学术沙龙；编辑推送《经济评论》论文简报 1000 多篇，出版《优秀论文是怎样炼成的？——〈经济评论〉论文故事》，180 多篇论文通过中国知网实现外文出版，机构用户扩大到 6225 个，分布在 24 个国家和地区。

《珞珈管理评论》2007 年创刊，现为 CSSCI 来源集刊、中国人文社会科学期刊 AMI 综合评价核心集刊、人大复印报刊资料重要转载来源期刊，湖北省期刊协会集刊专委会主任委员单位；截至 2022 年末，《珞珈管理评论》被 CSSCI 来源期刊引用的他引、总被引频次与 2017 年初次入选相比增长了 5 倍。2023 年《珞珈管理评论》成功入选中国社会科学评价研究院人文社会科学学术集刊 AMI 核心集刊，成为管理学门类两本核心集刊之一。人大复印资料全文转载率增长迅速。2011 年期刊被人大书报资料中心收录、转载；10 余年间，期刊全文转载率从 2011 年的 2.5%提高到 2022 年的 17.9%，2021 年《珞珈管理评论》入选人大"复印报刊资料重要转载来源期刊(2020 年版)"，2023 年入选"2022 年度复印报刊资料高转载期刊名录"。2013 年以来《珞珈管理评论》共出版 48 期、刊文 664 篇，采稿率约 10%；成功举办 3 期学术论坛、4 期学术沙龙。

七、国际化办学实现新跨越

2013 年以来，学院积极推进国际化建设，持续引进海外博士、外籍教师，打造特色国际科研合作平台，开拓学生国际交流新项目，稳步推进国际认证，多次改版完善学院英文网站，师生国际化视野不断拓宽，学院国际化程度、国际影响力不断提升。

学院从 2012 年开始启动并持续推进海外博士招聘计划，充分利用国家和地方人才引进计划引进外籍教师，优化师资队伍结构。学院先后引进美国籍高层次人才 1 名、韩国籍教师 3 名、加拿大籍教师 1 名和巴基斯坦籍博士后 1 名。青年教师（45 岁及以下）中取得境外博士学位的人数超过 50 人，占比超 40%。学院资助教师参加短期国际交流活动和国际学术会议超 500 人次；参加境外学习 3 个月及以上的教师超过 200 人次。

积极鼓励教师开展高水平国际科研合作。近 10 年，邀请境外知名专家讲学或短期授课千余次，其中包括诺贝尔经济学奖得主 Christopher A. Pissarides、世界计量经济学会会士耶鲁大学 Edward J. Vytlacil、伦敦政治经济学院 Peter M. Robinson 等。2016 年，黄宪与英国利兹大学法学院合作的"法、金融与经济增长之再考察——中国的变革挑战与英国等国的经验"项目获批国家自然科学基金国际（地区）组织间合作项目。2019 年，魏立佳团队与英国牛津大学、杜伦大学的研究团队共建"中国在线行为实验平台"，并成功入选武汉大学"中外联合科研平台种子基金计划"项目。该团队成员还参与了国家重点研发计划"政府间国际科技创新合作"项目——"面向可持续发展目标进展评估的夜间灯光遥感关键技术及应用示范"，与国外合作团队联合发表 SSCI 等高水平论文 10 余篇。2022 年，齐绍洲负责的武汉大学中欧"碳中和"联合研究院、余振负责的武大-耶鲁"人力资本与产业竞争力协同研究中心"、薛莲负责的经济增长与收入分配的实验经济研究平台入选学校第二轮"中外联合科研平台种子基金计划"项目。2017 年，学院举办了世界计量经济学会中国年会。2018 年，举办了第八届中国管理研究国际学会（IACMR）。

2014 年，学院启动国际商务硕士项目招生。2016 年，国际学生招生人数突破 100 人，生源包括英国、加拿大、法国、日本、韩国、泰国、越南、津巴布韦、刚果、坦桑尼亚、赞比亚等国家。2016 年、2017 年、2019 年、2020 年，每年有 2 名留学生获教育部优秀来华留学生奖学金。2013 年以来，学院与具有经济管理学科优势的综合性大学建设世界顶尖大学联盟，推进合作办学，与近 50 所不同国家和地区的海外大学签订了正式的合作协议。2015 年，学院启动海外硕士联合培养项目计划，与新加坡管理大学进行深度合作。2020 年，扩展与新加坡管理大学合作新模式，开展双硕士 1+1+1 联合培养项目；开拓与香港岭南大学 2+2 经济学双博士联合培养项目。近 10 年，学院累计支持 1000 余名学生参加了出国（境）学习。

2013 年学院获得 AMBA 五年期再认证；2016 年获得 EQUIS 三年期首次认证，并于 2019 年和 2022 年分别获得三年期再认证；2022 年通过 AACSB 五年期认证，通过国际认证学院的国际知名度进一步提升。

八、综合改革不断深化

十年来，学院不断深化综合改革，创新体制机制，通过民主治院、校友兴院，全面提升学院治理体系和治理能力现代化水平。

（一）民主治院

十年来，学院建立了重大问题由党政联席会议集体决策、专业问题由教授委员会等专家委员会讨论决策、广大教职工切身利益问题由教代会讨论决策的民主决策机制。成立咨询委员会，为学院的战略发展规划提出咨询建议。

2014年12月、2018年8月、2019年12月，学院教授委员会换届，分别产生了第二、第三、第四届教授委员会。第二届教授委员会由27位委员组成，谭崇台任主任，王先甲、李燕萍、曾国安、潘敏任副主任；第三届教授委员会由25位委员组成，潘敏任主任，方德斌、李青原、汪涛任副主任；第四届教授委员会由21位委员组成，李永友任主任，黄敏学、齐绍洲任副主任。

2013年5月、2017年5月、2021年4月，武汉大学学位评定委员会经济与管理学院学位评定分委员会换届，分别产生了第九、第十、第十一届学院学位评定分委员会。第九届分委员会由13位委员组成，陈继勇任主席，李燕萍任副主席；谢丹阳为校学评会委员，陈继勇为社会科学学部学评会召集人，李燕萍为社会科学学部学评会委员。第十届分委员会由12位委员组成，潘敏任主席，汪涛任副主席；潘敏为校学评会委员，曾国安、李燕萍为社会科学学部学评会委员。第十一届委员会由15位委员组成，宋敏任主席，杜晓成、方德斌任副主席，2022年2月，姜星莉任副主席，杜晓成不再担任副主席，2023年6月，聂军任委员，郑君君不再担任委员；宋敏、汪涛为校学评会委员，宋敏、方德斌为社会科学学部学评会委员。

2013年10月、2018年4月，学院本科教学指导委员会换届，2013年委员会由14位委员组成，潘敏任主任；2018年委员会由18位委员组成，余振任主任。2019年3月，学院专业学位研究生教学指导委员会换届，委员会由20位委员组成，汪涛任主任，吴思、刘颖斐、高宝俊、李斌任副主任。2019年10月，学院学术学位研究生教学指导委员会换届，委员会由13位委员组成，方德斌任主任。2013年10月、2020年10月、2022年11月，学院本科教学督导团换届，分别产生了第六届、第七届、第八届本科教学督导团。第六届督导团由4人组成，张秀生任组长；第七届督导团由4人组成，张广玲任组长；第八届督导团由14人组成，黄静任组长。

2014年12月、2015年12月、2016年12月、2017年3月先后召开了第三届教职工代表第二至第五次会议，2018年5月、2021年5月、2021年11月先后召开了第四届教职工代表大会第一至第三次会议暨工会会员代表大会。教代会上，代表们分别审议了学院年度工作报告、年度财务工作报告及其他学院重大事项报告。2013年，学院教代会获得"武汉大学优秀二级教代会"荣誉称号。

2014年11月，学院组建第一届咨询委员会并召开了第一次会议，委员会由知名高校经管学院院长和杰出校友共13名委员组成，汤敏校友担任主席，委员们为学院的战略发展规划、课程体系建设、学术研究等提出咨询建议。2016年12月，学院召开第二次咨询委员会会议，本次会议的主题是"新形势下经济与管理学院发展战略"，委员们针对学院未来的发展积极建言，从不同视角提出了建设思路。2018年6月，学院咨询委员会召开第三次会议并换届，第二届咨询委员会由30位委员组成，陈东升校友担任主席，本次会议主题为"聚焦'双一流'开启学院发展新征程"，委员们围绕学院竞争优势、潜在资源、价值创造等问题进行讨论。2021年4月，学院召开第四次咨询委员会会议，会议的主题是"聚焦'十四五'规划，开启学院发展新征程"，委员们围绕新时代学院教育理念、"十四五"规划建设目标的实现、学院整体发展等问题进行探讨。

2018年12月，武汉大学启动新一轮校院两级管理体制改革，制定并公布了《武汉大学深化校院（系）两级管理体制改革实施方案》。新一轮校院两级管理体制改革加强了学校宏观调控与统一协调。2023年7月，学校审议通过《经济与管理学院专业学位研究生培养试点改革方案》，学院成为武汉大学专业学位研究生培养改革试点单位。根据该改革方案，学院将围绕"双一流"学科建设，进一步凝练学科方向，优化二级学科布局，加强师资队伍及课程体系建设，探索专业学位导师双聘模式；总体调控学院学生规模结构，完善专业学位类别授权点布局，加强专业学位研究生培养的全过程质量保障。同时，学校将调整对学院经费激励政策，包括调整专业学位研究生项目对学院的经费划拨比例，探索优化薪酬激励和校友捐赠政策。综合改革方案给予学院更多的政策支持及财力支持，为学院下一阶段的高质量发展提供了基础。

(二) 校友工作

130年来，学院培养了近10万名青年才俊，是武汉大学校友人数最多的学院。先后有17人当选武汉大学杰出校友，占历届杰出校友总人数（92位）的18.48%。1997年，庹震当选第一届杰出校友；1999年，张培刚、刘诗白、董辅礽当选第二届杰出校友；2003年，李京文、田源、陈东升当选第三届杰出校友；2005年，陈文蔚当选第四届杰出校友；2007年，胡代光、何炼成当选第五届杰出校友；2011年，艾路明当选第六届杰出校友；2013年，毛振华当选第七届杰出校友；2018年，阎志当选第八届杰出校友；2020年，喻鹏、蹇宏、曾文涛当选第九届杰出校友；2023年，黄春华当选第十届杰出校友。

十年来，学院强化联系、搭建平台，采取了一系列举措为校友服务。加强组织制度和工作队伍建设，常设校友专项工作岗位及工作助理；加强信息平台建设，按年级和班级建设了校友联络网络及通讯录，整理了在籍校友名录，为校友工作的开展提供基础信息服务；设立网上校友工作专栏，建立"武大经管校友会"微信公众平台，及时发布学院动态和校友信息。积极开展校友活动，加强与各地校友会的联系，学院领导带队走访联络各地校友，适时召开学院校友代表座谈会，听取校友意见和建议；邀请优秀校友返校交流讲学、担任校外导师；为校友集体返校活动提供全方位支持，增强校友凝聚力。

学院校友始终牵挂关心学校、学院的发展，积极参与学校和学院建设，校友捐赠总额在全校院系中名列榜首。2014年5月和2019年6月，1985级校友蒋锦志携上海景林资产管理有限公司分别捐赠500万元和700万元；2014年7月，1982级校友闻卫武携深圳市麦肯特金融控股集团捐赠550万元；2016年12月，1997级校友李健携京山轻机控股有限公司捐赠1000万元；2017年9月，1988级校友柯建东捐赠500万元；2019年4月，2006级校友袁雄携深圳海德复兴资本管理有限公司捐赠500万元；2020年8月，1975级校友田源和张文中、周海冰共同捐赠1200万元；2020年11月，2007级校友喻鹏捐赠 3000 万元；2021 年 1 月，1994 级校友曾文涛捐赠 1000 万元；2021 年 5 月，2007 级校友阎志携卓尔公益基金会捐赠 6000 万元；2021 年 8 月，1979 级校友陈东升携泰康保险集团捐赠 10 亿元，这是迄今学校获赠的最大笔捐赠；2021 年 11 月，1982 级校友黄春华捐赠 4000 万美元，这是迄今学校获赠的最大笔外币捐赠；2022 年 10 月，1988 级校友陈作涛携天壕投资集团有限公司捐赠 3000 万元。同时，校友积极捐赠、改善教学设施，梁亮胜校友捐建学院大楼(亮胜楼)、蒋锦志校友捐建学院景林报告厅、陈东升校友捐建万林艺术博物馆、毛振华校友捐建振华楼、阎志校友捐建卓尔体育馆、艾路明校友捐建当代楼、喻鹏校友捐建高等研究院科研楼(喻鹏楼)、陈作涛校友捐建樱顶武汉大学学生文化活动中心等。

2020 年，在武汉迎战疫情最艰难的时刻，学院校友为捐资捐物的"第二战线"和抗疫胜利做出了重要贡献。抗疫捐赠总额超过 6 亿元，占武大校友捐赠总额的一半以上，占武汉市接受捐赠总额的 1/8 以上。

2013 年至 2023 年，我国教育事业取得历史性成就、发生格局性变化。武汉大学经济与管理学院抢抓机遇、改革创新，学科建设、人才培养、科学研究、社会服务等各项事业取得跨越式进步，学院综合实力和国际竞争力显著提升。立足现实，植根历史，指引未来。站在新的起点上，经济与管理学院全体师生将继续踔厉奋发、勇毅前行，奋力谱写学院高质量内涵式发展新篇章，为努力建设中国特色、世界一流的经济与管理学院，为全面建成社会主义现代化强国、全面推进中华民族伟大复兴而不懈奋斗！

附录 1
经济与管理学院历史沿革图

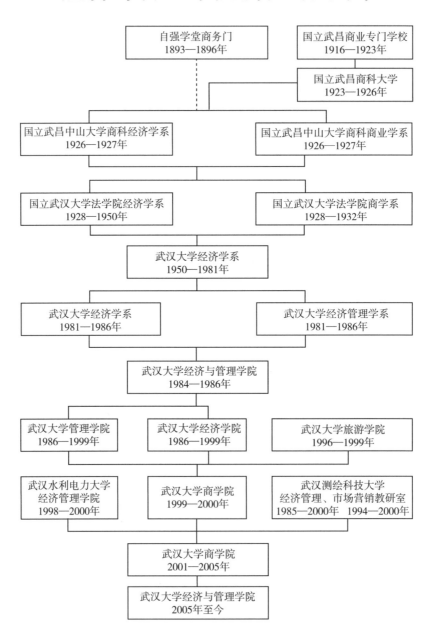

自强学堂商务门
1893—1896年

国立武昌商业专门学校
1916—1923年

国立武昌商科大学
1923—1926年

国立武昌中山大学商科经济学系
1926—1927年

国立武昌中山大学商科商业学系
1926—1927年

国立武汉大学法学院经济学系
1928—1950年

国立武汉大学法学院商学系
1928—1932年

武汉大学经济学系
1950—1981年

武汉大学经济学系
1981—1986年

武汉大学经济管理学系
1981—1986年

武汉大学经济与管理学院
1984—1986年

武汉大学管理学院
1986—1999年

武汉大学经济学院
1986—1999年

武汉大学旅游学院
1996—1999年

武汉水利电力大学
经济管理学院
1998—2000年

武汉大学商学院
1999—2000年

武汉测绘科技大学
经济管理、市场营销教研室
1985—2000年 1994—2000年

武汉大学商学院
2001—2005年

武汉大学经济与管理学院
2005年至今

附录 2
经济与管理学院组织沿革一览

一、历届党组织负责人

机构名称	职务	姓名	任职时间
法学院分党支部	书 记	彭沈元	1949.9—1949. 冬
法学院分党支部	书 记	毛剑光	1949.11—1951.7
经济学系党小组	小组长	梁崇岩	1951.4—1951.9
法学院分党支部	书 记	李守庸	1951.9—1952.10
法学院、文法学院分党支部	书 记	郭吴新	1952.10—1953.8
经济学系党小组	组 长	祁新	1953.8—1954.8
经济学系党总支	书 记	尹世杰	1955.5—1966.5
	副书记	黄训腾	1956—1959.9
	副书记	张福秋	1958.1—1961.4
	副书记	范兆常(女)	1959—1960
	副书记	李芳	1960—1961.4
	副书记	汤在新	1961.4—1966.5
	副书记	黄训腾	1963.6—1966.5
襄阳分校四连党支部	书 记	军宣队	1970.4—1972.3
	副书记	杨宗传	1970.4—1972.3
经济学系临时党总支	书 记	张焕潮	1972.4—1972.9
	副书记	傅殷才	1972.4—1972.9
	副书记	杨宗传	1972.4—1972.9
经济学系党总支	书 记	张焕潮	1972.9—1973.7
	副书记	傅殷才	1972.9—1973.7
	副书记	杨宗传	1972.9—1973.7
	副书记	万振成(工宣队)	1972.9—1973.7

机构名称	职务	姓名	任职时间
经济学系党委	书　记	傅殷才	1973.8—1977.5
	代理书记	杨宗传	1977.6—1980.11
	书　记	杨宗传	1980.11—1981.6
	副书记	万振成(工宣队)	1973.8—1977.5
	副书记	杨宗传	1973.8—1977.5
	副书记	陈昭方	1974.12—1981.6
	副书记	杨楚华(工宣队)	1977.6—1977.12
	副书记	胡春芳	1977.6—1981.6
经济学系党总支	书　记	杨宗传	1981.6—1984.8
	书　记	陈昭方	1984.9—1986.3
	副书记	李守庸	1981.6—1982.6
	副书记	陈昭方	1981.6—1984.9
	副书记	谭仁杰	1984.9—1986.3
经济管理学系党总支	书　记	胡春芳	1981.11—1986.7
	副书记	彭元杰	1984.9—1986.7
经济学院党总支	书　记	陈昭方	1986.4—1993.2
	副书记	熊懿求	1986.4—1989.4
	副书记	谭仁杰	1986.4—1993.2
	副书记	邓大松	1987.4—1989.4
	副书记	严清华	1989.4—1991.10
	副书记	梁文忠	1992.11—1993.2
经济学院党委	书　记	陈昭方	1993.2—1994.9
	书　记	谭仁杰	1994.9—1997.9
	书　记	陶梅生	1997.9—1999.4
	副书记	谭仁杰	1993.2—1994.9
	副书记	梁文忠	1993.2—1993.12
	副书记	景新华	1994.1—1996.6
	副书记	严清华	1995.3—1997.9
	副书记	柳芳(女)	1997.3—1999.4
	副书记	童光荣	1998.4—1999.4
	副书记	张琦(女)	1998.4—1999.4

机构名称	职务	姓名	任职时间
管理学院党总支	书 记	胡春芳	1986.4—1989.4
	书 记	彭元杰	1989.4—1989.10
	代理书记	夏国政	1989.10—1991.3
	书 记	胡树祥	1991.3—1993.2
	副书记	彭元杰	1986.4—1989.4
	副书记	赵锡斌	1986.4—1990.6
	副书记	郑锐	1988.11—1993.2
	副书记	何晓英(女)	1989.10—1993.2
管理学院党委	书 记	胡树祥	1993.2—1994.1
	书 记	贺发和	1994.1—1994.4
	副书记	何晓英(女)	1993.2—1999.4
	副书记	郑锐	1992.2—1995.2
	副书记	董有明	1995.2—1999.4
商学院党委	书 记	贺发和	1999.4—2003.2
	书 记	尤传明	2003.2—2005.8
	副书记	周茂荣	1999.4—2001.3
	副书记	张琦(女)	1999.4—2005.8
	副书记	董有明	1999.4—2005.6
	副书记	尤传明	2001.3—2003.2
	副书记	郑先公	2005.6—2005.8
经济与管理学院党委	书 记	尤传明	2005.9—2011.6
	书 记	徐业勤	2011.7—2017.9
	书 记	杜晓成	2017.9—2022.2
	书 记	姜星莉(女)	2022.2—
	副书记	张琦(女)	2005.9—2012.10
	副书记	郑先公	2005.9—2013.12
	副书记	朱剑平	2012.10—2019.11
	副书记	邬明建	2013.12—2021.11
	副书记	李好	2019.11—
	副书记	谢雅维(女)	2021.11—
	纪委书记	王滨	2020.9—2023.5
	纪委书记	谭小林	2023.5—

二、历届行政负责人

机构名称	历届职务	负责人姓名	任职时间
经济学系	主任	皮宗石	1930.9—1932.9
商学系	主任	周鲠生	1931.10—1932.9
经济学系	主任	杨端六	1932.10—1933.10
	主任	任凯南	1932.10—1937.8
	主任	陶因	1937.8—1942.10
	主任	刘秉麟	1942.11—1943.8
	主任	陶因	1943.8—1946.10
	主任	张培刚	1946.10—1948.10
	主任	周新民	1948.10—1949.9
	主任	张培刚	1949.9—1951.2
	代主任	刘涤源	1951.2—1952.10
	主任	刘涤源	1952.11—1954.10
	主任	萧杰五	1954.10—1958.1
	主任	段钟南	1958.2—1959.12
	主任	尹世杰	1960.2—1966.5
	副主任	谭崇台	1954.10—1958.1
	副主任	尹世杰	1959.3—1959.12
	副主任	曾启贤	1959.3—1966.5
	副主任	郭吴新	1961.9—1963.9
	副主任	汤在新	1963.9—1966.5
经济学系"文革"领导小组	组长	傅建民	1966.6—1966.8
经济学系"文化革命委员会"	主任	黄继纯	1966.8—1966.12
	副主任	黄训腾	1966.8—1966.12
	副主任	傅建民	1966.8—1966.12
经济学系抓革命促生产领导小组	组长	傅殷才	1967.2—1967.5
	副主任	杨建	1967.2—1967.5
经济学系革命委员会	主任	王新瑞	1968.2—1968.12

机构名称	历届职务	负责人姓名	任职时间
二大队七连 （校本部）	连 长	工宣队	1968.12—1970.7
	指导员	工宣队	1968.12—1969.5
	指导员	军宣队	1969.5—1971.5
襄阳分校四连	连 长	工宣队	1970.8—1971.5
	副连长	汤在新	1970.8—1971.5
	指导员	军宣队	1970.8—1971.5
	副指导员	杨宗传	1970.8—1971.5
二大队八连 （校本部）	连 长	工宣队	1971.6—1972.4
	副连长	汤在新	1971.6—1972.4
	指导员	军宣队	1971.6—1972.4
	副指导员	傅殷才	1971.6—1972.4
襄阳分校四连	连 长	工宣队	1971.6—1972.4
	副连长	陈华山	1971.6—1972.4
	指导员	军宣队	1971.6—1972.4
	副指导员	杨宗传	1971.6—1972.4
经济学系	主 任	尹世杰	1972.4—1976.6
	主 任	吴纪先	1980.5—1983.8
	主 任	汤在新	1983.9—1986.4
	副主任	汤在新	1972.4—1982.3
	副主任	傅殷才	1972.4—1977.5
	副主任	李裕宜	1974.1—1983.8
	副主任	黄敏	1976.6—1982.3
	副主任	曾启贤	1978.8—1982.3
	副主任	谭崇台	1982.4—1983.8
	副主任	赵德馨	1983.9—1986.4
	副主任	伍新木	1983.9—1986.4
	副主任	陈志龙	1984.9—1985.11
	副主任	刘家旭	1985.11—1986.4

机构名称	历届职务	负责人姓名	任职时间
经济管理学系	主 任	李崇淮	1981.10—1983.6
	主 任	樊民	1983.6—1986.4
	副主任	许俊千	1981.10—1984.9
	副主任	孔祥祯	1981.10—1984.9
	副主任	冯文权	1981.10—1984.9
	副主任	甘碧群	1984.9—1986.4
	副主任	杜贤中	1984.9—1986.4
	副主任	张治平	1984.9—1986.4
经济与管理学院	院 长	谭崇台	1984.9—1986.4
	副院长	李崇淮	1984.9—1986.4
	副院长	汤在新	1984.9—1986.4
	副院长	樊民	1984.9—1986.4
经济学院	名誉院长	谭崇台	1986.4—1999.4
	院 长	汤在新	1986.4—1989.1
	院 长	李裕宜	1989.1—1995.3
	院 长	陈恕祥	1995.3—1999.4
	副院长	赵德缜	1986.4—1989.1
	副院长	伍新木	1986.4—1999.4
	副院长	陈昭方	1986.4—1992.3
	副院长	陈恕祥	1989.1—1992.3
	副院长	刘家旭	1989.1—1991.1
	副院长	陈继勇	1990.10—1996.10
	副院长	邓大松	1992.4—1999.4
	副院长	孙向明(女)	1992.11—1998.2
	副院长	薛进军	1993.10—1994.9
	副院长	何耀	1994.9—1999.4
	副院长	简新华	1996.10—1999.4
	副院长	张秀生	1998.4—1999.4
	副院长	张彬(女)	1998.4—1999.4
	副院长	黄宜新(女)	1998.3—1999.4

机构名称	历届职务	负责人姓名	任职时间
管理学院	院　长	樊民	1986.4—1989.1
	院　长	张尧庭	1989.1—1994.3
	院　长	甘碧群(女)	1994.3—1999.4
	副院长	胡春芳	1986.4—1989.1
	副院长	冯文权	1986.4—1989.1
	副院长	樊民	1989.1—1990.3
	副院长	毛蕴诗	1989.1—1990.3
	副院长	谭力文	1989.1—1999.4
	副院长	夏国政	1989.10—1992.12
	副院长	周宗贵	1992.7—1999.4
	副院长	杜贤中	1992.12—1996.3
	副院长	黄宪	1992.12—1999.4
	副院长	赵锡斌	1996.3—1999.4
商学院	院　长	周茂荣	1999.4—2005.5
	院　长	陈继勇	2005.5—2005.8
	副院长	贺发和	1999.4—2000.12
	副院长	赵锡斌	1999.4—2000.12
	副院长	张秀生	1999.4—2005.5
	副院长	黄宪	1999.4—2005.5
	副院长	谭力文	2000.12—2005.5
	副院长	童光荣	2000.12—2005.5
	副院长	黄本笑	2000.12—2005.5
	副院长	黄宜新(女)	2000.12—2004.11
	副院长	袁泽沛	2001.4—2005.5
	副院长	李继龙	2004.11—2005.8
	副院长	叶永刚	2005.5—2005.8
	副院长	李燕萍(女)	2005.5—2005.8
	副院长	曾国安	2005.5—2005.8
	副院长	王永海	2005.5—2005.8

257

附录 2　经济与管理学院组织沿革一览

续表

机构名称	历届职务	负责人姓名	任职时间
经济与管理学院	院 长	陈继勇	2005.9—2013.6
	院 长	谢丹阳	2013.6—2017.6
	院长(执行)	潘 敏	2016.1—2018.1
	院 长	宋敏	2018.1—2022.12
	院 长	聂军	2023.1—
	副院长	叶永刚	2005.9—2013.6
	副院长	李燕萍(女)	2005.9—2018.1
	副院长	曾国安	2005.9—2018.1
	副院长	王永海	2005.9—2013.6
	副院长	李继龙	2005.9—2016.4
	副院长	王先甲	2009.4—2013.6
	副院长	潘敏	2013.7—2016.1
	副院长	汪涛	2013.7—2022.4
	副院长	方德斌	2018.1—2022.11
	副院长	李青原	2018.1—2022.4
	副院长	余振	2018.1—
	副院长	沈作霖	2016.4—2022.5
	副院长	黄敏学	2022.4—
	副院长	罗知	2022.4—
	副院长	刘林青	2023.5—
	副院长	孙祥	2023.5—

三、历届教职工党支部负责人

机构名称	职务	姓名	任职时间
经济学系党支部	支部书记	李雪松	2013.7—2023.4
世界经济系党支部	支部书记	余振	2013.7—2018.4
	支部书记	胡艺	2018.4—2023.4
金融系党支部	支部书记	代军勋	2013.7—2018.4
	支部书记	李斌	2018.4—2023.4
保险与精算系党支部	支部书记	潘国臣	2013.7—2023.4

机构名称	职务	姓名	任职时间
数理经济与数理金融系党支部	支部书记	王胜	2013.7—2016.3
	支部书记	张芬(女)	2016.3—2019.1
	支部书记	刘成	2019.1—2023.4
财政与税收系党支部	支部书记	龚锋	2013.7—2018.4
	支部书记	卢盛峰	2018.4—2023.4
管理科学与工程系党支部	支部书记	陈文波	2013.7—2018.4
	支部书记	房超	2018.4—2019.12
	支部书记	陈植元	2019.12—2023.4
工商管理系党支部	支部书记	刘林青	2013.7—2018.4
	支部书记	陶厚永	2018.4—2020.7
	支部书记	涂乙冬	2020.7—2023.4
市场营销与旅游管理系党支部	支部书记	张广玲(女)	2013.7—2020.7
	支部书记	崔楠	2020.7—2023.4
会计系党支部	支部书记	潘红波	2013.7—2018.4
	支部书记	赵良玉	2018.4—2023.4
经济研究所党支部	支部书记	杨艳琳	2012.5—2023.4
技术经济及管理研究所党支部	支部书记	马莉莉(女)	2013.7—2018.4
	支部书记	龚丽敏(女)	2018.4—2021.3
技术经济及创新管理系教师党支部	支部书记	龚丽敏(女)	2021.3—2023.4
党政办公室综合党支部	支部书记	张占领	2012.5—2016.10
党政办科研外事办联合党支部	支部书记	马亮	2016.10—2018.4
	支部书记	赵妍(女)	2018.4—2019.1
党政办科研外联办联合党支部	支部书记	赵妍(女)	2019.1—2020.12
	支部书记	沈仕雄	2021.1—2022.9
党政办和科研办党支部	支部书记	沈仕雄	2022.9—2023.3
学生工作办公室党支部	支部书记	王芳(女)	2013.5—2016.10
	支部书记	赵妍(女)	2016.10—2018.4
	支部书记	沈仕雄	2018.4—2019.3
	支部书记	张可儒	2019.3—2021.3
	支部书记	熊壮	2021.3—2023.4
本科教学管理办公室党支部	支部书记	王艳(女)	2013.5—2016.10

机构名称	职务	姓名	任职时间
本教办继教办联合党支部	支部书记	李艺(女)	2016.10—2019.4
	支部书记	王刚	2019.4—2020.7
	支部书记	洪金水	2020.7—2022.10
本科教学管理及非学历教育管理办公室党支部	支部书记	洪金水	2022.10—2023.3
研究生教学管理办公室党支部	支部书记	洪金水	2012.5—2016.10
	支部书记	叶晶(女)	2016.10—2023.4
教辅党支部	支部书记	徐晓辉	2012.5—2016.10
	支部书记	许云	2016.10—2019.7
实验与信息中心党支部	支部书记	许云	2019.7—2020.7
	支部书记	任竹芸(女)	2020，7—2021.7
	支部书记	许云(代)	2021.7—2023.3
期刊社党支部	支部书记	路小静(女)	2012.5—2023.4
教师第一党支部	支部书记	李雪松	2023.4—
教师第二党支部	支部书记	胡艺	2023.4—
教师第三党支部	支部书记	李斌	2023.4—2023.6
	支部书记	罗琦	2023.6—
教师第四党支部	支部书记	潘国臣	2023.4—
教师第五党支部	支部书记	刘成	2023.4—
教师第六党支部	支部书记	陈植元	2023.4—
教师第七党支部	支部书记	涂乙冬	2023.4—
教师第八党支部	支部书记	崔楠	2023.4—
教师第九党支部	支部书记	赵良玉	2023.4—
教师第十党支部	支部书记	杨艳琳	2023.4—
行政第一党支部	支部书记	孙建超	2023.4—
行政第二党支部	支部书记	叶晶(女)	2023.4—
行政第三党支部	支部书记	熊壮	2023.4—
离退休第一党支部	支部书记	王峰(女)	2016.10—
离退休第二党支部	支部书记	万德梅(女)	2016.10—2020.10
	支部书记	谭先琴(女)	2020.10—
离退休第三党支部	支部书记	费培根	2016.10—2020.12
	支部书记	黄本笑	2021.3—

四、系(所)负责人

机构名称	历届职务	负责人姓名	任职时间
经济学院			
经济学系	主　任	李裕宜	1986.4—1989.2
	主　任	熊懿求	1989.2—1992.5
	主　任	陈恕祥	1992.5—1995.3
	主　任	颜鹏飞	1995.3—1999.4
	副主任	张秀生	1986.4—1992.5
	副主任	颜鹏飞	1986.4—1989.2
	副主任	陈恕祥	1987.7—1989.2
	副主任	薛进军	1989.2—1992.4
	副主任	颜鹏飞	1992.5—1995.3
	副主任	郭熙保	1995.3—1995.11
	副主任	王元璋	1995.11—1999.4
	副主任	张秀生	1995.3—1999.4
世界经济学系	主　任	肖育才	1987.9—1988.5
	主　任	陈华山	1988.5—1992.5
	主　任	周茂荣	1992.5—1999.4
	副主任	肖育才	1986.4—1986.9
	副主任	左东官	1986.4—1987
	副主任	陈继勇	1986.11—1991.3
	副主任	叶永青	1987.7—1991.3
	副主任	徐柏熹	1991.3—1992.5
	副主任	朱冬传	1992.5—1993.9
	副主任	张彬(女)	1993.9—1999.4
	副主任	张建清	1995.3—1999.4
	副主任	黄兆银	1997.3—1999.4

机构名称	历届职务	负责人姓名	任职时间
金融保险学系	主　任	张旭初	1986.4—1989.1
	主　任	魏华林	1989.2—1999.4
	副主任	李九如	1986.4—1989.2
	副主任	魏华林	1986.4—1989.1
	副主任	邓大松	1989.2—1992.5
	副主任	胡炳志	1993.3—1996.11
	副主任	叶月明	1995.3—1999.1
	副主任	储诚忠	1996.11—1999
会计与审计学系	主　任	彭及时	1986.4—1992.5
	主　任	廖洪	1992.5—1999.4
	副主任	廖洪	1988—1992.5
	副主任	秦永和	1992.5—1999.4
	副主任	阎红玉(女)	1995.3—1996.11
	副主任	余玉苗	1996.11—1999.4
管理学院			
经济管理学系	主　任	郑琴缭	1986.4—1990.2
	主　任	段敏慧(女)	1990.2—1993.1
	主　任	赵锡斌	1993.1—1996.5
	主　任	符国群	1996.5—1999.4
	副主任	杜贤中	1986.4—1989.2
	副主任	毛蕴诗	1986.4—1989.2
	副主任	徐清安	1989.2—1996.5
	副主任	卢汉林	1989.2—1993.1
	副主任	王慧农	1993.1—1996.5
	副主任	黄沛	1998.10—1999.1
	副主任	万德梅(女)	1996.5—1999.4
	副主任	李燕萍(女)	1996.5—1999.4

机构名称	历届职务	负责人姓名	任职时间
国际金融系 （国际经济管理学系）	主　任	樊民	1986.4—1989.2
	主　任	文显武	1989.2—1994.12
	主　任	叶永刚	1994.12—1999.4
	副主任	戴宗	1986.4—1993.1
	副主任	黄宪	1989.2—1993.1
	副主任	叶永刚	1990.10—1994.12
	副主任	江春	1993.1—1999.4
	副主任	刘思跃	1994.12—1999.4
工商行政管理学系	主　任	肖国金	1986.4—1989.2
	主　任	王林昌	1989.2—1990.10
	主　任	杜贤中	1990.10—1993.1
	主　任	王林昌	1993.1—1999.4
	副主任	刘业础	1986.4—1989.2
	副主任	王林昌	1988.3—1989.2
	副主任	钟文	1989.2—1995.11
	副主任	王林昌	1989.10—1993.1
	副主任	熊元斌	1995.11—1999.4
	副主任	黄恒学	1996.5—1999.4
财务管理学系	主　任	黄力	1989.2—1990.10
	主　任	李守明	1990.10—1999.4
	副主任	罗昌宏	1989.2—1990.2
	副主任	冯浩	1989.2—1990.2
	副主任	万德梅(女)	1990.2—1994.12
	副主任	黄力	1990.10—1993.1
	副主任	张兆国	1994.12—1996.2
	副主任	欧阳电平(女)	1994.12—1999.4
	副主任	谢获宝	1996.5—1999.4
投资经济管理学系	主　任	卢汉林	1993.1—1999.4
	副主任	王国玉	1994.12—1995.11
	副主任	桂国平	1994.12—1999.4

机构名称	历届职务	负责人姓名	任职时间
旅游管理学系	主　任	张薇(女)	1996. 5—1999. 4
	副主任	谭白英(女)	1996. 5—1999. 4
	副主任	毛福禄	1996. 5—1999. 4
商学院			
经济学系	主　任	严清华	1999. 4—2001. 3
	副主任	曾国安	1999. 4—2001. 3
	副主任	文建东	1999. 4—2001. 3
世界经济系	主　任	张彬(女)	1999. 9—2001. 3
	副主任	张建清	1999. 9—2001. 3
	副主任	黄兆银	1999. 9—2001. 3
金融学系	主　任	叶永刚	1999. 9—2001. 3
	副主任	刘思跃	1999. 9—2001. 3
	副主任	张东祥	1999. 9—2001. 3
保险学系	主　任	魏华林	1999. 9—2001. 3
	副主任	胡炳志	1999. 9—2001. 3
	副主任	李琼(女)	1999. 9—2001. 3
数量与技术经济系	主　任	何耀	1999. 9—2001. 3
	副主任	刘伟	1999. 9—2001. 3
	副主任	王祖祥	1999. 9—2001. 3
工商管理系	主　任	符国群	1999. 9—2000. 9
	主　任(代)	景奉杰	2000. 9—2001. 3
	副主任	吴先明	1999. 9—2001. 3
	副主任	李燕萍(女)	1999. 9—2001. 3
	副主任	黄静(女)	2000. 9—2001. 3
会计系	主　任	王永海	1999. 9—2001. 3
	副主任	余玉苗	1999. 9—2001. 3
	副主任	谢获宝	1999. 9—2001. 3
旅游管理系	主　任	张薇(女)	1999. 9—2001. 3
	副主任	熊元斌	1999. 9—2001. 3
	副主任	谭白英(女)	1999. 9—2001. 3

机构名称	历届职务	负责人姓名	任职时间
公共管理与社会保障系	主任	邓大松	1999.9—2001.3
	副主任	李珍(女)	1999.9—2001.3
经济学系	主任	严清华	2001.3—2005.8
	副主任	曾国安	2001.3—2005.8
	副主任	张平(女)	2001.3—2005.8
	副主任	邹薇(女)	2001.3—2004.6
	副主任	文建东	2004.6—2005.8
世界经济系	主任	张彬(女)	2001.3—2005.8
	副主任	张建清	2001.3—2005.8
	副主任	黄兆银	2001.3—2005.8
金融学系	主任	叶永刚	2001.3—2005.6
	主任	江春	2005.6—2005.8
	副主任	刘思跃	2001.3—2005.8
	副主任	张东祥	2001.3—2005.8
财政与税收系	主任	卢洪友	2002.5—2005.8
	副主任	王德祥	2002.5—2005.8
保险与精算系	主任	魏华林	2001.3—2005.8
	副主任	胡炳志	2001.3—2005.8
	副主任	李琼(女)	2001.3—2005.8
数量经济与数理金融系	主任	邹恒甫	2001.3—2005.8
	副主任	张定胜	2001.3—2005.8
管理科学与工程系	主任	徐莉(女)	2001.3—2005.8
	副主任	范如国	2001.3—2005.8
	副主任	刘伟	2001.3—2005.8
工商管理系	主任	李燕萍(女)	2001.3—2005.6
	主任	吴先明	2005.6—2005.8
	副主任	吴先明	1999.9—2005.6
	副主任	王学军	2001.3—2003.8
	副主任	余艳琴(女)	2001.3—2005.8
市场营销系	主任	景奉杰	2001.3—2005.8
	副主任	黄静(女)	2001.3—2005.8
	副主任	汪涛	2001.3—2005.8

机构名称	历届职务	负责人姓名	任职时间
会计系	主　任	王永海	2001.3—2005.6
	主　任	唐建新	2005.6—2005.8
	副主任	卢雁影(女)	2001.3—2005.8
	副主任	余玉苗	2001.3—2005.8
	副主任	谢获宝	2001.3—2005.8
旅游管理系	主　任	张薇(女)	2001.3—2005.8
	副主任	熊元斌	2001.3—2005.8
	副主任	谭白英(女)	2001.3—2005.8
经济与管理学院			
经济学系	主　任	文建东	2005.9—2018.3
	主　任	罗知(女)	2018.3—2023.6
	主　任	李雪松	2023.6—
	副主任	张平(女)	2005.9—2013.7
	副主任	吴传清	2005.9—2013.7
	副主任	赵伟	2013.7—2018.3
	副主任	李雪松	2013.7—2023.6
	副主任	丁宇澄	2018.3—
	副主任	胡晖	2018.3—
	副主任	李旭超	2023.6—
	副主任	肖利平(女)	2023.6—
世界经济系	主　任	张建清	2005.9—2007.4
	主　任	李卓	2007.4—2018.3
	主　任	张天顶	2018.3—
	副主任	齐绍洲	2005.9—2012.10
	副主任	李卓	2005.9—2008.6
	副主任	杜莉(女)	2012.11—2018.3
	副主任	肖光恩	2012.11—2018.3
	副主任	胡艺	2018.3—
	副主任	郭汝飞	2018.3—
	副主任	李锴	2018.3—

机构名称	历届职务	负责人姓名	任职时间
金融系与保险精算系（合署）	主　任	江春	2005.9—2012.1
	副主任	潘敏	2005.9—2012.1
	副主任	刘思跃	2005.9—2012.1
	副主任	张东祥	2005.9—2012.1
	副主任	田玲(女)	2005.9—2012.1
金融系	主　任	江春	2012.1—2013.7
	主　任	彭红枫	2013.7—2018.3
	主　任	侯成琪	2018.3—2021.7
	副主任(主持工作)	李斌	2021.7—2023.6
	主　任	李斌	2023.6—
	副主任	潘敏	2012.1—2013.7
	副主任	张东祥	2012.1—2013.7
	副主任	刘思跃	2012.1—2013.7
	副主任	代军勋	2013.7—2018.3
	副主任	马理	2013.7—2018.3
	副主任	罗琦	2013.7—2018.3
	副主任	李斌	2018.3—2023.6
	副主任	宋凌峰	2018.3—2023.6
	副主任	余静文	2018.3—
	副主任	刘岩	2023.6—
	副主任	刘勇	2023.6—
保险与精算系	主　任	田玲(女)	2012.1—2023.6
	主　任	王正文	2023.6—
	副主任	潘国臣	2012.1—2018.3
	副主任	王正文	2018.3—2023.6
	副主任	杨霞(女)	2018.3—2023.6
	副主任	潘国臣	2021.10—2023.6
	副主任	耿志祥	2023.6—
	副主任	Xiong Heng	2023.6—

机构名称	历届职务	负责人姓名	任职时间
数理经济与数理金融系	主　任	邹薇(女)	2012.1—2018.3
	主　任	魏立佳	2018.3—
	副主任	张定胜	2012.1—2013.7
	副主任	王胜	2012.1—2018.3
	副主任	张芬(女)	2013.7—2018.3
	副主任	刘成	2018.9—2023.6
	副主任	崔静波	2018.3—2019.12
	副主任	孙祥	2018.3—2018.9
	副主任	李汛	2023.6—
	副主任	李晓蹊	2023.6—
	副主任	沈波	2023.6—
财政与税收系	主　任	卢洪友	2005.9—2018.3
	主　任	龚峰	2018.3—
	副主任	王德祥	2005.9—2013.7
	副主任	刘穷志	2005.9—2013.7
	副主任	龚峰	2013.7—2018.3
	副主任	刘成奎	2013.7—2018.3
	副主任	刘穷志	2018.3—
	副主任	卢盛峰	2018.3—
管理科学与工程系	主　任	徐莉(女)	2005.9—2013.7
	主　任	郑君君(女)	2013.7—2018.3
	主　任	许明辉	2018.3—2023.6
	主　任	高宝俊	2023.6—
	副主任	范如国	2005.9—2007.4
	副主任	姬晓辉	2005.9—2013.7
	副主任	方德斌	2007.4—2009.5
	副主任	范如国	2009.5—2013.7
	副主任	陈文波	2013.7—2018.3
	副主任	高宝俊	2013.7—2018.3
	副主任	沈校亮	2013.7—2018.3
	副主任	房超	2018.3—2019.12
	副主任	王恺	2018.3—2023.6
	副主任	戴宾	2018.3—2023.6
	副主任	陈植元	2021.10—
	副主任	冯华(女)	2023.6—
	副主任	柯剑男	2023.6—

机构名称	历届职务	负责人姓名	任职时间
工商管理系	主　任	吴先明	2005.9—2013.7
	主　任	严若森	2013.7—2018.3
	主　任	刘林青	2018.3—2023.6
	主　任	陈立敏（女）	2023.6—
	副主任	余艳琴（女）	2005.9—2006.6
	副主任	海峰	2005.9—2013.7
	副主任	夏清华（女）	2005.9—2013.7
	副主任	刘林青	2013.7—2018.3
	副主任	杜旌	2013.7—2018.3
	副主任	许明辉	2013.7—2018.3
	副主任	陶厚永	2018.3—2023.6
	副主任	邓新明	2018.3—2023.6
	副主任	卫武	2018.3—
	副主任	涂乙冬	2021.10—
	副主任	李绍龙	2023.6—
	副主任	温兴琦	2023.6—
市场营销与旅游管理系	主　任	汪涛	2005.9—2013.7
	主　任	黄静（女）	2013.7—2018.3
	主　任	黄敏学	2018.3—2023.6
	主　任	曾伏娥（女）	2023.6—
	副主任	黄静（女）	2005.9—2013.7
	副主任	黄敏学	2005.9—2018.3
	副主任	齐子鹏	2005.9—2013.7
	副主任	崔楠	2013.7—2023.6
	副主任	曾伏娥（女）	2018.3—2023.6
	副主任	桑祖南	2018.3—2023.6
	副主任	朱华伟（女）	2023.6—
	副主任	唐漾一	2023.6—
	副主任	樊志勇	2023.6—

机构名称	历届职务	负责人姓名	任职时间
会计系	主　任	唐建新	2005.9—2018.3
	主　任	潘红波	2018.3—
	副主任	余玉苗	2005.9—2013.7
	副主任	谢获宝	2005.9—2013.7
	副主任	潘红波	2013.7—2018.3
	副主任	余明桂	2013.7—2018.3
	副主任	李青原	2013.7—2018.3
	副主任	朱爱勇	2018.3—2019.8
	副主任	苏灵(女)	2018.3—2023.6
	副主任	赵良玉	2021.10—2023.6
	副主任	刘颖斐(女)	2018.3—
	副主任	林晚发	2023.6—
	副主任	周楷唐	2023.6—
经济研究所	所　长	刘传江	2005.9—2013.7
	所　长	成德宁	2013.7—2018.3
	所　长	杨冕	2018.3—
	副所长	成德宁	2005.9—2013.7
	副所长	钟水映	2005.9—2013.7
	副所长	杨艳琳	2013.7—2023.6
	副所长	余江	2013.7—2023.6
	副所长	杨玲(女)	2023.6—
	副所长	万攀兵	2023.6—
技术经济及管理研究所	所　长	王学军	2005.9—2018.3
	副所长(主持工作)	张克群	2018.4—2019.3
	所　长	范如国	2019.3—2021.3
	副所长	李文耀	2005.9—2012.10
	副所长	马莉莉(女)	2012.10—2021.3
	副所长	张克群	2019.3—2021.3
技术经济及创新管理系	主　任	范如国	2021.4—2023.6
	主　任	陶厚永	2023.6—
	副主任	马莉莉(女)	2021.3—2023.6
	副主任	张克群	2021.3—
	副主任	龚丽敏(女)	2021.10—2023.6
	副主任	张司飞	2023.6—

五、科研机构负责人

机构名称	历届职务	负责人姓名	任职时间
经济学系			
北美经济研究室	主 任	吴纪先	1964—1980
	副主任	郭吴新	1965—1975
	副主任	罗绍彦	1975—1976
	副主任	赵德馨	1978—1980
人口理论研究室	主 任	谭崇台	1979—1984
	副主任	程度	1979—1984
经济学院			
美国加拿大经济研究所	所 长	吴纪先	1981.4—1989.2
	所 长	郭吴新	1989.2—1999.4
	副所长	朱景尧	1981.4—1983
	副所长	赵德馨	1983.9—1986.4
	副所长	汤学义	1986.4—1987
	副所长	高玉芳	1986.4—1999.4
	副所长	周茂荣	1989.2—1992.5
	副所长	林玲（女）	1998.4—1999.4
人口研究所	所 长	刘光杰	1985.4—1988.5
	所 长	辜胜阻	1988.5—1995.1
	副所长	徐云鹏	1984—1986.4
	副所长	涂礼忠	1986.9—1988.6
	副所长	赵清华	1986.4—1988.6
	副所长	王冰	1988.6—1992.5
	副所长	朱农	1992.5—1995.1
	副所长	简新华	1994.9—1995.1
社会经济与人口研究所	所 长	辜胜阻	1995.1—1999.4
	执行所长	简新华	1995.1—1999.4
	副所长	朱农	1995.1—1999.4
	副所长	刘喜爱（女）	1997.3—1999.4
	副所长	刘传江	1998.4—1999.4

机构名称	历届职务	负责人姓名	任职时间
社会保障研究所	所　长	郑功成	1995.12—1999.4
经济发展研究中心	主　任	谭崇台	1990.3—2000.12
	副主任	薛进军	1992.3—1994.5
	副主任	郭熙保	1994.5—2000.12
港澳台经济研究中心	名誉主任	陶德麟	1992.3—1999.9
	主　任	刘光杰	1992.3—1999.9
海南清泉审计师事务所	所　长	伍新木	1992.4—1995.4
社会经济研究中心	主　任	辜胜阻	1993.7—1995.5
	副主任	朱农	1993.7—1995.5
	副主任	简新华	1994.9—1995.5
社会经济与管理研究所	所　长	辜胜阻	1995.5—1997.6
	副所长	简新华	1995.5—1997.6
县域政治经济文化研究中心	主　任	伍新木	1993.7—1999.9
期货证券研究中心	主　任	唐方杰	1993.7—1995
	主　任	储诚忠	1995—1999.9
社会保障研究中心	主　任	邓大松	1993.12—1995.12
	副主任	郑功成	1993.12—1995.12
资产评估事务所	所　长	伍新木	1993.12—1999.9
管理学院			
旅游研究所	所　长	徐德宽	1995.1—1999.4
	副所长	万德梅(女)	1995.1—1999.4
经济信息管理研究所	所　长	冯文权	1992.1—1996.4
	所　长	张淑奇(女)	1996.5—1999.4
	副所长	李北平	1996.5—1999.4
	副所长	尤赤矶	1996.5—1999.4
商学院			
发展经济学研究所	所　长	谭崇台	1999.9—2005.8
	执行所长	郭熙保	2001.3—2005.8
	副所长	郭熙保	1999.9—2001.3
	副所长	邹薇(女)	1999.9—2005.8
经济发展研究中心	主　任	郭熙保	2000.12—2005.8

机构名称	历届职务	负责人姓名	任职时间
社会经济与人口研究所	所　长	辜胜阻	1999.9—2001.3
	副所长	简新华	1999.9—2001.3
	副所长	刘传江	1999.9—2001.3
社会保障研究所	所　长	郑功成	1999.9—2001.3
美国加拿大经济研究所	所　长	陈继勇	1999.9—2005.8
	副所长	林玲(女)	1999.9—2005.8
经济研究所	所　长	辜胜阻	2001.3—2005.8
	执行所长	简新华	2001.3—2005.8
	副所长	刘传江	2001.3—2005.8
技术经济及管理研究所	所　长	徐绪松(女)	2001.3—2005.8
	副所长	刘伟	2001.3—2005.8
人口·资源·环境经济研究中心	负责人	简新华	2004.11—2005.8
金融研究院	负责人	江春	2004.5—2005.8
企业战略管理研究所	负责人	谭力文	2004.11—2005.8
欧洲问题研究中心	负责人	周茂荣	2002.8—2005.8
保险经济研究所	负责人	魏华林	2000.8—2005.8
高级研究中心	负责人	邹恒甫	1999.6—2005.8（1994.5—1999.6为武汉大学高级经济研究中心）
市场营销咨询与研究中心	负责人	甘碧群(女)	2000.5—2005.8
财政与公共经济研究所	负责人	吴俊培	2001.11—2005.3
公共部门经济研究中心	负责人	吴俊培	2005.3—2005.8（由财政与公共经济研究所更名）
金融工程与风险管理研究中心	负责人	叶永刚	2005.3—2005.8
工程性移民研究中心	负责人	钟水映	2001.11—2005.3
工程移民研究中心	负责人	钟水映	2005.3—2005.8（由工程性移民研究中心国家更名）
人力资源管理研究中心	负责人	关培兰(女)	2000.5—2005.8
区域经济研究中心	负责人	伍新木	2005.3—2005.8
旅游规划设计研究院	负责人	张薇(女)	2001.11—2005.8

机构名称	历届职务	负责人姓名	任职时间
战略管理研究院	负责人	辜胜阻	1997.6—2005.8
会计信息质量研究中心	负责人	王永海	2005.6—2005.8
复杂科学与管理研究中心	负责人	徐绪松（女）	2005.6—2005.8
公司金融与银行管理研究所	负责人	黄宪	2005.6—2005.8
经济与管理学院			
经济发展研究中心	主任	郭熙保	2005.8—2017.4
	联席主任	朱晓冬（聘）	2017.4—
		叶初升	2017.4—
美国加拿大经济研究所	所长	陈继勇	2005.8—2022.7
	所长	余振	2022.7—
欧洲问题研究中心	主任	周茂荣	2005.8—2009.6
	主任	齐绍洲	2009.6—
人口·资源·环境经济研究中心	主任	简新华	2005.8—2017.10
	主任	刘传江	2017.10—2022.7
	主任	杨冕	2022.7—
中国产学研合作问题研究中心	主任	梁柱（聘）	2009.4—2014.1
	副主任	李燕萍（女）	2009.4—2014.1
	主任	李燕萍（女）	2014.1—
金融工程与风险管理研究中心	主任	叶永刚	2005.8—2020.12
	主任	宋凌峰	2020.12—
组织营销研究中心	联合主任	周南（聘）	2005.12—2011.5
		汪涛	2005.12—2011.5
	主任	汪涛	2011.5—
发展经济学研究所	所长	谭崇台	2005.8—2018.7
	执行所长	郭熙保	2005.8—2018.7
	所长	郭熙保	2018.7—
经济研究所	所长	辜胜阻	2005.8—2011.5
	所长	刘传江	2011.5—2017.6
	所长	成德宁	2017.6—2018.7
	所长	杨冕	2018.7—2022.6

机构名称	历届职务	负责人姓名	任职时间
技术经济及管理研究所	所长	徐绪松（女）	2005.8—2011.5
	所长	王学军	2011.5—2018.7
	所长	张克群	2018.7—2019.10
	所长	范如国	2019.10—2022.6
保险经济研究所	主任	魏华林	2005.8—2017.6
	主任	田玲	2017.6—2022.6
高级研究中心	主任	邹恒甫	2005.8—
	副主任	邹薇（女）	2006.3—
市场营销咨询与研究中心	主任	甘碧群（女）	2005.8—2017.6
	主任	曾伏娥（女）	2017.6—
公共部门经济研究中心	主任	吴俊培	2005.8—2017.6
工程性移民研究中心	主任	钟水映	2005.8—
人力资源管理研究中心	主任	关培兰（女）	2005.8—2017.6
	主任	李燕萍（女）	2017.6—
区域经济研究中心	主任	伍新木	2005.8—2017.6
	主任	吴传清	2017.6—
旅游规划设计研究院	院长	张薇（女）	2005.8—2017.6
战略管理研究院	院长	辜胜阻	2005.8—2018.4
国家发展战略研究院	院长	辜胜阻	2018.4—2021.10（由战略管理研究院更名）
	副院长（主持工作）	杨艳琳	2021.12—
国家创新创业观察研究中心	名誉主任	辜胜阻	2018.10—2021.10
	执行主任	杨冕	2019.10—2021.10
	主任	杨冕	2021.10—2022.6
会计信息质量研究中心	主任	王永海	2005.8—2013.6
财务与会计研究所	主任	王永海	2013.6—2022.6（由会计信息质量研究中心更名）
	主任	李青原	2022.6—
复杂科学与管理研究中心	主任	徐绪松（女）	2005.8—2017.6
	主任	方德斌	2017.6—

机构名称	历届职务	负责人姓名	任职时间
公司金融与银行管理研究所	所长	黄宪	2005.8—2013.6
金融发展与政策研究中心	主任	黄宪	2013.6—2022.6(由公司金融与银行管理研究所更名)
	主任	潘敏	2022.6—
经济思想史研究所	所长	颜鹏飞	2005.9—2017.6
	所长	文建东	2017.6—
劳动经济学与经济增长研究中心	主任	邹薇(女)	2005.12—2017.6
宏观经济与政策评估研究中心	主任	邹薇(女)	2017.6—(由劳动经济学与经济增长研究中心更名)
中国对外开放与国际竞争力研究中心	主任	张彬(女)	2005.12—2017.6
金融研究中心	主任	江春	2005.8—2018.11
	主任	侯成琪	2018.11—2022.6
	主任	李斌	2022.6—
企业战略管理研究所	所长	谭力文	2005.8—2017.6
	所长	刘林青	2017.6—2022.6
中小企业研究中心	主任	熊元斌	2006.6—2017.6
政府管制与公共经济研究所	所长	曾国安	2006.12—2022.6
中国合作经济研究所	所长	文建东	2006.12—2017.6
企业优化研究中心	主任	刘学元	2008.3—2017.6
公共科技管理研究中心	主任	李健	2008.12—2017.6
创业与企业成长研究中心	主任	夏清华(女)	2008.12—
财政金融研究中心	主任	吴俊培	2009.3—2017.6
	主任	刘成奎	2017.6—
中国住房保障研究中心	主任	曾国安	2009.3—2019.10
中国住房保障与房地产经济研究中心	主任	曾国安	2019.10—(由中国住房保障研究中心更名)
跨国企业研究中心	主任	吴先明	2009.5—
战略性新兴产业研究中心	主任	李健	2011.7—2021.7
	主任	龚红	2021.7—
中国艺术市场研究中心	主任	郭熙保	2012.1—2017.6

机构名称	历届职务	负责人姓名	任职时间
武汉天诚担保与融资创新研究中心	主任	陈继勇	2012.2—2017.6
中国营销工程与创新研究中心	主任	黄敏学	2012.7—
风险管理研究中心	主任	魏华林	2012.7—2017.6
风险研究中心	主任	魏华林	2017.6—2022.6（由风险管理研究中心更名）
国际商务研究中心	主任	李卓	2012.11—2018.11
出土文献与传统经济研究所	所长	乜小红(女)	2013.5—2017.6
世界经济研究所	所长	陈继勇	2013.6—2018.11
摄影文化与产业研究所	所长	李健	2014.1—2014.9
中国摄影文化产业研究中心	主任	李健	2014.9—2022.6（由摄影文化与产业研究所更名）
公司治理与管理发展研究中心	主任	严若森	2014.4—2022.6
"两型"社会研究院	院长	韩进	2014.6—2019.10
"两型"社会研究院	院长	成德宁	2019.10—2022.6
产业制造与战略决策研究中心	主任	范如国	2014.6—2022.6
国家治理与经济体系现代化研究中心	主任	范如国	2022.6—（由产业制造与战略决策研究中心更名）
创新与发展研究中心	主任	庄子银	2014.6—2017.6
证券投资研究中心	主任	胡昌生	2014.6—2017.6
国际投资研究中心	主任	陈虹	2014.6—2017.6
远效量化投资研究中心	主任	王永海	2014.6—2017.6
国家新型城镇化发展研究中心	主任	辜胜阻	2014.9—2017.6
现代物流与供应链管理研究中心	主任	海峰	2014.9—2019.10
现代物流与供应链管理研究中心	主任	许明辉	2019.10—
民间金融研究中心	主任	潘敏	2014.9—2022.6
麦肯特财富管理研究中心	主任	彭红枫	2014.9—2018.7
麦肯特财富管理研究中心	主任	侯成琪	2018.7—2022.6
金融市场研究中心	主任	应惟伟	2014.12—2018.7
金融科技研究中心	主任	宋敏	2018.7—2022.6（由金融市场研究中心更名）
气候变化与能源经济研究中心	主任	齐绍洲	2015.3—

机构名称	历届职务	负责人姓名	任职时间
中国保险研究院	主任	应惟伟	2015.9—2017.6
管理科学与数据分析研究中心	主任	郑君君(女)	2015.9—2018.7
	主任	李建斌	2018.7—2019.10
	主任	方德斌	2019.10—2022.6
	主任	高宝俊	2022.6—
自由贸易区综合研究中心	主任	邹薇(女)	2017.6—2022.6
政府和社会资本合作研究中心	主任	刘穷志	2018.3—
柯力物联网产业研究中心	主任	方德斌	2018.4—2019.10
	主任	刘林青	2019.10—2023.2
柯力数字管理研究中心	主任	刘林青	2023.2—(由柯力物联网产业研究中心更名)
健康经济与管理研究中心	主任	宋敏、毛振华	2018.7—
武汉大学—宁波国家保险发展研究院	院长	田玲(女)	2018.10—
中国企业家研究中心	主任	宋敏	2018.12—
	执行主任	刘林青	2018.12—
全球战略研究中心	主任	陈立敏(女)	2018.12—
中国新民营经济研究中心	主任	罗知(女)	2018.12—
中国特色社会主义政治经济学研究中心	主任	曾国安	2018.12—
中国与全球化研究中心	主任	朱晓冬(聘)	2018.12—
财税风险管理研究中心	主任	李永友	2019.5—
发展研究院	院长	曾国安	2022.8—(由直属社科院独立实体机构转为依托经管院机构)
	副院长	王磊、杨刚强	2022.8—由直属社科院独立实体机构转为依托经管院机构)
	院长	宋敏	2023.6—
湖北发展问题研究中心	主任	易晓波	2022.8—(由发展研究院转到经管院)

机构名称	历届职务	负责人姓名	任职时间
长江经济带发展研究中心	主任	杨刚强	2022.8—（由中国中部发展研究院转到经管院）
妇女与性别研究中心	主任	赵雪梅	2023.6—（由挂靠社会学院转到经管院）

六、行政教辅机构负责人

机构名称	历届职务	负责人姓名	任职时间
经济学院			
办公室	主　任	刘家旭	1986.4—1990.9
	主　任	夏昌恺	1990.9—1994.3
	代理主任	冯元信（女）	1994.3—1994.9
	代理主任	李季明	1995.1—1995.3
	主　任	李季明	1995.3—1997.5
	主　任	郭华（女）	1997.5—1999.4
	副主任	王惠英（女）	1986.4—1990.9
	副主任	程缅珍（女）	1986.4—1990.9
	副主任	冯元信（女）	1996.12—1997.4
	副主任	郭华（女）	1996.12—1997.4
图书分馆	馆　长	陈毓华（女）	1986.4—1989.6
	馆　长	詹凤兰（女）	1989.6—1996.1
	馆　长	姚秀群（女）	1996.1—1999.4
	副馆长	黄春姣（女）	1996.1—1999.4
《经济评论》杂志社	社　长	陶梅生	1999.1—1999.4
	主　编	傅殷才	1985.12—1996.1
	主　编	王冰	1997.1—1999.4
	常务主编	王冰	1996.1—1996.12
	副主编	王冰	1990.1—1995.12
	副主编	曾国安	1998.1—1999.4

机构名称	历届职务	负责人姓名	任职时间
《美加经济研究》编辑部	主 编	郭吴新	1991—1999.2
	主 编	高玉芳	1999.3—2005.3
	副主编	高玉芳	1991—1999.2
管理学院			
办公室	主 任	杨健	1986.4—1989.2
	主 任	何晓英（女）	1989.2—1989.10
	主 任	张天亮	1989.10—1999.1
	主 任	黄子四	1999.1—1999.4
商学院			
党政办公室	主 任	黄宜新（女）	1999.4—2001.3
	主 任	詹凤兰（女）	2001.7—2005.8
	副主任	黄子四	1999.4—2005.8
	副主任	洪金水	1999.4—2001.3
	副主任	耿爱莉（女）	2001.3—2005.8
	副主任	詹凤兰（女）	2001.3—2001.7
教学管理办公室	主 任	刘喜爱（女）	2001.3—2005.8
	副主任	洪金水	2001.3—2005.8
	副主任	颜毓娟（女）	2001.3—2005.8
学生工作办公室	主 任	姜星莉（女）	2001.12—2004.10
	主 任	宋琼（女）	2004.9—2005.8
	副主任	黄立中	2004.11—2005.8
	副主任	左征军	2004.11—2005.8
	副主任	上官海兰（女）	2005.5—2005.8
	团委书记	梁涛（女）	2002.1—2004.10
	团委书记	徐毅	2004.9—2005.8
图书分馆	馆 长	姚秀群（女）	1999.4—2002.11
	馆 长	朱静一（女）	2002.11—2005.8
	副馆长	黄春姣（女）	1999.4—2005.8
	副馆长	朱静一（女）	1999.4—2002.11
	副馆长	姜文（女）	2002.11—2005.8

机构名称	历届职务	负责人姓名	任职时间
实验中心	主 任	尤赤矾	1999.4—2005.8
	副主任	郭华(女)	1999.4—2005.8
《经济评论》杂志社	社 长	陶梅生	1999.4—1999.12
	社 长	周茂荣	2000.1—2005.8
	副社长	贺发和	2000.1—2003.2
	副社长	黄宜新	2000.1—2005.8
	主 编	王冰	1999.4—2005.8
	执行主编	曾国安	2002.3—2005.8
	副主编	曾国安	1999.4—2002.2
	副主编	刘传江	2000.1—2005.8
经济与管理学院			
党政办公室	主 任	詹凤兰(女)	2005.9—2006.3
	主 任	张占领	2006.6—2016.10
	主任	罗睿	2016.10—
	副主任	黄子四	2005.9—2006.3
	副主任	耿爱莉(女)	2005.9—2006.3
	副主任(主持工作)	张占领	2006.3—2006.6
	副主任	黄立中	2006.3—2007.3
	副主任	陈琦(女)	2006.3—2012.6
	副主任	罗睿	2007.3—2016.10
	副主任	张岱(女)	2013.1—2013.7
	副主任	马亮	2013.11—2018.3
	副主任	王芳(女)	2016.9—2018.3
	副主任	徐林(女)	2018.4—
	副主任	赵妍(女)	2018.3—2018.10
	副主任	沈仕雄	2019.3—2021.3
	副主任	刘砚青(女)	2021.8—
	专职纪检员 (内设机构主任)	赵妍(女)	2018.10—2020.12
	专职纪检员 (内设机构主任)	沈仕雄	2021.3—2023.2

机构名称	历届职务	负责人姓名	任职时间
党政办公室	专职纪检员（内设机构主任）	叶晶（女）	2023.6—
	专职组织员（内设机构主任）	周娟（女）	2023.6—
	专职组织员（内设机构主任）	孙建超	2023.6—
科研外事与学科建设办公室	主任	程振	2006.3—2011.7
	主任	彭琼（女）	2012.6—
	副主任	彭琼（女）	2006.3—2012.6
	副主任	李静（女）	2012.6—
	副主任	余静静（女）	2012.6—2019.7
	副主任	王艳（女）	2020.6—2023.5
本科教学管理办公室	主任	刘喜爱（女）	2005.9—2006.3
	主任	上官海兰（女）	2006.3—2012.12
	主任	焦丽（女）	2013.2—2017.11
	主任	王芳（女）	2018.3—
	副主任	洪金水	2005.9—2006.3
	副主任	颜毓娟（女）	2005.9—2006.3
	副主任	王艳（女）	2006.3—2020.6
	副主任	周雄国	2006.3—2019.12
	副主任	兰草（女）	2019.7—
研究生教学管理办公室	主任	刘喜爱（女）	2005.9—2006.3
	主任	徐毅	2006.3—2007.11
	主任	余艳琴（女）	2008.4—2018.3
	主任	马亮	2018.3—2022.1
	主任	余静静（女）	2022.6—
	副主任	洪金水	2006.3—2016.11
	副主任	余艳琴（女）	2006.6—2008.3
	副主任	陈浩	2008.11—2012.1
	副主任	鄢洪平	2012.6—2019.1
	副主任	叶晶（女）	2016.11—2023.6
	副主任	余静静（女）	2019.7—2022.6

机构名称	历届职务	负责人姓名	任职时间
学生工作办公室	主　任	宋琼（女）	2005.9—2012.6
	主　任	陈琦（女）	2012.6—2018.7
	副主任	黄立中	2005.9—2006.3
	副主任	上官海兰（女）	2005.9—2006.3
	副主任（兼团委书记）	陈浩	2006.3—2008.9
	副主任	焦丽（女）	2006.3—2013.1
	副主任	黄立中	2007.3—2013.10
	副主任	王芳（女）	2013.11—2016.9
	副主任	赵妍（女）	2013.11—2018.3
	副主任	沈仕雄	2016.11—2018.7
	团委书记	徐毅	2005.9—2006.3
	团委书记	陈晓玥（女）	2008.9—2012.12
	团委书记	赵一君（女）	2013.2—2018.7
研究生工作办公室	主　任	陈琦（女）	2018.7—2019.9
	主　任	周立超	2020.10—2023.1
	主　任	沈仕雄	2023.2—
	副主任	沈仕雄	2018.7—2019.3
	副主任	伍林（女）	2019.7—2021.9
本科生工作办公室	主　任	周立超	2018.7—2020.10
	主　任	张可儒	2021.9—
	副主任	张可儒	2019.7—2021.9
	副主任	许艺凡（女）	2021.11—2022.8
	副主任	熊壮	2021.11—
	团委书记	赵一君（女）	2018.7—2020.6
	团委书记	伍林（女）	2021.9—2023.6
继续教育办公室	主　任	洪金水	2012.6—2018.7
	主　任	鄢洪平	2019.1—
	副主任	周雄国	2012.6—2021.4

283

附录2　经济与管理学院组织沿革一览

机构名称	历届职务	负责人姓名	任职时间
高层管理者培训与发展中心（EDP 中心）	主任	洪金水	2013.7—2018.7
	主任	代军勋	2018.7—2019.1
	主任	鄢洪平	2019.1—
	副主任	向正军	2013.7—
	副主任	胡杨娟(女)	2018.7—2020.9
对外联络办公室	主任	李辛欣(女)	2018.4—2022.9
图书分馆	馆长	朱静一(女)	2005.9—2006.3
	馆长	姜文(女)	2014.1—2019.5
	副馆长（主持工作）	姜文(女)	2006.3—2014.1
	副馆长	黄春姣(女)	2005.9—2006.3
	副馆长	姜文(女)	2005.9—2006.3
	副馆长	殷汉植	2014.1—2019.5
实验中心	主任	尤赤矶	2005.9—2006.3
	主任(代理)	尤赤矶	2006.3—2014.1
	主任	张东祥	2014.1—2018.5
	副主任	郭华(女)	2005.9—2006.3
	副主任	徐晓辉	2014.1—2018.5
实验与数据中心	主任	张东祥	2018.5—2019.5
	副主任	徐晓辉	2018.5—2019.5
实验与信息中心	主任	陈训威	2019.6—2023.2
	副主任	徐晓辉	2019.6—2023.6
	副主任	任竹芸(女)	2019.11—2021.7
	副主任	王艳(女)	2023.5—
《经济评论》杂志社	社长	周茂荣	2005.9—2005.12
		陈继勇	2006.1—2007.12
		尤传明	2008.1—2011.8
		徐业勤	2011.9—2017.10
		杜晓成	2017.11—2022.2
		姜星莉(女)	2022.3—

机构名称	历届职务	负责人姓名	任职时间
《经济评论》杂志社	副社长	黄宜新	2005.9—2005.12
		李继龙	2006.1—2016.6
		沈作霖	2017.11—2022.4
	主 编	王冰	2005.9—2007.12
		陈继勇	2008.1—2013.12
		叶初升	2014.1—
	执行主编	曾国安	2005.9—2007.12
		叶初升	2008.1—2013.12
	副主编	刘传江	2005.9—2007.12
		罗琦	2014.1—
	编辑部主任	陈永清(女)	2007.12—
《珞珈管理评论》编辑部	主 编	陈继勇	2007.5—2011.12
	主 编	王先甲	2012.1—2013.12
	主 编	汪涛	2014.1—
	副主编	刘跃斌	2007.5—2019.9
	主 任	路小静(女)	2019.1—
期刊社办公室	主 任	彭爽(女)	2019.3—

附录 3
历年教职工名单
（按姓氏拼音排序）

一、1949 年后在学院工作过的教职工名单

白 颖	白 云	鲍维宁	贲文湘	边 江	蔡志强	曹伟明	曹献荣	陈 博
陈 琛	陈德行	陈端洁	陈 飞	陈 刚	陈国楔	陈 浩	陈华山	陈慧芳
陈嘉奇	陈 洁	陈 菁	陈 静	陈久榕	陈 军	陈 俊	陈 磊	陈利平
陈 亮	陈 琳	陈 敏	陈 琦	陈 琼	陈 实	陈淑英	陈思源	陈天生
陈文波	陈先勇	陈祥荣	陈晓玥	陈昕韫	陈鑫霈	陈学芬	陈训威	陈怡硕
陈雨倩	陈玉洁	陈昭方	陈执中	陈志俊	陈志龙	成和平	程 振	储诚忠
褚一纯	崔静波	崔 雯	代 谦	戴 宗	单 璐	邓大松	邓 玲	邓筱莹
邓 欣	丁文治	丁先学	丁琰鋆	董宝安	董辅礽	董有明	DO JIHWAN	
杜章杰	杜长征	段启咸	段先胜	段 杨	段玥君	段钟南	樊 民	樊明智
樊学林	樊友斌	范豪俊	范 明	范 宁	范庆珠	范兆常	方炳松	房 超
房海鹏	冯 菲	冯 浩	冯金华	冯 旗	冯元信	符国群	付红春	甘士杰
高辞修	高光雨	高 平	高山云	葛鸿伟	葛新宇	宫占奎	龚 关	龚可青
龚六堂	辜胜阻	顾海良	关 旭	官成章	管 华	桂正卿	郭 驰	郭丽婧
郭 敏	郭声彪	郭宜兰	郭子桢	国世平	韩德刚	韩秋芳	郝 睿	何 珂
何无梦	何晓华	何晓英	贺 添	贺云乾	洪雪莹	侯成琪	胡春芳	胡 行
胡九如	胡克勤	胡 珊	胡树祥	胡枭骁	胡晓玲	胡勇华	黄恒学	黄江宁
黄景贵	黄 力	黄 沛	黄 强	黄 婷	黄 暐	黄文玲	黄小娴	黄训腾
黄 炎	黄艺林	黄 跃	黄再英	黄 钟	纪瑶华	纪政君	简佩茹	江 平
江心怡	姜开祥	姜 娜	姜新棣	姜 莹	蒋德权	蒋金中	焦 丽	景奉杰
景新华	景振球	KIM DAEHYUN	匡永祝	劳 逸	LEE JONGJAE	雷端华		
雷 蕾	冷俊华	黎涵夫	黎菊梅	李邦娥	李传景	李存训	李德斌	李德林
李 芳	李光蕊	李华明	李欢欢	李继龙	李可维	李 利	李 莉	李 靓
李 萍	李 倩	李 琴	李仁珍	李尚骜	李声华	李天有	李维善	李文锦
李西翎	李先慧	李辛欣	李秀毅	李 谊	李永波	李愚昊	李玉泉	李 韵
李占武	李 珍	李中伟	梁 涛	梁 伟	梁文忠	梁晓滨	林 琳	林明武

凌秋先　刘安祥　刘宝德　刘程程　刘炽光　刘传江　刘春华　刘　岱　刘道炳
刘　欢　刘会胜　刘慧芸　刘家平　刘家旭　刘　剑　刘　洁　刘　宁　刘宁亚
刘启亮　刘　汕　刘少东　刘文德　刘小怡　刘昕华　刘业础　刘一清　刘　鹰
刘　颖　刘云彬　柳　芳　卢焕忠　鲁国平　鲁　黎　鲁明亮　鲁维洁　鲁文娅
陆永良　路　金　栾文筠　罗凤超　罗　虹　罗　俊　罗　琼　罗全芳　罗绍彦
罗文婷　罗　璇　吕恒有　吕秀珍　吕　燕　马福臻　马建离　马晋民　马　亮
毛福禄　毛永红　毛蕴诗　梅志华　孟　军　闵秋霞　那乾坤　聂　进　牛宝德
欧阳桃花　潘建树　潘　伟　潘旭海　潘源来　潘振宇　裴武威　彭迪先　彭红枫
彭继承　彭雨新　彭元杰　齐爱民　祁　浩　全　竞　申　皓　沈晓冰　沈校亮　沈祖庄
阮　震　上官海兰　　邵　超　邵瑞雪　　　　　　沈晓冰　沈校亮　沈祖庄
沈作霖　施　潮　舒　兵　宋　栋　宋炼红　宋明辉　宋　琼　宋晓燕　苏宁雅
苏　姗　苏曰玮　孙家长　孙　建　孙向明　孙玉坤　覃志华　谭仁杰　谭作平
汤　敏　汤　昕　汤学义　汤雨蒙　汤在新　汤正涛　唐方杰　唐久芸　唐　林
唐胜群　唐晓玲　唐晓宇　唐跃军　唐宗力　陶梅生　陶　怡　提忠望　田　鼎
田　亮　田隆宜　田　源　涂礼忠　宛　明　万丽娟　汪汉梅　汪明鉴　汪挺松
王　波　王　灿　王涤非　王光远　王　回　王慧农　王建民　王　洁　王　珏
王开敏　王　岚　王　梅　王　猛　王　念　王凝子　王　璞　王钦秀　王三礼
王淑颖　王天习　王文华　王文祥　文　熹　王秀英　王雪松　王耀镛　王志伟
王中文　卫蔚然　魏国梁　温嗣方　文　熹　闻　涛　邬明建　吴邦刚　吴　凯
吴铁军　吴小娟　吴晓钟　吴贻谷　吴　寅　吴载文　夏道平　夏洪超　向　定
向运华　肖　帆　肖光恩　肖国金　肖　虹　肖　骥　肖明军　肖育才　谢丹阳
谢　齐　谢　天　谢旭燕　邢力红　熊明宝　熊同善　熊向东　熊征东　徐柏熹
徐东曙　徐　峰　徐顺兴　徐文义　徐业勤　徐　毅　徐咏江　徐友柏　徐　争
许定波　许飞琼　许艺凡　薛进军　薛求知　严红波　严　捷　严　密　阎红玉
颜见智　晏家政　晏金发　杨　彬　杨　兵　杨　波　杨　琛　杨　峰　杨芙珍
杨　磊　杨培雷　杨　青　杨　朔　杨　威　杨小凯　杨晓霞　杨学英　杨玉洁
杨云红　杨再平　杨志威　姚力楠　姚　亮　姚梅镇　姚　爽　叶　斌　叶晨晖
叶桂荣　叶国荣　叶海云　叶永青　易瑾超　易菊梅　易礼贤　易理中　殷　俊
殷　欣　尹海斌　尹　俊　尹世杰　尹晓峰　尹新才　尤传明　尤守朝　游翠华
余海珊　余　昊　余建平　余丽华　余明桂　余士杰　余陶生　余万科　余　轶
余长河　余紫秋　袁　泉　袁山金　袁　哲　曾灿辉　曾凡涛　曾鹤松　曾　涛
曾新生　翟　宽　詹　哲　张安之　张　驰　张　岱　张福秋　张功球　张寒玉
张　鸿　张金奎　张晋良　张京良　张　菁　张　炯　张克明　张　来　张　蕾
张　力　张美红　张培刚　张奇林　张　琦　张仁杰　张天亮　张　薇　张文君
张孝宜　张学谦　张　燕　张尧庭　张　毅　张翼飞　张寅清　张宇洁　张元杰
张　云　张占领　张兆国　张　铮　张正德　张治平　赵宝库　赵德缤　赵　慧
赵　婧　赵　军　赵铃一　赵清华　赵　妍　赵一君　赵羽婷　赵志龙　郑公超
郑功成　郑康彬　郑　敏　郑　锐　郑先公　郑孝齐　钟　文　钟兆璠　周江文

周　葵　周立超　周文贵　周须弟　周宜波　周志平　周忠全　周自涛　朱爱勇
朱丹妮　朱冬传　朱　红　朱剑平　朱　农　朱毅林　祝光英　庄怀庭　宗明辉
宗贤俊　邹恒甫　邹佩珊　左东官　左小蕾　左征军
（共计 587 人，截至 2023 年 6 月 30 日）

二、在职教职工名录

白军波　白晓燕　蔡基栋　柴　艺　陈　冬　陈　昊　陈昊雯　陈　虹　陈建安
陈立敏　陈仁静　陈琰辉　陈永清　陈植元　陈志刚　陈志刚　陈忠斌　成德宁
程承坪　程鸿群　程　磊　程薇静　崔　楠　代军勋　戴　宾　邓新明　刁　莉
丁宇澄　董明月　董延芳　杜　旌　杜　莉　杜晓成　段　莉　段永红　樊志文
樊志勇　范　斐　范如国　方爱华　方德斌　方迎风　冯　华　冯　骥　冯梦珂
冯志轩　傅十合　高宝俊　高　华　高小红　耿心怡　耿志祥　龚　锋　龚　红
龚丽敏　龚于芹　顾乾坤　桂世河　郭菊先　郭均英　郭　凛　郭汝飞　韩国文
韩立宁　何国华　何石军　何　肖　侯伟丽　胡婵娟　胡昌生　胡　晖　胡晶晶
胡利琴　胡羚燕　胡　婷　胡杨娟　胡　艺　黄　静　黄敏学　黄笑微　贾　勤
江　春　江诗松　姜星莉　蒋盛君　亢梅玲　柯　丹　柯剑男　孔德萍　赖一飞
兰　草　雷　昊　雷　欣　李　彬　李　斌　李冰心　李昌骏　李　晨　李　光
李　好　李红香　李会敏　李　静　李　锴　李良洁　李伶俐　李　玲　李　梅
李明传　李　铭　李青原　李绍龙　李帅男　李王梓　李文耀　李　晓　李晓蹊
李旭超　李雪霜　李雪松　李　汛　李艳丽　李燕萍　李永泉　李永友　李元青
李　卓　李子明　廖俊敏　廖　珂　廖以臣　林　岚　林　玲　林　乾　林晚发
刘　成　刘成奎　刘凤娥　刘　峻　刘开军　刘　莉　刘林青　刘明霞　刘穷志
刘婷祎　刘　威　刘熙莹　刘晓黎　刘学元　刘　岩　刘砚青　刘　艳　刘颖斐
刘　勇　刘远翔　刘再起　卢盛峰　陆菊春　路小静　罗丽姿　罗　琦　罗　睿
罗　璇　罗　昱　罗　知　马红霞　马莉莉　马　尚　马晓平　马子真　梅超华
聂　禾　聂　军　潘国臣　潘红波　潘　敏　逄金栋　彭　惠　彭凯翔　彭　琼
彭　爽　Qaiser Abbas　齐绍洲　齐子鹏　秦　仪　冉秋红　桑祖南　沈　波
沈仕雄　沈思晨　石　越　史　戈　寿志钢　宋　岚　宋凌峰　宋　敏　宋霄彤
苏　灵　苏小方　孙　丹　孙建超　孙　立　孙文娟　孙　祥　孙兴全　孙元元
孙智君　谭小林　汤路昀　唐登山　唐建新　唐漾一　陶厚永　田　娟　田　玲
涂乙冬　万　俊　万攀兵　万　暄　汪　涛　王　滨　王　芳　王　刚　王　罡
王继红　王江海　王今朝　王　恺　王　磊　王琦琦　王　胜　王书飞　王　玮
王先甲　王亚君　王　艳　王　颖　王永海　王玉敏　王长征　王正文　王子伟
卫　武　魏立佳　魏　珊　温　辉　温兴琦　文　风　文建东　吴传清　吴　恒
吴欢伟　吴　思　吴先明　吴振新　伍　林　伍　琼　伍晓芳　XIONG HENG
夏清华　向　欣　向正军　项　平　肖　坤　肖利平　肖卫国　谢获宝　谢　珺

谢雅维	邢泽宇	熊 波	熊 琛	熊和平	熊晶晶	熊曼君	熊 曦	熊 壮
徐 进	徐 君	徐 岚	徐 林	徐凌钦	徐晓辉	许明辉	许新霞	许 云
薛 畅	薛 莲	鄢洪平	闫丽萍	严若森	杨刚强	杨丽艳	杨 玲	杨 冕
杨卫国	杨 霞	杨艳红	杨艳琳	杨 勇	杨中超	叶初升	叶 晶	叶晓倩
易点点	易晓波	殷汉植	游士兵	余道先	余国杰	余 江	余景升	余静静
余静文	余艳琴	余玉苗	余泽忠	余 振	袁鸿杰	袁 茂	袁 威	岳平芳
曾 丹	曾伏娥	曾国安	曾京哲	曾咏梅	张爱红	张 琛	张定胜	张东祥
张 芬	张光明	张宏翔	张建清	张 军	张可莉	张可儒	张克群	张琳茹
张 培	张 清	张三保	张司飞	张天顶	张晓华	张 植	赵 晶	赵 靖
赵良玉	赵孟丽	赵奇伟	赵 伟	赵 征	赵仲匡	郑春美	钟水映	周 娟
周楷唐	周 敏	周 娜	周倩雯	周圣杰	周 伟	周亚荣	周 洋	周 祎
朱华伟	庄额嘉	庄子银	卓四清	邹 薇	邹镇涛			

（共计 373 人，截至 2023 年 6 月 30 日）

三、离退休教职工名录

曾芳梅	曾平凡	陈锦桂	陈 宁	陈学芳	程保平	程缅珍	杜贤中	段敏慧
樊 民	冯文权	付琼琼	傅 庸	甘碧群	高国安	高玉芳	耿爱莉	龚 敏
关培兰	桂国平	郭 华	郭蕊君	郭熙保	海 峰	何 炜	何 准	贺发和
胡炳志	胡 方	胡建林	胡志强	黄本笑	黄春姣	黄立中	黄 宪	黄宜新
黄兆银	黄子四	贾长路	简新华	江 晴	江钟信	姜 文	金存禹	李艾娜
李北平	李 晨	李春景	李慧敏	李季明	李珞岚	李明华	李 琼	李圣凤
李守明	李守庸	李淑萍	李锡元	李 艺	李玉芳	梁文潮	廖 洪	林筱华
林幼平	刘 钢	刘光杰	刘惠云	刘思跃	刘 伟	刘喜爱	刘跃斌	刘跃前
柳瑞禹	龙子泉	卢汉林	卢洪友	卢雁影	罗昌宏	罗立群	马 兰	马 颖
梅惠娟	梅阳春	欧阳电平		欧阳小珍	潘 昆	盘海鸥	彭培成	乔洪武
秦卫东	秦永和	邱力生	邵秋芬	申忠诚	沈作霖	石晓英	石 莹	孙慧敏
孙 平	孙小珂	孙续元	谭白英	谭昌铭	谭力民	谭力文	谭秋蟾	谭先琴
陶德清	童光荣	万德梅	王 冰	王 峰	王大星	王德高	王德祥	王国玉
王合喜	王林昌	王 萍	王骐骥	王学军	王元璋	王祖祥	温端云	文显武
吴厚珍	吴俊培	吴佩钧	伍新木	夏昌恺	夏国政	肖 兵	熊柱芳	熊懿求
徐德宽	徐锦铭	徐 莉	徐清安	徐 珊	徐绪松	徐云鹏	闫小讯	严清华
颜鹏飞	颜毓娟	晏三梅	杨 健	杨学仁	杨宗传	姚秀群	叶永刚	易修珍
尹显萍	尤赤矶	余 玮	余 杭	余建年	余明祥	余天明	袁泽沛	詹凤兰
张 彬	张 健	张 平	张广玲	张桂珍	张慧岚	张丽立	张淑奇	张秀生
张雪平	张 焱	张跃华	赵何敏	赵 伟	赵锡斌	赵修尉	郑 华	郑君君
周茂荣	周雄国	周秀珍	周宗贵	朱静一	朱矩萍	朱求长	卓永琳	邹辉霞

（共计 188 人，截至 2023 年 6 月 30 日）

四、1949 年后在学院（系）去世的教职工名单

陈长怀	陈国樑	陈家梓	陈继勇	陈恕祥	陈毓华	程 度	程镇岳	代 鲁
戴铭巽	邓启东	丁 莹	丁先学	费培根	付 真	傅殷才	葛杨焕	郭吴新
胡志斌	黄 敏	黄新中	黄永轼	黄仲熊	贾植园	姬晓辉	孔繁仪	孔繁滋
孔祥祯	李崇淮	李典仪	李绍栋	李绍清	李声华	李裕宜	林和中	林泰元
刘秉麟	刘德玉	刘涤源	刘兴斌	刘新华	牟瑞霞	倪书洪	乜小红	彭尘舜
彭高清	彭及时	祁 涛	任道钧	舒得家	粟寄沧	隋启炎	谭崇台	唐炳亮
唐岳驹	万民有	万仁益	王惠英	王治柱	吴纪先	谢成德	熊良福	熊元斌
熊源珍	许俊千	徐开榜	杨慧生	杨端六	杨天民	杨文忠	余佑清	叶纪干
叶月明	尹景湖	曾德国	曾启贤	张迪祥	张旭初	赵可树	郑琴缭	周 载
周万隆	周新民	朱景尧	朱莲珠					

（共计 86 人，截至 2023 年 6 月 30 日）

附录4　武汉大学杰出校友名单（经济与管理学院校友）及校友捐赠一览表

（截至 2023 年 6 月 30 日）

一、武汉大学杰出校友名单（经济与管理学院校友）

序号	届次	姓名	经管院求学经历
1	第一届杰出校友	庹震	1978—1982 年 政治经济学（本科）
2	第二届杰出校友	张培刚	1930—1934 年 政治经济学（本科）
3		刘诗白	1942—1946 年 政治经济学（本科）
4		董辅礽	1946—1950 年 政治经济学（本科）
5	第三届杰出校友	李京文	1951—1953 年 政治经济学（本科）
6		田源	1975—1978 年 政治经济学（本科） 1978—1981 年 经济学（硕士） 1988—1992 年 经济学（博士）
7		陈东升	1979—1983 年 政治经济学（本科） 1993—1996 年 政治经济学（博士）
8	第四届杰出校友	陈文蔚	1939—1943 年 政治经济学（本科）
9	第五届杰出校友	胡代光	1940—1944 年 政治经济学（本科）
10		何炼成	1947—1951 年 政治经济学（本科）
11	第六届杰出校友	艾路明	1995—1998 年 政治经济学（博士）
12	第七届杰出校友	毛振华	1979—1983 年 政治经济学（本科） 1993—1996 年 经济学（博士）
13	第八届杰出校友	阎志	2006—2008 年 EMBA
14	第九届杰出校友	蹇宏	1980—1984 年 政治经济学（本科）
15		喻鹏	2006—2008 年 EMBA
16		曾文涛	1994—1997 年 政治经济学（博士）
17	第十届杰出校友	黄春华	1982—1986 年 经济管理（本科）

二、武汉大学经济与管理学院校友捐赠一览表

序号	捐赠方	捐赠项目名称	捐赠时间	协议总金额（单位：元）
1	陈晓红	胡春芳教育基金	2023/1/4	1 500 000.00
2	陈作涛、柯建东、夏德定、乔峰、刘葆	企管1988级奖助学金	2022/8/31	500 000.00
3	北京泰康溢彩公益基金会	泰康经济学讲席教授	2022/3/28	10 000 000.00
4	天风证券股份有限公司	天风奖学金	2022/3/10	3 000 000.00
5	友邦人寿保险有限公司	友邦-武大精算教育基金	2021/12/27	1 000 000.00
6	黄春华基金会	经济与管理学院柏嘉教育基金	2021/12/22	30 000 000.00
7	黄春华基金会	柏嘉讲席教授基金	2021/12/22	62 000 000.00
8	中华思源工程扶贫基金会	武汉大学"经管20"助学项目	2020/12/4	310 000.00
9	田源、周海冰、北京智英公益基金会	中国企业家研究中心基金	2020/8/20	12 000 000.00
10	深圳市财富趋势科技股份有限公司	经管财富趋势基金	2020/7/3	1 000 000.00
11	武汉市洪山区悦言语言培训学校	悦言二外奖学金	2019/7/31	250 000.00
12	正隆(北京)保险经纪股份有限公司	保险系建设发展	2018/5/31	200 000.00
13	柯建东	柯建东基金	2018/4/16	5 000 000.00
14	中国平安财产保险股份有限公司湖北分公司	平安奖学金	2017/10/31	40 000.00
15	广东省易方达教育基金会、胡剑、印战	易方达金融实践活动基金	2017/9/28	2 500 000.00
16	蓝月亮(中国)有限公司	会计系建设发展	2017/1/30	3 000 000.00
17	京山轻机控股有限公司	京山轻机基金	2016/12/1	10 000 000.00
18	武汉大学人力资源管理校友	珞珈人力资源管理教育基金	2016/11/1	304 000.00
19	戴京焦	珞珈金融论坛	2015/12/30	100 000.00

序号	捐赠方	捐赠项目名称	捐赠时间	协议总金额（单位：元）
20	高清海、杨栗	杨小凯经济理论论文创新奖	2015/12/17	872 000.00
21	经济管理1986级本科同学会	经济与管理学院1986级本科同学会助学金	2015/9/30	130 000.00
22	人福医药集团股份有限公司	市场营销与旅游管理基金	2015/8/10	2 000 000.00
23	马向东	徐绪松复杂科学管理基金	2015/3/1	250 000.00
24	武汉汇锡金融服务有限公司	民间金融研究中心专项基金	2015/3/1	1 000 000.00
25	上海锦天城（杭州）律师事务所、北京联办财讯文化传媒有限公司、泛海公益基金会、济南圣泉集团股份有限公司、熊贵立、万力、何思模	战略管理研究院专项基金	2015/1/1	2 329 000.00
26	深圳市麦肯特金融控股集团	麦肯特基金	2014/12/1	5 500 000.00
27	湖北经视谈笑爱心基金联合湖北省闽南商会	我爱读书郎·私人定制助学金	2014/11/1	336 000.00
28	深圳市科技工业园物业管理有限公司	科技园物业助学金	2014/10/1	16 000.00
29	邹平英	经济与管理学院助学金	2014/10/1	3 000.00
30	人福医药集团股份有限公司	制作张培刚、董辅礽塑像	2013/12/1	200 000.00
31	上海景林资产管理有限公司	景林珞珈金融基金	2013/12/1	12 000 000.00
32	东莞农村商业银行股份有限公司	东莞农商银行助学金	2013/12/1	400 000.00
33	经济系1998级校友	1998经济助学金	2013/12/1	10 000.00
34	昆明世贸投资控股有限公司	月明助学金	2013/11/1	600 000.00
35	融众资本投资集团有限公司	融众英才基金	2013/11/1	1 000 000.00
36	陈作涛、天壕投资集团有限公司	天壕基金-天壕助学金	2013/4/1	4 000 000.00
37	大成基金管理有限公司	大成奖学金	2013/3/1	1 000 000.00
38	上海宏信公益基金会、北京宏信公益基金会	武汉大学宏信奖学金	2012/2/1	800 000.00
39	广东省易方达教育基金会	易方达基金	2011/12/1	1 000 000.00
40	中国光华科技基金会	宝供物流奖学金	2011/7/1	66 000.00

序号	捐赠方	捐赠项目名称	捐赠时间	协议总金额 （单位：元）
41	湖北中青文化教育咨询有限公司、神州长城国际工程有限公司、董辅礽经济科学发展基金会、泰康人寿保险股份有限公司、武汉新楚光金属材料有限公司、天风证券股份有限公司、北京珞珈教育咨询有限公司、中社社会工作发展基金会、罗干平、史书山、洪克森、邓江、郭敏等校友	经济与管理学科发展基金	2008/11/1	2 800 000.00
42	武汉瑞中教育管理有限责任公司、上海景林资产管理有限公司、黄宪、张东祥、周启宏等李崇淮教授的学生	李崇淮教育基金	2008/1/1	1 220 740.00
43	深圳市万润实业有限公司	经济与管理学院农村学子助学金	2007/11/1	500 000.00
44	泰康人寿保险股份有限公司	泰康金融保险教育基金	2001/11/1	1 000 000.00
45	丝宝集团(国际)有限公司	商学院大楼建设基金	2000/4/24	20 000 000.00

附录 5
学院大事记

1893 年大事记

11 月 29 日，张之洞上《设立自强学堂片》，于武昌东厂口设立自强学堂，下设商务、算学、格致、方言四门。

1896 年大事记

张之洞改革自强学堂教学体系，算学门移至两湖书院，停办商务、格致两门，只保留方言一门。

1902 年大事记

6 月 2 日，自强学堂更名为方言学堂。

1911 年大事记

3 月 14 日，方言学堂依旨停办。

1913 年大事记

7 月 7 日，教育部委任贺孝齐在武昌筹办国立高等师范学校事宜，旋即委任贺孝齐为校长，拨武昌旧方言学堂迤西房屋一栋为筹备处。

8 月，湖北都督批饬拨定武昌军官学校(即旧方言学堂)为武昌高师校址。

11 月 1 日，武昌高师在大礼堂举行开学典礼，此后每年均于此时举行校庆运动大会。

1916 年大事记

9 月，国立武昌商业专门学校于武昌三道街原存古学堂旧址开办，这是我国第一所全国性的高等商业专门学校，首任校长为汪济舟。

1923 年大事记

9 月，经教育部批准，国立武昌高等师范学校更名为国立武昌师范大学。教育部令以张继煦为校长。

1924 年大事记

9 月，根据教育部命令，国立武昌师范大学更名为国立武昌大学。

12 月，教育部委任石瑛为校长。国立武昌商业专门学校更名为国立武昌商科大学，为当时中国仅有的两所商科大学之一，校长为屈佩兰。

1926 年大事记

10 月，国民革命军占领武汉后，武昌大学遂告停顿。

同月，国民政府决定将国立武昌大学、国立武昌商科大学、省立文科大学、省立医科大学、省立法科大学、私立文华大学(后来并入的还有中华大学、北京中俄大学、上海大学的部分师生)等校合并，组建国立武昌中山大学，以邓演达、董必武、戴季陶、郭沫若、徐谦、顾孟余、章伯钧、李汉俊、周佛海等 9 人为筹备委员会委员。批准徐谦、顾孟余、李汉俊、章伯钧、周佛海等 5 人为校务委员会委员。

12 月 28 日，武昌中山大学正式成立，并于次日在湖北省党部会议室召开第一次筹备委员会。

1927 年大事记

2 月 16 日，国立武昌中山大学正式颁布学校组织大纲，学校废除校长制，实行大学委员会制。设文、法、商、理、医、预 6 科，商科下设经济学系、商业学系。

2 月 20 日，国立武昌中山大学举行了隆重的开学典礼。

11 月 28 日，按国民政府教育部令，中山大学依省份改名，国立武昌中山大学改名为国立第二中山大学。

12 月 16 日，国民党右派包围武昌中山大学，逮捕、杀害进步师生。

12 月 26 日，武昌中山大学全体师生员工被勒令离开学校，校产交湘鄂临时政府暂管。

1928 年大事记

7 月，南京国民政府大学院决定以国立武昌中山大学为基础改建国立武汉大学，校址仍在东厂口。设立国立武汉大学筹备委员会，并聘请刘树杞(主任委员)、王星拱、李四光、周鲠生、麦焕章、黄建中、涂允檀、曾昭安、任凯南等 9 人为委员。

8 月 6 日，蔡元培发布大学院院令，任命刘树杞为国立武汉大学代理校长。

9 月，国立武汉大学设社会科学、理工、文学三学院并设预科分文理两组，皮宗石任社会科学院院长，王星拱任理工学院院长，闻一多任文学院院长。社会科学院下设法律、政治经济、商学三系。

10月31日，国立武汉大学正式开学上课。

11月，国立武汉大学新校舍建筑设备委员会成立，决议以武昌城外东湖附近珞珈山一带为新校舍地址，并准备筹建新校舍。

1929 年大事记

1月5日，国立武汉大学补行开学典礼。

2月，南京国民政府任命王世杰为国立武汉大学首任校长。

6月，改社会科学院为法学院，下设法律、政治经济、商学三系，各学系采用学年制。聘皮宗石为法学院院长。

10月，校务会议议决以每年10月31日为本大学成立纪念日(校庆日)。

12月，校务会议议决自下学期开始将撤销法学院政治经济学系，另设为政治学系和经济学系。

1930 年大事记

3月，武汉大学珞珈山新校舍开始动工。

4月，《武汉大学社会科学季刊》第一期出版。

9月22日，校务会议议决已有三年级的系设系主任，皮宗石兼任经济学系主任。经济学系招收新生25名，商学系1名。

1931 年大事记

10月，学校聘请皮宗石兼任法学院经济学系主任，周览(鲠生)为法学院商学系主任。

12月，学校开始搬迁图书、仪器至珞珈山新校舍。

1932 年大事记

2月，迁校完成，武昌城至珞珈山交通汽车开始通车。

6月21日，国立武汉大学举行第一届毕业生毕业仪式，经济学系刘作彬等11人毕业。

9月9日，校务会议议决，商学系归并于经济学系，其现有四年级仍办至本年度终了时结束。

9月，学校续聘皮宗石为法学院院长，周鲠生卸任商学系主任。

10月，聘任任凯南为经济学系主任，杨端六为商学系主任。

11月2日，经济学会设立调查委员会。

1933 年大事记

4 月, 王世杰调任南京政府教育部部长, 王星拱代理校长职务。法学院原院长皮宗石改任教务长, 杨端六代理法学院院长。

6 月, 校务会议聘杨端六为法学院院长。学校举行第二届毕业礼, 经济学系毕业生 13 名, 商学系 3 名。

11 月 3 日, 续聘任凯南为经济学系主任。

1934 年大事记

6 月, 国民政府简任王星拱为武汉大学校长。

9 月, 续聘杨端六为法学院院长。

10 月, 续聘任凯南为经济学系主任。校务会议决定自本年度起设立法科研究所经济学部。

1935 年大事记

1 月, 设立法科研究所, 聘周鲠生为法科研究所主任, 任凯南为经济学部主任。

10 月, 续聘杨端六为法学院院长, 任凯南为经济学系主任。

1936 年大事记

1 月, 因学生参加声援应城学生爱国运动, 期末考试延期。

7 月, 皮宗石辞去教务长职务, 8 月出洋考察。

9 月, 法学院全部迁入新院舍。

10 月, 校务会议聘杨端六为法学院院长、法科研究所主任, 任凯南为经济学系主任、经济学部主任。

1937 年大事记

1 月, 规定农工商各学院学生在暑假或寒假内在校外相当场所实习若干时期, 无此项实习证书者, 不得毕业。

7 月, 法学院院长杨端六因事请假, 院长职务由刘秉麟代理。

8 月, 任凯南卸任经济学系主任, 聘陶因为经济学系主任。

9 月, 聘刘秉麟为法学院院长。

本年, 武汉大学经济学会编《武汉大学经济年刊》创刊。

1938 年大事记

2 月, 因日侵华, 大城市易遭轰炸, 学校决定迁校, 一、二、三年级学生迁往四川乐山, 四年级学生仍留校上课至毕业。学校成立迁校委员会, 杨端六为委员长。

3月，教师、学生以自由的方式入川。

4月8日，迁校嘉定临时校定名为"国立武汉大学嘉定分部"。

4月29日，一、二、三年级在乐山开始上课，法学院办公、教学的地点位于乐山文庙西侧的尊经阁内。

9月1日，聘刘秉麟为法科研究所主任，杨端六为法科研究所经济学部主任。

10月1日，聘杨端六为武汉大学图书馆馆长。

12月27日，聘刘秉麟为法学院院长，陶因为经济系系主任，杨端六为图书馆馆长。

本年，武大经济学会第九届干事会举行嘉定丝绸产销调查，始创经济系同学参加实际调查工作。

1939 年大事记

8月19日，日本飞机36架轰炸乐山，全城伤亡无数。经济学系学生李其昌、俞允明不幸遇难，杨端六、陶因教授家产全部毁于大火。

8月，法科研究所招考研究生：经济政策与经济史，会计，财政金融，行政。刘涤源被录取为财政金融门研究生。

11月22日，聘刘秉麟为法学院院长、法科研究所主任，陶因为经济系系主任，杨端六为法科研究所经济学部主任。

1940 年大事记

11月11日，聘刘秉麟为法学院院长，陶因为经济系系主任。

11月20日，聘刘秉麟为法科研究所主任，杨端六为法科研究所经济学部主任。

12月30日，武大经济学会编印《四川嘉定战时物价特刊》出版。

本年，法科研究所经济学部招收研究生3名。黄仲熊入财政金融门学习，余长河、文浩然入经济政策与经济史门学习。

1941 年大事记

3月，武大经济学会编《武汉大学经济学会会刊》创刊。

9月，法学院经济系与经济部资源委员会签订"为造就国营事业会计人才合约"，并补助本校图书设备费国币35000元。

11月，聘杨端六为本校与经济部资源委员会合作造就会计人才讲座人选。

1942 年大事记

6月4日，本校由教育部聘任教授名单公布，有陶因、杨端六、刘秉麟等15人。

9月，经济系招收学生128名。

10 月，陶因卸任经济系主任。

11 月 1 日，聘刘秉麟为法学院院长、经济系系主任。

本年，法科研究所经济学部招收研究生 2 名。姚贤镐入财政金融门学习，何广扬入经济理论门学习。

1943 年大事记

1 月 26 日，收到经济部资源委员会本年度设置奖学金。

6 月 8 日，法科研究所主任杨端六年满六旬，学校法学院毕业校友为其寿诞募集端六奖学金，达 10 余万元。

8 月 25 日，刘秉麟卸任经济系主任，聘陶因为经济系系主任。

9 月，与资源委员会续订技术合作合约，拨给学校研究经费国币 8 万元，合约有效期为 1 年。

10 月，《国立武汉大学校友会会刊》第七号出版发行，校友会章程经过修改，将武昌高师正式列入武大校史。

11 月 1 日，聘刘秉麟为法学院院长、法科研究所主任，陶因为经济系系主任，杨端六为经济学部主任。

本年，法科研究所经济学部招收研究生 3 名，尤钟骥、甘士杰入财政金融门学习，谢国璋入经济理论门学习。

1944 年大事记

3 月 10 日，教育部授予本校法科研究所研究生杨胜惠（1939 年毕业）、刘涤源（1941 年毕业）二位经济学硕士学位。

3 月 16 日，武大社会教育委员会召开第三届会计补习学校筹备会，到会者杨端六、陶因、戴名巽、余炽昌等，推杨端六为主任，刘师尚为教务主任，瞿扶民为事务主任。

4 月 21 日，本校经济系学生戴星如获教育部举办之第二届全国专科以上学术"联合国日"论文比赛中文组第二名。

5 月 6 日，教育部授予本校研究生余长河（1941 年毕业）经济学硕士学位。

9 月，经济部资源委员会与本校续签"工矿技术研究合约"。

本年，法科研究所经济学部招收丁良诚、黄滋、袁徵益、谭本源等 4 名研究生。

1945 年大事记

1 月 25 日，校长聘陶因为本校教务长。

5 月 19 日，本校经济学会为庆祝盟国两方战场重见和平及筹募该会从军同学慰劳金，在中山堂公演世界名剧《情之所钟》。

7 月 7 日，教育部调王星拱为中山大学校长，由周鲠生接任武汉大学校长。

8 月 8 日，周鲠生到校就职。

8月11日，校长聘杨端六为教务长。

8月15日，日本宣布无条件投降。

9月1日，学校成立"武汉大学复校委员会"，推定杨端六为主任委员。

11月7日，校长聘刘秉麟为法学院院长、法科研究所主任，陶因为经济系系主任，杨端六为经济学部主任。

本年，法科研究所经济学部招收曾启贤、朱馨远、鲁庭椿、万典武等4名研究生。

1946 年大事记

10月15日，校长聘张培刚为经济系主任，刘秉麟为法科研究所主任，杨端六为经济学部主任。

10月18日，校长聘杨端六为教务长，刘秉麟为法学院院长。

10月31日，学校在珞珈山举行复员武昌开学典礼。

12月6日，经济系民三六级会，聘请张培刚主讲"经济学之研究方法及其现代之趋势"，为复校举办学术演讲第一场。

本年，由旅美侨胞李国钦基金会捐资资助，学校选派法学院助教朱景尧等赴美研修。

1947 年大事记

4月1日，复员完竣，复校委员会工作结束。

4月，张培刚在哈佛大学所撰博士论文荣获"威尔士奖金"500美元，并入选"哈佛经济研究丛书"由哈佛出版社刊行。东方人在哈佛获此项奖金，此为第一次。

5月，按教育部训令研究所改组，设经济研究所等八所。

6月1日，武汉大学发生了震惊全国的"六·一惨案"。

6月，各个学院均开设图书阅览室分室。

10月，校长聘定本年度各院系负责人，刘秉麟为法学院院长，张培刚为经济系系主任、经济研究所所长。

本年，《武汉大学社会科学季刊》复刊，至1949年，只出了第九卷期。

1948 年大事记

1月，张培刚出任联合国亚洲及远东经济委员会顾问及研究员。

7月25日，经济系学生杨和被伞兵司令部抓去汉口伞司审问。次日武汉大学全体同学印发抗议书。

7月，武汉大学成立中共党总支，下设文、法、理、工四个支部，总支书记吴仲炎。1949年至解放，由罗鸿运任总支书记。

9月，金城银行同德会汉口分会在经济系设奖学金四名，以1947年度成绩最佳的清寒优秀生为限，沈行韦、孙鸿敞、皮全麻、毛剑光获奖，每名奖金30元。

同月，系主任张培刚请假，改聘周新民代理。

10 月，聘周新民为经济系主任。

1949 年大事记

4 月 22 日，周鲠生校长聘请李崇准为学校美金账项处理委员会委员。

4 月，经济系各教授于每星期六下午组织学术讲演。

5 月 16 日，汉口解放。

5 月 17 日，武昌解放。

6 月 10 日，武汉大学接管工作正式开始。武汉军事管制委员会文教接管部部长潘梓年带领军事代表朱凡和贺泳等 6 名联络员到校接管。

8 月 24 日，文教接管部批准成立武汉大学校务委员会，次日举行成立典礼。邬保良任校务委员会主任委员，查谦任副主任委员，邓初民任委员兼法学院院长，张培刚任委员兼总务长，徐懋庸任委员兼秘书长等。

9 月 30 日，校务委员会会议议决，周新民卸任经济系主任，张培刚任经济系系主任。

9 月，经济系招收学生 66 人。

10 月 28 日，校务委员会议决，马哲民任法学院院长。

12 月 21 日，武汉大学中共党员 (共 45 人) 及党组织向群众公开。

1950 年大事记

4 月 10 日，经中央人民政府委员会第六次会议通过，任命张培刚为武汉市人民政府委员。

4 月，李守庸任第二届团委法学院总支书记，杨天民任经济学系团分支部书记。

9 月，经济学系共招生 88 人。

10 月 13 日，张培刚参加中国金融学会武汉分会发起人大会，当选为副理事长。

11 月，教育部令，原"国立××大学"取消"国立"二字直称某校。

11 月 16 日，中国人民银行汉口分行委托本校办理银行专修科，修业年限一年。

11 月 19 日，武汉市税务局委托本校办理税务专修科，修业年限暂定一年，暂招 100 名。

本年，经济学系编写《典型村国民经济调查》《萍乡煤矿概况调查报告》《萍乡煤矿时间研究与定质研究》。

1951 年大事记

1 月 10 日，《新武大》发红字号外，祝贺本校同学工友共 304 人走上国防建设岗位。其中，参加军事干部学校的法学院经济学系学生有：一年级学生陈慧芳 (女)、陈令仪 (女)、何蒸云、曾达人、吴汉源、徐文治、娄朝骏、陈民、于鸣飞、贺奇伟、梁异农、赵雄飞，二年级学生聂弥合、黄亮如、刘贵种、蒋贤凯、刘建兴、彭诗谕、雷有宜，三年级学生汤又新、李兰亭、朱求业、彭毓全，四年级学生项志国、廖希圣、方辉盛，银行专修科学生葛景孙、童亚玲(女)，税务专修科学生曾繁宁。

2月，张培刚卸任经济系主任，刘涤源任经济学系代主任。

3月，张培刚、周新民任校务委员会常务委员；谭崇台任学校政治学习指导委员会副主任委员，曾启贤任委员；戴铭巽、贾植园任学校财务稽核委员会委员。

4月13日，民主建国会武大分筹会武大小组成立，李崇淮为临时召集人。

9月，经济系共招学生41人。

同月，李守庸任法学院分党支部书记。

11月，武汉大学成立土改工作团，刘涤源任总团副团长；经济学系被编为第三分团，刘涤源任团长，李守庸任政委(党支部书记)，带领部分经济系教师和一年级学生参加土改运动。

12月，开办2年制税务专修科和银行专修科，张培刚任科(班)主任，黄仲熊和李崇淮分别担任科(班)副主任。

本年，华中大学经济系并入。

1952 年大事记

9月，经济学系共招学生34人。

10月，郭吴新任法学院分党支部书记。

11月，中央人民政府政务院任命李达为武汉大学校长，徐懋庸为副校长。刘涤源任经济学系主任。

1953 年大事记

2月，政务院提请中央人民政府委员会批准，任命李达为武汉大学校长，徐懋庸为副校长。武大校务委员会结束工作。

9月，武汉大学开展院系调整工作，调整后学校设9个系1个专科，经济学系成为学校直属系。同时经济学系接受了来自湖南大学、中山大学、广西大学、华中大学、中华大学等校财经类相关专业的师生。经济学系共招学生24人。

11月，周新民调任校总务处副处长。

1954 年大事记

9月，经济学系招收学生40人。

10月28日，萧杰五任经济学系主任，谭崇台任系副主任。

1955 年大事记

1月，经济学系资料室编印《政治经济学参考资料》(第六辑)。

5 月，经济学系党总支成立，尹世杰任党总支书记。

6 月，经济学系学生撰写出《关于我国过渡时期资本主义经济的利润及其经济规律问题》。

1956 年大事记

3 月 17 日，萧杰五任武汉大学人文社会科学学报副主编。

6 月 1 日，刘秉麟教授逝世，享年 65 岁。

6 月 12 日，学校调经济学教授丁文治任校图书馆馆长，经济学副教授许俊千任副馆长。

1957 年大事记

4 月 19 日，黄仲熊在武汉大学第二次科学讨论会上提交题为《马尔萨斯的庸俗经济学是凯恩斯主义的一个重要理论基石》的论文。

5 月，经济学系吴纪先等 10 名教师参加科学讨论会，提交的论文提纲汇编成册。

6 月，武汉大学开展"反右"斗争，经济学系 7 位教师、部分学生被错划为"右派"，另有部分师生受到不同程度处理。

1958 年大事记

1 月，萧杰五卸任经济学系主任。

2 月 16 日，段钟南任经济学系主任。

4 月 24 日，曾启贤当选武昌区人民代表大会代表。

8 月，经济学系编写出《武汉市对私营进出口商的社会主义改造资料整理初稿》。

9 月 10 日，经济学系毕业学生编写出《马列主义经济学说史讲义》。

12 月 20 日，经济系选举了系务委员会，尹世杰、曾启贤为副主任。

12 月 25 日，经济学系三年级学生编写出《人民公社经济调查报告》。

1959 年大事记

1 月 29 日至 30 日，经济系举行本年首次科学讨论会。

3 月 20 日，尹世杰、曾启贤任经济学系副系主任。

10 月 1 日，经济学系办公室撰写文章，总结经济学系 1946—1957 年的科学成就。

12 月 1 日，经济学系教师召开了学术讨论会，讨论"农业是国民经济发展的基础"等问题。

12 月 1 日至 2 日，匈牙利经济研究所副所长、经济学家耿克尔来校参观经济学系，并和经济系教师及经济研究所的部分同志进行了座谈。

12 月，段钟南卸任经济学系主任。

1960 年大事记

2 月，尹世杰任经济学系主任。

5 月，曾启贤等先进个人出席湖北省群英会，毛泽东接见了大会代表。

6 月，由省委宣传部组织编写的《政治经济学》和武汉市经济研究所编写的《大众经济学》教科书的分组讨论会在我校举行，尹世杰、曾启贤参加具体领导工作。

本年，经济学系编写出《循着理论联系实际的途径培养师资》《政治经济学》教材。

1961 年大事记

6 月 2 日，经校务委员会通过：吴佩钧任政治经济学教研室主任、刘光杰任副主任；吴纪先任世界经济教研室主任；汤在新任经济学说史教研室主任；孔祥祯任部门教研室主任。

同日，经济学系编印出《世界经济》讲义。

9 月，郭吴新任经济学系副主任。

12 月，吴佩钧、曾启贤、祁涛、尹世杰、王治柱、郭吴新、孔祥祯被评为武汉大学 1961 年度优秀讲师。

1962 年大事记

1 月 17 日，湖北省教育厅批准武大 93 人享受高知照顾名单，经济学系有萧杰五、杨端六、戴铭巽、彭尘舜、吴纪先、周新民、朱景尧、黄仲熊、尹景湖、谭崇台、曾启贤等。

2 月 21 日，著名经济学家骆耕漠教授来校讲学三天。

9 月，经教育部批准，经济学系招收研究生，吴纪先教授被遴选为导师。黄训腾、吴贻谷、陆永良、李裕宜、甘碧群从中国人民大学研究生班学成返系任教。

12 月下旬，经济学系邀请董辅礽来校讲学，讲授《社会主义条件下国民收入问题》，并同经济系部分教师开了三次座谈会。

1963 年大事记

5 月 15 日，经济学系教师积极参加省经济学会举行的第一届年会。

同日，经济学系召开师资培养工作组长会议。

9 月，汤在新任经济学系副主任。

11 月上旬，经济学系师生分别到湖北红安、京山进行农村"社会主义教育运动"。

11 月 15—27 日，为纪念校庆 50 周年系里召开科学研讨会。

12 月，经济学系资料室编写出《国家垄断资本主义》(参考资料)。

同月，系内毕业年级配备"政治辅导员"，团总支配专职书记。

1964 年大事记

9 月，经济系招生 42 人。

10 月，四、五年级学生和有关老师在系主任尹世杰带领下到孝感参加农村"四清运动"，在校学生参加教改试点。下半年一、二、三年级学生在老师带领下参加咸宁市的农村"四清运动"，部分老师和学生到武昌五里界建校(造房子)办半工半读试点。

11 月，经济学系三个年级学生及教师下到湖北孝感农村参加"四清运动"。

本年，北美经济研究室成立。

1965 年大事记

7 月 15 日，经济学系编写出《政治经济学教学大纲》。

下半年，68 届学生和部分教师到湖北咸宁参加农村"四清运动"，次年上半年返校。

本年，学校成立襄阳分校半工半读领导小组，蒋浦任组长(校党委副书记)，童懋林(中文系总支书记)、黄训腾(经济学系副书记)任副组长。

同年，以郭涛等教师为主的"汉冶萍公司史"研究项目开始。

1966 年大事记

1 月 15 日，北美经济研究室编印《北美经济资料》。

3 月，湖北省正式批准武汉大学在湖北襄阳隆中建立分校，开辟半工半读的办学之路，随后从校本部迁去中文、历史、哲学、经济、生物等专业师生 300 人。其中，经济系迁去两个年级和部分教师。

5 月，尹世杰卸任经济学系主任。

6 月，"文化大革命"风暴席卷武汉大学。傅建民任经济学系"文革"领导小组组长。

8 月，傅建民任经济学系"文革"领导小组组长，黄继纯任经济学系"文化革命"委员会主任。

9 月 30 日，杨端六教授逝世，享年 81 岁。

12 月，黄继纯卸任经济学系"文化革命"委员会主任

1967 年大事记

2 月，傅殷才任经济学系抓革命促生产领导小组组长。

5 月，傅殷才卸任经济学系抓革命促生产领导小组组长。

1968 年大事记

2 月，王新瑞任经济学系"革命委员会"主任。

11 月 18 日，湖北省组织工人、解放军毛泽东思想宣传队进驻武汉大学。

12 月，王新瑞卸任经济学系"革命委员会"主任。

1970 年大事记

4 月，武汉大学恢复招生，在襄阳分校设置中文、历史、哲学、经济 4 个专业。

9 月，经济专业在湖北招收的 35 名工农兵学员抵达襄阳分校。

1971 年大事记

2 月，在武汉大学总校，经济专业在湖北招收的 32 名工农兵学员入学。

1972 年大事记

3 月 25 日，中共武汉大学经济系临时委员会成立，张焕潮任书记。

3 月 18 日，总校和分校的两个四连合并于襄阳分校。

4 月 21 日，武大修改文、史、哲、经四系暂定学制，由两年半改为三年。

4 月 23 日，经济学系在全国招收的 78 名工农兵学员在襄阳分校举行开学典礼。

4 月，连队迁往襄阳分校，撤销军事编制恢复经济学系；尹世杰任经济学系主任。

5 月，经济学系为教学急需，编印出《政治经济学讲义》。

8 月 28 日，校党委决定，尹世杰任经济系主任，汤在新、傅殷才任副主任。

9 月 9 日，经济系党总支成立，张焕潮任书记，傅殷才、杨宗传任副书记。

1973 年大事记

3 月，北美经济研究室编印出《北美经济资料》(1—8)。经济学系编印出《马恩列斯论社会主义政治经济学》。

7 月，经济系编印出《中国近代经济史专题讲义》《马恩列斯关于中国半殖民地半封建社会经济论述选编》。

8 月，经校党委研究决定成立经济系党委，傅殷才任党委书记，杨宗传任副书记。

9 月，经济学系招收的 30 名工农兵学员入校。

11 月 26 日，校党委上报湖北省委宣传部，摘掉经济学系教师刘涤源右派分子帽子。

12 月，经济学系教师郭吴新等参与编写的《主要资本主义国家经济简史》由人民出版社出版。

同月，1970 级的 35 名工农兵学员毕业，其中一人留校任教。

1974 年大事记

1 月，李裕宜任经济学系副主任。

8 月，1971 级 32 名工农兵学员毕业，其中 5 人留校工作。

9 月，经济学系招收的 45 名工农兵学员入校。

11 月，经济学系编印出《世界经济专题讲义》。

12 月，经济学系教师刘光杰等率 1971 级部分工农兵学员编写的《学点政治经济学》
（社会主义部分）由湖北人民出版社出版。

1975 年大事记

2 月 1 日，襄阳分校学习朝农经验，实行半工半读，分校林业队与经济系合并。

8 月，1972 级毕业生中有 5 人留校工作。

9 月，经济学系招收的 76 名工农兵学员入校。

本年，经济学系编印出《帝国主义论》《哥达纲领批判》《国家与革命》三本经典著作
的解说。

1976 年大事记

1 月，刘光杰组织 1971 级工农兵学员编写的《学点政治经济学》（社会主义部分）经
过修改，由农村读物出版社出版，印刷 300000 册。

6 月，尹世杰卸任经济学系主任，黄敏任经济学系副主任。

7 月，1973 级 30 名工农兵学员毕业，其中 1 人留校工作。同月，经湖北省政府同
意，武汉大学决定襄阳分校哲学、经济两系调回总校办学。

9 月，经济学系招收的 85 名工农兵学员入校。

1977 年大事记

6 月 24 日，杨宗传代理经济学系党委书记，杨楚华、胡春芳任副书记。

7 月 21 日，校党委决定在总校恢复哲学系和政治经济学系，襄阳分校哲、经二系
大部分人员调回总校。1974 级 45 名工农兵学员毕业，其中 4 人留校工作。

9 月，校党委决定，将襄阳分校两系分两批调回总校。

10 月，吴纪先被推选为出席湖北省第四届人大会议代表。

11 月，恢复高考后，经济学系招收本科新生 68 名。

1978 年大事记

3 月，恢复高考的首届大学生 1977 级学生进入经济学系学习。

9 月，经济学系招收了"文革"后第一批攻读硕士学位的研究生 21 人，学制三年；
并招收本科新生 65 名。

10 月 9—10 日，中国社会科学院经济研究所副所长董辅礽来我校作学术报告，并
举行了座谈会。

10 月 20—29 日，由国家计委经济研究所和我校联合主办的全国"北美经济讨论会"
在武汉召开。会后，经济学系成立了美国加拿大经济研究中心，同时建立世界经济资料

中心。

11月17日，学校任命程镇岳任政治经济学教研室副主任；孔祥祯任部门经济教研室主任；代鲁任经济学说史、经济史教研室副主任；甘碧群任政治经济学公共课教研室副主任；吴佩钧任社会主义经济理论研究室副主任。

11月，欧阳电平《抚顺炼油厂罐区自动化管理 GNB-302 工业计算机》获全国科技大会成果三等奖。

本年，经济学系师生分两批从襄阳分校返回总校。

1979 年大事记

3月，经济学系党委贯彻校党委扩大会议精神，在全系教师中实行工作量制。

4月29日，北美经济研究室被评选为湖北省1979年教育先进集体。

9月，经济学系招收本科新生55名。

10月22日，经济学系举办美国经济问题研究报告会。

12月11日，董辅礽应邀来校作报告，主题是社会主义的生产目的。美籍经济学家桑恒康来校讲学，作题为"发展中国家的经济发展问题"演讲。

同日，经济学系成立了人口研究室。

1980 年大事记

1月3日，吴纪先任《武汉大学学报》(哲学社会科学版)副主编。

5月6日，学校任命吴纪先任经济学系主任、武汉大学工会副主席。

10月29日，学校实施《体育锻炼标准》，经济系学生"达标率"位列第一。

10月，经济系创办不定期出版内部刊物《经济文稿》。

11月22日，校党委任命杨宗传为经济学系党委书记。

1981 年大事记

4月3日，吴纪先、赵德馨、高玉芳编的《加拿大经济》获武汉大学首批优秀科研成果二等奖。

同日，教育部下文，同意我校成立美国加拿大经济研究所。吴纪先任美国加拿大经济研究所所长，朱景尧任副所长。

5月9日，校党委决定成立经济管理学系筹备领导小组，由吴纪先、胡春芳、孔祥祯、许俊千、冯文权5位同志组成。吴纪先任筹备领导小组组长，胡春芳、孔祥祯任副组长。

6月9日，经济学系党委改为党总支，任命杨宗传任经济学系党总支书记，李守庸、陈昭方任副书记。

9月23日，武汉大学向教育部高教一司申报建立"欧洲资料中心"。

9月，世界经济专业首次招生20人。

同月，湖北省委组织部委托武汉大学举办政治经济学专业干部专修科。

10 月 13 日，启用"武汉大学经济管理系"新印章。

10 月 20 日，校党委任命李崇淮为经济管理系主任，许俊千、孔祥祯、冯文权为副主任。

11 月 3 日，国务院批准，我院首批授予博士学位的学科（专业点）及其指导教师：世界经济吴纪先；授予硕士学位的学科、专业：政治经济学、外国经济思想史、世界经济。

11 月 18 日，加拿大麦吉尔大学政治系副教授努莫夫偕夫人访问经济系，作了题为《国际经济形势问题》的学术报告，并与师生进行了座谈。

11 月 19 日，校党委任命胡春芳任中共经济管理系党总支书记，李守明、冯文权、曾鹤松等三位同志为党总支委员。

同年，武汉市政府委托经济管理学系举办经济管理专业专修科班。

1982 年大事记

1 月，经济系等四个教学集体受到省教育局表彰奖励。

2 月 5 日，教育部批复吴纪先、李崇淮任武汉大学学位评定委员会委员。

2 月 16 日，我校与武汉市经济委员会联合主办的经济管理函授专修科举行开学典礼，本期函授专修班有 150 名学员。

3 月 13 日，郭吴新任中共武汉大学第五届委员会委员。

4 月 2 日，校党委任命吴纪先任经济学系主任，谭崇台、李裕宜任系副主任。

6 月 3 日，校党委任命李守庸任研究生处处长。

6 月 25 日，吴铁军任经济学系团总支书记。

9 月，李裕宜被中共湖北省委文教部评为武汉地区高等学校优秀共产党员。

10 月 27 日，经济管理系主任李崇淮及副系主任冯文权等组成经济管理考察组赴法国考察。

12 月，经济管理系承办的经济预测学术会议召开，社科院、人民大学、南开、复旦等 40 多个大学和研究单位参加。

1983 年大事记

1 月 25 日，学校任命吴纪先为《法国研究》杂志顾问。

1 月 31 日，学校行文对重点专业、科研机构和重点学科规划做出修改意见。美国加拿大研究所的学科方向是世界经济，学术带头人：吴纪先、郭吴新；政治经济学专业的学科方向是社会主义政治经济学理论与实践的研究，学术带头人：曾启贤、刘光杰；世界经济专业的学科方向还增加现代西方经济思想研究，学术带头人：刘涤源、谭崇台。

3 月 3 日，学校行文决定当年秋天在经济学系举办硕士课程教师进修班，招收的专业有社会主义政治经济学、经济学说史、当代西方经济学说、世界经济。

3月19日，学生学术团体"管理学会"正式成立，聘经济管理系教师周戟、杜贤中、杨小凯为顾问。

4月27日，经济管理系1981级学生余紫秋应国家劳动人事部门邀请，赴广西南宁参加"全国劳动制度改革学术会议"，其论文《从发展中小企业看扩大劳动就业》受到国家劳动人事部重视。

4月30日，校报报道，经教育部批准，经济管理系设国际金融管理专业，从秋季起招生。

4月，我校为中国银行总行培养国际金融管理专门人才的协议书在北京签字。协议经教育部批准列入国家计划，从当年秋季起，将招收四年制本科生、三年制研究生及二年制干部专修科生。

6月17日，谭仁杰当选共青团武汉大学第4届委员会及常委会委员。

6月23日，李崇准卸任经济管理学系主任，校党委批准经济管理系行政领导班子由樊民为系主任，冯文权、杜贤中为副主任。

8月，吴纪先卸任经济学系主任。

8月7日，首届工业会计干部专修科在洪山宾馆举行毕业典礼，111名学生获专科文凭。该干部专修科是经济管理系受省财政局和省会计学会委托于1980年开始举办。

9月6日，校党委批准经济学系成立系务委员会。系务委员由谭崇台、曾启贤、汤在新、吴纪先、杨宗传、刘光杰、程度、陈华山、伍新木等同志组成。谭崇台为主任，汤在新、曾启贤为副主任，汤在新任系主任、赵德馨、伍新木任副系主任。

同日，校党委任命赵德馨为美国加拿大经济研究所副所长。

9月，30多名留学生进入政治经济学、中文和中国历史等专业学习。

11月15日，武汉大学校友总会选举产生第一届理事会，尹世杰、董辅礽等当选为理事。

12月27日，学校行文，拟建武汉大学经济与管理学院，报请教育部批准。

1984年大事记

2月18日，学校行文向教育部申请举办经济管理专业干部专修科。

2月20日，经国务院学位委员会批准，经济学系下设有硕士学位授予权的专业包括政治经济学、外国经济思想史、世界经济、中国经济史。

2月27日—3月6日，由武汉大学主持，全国十一所综合性大学合编的《世界经济》教材审稿会在昆明举行，吴纪先、郭吴新、肖育才参加审稿会。

3月16日，李崇准、肖国金合著论文《"加强两通开发"在实现湖北省经济发展战略中的重要作用》获湖北省商业优秀论文一等奖。

3月20日，湖北省政府任命刘光杰为湖北省社会科学院副院长。

同日，学校行文请示教育部建立保险学专业。

4月11日，教育部批准武汉大学成立经济与管理学院。

6月23日，美国内华达大学经济系教授朱诗凡来经济系讲授计量经济学。

7月5日，经教育部批准在经济管理学系设置高等学校经济管理专业，学制二年，侧重培养高等学校后勤方向的管理人才，自1984年开始招生。

8月25—26日，武汉地区高等院校学生首届经济学术讨论会在武汉大学举行。

9月15日，校党委任命谭崇台为经济与管理学院院长，李崇淮、汤在新、樊民为副院长。

9月27日，校党委任命汤在新任经济系主任，赵德馨、伍新木、陈志龙任副系主任；陈昭方任经济系党总支书记，谭仁杰任党总支副书记；樊民任经济管理系主任，甘碧群、杜贤中、张治平任副系主任；胡春芳任经济管理系党总支书记，彭元杰任党总支副书记。

10月6日，校党委任命谭崇台为武汉大学出版社副总编辑。

10月10日，经济管理系在武汉大学举办中心城市招标培训班。

10月12日，经济管理系八一级张军、王国强等10名学生被武汉市汽车工业公司聘为经济顾问。

10月20日，湖北省政府任命刘光杰兼任湖北省社会科学院经济研究所所长。

10月，由学校发起的《武汉市经济发展战略和综合体制改革讨论会》在学校举行，省内外近百名经济部门负责人和经济理论工作者与会。

同月，刘光杰作为中国经济学家代表团成员应邀赴英进行为期三周的学术考察。

同年，中国人民保险公司与武汉大学合作在全国率先创建保险学系。

同年，国家工商行政管理局与武汉大学合作建立武汉大学工商行政管理专业。

1985年大事记

1月，刘光杰撰写的《经济体制改革建设有中国特色的社会主义》获湖北日报1984年"好新闻"奖。

1月15日，著名经济学家于光远受聘为武汉大学名誉教授。

1月23日，学校任命汤在新、樊民、曾启贤任"武汉大学第二届学位评定委员会"哲学社会科学委员会委员。

3月1日，学校公布"武汉大学第二届学位评定委员会成员名单"。经济系分会主席为吴纪先，副主席为曾启贤、汤在新，委员包括谭崇台、郭吴新等；经济管理系分会主席为樊民，副主席为甘碧群，委员包括李崇淮、许俊千等。

4月17日，教育部同意我校增设审计学专业，学制四年，从1985年开始招生。

5月15日，校党委决定，吴纪先任美国加拿大经济研究所所长。

7月，署名经济系(尹景湖、代鲁合编)编《旧中国汉冶萍公司与日本关系史料选辑》由上海人民出版社出版，获当年学校优秀科研成果二等奖。

9月4日，学校为彭尘舜、萧杰五、黄永轼执教50年颁发荣誉证书，为尹景湖、周新民、吴纪先、谭崇台、王治柱、刘涤源、曾启贤、贾植园、朱景尧、代鲁、郭吴新、李守庸、吴佩钧、程镇岳、任映国、赵德馨、程度、傅殷才、刘光杰、温端云、汤在新、刘云彬、隋启炎执教 30 年颁发荣誉证书。

9 月 15 日，经济与管理学院副院长李崇淮代表校长与美国俄亥俄州立大学代表签订两校学术交流协议延期书。

9 月 19 日，国家教委下达高校哲学社会科学博士点专项科研基金资助项目，其中有曾启贤《社会主义经济分析》、李崇淮《城市经济体制改革研究》、吴纪先《美国和加拿大政府经济的经验》、刘涤源《凯恩斯主义研究》、谭崇台《发展经济学》等五个项目。

9 月 25 日，学校任命汤在新任经济系学衔评审组组长，成员有郭吴新、吴纪先、曾启贤、谭崇台、陈昭方；李崇淮任经管系学衔评审组组长，成员有杜贤中、许俊千、孔祥祯、胡春芳等。

9 月，欧阳电平《WUPP-80 分布并行处理系统》获国家教委优秀成果奖。

同月，经济管理学院相继招收了经济、保险、会计、国际金融、财务管理、企业管理、旅游等专业的插班生。

10 月，刘光杰《对物资流通中几个问题的认识》获中国物资经济学会优秀论文奖。

11 月 13 日，经济系举办经济理论和经济实践问题"双周学术讨论会"。

11 月 24 日，经济系 1982 级学生沈晓冰、赵京参加团中央召开的代表会议。

12 月 4 日，萧杰五教授逝世，享年 85 岁。

12 月 25 日，武汉大学、复旦大学、南开大学的经济(管理)学院签署合作协议书，就提高经济学科的教学、科研水平实行紧密的学术合作，并于 1986 年 1 月 1 日起实行。

12 月，傅殷才《当代西方主要经济思潮》获湖北省社会科学优秀成果奖。

同月，傅殷才任《经济评论》杂志社主编。

同年，国家审计署与武汉大学合作在全国率先创建审计学系。

1986 年大事记

1 月 10 日，国家教委文科教材"七·五"规划中，汤在新、樊民等 19 位老师参与编写 15 种教材。

3 月 12 日，国家教委同意将武汉大学经济与管理学院分设为武汉大学经济学院与武汉大学管理学院。

3 月 17 日，胡勇华任经济管理系团总支书记。

4 月 3 日，校党委行文，经济与管理学院分设为经济学院与管理学院。谭崇台任武汉大学经济学院名誉院长；汤在新任经济学院院长；赵德馨、伍新木、陈昭方(兼)任经济学院副院长。樊民任管理学院院长；胡春芳(兼)、冯文权任管理学院副院长。原经济学系党总支更名为经济学院党总支。原经济管理学系党总支更名为管理学院党总支。陈昭方任经济学院党总支书记，谭仁杰、熊懿求任副书记。胡春芳任管理学院党总支书记，赵锡斌、彭元杰任副书记。

同日，校党委任命李裕宜任经济系主任，张秀生、颜鹏飞任副系主任；肖育才、左东官任世界经济系副主任；张旭初任金融保险系主任，李九如、魏华林任副系主任；彭及时任会计与审计学系主任；吴纪先任美国加拿大经济研究所所长，高玉芳、汤学义任美国加拿大经济研究所副所长；刘光杰任人口研究所所长，涂礼忠、赵清华任人口研究所副所长；刘家旭任院办公室主任；陈毓华任图书分馆馆长。

同日，校党委任命郑琴缘任经济管理学系主任，杜贤中、毛蕴诗任系副主任；樊民(兼)任国际经济管理系主任，戴宗任系副主任；肖国金任工商行政管理系主任，刘业础任系副主任；甘碧群任管理学院科研咨询部主任，余杭任部副主任；杨健任院办公室主任。

同日，全国综合大学管理教育协作组第二届年会由管理学院筹办召开。

4 月 20 日，隋启炎被中国国际经济关系学会第三届年会选为常务理事。

5 月 10 日，经济学院人口研究所被国家计划生育委员会评为全国计划生育先进集体。

6 月 4 日，湖北省政府任命刘光杰为湖北省社会科学院顾问。

6 月 6 日，黄敏任武汉大学工会 12 届委员会副主席。

7 月 4 日，校党委决定，中共武大经济学院党总支由 7 人组成，陈昭方任书记。中共武大管理学院党总支由 7 人组成，胡春芳任书记。

7 月 28 日，国务院学位委员会批准：授予博士学位的学科、专业：政治经济学、外国经济思想史。

8 月 25 日，经国务院学位委员会批准，第三批博士生指导教师有：政治经济学专业曾启贤、外国经济思想史专业谭崇台、世界经济专业郭吴新。

9 月 9 日，国家教委委托武汉大学孔祥祯主编的高等学校文科教材《会计管理学》被批准出版发行。

9 月 28 日，美国驻华使馆经济处二秘李森智来校与经济学院教师座谈我国当前经济体制改革情况。

10 月 8 日，提忠望任经济学院分团委书记，梁文忠任分团委副书记；郭驰任管理学院分团委副书记。

10 月 9 日，德意志联邦共和国退休专家威尔纳·格里希先生被授予武汉大学管理学院名誉教授。

10 月 10 日，陶德清、徐云鹏获执教三十周年荣誉证书。

11 月 5 日，校党委任命陈继勇任经济学院世界经济学系副系主任。

12 月，傅殷才所著《当代西方主要经济思潮》、刘光杰所著《经济发展战略理论的几个问题》获湖北省社会科学优秀成果三等奖。

同月，郑华《民法经济法》获武汉大学自编教材三等奖。

1987 年大事记

1 月 12—26 日，曾启贤教授出席在法国巴黎举行的中法经济讨论会第二次会议。

1月27日，隋启炎教授出席在菲律宾马尼拉召开的国际粮食价格讨论会。

2月20日，肖国金出席了武汉市科协第三次代表大会，并当选为武汉市科协第三届委员会委员。

2月21日，管理学院樊民教授、肖国金副教授合著的《神龙架经济社会发展战略》被湖北省六届人大常委会吸收，制定了《湖北省神龙架自然资源保护条例》。

2月24日，李崇淮当选为民建中央常委，肖国金当选为民建中央委员。

2月25日，中共中央书记处农研室周其仁来经济学院为师生作题为"当前我国农村经济形势与农村经济对策"的报告。

2月28日，经贸部部长助理周小川博士为经济学院师生作题为《我国经济体制改革若干战略选择》的报告。

2月，管理学院李崇淮、罗昌宏、江春参加研究的科技与金融相结合的运行机制课题，获湖北省科委科研成果二等奖。

3月9日，余杭等人撰写的《招标是发展横向经济联系的一项突破》论文及其科研项目获武汉市科技进步一等奖。余杭获武汉市人民政府授予的"最佳科技工作者"称号。

3月17日，校领导刘道玉、黄训腾、齐民友、戴礼彬等与管理学院李崇淮、樊民、肖国金等前往武汉市工商局商谈联合办学事宜，决定成立武大管理学院汉口分院，并落实了本年度的招生任务。

3月18日，学校公布我校哲学社会科学"七·五"科研规划第一批重点项目：刘涤源的《资产阶级庸俗经济学》、郭吴新的《社会主义经济体制的比较研究》、何耀和赵清华的《经济定量分析在区域经济决策的应用》、李崇淮和樊民的《中心城市对外经济贸易发展战略》、冯文权的《企业及经济中的预测与决策技术》、毛蕴诗的《宏观经济计量模型与经济分析软件》名列其中。

3月23日，经济学院为1984年从我国台湾省归来，在经济系学习和工作的李九如先生举行了欢送会，欢送其到深圳特区工作。

3月，国际金融、国民经济计划与管理、货币银行学、会计学等6个专业获得自行审批硕士学位的条件。

4月4日，武汉市人民政府召开授奖大会，管理学院余杭被授予最佳科研工作者称号。

4月8—12日，世界人口学会秘书长、法国巴黎政治学院教授坦丁诺斯到经济学院进行学术交流。

4月15日，武汉医学院短期工作专家莫利斯·德伦先生应邀与管理学院师生进行座谈，并作了"电脑在管理方面的应用"讲座。

4月16日，武汉大学经济系八一届毕业生、时任香港华润公司技术开发部经理、香港大学经济系博士生王建国，应邀给经济学院研究生做学术报告。

4月20日，校党委任命邓大松任经济学院党总支副书记。

同日，新华社驻香港分社经济部长范正翘来管理学院访问。

5月15日，管理学院84级学生毛国华获国家体改委、中央电视台等新闻单位举办的"改革与社会经济发展知识竞赛"一等奖。

5月21日，法国格勒诺布二大经济发展学院院长来武汉大学商讨两校合作可行性等事宜。

5月26日，由国家经委、武汉市经委联合我校管理学院举办的全国大型厂矿企业管理研讨班"格里希治厂经验研讨班"开办。

同日，美国驻华使馆经济处二秘李森智夫妇与经济学院、管理学院的教师就我国经济体制改革的有关问题进行座谈。

5月31日，联邦德国专家格里希向管理学院师生作题为"关于联邦德国与中国工业企业管理比较"的学术报告。

6月17日，美国应用教育组织鲍立斯副总裁来校访问，就联合在我校举办"企业干部培训中心"等事宜与管理学院负责人座谈。

6月25日，日本亚洲经济研究所早赖保子来校，就人口研究等有关问题与经济学院人口所教师进行交流。

7月10日，中国经济体改研究所与管理学院共同商定协作培养研究生，并签署了协议。

7月14日，校党委任命，叶永青任世界经济系副系主任，陈恕祥任经济学系副系主任，文显武任国际经济管理学系副系主任。

8月10日，国家教委审计室和武汉大学商定，我校从1988年开始为国家教委审计室代培审计专业本科生，其中1988年秋代培大专起点的本科生20~30名。

9月7日，甘碧群撰写的《市场学通论》、冯文权主编的《经济预测的原理与方法》获中南地区大学出版社优秀教材二等奖。

9月12日，我校与武汉市民主建国会、工商业联合会合办的管理学院汉口分院召开第一次董事会议，会议由董事长李崇淮主持，会议决定聘请肖国金任院长、王海清为副院长。

9月23日，国家教委批准李崇淮的《城市经济体制改革研究》、刘光杰的《社会主义所有制的研究》项目追加经费。

9月28日，国务院经济发展研究中心高级顾问、著名经济学家马宾应邀来院就中国物价问题做学术报告。

9月，肖育才任世界经济学系主任。

10月5日，管理学院接受经营专业干部学员（原个体厂长）谭树海校友捐赠一万元，作为管理学院管理奖励基金，管理学院为此设立了全校第一个院级管理基金会。

10月14日，由张培刚教授等七人组成的学术评审组，审核通过了经济学院审计、保险两个专业的硕士学位授予权。

10月15日，美国著名经济学家保罗·麦克拉肯教授偕夫人来校访问，同经济学院教师进行座谈，并作美国经济政策及形势方面的学术报告。

10月20日，管理学院工商行政管理系与深圳工商行政管理局签订协议，建立长期业务协作关系。

10 月 21 日，国务院经济信息中心预测部主任王潼博士来管院做"经济预测方法"的报告。

10 月 23 日，复旦大学管理学院院长郑绍廉教授来校作报告。

10 月，黄永轼教授病逝，享年 79 岁。

11 月 11 日，管理学院院长樊民赴中国银行珠海分行就建立珠海武大管院联合金融研究所签订合同。

同日，管理学院咨询公司与省经济体改委、省经委联合开办"经济改革与当代管理"函授学习班。

11 月 19 日，经济学院自筹资金 84 万元修建教工住宅。

11 月 20 日，学校与加拿大等三国合作培养博士生，经济学院唐宗力获准出国深造。

11 月 28 日，徐鹏航副省长来校为经济学院师生作"湖北省经济发展战略"的报告。

11 月，管理学院学生郭振军在湖北省第三届大学生田径运动会上，打破省高校 5000 米长跑记录。

12 月 4 日，国务院经济研究中心常务干事杨培新研究员来管理学院做"我国经济体制改革现状与展望"的学术报告。

12 月 8 日，国家对外经济贸易部部长助理、经济学院兼职教授周小川来院做"我国当前经济体制改革的战略选择"的报告。

12 月 15—16 日，北京大学、中国人民大学、武汉大学、南开大学、厦门大学、复旦大学经济学院第二次联络员会议在南开大学召开。

12 月 21 日，经济学院的戏剧表演《警察与小偷》获武汉大学首届"珞珈金秋艺术节"一等奖。

1988 年大事记

1 月 4 日，中国社会科学院经济研究所所长、我校兼职教授董辅礽应邀来校做"关于所有制结构"的报告。

1 月 6 日，深圳市工商局与管理学院负责人签订合同，双方商谈合作发展工商行政管理教育。

1 月 9 日，国务院经济技术发展研究中心常务干事、价格组组长、我校兼职教授田源应邀来校做"价格体系改革与产权转移"的学术报告。

1 月 22 日，我国著名经济学家童大林来校访问。

1 月 25 日，经济学院辜胜阻《农村人口若干问题研究》和陈继勇《中国、印度、巴西、埃及产业结构发展战略比较研究》课题获国家教委社会科学年度科研基金。

1 月 31 日，管理学院毛蕴诗《商品市场经济计量模型》在京通过委级鉴定，专家们认为该成果达到国内领先地位。

2 月 29 日，李崇淮当选武汉市七届政协副主席，肖国金当选常委。

3月14—16日，经济学院和美国富布赖特经济学者联合举办的"现代经济学讨论会"在学校举行。

3月18日，校党委任命王林昌任工商管理学系副主任。

同日，国务院学位委员会批准，我校自行审批硕士学位授权学科、专业：国际金融、国民经济计划与管理、货币银行学、会计学。

4月6—8日，中国人民大学、北京大学、武汉大学、南开大学、复旦大学、厦门大学经济学院第二次院长会议在复旦大学举行。

4月25日，刘涤源、谭崇台撰写的《当代西方经济学说》获国家教委优秀教材二等奖。

4月，管理学院胡洪涛、彭九如等9位同学在罗昌宏老师指导下完成的《湖北省科技运行机制的考察报告》，受到省科委和国家教委的重视，并获得省科技成果奖。

5月16日，肖育才卸任世界经济学系主任，校党委任命辜胜阻任经济学院人口研究所所长，陈华山任世界经济学系主任。

5月24日，国家教委政治经济学专业教改讨论会在我校召开，北京大学、中国人民大学、南开大学、复旦大学、厦门大学、武汉大学等全国各高校经济院系负责人与会。

6月10日，经济学院队获得首届"振兴杯"女子足球第一名。

6月17日，国家教委下达第二批文科博士点专项科研基金资助项目：傅殷才的《西方经济学中国家干预与自由经营两大经济思潮》、汤在新的《〈资本论〉理论和结构的形式和发展》、郭吴新的《东西方城市经济及其比较》、隋启炎的《东西方经济比较研究》、刘光杰的《经济发展战略理论研究》名列其中。

7月22日，国家教委公布高等学校重点学科点，我院世界经济学科名列其中。

7月29日，校党委任命王冰任经济学院人口研究所副所长。

7月，李崇淮当选七届全国人大常委。

9月5日，余杭、樊民、孔祥祯研制与推广的《投标招标在社会主义条件下的推广应用》的科研成果，获湖北省科技进步一等奖。

9月8日，黄敏、冯文权获执教30周年荣誉证书。

9月，傅殷才等人撰写的《当代西方经济思潮》获上海市哲学社会科学学会联合会年度优秀学术成果特等奖。

同月，原武汉水利电力大学电力技术经济专业首次招收本科生。

10月11日，湖北省委宣传部召开湖北省1987年研究现实问题和理论宣传优秀论文授奖大会，曾启贤的《从不均衡中求均衡》获一等奖，谭崇台的《凯恩斯思想与经济发展问题》获二等奖。

10月22日，校党委任命廖洪任财政与审计学系副主任。

10月29日，中国人民大学教授宋涛应邀来校进行学术交流。

11月12日，校党委任命郑锐任管理学院党总支副书记。

11月，刘涤源、肖国金等7位老师的论文被湖北省纪念十一届三中全会召开十周年理论讨论会选中。刘涤源、伍新木、辜胜阻等教师 4 篇论文经国家教委专家评审，被推荐参加国家教委召开的全国高校经济学理论讨论会。

12 月 20 日，学校行文向国家教委申请将刘涤源、谭崇台教授主编的《当代西方经济学》教材列入国家文科选编教材。

同日，陶德清、赵锡斌等人撰写的《武汉市合理调整产业结构》调研报告获湖北省工业经济学会研究成果荣誉奖。

12 月 28 日，贾植园教授病逝，享年 67 岁。

12 月，郑功成的《论涉外保险及其国际化》获陕西省保险学会优秀论文二等奖。

同月，伍新木论文入选中宣部召开的纪念十一届三中全会十周年理论讨论会，国家教委系统共入选 18 篇。

同月，经济学院张旭初主编的《保险经营学》获全国高等学校金融系优秀教材三等奖。

1989 年大事记

1 月 7 日，汤在新《马克思 1861—1863 年手稿对"资本论"第三卷形成的重大意义》论文获武汉大学第六届社会科学优秀论文奖。

1 月 10 日，张旭初教授病逝，享年 54 岁。

1 月 25 日，隋启炎专著《苏美经济比较》获湖北社会科学三等奖。

1 月 31 日，学校党委宣布，李裕宜任经济学院院长，陈昭方（兼）、伍新木、陈恕祥、刘家旭任副院长，汤在新卸任经济学院院长；张尧庭任管理学院院长，樊民、毛蕴诗、谭力文任副院长。

2 月 9 日，曾启贤教授逝世，享年 68 岁。

同日，何晓英任管理学院办公室主任，杨健任正处级调研员。

2 月 25 日，李裕宜卸任经济学系主任，校党委任命熊懿求任经济学系主任，张秀生、薛进军任副主任；陈华山任世界经济学系主任，陈继勇、叶永清任副主任；魏华林任金融保险学系主任，邓大松任副主任；彭及时任财政与审计学系主任，廖洪任副主任；郭吴新任美国加拿大经济研究所所长，高玉芳、周茂荣任副所长；辜胜阻任人口研究所所长，王冰任副所长；刘家旭兼任经济学院办公室主任。

同日，樊民卸任国际金融(经济管理)学系主任，肖国金卸任工商行政管理学系主任，杨健卸任管理学院办公室主任，校党委任命郑琴缭任经济管理学系主任，徐清安、卢汉林任副主任；文显武任国际金融系主任，戴宗、黄宪任副主任；王林昌任工商行政管理学系主任，钟文任副主任；黄力任财务管理学系主任，罗昌宏、冯浩任副主任；何晓英任管理学院办公室主任。

同日，经研究决定将原管理学院高校财务与科技管理学系更名为财务管理学系。

3 月 8 日，伍新木、辜胜阻等赴美参加与美国布朗大学合作进行的项目研究。

3 月 17 日，国家保险总公司保险研究所所长、经院兼职教授叶亦德应邀来校作《我国保险发展的历史和现状》的报告。

3 月 30 日，周戟获学校颁发的执教 30 周年荣誉证书。

3 月，刘光杰的《社会主义初级阶段与物资流通体制改革》获湖北物资流通学会优秀论文一等奖。

4 月 10 日，武汉大学党委任命陈昭方任经济学院党总支书记，谭仁杰、严清华任副书记；彭元杰任管理学院党总支书记。

5 月 10 日，我校向国家教委申请《经济评论》刊物准印证。

5 月 13—19 日，美国老年学学会会长阿德尔曼博士等一行 7 人来访问经济学院。

6 月 20 日，学校行文成立管理科学研究所。

6 月 30 日，梁文忠任共青团经济学院委员会书记。

6 月，陈毓华卸任图书分馆馆长，詹凤兰任图书分馆馆长。

8 月，徐德宽的《武汉旅游事业发展的战略——总体规划构思》获武汉市自然科学优秀学术论文二等奖。

9 月 4 日，校党委任命胡春芳任经济社会发展研究中心主任。

9 月 10 日，徐绪松的《改革教学内容及新教学方法》获湖北省高等学校优秀教学成果二等奖。

9 月，郭吴新被国家教委、人事部和中国教育工会全国委员会评为全国优秀教师并授予全国优秀教师奖章。

同月，经济学院 87 级余培同学在武汉市举办高校校园文化节公关比赛中获一等奖。

10 月 4 日，校党委任命何晓英任管理学院党总支副书记；张天亮任管理学院办公室主任；任命夏国政任管理学院党总支代理书记、管理学院副院长。

12 月 8 日，校党委任命黄子四任管理和领导科学研究室副主任。

12 月 11 日，武汉大学图书馆经济学院分馆成立。校党委任命詹凤兰任分馆馆长。

12 月 30 日，徐绪松等人研制的《计算机网管理信息系统》被评为 1989 年度北京市技术开发优秀项目三等奖。

12 月，李裕宜的《经济体制改革与政府的作用》获湖北省优秀论文三等奖；伍新木的《枣阳县科技经济社会总体规划》获湖北省科技进步三等奖；伍新木的《中国农村改革与发展的目标选择》获全国纪念十一届三中全会十周年入选奖；伍新木的《"汉南模式"研究》获武汉市科技进步二等奖；郑华的《经济法制度改革》获贵州省民法经济法学会二等奖。

1990 年大事记

1 月，毛蕴诗的《中国商品市场经济计量模型》获 1989 年度国家教委科技进步二等奖。

同月，徐云鹏被推选为武汉市武昌区政协第八届常务委员。

2 月 14 日，郑琴缭卸任经济管理学系主任，校党委任命段敏慧任经济管理学系主任；万德梅任财务管理系副主任。

3月5日，国家教委留学生司任命谭崇台为出国留学人员专家评议组成员。

3月21日，经济学院经济发展研究中心成立，谭崇台任中心主任。

3月，国家教委文件批准成立武汉大学管理咨询服务公司。

4月17—19日，受国家教委高教司的委托，经济学院召开中美经济学教育委员会交流委员会第六次全体会议。

4月20日，学校任命谭崇台任武汉大学校务委员会副主任委员；李崇淮、李裕宜、张尧庭、郭吴新任校务委员会委员。

4月，校党委任命杨健为武汉大学管理咨询服务公司经理。

同月，梁文忠等被评为1989年度湖北省模范团干。

5月4日，郭吴新主编的《国际经济辞典》、甘碧群撰写的《市场学通论》获中南地区大学出版社首届优秀图书二等奖。

5月16日，管理学院第一届工商管理专业函授班毕业典礼举行，全国9省11个函授站1436名学员的代表223人与会。

5月17日，美国匹兹堡大学包蒙德先生一行来校访问。

同日，国务院社会发展研究中心市场流通部部长田源与国家体改委宏观司陈兴动来校作题为《当前经济形势和经济体制改革》的报告。

5月18日，美国密歇根州立大学终身教授顾应昌先生偕夫人于18日至26日来校访问讲学，经济学院聘其为兼职教授。

5月20日，彭尘舜教授逝世，享年83岁。

5月28日，谭崇台当选为中华外国经济学说研究会副会长。

6月，武汉大学管理咨询服务公司经武汉市工商行政管理局注册登记，正式对外营业。

7月20日，甘碧群被选为中国高等院校市场学研究会副会长，学术委员会主任。

9月5日，徐开榜获执教30周年荣誉证书。

9月6日，谭仁杰的书法作品作为赠品被寄往日本创价大学。

9月7日，谭仁杰的行草获武汉地区高校第四届教职工书法二等奖。

9月，刘家旭卸任经济学院办公室主任，夏昌恺任经济学院办公室主任。

10月15日，郭吴新的"当代资本主义发展研究"和谭崇台的"发达国家和发展中国家关系研究"课题被列为省重点科研项目。

10月16—18日，第三届中国欧共体国际学术会议在我校举行。

10月23日，国家教委批准武汉大学增设投资经济管理专业。

10月24日，《发展经济学》等6门课程被评为学校一类课程。

10月25日，学校任命陈继勇任经济学院副院长。

同日，王林昌卸任工商行政管理学系主任，学校任命杜贤中任工商行政管理系主任，王林昌任副主任；黄力卸任财务管理学系主任，李守明任财务管理学系主任，黄力任副主任；叶永刚任国际经济管理系副主任。

10 月，管理学院党总支任命朱丹妮为武汉大学管理咨询服务公司副经理。

同月，离退休党支部批准成立。

11 月 21 日，国务院学位办行文我校马克思主义经济思想史、人口经济学为自行审批硕士学位授权专业。

11 月 26—29 日，在上海举行的全国美国经济学会第四届年会上，郭吴新当选会长，周茂荣当选副会长，陈继勇、文显武、谢成德当选为理事。

11 月，经济学院彭及时教授当选全国内部审计学会理事。

12 月 7 日，辜胜阻当选省青联常委、副主席。

12 月 19 日，经济学院邀请国家国有资产管理局副局长蒋乐民来校给学生作"国有资产管理体制改革"专题报告。

12 月，陈继勇的《论日元的国际化及其对国际经济的影响》获湖北省首届金融学研究二等奖；傅殷才的《当代西方经济学说》获国家教委优秀教材二等奖。

1991 年大事记

1 月 1 日，辜胜阻获国家教委、人事部颁发的"国家有突出贡献的留学归国人员"称号。

1 月 15 日，余杭、樊民、孔祥祯的《招标投标在社会主义条件下的推广应用》获国家教委 1990 年度科技进步三等奖。

1 月 20 日，经国务院学位委员会批准，马克思主义经济思想史、人口经济学获硕士学位授予权，政治经济学、外国经济思想史获博士学位授予权，刘光杰、傅殷才、汤在新等获博士导师资格。

1 月 29 日，经济学院主办的《经济评论》双月刊举行首发式。傅殷才任主编兼编辑部主任，王冰任副主编。

1 月，陈继勇的《怎样看待香港的富》获 1990 年度湖北日报理论周刊优秀论文奖。

2 月 17 日，苏联捷尔诺波尔国民经济学院宾合希克代表该院院长乌斯坚科阿安与经济学院院长李裕宜教授签署了两院合作交流意向书。

3 月 6—17 日，李崇淮教授赴京参加七届全国人大常委会十八次会议和四次全体会议，其大会发言《要大力推行招标投标制度》受到国务院有关部门高度重视。

3 月 15 日，陈继勇的《论日元国际化及其对国际经济的影响》获湖北省 1990 年金融科学研究二等奖，《怎样看待香港的富》获湖北日报 1990 年度好新闻作品一等奖。

3 月 18 日，校党委任命胡树祥任管理学院党总支书记。

3 月 21 日，学校任命徐柏熹任世界经济系副系主任。

3 月上旬，辜胜阻、毛蕴诗被中宣部、国家教委、人事部和国务院学位委员会评为"有突出贡献的回国留学人员"。

4 月 5 日，原芝加哥大学校长、经济系主任盖尔·约翰逊教授来校与经济学院教师座谈。

4月12日，由学校总务部门和管理学院共同承办的全国工商行政管理学院第一期地级局局长、省级局处长岗位职务培训班开学。

4月，辜胜阻、王冰的《老年人健康和社会生活的国际比较研究》获湖北省社会科学优秀成果三等奖。

同月，陈恕祥的《试论社会主义经济和资本主义经济的逻辑关系》获湖北省宣传部1991—1992专题优秀论文三等奖。

同月，郑功成的《社会保险》被中国人民银行评为"全国高校金融类优秀教材"二等奖，《保险案例分析》被评为"全国高校金融类优秀推荐教材"。

同月，李裕宜的《发展生产力是社会主义的根本任务》被中共湖北省委宣传部评选为优秀论文。

同月，谭崇台、薛进军、郭熙保、冯金华的《发展经济学》获湖北省第四次社会科学优秀科研成果奖专著一等奖，辜胜阻和王冰的《老年人健康和社会保障国际比较研究》、陈继勇的《举世瞩目的股市大动荡》获三等奖。

同月，省高工委任命管理学院许俊千为湖北软件研究院院长，郑琴缭为副院长。

5月3日，学校第二届教师职务评审委员会学科评议组，经济学学科组长：李裕宜，成员：郭吴新、刘光杰、傅殷才、辜胜阻。经济管理学学科组长：张尧庭，副组长：冯文权，成员：杜贤中、毛蕴诗、甘碧群、夏国政、樊民。

5月10日，管理学院召开经济管理系建系十周年大会。

5月16—23日，美国锡拉丘兹大学华裔学者陈江教授应邀来校访问，并作了题为《应用时间序列分析》的讲学。

6月7日，加拿大达尔豪西商学院教授、加拿大国际开发署"CIDA"项目加方协调员Dipchand到经济学院访问。

6月27日，郭吴新、贺发和被授予湖北省优秀共产党员称号。

6月30日，受国家经委委托、国家教委批准，招投标硕士研究生班委托武大管理学院主办，余杭成为国内唯一招投标方向的研究生导师。

7月31日，国家教委同意"全国美国经济学会"重新登记，并挂靠在武汉大学。

9月4日，熊懿求、彭及时、朱求长、夏国政和唐岳驹获教满30周年荣誉证书。

9月18日，中国人口控制与社会发展学术讨论会在我校举行，全国各地70余名学者与会。

10月12日，陈继勇的《怎样对待香港的富——兼驳刘晓波"殖民经济有功论"》获全国报纸理论宣传研究室优秀文章奖。

10月29日，校党委任命胡树祥任管理学院党总支书记，何晓英、郑锐任党总支副书记。

同日，欧阳电平获第二次全国工程设计计算机优秀软件三等奖。

10月，经济学院谭仁杰著《婚姻经济学》由河南人民出版社出版，本书填补了我国经济学科与婚姻学科的空白。

11月5日，联合国发展部高级研究员罗伊女士、联合国人口活动基金驻京办事处金志诚等来校视察经济学院人口研究所。

11 月，王冰的《住宅设计与住宅功能需求矛盾的研究》在武汉房地产学会开展的第一次优秀科研成果评奖中获优秀论文二等奖。

同月，廖洪被湖北省职称改革工作服务小组聘为湖北省审计专业高级职务评委会委员。

12 月 13 日，学校任命陈恕祥任经济学院副院长；朱冬传任世界经济系副系主任。

12 月 19 日，国家国有资产管理局副局长、国有资产管理专家蒋乐民应邀来校做"国有资产管理体制改革"的专题报告。

12 月 28 日，谭崇台教授获国务院特殊津贴。

12 月，甘碧群的《国际市场营销学》获中南地区大学出版社优秀教材二等奖。

同月，陈继勇、辜胜阻获全国青联开展的"为七五建设出成果、做贡献"先进个人奖。

同月，郭吴新任《美加经济研究》编辑部主编。

1992 年大事记

1 月 16 日，学校任命伍新木为"清泉审计师事务所"法人代表、所长。

2 月 24 日，中共内蒙古自治区党委书记王群同志邀请齐民友校长与余杭教授共赴内蒙做"关于成本控制法"的专题报告，并对"包钢"进行咨询。

3 月 16 日，冯文权与国家信息中心副主任乌家培等共同承担的国家级重点科研项目《宏观经济决策问题研究》在北京通过开题论证。

3 月，甘碧群被任为武汉市人民政府决策咨询委员会委员。

同月，徐绪松在全省高校女职工"学先进、比奉献"活动中被省妇联授予优秀女职工称号。

4 月 4 日，湖北省办公厅顾问、经济发展与研究中心总干事吕乃强应邀为经济学院师生做了"关于经济形势与改革开放"的报告。

4 月 8 日，学校党委宣布，李裕宜任经济学院院长，伍新木、陈继勇、邓大松任副院长。

4 月 15—17 日，"长江中游开放—开发带研讨会"（第一次会议）在武汉大学召开。湖北省省长郭树言到会讲话，武汉市市长赵宝江介绍武汉的情况和今后开放开发的设想。

4 月 28 日，陈继勇的《怎样认识亚洲四小的经济发展》获湖北日报 1991 年度好新闻作品一等奖。

5 月 5 日，武大党委任命陈昭方任经济学院党总支书记，谭仁杰、梁文忠任副书记。

5 月 20 日，熊懿求卸任经济学系主任，陈华山卸任世界经济学系主任，彭及时卸任会计与审计学系主任。学校决定，陈恕祥任经济学系主任，颜鹏飞任副主任。周茂荣任世界经济学系主任，朱冬传任副主任。魏华林任金融保险学系主任。廖洪任会计与审计学系主任，秦永和任副主任。郭吴新任美国加拿大经济研究所所长，高玉芳任副所长。辜胜阻任人口研究所所长，朱农任副所长。

5月21日，王冰的《养老与家庭》获湖北省老年学会首次优秀论文二等奖。

5月21日，徐云鹏的《人口老龄化对社会经济发展的影响及其对策》获湖北省老年学会首次优秀论文一等奖。

6月1日，在武汉大学第十四届大学生学习竞赛中，经济学院、管理学院分别获文科团体总分第一、第二名。

6月19日，澳大利亚政府高级经济顾问、国立大学经济系主任罗斯·加纳特博士受福特基金会委托，来校对福特基金会所资助的经济领域的项目进行评估。

6月28日，学校向国家教委请示成立欧洲共同体研究中心。

7月7日，辜胜阻的《人口流动与城镇化》获湖北省人口普查分析资料优秀论文奖。

7月9日，首届武汉大学国际金融(深圳、珠海)研究生班在深汉科技实业公司举行毕业典礼。

7月，甘碧群获国家自然科学基金项目《市场营销系统仿真模型研究》。

8月21日，李守庸为我校第一届教学工作顾问。

9月1日，世界经济系首次在本专业招收中法双学位学生，在全国高校中属于先行。

9月3日，校党委决定，夏洪超任经济学院金融保险学系副主任。

9月5日，李裕宜、甘碧群、杜贤中获执教满30周年荣誉证书。

9月10日，辜胜阻获第三届"中国十大杰出青年"称号载誉归来，10月下旬被湖北省授予"湖北省劳动模范"称号。

9月21日，由校软件基地、管理学院和沈阳市工商行政管理局联合研制开发的"工商行政管理决策系统"通过省教委主持的鉴定。专家们认为，此系统属国内首创，在综合使用人工智能技术和软件工程技术方面达到同类系统的国际先进水平。

9月，郭吴新教授被全国哲学社会科学领导小组聘为学科评审组成员，聘期5年。

11月7日，学校任命孙向明为经济学院副院长。

11月9日，赵志龙任经济学院团委书记，柳芳任副书记。

11月11日，美国麻省理工学院企业管理系博士、美国伊利诺大学香槟校区管理系博士汤明哲副教授应邀来校做学术报告。

11月中旬，《经济评论》杂志被湖北省新闻出版局评为湖北省优秀刊物。

12月1日，周新民、吴俊培、辜胜阻、王元璋、李守明、李崇淮、冯文权、甘碧群、余杭获国务院特殊津贴。

12月12日，经济学院为庆祝刘涤源教授80寿辰举办"刘涤源学术讨论会"。

12月27日，学校任命张尧庭任管理学院院长，杜贤中、周宗贵、黄宪、谭力文任副院长。

同日，李崇淮继续当选民建中央副主席，辜胜阻当选民建中央委员。

12 月，伍新木的《南平市科技经济社会总体规划》获福建省科技进步三等奖。

同月，傅殷才、陈继勇被确认为国家教委高校社科研究规划学科评议组成员。

1993 年大事记

1 月 5 日，傅殷才的《关于建立社会主义市场经济体制若干问题的思考》获湖北省社会主义市场经济理论与实践研讨会优秀论文。

1 月 7 日，段敏慧卸任经济管理学系主任，学校任命赵锡斌任管理学院经济管理学系主任。卢汉林任投资经济管理系主任。文显武任国际经济管理系主任。杜贤中卸任工商行政管理学系主任，王林昌任工商行政管理系主任。李守明任财务管理系主任。卢汉林任投资经济管理学系主任。冯文权任经济信息管理研究所所长。徐清安、王慧农任经济管理系副主任。王国玉任投资经济管理系副主任。叶永刚、江春任国际经济管理系副主任。钟文任工商行政管理系副主任。万德梅任财务管理系副主任。李北平任经济信息管理所副所长。

1 月，学校成立武汉大学旅游研究所，任命徐德宽为所长，挂靠管理学院。

2 月 18 日，武大党委决定成立经济学院党委、管理学院党委，党委成员与原党总支成员相同。

3 月 4 日，辜胜阻当选全国政协八届委员会委员。

3 月 5 日，李崇淮当选八届全国人大代表。

3 月 13 日，湖北证券公司捐赠给《经济评论》杂志社 5 万元人民币。

3 月 15 日，学校公布了武汉大学教师职务评审委员会、学科评议组、（院系）评审小组成员名单。冯文权、李裕宜为评审委员会委员；经济学科评议组李裕宜任组长，郭吴新任副组长；经济管理学学科由张尧庭任组长，冯文权任副组长。

同日，学校任命胡炳志任金融保险学系副系主任。

3 月，陈继勇的《重返关税总协定对国内市场的影响》获安子介国际贸易研究奖优秀论文奖。

4 月 5 日，国务院学位办批准我校为 MBA 工商管理硕士学位试点单位。

4 月 11 日，外交部参赞钱兆利、中国银行国际金融研究所钱东宁来校做国内外经济形势的报告。

4 月 13 日，全国人大常委、我校兼职教授董辅礽来校为师生做"公有制与市场经济"的专题报告。

4 月 20 日，国际投资九二级学生孙荃在湖北省第九届"江城大学生艺术节"系列活动——"天地杯英语演讲比赛"中以 9.66 分夺得桂冠。

4 月 21—22 日，管理学院主办的全国《经济预测与决策》教学大纲讨论会在我校召开。会议决定该大纲委托冯文权主持编写。

4 月，辜胜阻、刘传江的《城市第三产业的发展特征及其对策思路》获国务院第四次全国人口普查领导小组颁发的 1992 年度全国优秀人口统计分析报告一等奖。

5月8日，建设银行湖北省分行委托国务院学位办批准我校培养（MBA）工商管理硕士研究生签字仪式在省建设银行隆重举行。

5月，"长江中游开放开发带"研讨会成果《长江中游开放开发带》一书40万字由武汉大学出版社出版。

同月，《经济评论》获批正式刊号，在工商管理局登记注册刊名商标。杂志举办首发式，邀请校友和媒体参与，马洪、胡代光、董辅礽、李京文等知名学者为刊物题词。

6月16日，湖北省财政厅批准"湖北武大会计事务所"正式成立，所长由余杭担任，挂靠武汉大学。

6月，辜胜阻、刘传江的《城市第三产业的发展特征及其对策思路》获湖北省第四次人口普查科学讨论会一等奖。

7月2日，辜胜阻获"湖北省劳动模范"。

7月，陈恕祥的《社会主义条件下的市场经济可以运转得更好》获全国报纸理论宣传研究会"入选奖"。

8月9日，学校向教委请示设立"国际贸易""旅游管理""理财学"专业。

9月1日，国务院学位办要求在部分一级学科内开展自行审批增列博士生指导教师的试点工作，我校经济学名列其中。

同日，经国家新闻出版署批准，《经济评论》杂志从1993年第5期起由内刊转为全国统一刊号的正式连续出版物向国内外公开发行。陈岱孙、马洪、宋涛、黄达、胡代光、董辅礽、陶德麟、李京文、范恒山等教授题词，祝贺该刊物的正式出版发行。

9月17日，1990年诺贝尔经济学奖获得者、美国芝加哥大学默顿·米勒（Merton Miller）教授来我校访问，并与我院师生座谈，进行学术交流。

9月18日，学校任命张彬任世界经济学系副主任。

9月21日，学校批准成立武汉大学经济科学高级研究中心，任命邹恒甫为中心主任。

9月27日，湖北省旅游学会1993年年会暨学术研讨会在我校举行。

10月1日，周茂荣、伍新木、陈继勇、文显武、黄宪获国务院特殊津贴。

10月12日，全国首届高校中青年学者关于经济、管理教育改革研讨会在我校举行。

同日，学校任命薛进军任经济学院副院长。

10月18日，中国国际期货总公司总裁卢建博士应邀在经济学院做"中国期货经营规范化的政策选择"的报告。

11月15日，纪念"两通起飞十周年暨发展社会主义市场经济"学术讨论会在我校举行。

11月23日，柳芳任经济学院团委书记，杜晓成任副书记。

12月1—2日，在百年校庆学生田径运动会上，经、管学院分获男、女团体总分第一、第二名。

12月9日，学校决定给予第二届国家级优秀教学成果奖获得者魏华林、胡炳志等

10 位教师晋升一级工资的奖励。

12 月 10 日，甘碧群的《市场学原理的国际化与应用化探讨》获湖北省普通高校优秀教学成果二等奖。

12 月 14 日，国务院学位委员会授予我校投资经济学科为第五批自行审批硕士学位授权学科、专业。

1994 年大事记

1 月 6 日，由冯文权教授主持的国家自然科学基金资助项目《政策或突发事件对经济影响的测算方法及干预分析模型》研究，通过国家教委鉴定。鉴定委员会认为此成果是一项开创性研究，达到国内领先进水平。

1 月 7 日，武大党委任命贺发和任管理学院党委书记。

1 月 28 日，武大党委任命景新华任经济学院党委副书记。

1 月，辜胜阻、刘传江、钟水映《进一步控制中国人口增长的对策》获首届中国人口科学优秀成果一等奖。

2 月 23 日，旅游管理学系成立。

3 月 4 日，张尧庭卸任管理学院院长，学校任命甘碧群任管理学院院长。

3 月 10 日，李崇淮教授参加八届全国人大代表会议，并向大会递交了《关于建立长江中游开放——开发带和华中自由贸易区》的建议。

3 月 16 日，武汉大学资产评估事务所在经济学院成立。

3 月，甘碧群被聘任为湖北省人民政府决策咨询委员会委员。

同月，夏昌恺卸任经济学院办公室主任，冯元信任经济学院办公室代理主任。

4 月 16 日，周茂荣撰写的《美加自由贸易协定研究》被评为 1993 年度安子介国际贸易研究奖优秀著作奖。

5 月 2 日，樊学林、郭熙保被评为 1993 年度湖北省有突出贡献的中青年专家。

5 月 4 日，辜胜阻与朱农的《中国城镇化的区域差异及其区域发展模式》和辜胜阻、刘传江、钟水映的《进一步控制中国人口增长的对策》两篇论文获得 1994 年湖北省首届人口科学优秀成果一等奖。

5 月 9 日，广东省建行行长董虎臣被聘为武汉大学兼职教授。

5 月 31 日，国际金融专业 81 级硕士研究生，国务院经济发展中心对外经济部副部长高冠江同志就我国经济对外开放中的几个重大问题为管理学院师生作专题报告。

6 月 1 日，经济学院和得克萨斯大学公共事务学院结成姊妹学院。

6 月 7 日，国务院证券监督管理委员会主席刘鸿儒受聘为我校名誉教授。

8 月 26 日，在全国四、六级英语考试中，世界经济系刘宾、经济系聂玉芳、国际金融系陈楚玲四级考试成绩达 100 分。国际金融系王亮六级考试成绩达 100 分。

9 月 2 日，学校向国家教委提出增设市场营销学专业。

9 月 4 日，叶月明、张迪祥、徐德宽获执教满 30 周年荣誉证书。

9月5日，我校申报省级重点学科：企业管理、政治经济学，同年获批。

同日，学校任命何耀任经济学院副院长；简新华任人口理论研究所副所长。

同日，武大党委任命谭仁杰任经济学院党委书记；吴厚珍任经济学院党委副处级组织员。

9月21日，学校成立武汉大学经济科学高级研究中心。

9月，余杭受国家计委委托起草《中华人民共和国招标投标法》，成为该法首任起草人。

同月，冯元信卸任经济学院办公室代理主任。

10月1日，魏华林获国务院特殊津贴。

10月25—28日，中国经济思想史学会在我校召开第七届年会。

10月，辜胜阻、朱农的《中国城镇化发展的区域差别及其区域发展模式》获湖北省第五届自然科学优秀学术论文二等奖，徐德宽的《武汉市黄陂木兰湖旅游风景区开发构想》获三等奖。

11月10日，国家教委人事司批准陈继勇申报的"资助优秀年轻教师基金"项目"跨国公司海外直接投资与我国三资企业管理研究"。

11月19日，台湾省淡江大学校长林云山教授、管理学院院长陈焱胜教授等一行13人来校访问。

12月5日，学校向国务院学位办、国家教委研究生办公室推荐政治经济学的刘光杰、甘碧群教授，外国经济思想史的谭崇台、傅殷才教授，世界经济的郭吴新、周茂荣教授为研究生教育评估专家。

同日，学校同意为中国建设银行举办国际金融专业插班生班。

12月13日，文显武卸任国际金融(经济管理)学系主任，学校任命叶永刚为国际金融(经济管理)学系主任，刘思跃任副主任；张兆国、欧阳电平任财务管理学系副系主任；桂国平任投资经济管理学系副主任。

12月15—18日，"德国社会市场经济与长江中游经济和产业结构"研讨会在我校举行。

12月16日，国家计委致函武汉大学，对余杭为起草招标投标法所提供的科研成果，表示充分肯定。

12月24日，谭崇台任武汉大学国际交流委员会顾问。

12月31日，辜胜阻在《改革》1994年第四期上发表的《中国剩余劳动力向何处走》获第六届孙冶方经济科学论文奖。

12月，《经济评论》杂志被认定为《中国期刊网》和《中国学术期刊》(光盘版)来源刊物。

同月，辜胜阻的《农村城镇化与小城镇发展道路——南阳地区城镇化与小城镇发展研究》获国家科委1994年度科技进步奖。

1995 年大事记

1 月，李季明任经济学院办公室代理主任。

2 月，董有明任管理学院党委副书记。

3 月 13 日，学校公布教师职务评审委员会成员文科组成员包括甘碧群、李裕宜、胡树祥等；教师职务评审委员会等学科组成员，经济学科组长陈恕祥，副组长郭吴新；经济管理学学科组长甘碧群，副组长文显武；系（所、中心）教师职务评审小组成员，经济学院组长陈恕祥，副组长谭仁杰；管理学院组长贺发和、副组长杜贤中。

3 月 15 日，陈恕祥卸任经济学系主任，学校任命颜鹏飞任经济学系主任，张秀生、郭熙保任副主任；周茂荣任世界经济学系主任，张彬、张建清任副主任；魏华林任金融保险系主任，叶月明、胡炳志任副主任；廖洪任财政与审计学系主任，秦永和、阎红玉任副主任；郭吴新任美国加拿大经济研究所所长，高玉芳任副所长；辜胜阻任人口研究所所长，简新华、朱农任副所长。

3 月 16 日，李裕宜卸任经济学院院长，学校党委宣布，陈恕祥任经济学院院长，伍新木、邓大松、何耀、孙向明任副院长；李季明任办公室主任。

3 月 17 日，学校任命甘碧群、刘光杰、郭吴新为武汉大学第三届学位评定委员会委员。

3 月 31 日，李声华教授逝世，享年 57 岁。

4 月 15 日，孔祥祯教授逝世，享年 72 岁。

5 月 2 日，齐爱民任管理学院团委书记。

5 月 5 日，湖北省政府颁发首届社会科学优秀成果奖，辜胜阻获青年人才奖；刘涤源的《反通货膨胀论》、傅殷才的《吸取西方经济学成果，建设有中国特色社会主义》、余杭的《劳动消耗转化论》获二等奖；谭仁杰的《婚姻经济学》、李崇淮的《资本主义货币银行学》、魏华林的《论农村灾害损失补偿机制的结构》、郭熙保的《我国农业资源转移的规模与特点》获三等奖；郑功成等的《财产保险学》获提名奖。

5 月 20 日，学校任命陈恕祥、谭力文为武汉大学教学指导委员会成员。

5 月，刘光杰主编的《毛泽东经济变革与发展思想研究》入选《毛泽东思想研究丛书》（共六种）。该丛书由武汉大学出版社出版，获湖北省最佳社会科学优秀成果荣誉奖。

同月，廖洪被武汉市职称改革工作服务小组聘为武汉市审计专业高级评委会委员。

6 月 2 日，教高（1995）10 号文件，国家教育委员会和财政部批准我校试办注册会计师专业方向。

6 月 25 日，甘碧群的《Attach to the Importance to study of marketing Ethics》获第五届市场营销与发展国际会议优秀论文奖。

7 月 4 日，欧盟委员会的三名专家和中央教育科学研究所副所长一行与经济学院教师进行会谈，并参观了欧洲资料中心。

7 月 12 日，学校向国家教委申请设置货币银行学专业。

7月，美加经济研究所被湖北省委评选为1995年先进基层党组织。

8月22日，余杭的《劳动消耗转化论及其应用》获劳动部科技进步三等奖。

8月26日，简新华的《宏观控制与微观活力的矛盾：社会主义经济体制改革的难关》获《当代经济科学》(1978—1995年)优秀理论文章一等奖。

8月31日，王骐骥、万德梅、徐锦铭获执教满30周年荣誉证书。

8月，郑功成获香港柏宁顿(中国)教育基金会颁发的首届"孺子牛金球奖"。

9月10日，国家教委公布人文社会科学研究优秀成果奖评审结果。谭崇台的《西方经济发展思想史》获一等奖；刘涤源的《凯恩斯就业一般理论评议》、周茂荣的《美加自由贸易协定研究》、辜胜阻、朱农的《中国城镇化的发展研究》、魏华林的《论中国农业灾害损失补偿方式的选择》、李崇淮的《两通起飞——武汉经济发展战略刍议》、余杭的《招标投标通论》获二等奖。

9月20日，由经济学院、中国社会科学院经济研究所等单位联合举办的中国转轨时期金融改革与企业发展高级学术研讨会在学校举行。

9月，武汉大学和华中科技大学、地质大学、华中师范大学、中南政法大学签订联合办学协议，经济学、国际金融专业名列其中。

同月，辜胜阻的《建立现代企业制度的思路和建议》获湖北省宣传部颁发的1993—1994年度建设有中国特色社会主义理论与实践专题优秀论文二等奖。

同月，辜胜阻、李珍的《三峡库区开发性移民的思路与对策》获湖北省委宣传部颁发的1993年至1994年度建设有中国特色社会主义与实践专题优秀论文荣誉奖。

同月，冯文权的《经济预测与决策技术》获中南地区大学出版协会优秀图书二等奖。

10月1日，颜鹏飞获国务院特殊津贴。

10月9—11日，1994级的徐蓉《透过外汇储备的超常规增长看通货膨胀的深层原因》获"东啤杯"第三届全国高校研究生经济理论及热点问题研讨会一等奖。

10月10—12日，国家自然科学基金委员会在我校组织召开了"金融数学理论"研讨会。

10月11日，辜胜阻、简新华的《当代中国人口流动与城镇化》获中央宣传部1994年度精神文明建设"五个一工程入选作品"奖。

10月16日，学校任命陈继勇任经济学院副院长。

10月19日，国际金融专业建设银行行长本科插班生班举行开学典礼。

10月21日，我国西南、西北、中南区外国经济学说研讨论会在我校举行。

10月，严清华的《中国古代管理思想对日本的影响》获中国经济思想史学会第一届学术论文一等奖。

11月29日，学校任命王元璋任经济学系副主任；熊元斌任工商行政管理学系副主任；吴先明任投资经济管理学系副主任。

11月，徐德宽的《荆门市旅游发展总体规划》获湖北省首届软科学优秀奖。

12月4日，国家教委公布第二届全国高校出版社优秀学术著作评奖结果，辜胜阻、简新华的《当代中国人口流动与城镇化》获特等奖，谭崇台的《西方经济发展思想史》获优秀奖。

12 月 20 日，中国管理科学研究院任命许俊千为中国管理科学研究院湖北分院院长，郑琴缭任副院长。

12 月 22 日，湖北省经济学团体联合会颁发经济学优秀成果奖，陈继勇的《美国对外直接投资研究》获一等奖，傅殷才的《新经济知识辞库》获三等奖。

12 月 27 日，魏华林获宝钢优秀教师奖。

12 月 28 日，学校成立经济学院社会保障研究所，郑功成任所长。

12 月 30 日，冯文权的《经济预测与决策技术》获国家教委优秀教材一等奖；李崇淮、黄宪、江春的《西方货币银行学》获国家教委优秀教材二等奖。

12 月，傅殷才的《吸取西方经济学成果，建设有中国特色的社会主义》获湖北省首届社会科学优秀成果二等奖；李裕宜、陈恕祥的《政治经济学》获国家统计局优秀教材奖；《经济评论》的杂志被评为湖北省优秀期刊和一级期刊；廖洪的《社会主义市场经济体制下企业审计模式探讨》获湖北省内部审计学会一等奖。

1996 年大事记

1 月 10 日，陈继勇的《美国对中国加入世贸组织的态度以及与中国存在的主要分歧》和《美国政府对中国外贸壁垒的评价》获国务院发展研究中心研究报告论文二等奖。

1 月，詹凤兰卸任图书分馆馆长，姚秀群任图书分馆馆长，王冰任《经济评论》杂志社常务主编。

2 月 7 日，学校任命姚秀群任经济学院图书分馆馆长，黄春姣任副馆长。

3 月，武汉大学筹组董辅礽经济科学奖励基金。

3 月 8 日，"长江中游开放开发带"研讨结题评审会在武汉大学举行，会上专家一致同意结题，并希望就此题继续研究。

3 月 12 日，甘碧群、谭崇台为武汉大学研究生专项奖学金评审委员。

3 月 22 日，经济学院举办建院 10 周年暨经济系建系 70 周年庆祝活动。

3 月 24 日，学校任命甘碧群任管理学院院长，黄宪、谭力文、赵锡斌、周宗贵任副院长。

3 月 25 日，甘碧群、黄恒学获得 1995 年国家自然科学基金资助的项目。

4 月 2 日，学校成立武汉大学旅游学院。任命胡德坤为院长，徐德宽为常务副院长，李慧芳、谢红星为副院长。

5 月 10 日，赵锡斌卸任经济管理学系主任，学校任命符国群任经济管理学系主任，万德梅、李燕萍任副主任；叶永刚任国际经济管理学系主任，江春、刘思跃任副主任；王林昌任工商行政管理学系主任，熊元斌、黄恒学任副主任；李守明任财务管理学系主任，欧阳电平、谢获宝任副主任；卢汉林任投资经济管理学系主任，桂国平、吴先明任副主任；张淑奇任经济信息管理研究所所长，李北平、尤赤矶任副所长。

5 月 13 日，国务院学位下达博士学位授予学科，我院西方经济学名列其中。

5月20日，管理学院国际经济管理学系更名为管理学院国际金融学系。

同日，廖洪的《现代企业制度与企业内部审计》获中国内部审计学会优秀论文三等奖。

5月，张薇任旅游管理学系主任。

6月，周新民教授逝世，享年85岁。

7月6日，傅殷才教授逝世，享年67岁。

同月，王冰任《经济评论》杂志主编，曾国安任副主编。

同月，甘碧群获得国家社会科学基金项目"企业营销道德研究"，并获国家教委审批的"面向21世纪市场营销专业主要教学内容改革研究与实践"项目。

8月16—19日，管理学院和中南财经大学联合承办的中国高校市场学研究会在宜昌召开。甘碧群教授继续担任中国高校市场学会副会长，并任学术委员会主任。

9月，经济学院和管理学院在全国首创开办国际数理经济实验班、国际数理金融实验班。

10月，徐绪松的《A branch-bound algorithm in touring-path problem and its computer implementation》获湖北省第六届自然科学优秀论文二等奖。

同月，学校任命简新华任经济学院副院长。

同月，高玉芳获国务院特殊津贴。

11月28日，学校任命余玉苗为会计与审计学系副主任；储诚忠任金融保险系副主任。

12月25日，经济学院召开首届教代会。

12月26日，武药集团天天明药业有限公司与经济学院就"天天明助学计划"举行签字议式。

12月27日，武汉大学经济科学高级研究中心转为实体机构。

12月，辜胜阻的《关于加强对城市流动人口管理的建议》获全国政协颁发的第八届政协会议优秀提案奖。

同月，廖洪在1996年10月召开的中国会计学会第五次全国代表大会当选为中国会计学会第五届理事。

同月，技术经济及管理专业获得硕士学位授予权。

同月，《经济评论》杂志被认定为"全国中文核心期刊"并被评为湖北省优秀期刊。

同月，傅殷才卸任《经济评论》杂志社主编，王冰卸任《经济评论》杂志社常务主编。

1997 年大事记

1月2日，辜胜阻获1996年国家自然科学基金并得到学校奖励；符国群、黄静获1997年国家自然科学基金项目。

1月23日，武汉大学区域发展研究院成立，伍新木任院长，李光、赵锡斌任副院长。

1月，陈恕祥任国家教育委员会高等学校马克思主义理论课教学指导委员会副主席。

同月，王冰任《经济评论》杂志社主编，梁涛任管理学院团委书记。

2月22日—3月3日，简新华、孙向明率经济学院代表团应邀赴香港浸会大学、香港科技大学进行学术交流。

2月，廖洪的《加强和改进部门审计的思考》获湖北省第三届内部审计优秀论文特别奖。

3月，柳芳任经济学院党委副书记。

3月25日，学校任命黄兆银任世界经济系副主任；刘喜爱任人口所副所长。

4月，陈恕祥任1997年国家普通高校教学成果评审委员会委员。

5月10日，武汉大学公布第一届杰出校友评选结果，经济系78级庾震校友当选。

5月16日，学校任命郭华任经济学院办公室主任。

5月20日，陈恕祥任国务院学位委员会第四届学科评议组成员(理论经济学)

5月，李季明卸任经济学院办公室主任，郭华任办公室主任。

6月5日，战略管理研究院成立。辜胜阻任院长，简新华、谭力文任副院长，李崇淮、陈恕祥、甘碧群任顾问。

6月23日，姜星莉任经济学院分团委书记。

7月1日，第一届"董辅礽经济科学奖"颁奖大会在北京进行。甘碧群、简新华、王林昌、严清华、余杭等10名教师获教师奖，15名学生获学生奖。

7月8日，余杭获中共湖北省高工委、湖北省教委联合颁发"湖北省高校教师科技创新与成果转化奖"。

9月3日，武汉大学党委任命陶梅生任经济学院党委书记。

9月10日，湖北省教委颁发1997年湖北省普通高校优秀教学成果奖，王林昌等的《工商行政管理专业学科建设》获一等奖；欧阳电平、李淑萍等的《会计学原理教学系统的改革》获二等奖。

同日，刘光杰、严清华的《2010年武汉经济发展战略对策研究》获湖北省委宣传部1995—1996"改革、发展、稳定"专题优秀文章三等奖。

同日，陈恕祥的《政治经济学》被评为湖北省优秀课程。

9月24日，王林昌等的《工商行政管理专业学科建设》研究项目，获国家教委颁发的教学成果二等奖。

10月10日，廖洪被聘为湖北审计专业高级职务评审委员会委员。

11月12日，徐绪松教授当选武汉市武昌区第十一届人大代表。

11月15日，谭力文获宝钢教育奖优秀教师奖，杨艳琳获宝钢教育奖优秀学生奖。

11月17日，吴纪先教授逝世，享年83岁。

12月11日，刘涤源教授逝世，享年85岁。

12月16日，陈继勇获湖北省有突出贡献中青年专家称号。

12月，廖洪的《适应两个转变深化效益审计》获湖北省审计厅颁发的全省优秀审计论文特别奖。

1998 年大事记

2月21日，国家旅游局人事劳动教育司司长肖潜辉来校与管理学院、旅游研究所师生进行座谈。

2月27日，学校任命黄宜新任经济学院副院长。

同日，冯文权的《经济预测与决策》获湖北省人民政府科技进步二等奖。

3月2日，朱农、符国群获得霍英东教育基金会第六届高等院校青年教师基金奖。

3月4日，校友、国务院经济发展研究中心外贸部副部长高冠江应邀为经院、管院全体研究生作了题为《东南亚金融危机对中国经济的影响》的学术报告。

3月6日，学校自行审核增列硕士点：区域经济学、财政学(含税收学)、产业经济学、国际贸易学，数量经济学。

3月13日，辜胜阻当选第九届全国政协常委。

3月20日，谭崇台执教50周年庆贺会在校举行。

3月24—25日，由世界经济系主办的全国世界经济教学与科研交流会在学校举行。

4月10日，学校决定成立文理科校内评价专家组，聘请邓大松、谭力文等为评价专家。

4月14日，学校党委宣布，童光荣、张琦任经济学院党委副书记。

同日，学校任命林玲任美国加拿大经济研究所副所长；刘传江任人口研究所副所长。

4月16日，学校党委宣布张秀生、张彬任经济学院副院长。

同日，东啤集团名誉董事长、管理学院名誉教授陈尔程应邀为管院师生作了题为《探讨国有企业改革的难点和出路》的专题报告。

5月8日，学校党委宣布何耀任经济学院副院长兼任经济科学高级研究中心副主任。

5月12日，第二届中国人口科学优秀成果奖颁发，辜胜阻、李珍的《中国90年代最大的工程性人口迁移——三峡移民(论文)》获一等奖；简新华等的《人口流动与城镇化》(系列论文)获优秀奖。

5月13日，美国匹兹堡市罗伯特·利特菲尔德先生受聘为武汉大学客座教授。

5月，李燕萍的《关于建立人力资本统计指标体系的研究》获第四届全国统计科学技术进步青年学术论文三等奖。

6月4日，理论经济学被国务院学科评审组授予一级学科，至此，我院有7个博士点、14个硕士点。

6月5日，国家发展计划委员会行文，我院"发展经济学与国际经济发展"项目正式成为"211工程"建设项目。

7月2日，学校举行第20届大学生学生竞赛颁奖大会，经、管学院分获团体总分

一、二名。经济学院还包揽了英语、汉语写作、综合知识三个单项的团体第一。管理学院包揽了计算机基础、高等数学的团体桂冠。

7月15日，熊良福的《当代美国对外贸易研究》获安子介国际贸易优秀著作三等奖。

7月17日，全国美国经济学会第六届年会在上海浦东举行，陈继勇被选为新一届会长。

7月29日，辜胜阻、陈继勇、郭熙保入选为教育部"跨世纪优秀人才培养计划"人员。

7月，陈恕祥任国家教育部高等学校经济学科指导委员会副主席。

8月，旅游学院、管理学院在神农架主持召开了"第六届全国区域旅游开发学术研讨会暨第二届神农架旅游的研讨会"。

同月，徐绪松的《The Design and Analysis of Algorithm of Minimum Cost Spanning Tree》获湖北省第七届自然科学优秀论文一等奖。

9月11日，省学位委员会、省教委表彰首批全省优秀博士学位论文的作者和指导老师。谭仁杰的《中国现阶段个人收入分配态势分析与对策研究》（指导老师：刘光杰）；黄宪的《市场经济中银行效率和社会成本》（指导老师：郭吴新）获表彰。

9月20日，陈恕祥等七人赴美访问杰克逊威尔州大学。

9月28日，学校召开"武汉大学第二届董辅礽经济科学奖"颁奖大会。廖洪、王元璋、辜胜阻等10名教师、15名学生获得"董辅礽经济科学奖"。

10月1日，武汉市人民政府颁发第六次社会科学优秀成果奖。郭吴新的《当代世界经济格局与中国》获一等奖；刘光杰、严清华、何耀等的《2010年武汉经济发展战略与对策研究》、李珍的《关于退休年龄的经济学思考》获二等奖；陈继勇的《关贸总协定与中国》、严清华的《中国现代化经济发展思想比较研究》、邓大松的《论中国社会保障"税收"制度改革》、黄宪的《中国国有银行业资金配置分析研究报告》、夏清华的《从企业融资结构理论谈我国企业债券市场的发展》、郑功成的《对武汉市实施再就业工程的若干政策建议》等获优秀奖。

10月9日，教育部批准我校建立国家经济学基础人才培养基地。

10月10日，陈继勇的《国际投资研究论文组》获湖北经济学团体联合会优秀成果一等奖。

10月31日，学院举办可持续发展与城市房地产市场国际会议。

10月，刘光杰、严清华的《21世纪中部地区面临的形势及其发展战略思考》获湖北省委宣传部1997—1998年度"高举伟大旗帜推进伟大事业"专题优秀文章一等奖。

同月，甘碧群的《客观市场营销研究》获武汉大学学术专著一等奖。

11月4日，中国科技大学、复旦大学等7所华东地区兄弟院校档案馆的负责同志来校参观学习了管理学院的档案工作。

11月9日，刘光杰等人获"深圳华为优秀研究生导师奖教金"。

11月26日，管理学院召开第一次教职工代表大会，主要审议三个办法章案：《管理学院教职工月考核办法》《管理学院教职工科研成果奖励办法》《对外服务收入及奖酬金分配实施办法》并征求意见。

12月6日，武汉市利龙信息产业有限公司董事长吴余龙应邀向1997级、1998级MBA班的学员介绍"A管理模式"理论及实施状况。

12月10日，教育部颁发第二届全国普通高等学校人文社会科学优秀成果奖。郭熙保的《农业发展论》获一等奖；江春的《经济增长中的产权问题》获二等奖；朱农、王冰的《三峡工程移民与库区发展研究》，黄宪的《中国国有银行资金配置分析研究报告》获三等奖。

12月28日，谭崇台、李崇淮获执教50周年荣誉证书。

12月，李燕萍的《减员增效过程中的误区、原因及对策》获湖北省劳动学会优秀论文二等奖。

同月，徐绪松被民主建国会湖北省委员会第三次表彰大会评为优秀会员。

同月，廖洪的《加强和改进部门审计的思考》获湖北省经济学团体联合会经济学优秀成果三等奖。

同月，《经济评论》杂志被评为"首届全国优秀期刊"。

1999 年大事记

1月27日，学校成立发展经济学研究所，任命谭崇台为研究所所长，郭熙保为副所长。

1月，陶梅生任《经济评论》杂志社社长。

同月，张天亮卸任管理学院办公室主任，黄子四任管理学院办公室主任。

2月13日，国家人事部、全国博士后管理委员会联合批准设立"武汉大学理论经济学博士后科研流动站"。姜爱林、胡立君、廖涵三位为首届进站研究人员。

3月2日，王林昌的《私营企业兼并国有中小型企业的思考》获全国工商行政管理优秀论文二等奖。

3月19日，武汉大学决定成立商学院等9个学位评定分委员会。周茂荣任商学院学位评定分委员会主席，赵锡斌任副主席，郭熙保、辜胜阻等为委员。

3月30日，"保险经纪人资格考试"在保险系设立考试中心，负责在湖北、湖南、河南、江西四省的报名及考务工作。

3月，武汉大学接受同等学历人员申请博士学位专业有政治经济学、经济思想史、世界经济、西方经济学等。

同月，《市场学通论》和《组织行为学概论》入选为"全国高校推荐选用教材"。

4月5日，武汉大学决定将原16个学院和3个直属系重组为9个学院。其中商学院由原经济学院、管理学院、旅游学院组成。

4月7日，学校党委宣布，周茂荣任商学院院长，贺发和、赵锡斌、张秀生、黄宪任商学院副院长，黄宜新任院党政办公室主任。

4月22日，张培刚、董辅礽、刘诗白等10位校友获第二届武汉大学杰出校友称号。

4月，严清华任经济学系主任，张彬任世界经济系主任，叶永刚任金融学系主任，魏华林任保险学系主任，何耀任数量与技术经济系主任，符国群任工商管理系主任，王永海任会计系主任，张薇任旅游管理系主任，邓大松任公共管理与社会保障系主任，姚秀群任商学院图书分馆馆长，尤赤矾任实验中心主任。

6月3日，武汉大学党委下文，商学院系、所、中心的设置如下：经济学系、世界经济系、金融学系、保险学系、数量与技术经济系、工商管理系、会计系、旅游管理系、公共管理与社会保障系、社会经济与人口研究所、美国与加拿大经济研究所、社会保障研究所、发展经济学研究所。

6月14日，学校批复组建"武汉大学理论经济学博士后科研流动站领导小组"。周茂荣任组长，赵锡斌为具体负责人，成员：贺发和、颜鹏飞、陈继勇、郭熙保、严清华、简新华、陈恕祥。

6月29日，武汉大学向湖北省教育考试院请示武汉大学商学院与英国剑桥大学合作主考"商务管理""金融管理"自学考试专业。

6月，甘碧群被评为湖北省高校"优秀共产党员"。

同月，学校同意成立武汉大学丝宝现代管理研究中心（隶属商学院），赵锡斌任中心主任、周宗贵任中心执行主任。随后，丝宝集团签订捐资2000万元兴建商学院大楼的协议。

7月2日，武汉大学向教育部办公厅请示关于全国美国经济学会的法人代表由郑伟民变更为陈继勇。

7月28日，杨艳琳的《跨世纪的中国农村居民消费分析》获湖北省1995—1999年度农业经济学科优秀成果二等奖。

9月9日，王元璋的《马克思恩格斯经济发展思想导论》获中宣部精神文明建设"五个一工程"图书奖。

9月3日，中华人民共和国司法部公证司致函余杭，感谢其撰写的《招标投标与公证》一文使公证机关可以介入招投标整个过程，并在第九届全国人大会常委会第十一次会议上予以确认。

9月10日，谭崇台的《西方经济发展思想史》获首届国家社会科学基金项目成果奖。

9月27日，学校任命严清华任经济学系主任，张彬任世界经济系主任，叶永刚任金融学系主任，魏华林任保险学系主任，何耀任数量与技术经济学系主任，符国群任工商管理系主任，王永海任会计系主任，张薇任旅游管理系主任，邓大松任公共管理与社会保障系主任，辜胜阻任社会经济与人口研究所所长，陈继勇任美国与加拿大研究所所长，郑功成任社会保障研究所所长，谭崇台任发展经济学研究所所长。熊元斌、谭白英任旅游管理系副主任；郭熙保、邹薇任发展经济学研究所副所长。颜鹏飞任商学院学术委员会主任，黄宪任副主任，王冰等17位同志为委员。

10月11日，在校第21届大学生学习竞赛中，商学院获团体总分第一，英语、综合知识、汉语知识写作、高等数学单科第一。

10 月 29 日，法国波尔多高等商业学院卡萨邦副院长一行两人来校访问。

10 月 30 日，国务院发展研究中心主任王梦奎应邀来校作题为《世纪之交的中国经济》的形势报告。

10 月，辜胜阻、钟水映的《论工程性移民的可持续安置和发展对策》获 1997—1998 年度第五届"人口研究奖"学术研究三等奖。

同月，"现代企业管理理论与实践暨丝宝集团十年发展学术研讨会"在学校召开。

11 月 10 日，湖北省社会科学院夏振坤研究员应邀来校作了题为"知识经济提出的世纪性课题"的演讲。

11 月 20 日，在第六届"挑战杯"全国大学生课外学术科技竞赛中，李金辉等同学申报参赛作品《城市贫困人口及反贫困对策》获三等奖。

12 月 20 日，王元璋的《马克思恩格斯经济发展思想导论》获第七届"五个一工程"奖。

12 月，《经济评论》杂志被中国科学文献计量评价研究中心认定为《中国人文社会科学引文数据库》来源期刊；被评为湖北省优秀期刊。

同月，陶梅生卸任《经济评论》杂志社社长。

2000 年大事记

1 月 10 日，学校授予学院老年协会分会为"离退休工作先进集体"称号。

1 月 15 日，劳动与社会保障部副部长王东进受聘为学校兼职教授。

1 月 21 日，武汉大学高级研究中心成立，学校任命邹恒甫任中心主任。

1 月 24 日，邹薇、邓大松、刘传江获评第二届全省优秀博士学位论文作者，谭崇台、周茂荣、辜胜阻，获评优秀博士学位论文指导教师。

1 月 25 日，学校决定成立经济发展研究中心、社会保障研究中心、长江流域可持续发展研究中心等科研机构。

1 月，周茂荣任《经济评论》杂志社社长，《经济评论》杂志增设副主编 1 名，由刘传江担任。

4 月 3 日，教育部批复同意兴建融教学、科研及办公于一体的商学院新大楼。

4 月 18 日，李金辉的《城市新贫困人口及反贫困政策》论文获湖北省普通高校 1999 年度大学生优秀科研成果一等奖。

4 月 24 日，丝宝集团梁亮胜校友和学校签订捐款 2000 万元协议书，兴建商学院大楼。

4 月 28 日，姜星莉获评"全国优秀共青团干部"。

5 月 8 日，童光荣的《动态经济模型分析》获湖北省第五届统计科研优秀成果奖著作一等奖；李燕萍的《人力资本统计框架的构建》获二等奖；许飞琼的《论我国社会保障指标体系的建设与发展》获论文三等奖。

5 月 15 日，孙续元的《资金时间价值的几何定性分析》被美国柯尔比科学文化信息中心选录输入全球信息网络。

6月8日，Dominic 美国友邦保险公司中国区域总裁应邀来校作题为"精算师在中国的发展前景"的讲座。

7月1日，世界银行经济学家郑康彬来访学院。

7月14日，从2000级开始，"国际经济与贸易"专业开设"中法经济双学士学位班"。

8月2日，武汉大学、武汉水利电力大学、武汉测绘科技大学、湖北医科大学合并成组建新的武汉大学。

9月20日，张建清的《克林顿政府对外贸易政策调查剖析》获中国国际关系学会优秀论文三等奖。王德祥的《当代国际货币与金融》获中国国际关系学会的金冠奖。

9月21日，英国诺森比亚大学外事部长 Maurice Dim mock 访问学校，商谈 MBA 和 MAIBA 连接教育合作协议。

9月，符国群卸任工商管理系主任，景奉杰任工商管理系主任(代)。

10月17日，徐绪松、王冰、简新华、杨艳琳等教师获董辅礽经济科学奖。

11月7日，英国诺森比亚大学副校长 Tony Dickson 一行三人来校，与学院签订联合办学(MBA)协议。

11月17日，"武汉大学社会经济与管理研究所"更名为"武汉大学经济研究所"。

12月1日，严清华、江春、卢洪友享受国务院特殊津贴。

12月7日，邹薇获霍英东优秀青年基金奖。

12月29日，在1999年原武汉大学、原武汉水利电力大学、原武汉测绘大学、原湖北医科大学合并成的新武汉大学的基础上，由原武汉大学商学院、原武汉水利电力大学经济管理学院、原武汉测绘科技大学人文管理学院市场营销专业合并组建成武汉大学新的商学院。

12月，学校党委宣布，周茂荣任商学院院长，谭力文、张秀生、黄宪、童光荣、黄本笑、黄宜新任副院长。

同月，简新华教授参编的《知识经济挑战下武汉经济运行的环境及政策取向》获1999年度湖北省计委优秀研究成果二等奖；刘光杰、严清华《21世纪中部地区面临的形势及其发展战略思考》获评武汉市第七次社会科学优秀成果奖一等奖。顾海良、陈继勇的《中国入世风云录》获二等奖。罗昌宏课题组的《国有企业资金筹措运用监督研究》获优秀奖；龙子泉的《四湖排水系统优化调度研究及排水实时调度决策支持系统》项目获湖北省科技进步三等奖。

2001年大事记

1月1日，经济发展研究中心、社会保障研究中心入选教育部国家重点文科研究基地。

2月15日，刘传江、杨艳琳的《西部大开发给武汉金融业发展带来的机遇与挑战》

获"2000 年度金融研究重点课题招标评选活动"三等奖。

2 月 20 日，马宗晋院士和郑功成共同主编的《中国灾害研究丛书》获第十二届中国图书奖。

2 月，潘敏的《国有商业银行信贷资金供求与我国货币政策传导机制》获人民银行武汉分行营业管理部金融重大课题研究成果二等奖。

3 月 1 日，校党委批复商学院党委由尤传明、张秀生、张琦、周茂荣、贺发和、黄本笑、黄宜新、黄宪、董有明、童光荣、谭力文组成。

3 月 5 日，学校任命刘喜爱为商学院教学管理办公室主任。

3 月 9 日，王林昌的《电子商务与消费者权益保护》获中国工商协会等单位颁发的面向 21 世纪消费者权益保护问题有奖征文二等奖。

3 月 27 日，学校任命严清华为经济学系主任，曾国安、张平、邹薇为副主任；张彬为世界经济系主任，张建清、黄兆银为副主任；叶永刚为金融学系主任，刘思跃、张东祥为副主任；魏华林为保险与精算系主任，胡炳志、李琼为副主任；邹恒甫为数量经济与数理金融系主任，张定胜为副主任；徐莉为管理科学与工程系主任；李燕萍为工商管理系主任，吴先明、王学军、余艳琴为副主任；景奉杰为市场营销系主任，黄静、汪涛为副主任，王永海为会计系主任，卢雁影、余玉苗、谢获宝为副主任；张薇为旅游管理系主任，熊元斌、谭白英为副主任；辜胜阻为经济研究所所长，简新华为执行所长，刘传江为副所长；陈继勇为美加经济研究所所长，林玲为副所长；谭崇台为发展经济学研究所所长，郭熙保为执行所长，邹薇为副所长(兼任)；徐绪松为技术经济及管理研究所所长，刘伟(兼)任副所长。

3 月 30 日，学校任命邓大松为社会保障研究中心主任，李珍、赵曼(聘)为副主任；郭熙保为经济发展研究中心主任，简新华为副主任。

3 月，黄宜新卸任商学院党政办公室主任。

同月，熊元斌的《论市场管理与消费者权益保护》获国家工商局、中国消费者协会"12315"杯消费者权益保护有奖征文一等奖；邹恒甫、张定胜、龚六堂、杨云红、龚关的《经济学教学改革与实践》获湖北省教学改革成果二等奖。

4 月 12 日，学校党委宣布，袁泽沛任商学院副院长。

6 月 5 日，商学院赵锡斌、周茂荣任武汉大学新一届学位评定委员会委员。

同日，学校决定成立武汉大学学位评定委员会分委员会(学位工作小组)。商学院周茂荣任主席，谭力文任副主席。

6 月 6 日，谭力文获国务院特殊津贴。

6 月 8—10 日，经济发展研究中心主办的"工业化，信息化与跨越式发展"全国研究会在学校召开。

7 月 5 日，学校决定在各学院和有关科研机构成立学术委员会。商学院学术委员会主任颜鹏飞，副主任黄宪、黄本笑。

7 月 6 日，商学院研究生与"中国经济风云人物"王石先生面对面交流。

7 月 19 日，詹凤兰任商学院党政办公室主任。

7月，王长征的《市场导向、市场知识能力与企业竞争优势》获湖北市场营销学会、经济学会、价格学会优秀学术论文一等奖；熊元斌的《湖北省旅游发展战略构想与对策》获湖北省经济学会、工商学会、旅游学会、市场营销学会颁发的新世纪湖北经济发展与腾飞研讨会优秀论文二等奖。

8月21日，杨艳琳的《构建经济发展的产业动力机制》获光明日报"关于十五发展动力的探讨"征文三等奖。

8月，廖洪的《会计准则　会计制度　会计改革》获香港国际会计学会优秀论文一等奖；颜鹏飞的《当代经济全球化和中国对外开放的三大战略决策》获中南、西南、西北三大区外国经济学说史研究会第四届筹委会颁发特别奖。曾国安的《对经济全球化背景下发展中国家政府经济职能的初步思考》获一等奖。

9月，学院开办人力资源管理、财政学专业。

同月，周茂荣等的《办好中法经济学双学士学位班，培养适应经济全球化的复合型人才》，赵锡斌、谭力文、李燕萍、谢获宝、桂国平的《工商管理硕士（MBA）教学改革与创新》，桑祖南的《当代大学生素质教育途径研究》获湖北省优秀教学成果奖一等奖。

同月，谭力文获湖北省教育工会颁发的师德先进个人。

同月，杨艳琳课题组的《湖北省农业现代化发展中存在的问题及其对策的报告》获2000年度"迈向新世纪，促进新发展"专题优秀文章一等奖；张定胜的《从交易成本的角度看经济发展，贸易模式和二元经济现象》获湖北省社会科学优秀专题论文三等奖；刘传江的《加入WTO：中国银行业面临的机遇与制度创新》获武汉市2001年金融研究成果评比三等奖。

10月8日，李崇淮的《邓小平理论是人民的旗帜——学习江泽民同志十五大报告的一些体会》、刘涤源的《凯恩斯主义研究丛书》获2001年度湖北省社科成果荣誉奖。郭吴新的《当代经济格局与中国》，辜胜阻、杨艳琳的《城镇化与迁移问题研究》，刘光杰、严清华的《21世纪中部地区面临的形势及其发展》，陈继勇、刘跃斌的《国际投资研究论文组》获一等奖；甘碧群的《企业营销道德》、简新华的《委托代理风险与国有企业改革》、郭熙保的《购买力平价与我国收入与我国收入水平估计》、周茂荣的《论亚太经济合作组织与中国的经济发展》、邹恒甫的《Taxes，Federal Grants，Local Public Spending，and Growth》、吴俊培的《论中央和地方的财政关系》、黄宪的《论当前我国资产负债比例管理》获二等奖；王永海的《公司理财通论》、谭仁杰的《中国个人收入分配态势分析与对策研究》、江春的《产权制度与金融市场》、严清华的《中日现代化经济发展思想比较研究》、张建清的《战后外国在美国投资发展的研究》、颜鹏飞的《激进政治经济学流派》、张彬的《战后加拿大税收制度及其改革研究》、唐岳驹的《中西文化比较研究》、王林昌的《"九五"时期突破性发展县域个体私营经济的思考》、李守明的《试析会计决策支持系统》、熊元斌、王林昌的《论现阶段我国市场秩序中存在的问题、成因及对策》、魏华林的《中国保险市场开放及其监督》、何国华的《西方经济理论界几个值得注意的新动向》、王冰的《论市场与市场经济的关系》、陈恕祥的《社会主义本质与社会主义市场经济》、张秀生的《关于兼业户Ⅱ在我国长期存在的几个问题》、杨艳琳的《可持续发展需要实现调控》获三等奖。

同日，张彬为我国出席 2001 年 10 月上海 APEC 部长级会议和 APEC 领导人非正式会议提供了咨询报告。

10 月，徐绪松的《A Fuzzy Comprehensive Evaluation Model of Investment Risk in High-Tech Project》、范如国的《混沌与金融危机》、刘伟的《不协调目标的因素分析》获第九届自然科学优秀论文二等奖。赖一飞的《基于遗传算法的机组优化组合的应用研究》获三等奖；廖洪的《风险审计与内部控制》获中国内部审计学会优秀论文二等奖。

11 月 2 日，陈恕祥教授逝世，享年 60 岁。

11 月 5 日，王林昌的《"入世"将给工商行政管理带来什么影响?》获全国工商系统好新闻、好文章、好作品二等奖。

11 月 15 日，学校决定成立武汉大学深圳法商学院；任命赵锡斌任院长，周茂荣等任副院长。

11 月 29 日，学校批准商学院所属科研机构如下：发展经济学研究所、经济研究所、美国加拿大经济研究所、技术经济及管理研究所、企业战略研究所、旅游研究所、港澳台经济研究中心、马克思主义政治经济研究所、市场经济研究中心、金融研究中心、市场营销研究中心、工商行政管理研究所、人力资源管理研究中心、电子商务研究中心、财务数据分析中心、工程移民研究中心、财政与公共经济研究所、电力企业管理研究所、风险管理研究中心、丝宝现代管理研究中心。挂靠商学院的跨学科研究机构为保险精算研究中心。

11 月 30 日，曾国安获宝钢教育奖优秀教师奖。

12 月 7 日，武汉大学社会科学部聘任邹薇为经济发展研究中心副主任。

12 月 28 日，武汉大学承担教育部人文社会科学十五规划第一批研究项目共 52 项。商学院徐绪松、袁泽沛、陈继勇、王祖祥、曾国安、张建清、邹薇、庄子银、刘传江、钟水映、王学军、杨艳琳等承担 12 项。

12 月 30 日，黄本笑的《华中电力集团财务信息管理系统研究》获国家电力公司科技进步三等奖。

12 月，李燕萍、乔洪武等人申报的 2001 年国家社会科学基金项目获准立项。

同月，《经济评论》杂志在 2001 年度中国人民大学书报资料中心复印报刊资料全文转载量排序中位居全国经济类报刊第 12 名，在中国人民大学复印报刊资料的《理论经济学》专题的转载量排序中居 125 种报刊的第 4 位。

同月，姜星莉任商学院学生工作办公室主任。

2002 年大事记

1 月 11 日，黄兆银等人完成的《中国加入 WTO 对武汉市高新技术产业发展的影响与对策研究》通过由武汉市科技局主持的验收。

1 月 16 日，梁涛任商学院团委书记。曾国安任《经济评论》杂志执行主编，刘传江任副主编。

1月，谭崇台主编的《发展经济学的新发展》获湖北省人民政府图书奖。

2月27日，教育部批准学院西方经济学、世界经济两个学科列入国家重点学科。

2月，肖卫国的《企业跨国经营与金融支持》、胡志强的《高新技术与金融互动的实证研究》获评2001年度中国人民银行武汉分行金融重点研究项目二等奖。

3月，曾国安任《经济评论》杂志社执行主编。

4月1—3日，英国洛森堡大学纽卡斯尔商学院首席教授、副院长 Geroge Stonehouse 博士和 MBA 课程负责人 Sharry Marry 博士来学院访问。

4月10日，比利时安特卫普大学欧洲中国中心项目主任、博士 Haiyan Zhang 来访。

4月19日，全国人大常委会副委员长成思危应邀为学校师生作了《新经济与我国高技术产业发展》的学术报告。

5月17日，第三届 MBA 发展论坛在我校隆重举行，来自全国的专家学者、企业家、政府官员、62所高校代表共600余人与会。

5月22日，学校决定成立武汉大学 EMBA 及高级经理培训中心。实行主任负责制，学院委托数理经济与数理金融系承办。邹恒甫任主任，李宏毅任执行主任。

5月24日，商学院财政与税收系成立。卢洪友任系主任，王德祥任副主任。

5月，廖洪在2002年5月召开的中国审计学会第三次会员代表大会当选为中国教育审计学会副会长。

6月9—10日，美国加利福尼亚大学伯克利分校经济系钱颖一教授应邀访问学院。

6月，刘传江的《中国城市化的制度安排与创新》获国家计生委颁发的第三届全国人口科学优秀成果三等奖。

7月8日，学校同意学院"《中国经济改革与发展》课程教学改革研究""大学本科生合作学习教学模式研究""商学院经济系基地班双语制教学与人才培养研究"等项目为武汉大学2002年校级教学改革研究项目。

7月24日，国务院学位办批准学校开展高级管理人员工商管理硕士（EMBA）专业学位教育工作。

7月26—28日，学院主办"第六届海峡两岸中华文化与经营管理学术研讨会"。

7月28日，陈继勇的《外商直接投资对我国经济的影响：经验总结、前景展望及对策研究》获批为国家社会科学基金2002年度项目。

7月，《经济评论》杂志被认定为《中国学术期刊综合评价数据库》（CAJCED）统计源期刊。《经济评论》杂志被认定为《中国期刊全文数据库》（CJFD）来源期刊。

8月22日，学校聘请法国图卢兹大学产业经济研究所所长拉丰教授和董辅礽教授联合出任 EMBA 及高层经理培训中心主任。

8月，廖洪的《我国入世后的审计思考》获中国财务科学研究会优秀论文二等奖。

9月13日，辜胜阻当选湖北省副省长和第八次全国人民代表大会代表。

9月19日，学校决定成立 EMBA 教育领导小组、EMBA 招生考试委员会、EMBA 教育学术委员会。

9月，学院开办金融工程专业，为全国第一批试点金融工程本科专业的院校。

同月，廖洪的《非国有企业内容审计的调查与思考》获中国内部审计学会优秀论文二等奖。

10月15日，尹景湖教授逝世，享年91岁。

10月23日，张彬为参加2002年10月在墨西哥召开的APEC部长级会议和APEC领导人非正式会议提供了咨询报告。

10月28日，法国巴黎高等商业学院前校长多米尼克和萨戴尔先生访问学院。

10月，武汉大学第三届杰出校友赵耀东访问母校，受聘为武汉大学名誉教授，并为师生作了题为《从台湾经济发展过程看大陆经济前景》的报告。

同月，谭崇台主编的《发展经济学》获评全国普通高等学校优秀教材一等奖。魏华林、林宝清的《保险学》，叶永刚、郑康彬、熊和平的《金融工程概论》，黄敏学的《网络营销》，李裕宜、陈恕祥的《政治经济学》获评二等奖。

同月，邹薇的《知识产权保护的经济学分析》获中国世界经济学会会长奖。

同月，廖洪被武汉市司法鉴定委员会聘为武汉市司法会计鉴定专家委员会主任委员。

11月2日，世界银行郑康彬教授受聘为学院客座教授。

11月5日，商学院大楼举行奠基仪式。

11月，甘碧群指导王长征的博士论文《企业并购整合的理论研究》获2002年度湖北省优秀博士论文。

同月，刘传江的《中外中小企业融资问题比较》获武汉市金融学会2002年度金融研究招标课题成果二等奖。

同月，姚秀群卸任商学院图书分馆馆长，朱静一任图书分馆馆长。

12月1日，简新华获国务院特殊津贴。

12月19日，孔繁滋教授逝世，享年86岁。

12月27日，邹恒甫获得国家自然科学基金委管理科学部A类（国内）杰出青年基金。

12月31日，简新华、侯伟丽的《城市人口与可持续发展》论文获评湖北省第3届人口与计划生育优秀科研成果一等奖。魏珊的《建立与完善中国非自愿性移民安置监测制度的思考》、杨艳琳的《湖北省人口变化对教育的影响及对策研究》获二等奖；侯伟丽的《生育行为制度经济学分析及其管理》、成德宁的《武汉市人口管理的对策研究》获三等奖。

12月，政治经济学、管理学课程被评为湖北普通高校第三届省级优质课程；黄本笑的《技术创新的深层次矛盾分析》获评湖北省科协颁发省自然科学优秀论文二等奖；刘伟的《深圳市失业监测预警系统的研究》、范如国的《国有企业固定资产净值变化的分形刻画》获三等奖。

同月，侯伟丽的《武汉市人口与可持续发展》获武汉市第五次人口普查资料开发研究优秀成果一等奖。钟水映的《人口流动对区域人口老龄化影响研究》获二等奖。刘传江的《小城镇建设与可持续发展研究》，杨艳琳的《武汉市劳动就业的行业、职业结构与经济结构调整》获三等奖。

同月，《经济评论》杂志在 2002 年度人民大学书报资料中心复印报刊资料全文转载量排序中位居全国经济类报刊第 9 名，在中国人民大学复印报刊资料《理论经济学》专题的转载量排序中居 109 种报刊的第 2 位，在中国人民大学复印报刊资料《社会主义经济理论与实践》专题的转载量排序中居 158 种报刊的第 1 位。

2003 年大事记

1 月 16 日，段永红主持的《人民币区域国际化对货币政策影响研究》获中国人民银行武汉分行优秀成果一等奖。

1 月 20 日，商学院倪铮申报的《金融激情创新——新金融系列论文》获 2002 年度湖北省大学生优秀科研成果一等奖。

1 月，技术经济与管理专业获得博士点授予权。同时，获批省重点学科。

2 月 20 日，校党委任命尤传明任商学院党委书记。

2 月，肖卫国的《中国货币政策微观传导机制分析》获评 2002 年度中国人民银行武汉分行金融重点研究项目二等奖。胡志强的《开放条件下银企不良资产的处置》获优秀奖。

3 月 13 日，学校决定启动 2002 年度武汉大学人文社会科学研究第二批资助项目：张秀生的《大型企业与区域发展》是教育部社科基金入围项目；郭熙保的《国外公务员社会保障研究》是国务院研究室委托项目；张建清的《中国加入 WTO 与国际投资自由化问题》是青年资助项目。

3 月 14 日，法国梅兹大学代表团来访。

3 月 21 日，中国社科院著名经济学家、中国工程院院士李京文校友应邀为学院师生做学术报告。

3 月，甘碧群获批国家自然科学基金项目《企业营销道德水准测试与评价系统研究》。

4 月 7 日，学校决定依托商学院产业经济学、政治经济学一级学科成立武汉大学民营经济研究中心。

4 月 26 日，程度教授逝世，享年 79 岁。

6 月 12 日，顾海良受聘为国务院学位委员会第五届学科评议组成员（理论经济学）。

6 月，陈继勇的《"入世"与我国政府职能创新》获"中国现代理论成果与区域经济跨越式发展"优秀论文特等奖；魏珊的《高新技术产业与人口就业问题分析》获武汉市第十一次统计科学论文奖。

7 月 3 日，吴俊培的《重构财政理论的探索》、谭崇台的《发展经济学的新发展》获评教育部人文科学优秀成果二等奖。江春的《产权制度与金融市场——中国金融市场的产权问题研究》，龚敏、严若森的《关于国有公司制企业治理结构的主要问题及其对策研究》，邹恒甫的《财政、经济增长和动态经济分析》，张薇、熊元斌、吴传清的《神农架旅游总体规划》，刘传江的《中国城市化的制度安排与创新》获三等奖。

7月8日，陈继勇的《新经济与武汉21世纪发展战略》获湖北省委宣传部"2001—2002年度'三个代表'重要思想理论和实践"专题优秀文章一等奖；吴俊培的《公共财政框架下的税收体系研究》、程海鹰的《税收筹划让您合法实现纳税最低化》获二等奖。

9月10日，哈佛大学罗伯特·巴罗教授应邀为学校EMBA学员讲授《货币财政与金融市场》课程。

9月15日，夏宁、冯德雄、孙细明成为国家人事部、全国博士后管理委员会联合批准设立的"武汉大学工商管理博士后科研流动站"首批进站人员。

9月17日，黄宪的《市场经济中的银行效率和社会成本》获湖北省第三届人文社会科学优秀成果奖。江春的《论金融的实质及缺席前提》获二等奖；伍新木、张秀生、刘传江等的《跨世纪的迁移——三峡工程百万大移民》，乔洪武的《正谊谋利——近代西方经济伦理思想研究》，潘敏的《信息不对称下的企业融资选择》，严清华、尹恒的《试论经济理论创新》，简新华、陈志祥《增加有效供给，保证经济增长》获三等奖。

9月27日，张彬为参加2003年10月在泰国召开APEC部长级会议和APEC领导人非正式会议提供了题目为《APEC在贸易投资自由化领域的动向与政策以及我国的应对策略》的咨询报告。

9月，学院开办物流管理专业。

同月，黄本笑教授主持的《华中电力集团财务电务信息管理系统》课题获国家电力公司科技进步三等奖。

10月，谭力文指导刘豪皞的博士论文《混沌边缘的格式战略——复杂思维范式探索》获湖北省优秀博士论文。

11月15日，中国技术经济研究会授予徐绪松"优秀技术经济教育家"称号。

11月17日，谭崇台获执教50周年荣誉证书。吴俊培、伍新木、徐绪松、周茂荣、周万隆、李守明、关培兰、王元璋、严清华获执教30周年荣誉证书。

同日，徐绪松等的《科技风险投资与二板市场》获评2003年武汉市科技进步奖。张兆国、张琦的《我国上市公司资本结构治理效应研究》获二等奖。黄兆银、王峰、李燕萍等的《中国加入WTO对武汉高新技术产业发展的影响与对策研究》获三等奖。

11月24—25日，学院主办了"2003年女企业家国际论坛"。

11月27日，法国拉罗舍尔大学校长和经济管理学院院长、亚太学院院长应邀来访，洽谈合作项目事宜。

同日，美国西东大学商学院院长Karen Boraff教授、终身教授Yin Zunsheng应邀来院为师生作报告，并洽谈合作事宜。

11月28日，俄罗斯圣彼得堡大学代表团来访，并为经济学系经济基地班学生做学术报告。

同日，法国克莱蒙一大外事副校长、中国项目官员、经济学家等四人来访。

11月29日，2000年诺贝尔经济学获得者美国芝加哥大学詹姆斯·赫克曼

（James. J. Heckman）教授应邀来学院访问讲学，并受聘为学校名誉教授。

12 月 4 日，顾海良、陈继勇的《美国新经济与美国知识经济系列论文》获武汉市第八次社会科学优秀成果荣誉奖。范如国的《企业制度系统的复杂性物证；混沌与分形》获二等奖。罗昌宏的《科技兴国与技术创新》、严清华的《第三配置及其路径依赖偏好》获三等奖。王林昌的《私营企业道德风险若干问题探究》获优秀奖。

12 月 12 日，分别由吴俊培、王永海、乔洪武、汪涛等人申报的教育部人文社会科学研究 2003 年度博士点基金研究项目获准立项。

12 月 15 日，学校社科部调整经济发展研究中心领导班子：谭崇台任名誉主任，郭熙保任主任，简新华、周茂荣、马颖任副主任。

12 月 18 日，谭崇台先生获评武汉大学首批人文社会科学资深教授。

12 月 19 日，学院新增一级学科博士授权点：工商管理、管理科学与工程；新增博士点：国际贸易学、财政学。

同日，2003 年首届民营经济发展论坛在武汉举行，学校举办了知名民营企业家创业教育论坛。

12 月 30 日，教育部批准学院"发展经济学的新发展与经济全球化"为"十五""211 工程"建设项目。

12 月，成德宁的《城镇化与经济发展研究》获湖北省优秀博士论文奖。

同月，徐绪松被湖北省妇联授予荣誉证书。

同月，范如国的《企业制度系统的复杂性特征：混沌与分形》获武汉市第十届自然科学优秀论文二等奖。徐绪松、陈彦斌的《绝对离差证券组合投资模型及其模拟退火算法》，邹辉霞的《论企业家制度与制度企业家》获三等奖；廖洪的《加强内部审计完善公司治理》获中国内部审计协会优秀论文二等奖；段永红的《货币政策要素协调与金融稳定共生机理研究》获中国农业银行武汉分行优秀成果二等奖；陈继勇参加完成的《武汉入世行动纲领》课题，被中国发展研究奖评审委员会评为中国发展研究奖三等奖。

2004 年大事记

1 月 9 日，陈继勇的《新经济条件下美国经济周期的演变趋势》获中共中央党校培训部 2003 级学员优秀成果二等奖。

2 月 6 日，武汉大学批复组建"武汉大学工商管理博士后流动站领导小组"，谭力文任组长，成员：尤传明、赵锡斌、廖洪、徐绪松、王永海。

2 月 27 日，简新华主持的国家社会科学基金一般项目"经济发展新阶段的城市化问题"经审核结项。

3 月 5 日，学校聘请徐绪松为第二届校教学督导团团长。

3 月 10 日，颜鹏飞、郭熙保、伍新木三人赴印度新德里参加由印度"发展中社会研究中心中国研究所"主办的题为"中国经济改革 25 年"国际研讨会。

3 月 19 日，伍新木的"中国 21 世纪水源问题研究"，简新华的"中国工业化、城镇化与就业统筹协调发展研究"等项目被列为校 2004 年度人文社会科学重大攻关项目。

3 月 24 日，郭熙保主持的国家社会科学基金一般项目"21 世纪初后发优势问题与对策研究"经审核结项。

3 月 29 日—4 月 13 日，学院组团赴欧洲考察。代表团由校国际交流部李慧副部长和谭力文、尤传明、童光荣、黄宪等组成。

4 月 5 日，胡昌生的《投资学》被列为 2003 年度湖北省精品课程。

4 月 30 日，学院按照学校部署成立了创优迎评工作领导小组及办公室，领导小组组长的周茂荣，副组长为尤传明等。办公室主任为张秀生、董有明。

同日，赵锡斌主持的国家社会科学基金重点项目"充分发挥市场机制作用，健全宏观调控体系研究"、张建清主持的国家社会科学基金青年项目"亚太经合组织投资自动化进程与中国的对策"经审核结项。

5 月 18—22 日，童光荣、黄本笑、范如国、赖一飞一行四人赴香港，与香港富宁物业和英国房产学会进一步洽谈合作事项。

5 月 24 日，谭力文、王祖祥、卢洪友、成德宁等人申报的 2004 年度国家社会科学基金项目获准立项。

6 月 4 日，学院被列为全国首批会计硕士专业学位教育试点。

6 月 6—7 日，学院举行"中国入世：政策改变与减轻贫困"国际研讨会。

6 月 16—18 日，1995 年诺贝尔经济学奖得主、美国芝加哥大学经济学教授罗伯特·卢卡斯（Robert Lukas）来院为数理经济与数理金融的研究生和高年级本科生讲授宏观经济学课程，并受聘为我校名誉教授。

7 月 28 日，刘光杰、周茂荣、谭力文、关培兰、王林昌、刘传江、颜鹏飞等人主持的湖北省社会科学基金项目结项。

9 月 10 日，宋琼任商学院学生工作办公室主任，徐毅任商学院团委书记。

9 月 22 日，中共中央组织部授予商学院离退休干部党支部为全国"先进离退休干部党支部"称号。

同日，田玲、袁泽沛、李燕萍等人申报的国家自然科学基金资助项目获准立项。

9 月 28 日，湖北省人民政府颁发第四届社科成果奖。顾海良等的《马克思劳动价值论的历史与现实》获一等奖；王冰、朱农等的《21 世纪长江三峡库区的协调与可持续发展》，郭熙保、胡汉昌的《后发优势问题研究（系列论文）》获二等奖；严清华、刘穷志的《第三配置及其路径依赖偏好》，袁泽沛、陈金贤的《产业退出障碍及后进企业实现技术跨越的机会窗口》，赵修卫的《关于发展区域核心竞争力的探讨》，李光、张秀生等的《中国城市社区建设新探讨——百步亭花园社区研究（系列论文）》获三等奖。

11 月 1—2 日，1999 年诺贝尔经济学奖获得者、美国哥伦比亚大学罗伯特·蒙代尔（Robert. A. Mundell）教授应邀来学院为研究生做学术报告，并受聘为我校名誉教授。

11 月 26—30 日，学院与马来西亚华社研究中心、东方日报在吉隆坡联合举办"马中关系：新世界秩序中的定位"国际学术研讨会。学院共 36 人前往参加，周茂荣为代表团团长，童光荣、黄本笑为副团长。

12月24日，伍新木申报的2004年度教育部哲学社会科学研究重大课题的攻关项目获准立项。

12月31日，北京市董辅礽经济科学发展基金会成立。基金会的前身是1996年3月在武汉大学筹组的董辅礽经济科学奖励基金会。

2005年大事记

1月6日，曾国安、尹显萍、马红霞、钟水映等人申报的湖北省社会科学基金"十五"规划项目获准立项。

1月7日，武汉大学向教育部人事司申报中央直接掌握联系的高级专家人选，谭崇台、吴俊培、周茂荣、魏华林、谭力文、郭熙保入选。

1月，王德高获中国财政学会及财政部科学部颁发的中国农村税费改革难点和问题研究二等奖。

2月，刘伟、方德斌获湖北省自然科学优秀学术论文二等奖；程鸿群、吴恒获湖北省自然科学优秀学术论文三等奖。

同月，廖洪当选中国第五届中国审计学会理事，此前为二届、三届、四届理事。

3月9日，澳大利亚克庭科技大学国际部吕良先生和商学院国际规划部副主任何嘉理先生来访学院。

3月17日，周茂荣的《世界经济概论》入选2004年度湖北省精品课程。

3月18日，邹恒甫获评人民网央视国际"2004年度十大风云人物"。

3月30日，武汉大学发布人文社会科学研究机构及其负责人名单，其中商学院有：美国加拿大经济研究所（陈继勇）、经济研究所（辜胜阻）、发展经济学研究所（谭崇台）、技术经济及管理研究所（徐绪松）、保险经济研究所（魏华林）、高级研究中心（邹恒甫）、市场营销咨询与研究中心（甘碧群）、公共部门经济研究中心（吴俊培）、金融工程与风险管理研究中心（叶永刚）、工程性移民研究中心（钟水映）、人力资源管理研究中心（关培兰）、区域经济研究中心（伍新木）、旅游规划设计研究院（张薇）、战略管理研究院（辜胜阻）。

4月8日，商学院大楼通过竣工验收，占地面积7265m²，总建筑面积30528m²。

4月4—15日，法国拉罗舍尔大学亚太管理学院院长Lautent Augier教授应邀为中法双学位班学生讲授"数理金融"课程。

4月13日，武汉大学战略管理研究所更名为武汉大学企业战略管理研究所。

5月8日，李燕萍获湖北省统计科研优秀成果青年论文二等奖。

5月11日，陈继勇任商学院院长，周茂荣卸任商学院院长，叶永刚、李燕萍、曾国安、王永海、李继龙任商学院副院长。

6月28日，江春任金融学系主任，叶永刚卸任金融学系主任；吴先明任工商管理系主任，李燕萍卸任工商管理系主任；唐建新任会计系主任，王永海卸任会计系主任。

6月，郑先公任商学院党委副书记。

同月，郭熙保、张秀生、邹薇、徐绪松的课题作为2005年武汉大学人文社会科学重大课题予以立项。

同月，邹薇的课题列入武汉大学"海外人文社会科学研究前沿追踪计划"。

同月，学校批准成立复杂科学与管理研究中心，徐绪松任中心主任；成立公司金融与银行管理研究所，黄宪任所长。

8月，徐莉、陆菊春、张清等的《技术经济学》获2003—2004年度中南地区大学出版社优秀教材二等奖。

同月，汪涛的《广告管理》获中国大学出版社颁发的中南七省大学出版社优秀教材二等奖。曾咏梅、王峰的《经济法》获中南地区大学版协优秀畅销书优秀奖。

同月，武汉大学商学院更名为武汉大学经济与管理学院，陈继勇任经济与管理学院院长。

9月5日，王治柱教授逝世，享年83岁。

9月8—11日，美国佐治亚理工大学工业工程系金融教授邓世杰博士应邀来院讲授国际金融课程。

9月9日，荷兰阿姆斯特丹大学IVAM研究所负责中国项目的研究员Frans Verspeek来访学院。

同日，学校决定将经济思想史研究所(所长颜鹏飞)增列为人文社会科学校级重点研究基地。

9月19日，爱尔兰都柏林城市大学代表团来访学院。

同日，武汉大学美国校友会会长聂军来学院进行学术交流活动。

9月29日，中共武汉大学商学院委员会更名为中共武汉大学经济与管理学院委员会，尤传明任经济与管理院党委书记，张琦、郑先公任经济与管理学院党委副书记。

9月，学院开办物业管理专业。

同月，文建东任经济学系主任，张建清任世界经济系主任，江春任金融系与保险精算系(合署)主任，卢洪友任财政与税收系主任，徐莉任管理科学与工程系主任，吴先明任工商管理系主任，汪涛任市场营销与旅游管理系主任，唐建新任会计系主任，刘传江任经济研究所所长，王学军任技术经济及管理研究所所长。

10月10日，美国企业社会责任研究中心主任大卫·施沃伦博士来访学院。

10月11日，美国后现代发展研究院高级研究员克里福德·科布教授来访学院。

10月15日，许俊千教授逝世，享年91岁。

10月15—16日，学院举办了"全国风险管理国际研讨会"。

10月15—18日，学院举办了"社会政策国际学术研讨会"。

10月20—22日，香港英国皇家特许房屋经理学会Roger·Keller博士、李敬志博士和香港城市大学Ramesk. C. Lee博士、香港富宁物业有限公司代表一行来访学院。

10月21日，学校举行祝贺李崇淮90华诞暨从教58周年庆典。

10月24日，"武汉大学人口、资源、环境经济研究中心"获批为省高校人文社会科学重点研究基地。

10 月，张秀生、张平、曾国安、程保平等获湖北省优秀教学成果奖二等奖，张彬、黄兆银、齐绍洲等获湖北省优秀教学成果奖三等奖。

11 月 3 日，学校调整武汉大学 EMBA 教育领导小组、招生考试委员会、教育学术委员会成员并成立武汉大学 EMBA 教育中心。

11 月 5 日，陈文蔚校友获评"第四届武汉大学杰出校友"。

11 月 13—18 日，巴黎五大 Koubi 教授和 Hazemman 教授应邀为中法班学生讲授课程。

11 月 25 日，武汉大学战略管理研究院北京分院在京正式成立。

11 月 25—27 日，第三届中国保险教育论坛国际学术会议在学校举行。

11 月，胡昌生的《投资学网络课程》获湖北省高校优秀教学课件奖。

同月，曾国安申报的项目获批为首届国家社科基金重大招标项目。

12 月 2—4 日，"区域差距、经济一体化与经济发展"国际研讨会在学校举行。

12 月 3 日，成德宁、赵何敏获武汉市科技进步奖二等奖；段永红获中国水利学会 2005 学术年会优秀论文奖。

12 月 6 日，谭力文的管理学课程被评为湖北省级精品课程。

12 月 7 日，陈虹的论文入选为 2005—2006 年度法国教育部世界报杯年度最佳论文。

12 月 8 日，叶初升的《国际资本形成与经济发展》获第十三届安子介国际贸易研究奖优秀著作二等奖。

12 月 9 日，法国鲁昂高商外事处长 Stephen Murdoch 来访学院。

12 月 10 日，美国瑞星思达投资控股公司总裁约翰·珀伯特（John Prohandt）先生和副总裁黄伟庆先生来访学院。

12 月 12 日，新西兰梅西大学 Chris Moore 教授和迟晶来访学院。

12 月 20 日，胡昌生、卓四清申报的教育部人文社会科学研究 2005 年度项目获准立项。

同日，徐绪松承担的教育部人文社会科学博士点基金项目结项。

12 月 21 日，劳动经济学与经济增长研究中心成立，邹薇任主任；组织营销研究中心成立，汪涛任主任；中国对外开放与国际竞争力研究中心成立，张彬任主任。

12 月，江春入选首届全国教育部"新世纪优秀人才支持计划"。

同月，徐绪松指导陈彦斌完成的论文被评为湖北省优秀博士学位论文、指导马莉莉完成的论文被评为湖北省优秀硕士学位论文。

同月，陈继勇获武汉市第九次社会科学优秀成果奖荣誉奖，袁泽沛、罗昌宏获三等奖，吴传清、李锡元、江晴获优秀奖。

同月，颜鹏飞获"构建和谐社会，建设和谐文化"理论研讨会优秀论文三等奖。

同月，周茂荣卸任《经济评论》杂志社社长。

2006 年大事记

1 月 5 日，陈忠斌的《关于完善我国个人所得税制的思考》获湖北省财政学会优秀成果二等奖。

1 月 12 日，徐绪松获湖北省人民政府参事室颁发的参政建议二等奖。

1 月 25 日，应用经济学被国务院学位办授予一级学科博士授权点。

1 月，谭力文被武汉市政府评为优秀参事。

同月，刘传江的《第二代农民工市民化研究》获中国可持续发展研究会优秀成果奖。

同月，陈继勇任《经济评论》杂志社社长。

2 月 16 日，学院行文任命了各系(所)行政班子、部分研究机构组成及负责人。

2 月，陈继勇的《武汉入世行动纲要(纲领)三十三条》、邹辉霞的《科技有效供给能力论》获武汉市"十五"优秀软科学成果奖。

3 月 13 日，陈继勇负责的教育部跨世纪优秀人才培养计划(人文社会科学)基金项目顺利结项。

3 月 15 日，2001 年诺贝尔奖经济获得者、美国哥伦比亚大学约瑟夫·斯蒂格里茨(Joseph E·Stiglitz)教授应邀来学院访问讲学，并受聘为学校名誉教授。

3 月 24—25 日，学院举行 2006 中国(武汉)区域旅游合作与发展国际论坛。

3 月 30 日，陈继勇负责的国家社会科学基金项目"美国新经济及其经济周期研究"顺利结项。

3 月，武汉市人事局颁发第十一届自然科学优秀学术论文奖。方德斌的《完全开放双边电力市场供给方和需求方双方叫价拍卖的贝叶斯博弈模型》、徐绪松的《基于相对财富和习惯形成的资本定价资产模型》获二等奖；徐莉的《博弈论在发电商上网竞价策略中的运用》、柳瑞禹的《层次分析法思想及其在中间商选择中的应用》获三等奖。

同月，陈继勇的《中国城市社区建设与发展研究》获湖北省发展和改革委员会颁发的 2005 年研究成果二等奖。

同月，詹凤兰卸任学院党政办公室主任，张占领任学院党政办公室主任；程振任科研外事与学科建设办公室主任；刘喜爱卸任学院本科教学管理办公室主任及研究生教学管理办公室主任，上官海兰任本科教学管理办公室主任；徐毅卸任学院团委书记，改任研究生教学管理办公室主任；朱静一卸任学院图书分馆馆长；尤赤矶改任实验中心主任(代理)。

4 月 15 日，甘碧群被聘为中国市场学会学术委员会顾问。

4 月 16 日，黄静的《品牌关系断裂理论回顾与展望》获中国保险学会颁发的优秀论文奖。

4 月 21 日，经济发展研究中心和《光明日报》理论部联合举办的"发展经济学前沿理论专题研讨会"在学校召开。

4 月 26 日，印度新德里大学政治系教授、中国研究所所长 Manoranjan Mohanty 应邀访问经济发展研究中心，并与中心部分教师进行座谈。

4 月 26—30 日，香港城市大学商学院周南教授一行来访。

4 月 27 日，英国诺森比亚大学钮卡斯尔商学院专业硕士学位项目主任 John Robinson 一行来访。

4 月 29 日，学院召开第四届全国高校"人口、资源与环境经济学"学科建设研讨会。

4 月，廖洪的《中国会计准则体系建设与会计国际协调研究》获湖北省会计学会 2004—2005 重点课题三等奖。

同月，代军勋的《银行与提保公司信用行为的博弈分析》获全国优秀金融(统计)分析论文一等奖。

5 月 10 日，英国诺森堡大学国际项目主管 Walter Fraser、MBA 项目主管 Tony purdie. Richard Li-Hua 博士等一行来访。

5 月 15—16 日，学院顺利完成了武汉大学"十五""211 工程"重点学科建设项目"发展经济学的新发展与经济全球化"的验收工作，以全优通过教育部组织专家组的验收。

5 月 27 日，学院 EMBA 教学在"2006(第三届)中国市场最具领导力 EMBA"评选活动中，继 2005 年后再次入选"中国市场最具领导力 EMBA"前四强，并获得"行业特色办学奖"的单项奖。

6 月 10 日，张占领任学院党政办公室主任。

6 月 19 日，澳大利亚蒙纳士大学主管国际交流的副校长 Stephanie Fahey 教授、商学院副院长谭安杰教授、国际项目与研究部主任陈静教授等一行来访。

6 月 28 日，美国耶鲁大学经济学博士、达拉斯联储高级经济学家武涛先生应邀来学院为师生演讲"从宏观——金融角度分析长期利率之谜"。

6 月，学院党委被湖北省高校工委评为"大学生思想政治教育先进单位"。

同月，余建年的《湖北省机关事业单位高技能人才队伍建设研究》获第五次全国人事人才科研优秀成果三等奖。

同月，学院召开发展经济学前沿理论研讨会。

7 月 15 日，李锡元的《大学生考试作弊的成因分析与对策研究》获高教研究协会论文二等奖。

7 月 26 日，学院成立教授委员会，谭崇台任顾问，陈继勇任主任，简新华、谭力文、徐绪松、王永海任副主任，王学军等 22 人为委员。

7 月，学院党委被湖北省高校工委评为"先进基层党组织"。

同月，湖北省人民政府颁发省第一次经济普查重点研究课题奖。石莹、何耀的《构建交通大格局促进湖北经济发展》获三等奖；何耀的《外贸进入国内贸易对我省批发与零售业的影响》，马颖、代谦、陈忠斌的《发挥比较优势，提升湖北工业市场竞争力》，游士兵的《中部工业发展比较研究》，彭爽的《湖北省经济转轨进程中就业结构转变及其影响》获优秀奖。

同月，伍新木的《武汉城市圈研究》获武汉市社科优秀成果二等奖。

8 月，王林昌的《基于信用缺失环境下的弱质民营企业发展路径》获全国工商行政管理学会优秀论文三等奖。

同月，童光荣的《中国 R&D 投入对就业的宏观效应》获国家统计局颁发的第八届全国统计科学研究优秀成果二等奖。

同月，甘碧群国家自然科学基金项目"企业营销道德水准测试与评价系统研究"结题，并被国家自然科学基金委院请的专家组评为优秀成果。

9 月 28 日，简新华担任中国工业经济学会副理事长。

同日，洪金水的《加强研究生教育管理培养创新人才》获中国教育与教学杂志社颁发的优秀论文一等奖。

10 月 10—22 日，由营销科学学报主办、武大与香港城市大学共同承办的 2006JMS 中国营销科学学术年会暨博士生论坛举行。

10 月 16—20 日，学院在教育部本科教学工作水平优秀评估创优工作中取得优异成绩。

10 月 29 日，代谦的《FDI、人力资本与经济发展》获第十四届安子介国际贸易研究奖优秀论文三等奖。

11 月 11—12 日，第五届中国物流学年会召开，海峰当选为第一届中国物流学会兼职副会长。

11 月 14 日，湖北省科技厅颁发第十届自然科学优秀学术论文奖。刘伟的《Panel Random Analysis of Credit Risk in Business》获二等奖；刘伟的《实现全面小康与扩大就业的实证分析》、游士兵的《我国企业科技投入概况及其分析》获三等奖。

11 月 22 日，张彬的"世界经济概论"入选为教育部公布的 2006 年度国家精品课程名单。

11 月，中国可持续发展研究会颁发优秀成果奖。刘传江的《第二代农民工市民化研究》、简新华的《日本工业化、城市化进程中的"农地非农化"》获三等奖。

12 月 8 日，学校批准成立武汉大学政府管制与公共经济研究所，曾国安任研究所所长，王冰、肖林任副所长；成立武汉大学中国合作经济研究所，文建东任所长，陈先勇、陈利明(聘)任副所长。

同日，蔡基栋的《上市公司现金流量信息功能的经验性评估》获全国投资与建设优秀研究成果一等奖。

12 月 9 日，学院举办 2006 年全国风险管理国际论坛。

12 月 10 日，黄宪获宝钢教育奖优秀教师奖。

12 月 14 日，教育部颁发第四届中国高校人文社会科学研究优秀成果奖。顾海良的《马克思劳动价值论的历史与现实》获一等奖；陈继勇的《国际直接投资的新发展与外商对华直接投资研究》、邹薇、代谦的《技术模仿、人力资本积累与经济赶超》获三等奖。

同日，湖北省第五届社会科学优秀成果奖颁发，陈继勇等的《美国经济研究》获一等奖；庄子银的《南方模式、企业家精神和长期增长》、伍新木的《湖北省经济结构战略性的轨迹分析和对策研究》、江春的《人民币价值之争的理论反思：新制度金融学的解释》获三等奖。

12 月 14—16 日，学院举行 2007 全国高校康腾案例分析大赛邀请赛。全国有 171 支队伍参加比赛，学院夺得第三名。

12月16—17日，学院承办第六届中国经济学年会。

12月20日，杨艳琳的"中国中部地区资源、环境与经济协调发展研究"获批教育部人文社会科学重点研究基地重大研究项目。

12月23日，EMBA教育中心获得"2006年度湖北省教育培训机构总评榜"中"最受欢迎教育机构"称号。

12月30日，蔡基栋的《ST公司现金流量的信息功能》获全国投资与建设研究论文集编纂委员会颁发的优秀论文一等奖。

12月31日，学院获得国家自然科学基金项目11项，社科基金7项，全年科研经费首次突破1000万元。

12月，陈继勇的《外商直接投资对我国的经济影响：经验、教训、问题及对策》获教育部跨世纪优秀人才培养计划(人文社会科学)基金项目三等奖。

同月，陈继勇指导朱晓梅完成的博士学位论文《拉美国家美元问题研究》获湖北省优秀博士学位论文奖。

同月，廖洪的《会计协调的动因和理论解释》获湖北省会计学会2004—2006年度优秀论文二等奖。

2007年大事记

1月4日，庄子银、邓新明、沈校亮三位老师入选武汉大学珞珈学者。

1月，陈继勇获2006年度武汉市人民政府参事荣誉证书。

2月7日，徐绪松被评为2006年度湖北省人民政府先进参事。

4月，李卓任世界经济系主任，张建清卸任世界经济系主任。

5月8日，《珞珈管理评论》编辑部成立，陈继勇任《珞珈管理评论》主编，刘跃斌任副主编。

同日，成立经济与管理学院期刊社，陈继勇任社长。

5月18日，2003年诺贝尔奖经济获得者、美国加利福尼亚大学克莱夫·格兰杰(Clive W J Granger)教授应邀来学院访问讲学，并受聘为我校名誉教授。

5月，简新华、余江的《论中国的重心重工业化》获武汉市第三届社会科学优秀成果奖三等奖。

6月29日，张尧庭教授逝世，享年74岁。

7月15日，简新华、刘传江主编的"人口、资源与环境经济学丛书"获国家人口和计划生育委员会、中国人口协会颁发的第四届中国人口科学优秀成果著作一等奖。

7月27日，甘碧群被中国高校市场学研究会聘为顾问。

7月，简新华、黄鲲的《中国农民工最新情况调查报告——〈国务院意见〉实施前后的比较分析》，被国务院研究室的《送阅件》2007年25号摘要转载，获国家领导人回良玉副总理和中央政治局委员、湖北省委书记俞正声、湖北省副省长蒋大国的批示。

12月10日，杨艳琳、江传曾课题"我国残疾人劳动就业状况和发展研究"获第二次全国残疾人抽样调查国家课题三等奖。

12月25日，经济与管理学院新大楼举行落成典礼。

12月，陈继勇卸任《经济评论》杂志社长，王冰卸任杂志社主编，曾国安卸任杂志社执行主编，陈永清任杂志社编辑部主任。

同月，杨艳琳论文《Energy Constraints and China's Economic Development》在SSCI期刊《Journal of Economic Policy Reform》发表。

同月，谭力文指导李文秀的博士论文《全球化视角下产业集群的升级研究》获湖北省优秀博士论文。

2008年大事记

1月9日，湖北省委副书记杨松来学院调研指导工作。

1月，美国波士顿大学城市学院经济发展与旅游管理项目中心主任Mendlinger教授在市场营销与旅游管理系进行了为期两周的访问和交流，并代表波士顿大学城市学院与学院签署了开展旅游管理专业领域合作的备忘录。

同月，尤传明任《经济评论》杂志社社长，陈继勇任杂志社主编，叶初升任杂志社执行主编。

2月28日，英国特许房屋经理学会(CIH)对学院物业管理本科专业展开评估。

2月，陈继勇的"经济全球化背景下中国互利共赢对外经济开放战略"、郭熙保的"科学发展观的科学内涵与科学发展经济学理论体系"、李燕萍的"中国特色的人才强国战略实施与动力机制比较"等3项课题获批为2007年度国家社会科学基金重点项目。

同月，温兴琦、马理、陈虹、尹显萍等4位老师的武汉市软科学研究成果被收入武汉市科技局政策法规处编印的《2007年度武汉市优秀软科学研究成果汇编》。

同月，2007级博士研究生李魁获湖北省三好学生标兵称号。

3月28日，徐绪松主持的项目"复杂科学管理的理论、工具和方法及其在资本市场中的运用"获得2007年度武汉市科技进步奖二等奖。

同日，武汉大学杰出校友何炼成来院做题为"简论中国特色社会主义经济学"的学术报告。

3月，曾国安的"改革开放以来公平与效率关系的理论与实践研究"课题获教育部"学习宣传贯彻党的十七大精神和纪念改革开放三十周年"理论研究(应急)课题批准立项；周茂荣的"新世纪新阶段面临的机遇和挑战研究"获理论研究(委托)课题立项。

4月8日，武汉大学企业优化研究中心成立，聘请英国索尔福德大学商学院教授John Sharp为荣誉主任，工商管理系副教授刘学元为主任。

4月23日，美国西东大学副校长兼教务长Gabriel Esteban教授、Stillman商学院院长Karen Boroff教授及商学院管理系系主任尹尊声教授一行来校访问并签署合作协议。

4月24日，由武汉大学战略管理研究院举办的第六届"中国光谷"国际光电子博览会"创新型国家与高技术产业发展"论坛召开。

4月26日，第十五届康腾全国高校学生案例分析大赛邀请赛全国总决赛举行。

4月30日，学院团委被评为湖北省"五四红旗团委"。

4月，2006级企业管理硕士研究生张莹参加在哈佛大学举行的"哈佛大学亚洲与国际关系学术年会"。

同月，余艳琴任研究生教学管理办公室主任。

5月5日，德国Freiburg(弗莱贝格)科技大学副校长Michael教授与弗莱贝格经济与工商管理系主任Horst教授来访。

5月13日，香港城市大学商学院市场营销学系主任周南教授受聘为武汉大学长江学者讲座教授，香港城市大学商学院院长魏国基教授受聘为武汉大学客座教授。"陈振东博士奖学金"颁奖仪式举行，共有35名来自市场营销与旅游管理系的学生获得该项奖学金。

5月15日，香港中文大学工商管理学院院长李天生教授和决策科学和管理经济学系赵先德教授受聘为武汉大学客座教授。

5月19日，李崇淮教授逝世，享年92岁。

5月20日，美国Oakland大学工商管理学院院长Mohan Tanniru教授与邓晓东副教授访问学院。

6月3日，爱尔兰都柏林大学Michael Smurfit商学院主任Aidan Kelly教授、商学院国际事务主任Franck教授及其中方代表杨柳女士一行来访并签署合作框架协议。

6月4—5日，由美国商务部、武汉大学和考夫曼基金会联合主办的"创新与经济增长：中国历史与实践中的企业家精神"国际学术会议召开。

6月9日，湖北省人力资源学会成立大会在学院举行，关培兰被推选为会长，李燕萍担任副会长，李锡元担任秘书长。

同日，加拿大多伦多大学洛曼管理学院组织行为和人力资源管理系主任谢家琳博士受聘为武汉大学客座教授。

6月10日，新加坡南洋理工大学人文社会科学院大卫·雷斯曼(david reisman)教授来访讲学。

6月12日，新加坡管理大学经济学院余俊副教授来访。

6月16日，美国佐治亚州立大学J. Mack Robinson商学院风险管理与保险学系王树勋教授受聘为武汉大学客座教授。

6月26日，学院理论经济学一级学科和金融学二级学科被评选为湖北省优势学科，应用经济学、工商管理、管理科学与工程三个一级学科被评为湖北省重点学科。

6月，简新华、张浩的《论中国外贸增长方式的转变》获第十五届"安子介国际贸易研究奖"优秀论文三等奖。

同月，张彬教授获得2008年"武汉大学教学名师"称号。

8月，徐绪松主持的项目"复杂科学管理的理论、工具、方法及其应用"获2008年湖北省科学进步三等奖。

9月16日，学院 MBA 进入由《世界经理人》周刊和《首席执行官》杂志联合主办的 2008 年"中国最具影响力 MBA 排行榜"前 10 名榜单，排名第 7；谭力文获评"中国十大最受尊敬商学院教授"。

9月，马颖主持的"西方经济学"被评为"国家级精品课程"及国家级"双语教学示范课程"。

同月，陈晓玥任学院团委书记。

10月22日，文建东获评武汉大学我最喜爱的"十佳教师"。

10月29—30日，杜莉获 2008 年武汉大学青年教师教学竞赛一等奖、徐岚获二等奖。

10月，谭崇台主编的专著《发达国家发展初期与当今发展中国家经济发展比较研究》入选新闻出版总署第二届"三个一百"原创图书出版工程；邹薇、曾伏娥、徐岚的 3 部书稿入选武汉大学 2008 年度人文社会科学学术丛书；童光荣为第一作者的论文《中国 R&D 投入对就业的宏观效应》获 2007 年湖北省科技进步二等奖。

11月22—28日，学院举行庆祝武汉大学商科教育 115 周年暨经济学系建系 80 周年庆典系列活动，设立了经济与管理学科发展基金，首次募集资金 500 余万元。

11月22日，中部人力资源管理教学与研究论坛召开。

11月26日，庆祝谭崇台教授执教 60 周年暨谭崇台学术思想研讨会在学院召开，宣布成立"谭崇台发展经济学奖学金"。

11月27—28日，2008 年物业管理国际学术会议在学院召开；2008 年金融工程与全面风险管理国际论坛在学院召开；中国改革开放和发展论坛在学院召开。

同日，首届李崇淮金融学奖学金颁奖仪式举行。

同日，第 29 期"聚焦"节目——对话我校杰出校友曹远征、何炼成、李京文、肖海亮的访谈举行。

11月28日，张之洞塑像揭幕仪式在侧船山畔举行。

同日，泰康人寿优秀大学生奖（助）学金颁奖仪式在学院举行。

同日，武汉大学 2007、2008 届 EMBA 学位授予仪式举行。

11月，谭崇台、郭熙保等的专著《发展经济学》获第二届"张培刚发展经济学优秀成果奖"；谭力文的《全球价值链治理下农产品国际竞争力提升研究》和陈继勇的《外商直接投资与中国产业结构调整的实证研究》分获国家商务部颁发的"扩大对外开放与提升产业国际竞争力征文"二、三等奖。

同月，谭崇台、代谦的"发展中国家人力资源后发优势与经济追赶研究"、简新华的"中国工业化的特殊性与中国特色新型工业化道路研究"通过教育部人文社会科学重点研究基地 2008 年重大项目评审。

同月，陈继勇、胡艺、刘威系列论文《世界经济与美国经济研究》获武汉市第十一次社会科学优秀成果奖一等奖。刘再起的《东正教会与俄罗斯外交及中俄关系》、张彬、余振、江海潮系列论文《中美经贸关系研究》获二等奖。肖林著作《市场进入管制研究》、孙智君著作《民国产业经济思想研究》、黄宪调研报告《中国个人支付系统与国家金融安全的研究报告》获三等奖。

12 月 10 日，2008 级郑佳萌作为中国唯一学生代表，参加在瑞典斯德哥尔摩举行的国际青年科学研讨会，出席 2008 年诺贝尔颁奖典礼，这是中国青少年首次出席诺贝尔颁奖典礼。

12 月 12 日，学院举办"中国特色社会主义经济建设论坛"。

12 月 31 日，中南大学商学院陈晓红院长一行访问学院，并受聘为兼职教授。

12 月，武汉大学公共科技管理研究中心成立，李健任中心主任，聘陈晓红、苏峻任中心副主任；武汉大学创业与企业成长研究中心成立，夏清华任中心主任，刘林青、刘明霞任中心副主任。

同月，张平的《促进产业结构优化升级研究》、高小红的《构建我国对外开放新格局研究》两项课题入选国家发展和改革委员会"十二五"规划前期重大问题研究公开选聘研究单位课题名单。

2009 年大事记

1 月 20 日，学院实验教学中心获批 2008 年度国家级实验教学示范中心建设单位。

2 月 8 日，谭崇台主编的《发展经济学》一书获第二届张培刚发展经济学优秀成果奖。

2 月，中南大学商学院院长陈晓红一行再次来访。

同月，学院 12 项成果获武汉市社科优秀成果奖，包括一等奖 1 项、二等奖 2 项、三等奖 3 项、优秀奖 6 项。

2 月 18—20 日，徐绪松赴澳大利亚新南威尔士大学参加"2009 国际学术研讨会"，并受聘为该校客座研究员。

3 月 19 日，爱尔兰梅努斯大学校长代表团一行来访。

3 月 24 日，武汉大学中国住房保障研究中心成立，曾国安任中心主任，王冰、赵伟任中心副主任。

3 月 31 日，台湾淡江大学会计学系系主任陈睿智教授一行来访。

3 月，简新华、刘传江的"中国城镇化与中国特色城镇化道路研究"获得 2008 年度国家社会科学基金重点项目立项。

同月，汪涛、李卓、吴先明入选教育部 2008 年度新世纪优秀人才支持计划。

4 月 2—3 日，中德"人力资源、劳动力市场、社会保障：中国与欧盟比较分析"学术研讨会召开。

4 月 23—25 日，郭熙保、马颖参加了在希腊萨洛尼卡召开的"欧洲经济思想史学会第 13 届年会"。

4 月 28 日，陈继勇获得武汉市劳动模范称号。

4 月，张建清的"国际金融危机对中国对外贸易的影响和对策研究"、潘敏的"金融危机下中国金融救市政策的效果与对策研究——基于银行信贷供给的视角"获得教育部

"国际金融危机应对研究"应急课题正式批准立项。

5月4日，美国匹兹堡大学商学院院长 John Delaney 教授来访。

5月5日，中英人寿保险有限公司总裁张文伟客座教授授予仪式暨校园演讲在学院举行。

5月21—25日，潘敏赴台湾省参加"2009年第十三届两岸会计与管理学术研讨会"。

5月27日，学院工会女职工委员会获"湖北省教育系统工会先进女职工组织"称号。

5月28日，武汉大学跨国企业研究中心成立，吴先明任中心主任，陈立敏、李梅、赵奇伟任中心副主任。

5月28—29日，王玉敏应邀参加在法国巴黎召开的世界政治经济学学会第四届论坛并做学术报告。

5月，学院7项成果获第六届湖北省社科优秀成果奖，包括一等奖1项、二等奖3项、三等奖3项。

同月，陈继勇的"武汉发展总部经济的对策研究"项目获湖北省发展研究奖(第一届)一等奖。谭力文为负责人的管理学系列课程教学团队成为湖北省高等学校教学团队，实现学院省级教学团队零的突破。伍新木的"创新制度，做大湖北省、武汉市环保产业"获准立项为湖北省2009年度社会科学基金委托项目。王先甲、徐绪松被教育部科技发展中心聘请为2008—2009年度教育部科技奖励评审专家。

6月22日，"武汉大学EMBA联合会爱心楼"在四川省眉山市仁寿县兴盛乡初级中学内落成。

6月，谭崇台入选"影响新中国经济建设的100位经济学家"，其著述入编《影响新中国经济建设的100位经济学家文丛》。

同月，学院7项课题获得2009年度国家社科基金资助，包括4个一般项目(尹显萍、马红霞、高小红、侯伟丽)和3个青年项目(龚锋、陈立敏、赵伟)。学院EMBA教育项目连续五届获得"中国市场最具领导力EMBA"第四名。辜胜阻应邀访问韩国并在汉城国立大学发表了题为"企业公民与中国劳资关系"的演讲。

7月28—30日，第三届运营与供应链管理国际会议召开。

7月，叶初升、谢珺分别获"教育部留学回国人员科研启动基金"第34、第35批资助。

8月14日，中国产学研合作问题研究中心成立。

9月19日，陈继勇当选武汉企业联合会、武汉企业家协会副会长。

9月26日，学院获评武汉大学教育工作先进集体。

9月，学院5项成果获得高等学校科学研究优秀成果奖(人文社会科学)，包括1个二等奖和4个三等奖。

同月，学院15项课题获得2009年度国家自然科学基金资助，包括9个面上项目和6个青年项目。郭熙保、张秀生、游士兵3项课题获得国家发改委地区经济司研究课题资助。黄宪获首届"武汉大学杰出教学贡献校长奖"。简新华被聘为国家社会科学基金学科评审组专家。

同月，2007 级博士生罗知、李魁的博士学位论文《贸易自由化与贫困：来自中国的数据》（指导老师：郭熙保）、《人口红利与中国经济增长》（指导老师：钟水映）获得2008 年度武汉大学优秀博士学位论文培育基金立项。

10 月 15—16 日，中俄经济转型与经济发展比较专题研讨会召开。

10 月 17 日，美国前劳工部部长赵小兰女士来校访问，并做题为"Chinese Heart，American Mind，World Harmony"的演讲。

11 月 2—4 日，中部崛起与科技创新人才专家论坛召开。

11 月 7—8 日，第十届全国高校经济管理类实验室建设研讨会召开。

11 月 11 日，陈继勇的"武汉发展总部经济的对策研究"项目获湖北省发展研究奖（2006—2007 年）一等奖。

11 月 12 日，中国农业银行行长张云受聘学校兼职教授并作"国有商业银行改革发展若干问题的回顾与展望"报告。

11 月 16—20 日，陈继勇受邀访问台湾省逢甲大学。

11 月 26 日，西交利物浦大学执行校长席酉民教授来访。

11 月，学院 31 个项目获得教育部人文社会科学研究 2009 年度一般项目立项，包括 16 个规划基金项目和 15 个青年基金项目。

同月，张建清的"贸易开放与中国区域发展差异研究"获得教育部人文社科重点研究基地 2009 年重大项目立项。学院 6 项课题获得 2009 年湖北省软科学研究专项计划项目立项，获批人员名单为：李燕萍、张平、文风、严清华、胡昌生、刘再起。王祖祥的《收入分配数理分析方法》和崔楠的《消费者的真实感：前因、内部化过程及其影响后果研究》两部书稿入选武汉大学人文社会科学学术丛书。

12 月 2—4 日，第四届全国 MBA 教育指导委员会第五次全体会议暨 MBA 培养学校管理学院院长联席会议召开。

12 月 3 日，清华大学经济管理学院院长钱颖一教授与武汉大学国家经济学基础人才培养基地学生座谈。南京大学商学院院长赵曙明教授、副院长刘洪教授与工商管理系人力资源教研室师生座谈。

12 月 5—6 日，中国世界经济学会第九届三次常务理事会扩大会议暨理论研讨会召开。

12 月，简新华的"中国工业化的资源环境人口制约与新型工业化道路研究"获国家社科基金重大招标项目立项。

同月，陈继勇获评 2009 年度武汉市政府参事工作一等奖。李燕萍的"武汉市'十二五'期间科技发展战略研究"获武汉市项目立项。谭力文的《服装产业国际竞争力—基于全球价值链的深层透视》获"2009 全国商务研究成果奖"（论文）一等奖，陈继勇论文、张彬和余振报告获二等奖，陈立敏著作获优秀奖。

2010 年大事记

1 月 5—7 日，武汉大学财政金融研究中心揭牌仪式暨"和谐社会公共政策研讨会"召开。

3 月 5 日，美国宾夕法尼亚大学沃顿学院拉斐尔·阿米特（Raphael Amit）教授应邀来访。

3 月 27—28 日"危机后的国际金融与中国经济"论坛召开。

4 月 14 日，韩国建国大学副校长 Woobong Kim 一行来访。

4 月 15 日，高宝俊、邓新明获学院第三届青年教师教学竞赛一等奖。

4 月 26—29 日，马颖赴德国奥尔登堡大学参加"中国周"活动。

4 月 27 日，德国不来梅大学教授 Klaus-Dieter Thoben、湖北大学党委副书记刘国新来访。

5 月 4 日，嘉悦大学副校长 Ryuichi Himori、研究生院院长黑濑直宏和经营经济学部副教授冯雪梅一行来访。

5 月 21 日，中国工商银行行长杨凯生受聘为学校兼职教授，并作题为"后危机时代的挑战与考验——当前国际国内经济形势分析及中国的应对策略"的学术报告。

5 月 23 日—6 月 3 日，王永海、郭熙保、简新华、马颖、李卓、张平赴俄罗斯进行学术访问，出席"第四届俄中高级经济论坛"，并参加"俄中转型与经济发展：过去与未来"专题研讨会。

5 月 25 日，陈继勇的"武汉发展总部经济的对策研究"项目获首届湖北发展研究奖一等奖。

5 月，李燕萍的"人力资源管理"课程获批国家级精品课程，入选湖北省精品课程建设项目。

同月，2007 级市场营销专业硕士研究生、武汉锐尔生物科技有限责任公司总经理吴斌获评"湖北省青年五四奖章"，并入选合校十周年"十大风云人物"及"2009 中国大学生年度人物"。

6 月 12 日，中国银行业监督管理委员会主任杨家才的学术报告会举行。

6 月 29 日，齐绍洲被联合国政府间气候变化专门委员会（Intergovernmental Panel on Climate Change，IPCC）聘任为 IPCC 第 5 次评估报告（AR5）的评审专家。

6 月，武汉大学经济发展研究中心在全国高校人文社会科学重点研究基地第二次评估中被评为教育部优秀重点研究基地。

同月，李卓的《美国金融救助的最优时机与策略研究——基于最优停止与奇异控制的复合优化问题》入选"2010 年度第三届 Five Star 金融论坛"。学院 11 个项目获得 2010 年度国家社会科学基金项目立项。陈继勇的"国家创新体系中政府的作用影响与绩效评价研究"项目获得教育部专项项目资助。韩国文的"我国股票市场流动性风险测度研究"项目获得第 36 批"留学回国人员科研启动基金"资助。李雪松的"基于物权视角的水资源市场化法律体系与管理制度研究"项目获得司法部国家法治与法学理论研究项目资助。

7 月，工商管理专业被批准为湖北省本科品牌专业建设项目。

同月，刘传江等著《中国农民工市民化进程研究》(人民出版社 2008 年版) 获第五届中国人口科学优秀科研成果奖专著类优秀成果一等奖。

8 月 10 日，严清华当选为中国经济思想史学会会长。

8 月，14 项课题获得 2010 年度国家自然科学基金项目资助；4 项课题获得 2009 年度湖北省社会科学基金项目资助。

9 月 27 日，在 2010 年中国最具影响力 MBA 排行榜中位列第五名。

9 月，张彬获宝钢教育基金优秀教师奖。

同月，杜莉获湖北省第二届青年教师教学竞赛(高校组)文史组第一名，并获"湖北青年教学能手"称号。

10 月 16—17 日，"第五届中国经济学教育年会暨院长(系主任)联席会议"召开。

10 月 23—24 日，"复杂科学管理首届国际研讨会"召开。

10 月 31 日，艾路明校友获第六届武汉大学杰出校友称号。

10 月，高宝俊获武汉大学 2010 年度青年教师教学竞赛三等奖。

11 月 5—7 日，"2010 年海峡两岸金融与保险学术研讨会"召开。

11 月 8 日，"中国会计学会年会财务管理专业论坛"召开。

11 月 12 日，海峰当选为第五届中国物流学会兼职副会长，张光明、文风当选为理事。

11 月 16 日，谭崇台入选首批"荆楚社科名家"。

11 月 27 日，《经济评论》创刊 30 周年暨经济学学科建设与学术期刊发展论坛举行。

12 月 5 日，2008 级本科生刘丽琼获得"世界记忆大师"称号。

12 月 27 日，谭力文"改革开放以来中国管理学设置研究"获国家社科基金重大招标项目立项。

12 月 30 日，2008 级经济学基地班获得 2009—2010 学年校十大先进班集体标兵。

12 月，学院 MBA、EMBA 项目顺利通过 AMBA 国际认证。

同月，985 工程三期(2010—2013 年)建设项目"中国经济发展与国际竞争力创新基地"顺利通过论证，并获批建设经费 800 万元。

同月，理论经济学博士后科研流动站被评为全国优秀博士后科研流动站。国际数理经济与数理金融试验班入选武汉大学"弘毅学堂"。学院新增金融硕士、资产评估硕士等 7 个硕士专业学位项目。

同月，陈晓玥获评湖北省思想政治教育工作先进个人、湖北省社会实践活动优秀工作者。

2011 年大事记

1 月 13 日，美国杜克大学代表团一行来访。

1 月，学院 15 项课题获 2010 年教育部人文社会科学研究资助。

2 月 28 日，日本神户大学经济科藤田教授来访。

3 月 26 日，中国管理科学与工程学会常务理事会扩大会议举行。

3 月 27 日，"湖北省工业经济学会 2011 年年会暨经济发展方式转变与'两型'社会建设研讨会"举行。学会会址和秘书处设在武汉大学，简新华为会长、杨艳琳为副会长兼秘书长。

3 月，学院被中共湖北省委高校工委、湖北省教育厅评为"湖北省高校大学生思想政治教育工作先进基层单位"；武汉大学人口·资源·环境经济研究中心被评为湖北省普通高等学校人文社会科学重点研究优秀基地。

同月，简新华的"迈向现代化的中国经济发展丛书"获中国出版政府奖和华东地区优秀哲学社会科学图书奖；谭崇台等著作《发达国家发展初期与当今发展中国家经济发展比较研究》、陈继勇等系列论文《世界经济与外商对华直接投资研究》获得第七届湖北省社会科学优秀成果奖一等奖；谭力文、刘再起等研究成果分别获得二等奖和三等奖；陈继勇获 2010 年度武汉市政府参事工作一等奖。

同月，余振"Economic Integration among Japan，China and Korea：Lessons from Asia Pacific Economic Cooperation"获日本住友基金会 2010 年度"日本相关问题研究项目"资助。

4 月 2 日，"2011 年海峡两岸金融学术研讨会"成功举行。

4 月 28 日，武汉大学第十五届"董辅礽经济科学奖"颁奖仪式暨历届获奖学生代表座谈会举行。

4 月，《经济评论》被评为湖北人文社会科学优秀精品期刊，《经济评论》编辑彭爽获湖北优秀期刊编辑奖。

5 月 9 日，物流管理专业入选第二批湖北省普通高等学校战略性新兴（支柱）产业人才培养计划项目名单。

5 月 11 日，武汉大学副校长、研究生院院长黄从新教授接待了 AMBA 组织中国代表王重鸣教授。

5 月 25 日，在日内瓦凯宾斯基酒店，常务副院长李燕萍代表武汉大学正式接受了国际 MBA 协会（AMBA）颁发的 AMBA 认证证书。

5 月，学院"211 工程"三期建设项目顺利结束；"985 工程"中期检查如期完成。

同月，获评武汉大学 2010—2011 年度"红旗团委"；陈晓玥获评"湖北省优秀共青团干部"。

同月，吴先明、林玲、陆菊春、张宏翔、余道先获批国家社会科学基金 2011 年度资助项目。

6 月 8—12 日，由学院主办、经济与管理实验教学中心承办的首届创业运营模拟对抗赛举办。

6 月 25 日，武汉大学金融工程与风险管理研究中心在"2011 年中国与全球金融风险论坛"上发布《中国与全球金融风险报告（2011）》。

7 月 1 日，学院党委被授予 2008—2011 年度武汉大学"先进分党委"荣誉称号。

7月4日，徐业勤任经济与管理学院党委书记，尤传明调任政治与公共管理学院党委书记。

同日，伊利诺伊大学(香槟)商学院工商管理系主席 William Qualls 教授夫妇与方二教授来访，并签署合作框架协议。

7月9日，武汉大学 EMBA 校友会云南分会成立大会在昆明举行。

7月11日，湖北省副省长赵斌一行来院调研座谈。

7月14日，学院 EMBA 项目获得"中国市场具有领导力 EMBA"第四名，同时获得"最具创新能力"单项奖。

8月，学院教师在国家自然科学基金委员会公布的 2011 年度资助的项目中获批 19 项，立项金额 712 万元，项目获批数量和资助金额创历史新高。

9月18日，陈继勇当选世界经济学会副会长，张彬当选副秘书长。

9月22日至23日，"发展论坛暨中俄产业结构与经济政策比较研讨会"召开。

9月，学院成功申报 4 项 2011 年国家社科基金第一批重大项目，立项数创学院历年国家社科基金重大项目新高。

同月，郭熙保的"马克思主义理论研究和建设工程教育部高等学校哲学社会科学重点教材《发展经济学》编写课题"获立项资助；颜鹏飞"《资本论》及其手稿再研究"获教育部重大课题攻关项目立项资助。

同月，经济一体化与武汉区域协调发展软科学研究基地获批武汉市第一批软科学研究基地，陈继勇任基地主任。

同月，杜莉获"武汉大学杰出青年"荣誉称号。

同月，徐业勤任经济评论杂志社社长。

10月9—11日，受国务院三峡办稽查司委托，王学军主持的"三峡后续工作稽查办法研究设计方案"评审会召开。

10月19日，澳大利亚麦考瑞大学副校长 Jim Piper 代表团一行来访。

10月22日，摩根大通亚太区董事总经理龚方雄先生在武汉大学"EMBA 前沿讲坛"作题为"欧美之危与中国之机——中国能否独善其身"的报告。

10月，王永海入选珞珈特聘教授，刘威、李青原入选珞珈青年学者。

11月3日，2010 级财政学博士生卢盛峰、2010 级数量经济学博士生吴比入选国家教育部"2011 年度博士研究生学术新人奖获得者"。

11月10—17日，金融系与保险精算系 15 位教师赴台湾省进行了为期一周的学术交流。

11月11日，"武汉大学改图网 forward 创业团队"获全球大学生创业挑战赛(IBTEC)冠军。

11月12日，中国社会科学院学部委员、中国工业经济研究所所长、《中国工业经济》杂志主编金碚研究员受聘武汉大学兼职教授仪式暨学术报告会在学院举行。

同日，首届武汉大学金融精英挑战赛决赛举行。

11月14日，武汉大学天诚担保与融资创新研究院签约仪式举行。

11月17日，香港城市大学市场营销系主任苏晨汀教授受聘为武汉大学"珞珈学者"讲座教授仪式举行。

11月20日，李青原的专著《制度环境、会计信息质量与资本配置》获第五届杨纪琬会计学奖"优秀会计学术专著奖"。

11月23日，张培刚教授逝世，享年98岁。

同日，澳大利亚麦考瑞大学经管院院长 Mark Gabbott 来访。

11月25日，教育部副部长李卫红为学院颁发"武汉大学哲学社会科学研究工作先进集体"称号。

11月26日，学院学生团队获第七届"花旗杯"金融与信息技术应用大赛决赛冠军。

11月28日，常务副院长李燕萍率领学院认证工作筹备组成员赴广州会晤 AACSB 认证机构执行副总裁兼亚洲区主管 Eileen Peacock 博士。

11月29日，丝宝集团正式成为武汉大学 MBA 实习实践基地，丝宝集团人力资源部总经理王琪等5名高管被聘为武汉大学 MBA 企业导师。

11月，陈继勇作为中国贸促会经贸代表团成员随胡锦涛主席出访了奥地利、波兰和立陶宛，参加了"中-奥经贸论坛""中-波经贸论坛"和"中-立经贸论坛"。

同月，颜鹏飞参与编写的马工程教材《西方经济学》，由人民出版社和高等教育出版社联合出版。

同月，曾伏娥、严若森入选教育部2011年度"新世纪优秀人才支持计划"。

12月9日，国务院参事、友成企业家扶贫基金会常务副理事长汤敏博士来访并做题为"中国社会经济的近忧与远虑"的学术报告。

同日，伊利诺伊大学香槟分校方二教授受聘武汉大学兼职教授仪式举行。

同日，2010级工商管理专业本科生尤东梅在第20届世界脑力锦标赛上获"世界记忆大师"称号。

12月，陈继勇的《后金融危机时代中国参与全球经济再平衡的战略与路径研究》、卢洪友的《城乡环境基本公共服务非均等程度评估及均等化路径研究》、邹薇的《应对"中等收入陷阱"挑战的综合研究》、田玲的《我国巨灾保险制度安排与实施路径研究》获国家社会科学基金重大招标项目立项。

12月14日，学院通过教育部组织的全国 MBA 教育综合改革试点工作中期检查。

12月18日，学院获"2011中国学子心中十大最具品牌价值商学院"，EDP 项目获得"2011中国商学院最具人气 EDP 项目"。

12月20日，首届武汉地区高校研究生观澜经济论坛举行。

12月29日，庆祝李守庸教授执教60周年暨李守庸学术思想研讨会举办。

12月30日，校长李晓红院士参加学院2011年新春联欢会。

12月，中国产学研合作问题研究中心、金融工程与风险管理研究中心入选湖北省高校人文社会科学重点研究基地建设项目计划。

同月，李燕萍获中国产学研合作促进奖。

同月，会计学（注册会计师专业方向）在专业协会教学质量评估中获"A"类，武汉大学是获得 A 类的四所院校中唯一的一所综合性大学。

同月，陈继勇指导的雷欣的博士学位论文《知识溢出与外商在华直接投资地区非均衡分布的实证研究》、郭熙保指导的罗知的博士学位论文《贸易自由化与贫困：来自中国的数据》和钟水映教授指导的李魁的博士学位论文《人口年龄结构变动与经济增长——兼论中国人口红利》被评为 2011 年湖北省优秀博士学位论文。

同月，学院 12 项成果获武汉大学第十二届人文社会科学研究优秀成果奖。

同月，陈晓玥获评湖北省优秀共青团干部。

2012 年大事记

1 月 2—12 日，院长陈继勇率学院海外人才引进工作团队赴美参加 2012 年度美国经济学年会暨人才交流会。

1 月 18 日，刘传江、文建东、邹薇当选为第十二届武汉市政协常务委员。

1 月，江春卸任金融系与保险精算系(合署)主任，改任金融系主任，田玲任保险与精算系主任，邹薇任数理经济与数理金融系主任。

同月，王先甲任珞珈管理评论编辑部主编。

2 月 23 日，湖北省碳交易试点制度建设研讨会召开。

3 月 10 日，国家社科基金重大招标项目"后金融危机时代中国参与全球经济再平衡的战略与路径研究"暨陈继勇教授对外开放学术思想研讨会举行。

3 月 13 日，泰国 ASSUMPTION UNIVERSITY 商学院院长 Kitti PHothikitti 一行来访。

3 月 16 日，"文明武汉建设与武汉城市竞争力"研讨会举行。

3 月 20 日，湖北省高校人文社会科学重点研究基地武汉大学中国产学研合作问题研究中心建设计划现场论证会举行。

3 月 21 日，香港特别行政区投资推广署助理署长邓仲敏女士、中联办经济部贸易处副部长兼贸易处负责人杨益等一行来访。

同日，湖北省高校人文社会科学重点研究基地武汉大学金融工程与风险管理研究中心建设计划论证会举行。

3 月 23 日，安徽省淮南市向学院赠送灵璧石。

3 月 28 日，日本北海道大学经济学研究生院院长町野和夫，可持续发展学教育研究中心博士研究员田中晋吾、助教石村学志一行来访。

3 月，学院"985 工程"(2010—2013 年)建设项目顺利通过中期检查，获评全校文科类项目第一名。

同月，2011 年度复印报刊资料转载学术论文指数排名公布，"应用经济学"学科的转载量(28 篇)和综合指数(0.772622)均位列第 3 名，"工商管理"学科的转载量(17 篇)和综合指数(0.848121)均位列第 4 名。

同月，陈继勇连续 6 年获武汉市政府参事工作一等奖；陈继勇应邀担任汉斯出版社旗下的《世界经济研究》(《World Economic Research》)副主编。

同月，2008级本科生刘丽琼在第三届"栋梁工程"全国高校"栋梁之星"评选中获"栋梁之星"称号；2008级本科生宋伯龙应美国杜克大学邀请，赴美参加2012年杜克-北卡中美领导力峰会。

4月5日，"亚太区域经济一体化与中美经贸合作学术研讨会"召开。

同日，中国长城资产管理公司总经理张士学一行来访并交流。

4月14—15日，中国经济规律研究会第22届年会举行；"基本公共服务均等化理论与路径"研讨会召开。

4月19日，重庆工商大学校长杨继瑞教授一行来访。

4月24日，获评武汉大学2011—2012年度"红旗团委"，2009级本科生汤麓桥被评为"十大杰出青年(学生)"。

4月26日，院长陈继勇获"2012年中国学子心中最具成就商学院院长"称号。

同日，2011级市场营销专业硕士研究生李璟和2009级金融工程专业本科生余方舟作为主要成员的武汉大学Forward团队荣膺2011湖北大学生年度人物。

同日，经济与管理学院青年教师协会成立大会举行。

4月，学院在2012年教育部人文社会科学研究项目一般项目申报中5个项目获得资助。

同月，王先甲任经济与管理学院副院长。

同月，《经济评论》在《中文核心期刊要目总览》(2011年版)正式发布的核心期刊评价结果中，在全国25种综合性经济科学类期刊评价排名中位居第5。

同月，2010级工商管理本科生郭俊秀专著《乐享powerpoint——5个PPT成就幻灯片达人》由电子工业出版社出版发行；2010级本科生任韫宜在北京大学国际模拟联合国大会(Asian International Model UN)中摘取"Outstanding Delegate Award(杰出代表奖)"殊荣。

5月8—25日，齐绍洲、叶初升、李卓、文建东、马颖、郭熙保、叶永刚、陈继勇赴德国、瑞典、波兰参加"中欧产业结构与政策比较"研讨会、"中国经济转型与发展研讨会"。

5月9日，爱尔兰都柏林大学商学院院长Ciarán Ó hÓgartaigh教授，副院长Damien P. McLoughlin教授，Aidan Kelly、杨柳教授来访。

5月15日，"欧元展"成功开展，展览主办方欧盟驻华代表团经济与金融处处长、一等参赞梅兰德女士来访。

5月17—20日，院长陈继勇作为韩中经商学会副会长出席了在韩国全北大学举办的韩中经济合作国际学术研讨会。

5月31日，院长陈继勇应邀为省政协中心组和省政协办公厅中心组2012年第二次集中学习做《美欧债务危机：演化路径、原因、影响及政策启示》专题报告。

5月，邹薇的"国际数理经济与数理金融试验班人才培养模式创新"项目获2012年度武汉大学教学成果特等奖，陈继勇的"'一化三型'国际经贸人才培养模式创新与实践"项目获一等奖，余玉苗的"以学生创造力、就业力和创业力塑造为导向的注册会计师专业方向教学实践与改革研究"项目获二等奖。

6月9日，中共湖北省委第十次党代表大会召开，邹薇教授提出的开创湖北经济发展"黄金十年"的建议被省委书记李鸿忠同志在省十次党代会报告直接采用。

6月28日，学院党委被授予武汉大学2010—2012年创先争优"先进分党委"荣誉称号，金融系教师党支部被授予武汉大学创先争优"先进党支部"称号。

6月29日，招商银行总行行长马蔚华受聘为武汉大学兼职教授，并做题为"中国银行业转型"的学术报告。

6月30日，由学院经济学系、经济评论杂志社与南京大学产业经济学系、南大商学评论杂志社联合举办的"斯密珞珈论坛"第一届研讨会成功举行。

6月，广东省易方达教育基金会向学院捐资100万元，用于促进经济学科的发展和推动经济学科人才的教育培养。

同月，余方舟获评湖北省"优秀大学生"。

同月，陈立敏的"中国企业的国际竞争力提升研究团队"、彭红枫的"人民币国际化及其风险管理研究团队"入选第三批武汉大学人文社会科学"70后"学者学术团队建设计划。

同月，简新华当选中国《资本论》研究会副会长。

同月，李锴获2012年度"武汉大学研究生学术创新奖"特等奖；卢盛峰、袁威等8名同学获2012年度"武汉大学研究生学术创新奖"一等奖；梁柱、柳士昌等5名同学获2012年度"武汉大学研究生学术创新奖"二等奖；郑浩、周洪等13名同学获2012年度"武汉大学研究生学术创新奖"三等奖；王永海指导李凤雏的学位论文《我国政府审计绩效管理研究》获得2012年国家审计署优秀博士学位论文优秀论文奖。

同月，陈琦任学生工作办公室主任，彭琼任科研外事与学科建设办公室主任。

7月2日，武汉大学首届远东宏信奖学金颁奖典礼举行。

7月7日，武汉大学EMBA项目连续九届获得"中国市场最具领导力EMBA综合排名"前四强的荣誉，同时获得商学院"区域最值得推荐EMBA项目"（华中地区、西部地区）、"EMBA最佳课程设置"单项奖。李燕萍教授获得"中国EMBA荣誉教授"个人单项奖。

7月9—10日，首届"创新与创业：与中国相关的理论与实践"国际学术会议举行。

7月14—15日，"中国欧洲学会欧盟研究会暨欧洲经济研究分会2012年会"举行。

7月20日，2009级本科学生赵良甄获"2012亚太青年模拟APEC大会"总决赛一等奖。

7月23日，印尼玛拉拿达基督教大学校长Felix Kasim、副校长Gai Suhardja等一行来访。

7月，学院新增两个校级研究机构：武汉大学中国营销工程与创新研究中心，黄敏学任主任；武汉大学风险管理研究中心，魏华林任主任。

同月，叶永刚的"欧美国家债务危机对我国的影响及对策研究"、黄宪的"完善宏观金融调控体系研究——基于针对性、灵活性和前瞻性的视角"、吴先明的"创造性资产寻求型跨国并购的主要影响因互和运作推进机制研究"、王祖祥的"收入分配体制改革对改善居民收入分配的效果评估研究"获教育部哲学社会科学研究重大课题攻关项目立项。

同月，学院在2012年度国家社会科学基金项目申报中，3个项目获得立项。

同月，刘启亮、徐进在教育部第43批"留学回国人员科研启动基金"申报中获得资助；张宏翔、徐岚、刘威的3个项目获得2011年度湖北省社会科学基金项目资助。

同月，在武汉大学高水平国际期刊论文培育项目的申报中，26个项目获得资助；在2012年度武汉大学自主科研项目(人文社会科学)一般项目申报中，7个项目获得资助；2012年度武汉大学自主科研项目(自然科学)青年教师资助项目申报中，5个项目获得资助。

8月5—7日，李燕萍、吴先明、唐建新、汪涛、张占领和余静静一行六人受邀参加在美国波士顿召开的以"The Informal Economy"为主题的第72届美国管理学年会。

8月6日，陈继勇、魏华林、邹薇受聘为湖北省第二届省委决策支持顾问。

8月24—27日，杜莉在首届全国高校青年教师教学竞赛中获文科类一等奖。

8月，学院在2012年度国家自科基金获批数创造了历年来国家自科基金立项的最好成绩，其中王先甲获得重点项目资助，这是学院获得的第一个国家自科基金重点项目。

9月13日，武汉大学与北京联合保险经纪有限公司的合作签约仪式举行。

9月，邹薇获第四届杰出教学贡献校长奖。

9月26日—10月7日，院长陈继勇率叶永刚、马颖、叶初升、李卓、张建清、齐绍洲、潘敏、刁莉赴俄罗斯进行学术访问。

10月13—20日，陈继勇率世界经济系代表团一行10人赴台湾地区参加了多场学术交流活动。

10月16日，哈佛大学统计学博士、清华大学 Michael R. Powers 教授来院作题为"Improving the Risk Finance Paradigm"的学术报告。

10月17日，意大利罗马大学(Universita di Roma)的 Cristina Marcuzzo 教授来院作题为"The Cambridge Approach to Economics"的学术报告。

10月25日，朱剑平任学院党委副书记，张琦改任新闻与传播学院党委副书记。

10月27日，武汉大学面向海内外招聘经济与管理学院院长，香港科技大学经济系主任谢丹阳教授应聘。

10月，李燕萍、胡昌生、刘传江、何国华当选民建省委第七届委员会专门委员会委员，其中李燕萍、胡昌生分别为经济委员会和社会保障委员会主任，刘传江为理论研究委员会顾问。

同月，EMBA项目获得2012年度AMBA组织颁发的MBA创新提名奖；老年协会获得"武汉大学先进基层老年协会"称号，老协主席伍新木获得"武汉大学基层老年协会优秀会长"称号。

同月，学生团队"e时贷集群小微企业智能贷款系统"项目，在第八届"花旗杯"金融与信息技术应用大赛全国总决赛中获得一等奖。

11 月 1 日,《经济评论》获得国家社会科学基金第二批学术期刊资助。

同日,中国移动通信集团湖北有限公司党组书记、董事长、总经理郭永宏受聘武汉大学兼职教授仪式在学术报告会举行。

11 月 3—10 日,齐绍洲受法国驻华大使馆邀请对法国外交部、生态环境和能源部以及法国政府的重要智库研究所进行学术访问。

11 月 4 日,瑞士苏黎世应用科技大学管理与法学院马库斯·普拉蒂尼教授一行来访。

11 月 13—16 日,爱尔兰都伯林大学 Patrick Paul Walsh 教授来院并做题为"An Analysis of European Debt Crisis""What Replaces the MDG Project? Sustainable Development Indicators?"的学术报告。

11 月 14 日,新加坡经济发展局中国区域主任吴佩声来访。

11 月 18 日,陈继勇再次当选为中国美国经济学会会长,周茂荣、张彬当选为副会长,张彬兼任秘书长,李卓当选为副秘书长。

11 月 19 日至 20 日,"跨国公司与中国"国际学术会议暨 SSCI 论文发表研讨会举行。

11 月 27 日,中国保险监督管理委员会副主席周延礼来访。

11 月 28 日,黄静指导的"武汉大学扬帆创业团队"《武汉橄榄无线科技有限公司》作品,在第八届"挑战杯"复星中国大学生创业计划竞赛决赛中获金奖。

11 月,邹薇的"数理经济与金融拔尖学生培养改革与研究"项目、胡艺的"交互式考试方法在商务课程中的应用研究"项目、亢梅玲的"统计软件 stata 在国际商务实证研究中的运用——数据、案例、方法与文献"项目获批省级教学研究立项。

同月,钟水映指导李魁的博士论文获 2012 年全国优秀博士学位论文提名奖。

同月,武汉大学国际商务研究中心成立,李卓任中心主任。

12 月 1 日,学院及 MBA 项目获"2012 中国学子心中最具创新力商学院"与"2012 中国商学院学子心中最具特色 MBA 项目"等奖项。

同日,2010 级本科生组成的项目组获得"2012 中国大学生经济调研报告"三等奖。

12 月 1—8 日,"武汉大学 2012 创业运营模拟大赛"举行。

12 月 2 日,2010 级经济学基地班获"武汉大学 2011—2012 年度先进班集体标兵"称号。

12 月 5 日,哈萨克斯坦(阿布莱汉)国际关系与外国语大学国际关系部部长 Baitemorov Nurzhan、国际关系学院院长 Rayev Dauletbek 教授来访。

12 月 6 日,乐山师范学院旅游与经济管理学院院长邱云志、党总支书记邓健、副院长郑元同一行来访并签订对口支援工作备忘录。

12 月 9 日,俄罗斯西伯利亚联邦大学弗拉基米尔·达旗升教授来院并做题为"中俄茶叶贸易的历史与文化"的学术报告。

12 月 13 日,中国人民财产保险股份有限公司执行副总裁王和先生应邀作题为"关于保险的几点思考"的讲座，并受聘成为保险硕士专业学位研究生的校外兼职导师。

同日，中信银行上海分行党委书记吴小平作题为"后危机时代中国股份制商业银行金融创新"的讲座，并正式受聘为金融硕士专业学位研究生校外兼职导师。

12月19日，学院收到欧洲管理发展协会（European Foundation for Management Development 简称 EFMD）来函，被正式接纳为完全会员。

12月22日，学院获评"中国 MBA 顶级院校"，严若森获选"2012MBA 杰出教授"，MBA 校友王祖祥、卢靖平、熊文、徐伟、商红标获评"MBA 成就奖"。

12月26日，《经济评论》被评为"2012 中国最具国际影响力学术期刊"，在 34 种人文社科类"中国最具国际影响力学术期刊"中排名第 12，也是湖北省人文社科类期刊中唯一获此殊荣的学术期刊。

12月29日，武汉大学金融工程与风险管理研究中心在"2012 年中国与全球金融风险论坛"上发布《中国与全球金融风险报告（2012）》。

12月，黄敏学、李青原入选 2012 年度教育部新世纪优秀人才支持计划；魏华林的《保险学（第二版）》和叶永刚的《金融工程概论（第二版）》两部教材入选首批"十二五"普通高等教育本科国家级规划教材名单；齐绍洲、汪涛被评聘为珞珈特聘教授，方德斌、侯成琪、潘红波、彭红枫、卫武被评聘为珞珈青年学者。

2013 年大事记

1月，《经济评论》7 篇论文获湖北省第十三届社科期刊优秀作品奖。

同月，学院在 2012 年度武汉大学研究生教育业绩奖评选中，招生工作、就业及档案工作、培养工作、学位工作、专业学位工作五个大类全部获得一等奖。

同月，学院获评"武汉大学 2011—2012 年度文明单位""2012 年武汉大学心理健康教育工作先进集体""本科学工信息工作先进集体""学生课外学术科技创新活动先进集体"。"我展我风采"系列特色党建活动获 2012 年学生党建工作创新项目一等奖；获评"武汉大学第七届研究生学术科技节优秀组织单位"；获评"武汉大学本科教学工作状态评估一等奖"；获评"2010—2012 年度先进二级工会"；获评"2012 年度武汉大学信息工作先进单位"；获评武汉大学青年教师教学竞赛"优秀组织奖"。

同月，李燕萍获评"我心目中的好导师"；郑先公、刘峻、沈仕雄获评"武汉大学 2012 年学生工作先进个人"，张元杰获评"学术科技节先进个人"，张岱获评"武汉大学信息工作先进个人"，赵一君获评"武汉大学本科学工信息工作先进个人"。

1月3—6日，院长陈继勇率海外人才招聘工作组 6 人参加了在美国圣地亚哥召开的社会科学联盟协会暨美国经济协会年会。

1月4日，校长李晓红看望了学院资深教授谭崇台先生及其夫人。

1月5日，常务副校长冯友梅会见了学院候任院长谢丹阳，并代表学校颁发了聘书。谢丹阳教授将于 2013 年 2 月 1 日始为武汉大学经济与管理学院候任院长。

1月17日，实验教学示范中心顺利通过国家级实验教学示范中心建设单位验收。

同日，2012 年内设行政教辅机构负责人述职测评会在教工之家成功举行。

1 月 29 日，理论经济学一级学科在第三轮学科评估中，位列全国第三。

1 月 27—30 日，顾海良、辜胜阻当选为湖北省第十二届全国人大代表，李燕萍连任湖北省第十一届政协常委，刘传江连任省第十一届政协委员，邹薇新当选为省第十一届政协委员。

2 月，焦丽任本科教学管理办公室主任，赵一君任团委书记。

2 月 6 日，陈继勇获 2012 年度武汉市政府参事工作一等奖。

2 月 27 日，13 项课题入选"海外人文社会科学研究动态追踪计划"。

2 月 28 日，简新华荣聘为国家行政学院兼职教授。

3 月 3 日，叶永刚的《千湖之省现代农业集团组建方案研究》、李锡元的《武汉市企业技术创新团队建设研究》、胡昌生的《湖北内需扩大型经济发展战略研究》分别获"湖北发展研究奖"。

3 月 5 日，邹薇获评"湖北省三八红旗手"。

3 月 7 日，学院召开领导班子和领导干部年度述职测评大会。

3 月 8 日，18 篇本科毕业论文在 2012 年湖北省优秀学士学位论文评选中荣获"优秀学士学位论文"。

3 月 12 日，陈继勇的《"一化三型"国际经贸人才培养模式创新与实践》、邹薇的《国际数理经济与数理金融试验班人才培养模式创新》和李燕萍的《基于知识预迁移的 HRM 专业人才多元培养研究》分别获得第七届湖北省高等学校教学成果奖。

3 月 14 日，尹中卿、郑功成、辜胜阻校友当选十二届全国人大常委会委员。

3 月 19 日，唐登山、邓新明、沈校亮、方迎风、王恺在 2012 年湖北省社科基金研究项目评审中获得立项。

3 月 21 日，获评学校"2012 年度治安综合治理和消防工作先进单位"。

3 月 22 日，《经济评论》获评"第八届湖北省优秀精品期刊奖"。

3 月 24 日，著名电影制片人蔡澜先生做客学院《聚焦》访谈。

3 月 25 日，学院召开 2012 年度领导班子民主生活会。

3 月 31 日，硕士研究生李璟作为青年创新创业典型，当选为共青团第十七次全国代表大会代表。

4 月 10 日，加拿大滑铁卢大学会计与金融学院谭红平教授受聘为"珞珈学者讲座教授"。

4 月 12 日，获评"武汉大学 2012 年研究生实践育人优秀组织单位"。

4 月 15 日，学院在第六届高等学校科学研究优秀成果奖(人文社会科学)评选中获一等奖 1 项、二等奖 2 项、三等奖 3 项。

4 月 16 日，学院在 2013 年美国大学生建模竞赛中，2 支队伍获评一等奖，13 支队伍获评二等奖。

4 月 22 日，5 项课题获批武汉大学第二批"湖北研究"专项课题立项。

4 月 25 日，获评 2012—2013 年度武汉大学"红旗团委"。

4月26日，卢洪友、潘敏、齐绍洲、李燕萍当选教育部高等学校教学指导委员会委员。

同日，校党委书记韩进来院调研指导工作。

同日，13个本科生项目成功获批2013年度国家大学生创新创业训练计划立项，获批立项数和资助金额均居全校各院系之首。

同日，第十九届康腾全国高校学生商业案例分析大赛总决赛成功举行，武汉大学Icreat团队获一等奖。

4月27日，本科生杜雨获评"十大珞珈风云学子"。

5月2日，院研究生会获评"武汉大学优秀研究生会"。

5月3日，11门课程获得学校专业学位研究生精品课程建设立项。

5月4日，院长陈继勇代表学院与武汉市黄陂区政府签署高层次人才战略合作协议。

5月5日，学院召开第七次团员代表大会、第十三次学生代表大会。

5月6日，校长李晓红来院调研指导学科建设工作。

5月10—11日，学院举办2013年GBEF国际学术会议。

5月14日，郑春美的《会计学》、陈虹的《宏观经济学》入选2013年度湖北省来华留学英语授课品牌课程。

同日，11项课题获2013年度教育部人文社科研究项目立项。

同日，获评"烛光导航工作先进集体"，胡丽琴、胡晶晶获评"优秀导航师"。

5月17日，学院在武汉市第十三次社会科学优秀成果评选中共获一等奖1项、二等奖5项、三等奖4项和优秀提名奖2项。

同日，学院在全国大学生英语竞赛决赛中获八个特等奖、三个一等奖。

5月22日，湖北省人大常委会副主任、华中师范大学教授周洪宇到访学院。

5月28日，刘延东副总理对李健教授建言做重要批示。

5月29日，省教育厅厅长刘传铁一行来院检查指导工作。

6月8—15日，院长陈继勇率团赴台湾地区参加"2013亚太区域经济整合与国际企业因应策略研讨会"。

6月21日，学院在2013年国家社科基金年度项目评审中共有5个项目获立项资助，其中一般项目2项，青年项目3项，立项资助额达90万元。

6月20—23日，第三届中国空间经济学国际研讨会在学院举行。

6月23—24日，全国高等学校创业创新实验教学研讨会在学院召开。

6月24日，院党委书记徐业勤一行赴红安代表学院向老区捐赠电脑100台。

同日，黄宪获评武汉大学2012—2013年度"师德标兵"。

6月27日，学院召开全院教职工大会，学校党委宣布，谢丹阳任经济与管理学院院长，李燕萍、曾国安、潘敏、汪涛、李继龙任经济与管理学院副院长。

6月28日，国务院侨务办公室国外司副司长林旭等一行四人访问学院。

同日，校党委书记韩进看望优秀青年教师杜莉。

同日，学院召开离退休教职工见面会。

6 月 30 日，湖北省委常委、常务副省长王晓东和副省长梁惠玲一行莅临学院考察调研。

7 月，江春卸任金融系主任，彭红枫任金融系主任；徐莉卸任管理科学与工程系主任，郑君君任管理科学与工程系主任；吴先明卸任工商管理系主任，严若森任工商管理系主任；汪涛卸任市场营销与旅游管理系主任，黄静任市场营销与旅游管理系主任；刘传江卸任经济研究所所长，成德宁任经济研究所所长。洪金水卸任 EDP 中心主任，代军勋任 EDP 中心主任。

7 月 3 日，文建东获学校第五届杰出教学贡献校长奖。

7 月 6 日，学院举行 2013 年在职专业学位硕士研究生学位授予仪式。

7 月 10 日，谢丹阳成功入选教育部 2012 年度"长江学者特聘教授"。

7 月，学院新增武汉大学世界经济研究所和武汉大学出土文献与传统经济研究所两个校级科研机构。

8 月 22—23 日，《经济评论》参与举办了"经济学研究中思想性与技术性的关系"专题研讨会。

8 月 30 日，法国图卢兹大学副校长 Laurent Grosclaude 来院参访；台北大学校长薛富井一行来院参访。

同日，2011 级本科学生李雪鹋在 2013 年 6 月 ACCA 全球统考课程《中国税法（Taxation）》（F6）考试中荣获中国大陆地区第一名。

9 月 3 日，五项教研项目和一门英文课程入选 2013 年"武大课程 2010"建设项目。

9 月 4 日，罗琦、余明桂入选教育部 2013 年度"新世纪优秀人才支持计划"。

9 月 6 日，学院召开了深入开展党的群众路线教育实践活动动员大会。

9 月 22 日，学院召开深入开展党的群众路线教育实践活动离退休党员座谈会。

9 月 28 日，MBA 项目再次获评"中国最具影响力 MBA"。

同日，教育部工商管理学科专业教学指导委员会人力资源专业指导小组会议在学院召开。

9 月 28—29 日，第二届中国人力资源管理暨员工幸福管理国际论坛在学院顺利召开。

10 月 9 日，法国里昂天主教大学管理学院副院长 Kevin Pon、法国艾菲集团人力资源总监 Franck 和武汉艾菲公司总经理 Guyot 等一行 5 人访问学院。

10 月 11—22 日，经济发展研究中心与陕西师大联合举办第六届中俄学术研讨会。

10 月 17 日，王先甲、海峰指导的《高铁货运的效率实现及运输路径的战略选择》项目获"挑战杯"全国大学生课外学术科技作品竞赛二等奖。

10 月 17—18 日，"第七届中国能源资源开发利用战略学术研讨会暨第四届能源经济与管理学术年会"在学院顺利召开。

10 月 22 日，刘艳荣获 2012 年度的 Emerald/IACMR 中国管理研究基金奖。

10 月 26 日，举行中国金融发展与创新论坛暨武汉大学金融系 30 周年庆典活动。

同日，谭崇台的《什么是科学的经济发展？——基本理论与中国经验》获 2013 年度教育部哲学社会科学研究普及读物项目立项；叶永刚的《中国与全球金融风险发展报告》获 2013 年度教育部哲学社会科学研究发展报告培育项目立项。

10 月，四个学术领域入选"武汉大学哲学社会科学优势和特色学术领域建设计划"。

11 月 1 日，2013 年海峡两岸经济管理学术研讨会在学院举行。

11 月 5 日，第四届海峡两岸金融与保险学术论坛在学院开幕。

11 月 9 日，李燕萍、侯烜方喜获第五届蒋一苇企业改革和发展学术基金奖。

11 月 14 日，张彬的"世界经济概论"、叶永刚的"金融工程学"课程入选国家级精品资源共享课。

11 月 18 日，学院党政领导班子召开党的群众路线教育实践活动专题民主生活会。

11 月 21 日，《经济评论》在全国哲学社会科学规划办公室发布"关于国家社科基金资助学术期刊 2013 年度考核情况的通报"中被考核为"优秀"。

11 月 23 日，召开第十四次研究生代表大会。

11 月 25 日，武汉大学校务委员会主任、原党委书记李健教授来学院作题为"走中国特色的自主创新道路"的报告。

11 月 26 日，邹薇入选 2013 年国家百千万人才工程，并被授予"有突出贡献中青年专家"荣誉称号。

11 月 27—29 日，院长谢丹阳出席"商学院全球化：战略与视野"2013 年 AMBA 组织亚太地区商学院院长年度会议。

11 月 28—29 日，举办学院 120 周年院庆系列活动。28 日，举办经济学系建系 85 周年学术论坛、"中国经济学家年度论坛暨中国经济理论创新奖（2013）颁奖典礼"、庆祝谭崇台先生执教 65 周年座谈会。29 日，杰出校友墙揭幕仪式在学院 A 区二楼连廊举行；2010 年诺贝尔经济学奖获得者克里斯托弗·皮萨里德斯（Christopher A. Pissarides）教授做客学院，以"就业趋势和城市化（Employment Dynamics and Urbanization）"为题进行了演讲。

11 月 30 日，举办第二十届康腾全国高校学生商业案例分析大赛华中区总决赛。

12 月 2—3 日，MBA/EMBA 项目成功进行 AMBA 国际再认证。

12 月 4 日，方德斌的《中国水电发展的若干重大问题研究》获得国家能源局 2012 年度软科学研究优秀成果三等奖。

12 月 6 日，第三届武汉地区高校研究生观澜经济论坛在学院顺利举行。

12 月 8 日，举办第二届华中高校研究生模拟招聘人赛。

12 月 10 日，中国亚洲太平洋学会年会在广州暨南大学举行。陈继勇当选为中国亚洲太平洋学会副会长，余振当选为副秘书长。

12 月 14 日，武汉大学 120 周年校庆系列学术活动之"旅游发展中的问题与变革"学术论坛成功举办。

12 月 18 日，2010 级经济学基地班获评武汉大学"先进班集体标兵"。

12 月 20 日，魏华林、乔洪武获聘湖北省文史馆馆员。

同日，211 工程三期 CERNET 建设项目——经济学科信息资源系统建设顺利通过教育部验收。

12 月 25 日，谭力文的"管理学"课程、李燕萍的"人力资源管理"课程、文建东的"西方经济学"课程入选教育部第三批国家级精品资源共享课立项项目名单。

12 月 27 日，获评"武汉大学第八届研究生学术科技节优秀组织单位"。

12 月 29 日，由学校联合主办的"2013 中国与全球金融风险论坛"在京举行。

12 月 30 日，《经济评论》成功入选"2013 中国最具国际影响力学术期刊"。

12 月，齐子鹏主持编制的湖北省省级战略《钟祥市柴湖镇振兴发展总体规划(2013—2020)》通过评审。

12 月，庄子银的"实施创新驱动发展战略研究：基于能力驱动的视角"获批 2013 年度国家社科基金重大项目(第一批)；邹薇的"中国区域性贫困陷阱研究——基于'能力开发'的视角"获批 2013 年度教育部哲学社会科学研究后期资助项目重大项目。

同月，陈晓玥获评湖北省十佳辅导员标兵，获湖北省五一劳动奖章。

2014 年大事记

1 月，姜文任图书分馆馆长；尤赤矶卸任实验中心主任(代理)，张东祥任实验中心主任；叶初升任《经济评论》杂志社主编；汪涛任《珞珈管理评论》编辑部主编。

1 月 4 日，庄子银、邓新明、沈校亮入选武汉大学珞珈学者。

1 月 13 日，邹薇专著入选第四届"三个一百"原创图书出版工程。

同日，法国诺欧商学院副校长 François Bonvalet(博瓦雷)一行 3 人到访。

1 月 15 日，"2014：市场化改革与完善宏观金融调控"论坛在学院举行，湖北省副省长张通、校党委书记韩进等与会。

1 月 18 日，保险专业 4 位教师当选第九届中国保险学会理事。

1 月 20 日，八项研究成果获第八届湖北省社会科学优秀成果奖。

1 月 21 日，院长谢丹阳率海外人才招聘小组参加在美国费城召开的社会科学联盟协会暨美国经济学协会年会。

同日，再次获得 2013 年学院(系)本科教学状态评估综合一等奖，这是学院连续第七次获得本科教学状态评估一等奖。

1 月 25 日，谢丹阳入选湖北省第四批百人计划。

1 月 27 日，王先甲、吴俊培、陈继勇、郭熙保、黄宪、简新华教授入选武汉大学 2013 年度"珞珈杰出学者"。

2 月 17 日，游士兵当选中国统计学会常务理事。

2 月 26 日，吴传清被聘为武汉市人大常委会咨询专家。

同日，MBA 代表队在"国际企业管理挑战赛"中囊括了一等奖 2 项、二等奖 6 项、三等奖 9 项，并获"最佳组织奖"。

2 月 27 日，校长李晓红一行来院调研，与学院领导班子共商发展大计。

3月1日，党委书记徐业勤、院长谢丹阳、副院长汪涛一行赴京参加校友座谈会。

3月2日，齐绍洲受邀赴澳大利亚参加 AARES 第58届年会并做发言。

3月6日，学院召开党的群众路线教育实践活动暨2013年度领导班子民主测评会。

3月7日，邹薇获2013年度"全国三八红旗手"荣誉称号。

3月11日，2篇博士学位论文入选第十五批湖北省优秀博士学位论文。

3月16日，康明斯电力中国供应链总监潘非来院做企业供应链战略管理报告。

3月20日，院长谢丹阳访问中国长城资产管理公司。

3月25日，谢丹阳入选国家第十批"千人计划"。

同日，德国奥尔登堡大学经济管理与法学院代表团访问学院。

3月26日，西南财经大学专家来院商榷"2011协同创新计划"合作事宜。

同日，美国威斯康辛大学密尔沃基校园 Lubar 商学院岳晓航来院讲学。

3月28日，黄宪在《人民日报》撰文谈银行卡支付国家金融安全问题。

3月29日，毛振华校友做客"珞珈优秀校友讲坛"。

4月2日，叶永刚、李健入选湖北省全面深化改革专家委员会。

4月3日，蹇宏、高明、余仲廉校友获聘武汉大学董事。

同日，获评"武汉大学2013年研究生实践育人优秀组织单位"称号。

同日，香港城市大学陆晔、香港大学宋苗来学院进行学术交流。

4月8日，中国人民财产保险股份有限公司执行副总裁王和来院讲学。

4月11日，2013年度《人大复印报刊资料》转载学术论文指数排名及《分析报告》公布，学院学术论文质量提升，转载率名列前茅。

4月8—11日，院长谢丹阳参加2014年 AACSB 全球年会并访问新加坡高校。

4月14日，院研究生会获评2013—2014学年度"武汉大学优秀研究生会"。

同日，MBA/EMBA 项目正式通过 AMBA 国际再认证。

4月15日，加拿大维多利亚大学商学院代表团访问学院。

4月17日，新加坡管理大学李光前商学院代表团来访。

4月22日，学院获得首届省教育厅高等学校人文社科研究优秀成果奖和省教育厅社科研究重大项目立项。

4月23日，咸宁、恩施市领导来院调研洽谈合作。

4月24日，中国共产党武汉大学经济与管理学院第一次代表大会召开。

4月25日，西南财经大学经济学院来院就学科建设进行调研。

同日，学院召开 AACSB 认证启动会。

4月28日，学院与杭州娃哈哈集团有限公司共建市场营销教育实践基地签约揭牌仪式举行。

5月4日，获评2013—2014年度武汉大学"红旗团委"。

5月6日，湖北联投投资有限公司与学院合作共建学生创业实践基地签约暨揭牌仪式举行。

5月8日，国际交流部部长、港澳台办公室主任程雪猛、副主任何丽明来学院调研。

5 月 10 日，武汉大学经济与管理学院第十四次学生代表大会召开。

5 月 11 日，学院青年教师协会组织青年老师赴黄陂大余湾开展了优秀团队拓展培训活动。

5 月 9—11 日，第六届"跨国管理"国际学术会议暨第二届"创新与创业管理"国际学术会议在学院举行。

5 月 13 日，范如国关于社会治理论文被《中国社会科学》期刊发表。

5 月 14 日，武汉大学公司治理与管理发展研究中心获得学校批准正式成立。

5 月 16 日，景林资产管理公司向学院捐赠签字仪式举行。

同日，武汉大学 EMBA 参加第九届"玄奘之路"商学院戈壁挑战赛出征仪式在学院举行，校长李晓红亲临现场。

5 月 19 日，刘穷志获得《经济学季刊》最佳论文奖。

5 月 21 日，俄亥俄州立大学师生来学院就学生工作和学生社团活动特色基地建设进行了交流座谈。

5 月 22—25 日，武汉大学 EMBA 代表队在"第九届玄奘之路商学院戈壁挑战赛"中获得沙克尔顿奖和组织贡献奖。

5 月 27 日，中国校友会网发布《2014 中国大学学科专业评价报告》，学院学科名列前茅。

6 月 13 日，安吉汽车物流湖北有限公司与学院共建物流工程实习实践基地授牌仪式举行。

6 月 16 日，学院 10 项成果获得第十一届校级人文社科优秀成果奖。

6 月 25 日，平安产险湖北分公司与学院共建的大学生实习实践基地揭牌仪式举行。

6 月 26 日，武汉大学经济与管理学院"七一"表彰大会暨第 53 期党校结业典礼举行。

7 月 2 日，学院与湖北联合发展投资集团签订战略合作协议签字仪式举行。

7 月 7 日，学院与法国图卢兹大学经济学院签署合作协议。

7 月 9 日，9 个项目获批 2014 年度国家社会科学基金立项资助。

8 月 12 日，汪涛的"战略性新性产业国际化发展战略研究"获批教育部重大攻关项目。

8 月 25 日，20 项课题获得 2014 年度国家自然科学基金项目资助。

8 月 28 日，AACSB 国际认证组织同意学院通过认证资格申请，允许学院进入正式认证程序。

9 月 7 日，英国杜伦大学商学院院长代表团访问学院。

9 月 9 日，邹薇获得"全国模范教师"称号。

9 月 12 日，"工商管理青年学者学术论坛"在学院成功举行。

9 月 15 日，EQUIS 国际认证代表罗文钰来访学院指导认证工作。

同日，国际管理学会(AoM)终身院士陈明哲来院讲学。

9月19—21日，第六届中德专题研讨会在学院成功举办。

9月29日，校长李晓红于重阳节看望资深教授谭崇台先生。

9月30日，7项课题获得2014年度湖北省科技支撑计划软科学类研究项目资助。

10月15日，《经济评论》10篇论文获评湖北省社科期刊优秀文章。

同日，法国图卢兹大学经济学院代表团访问学院。

10月19日，文建东的"微观经济学"入选国家级慕课。

10月17—19日，"数量经济学理论、方法与运用"全国博士生学术论坛在学院成功举办。

10月22日，校友徐洪波捐资千万元设立奖助学金。

10月24日，美国霍普金斯大学Carey商学院代表访问学院。

10月25日，亚洲开发银行首席经济学家魏尚进来学院做学术报告。

10月28日，郑华获武汉大学第二届"十佳老人"。

10月31日，张培获武汉大学第七届青年教师教学竞赛三等奖。

11月1—2日，《经济评论》参与"中国经济发展新常态"学术研讨会。

11月3日，4篇学术论文获得湖北省自然科学优秀学术论文奖励。

11月4日，首届"创青春"全国大学生创业大赛学院学生获4项金奖。

11月5日，广州阳普医疗科技股份有限公司与学院共建学生创业实践基地，阳普医疗邓冠华董事长受聘专业学位企业导师。

10月27日—11月8日，院长谢丹阳访问美国杜克大学和约翰霍普金斯大学。

11月12日，楚天舒校友捐资一千万元设楚天讲席教授基金。

11月14日，学院接到欧洲管理发展基金会（EFMD）来函确认学院已正式通过其认证资格审查，正式进入EQUIS认证程序。

11月15日，董辅礽先生雕像落成仪式暨董辅礽学术思想研讨会在学院举行。

同日，"中国宏观金融调控学术研讨会"在学院召开。

11月16日，举行2013—2014学年"董辅礽经济科学奖"颁奖会。

11月18日，阎志校友向武汉大学捐赠4000万元。

11月19日，陈东升校友为万林博物馆建设再捐赠2000万元。

11月28日，《经济评论》获评"国家社科基金资助优秀期刊"。

11月29日，2014校友珞珈论坛之"互联网金融与金融创新"分论坛在学院举行。

同日，雷军、阎志校友受聘为学院咨询委员会委员。

12月5日，2011级财政班获得"武汉大学2013—2014学年度先进班集体标兵"荣誉称号。

12月6日，谢成德教授逝世，享年83岁。

12月7日，学院学生在第十届"花旗杯"金融创新应用大赛中获得亚军。

12月14日，王今朝著作《中国经济发展模式：政治经济学解读》获第二届"刘诗白经济学奖"。

12月16日，《经济评论》三度入选"中国最具国际影响力学术期刊"。

12 月 23 日，叶初升获评武汉大学第五届"我心目中的好导师"。

12 月 24 日，8 项研究成果获得第九届湖北省社会科学优秀成果奖。

12 月 26 日，谢丹阳入选国务院学位委员会第七届学科评议组成员。

12 月 27 日，本科生皇甫震获得第六届湖北省大学生经济学术研讨会优秀论文一等奖。

12 月 30 日，本科教学成果获 2014 年武汉大学教学成果特等奖。

12 月，刘穷志的"PPP(公私合作伙伴)中财政资金引导私人资本机制创新研究"、范如国的"全面深化改革视阈下社会治理体制与机制创新研究"获批 2014 年度国家社会科学基金重大项目(第一批)；乜小红的"丝绸之路出土各族契约文献整理及其与汉文契约的比较研究"获批 2014 年度国家社会科学基金重大项目(第二批)；汪涛的"战略性新兴产业国际化发展战略研究"获批 2014 年度教育部哲学社会科学研究重大课题攻关项目。

2015 年大事记

1 月，卢洪友教授入选武汉大学 2014 年度"珞珈杰出学者"。

1 月 5 日，副院长李燕萍一行赴中山大学管理学院调研国际认证工作。

1 月 6 日，获评"武汉大学首届就业指导月先进单位"。

1 月 17 日，实验教学示范中心当选湖北高校经管实验教学示范中心联席会执行组长单位。

1 月 19 日，实验教学示范中心获评学校综合效益评估考核 A 等多项表彰。

1 月 22 日，汪涛的"中国企业品牌国际化战略研究"在学校 2014 年人文社会科学科研工作总结表彰大会上获评优秀。

1 月 22 日，再次获评 2014 年学院(系)本科教学状态评估综合一等奖，系学院第八次蝉联本科教学状态评估一等奖。

2 月，乜小红、刘林青获得武汉市第十四次社会科学优秀成果一等奖，刘再起获二等奖，邓新明、沈校亮获三等奖。

3 月 20 日，获评"武汉大学 2014 年度治安综合治理与消防工作先进单位"。

3 月 21 日，举行 2015 年中国金融创新与发展论坛暨全国金融学科发展座谈会。

3 月 26 日，法国奥凡尼—克莱蒙费朗第一大学代表团来访。

3 月 27 日，举办系统工程和管理科学国际研究会议 IRC-SEMS2015。

3 月 28 日，实验教学中心成功举办武汉大学 2015 年创业运营模拟大赛。

4 月 3 日，辜胜阻观点入选"国家 2014 最具价值 100 观点"。

4 月 5 日，杜莉获评"全国五一巾帼标兵"荣誉称号。

4 月 24 日，台湾省综合研究院学术交流团来访我院。

4 月 27 日，本科生石珂获评武汉大学 2014 年度"十大珞珈风云学子"。

4 月 28 日，国际货币基金组织(IMF)驻北京首席代表 Alfred Schipke 来访。

5 月 15 日，《数量经济技术经济研究》常务副主编、中科院李金华教授来访；美国韦恩州立大学来访。同日，学院管理干部赴北大、清华相关学院学习调研。

6 月 4 日，谢丹阳作客"南粤珞珈"系列讲座第三讲。

6 月 14 日，"2015 年武汉市大学生沙盘模拟创业大赛"在学院举行。

6 月 21 日，比利时安卫普管理学院欧洲中国中心主任朱丹来访。

6 月 24 日，方德斌获评"武汉大学杰出青年"。

6 月 27 日，陈继勇当选湖北省世界经济学会会长，张彬当选湖北省美国经济学会会长。

6 月 30 日，校党委副书记黄泰岩来院与教师新党员座谈。

7 月 3 日，"2015 年数量经济学全国研究生暑期学校"在学院举办；2015 年全国MBA 培养院校《市场营销》师资教学研讨会在学院举办。

7 月 4 日，召开"低碳经济研讨会"暨《武汉大学学报(哲社版)》栏目建设座谈会。

8 月 21 日，李裕宜教授逝世，享年 80 岁。

8 月 27 日，与可口可乐(湖北)饮料有限公司签订合作协议。

8 月 29 日，齐绍洲获评"让·莫内讲座教授"荣誉称号。

9 月 9 日，汪涛入选湖北省宣传文化人才培养工程"七个一百"(哲学社会科学类)项目。

9 月 19 日，与上海社会科学院研究生院签订战略合作协议。

9 月 21 日，叶永刚、卢洪友、陈继勇、邹薇、夏清华、乜小红、方德斌获第七届教育部高等学校科学研究优秀成果奖(人文社科)。

9 月 22 日，邓新明获得 2014 年度 Emerald/IACMR 中国管理研究基金奖。

9 月 30 日，《光明日报》高度评价武汉大学中国金融工程与风险管理研究中心为湖北省通山县县域金融工程所做的贡献。

10 月 11 日，学院与比利时安特卫普管理学院签署合作谅解备忘录。

10 月 12 日，副院长潘敏随学校代表团访问中东欧五校。

10 月 14 日，学院与美国加州州立理工大学欧法利商学院签署合作谅解备忘录。

10 月 15 日，学院与澳大利亚迪肯大学商学与法学院签署合作谅解备忘录。

10 月 17—18 日，举办首届"增长与发展博士论坛"。

10 月 23 日，院长谢丹阳会见中国社会科学院工业经济研究所所长黄群慧一行。同日，黄宪随国务院发展研究中心代表团访问日本。

10 月 29 日，美国杨斯顿州立大学代表团来访。

10 月 31 日，汪涛当选湖北省市场营销学会会长。

11 月 1—5 日，欧洲管理发展基金会(EFMD)的 EQUIS 国际认证专家对学院及上海教学点进行了为期 5 天的现场认证工作。

11 月 1 日，学院研究生获"武汉大学第一届研究生集体舞大赛"冠军。

11 月 2 日，2015 年中国亚太学会年会暨"中美战略博弈下的亚太地区"学术研讨会在学院召开。

11 月 3 日，4 篇学术论文获得湖北省自然科学优秀学术论文奖励。

11 月 8 日，刘传江、董延芳合著《农民工市民化中的被边缘化与自边缘化》获得第五届钱学森城市学金奖。

11 月 13 日，《经济评论》以第一方阵通过国家社科基金资助期刊年度考核获评"优良"。

11 月 14 日，院长谢丹阳出席第二届大梅沙论坛。

11 月 28 日，2015 中国金融论坛·第六届《金融研究》论坛在学院隆重召开。

11 月，李光任中国科学学与科技政策研究会副理事长。

12 月 2 日，学院男子足球队获 2015 年武汉大学"振兴杯"足球赛亚军。

12 月 3 日，举行第五届武汉地区高校研究生观澜经济论坛。

12 月 4 日，汪涛作为我校唯一一人选入选 2015 年度湖北省有突出贡献中青年专家。

12 月 5 日，第一届武汉大学、华中科技大学、中南财经政法大学三校会计论坛在学院隆重召开。

同日，学院作为共同发起方参加首届中国财政学论坛。

12 月 8 日，学院研究生女篮获"2015 年武汉大学研究生篮球赛"冠军。

12 月 9 日，与可口可乐(湖北)饮料有限公司"战略合作协议"签约暨学生实习实训基地揭牌仪式隆重举行。

12 月 12 日，第五届珞珈红色文化节之党支部风采大赛暨华中高校邀请赛在学院举行。

12 月 18 日，学院学生在第三届湖北省金融文化节知识竞赛中获得冠军。

12 月 23 日，美国辛辛那提大学林德纳商学院代表团来访我院。

12 月 27 日，学院学生获"武汉大学 2015 年学生乒乓球比赛"冠军。

12 月 31 日，举行师生新年联欢会。

12 月，陈立敏的"全球产业链转移新趋势下中国出口价值链的提升举措研究"获批 2015 年度国家社会科学基金重大项目(第一批)；卢洪友的"建构基于生态文明建设的公共财政体制研究"、刘林青的"全球生产网络、知识产权保护与中国外贸竞争力提升研究"获批 2015 年度国家社会科学基金重大项目(第二批)；潘敏的"经济发展新常态下我国货币政策体系建设研究"获批 2015 年度教育部哲学社会科学研究重大课题攻关项目；汪涛的"全球化和网络化环境下的中国企业品牌国际化营销战略研究"获批 2015 年度国家自然科学基金重点项目。

2016 年大事记

1 月，潘敏任经济与管理学院副院长(主持工作)。

1 月，李光、邹薇入选武汉大学 2015 年度"珞珈杰出学者"。

1 月 5 日，杜莉、沈校亮获得首届武汉大学青年教师 PPT 教案微赛一等奖。

1 月 6 日，汪涛获评武汉大学"我心目中的好导师"。

同日，学院获得"畅想青春·梦起珞珈"研究生团体风采大赛冠军。

1月7日，获评"武汉大学2015年度心理健康教育先进集体"。

1月22日，获评"武汉大学2015年度学生工作先进集体"。

3月7日，加拿大戴尔豪西大学管理学院院长Lorn Sheehan来访。

3月13日，学院"私房股"代表队获得第36届国际企业管理挑战赛冠军。

3月16日，美国加州州立理工大学Orfalea商学院院长来访。

3月21日，南澳大利亚大学商学院副院长Susan Freeman来访。

4月，李继龙调任继续教育学院副院长，沈作霖任学院副院长。

4月10日，学院获得武汉大学2016年学生羽毛球赛团体总分第一名。

4月12日，学院正式通过欧洲质量改进体系EQUIS国际认证。

同日，2013级本科生王兆祺获得2016年美国大学生数学建模竞赛（MCM/ICM）特等奖。

4月20日，学院MBA代表队获得国际企管理业挑战赛全球总决赛亚军。

4月21日，学院举办第二十二届康腾全国高校学生商业案例分析大赛总决赛。

同日，郭凛、龚锋获得学院第六届青年教师教学竞赛一等奖。

5月4日，获评2014—2015年度武汉大学"红旗团委"。

同日，2012级本科生张韵秋获评武汉大学"十大杰出青年"。

5月6日，《经济评论》获评湖北最具影响力十大人文社科学术期刊。

5月7日，学院实验教学中心创新创业实验室建成揭牌。

5月7—8日，学院举行中国青年政治经济学学者第六届年会。

5月9日，学院EMBA获得2016中国最具价值EMBA奖。

5月18日，学院研究生会获评武汉大学优秀研究生会。

5月21日，学院举行首届"创新发展·创客·众创空间"论坛。

5月21—22日，学院获得第一届全国高校互联网金融应用创新大赛一等奖。

5月22—25日，学院EMBA学员在第十一届"玄奘之路"商学院戈壁挑战赛中获得沙克尔顿奖。

5月31日，学院4位学生获得全国大学生英语竞赛湖北赛区特等奖。

6月12—14日，学院参加2016年EFMD年会并被授予EQUIS认证证书。

6月13日，佐治亚州立大学姚文雄博士受聘为"珞珈讲座教授"。

6月14日，加州大学圣地亚哥分校孙一啸教授受聘为"长江学者讲座教授"。

6月18日，学院举办2015—2016年度武汉大学与新加坡管理大学海外联合培养硕士项目预备班项目结业典礼。

6月29日，学院党委获评武汉大学先进分党委。

6月30日，学院召开庆祝中国共产党成立95周年暨表彰大会。

7月7日，《经济评论》9篇论文获评湖北省社科期刊优秀文章。

同日，学院4位教授当选新一届全国专业学位研究生教育指导委员会委员。

7月10日，李健研究报告被国务院参事室和新华社采用。

7月13日，《经济评论》入选首批"中文精品学术期刊双语数字出版工程"。

8月13日，汪涛入选2016年国务院政府特殊津贴专家。

8月18—20日，学院学生获得第十一届中国研究生电子设计竞赛商业计划书专项赛全国一等奖。

8月20日，学院学生获得全国大学生能源经济学术创意大赛一等奖，杨冕获评优秀指导教师。

8月22日，叶初升论文被评为"国际发展经济学2014年最佳中文论文TOP10"。

8月28日，学院获得27项2016年度国家自然科学基金资助。

8月29日，乜小红成果《中国古代契约发展简史》入选《国家哲学社会科学成果文库》。

8月30日，黄宪所撰案例入选第七届"全国百篇优秀管理案例"。

同日，王永海入选2016年"会计名家培养工程"。

9月2日，在2016年"创青春"全国大学生创业大赛中，由夏清华指导，李洁、冈强等学生申报的参赛作品《哒吟APP》获MBA专项赛金奖，这是学校MBA连续两届获得该项赛事金奖。

9月7日，学院4项课题获得2016年度省教育厅科研项目立项。

9月12日，学院举办华为技术有限公司实习实训基地揭牌仪式。

9月22日，学院举行全院教职工大会。

9月29日，校党委常务副书记黄泰岩率队来学院调研。

10月，罗睿任党政办公室主任。

10月8日，执行院长潘敏参加2016年全国金融硕士专业学位研究生教育工作会议。

10月15日，谭崇台获得全国高校社会主义经济理论与实践研讨会终身成就奖与优秀论文奖。

同日，学院举办李崇淮诞辰百年纪念暨学术思想研讨会。

10月12日，郭熙保撰写的《在发展中不断扩大中等收入群体》在《求是》杂志刊登。

10月18日，魏华林入选保监会首届重大决策专家咨询委员会委员。

10月23日，会计系代表队获得"中华会计网校杯"全国财会大赛全国二等奖。

10月27日，学院获武汉大学第28届珞珈金秋艺术节总分第一。

10月30日，张彬当选中国世界经济学会副会长。

11月1日，郭凛获得武汉大学第八届青年教师教学竞赛一等奖，胡晶晶、沈校亮分别获二等奖、三等奖，学院获得一等奖。

11月4日，乜小红教授逝世，享年47岁。

11月5日，学院学生获得第一届高等院校项目管理大赛一等奖，程鸿群获得优秀指导教师奖。

11月8日，罗知2篇论文分别获得《金融研究》2015年"年度最佳论文"（TOP 1）和"2014年马克思主义国际政治经济学最佳论文"第一名（TOP 1）。

11 月 10 日，学院举办"珞珈人力资源管理教育基金"成立仪式。

同日，学院 15 项成果获得第十届湖北省社会科学优秀成果奖。

11 月 15 日，学院首次获得国家级国际合作研究项目立项。

11 月 22 日，林玲论文被评为"2014 年世界经济统计学最佳中文论文"TOP 6。

11 月 22—23 日，《经济评论》期刊进入期刊影响力指数第一集团(Q1 区)。

11 月 27 日，学院 2015 级国际金融试验班和金融工程班分别获得武汉大学班级风采大赛一等奖和三等奖。

11 月 29 日，吴传清当选中国经济思想史学会副会长、中国区域科学协会副理事长。

12 月 1 日，刘成奎当选武昌区洪山区十五届人大代表。

12 月 1—2 日，学院举办珞珈金融论坛·2016 年金融工程专题研讨会。

12 月 2 日，本科 2013 级国际金融试验班获得武汉大学"先进班集体标兵"。

12 月 9 日，学院举办第六届武汉地区高校研究生观澜经济论坛。

12 月 10—11 日，学院举办首届全国高校经管类实验教学案例大赛，李斌、张东祥参赛案例分别获二、三等奖。

12 月 13 日，校长窦贤康看望资深教授谭崇台先生。

12 月 15 日，学院召开新常态下中国绿色低碳发展的挑战与对策研讨会。

12 月 16 日，学院获得武汉大学研究生团体风采大赛一等奖。

同日，黄宪获评武汉大学第七届"我心目中的好导师"。

12 月 17 日，学院举办第三届旅游长江论坛暨湖北省旅游学界高级学术沙龙。

12 月 18 日，学院举行湖北省工业经济学会 2016 年年会暨中国经济走势与供给侧结构性改革研讨会。

12 月 19 日，潘敏、吴传清获聘湖北省人大财经委员会财经咨询专家。

12 月 20 日，叶永刚、齐绍洲获聘武汉市人民政府参事。

12 月 23 日，学院 6 项成果获得武汉市(第 15 次)社会科学优秀成果奖。

12 月 24 日，邹薇的采访在中央电视台新闻联播《以人民为中心　推进全面小康社会建设》头条播出。

同日，学院举办武汉大学 MBA 校友会成立大会暨武汉大学 MBA 第一届创业论坛。

12 月 28 日，武汉大学湖北省经济舆情研究基地获中宣部 2016 年重大专题专项经费资助。

12 月，李燕萍的"驱动中国创新发展的创客与众创空间培育战略研究"、江春的"扩大中国金融业双向开放的关键问题研究"获批 2015 年度国家社会科学基金重大项目(第三批)；黄宪的"法、金融与经济增长之再考察——中国的变革挑战与英国等国的经验"获批 2016 年度国家自然科学基金国际(地区)合作与交流项目。

2017 年大事记

1 月，叶永刚入选武汉大学 2016 年度"珞珈杰出学者"。

1 月 14 日，获评 2015—2016 年度武汉大学"红旗团委"。

1 月 17 日，《珞珈管理评论》(《管理研究》) 入选 CSSCI 集刊。

同日，执行院长潘敏一行应邀出席深圳市金融创新研究会 2017 年会。

1 月 19 日，学院第十次蝉联本科教学状态评估一等奖。

1 月 20 日，学院举行 2016 年度领导班子民主生活会。

1 月 22 日，省市相关领导看望资深教授谭崇台先生。

2 月 10 日，《保险原理》获得中国金融出版社"2016 年度金融版双十佳图书"。

2 月 21 日，刘穷志获聘财政部和国家发改委的 PPP 专家。

2 月 24 日，学院成功举办第 48 期聚焦访谈——领略创新创业思维　对话老校长与企业家。

3 月 3 日，学院湖北省经济舆情研究基地获中宣部表彰。

3 月 13 日，英国杜伦大学商学院副院长 Jason Shachat 来访。

3 月 11 日，湖北省工业经济学会第三届会员代表大会在学院召开，简新华连任会长，梅艳琳任副会长兼秘书长。

3 月 18 日，学院学生获第八届全国大学生数学竞赛非数学类组全国一等奖。

3 月 20 日，保险与精算系学生获"第二届全国大学生保险创新创意大赛"特等奖。

3 月 22 日，香港中文大学 2017 年武汉学术与教学研讨会在学院召开。

3 月 25 日，学院召开全院教职工大会暨第三届教职工代表大会第五次会议。

3 月 27 日，熊元斌教授逝世，享年 57 岁。

3 月 31 日，校长窦贤康一行来院调研。

4 月 12 日，武汉大学利兹大学自科国际合作项目顺利启动。

4 月 25 日，英国曼彻斯特城市大学商学与法学院院长 Diane Wright 来访。

4 月 28 日，第三届经济学理论前沿动态论坛暨《经济学动态》匿名审稿专家研讨会举行。

5 月 7 日，中兴通讯股份有限公司学生实习实践基地揭牌仪式举行。

5 月 8 日，学院青年教师协会活动中心"青椒之家"正式启用。

同日，百度副总裁李靖校友与市场营销专业学生进行座谈交流。

5 月 16 日，院研究生会获评"武汉大学优秀研究生会"称号。

5 月 18 日，彭红枫获评第十二届"武汉大学杰出青年(教职工)"。

同日，邹薇主持国家社科重大招标项目获批免鉴定结项。

5 月 21 日，《经济评论》论文获第六次全国优秀财政理论研究成果奖。

同日，康腾实践中心获校级"十佳学生社团"称号。

6 月 9 日，2017 年世界计量经济学会中国年会在学院成功举行。

同日，在湖北省第十一届"挑战杯"大学生课外学术科技作品竞赛中，由彭红枫指导的学生参赛作品《普之城乡，惠之民众：农村普惠金融的实践与探索——基于湖北省红安县的调查研究》获特等奖。

6 月 23 日，陈继勇当选中国美国经济学会会长。

6月26日，第三届"中国本土管理研究论坛"举行。

同日，文建东获评武汉大学2017年度"师德标兵"；吴传清研究团队获批国家发改委"长江经济带发展"招标课题。

7月，谢丹阳聘期结束不再担任学院院长。

7月6日，邹薇获得"武汉大学教学名师"荣誉称号。

7月25日，武大深圳校友会MBA分会成立大会暨首届南粤珞珈博士&MBA论坛举办。

7月27日，学院纪念董辅礽诞辰90周年。

8月7日，邹薇就"湖北制造"谋求品质之变接受央视新闻联播采访。

8月21日，学院党委召开巡视整改工作专题民主生活会。

8月24日，学院学生获第十二届中国研究生电子设计竞赛商业计划书专项赛全国一等奖。

9月5日，简新华、颜鹏飞和余江入选"中国特色社会主义政治经济学六十人"。

9月22日，理论经济学入围"双一流"建设学科名单。

9月25日，学院学习贯彻习近平总书记"7·26"重要讲话精神，迎接党的十九大胜利召开。

9月26日，学校党委决定，杜晓成任经济与管理学院党委书记，徐业勤调任校党委宣传部部长、新闻中心主任。

9月27日，柯建东校友捐赠500万元。

9月30日，《经济评论》获得2017年湖北期刊发展资金项目资助。

同日，学院学生获"百蝶杯"第三届全国大学生物流仿真设计大赛湖北赛区特等奖。

10月10日，学院学生获"燕园杯"2016第一届百校百题应用型创新课题(财税领域)大赛本科生组年度总冠军。

10月11日，方德斌获2017年国家杰出青年科学基金资助。

10月16日，2017年秋季《中国工业经济》高端前沿论坛"重塑经济发展新动能"研讨会在学院举行。

10月18日，庹震校友担任中国共产党全国第十九代表大会新闻发言人。

10月19日，武汉市人大常务副主任刘立勇一行来学院调研。

10月20日，校党委副书记赵雪梅、院党委书记杜晓成一行赴恩施市芭蕉侗族乡白果树村开展精准扶贫结对共建。

10月25日，2017年中国世界经济学会年会在学院举行。

11月1日，潘敏与其博士后合作的论文入选2017年ESI全球TOP 1‰热点论文；

同日，学院多个微信公众号入选南周《中国高校微信排行榜》榜单。

11月3日，颜鹏飞论文《中国特色社会主义政治经济学体系研究——兼论马克思政治经济学逻辑体系构建方法》获首届"程恩富政治经济学奖"。

11月6日，郭熙保论文《中等收入陷阱存在吗——基于统一增长理论与转移概率矩阵的考察》获"兴华优秀论文奖"。

11 月 7 日，学风建设动员大会暨第十届"十大学习之星"颁奖典礼在学院举行。

11 月 9 日，计量经济学实验室建成并投入使用。

同日，吴先明论文入选"世界经济学 2016 年十佳(TOP 10)论文榜单"，居国际投资学中文论文 TOP 1；物流管理本科生获中部三省系统工程学会青年学术奖。

11 月 11 日，学院在武汉大学第二十九届金秋艺术节舞蹈大赛凭借作品《朱鹮》夺得冠军。

11 月 15 日，汤昕赴美国国际贸易委员会进行学术交流。

11 月 20 日，陈晓红校友受聘武汉大学董辅礽经济学讲座教授。

11 月 27 日，2017 年城市与区域经济发展论坛暨湖北省区域经济学年会在学院召开。

12 月 5 日，乔洪武主著《西方经济伦理思想研究》(三卷本)在商务印书馆出版。

12 月 7 日，徐晓辉获评湖北高校经济管理"优秀实验教师"。

12 月 9 日，资深教授谭崇台逝世，享年 98 岁。

12 月 11 日，黄敏学的"大数据驱动的消费市场的全景响应式营销管理与决策研究"项目获国家自然科学基金重大研究计划项目(重点支持类)资助。

同日，《光明日报》联合武汉大学主办首届珞珈智库论坛。

12 月 15 日，谭崇台先生学术思想研讨会暨追思会在学院举行。

同日，马理的"经济新常态下中国金融开放与金融安全研究"获批教育部重大课题攻关项目。

12 月 28 日，方德斌获评武汉大学第八届"我心目中的好导师"。

12 月，简新华的"中国经济走势的马克思主义政治经济学研究"获批 2017 年度国家社科基金重大项目；马理的"经济新常态下中国金融开放与金融安全研究"获批 2017 年度教育部哲学社会科学研究重大课题攻关项目；方德斌的"电力市场管理与政策建模"获批 2017 年度国家自然科学基金项目国家杰出青年科学基金项目；黄敏学的"大数据驱动的消费市场的全景响应式营销管理与决策研究"获批 2017 年度国家自然科学基金重大研究计划(重点支持)项目；刁莉的"高分辨对地观测系统重大专项国际合作"获批国家科技重大专项(国防 A 类)。

2018 年大事记

1 月，经过面向海内外招聘，来自香港大学的宋敏教授被学校聘任为经济与管理学院院长。同月，学院行政班子换届，汪涛、方德斌、李青原、余振任经济与管理学院副院长。

1 月 12 日，学院获评"武汉大学 2017 年学生暑期社会实践优秀组织单位"。

1 月 17 日，学院党委召开 2017 年度领导班子民主生活会。

1 月 22 日，学院党委中心组专题学习习近平新时代中国特色社会主义经济思想。

1 月 28 日，陈东升校友获评"2017 十大经济年度人物"。

2月26日，乔洪武主持的重大项目在教育部社科司重大课题攻关项目结项中被评为优秀。

3月，文建东卸任经济学系主任，罗知任经济学系主任；李卓卸任世界经济系主任，张天顶任世界经济系主任；彭红枫卸任金融系主任，侯成琪任金融系主任；邹薇卸任数理经济与数理金融系主任，魏立佳任数理经济与数理金融系主任；卢洪友卸任财政与税收系主任，龚锋任财政与税收系主任；郑君君卸任管理科学与工程系主任，许明辉任管理科学与工程系主任；严若森卸任工商管理系主任，刘林青任工商管理系主任；黄静卸任市场营销与旅游管理系主任，黄敏学任市场营销与旅游管理系主任；唐建新卸任会计系主任，潘红波任会计系主任；成德宁卸任经济研究所所长，杨冕任经济研究所所长；王学军卸任技术经济与管理研究所所长，范如国任技术经济与管理研究所所长。余艳琴卸任研究生教学管理办公室主任，马亮任研究生教学管理办公室主任；王芳任本科教学管理办公室主任。

3月1日，刘威获批中国外交部2018年中欧关系研究"指南针计划""中欧全球治理合作研究"项目。

3月8日，副校长李斐来院调研国际事务及推动国际化建设的相关工作。

同日，学院与欧洲管理发展基金会全球网络召开工作合作电话会议。

3月11日，院长宋敏出席亚布力论坛第18届年会。

3月14日，辜胜阻校友当选第十三届全国政协副主席。

3月17—18日，首届实验经济学与管理学国际研讨会举行。

3月20日，福特汉姆大学国际金融硕士项目负责人来访。

3月21—22日，学院召开第二届供应链与服务创新研讨会。

3月24日，学院聘任泰康保险集团股份有限公司首席投资官段国圣为兼职教授。

3月24—25日，第四届武汉大学"珞珈会计论坛"学术研讨会顺利举行。

4月，李辛欣任对外联络办公室主任。

4月11日，国家统计局原副局长许宪春调研学院国家级实验教学示范中心。

4月12日，学院召开中国共产党武汉大学经济与管理学院第二次代表大会，大会选举产生新一届党委委员。新一届党委由方德斌、朱剑平、邬明建、杜晓成、李青原、李雪松、余振、汪涛、沈作霖、陈琦、罗睿组成，杜晓成任党委书记，朱剑平、邬明建任党委副书记。

4月13日，安心财产保险有限责任公司副总裁陈静、战略规划部总经理周玉华来学院洽谈共建"武汉大学安心保险研究所"相关事宜。

4月17日，学院代表学校与宁波柯力传感科技股份有限公司共建的"武汉大学柯力物联网产业研究中心"揭牌。

4月21日，院学生会获评2017—2018年度校"优秀学生会"。

4月20—22日，"首届新时代发展经济学论坛"在学院举办

4月21日，学院举办武汉大学"第五届国际交叉学科论坛"经济与管理学院分论坛。

4月29日，北京大学软件与微电子学院常务副院长吴中海教授一行来访。

5月，实验中心更名为实验与数据中心，张东祥任实验与数据中心主任。

5月4日，学院党员代表共同观看2018年马克思诞辰200周年纪念大会。

5月5日，学院EMBA戈十三战队获第十三届玄奘之路商学院戈壁挑战赛最佳组委会奖、奋进奖、沙克尔顿奖。

5月8日，越秀集团人力资源部副总经理蔡铭华来访洽谈战略合作。

5月11日，"第四届珞珈金融高峰论坛"在学院举行。

同日，举行湖北省碧桂园房地产开发有限公司学生实习实训基地签约暨揭牌仪式。

同日，第二十四届"珞珈创谷"杯康腾全国高校学生商业案例分析大赛总决赛举行。

5月13日，学院召开第十八次学生代表大会。

5月17日，学院与山西省社会科学院签署战略合作协议。

同日，学院女篮在武汉大学"腾飞杯"篮球联赛中获得冠军。

5月22日，研究生会获评"2017—2018武汉大学优秀研究生会"。

5月23日，学院学生社团指导中心获评"社团工作先进集体"。

5月23—25日，学院参加国际认证机构AACSB亚太地区认证年会。

5月24日，学院举行第四次教职工代表大会暨工会会员代表大会。

5月26日，学院与中百控股集团有限公司签署战略合作协议。

5月31日，学院与上海期货交易所签订战略合作备忘录，双方将在课程开设、学术研究、专项研究及学生实践等多方面开展具体合作。

6月12日，校长窦贤康带队来院调研。

6月14日，学院举行第八届中国管理研究国际学会年会。

6月17日，学院举行经济与管理学院学术界校友论坛。

6月19日，杜莉获武汉大学2018年度杰出教学贡献校长奖。

6月22日，游士兵主编、科学出版社出版的经济学方法论系列丛书出版。

6月24日，代军勋、黄宪、马理的《货币政策传导的银行资本渠道研究》获第六届金融图书"金羊奖"。

6月27—28日，学院参加国际认证机构AACSB学习质量保障体系研讨会。

7月，陈琦卸任学生工作办公室主任，改任研究生工作办公室主任；赵一君卸任团委书记；周立超任本科生工作办公室主任。

8月22日，学院在国家自然科学基金委员会2018年度立项基金项目中立项22项，其中包括1项重点项目、15项面上项目、4项青年科学基金项目、1项海外及港澳学者合作项目以及1项应急管理项目，获批直接经费总额共计1098万元。

8月25日，徐晓辉荣获全国高校实验教学优秀教师称号。

8月28日，阎志校友当选武汉大学第八届杰出校友。

9月4日，学院11项成果喜获第十一届湖北省社会科学优秀成果奖。

9月7日，泰国坦亚布里皇家理工大学工商管理学院院长率团访问。

9月12—15日，学院领导率队赴浙江、上海两地部分高校调研。

9月16日，"一带一路"沿线国家产业发展与宏观治理国际研讨会在学院举行。

9月17日，台湾省政治大学校长代表团来访。

9月20日，"第二届气候变化经济学学术研讨会"在学院召开。

9月28日，学院领导带队赴武昌区创新发展与人才服务中心调研。

10月，赵妍任专职纪检员（内设机构主任）。

10月8日，余振、周伟申报课题获武汉大学国际学术合作培育项目立项。

10月19日，英国诺森比亚大学纽卡斯尔商学院及英国诺桑比亚大学中国区代表、中央财经大学企业科技金融创新研究中心副理事长朱磊一行来访。

同日，2018年《保险研究》论坛成功举行。

10月21—23日，院长宋敏参加第七届全球商学院院长论坛。

10月24日，陈东升、阎志校友入选改革开放40年百名杰出民营企业家。

10月27日，"改革与开放新征程：经济体制改革回顾与展望"学术会议举行。

10月29日，院长宋敏参加AACSB亚太地区年会。

10月30日，长江证券股份有限公司学生实习实践基地签约暨揭牌仪式举行。

11月3日，中国工业经济学会2018年会暨中国经济高质量发展研讨会召开，简新华获"知名学者"称号，陈立敏当选副理事长。

11月10日，学院以团体总分第一名的成绩获得武汉大学金秋艺术节金秋杯。

同日，刘岩、胡昌生获第十五届中国金融学年会优秀论文一等奖与三等奖。

11月16日，学院举办第一届"榜样经管"学生年度人物颁奖典礼。

11月19日，学院与宁波市人民政府合作共建的武汉大学宁波国家保险发展研究院揭牌，这是我国国内首个政校合作共建的保险研究院。

11月26—28日，学院男足、女足夺得学校"振兴杯"足球赛冠军。

11月28日，江春研究团队有关人民币汇率问题的系列研究成果被著名的《国际货币评论》评论为"在人民币汇率研究领域具有领先学术水平"。

11月29日，刘再起著作《湖北与中俄万里茶道》出版。

11月30日，学院文化建设成果获评武汉大学首届校园文化建设优秀成果。

同日，简新华著作《中国特色社会主义政治经济学重大疑难问题研究》出版发行。

12月1日，学院学生荣获第三届全国高等院校项目管理大赛一等奖。

12月2日，2018年学术年会暨大别山振兴发展论坛成功举办。

12月3日，第四届中国财政学论坛在学院举行。

同日，全国会计教指委派专家对学院会计硕士专业学位质量进行现场认证。

12月5日，夏清华当选教育部创新创业教育指导委员会委员并参加第一次全体委员会议。

12月6日，巴基斯坦国际伊斯兰大学代表团来访。

同日，世界经济系教师党支部入选教育部"全国党建工作样板支部"。

12月7日，学院获评"武汉大学2018年度研究生实践育人优秀组织单位"。

12月9日，院长宋敏应邀参加中国百所大学经济学院院长论坛。

12月12日，量化投资实验室建成并投入使用。

同日，叶初升国家社科基金重大项目《供给侧结构性改革与发展新动力研究》的阶段性成果连续获得 5 位省委省政府主要领导重要批示。

12 月 13 日，美国史蒂文斯理工学院商学院院长 Gregory Prastacos 来访。

12 月 14 日，学院与广汽集团、广州越秀集团签署实习实践基地。

12 月 15 日，学院与英国利兹大学法学院联合承担的国家自然科学基金国际（区域）合作项目"法、金融与经济增长之再考察"中期研讨会召开。

12 月 16 日，经济系 1978 级研究生入校 40 周年纪念会暨改革开放 40 周年与中美经贸关系论坛成功举办。

12 月 17 日，《经济评论》获评"2018 中国国际影响力优秀学术期刊"（人文社会科学）。

12 月 20 日，李青原、李燕萍出席教育部教指委会议。

12 月 21 日，学院 8 位教授当选教育部新一届教指委委员。

12 月 22 日，经济发展研究中心成功入选 2018"中国智库索引"高校智库百强榜。

12 月 26 日，学院获评"武汉大学 2018 年度学生科技创新先进集体"。

12 月，吴先明的"'一带一路'建设面临的政治风险、经济风险、安全风险、经营风险及应对研究"、夏清华的"中国科技体制的结构性矛盾及其改革策略与路径研究"获批 2018 年国家社科基金重大专项；李青原的"政府职能转变的制度红利研究"获批 2018 年国家社科基金重大项目；余振的"中美经贸合作重大问题研究"获批 2018 年度教育部重大攻关项目；曾伏娥的"移动互联网时代的新产品开发策略与商业模式创新"获批 2018 年度国家自然科学基金重点项目；齐绍洲的"我国重点行业与地区碳配额分配方法与能力建设"获批国家重点研发计划"重大自然灾害监测预警与防范"重点专项 2018 年度项目（子课题）。

2019 年大事记

1 月，代军勋卸任 EDP 中心主任，鄢洪平任 EDP 中心主任；路小静任珞珈管理评论编辑部主任。

1 月 3 日，陈继勇论文位列《武汉大学学报（哲学社会科学版）》2018 年点击量、下载量排名第一。

1 月 9 日，陈继勇、颜鹏飞、刘传江、简新华、李青原登上 2018《经济学家》学者影响力报告榜单。

1 月 14 日，学院党委召开 2018 年度领导班子民主生活会。

2 月 3 日，代鲁教授逝世，享年 89 岁。

3 月，彭爽任期刊社办公室主任。

3 月 7 日，学院召开全院教职工大会开展 2018 年度领导班子和领导干部述职述廉及民主测评工作，并部署 2019 年工作。

3 月 23—24 日，第二届实验经济学国际研讨会在学院举办。

3 月 25 日，法国克莱蒙奥弗涅大学校长代表团访问学院。

3 月 26 日，学院正式通过欧洲质量改进体系 EQUIS 国际再认证。

同日，郭吴新教授逝世，享年 93 岁。

4 月 23 日，学院女篮获 2019 年"腾飞杯"女篮亚军。

5 月 5 日，学院 EMBA 获得第十四届玄奘之路商学院戈壁挑战赛金像奖之"戈壁精神最佳弘扬奖""最佳原创音乐奖""沙克尔顿奖"和"奋进奖"。

5 月 11—12 日，学院获武汉大学第六届教职工乒乓球比赛二等奖。

5 月 25 日，学校在全国 MPAcc 教学管理工作会议中被认证为 A 级成员单位，有效期 5 年。

5 月 27 日，"新结构经济学珞珈论坛 2019"在学院举行。

同日，学院男足获得武汉大学研究生足球赛冠军。

5 月 30 日，研究生吴秋实、本科生蔡洵获评 2018 年度"十大珞珈风云学子"。

6 月，实验与数据中心更名为实验与信息中心，陈训威任主任。

6 月 12 日，2016 级本科生陈昕、王强获得第五届大学生"自强之星"称号。

6 月 24 日，6 项成果获武汉市（第 16 次）社会科学优秀成果奖。

6 月 25 日，8 项立项获批 2019 年度国家社科基金项目。

7 月 12 日，学院获评 2019 年武汉大学学风建设先进单位。

8 月 27 日，13 项立项获批 2019 年度国家自科基金项目。

9 月 9 日，郭熙保主编的"马工程"重点教材《发展经济学》出版。

9 月 20—22 日，第十九届中国青年经济学者论坛在学院举办。

9 月 22—24 日，第五届中国经济增长与发展青年学者论坛在学院举办。

10 月 1 日，辜胜阻、陈东升、郑功成、邹薇等在天安门参与中华人民共和国成立 70 年庆祝活动。

同日，郑琴缭教授逝世，享年 90 岁。

10 月 9 日至 12 日，"海峡两岸贸易与发展学术研讨会"在学院召开。

10 月 12—13 日，本科生团队获第六届"学创杯"全国大学生创业综合模拟大赛一等奖和创业计划书金奖。

10 月 17 日，颜鹏飞参加"中国发展道路与发展中国家的现代化"国际学术研讨会。

10 月 27 日，学院学生作品《丝路天音》在 2019 年武汉大学金秋舞蹈大赛中获得一等奖。

11 月 1 日，侯成琪、叶初升、余振、邹薇、吴传清担任武汉市政府第八届决策咨询委员会咨询委员。

11 月 2 日，何耀教授逝世，享年 69 岁。

同日，学院学生作品《渡江》在 2019 年武汉大学金秋艺术节情景剧大赛中获得第一名。

11 月 14 日，魏立佳指导的参赛作品《从疏离到融入——贫困地区留守儿童亲社会性问题的调研与干预》在第十六届"挑战杯"全国大学生课外学术科技作品竞赛中获二等奖。

11 月 15—16 日，学院在 2019 年校运会中获得团体总分第一名、女子团体第一名、男子团体第四名。

11 月 17 日，乔洪武的《西方经济伦理思想研究》获得第十八届孙冶方经济科学奖（著作奖）。

12 月 2 日，学院党委召开"不忘初心、牢记使命"专题民主生活会。

同日，朱剑平改任图书馆党委副书记，李好任经济与管理学院党委副书记。

12 月 13 日，2018 级本科生王音浩获得 2019 年"外研社·国才杯"全国英语演讲大赛一等奖。

12 月 18 日，在武汉大学 2018—2019 学年本科优秀教学业绩奖评选工作中，高宝俊、曾国安、温兴琦、余道先、陆菊春获评专业理论课程类本科优秀教学业绩奖。

12 月，方德斌的"能源革命背景下我国电力市场体制机制改革研究"获批 2019 年国家社科基金重大项目；王胜的"美国利率政策调整对美经济影响研究"、刘威的"美国对华金融战可能性及应对研究"获批 2019 年度国家社科基金重大专项；邹薇的"反贫困的中国路径：基于能力开发的视角"获批 2019 年度国家社会科学基金中华学术外译项目；李永友的"纵向财政失衡形成机制、激励结构与平衡策略研究"、谭力文的"改革开放以来中国管理学的发展研究"入选 2019 年《国家哲学社会科学成果文库》。

2020 年大事记

1 月 3 日，经济学专业和市场营销专业获批教育部公布的国家级一流本科专业建设点，金融工程专业获批省级一流本科专业建设点。

1 月 7 日，学院获评"武汉大学 2019 年度研究生实践育人优秀组织单位"。

1 月 8 日，学院获评武汉大学 2019 届研究生就业考核总评分第一名，连续 4 年名列全校第一。

同日，魏华林入选"中国保险 40 年 40 人"。

1 月 14 日，学院党委召开"不忘初心、牢记使命"主题教育总结会议。

2 月，学院在统一部署下成立抗疫志愿者突击队。

2 月 12 日，张迪祥教授逝世，享年 80 岁。

2 月 16 日，党委书记杜晓成、院长宋敏向学院全体师生发布题为"成为一盏灯火，温暖我的家园"的倡议信，保障疫情防控期间的在线教学，实现"停课不停教、停课不停学"。

2—3 月，在抗击新冠肺炎疫情的战斗中，学院先后收到中国人民大学应用经济学院、西安交通大学管理学院、斯坦福大学商学院、康奈尔大学商学院等为学院师生发来的慰问和抗疫物资。陈东升、艾路明、田源、毛振华、阎志、蹇宏、曾文涛、喻鹏、柯建东、蒋锦志等大批优秀企业家校友及海内外众多校友企业积极捐款捐物，众志成城，共克时艰。

2月29日，罗知及其团队联合武汉市工商联共同发布了《疫情中湖北企业经营分析报告》，引起国内众多知名媒体关注。

3月10日，学院向全国各地的中学生发出"云游武大"邀请函，学生志愿者们带领全国各地的中学生云赏樱，让疫情影响下的春天更加温暖。

4月1日，学院主办"新冠疫情冲击下的中国经济与湖北发展"云端会议，300位与会专家学者共同探讨疫情的冲击和中国的对策。

4月6日，学院主办首届珞珈经济与管理交叉学科论坛。

4月25日，学院和武汉大学董辅礽经济社会发展研究院联合主办"后新冠疫情时期湖北产业发展研讨会"。

4月27日，学院党委理论学习中心组举行脱贫攻坚专题学习会。

5月3日，MBA学生胡江山获"湖北省青年五四奖章"。

5月4日，学院与湖北省委改革办、湖北省经济体制改革专项小组成功联合举办"振兴湖北经济论坛"及经管学院院长圆桌会议。

5月8日，邹薇应湖北省委书记应勇，省委副书记、省长王晓东邀请，参与专家学者座谈会，为湖北省疫后重振和"十四五"规划编制把脉开方、建言献策。

5月21日，获评2019—2020年度武汉大学"红旗团委"。

6月8日，学院举行"纪念谭崇台先生诞辰100周年暨第二届新时代发展经济学论坛"。

6月9—17日，学院克服疫情困难，为2020届毕业生举办了特殊的毕业典礼。

7月1日，学院参与发起成立"中国E20联盟"。

7月19日，邹薇获得湖北省首届"最美社科人"荣誉称号。

7月31日，游士兵团队在《Nature》子刊发表关于新冠肺炎疫情经济学评估的研究成果。

8月10日，学院获田源校友和张文中、周海冰等企业家捐助，成立武汉大学中国企业家研究中心。

9月，王滨任经济与管理学院党委委员、纪委书记。

10月，周立超改任研究生工作办公室主任。

10月25日，陈继勇教授逝世，享年67岁。

10月28日，院学生足球队获2020年振兴杯男足、女足双冠军。

11月6日，"宏观经济学"被教育部认定为首批国家级线上一流本科课程，"人力资源管理"和"国际投资理论"被教育部认定为首批国家级线下一流本科课程。

11月12日，刘德玉教授逝世，享年88岁。

同日，蒋盛君、李绍龙分获武汉大学第十届青年教师教学竞赛一等奖、三等奖。

11月15日，学院主办第十一届复杂科学管理国际研讨会。

11月19日，学院学生在第六届中国国际"互联网+"大学生创新创业大赛全国总决赛中获金奖1项、银奖1项和铜奖1项，居全校第一。

11月24日，宋敏、李永友、汪涛入选国务院学位委员会第八届学科评议组。

11 月 25 日，学院学生获 2020 年校运会团体总分冠军。

11 月 29 日，谭崇台先生塑像落成仪式在学院举行。

12 月 23 日，蹇宏、喻鹏、曾文涛校友当选武汉大学第九届杰出校友。

12 月 25 日，费培根教授逝世，享年 85 岁。

12 月，王先甲的"合作行为的演化博弈研究"、宋敏的"新形势下全球创新网络演化及风险治理研究"、侯成琪的"货币政策分配效应与缩小收入和财富差距的有效路径研究"、范如国的"应对重大突发风险城乡社区治理研究"、邹薇的"解决相对贫困的扶志扶智长效机制研究"获批 2020 年度国家社科基金重大项目；张建清的"新冠肺炎疫情下全球价值链与中美全面'脱钩'风险评估研究"、张天顶的"美国经济衰退的可能性及对中美关系的影响研究"获批 2020 年度国家社科基金重大专项；王先甲的"学习机制下群体博弈行为演化与管理实验"获批 2020 年度国家自然科学基金重点项目；潘敏的"金融时序知识图谱查询与分析平台及应用验证"获批科技创新 2030—"新一代人工智能"重大项目 2020 年度项目(子课题)。

2021 年大事记

1 月 12 日，学院 12 项科研成果获武汉市第十七次社会科学优秀成果奖。

1 月 24 日，经济与管理国家级实验教学示范中心(武汉大学)线上召开了 2020 年教学指导委员会年会暨虚拟仿真与一流课程建设学术研讨会。

2 月 1 日，学院校园短剧《生根》获湖北省第七届大学生艺术节戏剧朗诵类一等奖。

3 月，沈仕雄任专职纪检员。

3 月 2 日，学院 10 项成果获第八届高校人文社科研究优秀成果奖。

3 月 16 日，马晓平的"会计信息系统"、魏立佳的"金融市场与算法交易虚拟仿真实验教学项目"被认定为 2020 年省级一流本科课程。

3 月 18 日，学院召开全院教职工大会开展 2020 年度领导班子和领导干部述职述廉及民主测评工作，并部署 2021 年工作。

3 月 19 日，湖南工业大学商学院院长王欢芳一行来访。

3 月 26 日，学院获评"2020 年'互联网+'大学生创新创业大赛先进集体"，"美瑞健康"等 3 项项目团队获"2020 年'互联网+'大学生创新创业大赛优秀创新创业团队"；刘林青、李雪松获评"2020 年'互联网+'大学生创新创业大赛优秀指导教师"；李好、伍林获评"2020 年'互联网+'大学生创新创业大赛先进工作者"。

3 月 27 日，中国政治经济学武汉论坛(2021 年春季论坛)举办。

3 月 30 日，魏华林教授逝世，享年 72 岁。

4 月，谭力文、刘林青、包玉泽等共同撰写完成的国家哲学社会科学文库成果《改革开放以来中国管理学的发展研究》出版发行。

同月，技术经济及管理研究所改名为技术经济与创新管理研究系，范如国任系主任。

4月8日，学院举办第二届师生趣味运动会。

4月9日，学院咨询委员会第四次会议召开。

4月16日，陈立敏、戴宾、张三保荣获湖北发展研究奖三等奖。

4月17日，湖北省世界经济学会、湖北省美国经济学会2021年会员代表大会暨学术研讨会顺利召开。

4月19日，重庆大学经济与工商管理学院一行来访。

4月21日，文建东入选2020年度"湖北名师工作室"主持人，荣获"湖北名师"称号。

4月23日，学院已结题的10个项目在国家自科基金委管理科学部通告的一批已结题项目的后评估结果中成绩优异。

4月25日，郭凛荣获首届湖北省高校教师教学创新大赛一等奖。

5月13日，学院第四届教代会二次会议暨工会会员代表大会召开。

5月17日，武汉大学产业经济学学科建设入编《中国产业经济学年鉴·2020》。

5月18日，吉林大学、广西大学来院调研。

5月21日，获评2019—2020年度武汉大学"红旗团委"。

5月25日，《珞珈管理评论》再次入选《中文社会科学引文索引（2021—2022年）来源集刊目录》（CSSCI）。

5月27日，颜鹏飞参加中国共产党百年与政治经济学发展研讨会。

5月28日，学院学生获第十一届华为财务精英挑战全球总冠军。

5月31日，康腾实践中心获武汉大学2020—2021学年度"武汉大学十佳学生社团"称号。

6月1日，校党委书记韩进深入学院本科生课堂了解课程思政建设情况。

6月3日，中国社会科学院国家全球战略智库研究部主任赵海、孙靓莹、李浛一行访问学院美国加拿大经济研究所。

6月12日，第二届中国宏观经济学者论坛举办。

6月21日，学院与中建三局科创发展有限公司签署战略合作框架备忘录。

6月25日，院党委举行"光荣在党五十年"纪念章颁发仪式。

7月，侯成琪卸任金融系主任，李斌任金融系副主任（主持工作）。

7月1日，学院举行庆祝中国共产党成立100周年"两优一先"表彰大会。

7月22日至8月5日，学院教职工党支部书记、支部委员培训班及工会干部培训班赴贵州开展实践教学。

9月4日，杨威获得PwC3535金融/会计年度最佳论文奖。

9月10日，张可儒任本科生工作办公室主任。

9月28日，经济发展研究中心申报的《新时代中国的发展实践与发展经济学的理论创新》入选2021年中国智库"理论创新"参考案例。

9月29日，中南财经政法大学金融学院来院调研。

9月30日，学院2021年中期全体教职工大会在景林报告厅举行。

10 月 11 日，2018 级金融硕士张潇雨获"全国优秀金融硕士学位论文"优秀奖。

10 月 20 日，全国工商管理硕士专业学位研究生教育指导委员会委员蔡莉、高核、王瑞华专家组一行来校，开展 2021 年学位与研究生教育质量专项巡查工作。

10 月 23 日，学院学生作品《榫卯》在学校第三十三届金秋舞蹈大赛中夺冠。

10 月 28 日，学院与德勤中国签署合作备忘录。

10 月 29 日，齐绍洲当选中国世界经济学会副会长，张彬当选学会顾问，余振当选学会副秘书长。

10 月 30 日，李斌论文获第十八届中国金融学年会优秀论文二等奖。

11 月 5—6 日，学院取得校运会男女总分第一、女子团体总分第一、男子团体总分第三的成绩，实现四连冠。

同期，第六届环亚太青年计量学者(YEAP)会议顺利召开。

11 月 7 日，国际能源转型学会(ISETS)第二届能源转型论坛成功举办。

11 月 8 日，郭汝飞获"2021 年度湖北省高校经济管理实验教学优秀教师"荣誉称号。

11 月 11 日，郭熙保《中国发展经济学》成功入选国家教材委员会办公室首批中国经济学教材编写名单。

11 月 13 日，李汛在"第二十二届全国高校经管类专业实验室建设暨经济管理实验教学示范中心建设研讨会"上，被授予 2021 年全国高校金融实验教学"智盛奖"十佳教师殊荣。

11 月 18 日，熊良福教授逝世，享年 84 岁。

同日，邬明建改任法学院党委副书记，谢雅维任经济与管理学院党委副书记。

11 月 25 日，在 2021 年"百生讲坛"省级优秀微团课、活力团支部决赛暨示范展示活动中，1920 班团支部荣获活力团支部第二名。

11 月 26 日，学院获武汉大学 2021 年"教与学的革命"珞珈论坛院(系)优秀组织奖。

11 月 28 日至 12 月 1 日，学院接受 AACSB 现场认证。

11 月 29 日，李典仪教授逝世，享年 87 岁。

12 月 2 日，黄春华校友向母校捐赠 4000 万美金(折合人民币约 2.55 亿元)，其中 1000 万美金将用于经济与管理学院学科建设、人才引进和学院发展。

12 月 7 日，在武汉大学"课程思政"说课比赛中，郭凛获一等奖，冯华、潘国臣获三等奖。

12 月 17—19 日，第 20 届中国实证会计研讨会在学院举行。

12 月 24 日，杨文忠教授逝世，享年 94 岁。

12 月，叶初升的"新发展阶段伟大实践与发展经济学理论创新研究"、胡艺的"新一轮科技革命对美国经济的影响研究"获批 2021 年度国家社科基金重大项目；孙祥的"非合作博弈"获批 2021 年度国家自科基金优秀青年科学基金项目；黄敏学的"技术赋能的商务信息全景化管理与增强型决策的人机协同新范式"获批 2021 年度国家自科基金重点项目。

2022 年大事记

1 月 11 日，学院党委召开党史学习教育专题民主生活会。

1 月 17 日，黄敏学、温兴琦、蒋盛君分别获武汉大学第二届教师教学创新大赛一、二、三等奖。

2 月 18 日，陈立敏、马颖、张彬、龚红、冯华、温兴琦撰写的《全球产业链转移新趋势下的中国出口价值链提升举措研究》获 2020—2021 年度全国商务发展研究成果奖报告类一等奖。

2 月 21 日，学院召开全院教职工大会，学校党委宣布，姜星莉任经济与管理学院党委书记，杜晓成卸任经济与管理学院党委书记职务。同月，姜星莉任《经济评论》杂志社社长，杜晓成卸任《经济评论》杂志社社长。

3 月 1 日，隋启炎教授逝世，享年 91 岁。

3 月 10 日，学院召开全院教职工大会开展 2021 年度党建述职、领导班子和领导干部述职述廉及民主测评工作，并部署 2022 年工作。

3 月 21 日，李绍清教授逝世，享年 92 岁。

3 月 29 日，工商管理学科全文转载量及综合指数在中国人民大学人文社会科学学术成果评价研究中心公布的 2021 年复印报刊资料转载指数排名中位居全国第一。

4 月 6 日，武汉大学经济与计量经济学学科进入 QS 学科排名世界前 200 名，在国内高校中并列第 9。

4 月 15 日，财政与税收系学生获得"全国本科院校纳税风险管控案例大赛"总决赛二等奖。

4 月 19 日，齐绍洲、余振、薛莲分别获三项中外联合科研平台种子基金计划项目。

5 月 12 日，学院召开全院教职工大会，学校党委宣布，方德斌、李青原、余振、黄敏学、罗知任新一届经济与管理学院副院长。

5 月 15 日，学院学生作品《绛》在第三十三届金秋艺术节服饰大赛夺得冠军。

5 月 21 日，彭及时教授逝世，享年 91 岁。

5 月 24 日，杜莉荣获武汉大学"我最喜爱的十佳优秀教师"称号。

6 月，余静静任研究生教学管理办公室主任。

6 月 7 日，金融学、会计学、人力资源管理 3 个专业入选国家级一流本科专业建设点，财政学、保险学、财务管理、物流管理 4 个专业入选省级一流本科专业。

6 月 14 日，学院启动党员干部"下基层察民情解民忧暖民心"实践活动。

6 月 23 日，窦贤康校长带队来院调研学院专业学位研究生教育工作。

7 月 14 日，ESI 最新数据显示，武汉大学经济学与商学首次进入全球前 1%。

7 月 17 日，学院学生获第十二届全国大学生电子商务"三创赛"特等奖。

8 月 11 日，倪书洪教授逝世，享年 86 岁。

8 月 19 日，周洋获第八届全国金融硕士案例教学大赛全国优秀教学案例奖。

9月9日，学院教师17项科研成果获第十三届(2019—2020年度)湖北省社会科学优秀成果奖，其中3项著作、1项论文获省一等奖。

9月16日，学院教师4项研究报告获2020—2021年度湖北发展研究奖。

9月22日，校常务副书记黄泰岩来院调研宣传和意识形态等工作。

9月29日，由国家自然科学基金委员会管理科学部主办的"经济转型背景下市场营销的重大理论与实践问题研究"重点项目群年度交流会成功举行。

10月4日，陈作涛校友捐赠3000万元，设立"珞珈天壕校园文化建设基金"。

10月5日，中国美国经济学会余振、杜莉获批2项国家社科基金学术活动资助项目。

10月10日，硕士研究生王强当选2021年度"中国大学生自强之星"。

10月16日，学院党员代表集中收看党的二十大开幕会。

10月中旬，《经济评论》在中国知网公布的《中国学术期刊影响因子年报(人文社会科学·2022版)》中影响力指数CI值为883.319，在全国89种经济科学综合类期刊中排名第4。

10月27日，学院10项科研成果获得武汉市第十八次社会科学优秀成果奖，其中一等奖3项、二等奖1项、三等奖3项、优秀提名奖3项。

10月23日，为深入学习贯彻中国共产党第二十次全国代表大会精神，学院和人文社会科学研究院联合举办"新时代 新理论 新实践 新发展：学习阐释党的二十大精神学术研讨会"。

11月1日，学院督导团换届，聘请14名教师担任学院第八届教学督导团专家，黄静任督导团组长。

11月2日，方德斌卸任经济与管理学院副院长，调任人文社科院副院长兼平台建设处处长。

11月5日，学院学生在第九届"学创杯"全国大学生创业综合模拟大赛全国总决赛中获特等奖1项、一等奖1项。

11月9日，武汉大学欧洲问题研究中心、武汉大学气候变化与能源经济研究中心联合剑桥大学能源政策研究所，以"碳市场"为主题举办"武汉大学—剑桥大学3+3高端对话"。

11月10日，范如国获评武汉大学第十三届"我心目中的好导师"。

11月19日，李铭获得湖北省"百生讲坛"优秀微团课一等奖；学院学生作品《苏区母亲》在第三十四届金秋舞蹈大赛中荣获冠军。

11月19—20日，2022年中华美国学会年会暨"尼克松访华五十周年：世界秩序与中美关系"学术研讨会顺利召开。

11月24日—12月3日，面对校园新冠疫情学院迅速成立突击队，54名队员为3000余学生安全保驾护航。

12月2—4日，学院多位教师论文入选《世界经济年鉴》发布的2021年世界经济学最佳论文TOP 10榜单。

12月5日，学院学生在2022年全国高校商业精英挑战赛国际贸易竞赛获一等奖18项、二等奖4项。

12月6日，"网络营销""市场营销调研""国际经济学""金融经济学""创业见习""人工智能驱动的基本面量化投资虚拟仿真实验"6门课程被认定为2022年度省级一流本科课程。

同日，《经济评论》获评"2022中国国际影响力优秀学术期刊"（人文社会科学）。

12月14日，博士生王恩泽、王海森获第十六届"十大学术之星"荣誉称号。

12月15日，中国共产党武汉大学经济与管理学院第三次代表大会胜利召开。

12月17日，武汉大学经济发展研究中心入选"CTTI2022年度高校智库百强榜"A+类智库。

12月18日，武汉大学国家发展战略研究院在线举行"辜胜阻教授与简新华教授大学执教四十周年座谈会"。

同日，学院在2022年湖北省大中专学生志愿者暑期文化科技卫生"三下乡"社会实践活动中荣获多项省级表彰。

12月19日，罗知的"环境规制的产业转移升级效应与银行协同发展效应——来自长江流域水污染治理的证据"入选"2021年《经济研究》最高被引前10篇论文"。

12月23日，杜莉入选2022年度"湖北名师工作室"主持人，荣获"湖北名师"称号。

12月，曾国安的"社会主义本质与新时代共同富裕问题研究"获批2022年度国家社科基金重大项目；曾伏娥的"我国重点产业链压力测试的理论、方法和实施框架研究"获批2022年度教育部重大攻关项目；方德斌的"跨区域电力市场与碳市场的协同机制与政策研究"获批2022年度国家自科基金管理学科专项项目。

2023年大事记

1月7日，学院成功举行2023年AEA面试招聘会和招聘宣讲会。

1月14日，唐岳驹教授逝世，享年92岁。

1月15日，冯华、高宝俊、温兴琦、刘岩在"武汉大学第三届教师教学创新大赛"中分别获一、二、三等奖。

1月19日，余振《深刻认识"两个确立"谱写经济高质量发展新篇章》理论宣讲报告获评湖北省优秀理论宣讲报告。

2月，沈仕雄改任研究生工作办公室主任。

2月6日，《珞珈管理评论》主编汪涛任湖北省期刊协会集刊专业委员会主任委员。

2月21日，学院党委召开2022年度领导班子民主生活会。

3月3日，学院召开干部任职宣布大会，学校党委经研究决定聘任聂军为经济与管理学院院长，宋敏卸任经济与管理学院院长职务。

3月6日，学院召开全院教职工大会开展2022年度党建述职、领导班子和领导干部述职述廉及民主测评工作，并部署2023年工作。

3月上旬，孙祥、方德斌、余振3个教学研究项目获批2022年度教学研究省部级立项。

3月7日，太古可口可乐人力资源执行董事 Adrian Harley、中国区人力资源执行董事郑志良来院交流并签署战略合作备忘录。

3月8日，学院女足夺得武汉大学2023年"振兴杯"大学生足球赛女子组冠军，创造振兴杯四连冠。

同日，卢盛峰、叶初升合著论文获"安子介国际贸易研究奖"优秀论文奖三等奖；《珞珈管理评论》成功入选"中国人文社会科学期刊AMI综合评价核心集刊"。

3月17日，校长张平文来院调研。

3月19日，学院在2023年全国高校商业精英挑战赛品牌策划竞赛中获得一等奖2项、二等奖2项、三等奖5项。

3月21日，数字经济发展与政策研讨会召开。

3月24日，方德斌、李青原分别主持的面上项目在国家自科基金绩效评估中，被评为"特优"。

3月23日，黄春华校友当选为武汉大学第十届杰出校友。

3月25日，"第六届珞珈金融高峰论坛暨武汉大学金融系40周年学术研讨会"召开。

3月24—26日，第三届新时代发展经济学论坛在四川乐山抗战时期武大西迁旧址召开。

3月26日，武汉大学深圳校友会金融分会会长刘入领、常务副会长冷国邦、秘书长许庆飞一行来院交流座谈。

3月29日，武汉市政府通报嘉奖建言献策成绩突出的参事，李光获一等奖，齐绍洲获三等奖。

3月31日，张培在武汉大学第十一届青年教师教学竞赛决赛中获一等奖。

4月11日，叶永刚的"金融工程学"、余振的"世界经济概论"、方德斌的"统计学"三门课程入选第二批国家级一流本科课程。

4月19日，学院召开学习贯彻习近平新时代中国特色社会主义思想主题教育动员大会。

4月19日，聂军、魏立佳应邀参加教育部基础学科"101计划"工作启动会。

4月19—21日，院党委书记姜星莉、院长聂军带队，赴清华大学、北京大学和中国人民大学调研学习，并拜访陈东升、毛振华、陈作涛等校友。

4月21—23日，学院两支队伍在湖北省第五届MPAcc学生案例大赛中分获团队一等奖、团队优秀奖，学生方华获个人"最佳表现奖"。

4月22日，陈继勇、卢盛峰、余振、邓新明、黄敏学、李青原、李燕萍、曾伏娥入选复印报刊资料重要转载来源作者(2022年版)。

4月23日，学院10项科研成果入选湖北省高等学校人文社会科学研究优秀成果(2019—2021年度)。

4月27日，学院与湖北省企业上市发展促进会签订战略合作协议。

4月29日—5月4日，学院EMBA和MBA学生组成的队伍在第十一届亚太地区商学院沙漠挑战赛、第十七届"玄奘之路"商学院戈壁挑战赛这两项赛事中获多项集体荣誉。

5月9日，2019级经济学基地班本科生黄敏洁、国际金融试验班本科生刘芳瑞荣获"榜样珞珈"学生年度人物荣誉称号。

5月10日，学院召开干部宣布会议，刘林青、孙祥任经济与管理学院副院长，李青原卸任经济与管理学院副院长职务。

5月11日，刘兴斌教授逝世，享年93岁。

同日，学院研究生会以总分第一获评武汉大学"优秀研究生会"。

5月12日，江春团队的《利率及汇率的市场化与资本账户的开放：现实选择与经济效应》荣获第十一届中国金融图书"金羊奖"。

5月13—14日，中国美国经济学会2023年学术年会暨中美经贸关系发展论坛召开，张彬当选中国美国经济学会会长，余振当选副会长兼秘书长。

5月14日，曾德国教授逝世，享年85岁。

5月15日，院党委副书记李好带队赴湖北恩施开展"武大精神进校园"活动，代表学院向恩施市教育局捐赠了344台电脑和10台打印机。

同日，学院在腾飞杯女篮决赛中夺得冠军。

5月19至20日，院党委书记姜星莉、副院长余振、刘林青带队赴宁波调研并参加董辅礽经济社会发展研究院成立十周年暨董辅礽学术思想研讨会。

5月20日，学院研究生荣获第九届全国大学生能源经济学术创意大赛奖，2021级硕士研究生程磊、2022级硕士研究生吴佳欣、2020级博士研究杨培文获得特等奖。方德斌荣获"优秀指导教师"奖。

5月21日，管理科学与工程系供应链运营试验班学生参赛队伍获第三届国际供应链建模设计大赛特等奖。

5月24日，刘林青牵头申报的"武汉大学数字中国创新创业中心"成功入选2023年武汉大学创新创业中心建设项目名单。

同日，曾芳勤校友一行来访。

5月25日，学院召开干部宣布会议，谭小林任经济与管理学院纪委书记，王滨卸任经济与管理学院纪委书记职务。

5月，颜鹏飞入选"近年最具影响力的30位马克思主义学者"。

5月27—29日，首届中国发展经济学实践研究论坛暨纪念武汉大学商科教育130周年乐山论坛在四川乐山隆重召开。

5月27日，本科生五支队伍在2023年全国高校商业精英挑战赛品牌策划竞赛全国总决赛中均获一等奖。

5月28日，吴传清主编的《长江经济带产业蓝皮书：长江经济带产业发展报告》入选《智库报告群(1.0版)》。

5 月 28 日—6 月 3 日，学院学生在第十届"学创杯"全国大学生创业综合模拟大赛湖北省选拔赛中，获特等奖 2 项、一等奖 5 项、二等奖 4 项、三等奖 1 项。

6 月，罗知卸任经济学系主任，李雪松任经济学系主任；李斌任金融系主任；田玲卸任保险系主任，王正文任保险系主任；许明辉卸任管理科学与工程系主任，高宝俊任管理科学与工程系主任；刘林青卸任工商管理系主任，陈立敏任工商管理系主任；黄敏学卸任市场营销与旅游管理系主任，曾伏娥任市场营销与旅游管理系主任；范如国卸任技术经济及创新管理研究系主任，陶厚永任技术经济及创新管理研究系主任。叶晶任专职纪检员，周娟、孙建超任专职组织员。

6 月 6 日，2023 第五届珞珈智库论坛举行。

6 月 8 日，学院 16 名学者入选校友会 2023 中国大学高贡献学者榜单。

6 月 10 日，学院学生在 2023 年全国高校商业精英挑战赛会计与商业管理案例竞赛中获全国总决赛一等奖。

6 月 11 日，"第六届中国金融学者论坛"举行。

6 月 16—18 日，第五届中国行为与实验经济学论坛召开。

6 月 19 日，学院党委召开"学生就业创业工作"专项巡视整改工作专题民主生活会。

6 月 28 日，武汉大学第十届杰出校友陈晓红做客珞珈讲坛第 383 讲，并捐赠 150 万元设立"胡春芳教育基金"。

7 月 4 日，学院召开全院教职工大会，表彰在 2022—2023 年在教书育人和科研服务中取得优异成绩的教师。

7 月 5 日，武汉大学原党委书记李健到学院讲授学习贯彻习近平新时代中国特色社会主义思想主题教育专题党课。

7 月 6—9 日，学院 85 名教职工党员赴延安开展革命传统教育集中培训。

7 月 12—16 日，"2023 年中国高等院校市场学研究会学术年会"暨博士生论坛召开，汪涛当选第十二届理事会会长，黄敏学当选第十二届理事会执行秘书长。

7 月 13 日，叶初升获评武汉大学 2022—2023 年度"师德标兵"。

7 月 22—24 日，院党委书记姜星莉、副书记李好、副院长余振率队赴深圳、广州与校友们开展交流座谈。

后 记 1

2013 年是武汉大学建校 120 周年华诞，也是武汉大学商科教育诞生 120 周年、经济学系建系 85 周年和金融系建系 30 周年。在这个具有里程碑意义的历史节点上，这本几易其稿的《武汉大学经济与管理学院史(1893—2013)》终将付梓，作为当代经管人向校庆和院庆一份真诚的献礼。

武汉大学经济与管理学院史的编纂工作，始于 2006 年 5 月。当时的学院领导在认真研究并反复征询意见后，决定编纂一部自张之洞创办自强学堂"商务门"开始迄今，反映武汉大学经济与管理学院及其前身发展演进历史的"院史"。很快地，学院便成立了以严清华教授为主编的院史编辑委员会。经过一段时间的摸索和讨论，院史编辑委员会提出了以"史料确凿，秉笔直书；以史为据，寓评于述；全面记述，突出特色"为指导原则，以历史发展为线索，以环境条件为背景，以两个中心(教学与科研)、两大主体(教师与学生)为主要内容，完整、客观、科学展示武汉大学经济与管理学院(及其前身)百余年发展变化历史的总体思路，并设计了院史编写的大致框架与编写方案。经广泛征求意见和多次座谈讨论，确定了以中华人民共和国成立前、中华人民共和国成立至改革开放前、改革开放以来三大历史时期为主线的编写大纲，并决定由严清华、石莹和赵锡斌分别负责三大历史时期的编写工作。与此同时，也确定了院史附录的编写内容及相应的负责人，还成立了以刘喜爱为负责人的院史办公室。

在设计方案、组织分工和拟定大纲的基础上，院史编辑工作人员开始了大量的查阅资料与调研访谈工作。除充分利用学院已有资料外，院史办还派出专人，多次到省市图书馆、档案馆、校报编辑部、学校老图书馆、校档案馆、校长办公室、研究生院、教务部、招生就业工作处、校友总会、出版社等处收集查阅有关资料档案；先后派出 5 个调研采访小组分赴成都、西安、北京、广州、深圳、长沙等地采访曾在我院(系)学习、生活、工作过的有关领导、校友；还对四川乐山等相关历史遗迹进行了实地考察。与此同时，通过召开座谈会和登门采访的方式开展了对院内外离退休老教职工的大量的调研访谈工作。

及至 2007 年，院史进入写作阶段。经反复讨论和广泛征求意见，最后将院史分为四编十四章，具体分工是：第一编由严清华负责，执笔人为：第一章，杜长征；第二章，杜长征、方小玉；第三章，方小玉；第四章和第五章，逯建；第二编由石莹负责，执笔人为：第六章，王今朝；第七章，代谦；第八章，苏小方；第三编和第四编由赵锡斌、周茂荣负责，执笔人为：第九章，杨玲；第十章，杨艳琳、娄飞鹏；第十一章，黄静、王新刚、梁虹；第十二章，彭琼、杜莉；第十三章，彭琼；第十四章，成德宁。此外，张薇、黄本笑、袁泽沛、夏宗军、胡志斌、费培根分别提供和撰写其中关于原武汉大学旅游学院、原武汉水利电力大学经济管理学院、原武汉测绘科技大学市场营销专业的情况和内容。参加附录编辑的主要人员有：詹凤兰、吴厚珍、吴义援、黄春娇、宋琼、上官海兰、余艳琴、程振、罗睿、颜毓娟、焦丽、段玥君、陈慧女、杨丽艳等。各系、所、中心、图书分馆、实验教学中心承担各自单位的简介及相关资料的整理工作。

2008年院史初稿形成后，开始在全院范围广泛征求意见。许多老师对院史编纂给予热情关注和大力支持，对院史初稿提出了大量宝贵意见和建议，有的老师所提修改意见甚至遍及相关章节的每一页。尤其是长期在学院(系)工作、甚至将毕生精力奉献给了学院(系)的老教授们，更是表现出极大的热忱和极强的使命感与责任心，当时已92岁高龄的朱景尧老先生十分关心院史的编纂，不厌其烦地一次又一次接受院史编写工作人员的访谈、咨询与史料核实，他还逐字逐句审阅了院史初稿，对其中50多页做了认真批注和修改，并另写了4000多字的具体意见和建议。在广泛吸收各方面意见的基础上，院史编写人员对院史初稿进行了认真修改并由严清华进行了全稿的统纂工作，部分稿子在修改和统纂后又在一定范围征求了一次意见，最后形成了时间跨度从1893年至2008年的院史。

《武汉大学经济与管理学院史》(1893—2008)的编写工作也得到了各级领导和前辈学者的关怀与肯定，他们纷纷欣然为院史题写祝词。时任武汉大学党委书记李健题词"经世致用，天道酬勤"，时任武汉大学校长顾海良题词"楚天盛文韵，群彦聚珞珈"，原武汉大学校长刘经南院士题词"和而不同，追求卓越，打造国际一流的研究型学院"，时任武汉大学副校长吴俊培题词"大爱大度，大容大学，科学发展，创新和谐"，杰出校友、华中科技大学张培刚教授题词"厚德载物，絪缊玄黄；自强不息，百世其昌"，武汉大学人文社会科学资深教授谭崇台先生题词"乐山读书，珞珈教书，六十四载，情深谊笃"，时任武汉大学经济与管理学院院长陈继勇题词"忆往昔，百年育英，先贤筚路蓝缕开伟业；展未来，千秋风云，我辈乘风破浪谱新编"，时任武汉大学经济与管理学院党委书记尤传明题词"重见历史，续写辉煌"，表达了祝贺与勉励之意。

之后，这本院史一直作为学院内部刊物和资料保存，并处于持续的征求意见和小修小补之中。新的契机出现在2012年，学院党政领导班子决定要进一步加强学院文化建设，重新修订、补充院史并将其正式出版。学院将此次补充的结束点定在2013年，也就是学校建校和商科教育诞生120周年之际。随后，院领导重新召集院史编辑委员会的全体人员，讨论并安排了续写和修订工作。除对原有章节分头修改审定外，确定由成德宁、胡晶晶对第十四章进行修改和补充，由彭琼统撰学院发展大事记。原有的附录部分，由罗睿、张岱、李静和任竹芸进行了添加和校对。

在正式出版前，学院将院史修订稿印制了部分纸质版，分送院内外部分领导、教师和校友再次征求意见。李守庸、刘光杰、温端云、吴佩钧、冯文权、杨宗传、熊懿求、郑华、李裕宜、孔繁仪、郭蕊君、甘碧群、张迪祥、王惠英、万德梅、伍新木、谭力文、吴厚珍、张彬、刘传江等老师不仅认真审读了院史修订稿，而且提出了很多很好的具体修订意见。袁泽沛老师执笔重写了原武汉测绘科技大学经济管理教育与市场营销专业的情况。学校档案馆原馆长徐正榜先生和现任馆长涂上飙先生在充分鼓励的同时，也再次提出了许多宝贵意见。院史编辑委员会召开了专题会议，在充分吸收以上各位老师意见基础上，对院史修订稿部分内容再次进行了修订。至此，经过一年多的努力，全书由严清华、徐业勤进行统稿审定，才形成了这本初步反映整个学院形成、发展120周年历史的院史新版本。

整个院史编纂工作始终是在两届学院领导亲自主持和推动下进行的，7年多来在党政联席会议上共有20余次听取了院史工作进展情况汇报并研究解决其中存在的问题与困难；院领导还主持召开了30多次院史编写的座谈会、讨论会和工作会。在编纂过程中，我们还得到了学校不少单位有关人员的大力支持与帮助。校档案馆的徐正榜、高志全、雷雯、马菲，校报编辑部的张海东，校友总会的张玉华等，为我们收集资料提供了极大的方便；曾在院史办公室工作过的逯建、杨敏、张雨帆、刘艳南、李唐为院史编纂花费了不少心血；彭琼、张岱、马亮、杨艳红等为院史修订稿做了大量资料收集与校对修改工作；还有一丝不苟地审订全稿并帮助本书印制的所有人员，我们在此一并表示诚挚的谢意。

院史编纂是一项庞杂的系统工程，在这本凝聚了学院众多教职工和校友心血的院史即将付梓之际，作为编者既感欣慰，更不免忐忑。因我们水平、能力和精力有限，这本院史肯定还有许多不尽如人意甚至错漏之处，敬请学院广大教职工、校友和关心支持学院发展的各方贤达海涵，同时衷心希望大家对这本院史提出宝贵意见与建议，以便我们下次修订再版时能进一步修改和完善。

编　者

2014年2月

后 记 2

  2023 年是武汉大学建校 130 周年,也是武汉大学商科教育诞生 130 周年。在这个具有里程碑意义的历史节点上,这本在《武汉大学经济与管理学院院史(1893—2013)》基础上续写的《武汉大学经济与管理学院院史(1893—2023)》,将作为当代经管人向校庆和院庆献上的一份真诚贺礼。

  2023 年初,学院决定续写《武汉大学经济与管理学院院史(1893—2023)》,以作为130 周年院庆的一项重要工作。2 月,成立以党委书记姜星莉、院长聂军为组长,谢雅维、李好、谭小林、余振、黄敏学、罗知、孙祥、刘林青、刘成、罗睿为成员的院庆工作领导小组,院史续写工作具体由党委副书记谢雅维负责。经过研讨,决定把"新时代的经济与管理学院(2013—2023 年)"作为第五编第十五章叙述,此外,对原院史中的附录(包括历年来的大事记)进行了更新和修订。在信息收集和编撰过程中,得到了罗睿、徐林、刘砚青、彭琼、王芳、罗昱、余静静、李良洁、张可儒、沈仕雄、伍林、彭爽等大力支持;在附录、大事记和校对过程中,周娟、孙建超、曾京哲、伍晓芳、李静、李铭、董明月也付出了很多心血;续写统稿由刘砚青完成。7~8 月,正值酷暑,院庆工作领导小组在姜星莉书记的带领下,召开多次会议,对新编部分进行了逐字逐句修改和审定。9 月,送达各系(所),以及甘碧群、伍新木、周茂荣、谭力文、赵锡斌、严清华、黄宪等离退休教师征求意见,各位老师都提出了诸多非常宝贵的意见。

  院史续写是一项系统工程,本书凝聚学院众多教职工心血。因我们编撰者能力和水平有限,本书中定有错漏之处,敬请学院广大教职工、校友和关心支持学院发展的各方贤达海涵,同时衷心希望大家对这本续写院史提出宝贵意见与建议,以便我们再版时修改和完善。

编者

2023 年 9 月